中国融资租赁行业2018年度报告

中国融资租赁三十人论坛 / 著

主编 | 周 巍 高克勤 王 蓉
主笔 | 聂伟柱

中信出版集团 | 北京

图书在版编目（CIP）数据

中国融资租赁行业 2018 年度报告 / 中国融资租赁三十人论坛著 . -- 北京 : 中信出版社 , 2019.4
ISBN 978-7-5217-0228-6

Ⅰ . ①中… Ⅱ . ①中… Ⅲ . ①融资租赁—研究报告—中国— 2018 Ⅳ . ① F832.49

中国版本图书馆 CIP 数据核字（2019）第 045068 号

中国融资租赁行业 2018 年度报告

著　　者：中国融资租赁三十人论坛
出版发行：中信出版集团股份有限公司
（北京市朝阳区惠新东街甲 4 号富盛大厦 2 座　邮编　100029）
承 印 者：北京诚信伟业印刷有限公司

开　　本：787 mm × 1092 mm　1/16　　印　　张：30.5　　字　　数：560 千字
版　　次：2019 年 4 月第 1 版　　印　　次：2019 年 4 月第 1 次印刷
广告经营许可证：京朝工商广字第 8087 号
书　　号：ISBN 978-7-5217-0228-6
定　　价：128.00 元

中国融资租赁三十人论坛成员名单

主　席

杨凯生	中国工商银行	原行长

常务理事（按姓氏拼音排序）

高克勤	融资租赁三十人论坛（天津）研究院	院长
刘小勇	海航集团（国际）有限公司	监事长
秦　群	中建投租赁股份有限公司	总经理
万　钧	狮桥融资租赁（中国）有限公司	董事长兼 CEO
王佳林	中国融资租赁企业协会	副会长兼秘书长
王　蓉	中民投租赁集团	董事长兼总裁
王学东	国银金融租赁股份有限公司	董事长
杨燕青	第一财经研究院	院长
赵桂才	工银金融租赁有限公司	总裁
郑常美	兴业资产管理有限公司	董事、总裁
周　巍	民生金融租赁股份有限公司	董事长

理事（按姓氏拼音排序）

程东跃	浙江大学融资租赁研究中心	理事长
邓　英	邦银金融租赁股份有限公司	总裁
李思明	君创国际融资租赁有限公司	董事长兼总裁
梁雪文	山重融资租赁有限公司	总经理
施锦珊	鑫桥联合融资租赁有限公司	总裁
孙　红	山东省财金投资集团有限公司	总经理助理
王石山	民盛租赁有限公司	董事长兼总经理
王以刚	农银金融租赁有限公司	总裁
徐敏俊	河北省金融租赁有限公司	董事长

中国融资租赁三十人论坛学术委员会

本书编写人员

主　　编：周　巍　高克勤　王　蓉

编委会成员（按姓氏拼音排序）：

柏　亮　陈　凯　陈秋松　程东跃　丛　林　邓　英　范　珣
高克勤　高艳霞　江　琴　姜　涛　李思明　李　扬　梁雪文
刘小勇　潘明忠　秦　群　施锦珊　舒　威　束兰根　孙　红
万　钧　王佳林　王　蓉　王石山　王学东　王以刚　王志武
徐敏俊　许贺龙　晏宗敏　杨博钦　杨　钢　杨凯生　杨　琪
杨燕青　俞雄伟　曾北华　张　灿　张国俊　张　磊　张希荣
赵桂才　赵宏伟　郑常美　郑斯雄　周健工　周　巍　周文锋
周　勇　朱小黄　诸永春

执笔团队①：康　茜　杨　文　高小月　鲁秉毅　聂伟柱　陈雯瑾

---

① 执笔团队简介：康茜、杨文、高小月、鲁秉毅为中国融资租赁三十人论坛研究员，聂伟柱为中国融资租赁三十人论坛秘书长，陈雯瑾为中国融资租赁三十人论坛特约研究员。

序言

2018年融资租赁行业主动适应统一性监管的要求，在动能转换和产业升级的形势下创新业务模式，在金融市场结构性调整中改善流动性管理，在深化改革开放中持续推动经营环境优化，为我国经济由高速增长向高质量发展的转变做出了有益的贡献。

第一，主动应对经济周期下行风险。2018年，在国际经济复苏趋缓、贸易保护主义抬头、地缘政治形势复杂严峻的国际形势下，我国经济由高速增长向高质量发展转变的步伐加快。经济增速趋缓，结构调整力度加大，部分企业出现了经营困难、资金链条断裂的情况，对租赁资产质量形成了较大冲击。租赁企业面对挑战，稳中求进，稳中求变，积极发挥融资租赁的逆周期调节功能，积极支持实体经济特别是民营经济走出困境、转型发展。同时，充分利用融资租赁物权保障的优势，采取多种形式在稳健发展中缓释化解自身经营风险。行业总体运行平稳，风险控制能力持续提升。

第二，优化涉租行业结构。顺应动能转换和产业升级的趋势，一些租赁企业及时调整涉租领域，主动退出“两高一剩”等行业，以及高杠杆、高风险企业；服务“一带一路”倡议及京津冀协同发展、长江经济带、“中国制造2025”和新型城镇化建设等国家重大战略；发挥设备融资租赁的优势，积极支持飞机、船舶、工程机械等传统行业做大做强，积极拓展新一代信息技术、高端装备制造、新能源、节能环保和生物等战略性新兴产业市场，努力探索租赁进入文化产业、城乡公用事业、新能源汽车及配套设施、现代农业、居民家庭消费等领域。

第三，创新业务模式。初步建立了一些新进入领域的商业模式，包括创新类企业、文化类企业、现代农业、居民家庭消费等以前较少涉足但成长潜力巨大领域的交易结构、盈利模式和风控模式；加强了租赁业在金融市场的运作。ABS（资产支持证券）、ABN（资产支持票据）、金融债、中期票据、短期融资券等直接融资规模明显增加，金融租赁公司主板上市取得突破，融资租赁公司赴港上市数量达到11 家，一批金融租赁和融资租赁公司进入上市辅导阶段。

2018 年，在租赁业加快发展的过程中，租赁业聚集高地的政策环境不断优化和升级。在国家进一步深化自贸区改革的推动下，以天津、上海、深圳为代表的租赁聚集高地依托各自的地域优势和资源禀赋，在政策创新上迈出了新的步伐。天津自贸试验区内的海关特殊监管区域重点探索以贸易便利化为主要内容的制度创新，开展货物贸易、融资租赁、保税加工和保税物流等业务；非海关特殊监管区域重点探索投资制度改革，完善事中事后监管，推动金融制度创新，积极发展现代服务业和高端制造业。上海自贸区则围绕“一带一路”倡议，以及制造业升级等国家战略，鼓励融资租赁企业扩大高端装备进口，推动上海自贸试验区企业以融资租赁方式支持国内先进设备开拓海外市场，充分利用境内外“两个市场”“两种资源”，便利融资租赁企业境外融资支持境外租赁项目。前海自贸区利用特殊的地缘优势，加深深港联动，支持深圳前海湾保税港区探索融资租赁业务创新试点，在市场准入、海关政策、跨境融资等方面给予融资租赁企业政策优惠。

浙江、福建、河南、陕西、辽宁等地区的自贸区依托自身优势在一些政策上也形成了突破，带动了融资租赁公司聚集和租赁资产聚集。

新的一年，国际形势依然复杂严峻，全球经济治理体系正处于重构的关键期，全球经济和贸易扩张步伐放缓，科技创新和产业变革带动了产业链条的调整，新旧风险共存叠加。我国经济依然面临下行压力和诸多不确定因素，同时全要素生产力持续回升，经济转型的进程继续稳步推进，经济增速仍有条件保持在合理区间，国家将继续实施积极的财政政策和稳健的货币政策。面临新的挑战和机遇，转型升级应该是融资租赁行业新一年乃至未来一段时期改革发展的主线。

第一，在统一监管的新政策环境中，租赁行业要主动进行适应性调整。2018 年，融资租赁行业由商务部、银监会分别监管转变为由银保监会统一监管。2019 年，统一的监管架构将会确立，相应的监管政策也会陆续出台，其核心要义是由工商企业的监管变为金融企业的监管。对企业而言，适应性调整的要点主要是公司治理、战略管理、资本约束、风险控制、内部控制、流动性管理、信息管理系统建设和创新能力建设。就监管目标而言，主要是要努力实现监管体制转换的平稳过渡、化解存量风险、防止风险外溢、回归租赁本源、服务实体经济。就政策需求而言，优化完善的方向主要是进一步明确融资租赁标的物的监管定义、体现同类同权政策的原则、实施功能统一下的差异化监管、制定符合融资租赁特征的普惠金融政策并实行分类分级管理。

第二，资产端的调整要适应动能转换和产业融合的要求。中央经济工作会议明确，2019 年要推动先进制造业和现代服务业深度融合，加大制造业技术改造和设备更新，加快教育、育幼、养老、医疗、文化、旅游等服务业发展，推动消费升级，加快 5G 商用步伐，加强人工智能、工业互联网、物联网以及城际交通、物流、市政基础设施建设。融资租赁企业一是要发挥优势，顺势而为，积极拓展新的业务增长领域，二是要加强专业化能力建设，创新业务模式，拓展产业融合增值服务，三是支持高端设备企业拓展国际市场，深化国际产能合作。

第三，负债端要适应资本约束的要求和流动性管理的要求。2019 年，国家将继续实行稳健的货币政策，深化金融结构性改革，疏通货币政策传导机制，拓宽企业的直接融资渠道，健全多层次资本市场，扩大金融市场的对外开放。融资租赁企业一是要进一步搭建流动性治理体系，加强现金流缺口和流动性限额的管理，做好流动性风险的提前预警；二是依法合规参与金融市场运作，建立符合投资人偏好的基础资产池，用好租赁资产证券化、租赁资产保理、收益权转让等融资工具，不断积累提升信用层级，拓宽同业合作空间，构建长期稳定的战略合作；三是增强资本约束意识，做好资本规划，适时有计划地补充资本，积极引入合格的战略投资者，创造条件进入不同层级的资本市场，建立长期稳定的内源性和外源性资本补充机制；四是运用好自贸区跨境金融市场开放先行先试的政策，打通境内外、本外币、在离岸的资源配置市场。

第四，运用金融科技助推业务模式创新。互联网、大数据、云计算、人工智能、区块链等金融科技正在成为变革传统金融的重要驱动力，并成为金融业未来的主流趋势。金融科技在租赁行业的应用有广阔的发展空间。当前和今后一个时期应解决的主要问题是：一是数据收集和挖掘，用以发现和筛选客户；二是实现信息的充分和对称，用以实时识别和防控风险；三是提高业务运作的质量、效率，用以降低运营成本和操作风险；四是创新业务模式，延展增值服务。

融资租赁行业的健康有序发展，需要全面的行业分析、深入的研究思考作为支撑。《中国融资租赁行业 2018 年度报告》（以下简称《报告》）是中国融资租赁三十人论坛基于融资租赁行业统计研究和分析的报告。《报告》内容全面，信息量大，从概况篇、环境篇、产业市场篇、金融市场篇、模式与思考篇 5 个方面系统地分析了 2018 年融资租赁行业的发展概况、四大支柱、主要涉及的租赁市场及融资环境，集中展示了行业发展的创新成果和趋势，对制约行业发展的热点、难点问题进行了深入思考。《报告》致力于为行业的监管部门提供重要的决策参考，为行业内机构经营决策提供信息支持，为行业研究者提供数据基础，为行业从业人员提供系统了解融资租赁行业的学习资料。由于研究力量和水平所限，作为全面性的行业发展报告，难免存在疏漏失误，中国融资租赁三十人论坛企盼各界同人的批评帮助，并希望以此报告为载体促进行业内广泛的思想交流与合作，以此报告为窗口使社会各界更加深入全面了解融资租赁行业，从而促进我国融资租赁行业的稳健发展。

杨凯生

中国融资租赁三十人论坛主席

前言

回顾行业变化，分析行业现状，洞见行业发展趋势，是“中国融资租赁行业年度报告”系列书籍一直坚持的写作初衷。

2019 年是“中国融资租赁行业年度报告”系列书籍出版的第五个年头。《中国融资租赁行业 2018 年度报告》在保留部分优秀内容的同时对往年书籍的结构和内容做了较大的调整和优化。2018 年度报告改变以往通过章节呈现全书结构的方式，采用篇章的方式呈现，结构性更强。全书主要分为概况篇、环境篇、产业市场篇、金融市场篇、模式与思考篇等部分，逻辑更为清晰，可读性和实用性更强。

概况篇主要介绍了中国融资租赁行业发展情况，并更新了国际融资租赁行业发展概况的内容。

环境篇包含了行业政策环境和全国租赁业聚集高地——东疆等内容。行业政策环境部分除了四大支柱外，新增了外汇和海关的内容。其中，四大支柱部分的结构未变，但是在写作内容上做了较大的优化，突出四大支柱的变化，例如，监管方面，本书主要总结了近十年融资租赁行业监管政策的变化，针对 2018 年监管并轨和银保监会职能机构改革，梳理了融资租赁的监管体系和架构。税收方面则梳理了融资租赁行业税收政策的变化及税收体系。法律部分一直是融资租赁行业的重中之重，2018 年度报告展示了融资租赁行业有代表性的案例及解析，新增了融资租赁公司败诉案件大数据分析、京津地区融资租赁合同纠纷案件报告等内容。会计部分主要梳理了我国租赁会计准则的历史沿革，呈现了新租赁准则发布实施的权威解读，分析了新租赁准则对融资租赁实务及金融二级市场工具 ABS 的影响。

产业市场篇作为 2018 年度报告的全新内容，是本书最大的亮点。2018 年度报告首次对与融资租赁紧密相关的航空、航运、汽车、医疗大健康四大产业从产业链角度进行系统分析，描述了行业概况、相应租赁产业发展现状及业务模式。

金融市场篇从股权融资和债务融资角度对融资租赁企业融资情况进行了分析。在整个宏观经济形势严峻和债务高企的背景下，以银行贷款为主的间接融资方式将难以持续，所以积极发展直接融资方式是融资租赁公司资本运作的重点，其重要性也将日益凸显。

模式与思考篇包含标杆租赁公司案例和成员访谈录两大部分。标杆租赁公司案例部分汇聚了融资租赁行业的多家标杆租赁企业的优秀业务模式和成功做法，对行业初创企业及转型企业极具借鉴意义。成员访谈录是本书的又一亮点，近三十位行业领袖慷慨地分享了他们对行业的认识及对未来发展的研判，具有较强的前瞻性，对行业的健康发展具有较强的参考价值。

2018 年度报告保留了以往的附录内容，整理并更新了金融租赁公司名录、内资试点融资租赁公司名录及融资租赁监管、法律、税收政策名录。

本书的成稿除了发挥中国融资租赁三十人论坛的内部研究力量外，还邀请了多名外部专家参与编写工作。他们分别是：中国融资租赁三十人论坛特约研究员、北京市汇融律师事务所主任张稚萍；北京市汇融律师事务所邹颖、张立国、李雪梅、王勇、任立、李艳科、王文佳、陈祝安、张福广、战荣；北京汇融（天津）律师事务所律师贺欣，律师助理徐红玲，实习律师崔晓晔、乔蕊蕊、明文丰；中国融资租赁三十人论坛特约研究员、西藏金融租赁有限公司计划财务部总经理宰金勇；天风证券股份有限公司总裁助理、大湾区管理总部联席总经理、结构金融部总经理刘焕礼；中国融资租赁三十人论坛特约研究员、安龙（Avolon）副总裁刘晟扬。在此表示感谢！

CONTENTS 目 录

概况篇 …… 1

1 2018 年中国融资租赁行业发展概况 …… 3

1.1 金融租赁业发展情况分析 …… 3

1.1.1 我国金融租赁业总体情况 …… 3

1.1.2 2018 年金融租赁公司增资情况 …… 6

1.2 融资租赁业发展情况分析 …… 6

1.2.1 全国融资租赁企业发展情况 …… 6

1.2.2 内资试点融资租赁企业发展情况 …… 7

1.2.3 外商投资融资租赁企业发展情况 …… 8

2 国际融资租赁行业发展概况 …… 10

2.1 世界租赁发展概述 …… 10

2.2 世界租赁市场主体发展概况：北美洲、欧洲、亚洲 …… 11

2.3 其他区域发展概况：澳大利亚、非洲、拉丁美洲 …… 13

2.4 各国/地区租赁投资渗透率 …… 14

环境篇 …… 19

3 行业政策环境 …… 21

3.1 监管 …… 21

3.1.1 融资租赁行业监管政策变化 …… 21

3.1.2 融资租赁行业监管体系 …… 25

3.1.3 各自贸区政策环境比较 …… 33

3.2 税收 …… 47
3.2.1 融资租赁行业税收政策变化 …… 47
3.2.2 融资租赁行业税收体系 …… 48
3.3 法律 …… 53
3.3.1 2018融资租赁纠纷典型案例解析 …… 53
3.3.2 融资租赁公司败诉案件大数据分析 …… 108
3.3.3 京津地区融资租赁合同纠纷案件报告 …… 149
3.3.4 应收账款被采取强制措施之风险解析——结合账户质押和账户监管探讨 …… 170
3.3.5 光纤租赁权作为租赁物的适格性分析 …… 175
3.4 会计 …… 180
3.4.1 我国租赁会计准则的历史沿革 …… 180
3.4.2 财政部会计司有关负责人就新租赁准则发布实施答记者问 …… 182
3.4.3 实务视角解析新租赁准则 …… 185
3.4.4 新租赁准则对ABS的影响 …… 190
3.5 外汇 …… 200
3.6 海关 …… 205
4 全国租赁业聚集高地：东疆 …… 208
4.1 概况 …… 208
4.1.1 区位概况 …… 208
4.1.2 租赁产业概况 …… 209
4.2 东疆租赁业的发展历程与特色 …… 209
4.2.1 产业发展历程 …… 209
4.2.2 租赁产业特色 …… 211
4.3 发展环境持续优化 …… 212
4.3.1 2018年东疆租赁政策创新 …… 212
4.3.2 2018年东疆租赁配套服务创新 …… 213

产业市场篇 …… 215
5 航空租赁 …… 217
5.1 航空市场发展情况 …… 217
5.2 航空租赁产业发展情况 …… 222

5.3　航空租赁主要业务模式 …… 224
5.4　中国飞机租赁公司分析 …… 225
5.5　航空租赁资本运作新趋势 …… 226
6　航运租赁 …… 231
6.1　航运市场发展情况 …… 231
6.2　航运租赁行业发展现状 …… 236
6.3　航运租赁主要业务模式 …… 237
7　汽车租赁 …… 240
7.1　汽车金融市场发展情况 …… 240
7.2　汽车融资租赁市场发展现状 …… 248
7.3　汽车融资租赁业务模式 …… 252
8　医疗租赁 …… 255
8.1　医疗大健康产业发展情况 …… 255
8.2　医疗租赁产业发展现状 …… 260
8.3　医疗租赁主要业务模式 …… 263

金融市场篇 …… 265
9　股权融资 …… 267
9.1　融资租赁企业上市/挂牌情况 …… 267
9.2　上市/挂牌融资租赁企业发展情况 …… 269
10　债务融资 …… 275
10.1　资产证券化 …… 277
10.2　金融债 …… 281
10.3　中期票据 …… 284
10.4　短期（超短期）融资券 …… 286
10.5　公司债 …… 288
10.6　非公开定向债务融资工具 …… 290

模式与思考篇 …… 293
11　标杆租赁公司案例 …… 295
11.1　工银金融租赁有限公司 …… 295
11.2　国银金融租赁股份有限公司 …… 298

11.3 国新融资租赁有限公司 …… 303
11.4 狮桥融资租赁（中国）有限公司 …… 304
11.5 邦银金融租赁股份有限公司 …… 309
11.6 重庆鈊渝金融租赁股份有限公司 …… 313
11.7 航天科工金融租赁有限公司 …… 314
11.8 中民投租赁集团 …… 315
11.9 河北省金融租赁有限公司 …… 318
11.10 君创国际融资租赁有限公司 …… 320
11.11 贵阳贵银金融租赁有限责任公司 …… 323
11.12 冀银金融租赁股份有限公司 …… 324
11.13 中国电建集团租赁有限公司 …… 327
11.14 日立租赁（中国）有限公司 …… 328
11.15 鑫桥联合融资租赁有限公司 …… 331

12 中国融资租赁三十人论坛成员访谈录 …… 334

12.1 杨凯生：新形势下融资租赁业发展的思考 …… 334
12.2 陈秋松：关于租赁新会计准则的几点思考 …… 338
12.3 程东跃：融资租赁行业困局与转型升级 …… 339
12.4 丛林：从创新发展与稳健经营看租赁与资本市场 …… 345
12.5 邓英：金融租赁公司如何在经济下行环境中实现稳健经营 …… 348
12.6 高克勤：统一监管下的行业转型升级与政策需求 …… 352
12.7 高艳霞：战略聚焦，大有可为 …… 358
12.8 刘小勇：利用香港资本市场，开拓“一带一路”业务，创建租赁企业蓝海 …… 360
12.9 施锦珊：中国基础设施建设的创新融资模式 …… 364
12.10 舒威：风控新元年与融资租赁监管转型 …… 367
12.11 万钧：汽车金融的破局与赋能之道 …… 370
12.12 王佳林：融资租赁转型新路径——差异化定位专业化经营 …… 375
12.13 王石山：以融资租赁业务为载体，助力普惠金融，推动小微企业发展 …… 379
12.14 王志武：产融协同——制造企业转型升级制胜之道 …… 381
12.15 徐敏俊：能谋势，方有所成——谈发挥产业系金租优势 …… 388
12.16 许贺龙：打造差异化核心优势，提高融资租赁企业风险经营能力 …… 392

12.17 杨博钦：坚持三大战略引领，创建军民融合特色租赁品牌 ………… 395
12.18 杨琪：守正笃实深耕区域市场，久久为功坚持绿色发展 …………… 397
12.19 杨燕青：还原2013年“钱荒”事件——一场定义未来的“去杠杆”博弈 …………………………………………………………………… 401
12.20 俞雄伟：新时期融资租赁行业的风险特点与应对 …………………… 415
12.21 张国俊：扩展租赁物范围，更好服务实体经济 ……………………… 419
12.22 赵桂才：中国航空租赁业的发展历程和未来方向 …………………… 420
12.23 赵宏伟：“空中丝路”计划促进融资租赁走向国际化、专业化 …… 423
12.24 周巍：金融租赁服务实体　推动经济快速发展 ……………………… 428
12.25 周文锋：金租前线建言——收购细分领域专业商租，破题同质化 … 432
12.26 周勇：新时代新担当　融资租赁助力航空强国建设 ………………… 434
12.27 朱小黄：国企改革的企业家困境 ……………………………………… 438
12.28 诸永春：经济新动能开辟租赁业新空间 ……………………………… 444

附　录 ……………………………………………………………………… 449

附录1：金融租赁公司名录 ………………………………………………… 451
附录2：内资试点融资租赁公司名录 ……………………………………… 453
附录3：中国融资租赁监管政策名录 ……………………………………… 463
附录4：中国融资租赁法律政策名录 ……………………………………… 466
附录5：中国融资租赁税收政策名录 ……………………………………… 467

概况篇

1　2018 年中国融资租赁行业发展概况

1.1　金融租赁业发展情况分析

1.1.1　我国金融租赁业总体情况

截至 2018 年 6 月末，全国已开业金融租赁公司 66 家（不含专业子公司），总数较 2017 年保持不变。上述 66 家金融租赁公司截至 2018 年末的注册资本总额达 2 141.04亿元（见图 1–1）。

根据中国银行保险监督管理委员会（以下简称“银保监会”）披露的数据，截至 2018 年 6 月末，金融租赁行业资产总额达 2.66 万亿元，同比增长 14.52%。其中，租赁资产的总额达 2.42 万亿元，不良租赁资产率为 0.93%，拨备覆盖率为 310.77%，资本充足率为 13.52%。

在地区分布上，66 家金融租赁公司共分布于 25 个省、市、自治区。其中，天津注册成立数量最多，达到 11 家，2017 年天津新增 2 家金融租赁公司；其次为上海，共有 7 家金融租赁公司；广东于 2017 年新增 2 家金融租赁公司，目前总数为 6 家；江苏共有 5 家；浙江 2017 年新增 1 家，共有 4 家；重庆、山东、湖北、北京

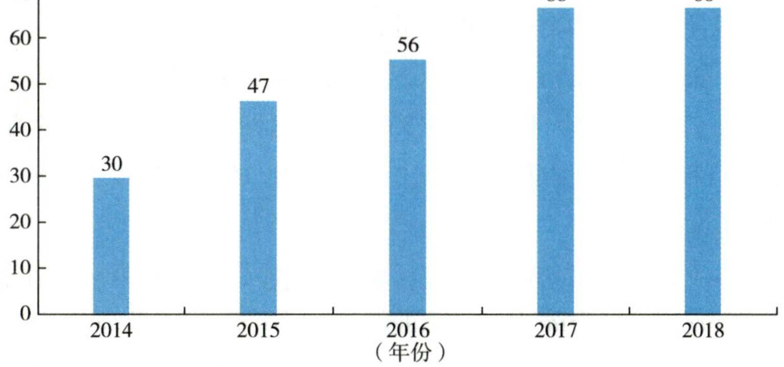

图 1–1　2014—2018 年我国金融租赁公司数量

数据来源：中国融资租赁三十人论坛整理。

4 个地区均有 3 家；河南、河北、甘肃、福建、安徽 5 个地区均有 2 家；云南、新疆、西藏等 11 个地区均有 1 家（见图 1-2）。

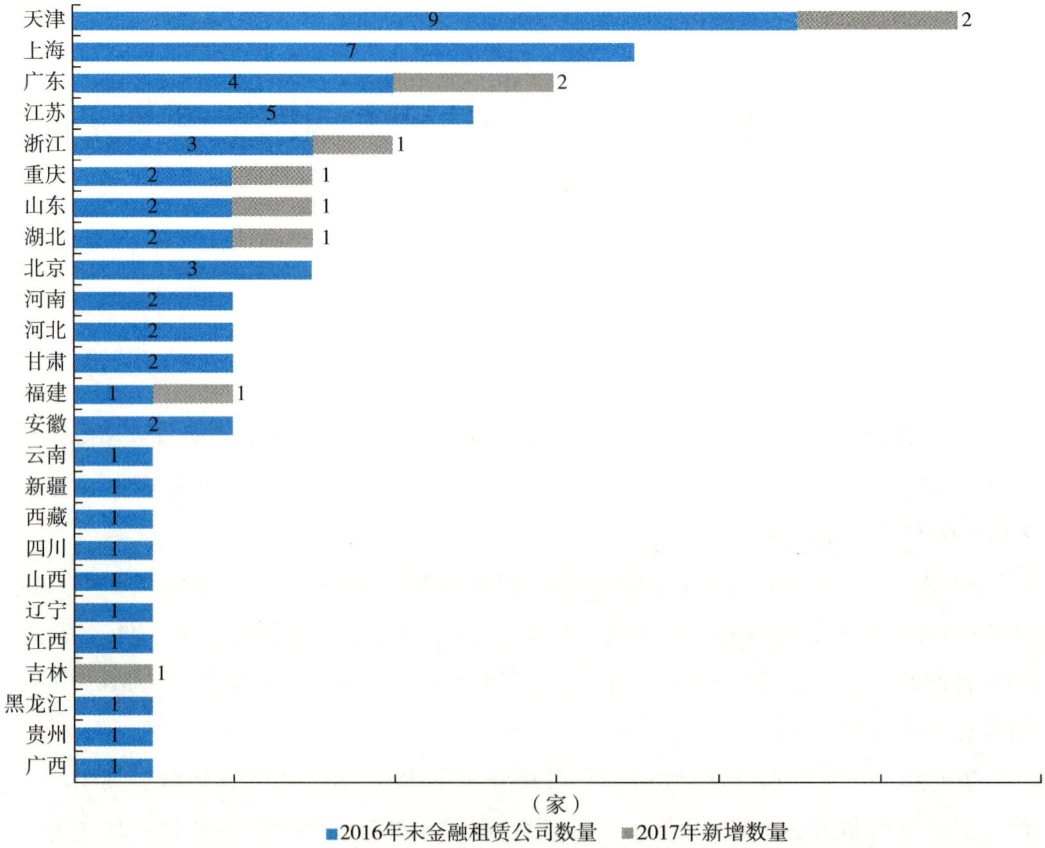

图 1-2 金融租赁公司地区分布情况

数据来源：中国融资租赁三十人论坛整理。

在股东背景上，我国金融租赁公司按股东背景可分为银行系金融租赁公司以及其他机构参股或控股设立的金融租赁公司。

具体来看，银行系金融租赁公司中，由城商行控股或参股设立的金融租赁公司数量最多，共计 22 家，占全部 66 家的 33%；全国性商业银行控股的有 12 家，占比 18%；农商行控股或参股设立的有 10 家，占比 15%；政策性银行控股的有 1 家，占比 2%（见图 1-3）。

在注册资本上，根据《金融租赁公司管理办法》，金融租赁公司注册资本为一次性实缴货币资本，最低限额为 1 亿元人民币。

66 家金融租赁公司注册资本合计 2 141.04 亿元，平均注册资本约为 32.44 亿元。

其中，工银金融租赁有限公司注册资本最高，达 180 亿元；其次为国银金融租

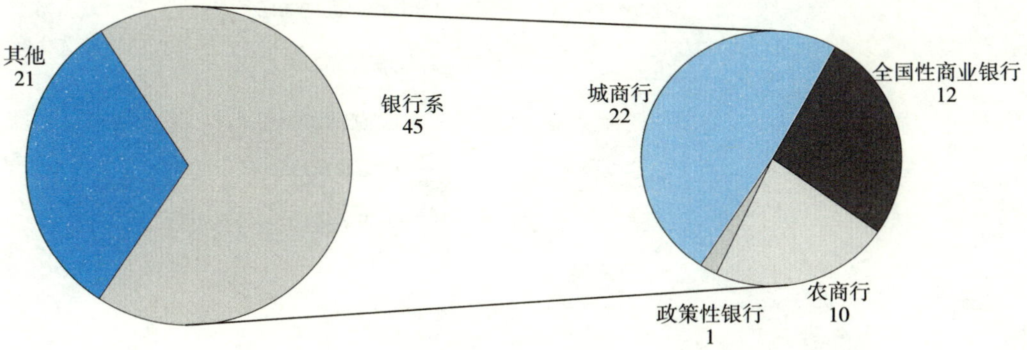

图 1-3 金融租赁公司股东背景情况（单位：家）

数据来源：中国融资租赁三十人论坛整理。

赁股份有限公司，注册资本为 126.42 亿元；兴业金融租赁有限责任公司注册资本排第三，为 90 亿元（见表 1-1）。

表 1-1 注册资本排名前十的金融租赁公司

序号	公司全称	成立时间（年）	注册资本（亿元人民币）
1	工银金融租赁有限公司	2007	180.00
2	国银金融租赁股份有限公司	1984	126.42
3	兴业金融租赁有限责任公司	2010	90.00
4	交银金融租赁有限责任公司	2007	85.00
5	建信金融租赁有限公司	2007	80.00
6	昆仑金融租赁有限责任公司	2010	79.61
7	招银金融租赁有限公司	2008	60.00
8	华夏金融租赁有限公司	2013	60.00
9	华融金融租赁股份有限公司	2001	59.27
10	光大金融租赁股份有限公司	2010	59.00

数据来源：中国融资租赁三十人论坛整理。

在资产规模上，金融租赁公司体量普遍较大。截至 2018 年 6 月末，工银金融租赁有限公司资产规模已超 3 000 亿元；交银金融租赁有限责任公司、国银金融租赁股份有限公司资产规模已超 2 000 亿元；民生金融租赁股份有限公司、招银金融租赁有限公司、建信金融租赁有限公司、兴业金融租赁有限责任公司及华融金融租赁股份有限公司资产规模均超 1 000 亿元；此外，有 9 家金融租赁公司资产规模已超 500 亿元（见图 1-4）。

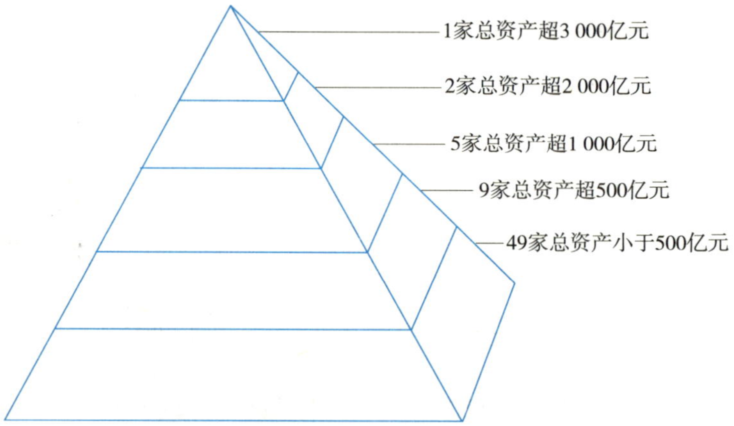

图 1-4　金融租赁公司资产规模分布

数据来源：中国融资租赁三十人论坛整理。

1.1.2　2018 年金融租赁公司增资情况

2018 年度，有多家金融租赁公司完成或获批增加注册资本金。兴业金融租赁有限责任公司、华夏金融租赁有限公司于 2017 年获得增资批复，且均于 2018 年 1 月完成注册资本变更，注册资本分别增加 20 亿元、30 亿元，至 90 亿元、60 亿元。于 2018 年内获得增资批复并已完成注册资本变更的金融租赁公司包括：浦银金融租赁股份有限公司、江西金融租赁股份有限公司、徽银金融租赁有限公司、工银金融租赁有限公司、中铁建金融租赁有限公司以及光大金融租赁股份有限公司。已获批暂未完成增资的农银金融租赁有限公司，其股东中国农业银行将对其增资 65 亿元，增资完成后注册资本将增至 95 亿元。此外，两家专业子公司交银航空航运金融租赁有限责任公司以及招银航空航运金融租赁有限公司也已分别完成 70 亿元、45 亿元增资。

1.2　融资租赁业发展情况分析

1.2.1　全国融资租赁企业发展情况[①]

全国融资租赁企业管理信息服务平台数据显示，截至 2016 年底，我国登记在册的融资租赁企业（包含内资试点融资租赁企业、外商投资融资租赁企业）共计

① 融资租赁公司管理职责调整后，商务部未公布最新行业统计数据，本部分引用商务部《中国融资租赁业发展报告（2016—2017）》部分数据及内容。

6 158家，比 2015 年底增加 2 543 家，增幅为 70. 3%。注册资本金总量为 19 223. 7 亿元，同比增幅为 31. 3%。企业资产总额为 21 538. 3 亿元，比上年同期增长 32. 4%。租赁资产总额为 13 090. 4 亿元，增长 33. 8%；融资租赁资产总额为12 810 亿元，增长 32. 9%。

2016 年全行业融资租赁投放金额达到 8 971. 6 亿元，较上年增长 37. 5%，实现营业收入 1 535. 9 亿元，利润总额达 267. 7 亿元，较上年分别增长 35% 和 25. 4%，其中融资租赁业务收入达 973 亿元，比上年增长 13. 6%。全年融资租赁企业共缴纳税收 134. 6 亿元。融资租赁企业逾期租金合计 291. 5 亿元，比上年增加 74. 3 亿元，继续保持较低水平。

1. 2. 2　内资试点融资租赁企业发展情况①

根据不完全统计，截至 2018 年底全国共确认 353 家内资融资租赁试点企业，较 2017 年底新增 77 家，增长 27. 90%（见图 1–5）。

从内资租赁企业注册资本看，全部 353 家注册资本合计 2 498. 78 亿元。其中注册资本超过（不含）30 亿元人民币的共有 10 家，注册资本超百亿元的共有 3 家；天津渤海租赁有限公司注册资本最高，约 221. 01 亿元，其次为浦航租赁有限公司，注册资本约为 126. 83 亿元，长江租赁有限公司注册资本为 107. 90 亿元，排名第三（见表 1–2）。

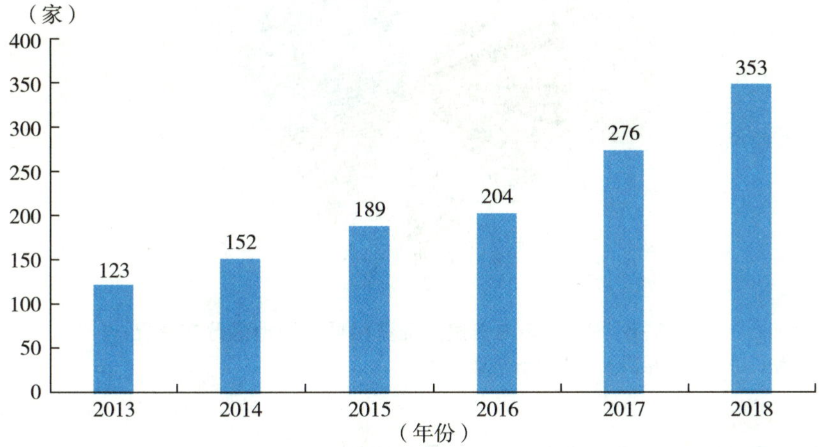

图 1–5　2013—2018 年我国内资试点融资租赁企业数量

数据来源：商务部，中国融资租赁三十人论坛整理。

① 本报告内资试点融资租赁企业相关统计数据由编写人员收集整理。

表 1–2 注册资本排名前十的内资试点融资租赁公司

公司名称	注册地	注册资本（万元）	成立时间
天津渤海租赁有限公司	天津	2 210 085	2007/12/04
浦航租赁有限公司	上海	1 268 340	2009/10/26
长江租赁有限公司	天津	1 079 000	2000/06/09
中航国际租赁有限公司	上海	997 847	1993/11/05
丰汇租赁有限公司	北京	400 000	1999/09/15
招商局融资租赁（天津）有限公司	天津	367 000	2017/04/26
国信租赁有限公司	山东	360 000	2014/01/13
汇通信诚租赁有限公司	新疆	356 000	2011/12/01
中远海运租赁有限公司	上海	350 000	2013/08/29
中车投资租赁有限公司	北京	330 000	1999/04/26

数据来源：中国融资租赁三十人论坛整理。

从内资租赁企业的地区分布看，353 家分布于 26 个省、市、自治区。其中天津数量最多，达 112 家，约占全部内资租赁企业数量的 31.73%；浙江 38 家，北京 26 家，陕西 22 家，上海、山东均 18 家（见图 1–6）。

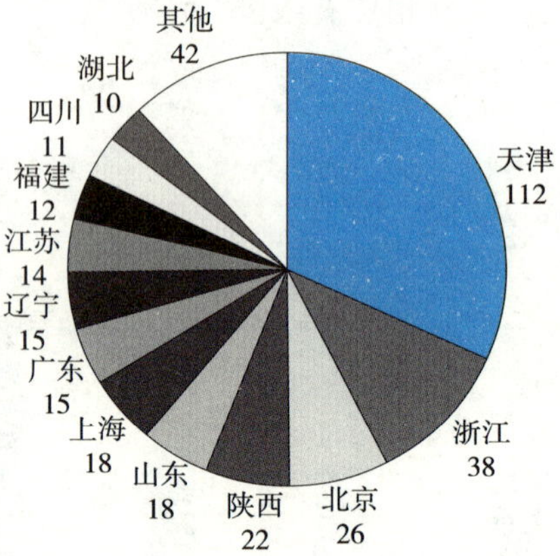

图 1–6 2018 年内资试点融资租赁公司地区分布情况

数据来源：中国融资租赁三十人论坛整理。

1.2.3 外商投资融资租赁企业发展情况

截至 2016 年末，全国共有外商投资融资租赁企业 5 954 家，较 2015 年末增加 2 528 家，增幅为 73.8%。外商投资融资租赁企业资产总额达 16 398.2 亿元，比 2015 年同期增长 31.5%（见图 1–7）。

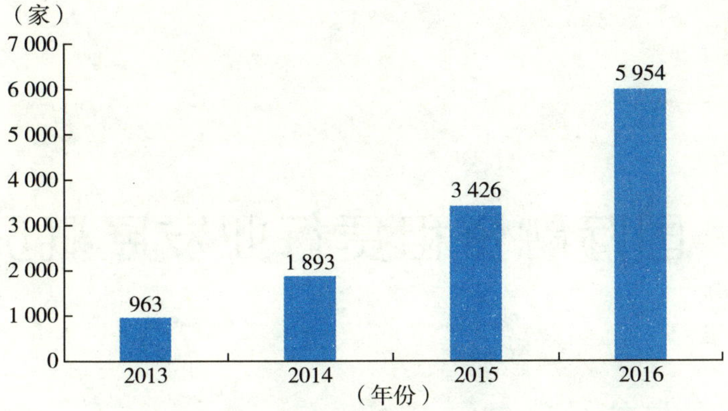

图 1-7 2013—2016 年我国外资融资租赁企业数量

数据来源：商务部，中国融资租赁三十人论坛整理。

2 国际融资租赁行业发展概况①

2.1 世界租赁发展概述

全球租赁业自金融危机以来已经连续 6 年获得新增业务量增长，租赁行业前景依旧乐观。《世界租赁年报 2018》（*2018 Global Leasing Report*）依据全球新增业务量前 50 的国家统计，全球整体新投放业务在 2015 年突破 1 万亿美元以后，在 2016 年继续走高达到 10 997.7 亿美元，增长了 944.7 亿美元（见图 2-1）。纵向观察全球租赁业的表现优于整体经济表现。

北美洲、欧洲和亚洲仍然是全球租赁市场的主体，2016 年这 3 个地区的新增业务总量占全球的 95% 以上。其中，亚洲地区在 2016 年获得了 30% 的增长，在全球所有地区中上升幅度最大。

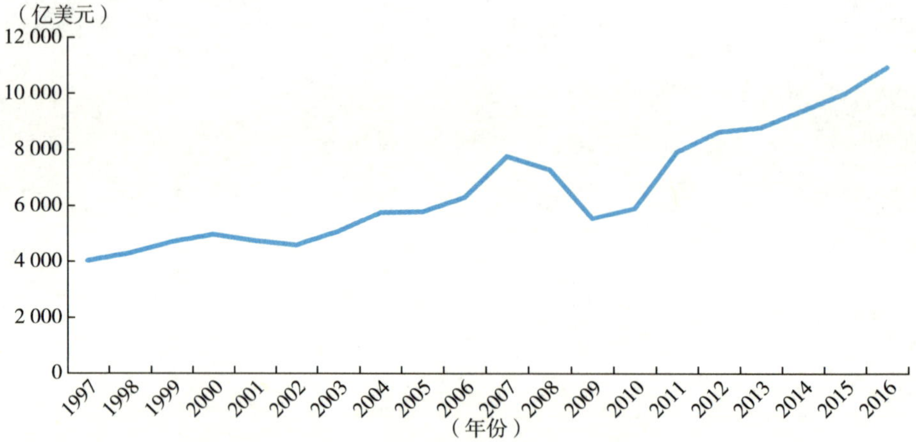

图 2-1　1997—2016 年全球租赁新增业务量

数据来源：整理自 White Clark Group Global Leasing Report。

① 本部分数据源自怀特克拉克集团（White Clark Group）于 2018 年公布的《世界租赁年报 2018》，最新数据更新至 2016 年末。

相比之下，北美洲与欧洲地区虽然在新增业务量增速上分别达到2.2%和7.3%，但是因为无法超过全球9.40%的平均增速，两大地区在全球新增业务总量占比均有一定程度的下降；而其他地区，包括澳新地区、南美洲和非洲的新增业务量均有不同程度萎缩（见表2-1）。可以说，全球租赁业如此高速发展很大程度上是依靠亚洲地区的拉动，而亚洲地区的增速则是依靠中国市场令人惊叹的表现。

表2-1　2015—2016年各区域交易量及增长率

业务量排名	地区	2016年新增业务量（亿美元）	2016年增长率（%）	2015年全球份额占比（%）	2016年全球份额占比（%）	2016年全球份额变化（%）
1	北美洲	4 168	2.2	40.6	37.9	-2.7
2	欧洲	3 463	7.3	32.1	31.5	-0.6
3	亚洲	2 899	30.0	22.2	26.4	4.2
4	澳新	284	-8.9	3.1	2.6	-0.5
5	南美洲	129	-6.8	1.4	1.2	-0.2
6	非洲	54	-19.5	0.7	0.5	-0.2
	全球总量	10 997	—	—	—	—

数据来源：整理自White Clark Group Global Leasing Report。

2.2 世界租赁市场主体发展概况：北美洲、欧洲、亚洲

1997—2016年世界租赁市场主体（北美洲、欧洲、亚洲）新增业务量如图2-2所示。

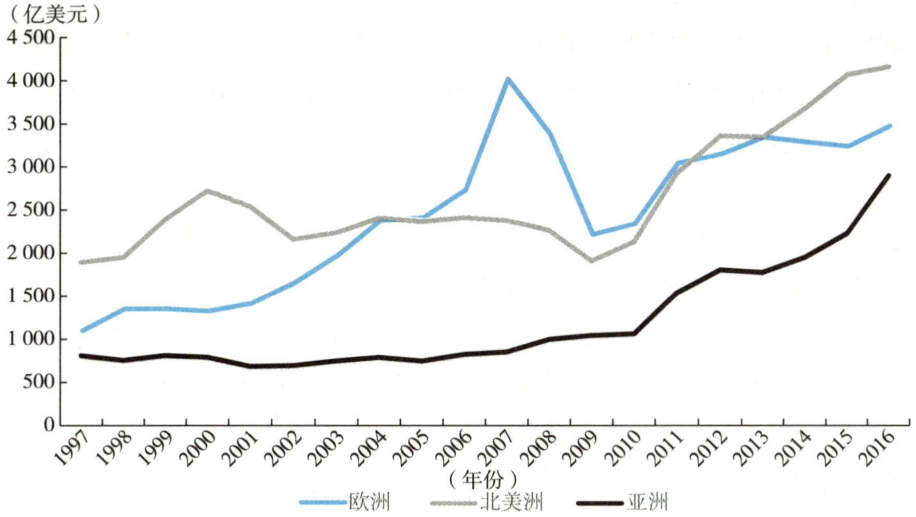

图2-2　1997—2016年全球新增业务量

数据来源：整理自White Clark Group Global Leasing Report。

【北美洲】

北美洲是全世界租赁新增业务量最大的地区，2016 年新增业务量为 4 168 亿美元。同期，北美洲新增业务量占全球的比例为 37.9%，较 2015 年下降 2.7%。

《世界租赁年报 2018》对北美洲地区的统计数据由美国、加拿大和墨西哥 3 个国家数据组成。其中，美国占据美洲地区最大的比重，同时也是全世界最大的租赁市场，2016 年新增业务量达 3 839 亿美元。

根据美国设备金融活动调查（SEFA）的数据，美国新增租赁业务增长放缓，增速由 2015 年的 11.10% 降至 2016 年的 2.54%。此外，根据 SEFA 的报告，美国租赁行业盈利能力在 2016 年受到打击，整个行业平均净资产回报率、总资产回报率和税前收入均有所下降。

2016 年，在加拿大设备与车辆的各种融资手段中，租赁排在第一位，占比达 36%，融资金额达 324 亿加元，折合 258.6 亿美元。加拿大整体经济情况较为疲软，商品价格较为低廉。受此影响，机械设备市场整体较为萎靡，加拿大租赁行业亦较为低迷。然而，加拿大的车辆租赁行业却异军突起、发展迅速，在 2016 年获得了 6.4% 的增长率。

墨西哥 2016 年新增业务量为 71.0 亿美元，较 2015 年下降 2.60%。

【欧洲】

2016 年，欧洲整体的新增业务量为 3 463 亿美元，占据全世界比重为 31.5%。其中英国、德国、法国、意大利和瑞典均是全球业务投放量排名前十的国家。这 5 个国家占了全欧 65% 以上的份额。

2016 年英国“脱欧谈判”尚未结束，英国整体经济形势充满不确定性，然而其资产融资市场却表现得异常强劲。全年英国通过租赁行业获得融资 817.7 亿美元，仅次于美国和中国。与 2015 年同期相比，以当地货币（英镑）计得的增长率为 8.98%。

德国排在英国之后，拥有欧洲第二大租赁市场。以当地货币（欧元）计算，德国 2016 年较 2015 年新增业务量增长了 3.42%，达到了 643 亿美元。德国是世界上最成熟的租赁市场之一，市场中 58% 的资产类型为汽车和房地产，16% 为拖车和卡车。

法国维持着世界第六的租赁业新增业务量，2016 年为 389 亿美元，较 2015 年增长了 11.23%。法国能有较高速度的增长主要得益于法国较低的通货膨胀率和较高的家庭消费能力。

意大利拥有欧洲第四、世界第九大租赁市场，2016 年新增业务量达 253 亿美元。瑞典是欧洲第五、世界第十大租赁市场，2016 年新增业务量达 201 亿美元。

总体来说，欧盟成员（以2016年计）租赁新增业务量复合增长率为10.30%。其中，比利时25.19%，丹麦16.80%，爱沙尼亚17.15%，希腊69.39%，意大利17.02%，立陶宛39.32%，波兰16.61%。

欧洲非欧盟国家也拥有较高的租赁新业务增长率，例如：挪威18.57%，俄罗斯34.42%，乌克兰66.24%。其中，俄罗斯在2015年经历了19.85%的负增长后，受俄罗斯财政部跨部门工作组会议上讨论的新租赁改革措施影响，在2016年度扭转了负增长态势，新增业务量增长率为34.42%。

【亚洲】

2016年整个亚洲的新增业务量占全球总量的26.4%，达2 899亿美元，比2015年同期增长了30%。

中国以61.9%的增速拉动了整个亚洲市场。2016年中国新增业务量达2 067亿美元，占亚洲的71.30%。在中国，融资租赁已经成为一种重要的融资手段，其中又以售后回租为主。纵观整个中国租赁行业，汽车板块的成长速度较快，据统计，中国汽车行业已经有35%～40%的汽车是通过借贷和租赁获得的。

日本拥有世界第五大租赁市场，2016年度日本租赁行业新增业务量小幅下降1.3%。不过，日本租赁市场较为完善成熟，依然排名亚洲第二。据统计，日本约6%的个人资产投资方向为租赁市场。

韩国拥有亚洲第三大租赁市场，2016年韩国的租赁市场急剧萎缩，新增业务量为108亿美元，下滑幅度达9.29%。据统计，韩国市场租赁资产以交通设备为主，占比达70%以上。

2.3 其他区域发展概况：澳大利亚、非洲、拉丁美洲

澳大利亚2016/2017年新增业务量为395亿澳元，以美元计为284.4亿美元，较2015年略有增加，上涨0.80%。其中，融资租赁49亿澳元，经营性租赁23亿澳元，租购16亿澳元，动产抵押贷款307亿澳元。这4类在澳大利亚设备租赁协会统计中，均为租赁业范畴。澳新地区新增业务量占全世界总量的2.6%。

租赁在澳大利亚作为设备融资手段已经使用了60多年，充分证明了租赁在各种经济周期内的实用性。租赁在澳大利亚现已发展成为一种成熟的设备融资手段，预期未来仍将是支持澳大利亚经济发展的投资方式。

非洲市场份额仅占全世界0.5%，有4个国家进入世界前50榜单，国别及排名分别是南非（28）、摩洛哥（37）、尼日利亚（44）、埃及（46）。非洲整体新增业

务量以此四国计算呈下滑趋势，2016 年四国新增业务量合计 54 亿美元。

据阿尔塔集团（Alta Group）的首席执行官、拉丁美洲地区的拉斐尔·卡斯蒂略·特里亚纳（Rafael Castillo Triana）先生的研究，根据估算拉丁美洲地区的总体新业务量以美元计算下降了 6.8%，拉丁美洲地区的租赁量占全球总租赁量的 1.2%。其中，占比较大的租赁市场分别是哥伦比亚、秘鲁、智利、巴西和阿根廷。

2.4 各国/地区租赁投资渗透率

2016 年各国/地区租赁投资渗透率相关数据见表 2-2，1997—2016 年 11 个租赁业发达国家租赁投资渗透率见表 2-3，2014—2016 年各国/地区租赁 GDP（国内生产总值）渗透率见表 2-4。

表 2-2 各国/地区租赁投资渗透率（2016）

2016 年排名	洲代码	国家/地区	排名变化	2016 年新增业务量（亿美元）	2015 年新增业务量（亿美元）	2016 年增长率（%）	2015 年增长率（%）	2016 年市场渗透率（%）
1	NA	美国	0	3 838.7	3 743.5	2.54	11.10	21.5
2	A	中国	0	2 067.0	1 364.5	61.96	25.55	6.0
3	E	英国	0	817.7	871.3	8.98	14.01	33.7
4	E	德国	0	642.6	638.2	3.42	8.42	17.0
5	A	日本	0	594.2	608.4	-1.30	8.94	8.4
6	E	法国	0	389.4	309.2	11.23	9.93	15.3
7	ANT	澳大利亚	0	284.4	308.5	0.80	0.01	40.0
8	NA	加拿大	0	258.6	262.1	-8.47	3.40	32.0
9	E	意大利	1	252.8	176.7	17.02	12.52	14.1
10	E	瑞典	-1	200.9	182.2	15.23	12.05	26.0
11	E	波兰	1	140.0	125.6	16.61	16.37	21.6
12	E	瑞士	-1	121.2	137.9	2.27	5.25	11.9
13	A	韩国	0	107.7	113.9	-9.29	8.10	8.7
14	E	俄罗斯	2	105.2	86.9	34.42	-19.85	—
15	E	丹麦	0	104.3	90.4	16.80	24.06	30.5
16	A	中国台湾	-2	100.3	106.2	0.90	9.80	9.1
17	E	西班牙	1	86.3	76.4	5.88	19.93	6.1
18	E	土耳其	-1	72.7	76.9	4.12	-9.85	—
19	E	奥地利	3	71.6	60.9	6.96	5.90	13.2
20	NA	墨西哥	-1	71.0	71.9	-2.60	32.00	—
21	E	比利时	4	70.2	50.5	25.19	11.14	11.2

（续表）

2016 年排名	洲代码	国家/地区	排名变化	2016 年新增业务量（亿美元）	2015 年新增业务量（亿美元）	2016 年增长率（%）	2015 年增长率（%）	2016 年市场渗透率（%）
22	E	挪威	-1	67.8	61.2	18.57	-2.39	11.5
23	SA	哥伦比亚	-3	62.1	61.4	-3.10	21.00	—
24	E	荷兰	-1	61.5	59.5	6.65	21.27	7.3
25	E	芬兰	-1	54.2	50.6	8.96	3.74	17.3
26	E	捷克	0	45.1	41.1	9.29	20.34	13.8
27	E	葡萄牙	4	33.8	23.6	9.01	20.85	17.0
28	AF	南非	-1	32.0	31	0.30	-1.16	—
29	E	罗马尼亚	5	24.5	16.8	16.60	18.47	0.8
30	SA	秘鲁	-2	23.0	27	-8.32	4.00	—
31	E	匈牙利	5	20.5	13	0.84	13.50	10.9
32	SA	智利	1	20.1	18.1	11.00	-20.95	—
33	SA	巴西	-3	17.5	24.3	-27.98	-38.57	—
34	E	立陶宛	4	15.9	11.7	39.32	51.42	28.1
35	E	斯洛文尼亚	5	13.8	11.2	7.87	44.61	22.5
36	E	斯洛伐克	-7	13.8	24.6	6.34	17.60	18.6
37	AF	摩洛哥	4	13.5	10.4	0.63	5.80	—
38	A	伊朗	-6	12.6	21.4	-38.70	17.00	4.0
39	E	爱沙尼亚	3	11.6	10.2	17.15	7.61	35.5
40	A	马来西亚	-1	10.6	11.5	-4.63	-15.61	—
41	E	保加利亚	2	9.4	8.7	9.13	20.41	10.4
42	E	拉脱维亚	2	7.6	7.6	2.56	28.78	18.5
43	SA	阿根廷	2	6.0	7.3	-8.57	27.00	—
44	AF	尼日利亚	-7	5.1	12	-42.00	27.39	—
45	A	中国香港	新上榜	3.9	—	-28.57	—	—
46	AF	埃及	-11	3.4	13.7	-75.18	159.00	—
47	E	希腊	3	3.3	1.7	69.39	-2.80	2.0
48	E	塞尔维亚/黑山	-1	3.2	3.4	15.25	7.86	—
49	A	乌兹别克斯坦	-1	3.0	2.3	14.30	3.00	0.5
50	E	乌克兰	新上榜	2.1	—	66.24%	—	—

数据来源：（1）国际租赁协会；（2）欧洲租赁协会；（3）亚洲租赁协会；（4）Alta 集团；（5）其他贸易协会；（6）政府统计；（7）中央银行数据；（8）学者评估；（9）其他数据。

表 2-3　11 个租赁业发达国家租赁投资渗透率（1997—2016 年）

（%）

	1997	1998	1999	2000	2001	2002	2003	2004	2005	2006	2007	2008	2009	2010	2011	2012	2013	2014	2015	2016
美国	30.9	30.9	30	31.7	31	31.1	31.1	29.9	26.9	27.7	26	16.4	17.1	17.1	21	22	22	22	22	21.5
日本	8.9	9.2	9.5	9.1	9.2	9.3	8.7	8.7	9.3	9.3	7.8	7.2	7	6.3	6.8	7.2	9.8	8.9	9.6	8.4
德国	13.6	14.7	15.1	14.8	13.5	9.8	21.7	15.7	18.6	23.6	15.5	16.2	13.9	14.3	14.7	5.8	16.6	16.4	16.7	17
韩国	28.3	13.1	2.8	2.4	1.6	3.9	4.4	5.6	7.7	9.4	—	10.5	4.4	4.8	8.7	8.5	8.1	9.8	9.4	9.1
英国	19.2	15	15.9	13.8	14.4	15.3	14.2	9.4	14.5	12.7	11.6	20.6	17.6	18.5	19.8	23.8	31	28.6	31.1	33.7
法国	12.4	17	15.7	9.2	13.7	12.9	15.4	9	11.7	11	12	12.2	3.1	10.5	11.1	12.8	12.5	13.1	14.2	15.3
意大利	10.9	12.3	12.4	12.3	10.4	8.6	7.6	11.4	15.1	15.2	11.4	16.9	10	13.1	12.3	10	9.4	11.7	13	14.1
巴西	20.7	20.7	12.5	11.4	7.6	3.6	3.8	7.7	13.5	16.9	19	23.8	—	—	—	—	—	—	—	—
加拿大	15.7	22	22	22.5	22	20.2	22	23.3	23.9	22	22	19.6	14	15.1	20.8	20.8	32	31	32	32
澳大利亚	25	25	25.4	20	20	20	20	20	20	18	14.2	10	10	12	27.5	27.5	40	40	40	40
瑞典	28	20	17.5	12.9	9.2	13	11.6	12.7	11.8	11.8	14.3	19.4	17.5	19.2	18.2	24.6	24.4	22.7	22.9	26

数据来源：

（1）澳大利亚设备出租协会（租赁总额占私人资本投资比例）；

（2）美国商务部门、经济与统计部门，美国经济分析局和设备租赁协会（设备租赁占企业设备投资比例）；

（3）日本经济规划部门和日本租赁协会（设备租赁占私人资本投资比例）；

（4）欧洲租赁业 2016 年度报告；

（5）加拿大统计局和设备出租协会（出租人购买占设备采购总额的比例）；

（6）韩国租赁协会；

（7）巴西租赁公司协会；

（8）伦敦金融集团；

（9）怀特克拉克全球租赁报告。

表 2-4 各国/地区租赁 GDP 渗透率（2014—2016 年）

排名	2016 年情况		2015 年情况		2014 年情况	
	国家和地区	2016 年比例（%）	国家和地区	2015 年比例（%）	国家和地区	2014 年比例（%）
1	爱沙尼亚	4.97	爱沙尼亚	4.31	爱沙尼亚	4.81
2	瑞典	3.93	瑞典	3.03	瑞典	3.3
3	立陶宛	3.72	英国	3.02	英国	2.84
4	丹麦	3.4	拉脱维亚	2.68	拉脱维亚	2.47
5	英国	3.11	立陶宛	2.64	澳大利亚	2.47
6	斯洛文尼亚	3.09	丹麦	2.5	丹麦	2.36
7	波兰	2.98	瑞士	2.4	瑞士	2.3
8	拉脱维亚	2.74	斯洛伐克	2.19	斯洛伐克	2.24
9	捷克	2.31	澳大利亚	2.08	芬兰	2.14
10	芬兰	2.27	美国	2.08	波兰	2.11
11	澳大利亚	2.25	波兰	2.08	立陶宛	2.07
12	哥伦比亚	2.2	斯洛文尼亚	1.9	美国	1.95
13	美国	2.06	芬兰	1.9	德国	1.87
14	中国台湾	1.89	德国	1.71	斯洛文尼亚	1.73
15	奥地利	1.85	中国台湾	1.67	加拿大	1.69
16	德国	1.85	哥伦比亚	1.57	奥地利	1.63
17	中国	1.84	奥地利	1.47	挪威	1.63
18	挪威	1.83	保加利亚	1.44	中国台湾	1.63
19	瑞士	1.81	加拿大	1.39	捷克	1.36
20	保加利亚	1.79	中国	1.37	保加利亚	1.31
21	加拿大	1.69	捷克	1.33	中国	1.29
22	葡萄牙	1.65	挪威	1.28	法国	1.12
23	匈牙利	1.65	秘鲁	1.26	哥伦比亚	1.09
24	法国	1.58	法国	1.05	南非	1.07
25	斯洛伐克	1.54	葡萄牙	0.98	比利时	0.99
26	比利时	1.5	比利时	0.94	葡萄牙	0.95
27	意大利	1.37	日本	0.93	匈牙利	0.93
28	罗马尼亚	1.31	韩国	0.83	摩洛哥	0.91
29	摩洛哥	1.3	摩洛哥	0.83	日本	0.89
30	日本	1.2	匈牙利	0.8	土耳其	0.88

（续表）

排名	2016 年情况		2015 年情况		2014 年情况	
	国家和地区	2016 年比例（%）	国家和地区	2015 年比例（%）	国家和地区	2014 年比例（%）
31	秘鲁	1.18	意大利	0.77	韩国	0.87
32	南非	1.09	土耳其	0.74	智利	0.83
33	塞尔维亚/黑山	0.85	荷兰	0.7	意大利	0.8
34	土耳其	0.84	南非	0.68	俄罗斯	0.72
35	俄罗斯	0.82	罗马尼亚	0.63	荷兰	0.67
36	智利	0.81	智利	0.62	罗马尼亚	0.67
37	荷兰	0.79	塞尔维亚	0.55	塞尔维亚/黑山	0.6
38	韩国	0.76	墨西哥	0.53	马来西亚	0.57
39	西班牙	0.7	西班牙	0.5	乌兹别克斯坦	0.55
40	墨西哥	0.68	伊朗	0.49	西班牙	0.49
41	乌兹别克斯坦	0.45	乌兹别克斯坦	0.41	伊朗	0.42
42	马来西亚	0.36	埃及	0.4	乌克兰	0.25
43	伊朗	0.31	尼日利亚	0.37	新西兰	0.23
44	乌克兰	0.23	马来西亚	0.36	埃及	0.19
45	希腊	0.17	俄罗斯	0.35	尼日利亚	0.17
46	尼日利亚	0.13	新西兰	0.22	巴西	0.15
47	中国香港	0.12	阿根廷	0.18	秘鲁	0.11
48	阿根廷	0.11	巴西	0.09	希腊	0.06
49	埃及	0.1	希腊	0.05	阿根廷	0.06
50	巴西	0.1	印度	0.01	墨西哥	0.04

数据来源：伦敦金融集团，怀特克拉克集团。

环境篇

3 行业政策环境

3.1 监管

3.1.1 融资租赁行业监管政策变化

（一）监管政策回顾

经过近40年的发展，我国融资租赁行业的监管体系日趋完善。监管机构颁发的部门规章是我国融资租赁业监管制度的主要依据。此前，由于融资租赁企业分属不同部门监管，我国融资租赁业呈现“一个市场、两套监管体系、三种企业准入”的特征。

2000年，中国人民银行发布《金融租赁公司管理办法》（中国人民银行令〔2000〕第4号），是首部关于融资租赁业监管的专门法规，初步形成了行业监管框架体系；2004年《商务部、国家税务总局关于从事融资租赁业务有关问题的通知》（商建发〔2004〕560号）发布，开启了我国融资租赁企业内资试点工作；2005年，商务部颁布《外商投资租赁业管理办法》（商务部令2005年第5号），对外商投资租赁业的投资形式、审批程序、业务规则以及监管做出具体规定；2007年，原银监会发布修订后的《金融租赁公司管理办法》（中国银行业监督管理委员会令2007年第1号），允许商业银行参与设立金融租赁公司，促进了租赁业的快速发展。至此，3类机构的监管框架基本形成。

随着融资租赁业的快速发展，企业数量和资产规模迅速积累，融资租赁企业内资试点工作也得到进一步开展，融资租赁业的相关监管政策密集落地。

2013年7月，《商务部办公厅关于加强和改善外商投资融资租赁公司审批与管理工作的通知》（商办资函〔2013〕657号）发布，加强了对外资融资租赁公司的准入审批的规定，增加了部分规范的规定，对于同一投资者及其母公司在境内设立两家以上融资租赁公司有一定限制，同时还明确指出外资融资租赁公司不得以任何形式为承担政府公益性项目的地方政府融资平台公司提供直接或间接融资。同月，

《商务部办公厅关于全国融资租赁企业管理信息系统试运行的通知》（商办流通函〔2013〕677 号）发布，进一步完善融资租赁企业监管手段，加强对融资租赁企业监督管理。

2013 年 9 月，商务部发布《融资租赁企业监督管理办法》（商流通发〔2013〕337 号，以下简称《办法》）。《办法》的出台是回应融资租赁行业迅速发展的趋势、统一内外资融资租赁企业监管制度、依法履行监管职责的重要举措，也体现了融资租赁的类金融业务属性，必须重视企业的监管引导，加强风险防控。《办法》共计 36 条，针对内资试点和外资融资租赁公司的经营规则和监督管理做出了相关规定。

2014 年 3 月，原银监会修订印发《金融租赁公司管理办法》（中国银监会令 2014 年第 3 号，以下简称《金租办法》）。修订后的《金租办法》共 61 条，重点对准入条件、业务范围、经营规则和监督管理等内容进行了修订完善。主要变化有：主要出资人制度调整为发起人制度；拓宽了融资租赁资产转让对象范围，扩大了业务范围；强化股东风险责任意识，要求股东承担资本补充责任；允许金融租赁公司试点设立子公司；完善了资本管理、关联交易、集中度等方面的审慎监管要求。

2014 年 7 月，原银监会印发《金融租赁公司专业子公司管理暂行规定》（银监办发〔2014〕198 号，以下简称《规定》）。《规定》允许金融租赁公司在飞机、船舶等特定业务领域设立专业化租赁子公司，鼓励在特定领域做专做强，明确了设立条件、业务经营规则及相关监管事项等。《规定》明确了金融租赁公司专业子公司为金融机构，纳入金融监管。

2015 年 6 月，《中国银监会非银行金融机构行政许可事项实施办法》（以下简称《实施办法》）发布，其中针对金融租赁公司的设立，除沿用《金租办法》的条件外，针对不得作为金融租赁公司的发起人的情形增加了一条：代他人持有金融租赁公司股权。此外，《实施办法》第 33 条规定：单个出资人及其关联方投资入股的金融租赁公司不得超过 2 家，其中绝对控股不超过 1 家。《实施办法》对金融租赁公司的出资人增加了限制条件。

2015 年 9 月，《国务院办公厅关于加快融资租赁业发展的指导意见》（国办发〔2015〕68 号）及《国务院办公厅关于促进金融租赁行业健康发展的指导意见》（国办发〔2015〕69 号）先后印发，全面部署加快发展融资租赁业。随后，各地政府响应号召，天津、吉林、山东、湖北等地先后出台各地区促进融资租赁业发展的意见。

2016年3月，《商务部 税务总局关于天津等4个自由贸易试验区内资租赁企业从事融资租赁业务有关问题的通知》（商流通函〔2016〕90号，以下简称《通知》）发布。《通知》称自2016年4月1日起，商务部、税务总局将注册在自贸试验区内的内资租赁企业融资租赁业务试点确认工作委托给各自贸试验区所在的省、直辖市、计划单列市（以下简称“省级”）商务主管部门和国家税务局；各自贸试验区所在的省级商务主管部门会同同级国家税务局负责对融资租赁试点企业提交的相关材料进行审核。

2016年5月，全国中小企业股份转让系统有限责任公司发布《关于金融类企业挂牌融资有关事项的通知》（股转系统公告〔2016〕36号），称融资租赁公司等具有金融属性的企业大多处于新兴阶段，所属细分行业发展尚不成熟，监管政策尚待进一步明确与统一，面临的监管形势错综复杂，行业风险突出。在相关监管政策明确前，暂不受理挂牌申请。

2017年5月，在金融业整体风险梳理排查的背景下，《商务部办公厅关于开展融资租赁业风险排查工作的通知》发布，要求各省、自治区、直辖市、计划单列市在当年5月2日至6月30日期间对融资租赁行业进行风险排查。其中列明了12类企业作为重点检查对象及9类企业出现的问题作为重点排查内容。

2017年6月，《商务部 税务总局关于辽宁等7个自由贸易试验区内资租赁企业从事融资租赁业务有关问题的通知》（商流通函〔2017〕270号）发布，融资租赁内资试点确认工作的审核权限下放区域增至11个。权限下放促进了各地内资试点融资租赁公司的设立和发展。

（二）2018年监管政策变化

2018年是融资租赁业转折之年，行业正式开启监管并轨。

2017年7月14—15日，第五次全国金融工作会议在北京召开，着重强调了以强化金融监管为重点，以防范系统性金融风险为底线，加快相关法律法规建设，完善金融机构法人治理结构，加强宏观审慎管理制度建设，加强功能监管，更加重视行为监管。会议还提出，地方政府要在坚持金融管理主要是中央事权的前提下，按照中央统一规则，强化属地风险处置责任，要坚持中央统一规则，压实地方监管责任，加强金融监管问责。

根据金融工作会议精神，金融监管由机构监管转向功能监管。功能监管是指对不同类型金融机构开展的相同或类似业务进行标准统一或相对统一的监管。这一监管模式更关注金融机构所从事的业务活动，而不是金融机构本身。功能监管强调跨机构、跨市场的监管，有利于缓和监管职能冲突，减少监管真空及监管重叠，消除监管套利，适应了混业经营趋势下防控交叉金融风险的需要，能够实现对金融体系的全面监管。对于融资租赁业而言，面临不同监管主体和监管规则的金融租赁公司、融资租赁公司开展的是同类业务，从金融监管体制改革的趋势看，统一监管、强化属地监管是监管完善的方向。

1.《外商投资租赁业管理办法》废止

2018 年 2 月 22 日，中华人民共和国商务部于其官网发布《商务部关于废止和修改部分规章的决定》（商务部令 2018 年第 1 号），废止了《外商投资租赁业管理办法》（商务部令 2005 年第 5 号，以下简称《管理办法》）。《管理办法》的废止背景可以追溯至 2015 年 8 月 31 日发布的《国务院办公厅关于加快融资租赁业发展的指导意见》（国办发〔2015〕68 号，以下简称《指导意见》）。《指导意见》提出，“加快推进简政放权。进一步转变管理方式，简化工作流程，促进内外资融资租赁公司协同发展”，还提出“理顺行业管理体制。加强行业统筹管理，建立内外资统一的融资租赁业管理制度和事中事后监管体系，实现经营范围、交易规则、监管指标、信息报送、监督检查等方面的统一”。

《管理办法》的废止是顺应落实《指导意见》的举动，更是落实统一行业管理体制、监管规则以及加快融资租赁业发展的必然。《管理办法》废止后，外资租赁企业日常的监管要求继续遵循《融资租赁企业监督管理办法》的相关规定执行。

2.《商务部办公厅关于融资租赁公司、商业保理公司和典当行管理职责调整有关事宜的通知》发布

2018 年 5 月 14 日，商务部流通业发展司发布了《商务部办公厅关于融资租赁公司、商业保理公司和典当行管理职责调整有关事宜的通知》（商办流通函〔2018〕165 号）。该通知称，商务部已将制定融资租赁公司、商业保理公司、典当行业务经营和监管规则职责划给银保监会，自 2018 年 4 月 20 日起，有关职责由银保监会履行。中国融资租赁行业持续多年的“两类三机构”模式落幕。外商投资融资租赁公司、内资试点融资租赁公司、金融租赁公司的管理规则将统一由银保监会制定。这意味着，融资租赁业结束了多头监管的局面。

3. 国家发展改革委、商务部发布《市场准入负面清单（2018 版）》

2018 年 12 月，国家发展改革委、商务部发布《市场准入负面清单（2018 年版）》（以下简称《清单》）。《清单》指出，融资租赁公司属于金融监管对象。非金融机构、不从事金融活动的企业，在注册名称和经营范围中原则上不得使用“融资租赁”“商业保理”“小额贷款”“金融”“资产管理”“理财”“网贷”“网络借

贷”“P2P”[1]“互联网保险”“支付”“外汇（汇兑、结售汇、货币兑换）”等与金融相关的字样。凡在名称和经营范围中选择使用上述字样的企业（包括存量企业），市场监管部门将注册信息及时告知金融管理部门，金融管理部门、市场监管部门予以持续关注，并列入重点监管对象。

3.1.2　融资租赁行业监管体系

（一）新旧监管体系对比

在《商务部办公厅关于融资租赁公司、商业保理公司和典当行管理职责调整有关事宜的通知》下发之前，金融租赁公司、内资试点融资租赁公司、外商投资融资租赁公司由不同的监管主体负责，各自遵循的监管规则有一定差异。

金融租赁公司由原银监会负责审批设立，参照银行的监管原则实施严格的审慎监管；融资租赁公司根据股东背景又进一步分为内资试点融资租赁公司和外商投资融资租赁公司，均由商务部实施监督管理，省级商务主管部门负责监管本行政区域内的融资租赁公司。总体上看，融资租赁公司在监管规则的设定以及具体执行的严格程度上明显高于一般工商企业，但弱于金融机构的监管（见表3-1）。

表3-1　3类机构监管政策对比[2]

项目	金融租赁公司	外商投资融资租赁公司	内资试点融资租赁公司
监管部门	银保监会	商务部→银保监会	商务部→银保监会
监管文件	《金融租赁公司管理办法》（银监会令〔2014〕3号） 《金融租赁公司专业子公司管理暂行规定》（银监办发〔2014〕198号）	《外商投资租赁业管理办法》（商务部令2005年第5号）（已废止） 《融资租赁企业监督管理办法》（商流通发〔2013〕337号） 《商务部办公厅关于加强和改善外商投资融资租赁公司审批与管理工作的通知》	《商务部、国家税务总局关于从事融资租赁业务有关问题的通知》（商建发〔2004〕560号） 《商务部 税务总局关于天津等4个自由贸易试验区内资租赁企业从事融资租赁业务有关问题的通知》（商流通函〔2016〕90号） 《商务部 税务总局关于辽宁等7个自由贸易试验区内资租赁企业从事融资租赁业务有关问题的通知》（商流通函〔2017〕270号） 《融资租赁企业监督管理办法》（商流通发〔2013〕337号）

① P2P，意即个人对个人，又称点对点网络贷款，是一种将小额资金聚集起来借贷给有资金需求人群的民间小额借贷模式。

② 截至本报告出版日，《融资租赁企业监督管理办法》依旧有效。

（续表）

项目	金融租赁公司	外商投资融资租赁公司	内资试点融资租赁公司
主体资格认定	金融租赁公司是指经原中国银行业监督管理委员会批准，以经营融资租赁业务为主的非银行金融机构	根据《外商投资租赁业管理办法》，外国公司、企业和其他经济组织在中华人民共和国境内以中外合资、中外合作以及外商独资的形式设立从事融资租赁业务的外商投资企业	商务部、国家税务总局联合确认后纳入融资租赁试点范围，各自贸试验区所在的省级商务主管部门会同同级国家税务局负责对融资租赁试点企业提交的相关材料进行审核
出资人/发起人条件	金融租赁公司的发起人包括在中国境内外注册的具有独立法人资格的商业银行，在中国境内注册的、主营业务为制造适合融资租赁交易产品的大型企业，在中国境外注册的融资租赁公司以及原银监会认可的其他发起人。不同发起人有相应的出资能力要求	外国投资者的总资产不得低于500万美元	无
最低限额注册资本	最低注册资本为1亿元人民币或等值的自由兑换货币，注册资本为一次性实缴货币资本	注册资本不低于1 000万美元	2001年8月31日（含）前设立的内资租赁企业最低注册资本金应达到4 000万元，2001年9月1日至2003年12月31日期间设立的内资租赁企业最低注册资本金应达到1.7亿元
股东救助要求	金融租赁公司发起人应当在金融租赁公司章程中约定，在金融租赁公司出现支付困难时，给予流动性支持；当经营损失侵蚀资本时，及时补足资本金	无	无

（续表）

项目	金融租赁公司	外商投资融资租赁公司	内资试点融资租赁公司
经营范围	(1) 融资租赁业务； (2) 转让和受让融资租赁资产； (3) 固定收益类证券投资业务； (4) 接受承租人的租赁保证金； (5) 吸收非银行股东3个月（含）以上定期存款； (6) 同业拆借； (7) 向金融机构借款； (8) 境外借款； (9) 租赁物变卖及处理业务； (10) 经济咨询。 经原银监会批准，经营状况良好、符合条件的金融租赁公司可以开办下列部分或全部本外币业务： (1) 发行债券； (2) 在境内保税地区设立项目公司开展融资租赁业务； (3) 资产证券化； (4) 为控股子公司、项目公司对外融资提供担保； (5) 原银监会批准的其他业务	(1) 融资租赁业务； (2) 租赁业务； (3) 向国内外购买租赁财产； (4) 租赁财产的残值处理及维修； (5) 租赁交易咨询和担保； (6) 经审批部门批准的其他业务	融资租赁企业应当以融资租赁等租赁业务为主营业务，开展与融资租赁和租赁业务相关的租赁财产购买、租赁财产残值处理与维修、租赁交易咨询和担保、向第三方机构转让应收账款、接受租赁保证金及经审批部门批准的其他业务
租赁物范围	适用于融资租赁交易的租赁物为固定资产，原银监会另有规定的除外	根据《外商投资租赁业管理办法》的规定，租赁财产包括：（1）生产设备、通信设备、医疗设备、科研设备、检验检测设备、工程机械设备、办公设备等各类动产；（2）飞机、汽车、船舶等各类交通工具；（3）本条（1）、（2）项所述动产和交通工具附带的软件、技术等无形资产，但附带的无形资产价值不得超过租赁财产价值的1/2	融资租赁企业开展融资租赁业务应当以权属清晰、真实存在且能够产生收益权的租赁物为载体，售后回租的标的物应为能发挥经济功能，并能产生持续经济效益的财产

（续表）

项目	金融租赁公司	外商投资融资租赁公司	内资试点融资租赁公司
监管指标	（1）资本充足率8%； （2）单一客户融资集中度30%； （3）单一集团客户融资集中度50%； （4）单一客户关联度30%； （5）全部关联度50%； （6）单一股东关联度不得超过该股东在金融租赁公司的出资额，且应同时满足《金融租赁公司管理办法》对单一客户关联度的规定； （7）同业拆借比例100%	风险资产一般不得超过净资产总额的10倍。风险资产按企业的总资产减去现金、银行存款、国债和委托租赁资产后的剩余资产总额确定	风险资产（含担保余额）不得超过资本总额的10倍

资料来源：中国融资租赁三十人论坛整理。

根据商办流通函〔2018〕165号，银保监会承接的仅是“制定融资租赁公司、商业保理公司、典当行业务经营和监管规则职责”。根据各地机构改革方案，地方金融监督管理局将承担起融资租赁企业监管的具体执行职责。

（二）新监管体系架构

1. 银保监会

2018年3月13日，国务院机构改革报告提出，将组建中国银行保险监督管理委员会，并将中国银行业监督管理委员会和中国保险监督管理委员会的职责整合，作为国务院直属事业单位。同时，还将中国银行业监督管理委员会和中国保险监督管理委员会制定银行业、保险业重要法律法规草案和审慎监管基本制度的职责划入中国人民银行。

2018年4月8日，银保监会正式挂牌。

2018年6月7日，银保监会在官网发布了一条监管信息。信息称，银保监会已致函各省、自治区、直辖市、计划单列市人民政府，请其督促相关部门认真履行监管职责，加强监督管理，及时妥善处置风险隐患，尽快与中国银行保险监督管理委员会建立并完善日常工作联系和重大事件信息通报机制，组织本地区3类机构登录“全国融资租赁企业管理信息系统”“商业保理业务信息系统”“全国典当行业监督管理信息系统”，真实、准确、完整填报信息，逐户审核确认企业填报信息，结合实际开展摸底工作。此次摸底调查为银保监会接手3类机构后开展的首次针对性工作。

2018 年 11 月 13 日，中国机构编制网公告了《中国银行保险监督管理委员会职能配置、内设机构和人员编制规定》。编制规定中提到，银保监会将下设办公厅、政策研究局、法规部、普惠金融部等 27 个内设机构（见表 3-2）。编制规定中明确，银保监会依据审慎监管和金融消费者保护基本制度，制定银行业和保险业审慎监管与行为监管规则；制定小额贷款公司、融资性担保公司、典当行、融资租赁公司、商业保理公司、地方资产管理公司等其他类型机构的经营规则和监管规则；制定网络借贷信息中介机构业务活动的监管制度。

表 3-2 银保监会内设机构

内设机构名称	职 责
办公厅（党委办公室）	负责机关日常运转，承担信息、安全、保密、信访、政务公开、信息化、新闻宣传等工作
政策研究局	承担银行业和保险业改革开放政策研究与组织实施具体工作。对国内外经济金融形势、国际银行保险监管改革及发展趋势、监管方法和运行机制等开展系统性研究，提出银行业和保险业监管政策建议
法规部	起草银行业和保险业其他法律法规草案。拟订相关监管规则。承担合法性审查和法律咨询服务工作。承担行政复议、行政应诉、行政处罚等工作
统计信息与风险监测部	承担银行业和保险业监管统计制度、监管报表的编制披露以及行业风险监测分析预警工作。承担信息化建设和信息安全以及银行业和保险业机构的信息科技风险监管工作
财务会计部（偿付能力监管部）	承担财务管理工作，负责编报系统年度财务预决算。建立偿付能力监管指标体系并监督实施。监管保险保障基金使用情况
普惠金融部	协调推进银行业和保险业普惠金融工作，拟订相关政策和规章制度并组织实施。指导银行业和保险业机构对小微企业、“三农”和特殊群体的金融服务工作
公司治理监管部	拟订银行业和保险业机构公司治理监管规则。协调开展股权管理和公司治理的功能监管。指导银行业和保险业机构开展加强股权管理、规范股东行为和健全法人治理结构的相关工作
银行机构检查局	拟订银行机构现场检查计划并组织实施。承担现场检查立项、实施和后评价。提出整改、采取监管措施和行政处罚的建议
非银行机构检查局	拟订保险、信托和其他非银行金融机构等现场检查计划并组织实施。承担现场检查立项、实施和后评价。提出整改、采取监管措施和行政处罚的建议
重大风险事件与案件处置局（银行业与保险业安全保卫局）	拟订银行业和保险业机构违法违规案件调查规则。组织协调银行业和保险业重大、跨区域风险事件和违法违规案件的调查处理。指导、检查银行业和保险业机构的安全保卫工作

（续表）

内设机构名称	职　责
创新业务监管部	协调开展银行业和保险业机构资产管理业务等功能监管。为银行业和保险业创新业务的日常监管提供指导和支持。承担银行业和保险业金融科技等新业态监管策略研究等相关工作
消费者权益保护局	研究拟订银行业和保险业消费者权益保护的总体规划和实施办法。调查处理损害消费者权益案件，组织办理消费者投诉。开展宣传教育工作
打击非法金融活动局	承担打击取缔擅自设立相关非法金融机构或者变相从事相关法定金融业务的工作。承担非法集资的认定、查处和取缔以及相关组织协调工作。向有关部门移送非法集资案件。开展相关宣传教育、政策解释和业务指导工作
政策性银行监管部	承担政策性银行和开发性银行的准入管理。开展非现场监测、风险分析和监管评级，根据风险监管需要开展现场调查。提出个案风险监控处置和市场退出措施并承担组织实施具体工作
国有控股大型商业银行监管部	承担国有控股大型商业银行的准入管理。开展非现场监测、风险分析和监管评级，根据风险监管需要开展现场调查。提出个案风险监控处置和市场退出措施并承担组织实施具体工作
全国性股份制商业银行监管部	承担全国股份制商业银行的准入管理。开展非现场监测、风险分析和监管评级，根据风险监管需要开展现场调查。提出个案风险监控处置和市场退出措施并承担组织实施具体工作
城市商业银行监管部	承担城市商业银行、民营银行的准入管理。开展非现场监测、风险分析和监管评级，根据风险监管需要开展现场调查。提出个案风险监控处置和市场退出措施并承担组织实施具体工作
农村中小银行机构监管部	承担农村中小银行机构的准入管理。开展非现场监测、风险分析和监管评级，根据风险监管需要开展现场调查。提出个案风险监控处置和市场退出措施并承担组织实施具体工作
国际合作与外资机构监管部（港澳台办公室）	承担外事管理、国际合作和涉港澳台地区相关事务。承担外资银行保险机构的准入管理。开展非现场监测、风险分析和监管评级，根据风险监管需要开展现场调查。提出个案风险监控处置和市场退出措施并承担组织实施具体工作
财产保险监管部（再保险监管部）	承担财产保险、再保险机构的准入管理。开展非现场监测、风险分析和监管评级，根据风险监管需要开展现场调查。提出个案风险监控处置和市场退出措施并承担组织实施具体工作
人身保险监管部	承担人身保险机构的准入管理。开展非现场监测、风险分析和监管评级，根据风险监管需要开展现场调查。提出个案风险监控处置和市场退出措施并承担组织实施具体工作
保险中介监管部	承担保险中介机构的准入管理。制定保险中介从业人员行为规范和从业要求。检查规范保险中介机构的市场行为，查处违法违规行为
保险资金运用监管部	承担建立保险资金运用风险评价、预警和监控体系的具体工作。承担保险资金运用机构的准入管理。开展非现场监测、风险分析和监管评级，根据风险监管需要开展现场调查。提出个案风险监控处置和市场退出措施并承担组织实施具体工作

（续表）

内设机构名称	职 责
信托监管部	承担信托机构准入管理。开展非现场监测、风险分析和监管评级，根据风险监管需要开展现场调查。提出个案风险监控处置和市场退出措施并承担组织实施具体工作。指导信托业保障基金经营管理
其他非银行金融机构监管部	承担金融资产管理公司、企业集团财务公司、金融租赁公司、汽车金融公司、消费金融公司、货币经纪公司等机构准入管理。开展非现场监测、风险分析和监管评级，根据风险监管需要开展现场调查。提出个案风险监控处置和市场退出措施并承担组织实施具体工作
人事部（党委组织部）	承担机关、派出机构和直属单位的干部人事、机构编制、劳动工资和教育工作。指导行业人才队伍建设工作。指导系统党的组织建设和党员教育管理
机关党委（党委宣传部）	负责机关和在京直属单位的党群工作，负责系统党的思想建设和宣传工作

资料来源：中国融资租赁三十人论坛整理。

2018 年 12 月 17 日，根据中国银保监会的统一部署，下辖 36 个派出机构，即各省（自治区、直辖市、计划单列市）银保监局统一挂牌，启用名为“中国银行保险监督管理委员会××监管局”的牌子，银监局、保监局正式合并。

2. 地方金融监督管理局

2018 年 10 月以来，各省机构改革方案相继对外公布，地方金融监管体系逐渐明朗。多省、市、自治区相继成立地方金融监督管理局，加挂省/市/自治区金融工作局牌子，包括北京、吉林、福建、辽宁、湖南、重庆、甘肃、山东、江西、广西、四川、浙江、河北、云南、安徽、湖北、宁夏、山西、广东、海南、黑龙江、天津等。江苏、深圳、上海则已于 2017 年宣布加挂地方金融监管局牌子。

地方金融监督管理局的成立实际上是深化金融监管体制改革的重要组成部分。根据各地机构改革方案，地方金融监督管理局会将市金融工作局职责及市商务委员会的典当行、融资租赁公司、商业保理公司监管职责等整合，进一步夯实金融强监管、防风险、促发展工作。从地方金融监管的趋势来看，强化与中央金融监管政策相一致的同时，防范监管合成谬误的发生，落实地方金融监管部门的监管责任会是大势所趋，属地监管原则会进一步强化。部分地区金融办（金融监管局）的工作动态表明，地方上已逐步履行对融资租赁公司的监管职责。

【深圳】深圳市金融办（市监管局）早在 2017 年 12 月就在其主要职责中明确规定，负责对全市辖区内小额贷款公司、融资担保公司、区域性股权市场、典当行、融资租赁公司、商业保理公司、地方资产管理公司等金融机构实施监管。

2018 年 11 月 12 日，深圳市发布《市金融办关于开展 2018 年度融资租赁企业合规经营现场检查的通知》。该通知称，根据《中国银保监会关于商请做好改革过渡期间三类机构工作衔接的函》（银保监函〔2018〕204 号）有关工作要求，为及时发现并妥善处置全市融资租赁企业存在的风险隐患，有效防范和化解金融风险，提高企业合规经营自觉性和风险防控能力，促进行业健康发展，市金融办将于 2018 年第四季度对深圳市部分融资租赁企业合规经营情况开展现场检查工作。现场检查范围包括公司治理情况、内部管理情况、业务管理情况、财务管理情况、企业经营情况、其他有关风险情况等。

2019 年 1 月 3 日，深圳市发布《市金融办关于融资租赁公司填报月度数据的通知》。该通知称，根据《关于加强小额贷款公司等六类机构监管联系和情况报告的函》（银保监办便函〔2018〕1952 号）有关工作要求，在原有定期填报融资租赁企业管理信息系统的基础上，建立月度快报制度，月报信息包括注册资本、资产总额、经营性租赁、直接和售后回租融资租赁资产总额、银行借款利率、客户数、不良租赁资产率等。

【广州】 广州市金融局于 2018 年 5 月发布《广州市决胜防控金融风险攻坚战三年行动计划（2018—2020 年）》（以下简称《行动计划》）。《行动计划》明确了地方金融监管工作范围。按照中央和省的工作部署，将小额贷款、融资担保、区域性股权市场、典当、融资租赁、商业保理、地方资产管理公司、互联网借贷信息中介、地方各类交易场所、农村资金互助合作社、社会众筹、私募基金、投资机构等类金融业态、机构，统一纳入市地方金融监管工作范围。

对于类金融业务的监管，《行动计划》中称，将研究制定地方金融监管措施，针对金融行为进行正面、负面清单式管理，根据类金融业态、金融行为的不同特点和风险情况依法依规制定相应的金融活动准入标准、业务规范和经营行为准则；将推动类金融机构全面纳入监管。类金融机构在不同类金融业态及同一业态不同细分领域均应采取“分业经营”模式，避免不同性质的金融风险互相影响、交织和传递，防止以金融控股集团、关联交易、通道业务等名义规避监管。允许类金融机构在全面纳入防控中心监测、风险可控的前提下，探索产品创新、服务创新，但不得利用创新名义规避监管、违法违规从事金融活动，突破风险管理底线；按照“暂停增量、整顿存量、清除隐患”的原则开展风险排查、清理规范等工作，清理一批、保留一批、准入一批，做到净化市场、严控风险、规范经营。

【上海】 上海市地方金融监督管理局 2019 年 1 月 9 日发布《关于加强融资租赁、商业保理、典当等三类机构信息报送的通知》（沪金监〔2019〕3 号）。该通知称，按照银保监会工作要求，各区主管部门要认真做好3类机构月度快报汇总上报工作，组织区内相关企业于每月月初5个工作日内及时填报上月月度快报信息，汇总后及时报送市地方金融监管局。地方金融监管局将汇总各区上报信息，经分管市领导审阅后报送银保监会。

3.1.3 各自贸区政策环境比较

（一）天津自贸区

2015年4月8日，《国务院关于印发中国（天津）自由贸易试验区总体方案的通知》（国发〔2015〕19号）发布，批准建立中国（天津）自由贸易试验区[China（Tianjin）Pilot Free Trade Zone]，并于2015年4月21日正式揭牌成立。

天津自贸区是中国大陆北方第一个自由贸易试验区，也是继中国（上海）自由贸易试验区之后，中央设立的第二批自由贸易试验区之一。

天津自贸区的战略定位是，以制度创新为核心任务，以可复制可推广为基本要求，努力成为京津冀协同发展高水平对外开放平台、中国改革开放先行区和制度创新试验田、面向世界的高水平自由贸易园区。

总体目标是，经过3至5年的改革探索，将天津自贸试验区建设成为贸易自由、投资便利、高端产业集聚、金融服务完善、法制环境规范、监管高效便捷、辐射带动效应明显的国际一流自由贸易园区，在京津冀协同发展和中国经济转型发展中发挥示范引领作用。

天津自贸区总面积为119.9平方公里，涵盖3个功能区：天津港东疆片区30平方公里（含东疆保税港区10平方公里）、天津机场片区43.1平方公里（含天津港保税区空港部分1平方公里和滨海新区综合保税区1.96平方公里）、滨海新区中心商务片区46.8平方公里（含天津港保税区海港部分和保税物流园区4平方公里）。

根据功能划分（见表3-3），天津港东疆片区是北方国际航运中心和国际物流中心的核心功能区，重点发展航运物流、国际贸易、融资租赁等现代服务业；天津机场片区是天津先进制造业企业和科技研发转化机构的重要集聚区，重点发展航空航天、装备制造、新一代信息技术等高端制造业和研发设计、航空物流等生产型服务业，形成民用航空、装备制造、电子信息、生物医药、快速消费品和现代服务业等优势产业集群；滨海新区中心商务片区是天津金融改革创新集聚区，也是滨海新区城市核心区，重点发展以金融创新为主的现代服务业，是国内少数拥有金融“全牌照”区域。

表 3-3　天津自贸区功能划分情况

划分方式	区　域	重点发展产业
区域布局划分	天津港东疆片区	航运物流、国际贸易、融资租赁等现代服务业
	天津机场片区	高端制造业、生产型服务业
	滨海新区中心商务片区	以金融创新为主的现代服务业
海关监管方式划分	海关特殊监管区域	货物贸易、融资租赁、保税加工、保税物流等
	非海关特殊监管区域	现代服务业、高端制造业

资料来源：中国融资租赁三十人论坛整理。

根据海关监管方式划分，自贸试验区内的海关特殊监管区域重点探索以贸易便利化为主要内容的制度创新，开展货物贸易、融资租赁、保税加工和保税物流等业务；非海关特殊监管区域重点探索投资制度改革，完善事中事后监管，推动金融制度创新，积极发展现代服务业和高端制造业。

天津自贸试验区将重点实施加快政府职能转变、扩大投资领域开放、推动贸易转型升级、深化金融领域开放创新、服务京津冀协同发展 5 个方面的试点内容。

天津自贸区挂牌 3 年多以来，90 项改革任务、175 项制度创新举措基本完成，累计新增市场主体 4.5 万户，是自贸试验区设立前的 2 倍，注册资本超过 1.6 万亿元。2017 年，3 个片区在全市 1% 的面积上，创造了全市 12% 的地区生产总值、10% 的一般预算收入、1/4 的实际利用外资额和 1/3 的外贸进出口额，取得阶段性成果，总体达到预期目标。

1. 天津自贸区融资租赁发展情况

《中国（天津）自由贸易试验区总体方案》指出要深化金融领域开放创新。要求深化金融体制改革，实施业务模式创新，培育新型金融市场，加强风险控制，推进投融资便利化、利率市场化和人民币跨境使用，做大做强融资租赁业，服务实体经济发展。

做大做强租赁业，服务经济转型升级；发挥天津融资租赁业优势，率先形成与国际接轨的租赁业发展政策环境，为中国装备“走出去”和产业转型升级做贡献，这一特色定位是天津自贸区较其他自贸区实现差异化发展的重要路径。

经过近几年的高速发展，天津自贸区已成为国内最大的融资租赁聚集区，融资租赁企业数量、业务规模全国最多，产业集聚效应已显现。此外，自贸区内租赁政策创新、业务模式创新均走在全国前列，已推出保税租赁、出口租赁、联合租赁等 40 余种交易模式，经营范围覆盖飞机、船舶、海工平台、电力设备、轨道交通等领域。

融资租赁已被定位为天津自贸区的特色产业之一，而根据天津自贸区 3 个片区的功能划分，融资租赁业又为天津港东疆片区（含东疆保税港区）的重点发展产业，其中东疆保税港区又是国家租赁创新示范区，国内唯一的租赁业试点区。目前，东疆片区已成为全球第二大飞机租赁聚集地。

截至 2018 年 5 月末，天津自贸区内各类租赁公司达到 3 256 家，其中融资租赁公司总部超过 1 300 家。区内累计租赁飞机 1 140 架，约占全国的 90%；累计租赁船舶 145 艘，约占全国的 80%；租赁海上钻井平台 13 座，占全国 100%。

截至 2018 年末，注册成立于天津的金融租赁公司达 11 家（见表 3-4），是我国金融租赁公司分布最多的地区，注册资本合计 516.04 亿元。

表 3-4 注册成立于天津的金融租赁公司

企业名称	注册资本（亿元）	注册地区	成立时间
工银金融租赁有限公司	180	滨海新区	2007/11/26
兴业金融租赁有限责任公司	90	滨海新区	2010/08/30
民生金融租赁股份有限公司	50.95	自贸区	2008/04/02
中信金融租赁有限公司	40	自贸区	2015/03/31
中铁建金融租赁有限公司	34	自贸区	2016/06/27
邦银金融租赁股份有限公司	30	自贸区	2013/08/16
中国金融租赁有限公司	30	自贸区	2013/06/06
天津国泰金融租赁有限责任公司	20	自贸区	2017/11/03
天银金融租赁股份有限公司	17	自贸区	2016/10/14
华运金融租赁股份有限公司	14.29	自贸区	2015/04/21
中煤科工金融租赁股份有限公司	9.8	自贸区	2017/09/30
合计	516.04		

资料来源：中国融资租赁三十人论坛整理。

2. 天津自贸区融资租赁政策环境

自 2010 年以来，天津先后密集颁布了多项支持政策完善融资租赁政策体系，为自贸区融资租赁业发展提供了良好环境，以实现其在京津冀协同发展战略中的金融创新定位。

2015 年 4 月 20 日，《国务院关于印发中国（天津）自由贸易试验区总体方案的通知》发布。总体方案要求提升租赁业发展水平，率先推进租赁业政策制度创新，形成与国际接轨的租赁业发展环境，加快建设国家租赁创新示范区。在自贸试验区的海关特殊监管区域内，支持设立中国天津租赁平台，推进租赁资产公示等试点。支持设立中国金融租赁登记流转平台，推进租赁资产登记、公示、流转等试点。统一内外资融资租赁企业准入标准、审批流程和事中事后监管，允许注册在自贸试验区内由天津市商务主管部门准入的内资融资租赁企业享受与现行内资融资租赁试点企业同等的待遇。支持符合条件的金融租赁公司和融资租赁公司设立专业子公司。支持金融租赁公司和融资租赁公司在符合相关规定的前提下，设立项目公司经营大型设备、成套设备等融资租赁业务，并开展境内外租赁业务。经相关部门认可，允许融资租赁企业开展与主营业务相关的保理业务和福费廷业务。支持租赁业境外融资，鼓励各类租赁公司扩大跨境人民币资金使用范围。对注册在自贸试验区海关特殊监管区域内的融资租赁企业进出口飞机、船舶和海洋工程结构物等大型设备涉及跨关区的，在确保有效监管和执行现行相关税收政策前提下，按物流实际需要，实行海关异地委托监管。

2015 年 12 月 9 日，《中国人民银行关于金融支持中国（天津）自由贸易试验区建设的指导意见》发布，将融资租赁作为重点，在跨境投融资和资金运营管理等方面给予了有力的政策支持。具体促进租赁业发展的规定包括：（1）支持自贸试验区内金融机构和企业按宏观审慎原则从境外借用人民币资金，用于符合国家宏观调控方向的领域，不得用于投资有价证券、理财产品、衍生产品，不得用于委托贷款。（2）支持自贸试验区内企业和金融机构按规定在境外发行人民币债券，募集资金可调回区内使用。自贸试验区内企业的境外母公司可按规定在境内发行人民币债券。（3）自贸试验区内符合条件的跨国企业集团开展跨境双向人民币资金池业务，可不受经营时间、年度营业收入和净流入额上限的限制。（4）促进贸易投资便利化。在真实合法交易基础上，进一步简化流程，自贸试验区内货物贸易外汇管理分类等级为 A 类的企业，货物贸易收入无须开立待核查账户，允许选择不同银行办理经常项目提前购汇和付汇。简化直接投资外汇登记手续，直接投资外汇登记下放银行办理，外商投资企业外汇资本金实行意愿结汇。放宽自贸试验区内机构对外放款管理，进一步提高对外放款比例。（5）实行限额内资本项目可兑换。在自贸试验区内注册的、负面清单外的境内机构，按照每个机构每自然年度跨境收入和跨境支出均不超过规定限额（暂定等值 1 000 万美元，视宏观经济和国际收支状况调节），自主开展跨境投融资活动。限额内实行自由结售汇。符合条件的自贸试验区内机构应在天津地区银行机构开立资本项目——投融资账户，办理限额内可兑换相关业务。（6）推动外债宏观审慎管理，逐步统一境内机构外债政策。自贸试验区内机构借用外债采取比例自律管理，允许区内机构在净资产的一定倍数（暂定 1 倍，视宏观经济和国际收支状况调节）内借用外债，企业外债资金实行意愿结汇。（7）支持发展总部经济和结算中心。放宽跨国公司外汇资金集中运营管理准入条件。进一步简化资金池管理，允许银行审核真实、合法的电子单证，为企业办理集中收付汇、轧差结算业务。本条适用于自贸区内金融租赁公司。(8) 支持自贸试验区内租赁公司利用国家外汇储备，开展飞机、新型船舶、海洋工程结构物和大型成套进口设备等租赁业务。(9) 允许自贸试验区内符合条件的融资租赁收取外币租金。(10) 支持租赁公司依托自贸试验区要素交易平台开展以人民币计价结算的跨境租赁资产交易。(11) 允许自贸试验区内租赁公司在境外开立人民币账户用于跨境人民币租赁业务，允许租赁公司在一定限额内同名账户的人民币资金自由划转。

2018 年 5 月 24 日，《国务院关于印发进一步深化中国（天津）自由贸易试验区改革开放方案的通知》（国发〔2018〕14 号）发布，要求创新贸易综合监管模式，完善船舶、海洋工程结构物融资租赁标的物海关异地委托监管制度。此外，明确支持服务实体经济的金融业务健康发展，要求加快设立全国性金融租赁行业社会组织。推动租赁公司接入金融信用信息基础数据库。在强化监管的前提下，研究融资租赁企业税前扣除政策。探索两家及以上金融租赁公司共同设立项目公司开展租赁业务。率先开展租赁产业配套外汇制度创新试点。加快国际租赁业务创新发展，推动装备、技术、资本和管理“走出去”。为优化区域金融资源配置，鼓励保险资金支持租赁业发展，丰富保险投资工具。鼓励符合条件的金融租赁公司和融资租赁企业利用银行间市场发行债券和资产证券化产品，支持京津冀协同发展重点产业项目建设。支持服务京津冀协同发展的租赁和保理项目开展跨境融资。

（二）上海自贸区

2013 年 9 月 29 日，中国（上海）自由贸易试验区（以下简称“上海自贸区”）正式挂牌。上海自贸区的初始规划面积为 28 平方公里，2014 年 12 月 28 日全国人大常务委员会授权国务院扩展中国（上海）自由贸易试验区区域，2015 年 4 月 27 日正式实施扩区，扩区后上海自贸区面积从 28.78 平方公里扩展到 120.72 平方公里。

目前，上海自贸区涵盖上海市外高桥保税区、外高桥保税物流园区、洋山保税港区、上海浦东机场综合保税区、金桥出口加工区、张江高科技园区和陆家嘴金融贸易区等 7 个区域。2018 年 11 月 5 月，在首届中国国际进口博览会开幕式上，国家主席习近平在演讲中宣布，为了更好发挥上海等地区在对外开放中的重要作用，决定增设中国上海自由贸易试验区的新片区。① 2018 年末，增设新片区的相关工作已启动。

① 习近平在首届中国国际进口博览会开幕式上的主旨演讲（全文）[EB/OL]. 新华网，2018-11-05.

1. 上海自贸区融资租赁发展情况

上海自贸区是全国融资租赁业中资产规模最大、业务种类最全、行业环境最好的地区之一。区内累计设立融资租赁企业超2 000家，租赁标的物涵盖飞机、船舶等航空航运器材以及风力发电、石油石化、医疗诊断等专业设备。统计显示，截至2018年第三季度末，注册在浦东新区的融资租赁母公司总数达到1 804家，注册资本总额7 272亿元，融资租赁资产规模约2万亿元。同时凭借海关特殊监管区的政策优势，上海自贸区保税区片区已成为融资租赁项目公司（SPV）的集聚区。落户上海自贸区保税区域的融资租赁项目公司（SPV）达335家，包括368架飞机、316艘船舶以及26台飞机发动机等大型设备。①

截至2018年末，注册在上海的金融租赁公司共10家（包括3家专业子公司），注册资本合计444亿元，其中注册在自贸区内的有4家（包括1家专业子公司），注册资本合计174亿元（见表3-5）。

表3-5 上海金融租赁公司注册情况

公司名称	注册时间	注册地址	注册资本（亿元）
交银金融租赁有限责任公司	2007/12/20	上海自贸区	85.00
招银金融租赁有限公司	2008/03/28	上海自贸区	60.00
浦银金融租赁股份有限公司	2012/04/20	上海徐汇区	50.00
太平石化金融租赁有限责任公司	2014/10/14	上海浦东新区	50.00
农银金融租赁有限公司	2010/09/07	上海浦东新区	30.00
长江联合金融租赁有限公司	2015/06/18	上海自贸区	20.00
广融达金融租赁有限公司	2016/06/15	上海浦东新区	5.00
交银航空航运金融租赁有限责任公司	2014/10/21	上海陆家嘴	85.00
招银航空航运金融租赁有限公司	2015/10/12	上海浦东新区	50.00
华融航运金融租赁有限公司	2015/07/13	上海自贸区	9.00

资料来源：中国融资租赁三十人论坛整理。

2. 上海自贸区融资租赁政策环境

2018年11月29日，《中国（上海）自由贸易试验区关于进一步促进融资租赁产业发展的若干措施》（以下简称“二十条”措施）发布。新出台的“二十条”措施包含支持融资租赁企业设立和发展、优化融资租赁产业创新发展环境、加大对融资租赁企业和人才的政策支持力度、支持融资租赁企业服务实体经济、提升融资

① 上海自贸区率先打出服务融资租赁产业组合拳[N]. 浦东时报，2018-11-30.

租赁产业营商环境水平、创新政府服务模式等6个方面的服务措施（见表3-6）。

表3-6 “二十条”措施具体内容

政策支持方向	序号	内容
支持融资租赁企业设立和发展	1	支持融资租赁企业准入便利化。支持具有优势产业背景的出资主体在上海自贸区设立融资租赁企业和专业子公司，不断优化融资租赁企业设立、变更备案或审批的工作流程，进一步释放市场活力
	2	创新融资租赁行业监管机制。落实“六个双”为核心的政府综合监管要求，注重运用信息化手段，深化探索“互联网政务”模式，通过“六个双”推动融资租赁企业综合监管数据对接共享，为合规企业开展业务营造良好环境
优化融资租赁产业创新发展环境	3	鼓励加大对融资租赁企业的金融支持。鼓励银行、保险、基金等各类金融机构加大对融资租赁企业的支持力度，支持融资租赁企业通过债券市场募集资金，鼓励融资租赁企业通过资产证券化等多种渠道筹措资金；研究支持融资租赁境内资产开展跨境转让、资产证券化试点；支持设立融资租赁产业基金
	4	支持融资租赁、经营性租赁收取外币租金。支持符合条件的租赁企业，按照相关规定开展融资租赁或者经营性租赁业务时，可以直接以外币形式收取租金。支持融资租赁企业在符合外债管理规定下开展跨境融资，提高融资租赁企业跨境收支便利性。支持融资租赁项目子公司使用外债便利化。支持符合条件的融资租赁项目子公司独立举借外债，可以参与跨国公司外汇资金集中运营管理共享外债额度
	5	优化融资租赁企业货物贸易名录登记流程。采取授权银行代办的方式便利租赁公司名录登记业务，融资租赁企业及其项目子公司可以在银行直接办理货物贸易名录登记业务
	6	优化融资租赁海关监管服务。针对飞机租赁业务，海关提高特殊监管区进口租赁飞机通关监管操作的针对性和便利性，加强对相关企业的宣传沟通和服务保障，提供专人、专岗、量体裁衣式服务
	7	优化融资租赁企业和业务涉税服务。执行“即征即退”和“差额征税”政策，加快退税办理速度；加强对融资租赁企业的税务指导和培训，提高办税便利化水平；在税收政策允许范围内，积极支持融资租赁企业优化涉税现金流，减轻企业负担
加大对融资租赁企业和人才的政策支持力度	8	加大对初设阶段融资租赁企业的支持。给予符合条件的新设立融资租赁企业一揽子财政扶持，对重点的新落户企业及其高级管理人员给予落户奖励，对在浦东新区租赁办公用房的新落户企业给予一定租房补贴
	9	支持融资租赁企业扩大规模。对融资租赁企业增加资本金的，给予一定奖励，企业实现的增加值、利润总额增加的，按照一定规则给予奖励，加大对重点、大型融资租赁企业的奖励和支持力度

（续表）

政策支持方向	序号	内　容
加大对融资租赁企业和人才的政策支持力度	10	加大融资租赁人才建设和人才服务力度。大力支持引进融资租赁高端人才，每年对管理人才和专业人员给予一定奖励，提高对重点、大型融资租赁企业人才的服务力度，对高端人才的居住落户、医疗教育、专业培训等提供附加服务
	11	支持上海自贸区保税区域重点项目公司发展。进一步支持航空、航运、重点设备融资租赁专业子公司，对开展上述类型融资租赁项目的，原则上在项目运行期间，给予一定奖励，对项目公司部分人员，给予一定奖励
支持融资租赁企业服务实体经济	12	鼓励融资租赁企业跨境业务、离岸业务发展。围绕“一带一路”倡议，以及制造业升级等国家战略，鼓励融资租赁企业扩大高端装备进口，推动上海自贸区企业以融资租赁方式支持国内先进设备开拓海外市场。充分利用境内外“两个市场”“两种资源”，便利融资租赁企业境外融资支持境外租赁项目
	13	进一步发挥融资租赁企业在促进长三角一体化、缓解中小企业融资问题等方面的作用，探索通过政府政策和资金引导等方式，鼓励融资租赁企业开发长三角区域的专项金融服务
提升融资租赁产业营商环境水平	14	协调建立健全融资租赁行业信用环境。配合人民银行征信中心等单位，通过“点对点”推荐等方式，支持数据报送、管理到位的企业，继续开展融资租赁企业接入金融信用信息基础数据库相关工作
	15	推动融资租赁资产登记公示。宣传推动融资租赁企业主动使用人民银行征信中心的动产融资统一登记公示系统办理融资租赁登记，提高租赁物在取得、变更、转让等过程中的登记率，从而有效保护融资租赁交易安全，预防和解决权利冲突。探索建立融资租赁资产交易平台，推动发展专业咨询、技术服务、鉴定评估、会计、律师、信用评级等各类相关中介服务机构
	16	提高融资租赁相关案件司法处置效率。就融资租赁案件加强与法院的沟通和协调，推动法院对融资租赁及其相关案件集中审理或者归入专门业务法庭办理
	17	完善融资租赁行业数据统计、发布和评价。加强对融资租赁企业的基本数据的统计工作，加强融资租赁行业信息统计和发布的及时性、周期性和准确性，定期公布上海自贸区融资租赁行业整体发展指标
创新政府服务模式	18	建立融资租赁综合领导和服务机制。各政府服务部门、监管部门加强分工协作、细化政策措施、拓宽服务领域、支持行业创新，提高对重大融资租赁项目的协调、保障、服务力度
	19	建立融资租赁产业发展服务平台。整合上海自贸区融资租赁各类服务组织的力量和资源，发挥市区两级融资租赁协会等专业服务平台和自律组织的积极作用，构建产业发展服务平台，提供政策咨询、企业服务、人才培训、政企交流、机构对接、宣传活动、行业研究等综合、全面的服务
	20	持续打造上海自贸区融资租赁产业品牌。支持融资租赁企业各类业务创新，支持申办国际性、地区性融资租赁专业论坛和峰会等专题活动；对上海自贸区融资租赁业发展做出突出贡献和重要创新的企业，给予表彰和奖励

资料来源：中国融资租赁三十人论坛整理。

在“二十条”措施发布的同时，上海自贸区融资租赁产业发展服务中心成立。上海自贸区融资租赁产业发展服务中心由上海自贸区管委会牵头设立，通过“政策协调平台”和“产业促进平台”两个子平台实现协同应答、精准服务、沟通协调的功能。其中，政策协调平台成员由上海市地方金融监管局、上海银保监局筹备组、上海外管局、上海海关、人行征信中心，以及上海自贸区金融局、商务委、财政局、税务局、市场监管局、各片区管理局等单位的分管领导组成；产业促进平台成员单位包括上海自贸试验区各片区管理局、市租赁行业协会、区融资租赁协会等。

据了解，产业服务中心将为融资租赁企业提供覆盖全生命周期的服务菜单，包括企业投资咨询、注册前服务、备案管理、工商登记、办公场所、政策咨询，企业成长发展中的人才培训、企业交流、财税服务、通关入关、外汇办理、合规管理等。具体包括五大模块：政策发布和咨询、诉求协调和反馈、数据统计和公开、宣传培训和交流、项目发布和对接。

3. 其他政策

“二十条”措施是对上海自贸区融资租赁产业政策的进一步针对性优化。此前自贸区内已实施了各类政策支持措施。

2013 年 9 月底出台的《中国（上海）自由贸易试验区总体方案》（国发〔2013〕38 号）指出，允许融资租赁公司兼营与主营业务有关的商业保理业务；自贸区内注册的融资租赁公司或金融租赁公司在试验区内设立的项目子公司纳入融资租赁出口退税试点范围；自贸区内注册的租赁公司或租赁公司设立的项目子公司，经国家有关部门批准从境外购买空载重量在 25 吨以上并租赁给国内航空公司使用的飞机，享受相关进口环节增值税优惠政策。

2013 年 12 月 2 日，《中国人民银行关于金融支持中国（上海）自由贸易试验区建设的意见》（银发〔2013〕11 号，以下简称《意见》）发布。《意见》规定，取消金融类租赁公司境外租赁等境外债权业务的逐笔审批，实行登记管理。经批准，允许金融租赁公司及中资融资租赁公司境内融资租赁收取外币租金，简化飞机、船舶等大型融资租赁项目预付货款手续。

国家外汇管理局上海分局于 2015 年 12 月 17 日印发了《进一步推进中国（上海）自由贸易试验区外汇管理改革试点实施细则》（上海汇发〔2015〕45 号，以下简称《实施细则》）。《实施细则》明确规范了融资租赁外汇管理操作规程，允许区内符合条件的融资租赁收取外币租金。

2016 年 1 月，同《实施细则》一起发布的《融资租赁外汇管理操作规程》，明确规定区内金融租赁公司、外商投资融资租赁公司及中资融资租赁公司（以下简称“融资租赁类公司”）办理融资租赁业务时，如用以购买租赁物的资金50%以上来源于自身国内外汇贷款或外币外债，可以在境内以外币形式收取租金；承租人凭出租人出具的支付外币租金通知书及其他证明文件，自行到银行办理对出租人的租金购付汇手续；区内融资租赁类公司收取的外币租金收入，可以进入自身按规定在银行开立的外汇账户；超出偿还外币债务所需的部分，可直接在银行办理结汇；便利融资租赁项目货款支付。

2016年8月，《上海市人民政府办公厅关于加快本市融资租赁业发展的实施意见》（沪府办发〔2016〕32号）发布，指出对融资租赁公司（金融租赁公司除外）设立子公司，不设最低注册资本限制；支持内资融资租赁试点企业利用外债。放宽内资融资租赁试点企业举借外债资格条件中的外贸进出口权、净总资产比例以及盈利状况等的限制。内资融资租赁试点企业在履行必要程序并签订外债合同后，应当在外汇管理局上海市分局办理外债签约登记，其举借的外债可调入境内存放在外债专户，实行支付结汇或意愿结汇使用。

2018年6月，上海市政府发布了《中国（上海）自由贸易试验区关于扩大金融服务业对外开放进一步形成开发开放新优势的意见》。该意见指出，支持开展实质性业务的外资机构在上海自贸区设立融资租赁公司；支持境外飞机租赁公司利用上海推动租赁行业发展的相关政策在保税区设立项目子公司或区域中心；推进融资租赁外债便利化试点，支持注册在上海自贸区的融资租赁公司项目子公司，共享母公司外债额度；围绕国家“一带一路”倡议，鼓励融资租赁公司开展跨境人民币业务，拓展海外租赁市场；对银、证、保持牌类金融机构及其分、子公司及融资租赁公司（含SPV）、私募投资企业、金融专业服务机构，依据公司类型全部或部分给予落户奖励、贡献奖励和人才奖励；对重点外资金融机构落户上海自贸区，加大奖励力度。

2018年12月18日，上海市司法局、中国（上海）自由贸易试验区管委会联合发布《关于为中国（上海）自由贸易试验区建设提供优质高效法律服务的实施意见》（沪司发〔2018〕144号）。上述意见中提到，成立合作制公证机构上海市张江公证处，适应自贸试验区的新型业务发展，积极拓展业务领域，创新业务方式，尤其在证据保全、融资租赁、金融、知识产权、航运等方面，为自贸试验区提供更精准的公证服务。

（三）广东自贸区

中国（广东）自由贸易试验区于2014年12月31日经国务院正式批准设立，

实施范围为116.2平方公里，涵盖3个片区：广州南沙新区片区60平方公里（含广州南沙保税港区7.06平方公里），深圳前海蛇口片区28.2平方公里（含深圳前海湾保税港区3.71平方公里），珠海横琴新区片区28平方公里。其中深圳前海蛇口片区为我国融资租赁业聚集地之一。

2010年前海地区概念开始规划，到2010年8月国务院批复《前海深港现代服务业合作区总体发展规划》，同年10月国家发改委印发关于《前海深港现代服务业合作区总体发展规划》的通知，明确要求前海管理机构享有相当于计划单列市的管理权限的政策，积极创造条件下放审批权限，简化审批程序，出台配套扶持政策，推动建立促进前海现代服务业集聚发展的体制机制。

2012年7月3日，香港回归祖国15周年之际，《国务院关于支持深圳前海深港现代服务业合作区开发开放有关政策的批复》发布，支持深圳前海深港现代服务业合作区实行比经济特区更加特殊的先行先试政策，打造现代服务业体制机制创新区、现代服务业发展集聚区、香港与内地紧密合作的先导区、珠三角地区产业升级的引领区。

2014年12月，第十二届全国人民代表大会常务委员会第十二次会议通过关于授权国务院在中国（广东）自由贸易试验区、中国（天津）自由贸易试验区、中国（福建）自由贸易试验区以及中国（上海）自由贸易试验区扩展区域暂时调整有关法律规定的行政审批的决定。2015年4月27日，中国（广东）自由贸易试验区前海蛇口片区正式揭牌，是中国（广东）自由贸易试验区的一部分。

1. 前海融资租赁发展情况

自2012年发力融资租赁以来，前海地区融资租赁市场蓬勃发展。目前，融资租赁企业总数已达2 758家，占融资租赁公司全国总量的30%左右，2017年6月，前海兴邦金融租赁有限责任公司入驻前海，成为前海地区唯一一家金融租赁公司。

前海是全国三大融资租赁聚集地之一，目前整个租赁市场业务规模达3 000多亿元，与天津自贸区、上海自贸区并驾齐驱。前海融资租赁业务范围较为宽泛，主要覆盖飞机、汽车、清洁能源、机器人、可穿戴设备、智能装备、工程机械、医疗器械、地方政府基础设施建设等。在传统租赁业务模式基础上，前海还在不动产租赁、无形资产租赁、生物资产租赁等新兴领域进行了尝试。

前海一大优势就是深港的地缘优势。在地缘优势的基础上，前海加深深港联动，同时结合深圳证券交易所带来的资本市场优势，成为融资租赁企业上市沃土。

2015年，上市公司以收购75%股权的方式，并购重组了于前海注册的盈华融资租赁有限公司，盈华融资租赁成为前海首家上市的融资租赁企业；2017年5月，富银融资租赁（深圳）股份有限公司在香港联交所创业板上市；2017年7月，注册在前海的富道（中国）融资租赁有限公司在香港联交所主板成功上市，成为深圳第一家在香港联交所主板上市的融资租赁企业。

2. 前海融资租赁政策环境

为促进融资租赁业发展，前海推出了多项支持政策。

2011年1月，《深圳市人民政府关于加快推进前海深港现代服务业合作区开发开放的工作意见》（深府〔2010〕191号）发布。该意见指出，要争取发起设立融资租赁公司、汽车金融公司、消费金融公司等有利于增强市场功能的机构；创建航空交易市场，开展航材交易、航材租赁、民用飞机融资租赁等业务；落实促进航运航空金融创新发展的相关政策，开展离岸国际贸易以及航运金融租赁公司进行银行市场拆借和发行债券等试点。

2011年6月27日，深圳市第五届人民代表大会常务委员会第九次会议通过《深圳经济特区前海深港现代服务业合作区条例》。该条例提到，市政府应当协助国家有关部门完善融资租赁企业的税收政策，条件具备时，可以在前海合作区试行。

2014年1月，《深圳市人民政府关于充分发挥市场决定性作用全面深化金融改革创新的若干意见》（深府〔2014〕1号）发布，明确指出扶持融资租赁产业发展，鼓励设立融资租赁公司和金融租赁公司，支持融资租赁公司、金融租赁公司在前海设立单机、单船、大型设备等项目子公司和功能创新平台公司，开展航空器（材）、船舶和大型设备租赁业务。支持融资租赁产业通过跨境人民币贷款、股权融资、债权融资等方式拓宽融资渠道。推动融资租赁业务创新试点，建立融资租赁资产交易平台，鼓励开发覆盖债权与股权、场内与场外、标准与非标准融资租赁产品，大力发展融资租赁资产交易市场。

随后，为推进前海融资租赁业务的发展，深圳市金融办、深圳市经贸信息委、深圳市人民政府金融发展服务办公室联合印发了《关于推进深圳前海湾保税港区开展融资租赁业务的试点意见》（深府金发〔2014〕3号，以下简称“3号文”）。3号文共计8条（见表3-7），主要用于支持深圳前海湾保税港区探索融资租赁业务创新试点。根据3号文，在前海设立融资租赁公司，可以在市场准入、海关政策、跨境融资等三方面享受优惠。

表3–7　3号文具体政策内容

政策支持方向	序号	内　容
市场准入方面	1	允许金融租赁公司、外商投资融资租赁公司、内资试点融资租赁公司在前海湾保税港区设立租赁项目子公司并开展融资租赁业务（含融资性租赁和经营性租赁），并按一般公司设立流程在市市场监督管理局办理登记注册手续，不设最低注册资本金限制
海关政策方面	2	认定注册地址在前海湾保税港区红线范围内的融资租赁公司或租赁项目子公司为前海湾保税港区内企业，享受保税港区政策
	3	允许注册在前海湾保税港区的融资租赁公司或租赁项目子公司，进口空载总量25吨以上的客货运飞机，并租给境内航空公司时，可参照《海关总署关于加强对国内航空公司进口飞机减免税管理的通知》（署税发〔2011〕88号）规定，选择由融资租赁公司与境内航空公司共同向海关出具承诺保证书的方式提供担保
	4	对注册在前海湾保税港区的融资租赁公司或租赁项目子公司，经国家有关部门批准从境外购买并租赁给国内航空公司使用的空载总量25吨以上的客货运飞机，其承租人可以采取航空公司报关、租赁公司报备的方式享受国家相关规定的优惠税率
	5	允许注册在前海湾保税港区的融资租赁公司以及租赁项目子公司，从境外购入飞机、船舶或大型设备实行保税监管，并办理有关进境备案手续，租赁给境内区外企业时，由境内承租人按照租赁方式分期缴纳进口关税和进口环节增值税。允许选择由融资租赁公司与境内承租人共同向海关出具承诺保证书的方式提供税款担保
	6	在深圳宝安国际机场划定临时飞机跑道和专用区域，用于为以租赁方式进口的飞机办理入境手续及停靠
跨境融资政策方面	7	支持并协助注册在前海的融资租赁公司或租赁项目子公司，在能够提供完备的购买飞机、船舶或大型设备的交易材料，证明业务具有真实性背景的前提下，向国家有关部门申请，通过债权、股权等方式引入跨境外币资金
	8	支持注册在前海的融资租赁公司或租赁项目子公司，从香港经营人民币业务的金融机构引入跨境人民币资金，拓宽其融资渠道

资料来源：中国融资租赁三十人论坛整理。

在资金运用方向上，前海跨境人民币贷款的用途符合国家有关政策的前提下，只需用于前海的建设与发展，符合前海产业发展目录要求，并无地域限制。其地域不限于区内或境外，包括区内生产经营、区内或境外项目建设，是真正的跨境人民币贷款，贷款资金进入境内使用，办理国际收支申报。

此外，与其他跨境贷款政策相比，前海跨境贷不受不得超过实缴资本×1.5×宏观审慎政策参数的限制。具体来说，注册在深圳市前海深港现代服务业合作区的非金融企业，可以办理外债宏观审慎管理试点业务；属于地方政府融资平台性质的公司，暂不参与试点；按照区外一般外债管理规定对于特殊行业（如房地产）仍然存在限制性规定的，仍适用现行区外相关管理规定；按区外现行外债规模管理政策更为优惠的，企业可选择适用区外现行政策，但一经选定，不得更改。

试点企业借用外债实行比例自律管理，即外债余额不超过其上年末经审计的净资产的2倍；办理外债签约登记时，中资非金融企业的全部负债（含正在申请登记的本次外债签约额）不超过其总资产的75%。

2017年1月3日，前海法院制定发布了《关于审理前海自贸区融资租赁合同纠纷案件的裁判指引》（以下简称《指引》），为融资租赁提供指引性思路，为深圳前海自贸区创新开放型经济提供有力的司法保障。鼓励自贸区内融资租赁业的创新发展，积极支持融资租赁企业在核准的经营范围内依法开展融资业务，充分尊重中外当事人对融资租赁合同纠纷有关管辖和法律适用的约定。

《指引》在融资租赁法律关系的认定，涉外、涉港澳台融资租赁案件的法律适用及登记公示效力等方面进行了规定；对融资租赁案件司法解释中的原则性规定进行了细化；对融资租赁案件司法解释出台后出现的新问题进行了梳理并提出解决方案；对涉外、涉港澳台融资租赁案件的相关法律问题进行了规定。《指引》的适用，契合前海自贸区融资租赁的案件特点，增强了案件事实认定的可操作性，引导和规范融资租赁新业态的健康发展。

此外，在人才政策方面依据2012年发布的《国务院关于支持深圳前海深港现代服务业合作区开发开放有关政策的批复》（国函〔2012〕58号），对于深圳前海人才引进有如下规定：

在国家税制改革框架下，支持前海在探索现代服务业税收体制改革中发挥先行先试作用。对在前海工作、符合前海规划产业发展需要的境外高端人才和紧缺人才，取得的暂由深圳市人民政府按内地与境外个人所得税负差额给予的补贴，免征个人所得税。

支持前海建设深港人才特区，建立健全有利于现代服务业人才集聚的机制，营造便利的工作和生活环境。具体包括：创新管理机制，研究制定相关政策措施，为外国籍人才、港澳台人才、海外华侨和留学归国人才在前海的就业、生活以及出入境等提供便利；将前海纳入经国家批准的广东省“专业资格互认、先行先试”试点范围；允许取得香港执业资格的专业人士直接为前海企业和居民提供专业服务，服务范围限定在前海内，具体政策措施及管理办法由行业主管部门商有关方面制定；允许取得中国注册会计师资格的香港专业人士担任内地会计师事务所合伙人，在前海先行先试，具体试行办法由深圳市制定，报财政部批准后实施。

在资产交易创新方面，前海也有所尝试。2018年4月11日，深圳前海金融资产交易所有限公司完成全国首单融资租赁资产对外转让业务，由弘高融资租赁有限公司对境外转让个人汽车租赁 83 笔应收租金，金额共计 500 万元人民币。此交易的达成标志着全国首个以人民币计价、结算的债权跨境资产交易平台的建立，为境内外交易双方提供了跨境交易中间服务，提高了融资租赁资产流转效率，便利融资租赁企业盘活资产，加强资金流转，切实解决融资租赁公司再融资问题，是自贸区金融创新政策的具体实践，为丰富离岸人民币投资品、探索人民币资产进入国际资本市场、推动人民币国际化做出了积极尝试。

3.2　税收

3.2.1　融资租赁行业税收政策变化

（一）增值税税率下调 1%

自 2016 年 5 月 1 日起实行全面“营改增”以来，融资租赁行业增值税税率分为三档，即有形动产融资租赁服务按照 17% 税率征税，不动产融资租赁服务按照 11% 税率征税，融资性售后回租业务视同贷款，按照 6% 税率征税。

2018 年 4 月 4 日，《财政部 税务总局关于调整增值税税率的通知》（财税〔2018〕32 号）发布，规定纳税人发生增值税应税销售行为或者进口货物，原适用 17% 和 11% 税率的，税率分别调整为 16%、10%；原适用 17% 税率且出口退税率为 17% 的出口货物，出口退税率调整至 16%；原适用 11% 税率且出口退税率为 11% 的出口货物、跨境应税行为，出口退税率调整至 10%；自 2018 年 5 月 1 日起执行。

对于融资租赁行业，此次增值税税率下调的结果为：有形动产融资租赁服务税率由 17% 变为 16%；不动产融资租赁服务税率由 11% 变为 10%；融资性售后回租服务税率依然为 6%；营改增之前备案过的售后回租业务，原适用 17% 税率的，现适用 16% 的税率（见表 3-8）。

表 3-8　融资租赁增值税税率调整

	调整前	调整后（2018 年 5 月 1 日起）
有形动产融资租赁服务	17%	16%
不动产融资租赁服务	11%	10%
融资性售后回租服务	6%	6%

数据来源：中国融资租赁三十人论坛整理。

（二）海关停止代征进口租赁飞机增值税

2018 年 5 月 11 日，《国家税务总局 海关总署关于进口租赁飞机有关增值税问题的公告》（国家税务总局公告 2018 年第 24 号）发布，规定自 2018 年 6 月 1 日起，对申报进口监管方式为 1500（租赁不满一年）、1523（租赁贸易）、9800（租赁征税）的租赁飞机（税则品目：8802），海关停止代征进口环节增值税。进口租赁飞机增值税的征收管理，由税务机关按照现行增值税政策组织实施。

关于“现行增值税政策”的安排，国家税务总局 5 月 15 日发布关于《国家税务总局 海关总署关于进口租赁飞机有关增值税问题的公告》的解读，明确租赁服务境内购买方代扣代缴增值税事宜，统一按《营业税改征增值税试点实施办法》（财税〔2016〕36 号附件 1）相关规定办理。

由于财税〔2018〕32 号文已对增值税税率重新进行了调整，因此，目前进口飞机租赁业务的增值税一律按照调整后的相应税率征收。

长久以来，进口租赁业务面临着重复征税问题，严重影响飞机租赁等跨境租赁业务的开展，如飞机跨境租赁业务中，航空公司不仅要向海关缴纳进口增值税，还要向税务机关缴纳预提增值税。此次，进口租赁飞机增值税新政策的出台，一方面解决了困扰行业多年的进口环节增值税重复征税问题，即海关停止征收进口环节增值税，仅由税务机关征收租赁环节增值税，降低了航空企业的税收负担；另一方面，根据公告规定，航空企业的存量租赁合同进口环节的增值税也获得了减免。但其他跨境租赁业务涉及的进口设备（货物），如船舶、海工设备等，仍然面临着进口环节重复纳税问题。

3.2.2 融资租赁行业税收体系

自 2016 年 5 月 1 日，全面推行“营改增”，2018 年 1 月 1 日起施行环保税后，我国现行的税种共计 18 个，分别是：增值税、消费税、企业所得税、个人所得税、资源税、城市维护建设税、房产税、印花税、城镇土地使用税、土地增值税、车船使用税、船舶吨税、车辆购置税、关税、耕地占用税、契税、烟叶税、环保税。

我国融资租赁行业涉及的最主要税种包括：增值税、企业所得税、关税、印花税。

（一）增值税

长期以来，我国对融资租赁行业流转税的征收政策为，不征收增值税，征收营业税。之后在推行“营改增”试点的过程中将融资租赁行业纳入其中，直至 2016 年开展全面“营改增”，融资租赁行业不再征收营业税，改征增值税。

根据1993年12月28日，《国家税务总局关于印发〈增值税若干具体问题的规定〉的通知》（国税发〔1993〕154号）发布，规定融资租赁业务无论租赁的货物的所有权是否转让给承租方，均不征收增值税。

关于融资租赁行业的营业税，我国是将其划归为金融保险业进行课税。根据1986年12月17日发布的《财政部 税务总局关于对银行及其他金融机构经营的融资租赁业务征税问题的通知》，对银行及其他金融机构经营融资租赁业务取得的收入，应按金融业依5%的税率征收营业税，计税依据为利息收入和手续费（或称管理费）收入。另根据《国家税务总局关于印发〈营业税税目注释（试行稿）〉的通知》（国税发〔1993〕149号），明确金融是指经营货币资金融通活动的业务，包括贷款、融资租赁、金融商品转让、金融经纪业和其他金融业务。

之后，于1993年3月14日，《财政部 国家税务总局关于转发〈国务院关于调整金融保险业税收政策有关问题的通知〉的通知》（财税字〔1997〕45号）发布，调整融资租赁公司营业税的税基，实行差额征税，减轻了税负。调整后的融资租赁业务按照向承租人收取的全部价款和价外费用（包括残值）减去出租方承担的出租货物的实际成本后的余额为营业额。

进入2008年，我国开始实施由生产型增值税转为消费型增值税的增值税转型改革，对融资租赁行业的营业税体制带来了深远影响。

随着《财政部 国家税务总局关于全国实施增值税转型改革若干问题的通知》（财税〔2008〕170号）发布，融资租赁交易中承租方成为增值税一般纳税人，对租入的设备可以抵扣进项税。而融资租赁公司由于适用营业税，无法开具增值税专用发票，因此承租人通过融资租赁方式融入设备时，无法取得进项税专用发票，对行业发展造成极大影响。

为此，2010年9月，《国家税务总局关于融资性售后回租业务中承租方出售资产行为有关税收问题的公告》（国家税务总局公告2010年第13号）发布，规定融资性售后回租业务中承租方出售资产的行为，不属于增值税和营业税征收范围，不征收增值税和营业税。

然而，融资租赁行业征收的营业税依然使得增值税链条中断，这也使得融资租赁纳入“营改增”成为必然趋势。

2011年11月16日，《财政部 国家税务总局关于在上海市开展交通运输业和部分现代服务业营业税改征增值税试点的通知》（财税〔2011〕111号）发布，自2012年1月1日起施行，我国“营改增”试点工作在上海正式启动。通知明确营改增试点行业为交通运输业和部分现代服务业（包括研发和技术服务、信息技术服务、文化创意服务、物流辅助服务、有形动产租赁服务、鉴证咨询服务、广播影视服务）。根据规定，融资租赁公司开展的有形动产融资租赁业务，按照17%的税率缴纳增值税。

2013年5月，《财政部 国家税务总局关于在全国开展交通运输业和现代服务业营业税改征增值税试点税收政策的通知》（财税〔2013〕37号）发布，规定自2013年8月1日起，在全国范围内开展交通运输业和部分现代服务业营改增试点。之后《财政部 国家税务总局关于将铁路运输和邮政业纳入营业税改征增值税试点的通知》（财税〔2013〕106号）出台，规定自2014年1月1日起，在全国范围内开展铁路运输和邮政业营改增试点。

2016年3月23日，《财政部 国家税务总局关于全面推开营业税改征增值税试点的通知》（财税〔2016〕36号）出台，规定自2016年5月1日起，在全国范围内全面推开营业税改征增值税，建筑业、房地产业、金融业、生活服务业等全部营业税纳税人，纳入试点范围，改为缴纳增值税。

【跨境租赁业务出口退税】 在融资租赁的跨境业务方面，首先规定在全国范围内实行融资租赁货物出口退税政策，之后自2017年初开始取消了融资租赁海洋工程结构物的出口退税政策。

财政部、海关总署、国家税务总局发布的《关于在全国开展融资租赁货物出口退税政策试点的通知》（财税〔2014〕62号）规定，对融资租赁出口货物试行退税政策。对融资租赁企业、金融租赁公司及其设立的项目子公司（以下统称“融资租赁出租方”），以融资租赁方式租赁给境外承租人且租赁期限在5年（含）以上，并向海关报关后实际离境的货物，试行增值税、消费税出口退税政策。

融资租赁出口货物的范围，包括飞机、飞机发动机、铁道机车、铁道客车车厢、船舶及其他货物，具体应符合《中华人民共和国增值税暂行条例实施细则》（财政部国家税务总局令第50号）第21条“固定资产”的相关规定。

对融资租赁海洋工程结构物试行退税政策。对融资租赁出租方购买的，并以融资租赁方式租赁给境内列名海上石油天然气开采企业且租赁期限在5年（含）以上的国内生产企业生产的海洋工程结构物，视同出口，试行增值税、消费税出口退税政策。

海洋工程结构物范围、退税率以及海上石油天然气开采企业的具体范围按照《财政部 国家税务总局关于出口货物劳务增值税和消费税政策的通知》（财税〔2012〕39号）有关规定执行。

上述融资租赁出口货物和融资租赁海洋工程结构物不包括在海关监管年限内的

进口减免税货物。

2016 年 12 月 21 日，财政部、国家税务总局发布的《关于明确金融 房地产开发 教育辅助服务等增值税政策的通知》（财税〔2016〕140 号）表明，自 2017 年 1 月 1 日起，生产企业销售自产的海洋工程结构物，或者融资租赁企业及其设立的项目子公司、金融租赁公司及其设立的项目子公司购买并以融资租赁方式出租的国内生产企业生产的海洋工程结构物，应按规定缴纳增值税，不再适用《财政部 国家税务总局关于出口货物劳务增值税和消费税政策的通知》或者《财政部 海关总署 国家税务总局关于在全国开展融资租赁货物出口退税政策试点的通知》规定的增值税出口退税政策，但购买方或者承租方为按实物征收增值税的中外合作油（气）田开采企业的除外。

2017 年 1 月 1 日前签订的海洋工程结构物销售合同或者融资租赁合同，在合同到期前，可继续按现行相关出口退税政策执行。

（二）企业所得税

《中华人民共和国企业所得税法》规定，企业所得税的税率为 25%。

《中华人民共和国企业所得税法实施条例》规定，融资租入的固定资产，以租赁合同约定的付款总额和承租人在签订租赁合同过程中发生的相关费用为计税基础，租赁合同未约定付款总额的，以该资产的公允价值和承租人在签订租赁合同过程中发生的相关费用为计税基础。此外，规定企业根据生产经营活动的需要租入固定资产支付的租赁费，按照以下方法扣除：以经营租赁方式租入固定资产发生的租赁费支出，按照租赁期限均匀扣除；以融资租赁方式租入固定资产发生的租赁费支出，按照规定构成融资租入固定资产价值的部分应当提取折旧费用，分期扣除。

【租赁物折旧】根据《中华人民共和国企业所得税法》，在计算应纳税所得额时，以融资租赁方式租出的固定资产不得计算折旧扣除。根据规定，融资租赁交易中，租赁物的折旧由承租人计提，出租人不能提取折旧。

【售后回租业务利息可税前扣除】根据《国家税务总局关于融资性售后回租业务中承租方出售资产行为有关税收问题的公告》（国家税务总局公告 2010 年第 13 号），融资性售后回租业务中，承租人出售资产的行为，不确认为销售收入，对融资性租赁的资产，仍按承租人出售前原账面价值作为计税基础计提折旧。租赁期间，承租人支付的属于融资利息的部分，作为企业财务费用在税前扣除。

（三）关税

关税是海关对于进出境货物或物品征收的一种税，按照征税对象的流向，关税分为进口关税、出口关税和跨境关税。

【进口设备租赁】出租人在国家海关境内的，不论是出租人根据承租人对进口货物的选择，还是依据自己对进口货物选择与境外卖方签订了有效进口购买合同，出租人以购买方式进口，则该设备的进口应视为一般货物进口贸易。

根据《中华人民共和国海关法》和《中华人民共和国进出口关税条例》，进口货物的收货人是关税交纳义务人，即承租人为实际收货人，应是关税的纳税义务人。进口符合关税减免条件的，承租人可享受关税减免优惠。

【跨境租赁】跨境租赁又称为设备进口租赁，即境内承租人（包括转租人）与境外出租人签订融资租赁合同，以租赁的方式进口标的物。

根据《中华人民共和国进出口关税条例》《中华人民共和国海关进出口货物征税管理办法》《中华人民共和国海关审定进出口货物完税价格办法》的相关规定，该交易中承租人（包括转租人）为纳税义务人，依法缴纳进口关税。

2017 年修订后的《中华人民共和国进出口关税条例》规定，以租赁方式进口的货物，以海关审查确定的该货物的租金作为完税价格。纳税义务人要求一次性缴纳税款的，纳税义务人可以选择按照本条例第 21 条的规定估定完税价格，或者按照海关审查确定的租金总额作为完税价格。

根据《中华人民共和国海关审定进出口货物完税价格办法》规定，以租赁方式进口的货物，按照下列方法审查确定完税价格：（一）以租金方式对外支付的租赁货物，在租赁期间以海关审查确定的租金作为完税价格，利息应当予以计入；（二）留购的租赁货物以海关审查确定的留购价格作为完税价格；（三）纳税义务人申请一次性缴纳税款的，可以选择申请按照本办法第六条列明的方法确定完税价格，或者按照海关审查确定的租金总额作为完税价格。

此外，如果境内承租人对租赁进口的设备只是要求境外出租人提供一种短期的租赁服务，租赁合同中并没有规定承租人在租赁结束时有留购租赁物或享有留购租赁物的选择权，则根据《中华人民共和国海关法》规定，暂时进口或者暂时出口的货物，以及特准进口的保税货物，在货物收发货人向海关缴纳相当于税款的保证金或者提供担保后，准予暂时免纳关税。

【减免关税进口设备的售后回租】售后回租交易中的设备，如果属于已完税的进口设备，则不涉及海关监管问题；如果属于减免关税的进口设备，根据《中华人民共和国进出口关税条例》规定，需由海关监管使用的减免税进口货物，在监管年限内转让或者移作他用需要补税的，海关应当根据该货物进口时间折旧估价，补征进口关税。特定减免税进口货物的监管年限由海关总署规定。

而在售后回租交易中，承租人仅向出租人让渡了被监管货物法律上的所有权，承租人继续享有使用权，即租赁物没有改变用途，也没有改变使用地，没有发生实质性转让或出售，也没有被挪作他用。因此，企业用监管货物开展售后回租交易时，应主动报海关备案，在租赁合同期间或结束时，监管货物发生实质性出售或转让的，按照海关规定补缴关税。

（四）印花税

关于对融资租赁合同的贴花问题，1988 年 12 月 12 日出台的《国家税务局关于对借款合同贴花问题的具体规定》（国税地字〔1988〕30 号）规定，银行及其金融机构经营的融资租赁业务，是一种以融物方式达到融资目的的业务，实际上是分期偿还的固定资金借贷。因此，对融资租赁合同，可根据合同所载的租金总额暂按“借款合同”计税贴花。

2015 年 12 月 24 日，《财政部 国家税务总局关于融资租赁合同有关印花税政策的通知》（财税〔2015〕144 号）规定，对开展融资租赁业务签订的融资租赁合同（含融资性售后回租），统一按照其所载明的租金总额依照“借款合同”税目，按万分之零点五的税率计税贴花。在融资性售后回租业务中，对承租人、出租人因出售租赁资产及购回租赁资产所签订的合同，不征收印花税。

【飞机租赁合同】为促进飞机租赁业健康发展，2014 年 3 月 3 日，《财政部 国家税务总局关于飞机租赁企业有关印花税政策的通知》（财税〔2014〕18 号）发布，规定自 2014 年 1 月 1 日起至 2018 年 12 月 31 日止，暂免征收飞机租赁企业购机环节购销合同印花税。

3.3 法律

3.3.1 2018 融资租赁纠纷典型案例解析①

2018 年，融资租赁的发展进入深水区。从纠纷数量来看，根据中国裁判文书网公布的数据，2017 年度全国涉及融资租赁合同纠纷的裁判文书为 29 483 份（其中判决书 13 433 份），比 2016 年度的 20 505 份（其中判决书 7 678 份）增加了 8 978份，增幅约为 44%。根据 2018 年 12 月 31 日的查询，中国裁判文书网公布 2018 年度全国涉及融资租赁合同纠纷的裁判文书为 24 437 份（其中判决书 9 625 份），比 2017 年度的 29 483 份（其中判决书 13 433 份）减少了 5 046 份，减幅约 17%。据了解，上网公布案件有 1 ~3 个月的滞后期，所以这时显示的 2018 年的数

① 本部分作者为中国融资租赁三十人论坛特约研究员、北京市汇融律师事务所主任张稚萍，此部分所称“本所”即北京市汇融律师事务所。

据尚不全面，仅供参考。从争议焦点来看，案件的复杂性程度上升，涉及出租人、承租人、供货人三方之间争议的案件数量增加，租赁公司操作风险凸显。本报告从大量已公开的案例中选取了有代表性的10个案例加以分析，这些案例涉及融资租赁合同三方当事人的关系、合同履行中的风险或某个特殊问题，从多个侧面折射裁判者对融资租赁相关问题的认识，提示租赁公司应该注意的事项。

（一）关于合同效力的争议

“名为融资租赁，实为借贷”的误解并没有随着租赁行业的壮大和业务的规范而渐行渐远，只要借贷被严格监管，租赁公司就永远面临被质疑的风险，从根本上说，应该被监管的是面向公众吸收存款或面向公众集资的行为，而非将资金借出去或用出去的行为。最高人民法院《关于进一步加强金融审判工作的若干意见》（法发〔2017〕22号）第2条第4款规定，对名为融资租赁合同、保理合同，实为借款合同的，人民法院应当按照实际构成的借款合同关系确定各方的权利义务，防范当事人以预扣租金、保证金等方式变相抬高实体经济融资成本。司法实践中对于不构成融资租赁关系的，通常认定为借贷关系，租赁公司的基本权益能够得到保障。我国第十二届全国人民代表大会第五次会议于2017年3月15日通过、自2017年10月1日起施行的《民法总则》第146条新设了“通谋虚伪表示”制度，通过区分“虚假意思表示实施的行为”和“隐藏行为”，对“通谋虚伪表示”的效力做出区别判定，适用到融资租赁纠纷中，体现出立法与司法实践保持了一致。但是，司法态度也会随着经济形势的发展而变化，最高人民法院于2017年12月22日做出的最高人民法院〔2017〕最高法民终647号判决，改变了之前发布的关于合同效力的司法解释所带来的预期，认为该案中贷款人向社会不特定对象提供经常性贷款，借贷合同无效。在合同被认定无效的情况下，则担保合同一并无效，法院仅支持合同本金返还，利息部分不予支持。无独有偶，《民法典各分编（草案）》第527条也增加了如下条款：“当事人以虚构租赁物等方式订立融资租赁合同掩盖非法目的的，融资租赁合同无效。”2018年12月全国人大常委会第二次审议后的《民法典各分编（草案）》依旧保留了这一条款。虽然近来未见到认定融资租赁合同无效的判例，但这种认定倾向值得引起租赁公司的重视。

（二）关于三方当事人权利义务分配及合同履行中的操作风险

融资租赁具有与传统租赁完全不同的特征，涉及两个合同（即供货合同和租赁合同）、三方当事人（即出租人、承租人、供货人），在售后回租交易中，供货人与承租人合二为一。供货人不履约或履约有瑕疵的风险由谁承担是区分传统租赁与融资租赁的核心要素之一。在传统租赁中，租赁物和供货人的决策权、选择权在出租人手里，因此，供货人是否履约、履约质量如何与承租人无关，该风险完全由出租人承担，如果承租人因此遭受损失，出租人应当对承租人承担责任。而在融资租赁中，出租人根据承租人对供货人、租赁物的选择，向供货人取得租赁物，提供给承租人使用，承租人支付租金，因此，出租人不承担供货人不履约或履约有瑕疵的风险，该风险由承租人承担。不仅如此，如果给出租人带来损失，出租人还可以要求承租人赔偿。这些特点是行业惯例，但是法律对此没有明确规定，对于租赁公司来说，一方面，好的合同至关重要，是发生风险时的安全阀，另一方面，也要关注合同的履行，尽量避免发生操作中的风险，或者在发生风险时能够及时采取应对措施。本报告集中选取了几个相关案例，感兴趣的读者可以关注。

（三）出租人诉讼中的物债选择

融资租赁是基于资产的融资，租赁公司既有物权又有债权，物权是债权的保障。我们常常说融资租赁的优势之一就是当承租人违约时，出租人可以取回租赁物。《最高人民法院关于审理融资租赁合同纠纷案件适用法律问题的解释》刚刚颁布时，其第 21 条曾经造成租赁公司诉讼的困境，但是经过几年的实践，司法在朝着良性方向改变，出现了很多很好的判例，修正了刚开始时的生硬做法，令人欣慰。然而，篇幅所限，本报告没有把注意力放在这样的好案例上，而是选取了一个有问题的物债方面的案例，正好印证了我一再主张的出租人对租赁物的所有权应该延及其形态转换物的观点，本所在对《民法典各分编（草案）》所提意见中特意设计了一个建议增加的条款："租赁物毁损、灭失或者被征收、征用等，出租人可以就获得的保险金、赔偿金或者补偿金等优先受偿。"从这个案例中也可以看出法律环境的改善非一蹴而就，而是以一个个租赁公司的痛苦为代价，一砖一瓦积累而成。

（四）关于船舶融资租赁中的特殊问题

船舶租赁具有悠久的历史，形成了独特的行业惯例和法律规范。2018 年我国启动了对《海商法》的修改工作，2018 年 11 月 5 日，交通运输部在其网站上公布了"关于《中华人民共和国海商法》（修订征求意见稿）公开征求意见的通知"和修订说明，向社会公开征求意见，此法修订涉及船舶物权、船舶污染损害赔偿、海上货物运输合同制度、船员权益保护、海事赔偿责任限制、我国加入的国际公约与国内法的衔接等内容的变化，必然对融资租赁产生影响。本报告选取了 1 个与船舶有关的争议案例，希望开展船舶租赁业务的租赁公司关注海商法法律环境的变化。

本报告原打算延续过往的传统，对审结在过去一年的案例进行观察和评论，但近期以来，本所代理的融资租赁纠纷案件中，直租纠纷增加，直租交易中三方当事人的权利义务分配，即租赁合同与供货合同两个合同的联动性矛盾凸显，租赁公司对这方面的问题注意不够，因此，本报告集中在这个角度进行了分析，希望提示风险。在选取案例的过程中，发现过去几年的此类案例也有代表性，所以突破了年份的限制，选取的个别案例审结在 2014—2016 年。这些案例从中国裁判文书网等专业网站查询而来，都是已经公开的案例。所选取的个别案例本身并不典型或并不完美，但是如果从这个案例可以延伸出有价值的评论，符合本报告的目的，也予采用。本报告由本所多名律师分别撰写，每个案例的书写体例尽量一致，但文风体现了每个写作者的特点。鉴于案例已经公开，所以对其中大部分法人当事人的信息未做处理，个别由本所律师代理的案件，对客户信息做了模糊化处理，但对涉及自然人的案例，则只保留姓氏而隐去了实名，以姓氏加某某的方式代称；有的案例呈现了纠纷的全貌，有的则集中于对争议焦点的分析，省略了无关争议焦点的信息。案例中大都附上了案号，感兴趣的读者可以从原判决中得到全部信息。有的案例评析言简意赅，观点表达清楚即可，有的评析展开论述，涉及了法理阐述，几乎可成一篇文章。笔者逐一审阅、修订了这些案例，或与作者讨论了焦点问题，希望读者从中获益。

案例一　直租交易中租赁物未交付的法律后果①

直租交易中，出租人根据承租人对出卖人、租赁物的选择，向出卖人购买租赁物，提供给承租人使用，一般在出租人付款后，租赁物由出卖人直接交付给承租人，但时有出卖人未交付租赁物的情况出现。此时，承租人是否可以主张解除合同，是否可以要求出租人、出卖人赔偿其损失，笔者对本案进行简析，以期对该问题的解决有所帮助。

山西省长治市城区人民医院与浙江康安融资租赁股份有限公司、北京远程视界眼科医院管理有限公司融资租赁合同纠纷案②

原告：山西省长治市城区人民医院（又称：长治市肿瘤医院，以下简称“长治市人民医院”）

被告：浙江康安融资租赁股份有限公司（以下简称“康安租赁公司”）

被告：北京远程视界眼科医院管理有限公司（以下简称“远程视界公司”）

---

① 本部分作者为北京市汇融律师事务所合伙人张立国、实习律师崔晓晔。

② 参见浙江省海宁市人民法院（2017）浙 0481 民初 9554 号民事判决书，于 2018 年 6 月 8 日做出。

一、案件基本事实

2016 年 9 月 22 日，长治市人民医院与康安租赁公司、远程视界公司订立设备租赁销售付款协议，约定由康安租赁公司根据长治市人民医院的要求向远程视界公司购买指定设备租赁给长治市人民医院，远程视界公司在康安租赁公司支付设备价款后 90 日内将购买设备交付给长治市人民医院；长治市人民医院在远程视界公司交付设备后，应向康安租赁公司出具租赁物验收证明书，长治市人民医院和远程视界公司应保证租赁物验收证明书的真实性和合法性，因租赁物验收证明书瑕疵引起的法律责任由长治市人民医院和远程视界公司承担。

同日，长治市人民医院与康安租赁公司订立融资租赁合同，约定康安租赁公司依据长治市人民医院的要求、按设备租赁销售付款协议的约定向远程视界公司购买设备，合同订立时由远程视界公司向康安租赁公司支付保证金和服务费，在长治市人民医院付清所有租金等应付款项后，由康安租赁公司退还远程视界公司保证金；若长治市人民医院未能付清租金等应付款项，康安租赁公司有权以保证金扣抵该等应付款项；长治市人民医院实际租金计付日期按康安租赁公司支付设备全款之日来确定，租赁期限共 36 个月，长治市人民医院在远程视界公司交付租赁设备后出具租赁物验收证明书，租赁物验收证明书上注明的日期为实际各方共同认定的租赁设备交付日。

合同签订当日，长治市人民医院出具了租赁物验收证明书，但实际远程视界公司一直未向长治市人民医院交付租赁物。2016 年 10 月 20 日至 2017 年 8 月 28 日，长治市人民医院共支付租金十一期，该款均由远程视界公司支付长治市人民医院后，由长治市人民医院转支给康安租赁公司。2017 年 11 月 28 日，长治市人民医院函告康安租赁公司、远程视界公司，以未收到租赁物为由，要求解除设备租赁销售付款协议和设备融资租赁合同，并于 2017 年 12 月 19 日起诉，庭审中远程视界公司要求履行合同，但未能提出明确的租赁物交付期限。

二、起诉与答辩及法院的认定与判决

长治市人民医院以未收到租赁物为由诉至法院，要求：1. 解除设备融资租赁合同和设备租赁销售付款协议；2. 康安租赁公司返还长治市人民医院已支付的十一期租金；3. 康安租赁公司和远程视界公司向长治市人民医院支付延期交货滞纳金。

康安租赁公司辩称：融资租赁合同和设备租赁销售付款协议是各方真实意思之表示，符合法律规定，为合法有效，各方均应依约履行各自义务。康安租赁公司已全面履行融资租赁合同项下全部付款义务，不存在任何违约情形，长治市人民医院诉称未收到租赁设备，如果属实可向远程视界公司主张索赔，该索赔可涵盖其全部损失，故长治市人民医院并不因此具有解除合同的权利，请求驳回长治市人民医院的诉讼请求。

远程视界公司辩称：长治市人民医院不具备解除合同的权利，远程视界公司不同意解除合同。

法院认为：本案争议的焦点是设备租赁销售付款协议和设备融资租赁合同是否应当解除。案涉两份合同合法有效，各方均应按约履行各自义务。远程视界公司作为租赁设备交付义务方经长治市人民医院催告后仍未能交付案涉设备，致长治市人民医院合同目的不能实现，且庭审中远程视界公司仍未能提出明确的履行期限，故长治市人民医院要求解除设备租赁销售付款协议和设备融资租赁合同，于法有据，本院予以支持。

合同解除后，尚未履行的终止履行，已经履行的，根据履行情况和合同性质分别做出处理。康安租赁公司已按约履行出资义务，不存在违约情形，即使融资租赁合同被解除，其仍有权要求赔偿损失，且长治市人民医院转支给康安租赁公司的租金均由远程视界医院支付，故长治市人民医院要求康安租赁公司返还已付租金的诉讼请求，无事实和法律依据，本院应予驳回。案涉设备的延期交货的责任方是远程视界公司，长治市人民医院要求二被告共同承担延期付款违约金的诉请，无事实和法律依据。

法院判决：1. 解除长治市人民医院与康安租赁公司、远程视界公司订立的设备租赁销售付款协议、融资租赁合同；2. 远程视界公司赔偿长治市人民医院延期交付滞纳金；3. 驳回长治市人民医院其余诉讼请求。

三、对本案的评析

本案的争议焦点在于租赁设备不能交付，长治市人民医院是否有权解除设备租赁销售付款协议和设备融资租赁合同，并要求康安租赁公司退还已支付租金。

（一）关于合同的解除

融资租赁交易涉及两份合同、三方当事人，两份合同即买卖合同与融资租赁合同，两份合同关系密切，融资租赁合同是买卖合同的签订目的，买卖合同是融资租赁合同租赁物的获得方式，因而两个合同之间互有影响。

《合同法》第94条规定，当事人一方迟延履行债务或者有其他违约行为致使不能实现合同目的的，当事人可以解除合同。依此，在出卖人迟延交付租赁物，亦不能明确何时交付的情况下，符合迟延履行债务致使不能实现合同目的的情形，承租人可以解除合同。所以，本案中法院以合同目的不能实现为由，支持长治市人民医院解除设备租赁销售付款协议的主张，符合法律规定。

《最高人民法院关于审理融资租赁合同纠纷案件适用法律问题的解释》第11条规定："有下列情形之一，出租人或者承租人请求解除融资租赁合同的，人民法院应予支持：（一）出租人与出卖人订立的买卖合同解除、被确认无效或者被撤销，且双方未能重新订立买卖合同的……（三）因出卖人的原因致使融资租赁合同的目的不能实现的。”买卖合同解除的，或者出卖人因自己的原因致使买卖合同履行不能的，将直接影响融资租赁合同的履行，如出卖人不能按期交付租赁物的，将直接导致融资租赁合同履行不能，这符合因出卖人的原因致使融资租赁合同的目的不能实现的情形，此时，出租人或者承租人均有权请求解除融资租赁合同。所以，本案中法院以合同目的不能实现为由，支持长治市人民医院解除设备融资租赁合同的主张，符合司法解释的规定。

因此，法院支持长治市人民医院解除设备租赁销售付款协议与融资租赁合同的主张，符合法律与司法解释的规定。

（二）关于合同解除的后果

1. 关于承租人的索赔权

因出卖人的原因导致买卖合同、融资租赁合同解除的，承租人有权向出卖人主张索赔。《最高人民法院关于融资租赁合同司法解释理解与适用》一书即指出："本解释第 6 条、第 24 条赋予了承租人对出卖人的索赔权，亦即在出卖人违约或过错导致买卖合同无效、被撤销或被解除的情况下，承租人可以直接向出卖人主张索赔，以维护承租人的利益。"

但是，承租人并不能因为出卖人延期交付租赁物，而向出租人主张索赔。恰恰相反，融资租赁是出租人根据承租人对租赁物、供货人的指定，出资购买租赁物提供给承租人使用，通常在承租人支付全部租金后，租赁物的所有权转归承租人所有，出租人拥有租赁物的物权仅仅是债权的保障，出租人购买租赁物的目的是租给承租人使用，因此，融资租赁合同具有不可解约性的特征。该不可解约性的应有之义为：一是承租人无权解除融资租赁合同；二是融资租赁合同因买卖合同、供货人原因等非出租人、承租人双方原因致使融资租赁合同目的不能实现而解约的，则承租人应以赔偿出租人全部损失为代价解除融资租赁合同。《最高人民法院关于融资租赁合同司法解释理解与适用》一书即指出："出租人履行了支付价款的合同义务后，因租赁物本身或买卖合同履行障碍所产生的商业风险，均不应再由出租人承担……对于出租人的行为或过错以外的原因导致融资租赁合同解除的，出租人不应承担由此产生的不利后果，其预期租金收益无法实现，应有权要求获得相应的损失赔偿。"所以，本案中法院驳回长治市人民医院要求康安租赁公司承担延期付款违约金的诉请，符合司法解释的规定。

2. 关于出租人的索赔权

因出卖人的原因导致买卖合同、融资租赁合同解除的，出卖人的交付义务被免除，融资租赁合同因租赁物交付不能而无法继续履行，当事人有权因合同目的不能实现而解除合同。融资租赁合同解除后，出租人可以从两个角度去追偿，一是根据买卖合同关系向出卖人主张损失赔偿；二是根据融资租赁合同关系向承租人主张损失赔偿，此时，出卖人和承租人的债务构成不真正连带债务。

关于在承租人未收到租赁物的情况下，出租人是否可以向承租人主张索赔，《最高人民法院关于审理融资租赁合同纠纷案件适用法律问题的解释》第16条第1款做出了明确规定："融资租赁合同因买卖合同被解除、被确认无效或者被撤销而解除，出租人根据融资租赁合同约定，或者以融资租赁合同虽未约定或约定不明，但出卖人及租赁物系由承租人选择为由，主张承租人赔偿相应损失的，人民法院应予支持。"此外，《最高人民法院关于融资租赁合同司法解释理解与适用》一书也提出："当出卖人、租赁物系由承租人选择时，出租人是根据承租人的选择和指定才同出卖人签订买卖合同，根据谁选择谁负责的原则，承租人应对因出卖人、租赁物的原因而给出租人带来的损失承担责任，这是权责一致原则的应有之义"。所以，本案中康安租赁公司对于自身的损失，还可以向远程视界公司或长治市人民医院行使索赔权。本案中，出租人未提出对承租人赔偿损失之反诉，致使承租人向出租人的赔偿未在本诉中得到解决，出租人只能另行起诉予以解决。

综上，出卖人延迟交付租赁物导致合同目的无法实现的，出租人或承租人均有权要求解除买卖合同与融资租赁合同，合同解除后，双方均有权向出卖人行使索赔权，此外，出租人还有权向承租人行使索赔权。

案例二　出卖人未交付租赁物，出租人可否诉请解除买卖合同，并要求承租人与出卖人共同承担责任①

直租交易项下，出租人已支付租赁物购买价款，出卖人未依约交付租赁物，出租人是否有权解除买卖合同，并要求承租人就出租人已支付的款项与出卖人共同承担责任，此问题在实践中有不同观点。笔者有意选取本案例，旨在探究出租人解除买卖合同的权利来源以及要求承租人就出卖人违约行为共同承担责任的合理依据。

台新融资租赁（中国）有限公司与上海益震机床设备有限公司、昆山钧统精密模架有限公司买卖合同纠纷案②

① 本部分作者为北京市汇融律师事务所合伙人邹颖、律师助理徐红玲。

② 参见江苏省南京市中级人民法院（2016）苏01民终10629号民事判决书，于2017年3月8日做出。

上诉人（原审原告）：台新融资租赁（中国）有限公司（以下称“出租人”）

被上诉人（原审被告）：上海益震机床设备有限公司（以下称“出卖人”）

被上诉人（原审被告）：昆山钧统精密模架有限公司（以下称“承租人”）

一、案件基本事实

出租人与承租人就TMC－2016龙门加工中心设备开展直租交易。2014年8月26日，出租人与出卖人、承租人三方就该设备签订《买卖合同》，约定设备购买价款为100万元。同日，出租人与出卖人、承租人三方签订《设备价款支付协议》《融资租赁合同》，约定由承租人支付设备的部分价款40万元，出租人支付设备部分价款60万元，承租人以融资租赁的方式向出租人承租《买卖合同》项下的设备。

《买卖合同》第2条第2款约定：“标的物运至承租方指定的场所后，承租方针对卖方视为收到货物，承租方应立即进行验货，查看标的物是否与合同约定相符，包装、质量是否完好，如果查验无问题，承租方应立即将《起租通知书》交付于出租方，出租方收到承租方提交的《起租通知书》内记载的租赁物起租日即为交付日。收到《起租通知书》之日起，交付完毕，租赁物的所有权自卖方转移至购买方（出租方）。”第3款约定：“出租方在收到承租方出具的《起租通知书》后15个工作日内付款于卖方指定的银行账户中。”

《买卖合同》第6条约定：“（1）因不可归责于出租方的事由所导致的租赁合同未能签署（包括无效、撤销等）或在租赁物交接完毕前租赁合同被解除时，出租方可以无条件解除本合同。（2）本条第1款的情形下，承租方应及时返还出租方已支付的全部款项，并承担相应违约金（出租方实际支付之日起至实际收到承租方返还全部款项之日，按日息万分之五计算）。同时，承租方应立即代替出租方与卖方进行协商处理。”

出租人、承租人分别向出卖人支付租赁物购买价款40万元和60万元，但出卖人未按约交付租赁物，出租人向出卖人发函催货未果，故成诉。

二、起诉与答辩及法院的认定与判决

出租人一审诉讼请求：1. 确认出租人与出卖人、承租人之间《买卖合同》解除；2. 出卖人、承租人共同返还出租人货款60万元及相应利息。

一审法院认为：1. 涉案合同均系各方真实意思表示，内容不违反法律、行政法规的强制性规定，合法有效。2. 出租人按《买卖合同》约定，向出卖人支付了设备购买款，但出卖人未按约将设备交付承租人，致使《买卖合同》的目的不能实现，故出租人要求确认与出卖人、承租人之间《买卖合同》解除，理由充分，应予支持。同时，本案中承租人并未向出卖人行使索赔的权利，故出租人作为购买人要求出卖人返还货款，并支付利息，可予采纳。3. 承租人依照《买卖合同》及《设备价款支付协议》约定履行了付款义务，因出卖人的原因致使合同不能继续履行，但出租人未能提供证据证实出卖人及租赁物系承租人选择，故出租人依据《买卖合同》第六条要求承租人共同承担付款责任及利息损失，对该请求，一审法院不予支持。

一审法院判决：1. 确认出租人与出卖人、承租人的《买卖合同》解除；2. 出卖人自判决生效之日起十日内偿付出租人货款60万元及相应利息；3. 驳回出租人其他诉讼请求。

出租人不服一审判决，上诉请求：1. 依法撤销一审判决；2. 确认出租人与出卖人、承租人之间签订的《买卖合同》《融资租赁合同》已解除；3. 判令出卖人、承租人共同返还出租人货款60万元及相应利息。

出租人认为：1. 出租人提供的《融资租赁合同》《买卖合同》关于租赁物的明确约定足以证实出租人是根据承租人的自主选择及判断购买租赁物，一审法院认为出租人未能提供证据证实出卖人及租赁物系承租人选择，不符合法律规定。2. 根据《融资租赁合同》《买卖合同》约定，由承租人负责验收租赁物，承租人收货后应立即验货，验收合格向出租方出具《起租通知书》证明已完成交货并验收满意。出租人收到承租人《起租通知书》《付款指示书》后，才向出卖人支付货款60万元，一审法院未认定该事实不符合法律规定。3. 《买卖合同》明确约定：因不可归责于出租方的原因导致合同解除，承租方应及时返还出租方已支付的全部款项，并承担相应违约金。一审法院未予认定，极不公正。

出卖人未提交答辩意见。

承租人辩称：1. 案涉《买卖合同》《设备价款支付协议》《供应商确认函》《付款指示书》《起租通知书》等所有文件均是出租人的格式文本，出租人提交的《起租通知书》系在租赁标的物尚未交付时要求承租人提前签的，不能作为出租人付款的依据；2. 出租人没有尽到应有的谨慎注意义务，在标的物未交付时即向出卖人付款，存在重大过错，应自行承担损失。3. 承租人已支付部分租金，但设备未交付，融资租赁合同事实上履行不能，出租人理应退还承租人支付的租金，承租人将另行解决。

二审法院认为本案的争议焦点为：承租人应否就出租人已付货款本息与出卖人承担共同退款责任。二审法院认为，虽然出租人持有承租人盖章的《起租通知书》，但该通知书系双方签订融资租赁合同时承租人应出租人要求事先出具的，出租人在明知出卖人尚未实际交付货物，也未得到承租人收货确认的情况下，即于次日向出卖人付款，现案涉合同因出卖人违约导致无法履行，承租人在合同履行中并无过错，出租人要求承租人与出卖人共同承担退还货款的责任，无事实和法律依据，一审法院未予支持，并无不当。

综上所述，驳回上诉，维持原判。

三、对本案的评析

本案主要争议涉及直租交易项下的两个问题，一是出卖人在买卖合同项下发生违约，出租人是否有权解除买卖合同；二是出租人能否要求承租人就出卖人退款及赔偿共同承担偿还责任。

（一）关于出租人是否有权解除买卖合同

在实践中，鉴于租赁物和出卖人由承租人选定，出租人在交易中为融资提供方角色，三方一般约定对于出卖人的索赔直接由承租人行使。但出租人是否有权自行行使索赔权，特别是解除买卖合同，要求出卖人退款并赔偿？对此，实践中存在不同观点，一种观点认为出租人是形式上的所有权人，买卖合同项下的索赔权由承租人享有，出租人行使解除权需经承租人同意；另一种观点认为出租人作为买受人当然享有解除买卖合同的权利。在本案中法院予以支持了出租人解除买卖合同的请求，笔者予以赞同。

第一，《合同法》第 240 条规定："出租人、出卖人、承租人可以约定，出卖人不履行买卖合同义务的，由承租人行使索赔的权利。承租人行使索赔权的，出租人应当协助。"据此，承租人向出卖人行使索赔权是基于三方约定，而非承租人当然享有，虽然承租人行使索赔权较出租人从专业性和证据获取上更占优势，但出租人作为买受人承担了买卖合同项下支付租赁物购买价款的核心义务，出租人有权直接从出卖人处获得索赔结果，包括退款和赔偿金。若直接排除出租人的索赔权，则出租人在该合同项下的权利义务失衡，特别是在承租人在租赁合同项下亦存在违约或丧失清偿能力的情况下，出租人当然有权通过直接向出卖人行使索赔寻求救济，应当保护守约方选择索赔主体的权利。

第二，在出卖人未依约交付租赁物的情况下，出租人无法取得租赁物所有权，虽然出租人还可以向承租人主张租赁合同项下租金，但租赁物用于担保租赁债权的目的无法实现，出租人同样面临重大风险，因此出卖人未依约交付租赁物，出租人在买卖合同和租赁合同项下的目的无法实现，符合合同法定解除的条件，出租人有权解除买卖合同，并要求出卖人退款并赔偿。

第三，从融资租赁交易各方当事人利益平衡角度考虑，出租人解除买卖合同后，不应获得双重利益。《最高人民法院关于审理融资租赁合同纠纷案件适用法律问题的解释》（以下简称《融资租赁司法解释》）第16条对此亦有所体现，该条规定，出租人的损失已经在买卖合同被解除、被确认无效或者被撤销时获得赔偿的，应当免除承租人相应的赔偿责任。因此，出租人从出卖人处获得的退款和赔偿应当冲抵承租人在租赁合同项下对出租人的应付款项。

（二）出租人是否有权要求承租人就出卖人的违约行为共同承担责任，需要结合合同约定以及各方在履行合同过程中的过错决定

鉴于融资租赁交易中的出卖人由承租人自主选定，因此出卖人在买卖合同项下履约的风险应由承租人承担，对此，《融资租赁司法解释》第六条亦规定了承租人对出卖人行使索赔权，不影响其履行融资租赁合同项下支付租金的义务。但依据上述规定，出租人权利保障的路径是向承租人主张租赁合同项下的租金，因此，出租人若直接依据买卖合同要求承租人就出卖人的违约行为共同承担责任，需在合同中做明确约定。若出租人做出如上约定，需要注意的是：虽然出租人可仅提起一次诉讼即向出卖人、承租人同时主张权利，但出卖人在买卖合同项下的违约赔偿金额与租赁合同项下的租赁债权金额一般不匹配，出租人在租赁合同项下的债权能否通过一次诉讼得以实现存在不确定性。

在本案中，买卖合同约定承租人在接收租赁物查验无问题后，立即将《起租通知书》交付给出租人，出租人在收到《起租通知书》后15个工作日内向出卖人付款。出租人虽然持有承租人盖章的《起租通知书》，但该通知书系双方签订融资租赁合同时承租人应出租人要求事先出具的，出租人在明知出卖人尚未实际交付货物，也未得到承租人收货确认的情况下，在履行付款义务时未尽到审慎的注意义务，存在过错，因此，法院未认定承租人对出卖人的退款和赔偿共同承担责任。

四、对租赁公司的启示

鉴于直租交易中涉及三方当事人、两个法律关系，各方当事人的权利义务交叉体现在两个合同中，在法律、司法解释对诸多问题尚未做明确规定的情况下，提示租赁公司：

第一，在出租人、承租人及出卖人签订的协议中约定虽然买卖合同项下的索赔权由承租人行使，但出租人有权自主决定是否行使或在承租人怠于行使的情况下，出租人有权直接向出卖人行使；同时，买卖合同项下出卖人基于其违约行为所应支付的退款和赔偿金等款项应直接支付给出租人，该款项可用于冲抵承租人在租赁合同项下的应付款项。

第二，出租人向出卖人支付租赁物购买价款需履行审慎注意义务。如前文所

述，买卖合同的履约风险实际由承租人承担，实践中，出租人一般根据承租人出具的付款通知书付款，承租人为防范租赁物交付的风险，常常将付款条件与租赁物交付挂钩。租赁物的交付不仅影响承租人在租赁合同项下的合同目的，也担保出租人在租赁合同项下债权，因此，租赁公司不能仅为实现起租目的或操作便捷而忽视买卖合同的付款条件和租赁物实际交付，有必要对此高度关注。在出租人付款环节存在过错，且出卖人未交付租赁物的情况下，承租人在租赁合同项下的目的有可能无法实现，出租人面临承租人行使租赁合同项下履行租金支付义务的抗辩，甚至承租人主张解除租赁合同，要求出租人退还承租人已支付的租金，并承担赔偿责任的风险。

案例三　委托购买直租交易中，承租人未购买租赁物对融资租赁法律关系的影响[①]

在委托购买直租交易中，出租人向承租人支付委托购买价款并委托承租人以该款项向供货人购买租赁物，但有时承租人收到委托购买价款后并未购买租赁物，一旦发生纠纷，承租人或担保人常会以租赁物未购买为由主张不构成融资租赁法律关系。笔者将以本案为切入点，结合法院认定，对委托购买直租交易中承租人未购买租赁物对融资租赁法律关系的影响进行分析。

启东市南方润滑液压设备有限公司与江苏金融租赁有限公司、南通惠港船舶推进器有限公司等融资租赁合同纠纷再审复查与审判监督民事裁定书[②]

再审申请人（一审被告、二审上诉人）：启东市南方润滑液压设备有限公司（以下称“担保人”）

被申请人（一审原告、二审被上诉人）：江苏金融租赁有限公司（以下称“出租人”）

被申请人（一审被告、二审被上诉人）：南通惠港船舶推进器有限公司（以下称“承租人”）

一、案件基本事实

2009 年 9 月 14 日，出租人与承租人签订《融资租赁合同》，约定出租人根据承租人的要求从供货人处购进两台立式车床出租给承租人使用，设备购买价款 610

---

① 本部分作者为北京市汇融律师事务所合伙人李雪梅、北京汇融（天津）律师事务所律师贺欣。

② 为突出主要争议焦点，本文对该案部分案情予以删减，如需详阅，请参见江苏省高级人民法院民事裁定书（2014）苏审三商申字第 069 号再审民事判决书，于 2014 年 8 月 4 日做出。

万元。同日，出租人、承租人与供货人签订《租赁设备委托购买协议》，约定出租人委托承租人办理融资租赁交易中的租赁设备购买事宜，出租人凭供货人的付款通知书向承租人支付设备款，该款项专用于支付租赁设备购买价款，承租人不得挪作他用。同日，担保人与出租人签订《保证合同》，约定担保人为承租人全部债务提供连带责任保证。

次日，供货人向出租人出具付款通知书，表示租赁设备款的付款条件已满足，要求出租人向承租人支付设备款。当天，出租人汇付承租人610万元，汇付用途一栏记载为租赁设备委托购买款。但承租人未以该等款项支付租赁物购买价款。后承租人逾期支付租金。

二、一审与二审情况

出租人向一审法院提起诉讼，请求判令：1. 承租人偿还租金、逾期利息；2. 担保人对上述债务承担连带偿还责任。一审法院判决支持出租人的全部诉讼请求。

担保人不服，提起上诉。

二审法院认为：出租人与承租人行为符合融资租赁合同的法律特征，双方之间系融资租赁合同关系。承租人收到610万元价款后，未购买租赁物，致使融资租赁合同未能实际履行，责任不在出租人。《租赁设备委托购买协议》中约定的“告知买卖合同的履行情况，并在买卖合同履行完毕后7日内将买卖合同项下的发票和提单等整套单据交付给出租人”是承租人的义务，出租人未及时审查发票和提单，并不能就此认定其存在过错。担保人没有证据证明出租人在与承租人签订《融资租赁合同》时是为了向承租人放贷。担保人主张本案系名为融资租赁，实为企业借贷，依据不足。担保人应承租人请求，为承租人与出租人之间的《融资租赁合同》提供保证，系其真实意思表示，承租人逾期未能支付租金，担保人应对承租人的债务承担连带偿还责任。二审法院判决：驳回上诉，维持原判。

三、再审情况

担保人仍不服，申请再审。

担保人申请再审称：《融资租赁合同》名为融资租赁，实为企业借贷，合同无效。出租人没有证据证明合同所涉租赁物存在。2010年前出租人到承租人处查看过，知道租赁物未购买，对此并未提出异议，即是对租赁物所有权的放弃。另外，出租人在担保人不知情的情况下，又将货款转支付给承租人。

出租人提交意见称：《融资租赁合同》的约定完全符合《合同法》的规定，合法有效。《合同法》未设定出租人严格审查买卖合同的履行情况的义务，承租人收到出租人支付的设备款后未履行《租赁设备委托购买协议》并不影响《融资租赁合同》的效力。

再审法院认为:《融资租赁合同》并非名为融资租赁实为借贷，合法有效。承租人未取得《融资租赁合同》项下的租赁物的事实，属于合同有无履行的事实，不属于认定合同效力的事由，担保人以承租人未取得租赁物为由主张《融资租赁合同》实为借贷不能成立。本案《融资租赁合同》及《租赁设备委托购买协议》的内容完全符合融资租赁合同的法律特征。

综上，再审法院判决：驳回担保人的再审申请。

四、对本案的评析

本案涉及的主要争议焦点是委托购买直租交易中，承租人未按照出租人委托购买租赁物是否影响融资租赁法律关系的认定及合同效力的问题。本案历经三审，各级法院均未否定融资租赁法律关系的构成及合同效力，再审法院认为，承租人未取得租赁物，属于《融资租赁合同》有无履行的事实，不属于认定合同效力的事由，担保人以承租人未取得租赁物为由主张《融资租赁合同》实为借贷不能成立。

笔者赞同再审法院的观点。理由如下：

1. 关于融资租赁法律关系的认定，根据《最高人民法院关于审理融资租赁合同纠纷案件适用法律问题的解释》第 11 条规定，因出租人与出卖人订立的买卖合同解除、被确认无效或者被撤销，且双方未能重新订立买卖合同的，出租人或者承租人均有权解除融资租赁合同。而本案即属于买卖合同未能实际履行，出租人自然有权解除合同，这也恰恰印证了融资租赁合同在租赁物未购买的情况下可以成立且生效，不能仅以承租人未按照出租人委托购买租赁物作为认定是否构成融资租赁法律关系的依据。

2. 关于合同效力的认定，应依据《合同法》第 52 条对合同无效情形的规定及《民法总则》关于民事法律行为无效的规定来进行判断，在委托购买直租交易中，承租人未购买租赁物明显不属于以上情形。因此，不能仅依据承租人未按照出租人委托购买租赁物判定合同无效，还应综合其他因素进行判断。本案中，出租人、承租人与供货人共同签署了《租赁设备委托购买协议》，出租人根据供货人发出的付款通知向承租人支付购买价款以购买租赁物，并出租给承租人使用，完全符合《合同法》第 237 条规定的融资租赁交易的外部表现形式。在没有有效证据证明出租人已明知该合同项下没有融物仅有融资、承租人没有按照出租人委托购买租赁物等主观故意的情况下，应视为双方开展融资租赁的意思表示真实，合同合法有效。

笔者在检索类似案件时发现，江苏省高级人民法院（2013）苏商终字第 0191

号案[①]中，出租人未与供货人就租赁物购买达成合意，仅根据承租人的付款通知向承租人付款，但承租人并未向供货人购买租赁物。法院认为，由于买卖合同未实际履行，《融资租赁合同》订立时也没有追认买卖合同，亦未将其列为附件，且承租人也未向出租人提供租赁物购买发票等证明，不能认定出租人、承租人之间就购买设备、完成融资租赁达成了真实合意。承租人账册将该租赁物购买价款记载为“长期借款”，在生产周转中使用。出租人对此明知并接受了承租人的还款，应当认定双方的真实意思仅为资金融通及分期偿还，而非融资租赁；出租人与承租人订立的《租赁设备委托购买协议》系为出租人直接将融资款交付承租人而考虑。可见，若有证据证明双方真实合意为借贷，或出租人明知或应当知道承租人未按照出租人委托购买租赁物的情况下，存在被法院认定为不构成融资租赁法律关系的可能。

综上，在委托购买直租交易中，承租人未按照出租人委托购买租赁物并不必然导致融资租赁法律关系不成立，还需根据《最高人民法院关于审理融资租赁合同纠纷案件适用法律问题的解释》第 1 条的规定，结合租赁物未购买的原因、出租人与承租人对未购买租赁物的主观心态、双方真实合意等综合进行判断。关于合同效力的认定，也应综合其他因素进行判断，不能仅以租赁物未购买认定合同无效。

五、对租赁公司的建议

建议租赁公司在开展委托购买直租业务时，一是尽量将租赁物购买价款支付给供货人；若确因业务需要支付给承租人的，则应要求供货人与承租人均在付款通知书上盖章确认，基于供货人与承租人共同的指示进行付款，并对承租人的收款账户进行监管，确保承租人将款项用于购买租赁物；二是完善付款条件，即在供货人向承租人交付租赁物后，再支付租赁物购买价款；三是完善合同约定，明确承租人未按照出租人委托购买租赁物的相关后果及出租人的救济措施；四是加强租后管理，密切关注租赁物的购买、交付及使用情况等。

案例四　租赁物低值高估对融资租赁合同效力的影响[②]

融资租赁交易中，出租人通常根据租赁物的价值支付租赁物购买价款，取得租赁物所有权，并将租赁物出租给承租人使用。在售后回租中，双方可能通过对租赁物价值的低值高估实现融资目的，使得租赁物购买价款与租赁物价值发生不匹配的

---

① 参见江苏省高级人民法院（2013）苏商终字第 0191 号二审民事判决书，于 2014 年 9 月 19 日做出。

② 本部分作者为北京市汇融律师事务所合伙人李雪梅、北京汇融（天津）律师事务所律师贺欣。

情况。笔者以本案为例，对低值高估对融资租赁合同的影响进行简析。

远东国际租赁有限公司与江阴东辰机械制造股份有限公司、江阴东辰前景投资有限公司等融资租赁合同纠纷案[①]

原告：远东国际租赁有限公司（以下称“出租人”）

被告：江阴东辰机械制造股份有限公司（以下称“承租人”）

被告：江阴东辰前景投资有限公司（以下称“东辰前景公司”）

被告：江苏乐基重工机械有限公司（以下称“乐基公司”）

被告：江阴东辰钻探设备有限公司（以下称“东辰钻探公司”）

被告：江苏一同环保工程技术有限公司（以下称“一同公司”）

被告：刘某

一、案件基本事实

2014 年 11 月 28 日，出租人与承租人签订《售后回租赁合同》和《所有权转让协议》，约定：出租人向承租人购买租赁物，回租给承租人使用，承租人承租、使用租赁物并支付租金，设备购买价款为 1 725 万元，租赁期 24 个月，自起租日起算，起租日为 2014 年 12 月 10 日，每月支付一次租金、期初支付，第 1 期租金 550 170 元，第 2 至 24 期每期租金均为 780 170 元，租金为固定租金，不随人民银行贷款基准利率变动而调整。保证金 225 万元，留购价款 1 000 元。如承租人未按时、足额支付任一期租金或其他应付款项，出租人有权解除合同，取回并处置租赁物，并要求承租人赔偿损失，即到期和未到期应付未付租金、其他所有应付款项和费用。延迟付款违约金的利率为日万分之五。

同日，东辰前景公司、乐基公司、东辰钻探公司、一同公司分别与出租人签订《保证合同》，刘某向远东公司出具《保证函》，承诺对承租人在《售后回租赁合同》项下义务承担连带保证责任，保证期间均自合同签署之日始至《售后回租赁合同》项下主债务履行期届满之日起满两年。

上述合同签订后，出租人在扣除保证金 225 万元后，向承租人支付了剩余的 1 500万元设备购买价款。承租人出具了《租赁物件接收证明》，确认设备已安装验收合格。2014 年 12 月 13 日，出租人向承租人发出《起租通知书》。承租人按约支付部分租金后，自 2015 年 12 月（第 13 期）起未按约支付租金。

二、一审情况

出租人向一审法院提起诉讼，请求判令：1. 解除《售后回租赁合同》；2. 承

① 参见上海市第一中级人民法院（2016）沪 01 民终 9099 号二审民事判决书，于 2016 年 12 月 12 日做出。

租人返还租赁物；3. 承租人支付出租人按全部未付租金数额计算的损失及逾期付款违约金；4. 出租人可就租赁物与承租人协议折价或将该租赁物拍卖、变卖，所得价款用于清偿上述第三项付款义务，如所得价款不足清偿，则不足部分由承租人继续清偿；5. 保证人对上述第三项付款义务承担连带清偿责任；6. 六被告承担案件受理费、财产保全申请费。

一审中，出租人同意调整《售后回租赁合同》解除日为庭审日即2016年5月3日；调整诉请3为：判令承租人支付按全部未付租金数额计算的损失7112 040元，截至2016年5月3日的逾期付款违约金，以及自2016年5月4日起计算至实际清偿之日止的违约金（以到期应付未付租金总额为基数，按每日万分之五计算）。

一审法院认为：本案的争议焦点为出租人与承租人之间是否构成融资租赁关系。是否构成融资租赁关系，应当结合标的物的性质、价值、租金的构成以及当事人的合同权利和义务做出认定。融资租赁合同是出租人根据承租人对出卖人、租赁物的选择，向出卖人购买租赁物，提供给承租人使用，承租人支付租金的合同。本案中，保证人一同公司围绕租赁物是否真实存在及租赁物价值是否过高提出异议，认为出租人与承租人之间实为非法借贷关系。对此，首先，对租赁物的存在及所属，承租人均已确认。一同公司并非租赁物的所有人或实际使用者，其称租赁物可能不存在，但不能提供充分证据推翻出租人的证据及承租人的自认；且一同公司作为保证人，法院有理由认为其在出租人与承租人缔约时已对被担保的债务做了最低限度的审查，如今在承租人未完全履行债务的情况下，一同公司对租赁物是否存在此种基础事实提出异议，与其先行行为相悖。其次，对于租赁物价值，法院认为，如存在明显偏低、无法起到担保租赁债权实现的情形，可认定为仅有融资之实，而无融物之实。一同公司声称设备为旧设备，《售后回租赁合同》所记载的设备原值1 750万元远高于设备实际价值，故存在低值高估，但其提供的照片证据与本案不具关联性，无法证明其辩称，故法院认为本案不构成租赁物价值明显偏低的情形。同时，从《售后回租赁合同》约定的租金构成和当事人权利、义务来看，均符合融资租赁的特征；此外，租赁标的物是否存在、价值大小均经合同双方协商后签字确认，承租人亦在相当长的时间内按照双方约定的租金支付方式履行合同。综上，法院认为，出租人与承租人存在融资租赁合同关系，《售后回租赁合同》合法有效。

承租人未能按照合同约定的期限和数额支付租金，已符合合同约定的出租人解除合同的条件，虽然起诉前出租人未对承租人进行催告，但出租人的起诉可视为催告，承租人收到起诉状副本至庭审之日，仍未能向出租人偿付拖欠的租金，故出租人请求解除《售后回租赁合同》并要求承租人返还租赁物及赔偿损失的主张，具有法律和合同依据，予以支持。损失赔偿范围为承租人全部未付租金及其他费用与收回租赁物价值的差额。关于收回租赁物的价值，《售后回租赁合同》中未做约定，出租人请求按其与承租人协议折价或将该租赁物拍卖、变卖所得的价款来确定，并明确所得价款超过全部债务的部分归承租人所有，该主张合理且具有可操作性。

一审法院判决：1. 确认《售后回租赁合同》于2016年5月3日解除；2. 承租人返还租赁物；3. 承租人赔偿损失，赔偿范围是全部未付租金及逾期付款违约金与收回租赁物价值的差额（租赁物价值按判决第四项确定），若承租人不返还租赁物，则损失赔偿范围是全部未付租金及逾期付款违约金；4. 租赁物价值依出租人与承租人协议折价，或者以拍卖、变卖所得价款确定，如租赁物价值超过全部债务，超过部分归承租人所有，不足部分由承租人继续清偿；5. 东辰前景公司、乐基公司、东辰钻探公司、一同环保公司、刘某对承租人的付款义务承担连带清偿责任。

三、二审情况

保证人一同公司不服一审判决，提起上诉，请求撤销一审判决第五项，改判驳回出租人要求一同公司承担担保责任的诉请。事实和理由：本案租赁物或有部分不存在，或实际价值与融资租赁合同约定的价值严重偏离，出租人与承租人之间名为融资租赁，实为非法的民间借贷，是以合法形式掩盖非法目的，融资租赁合同当属无效，担保关系亦无效。

二审法院认为：二审争议焦点是一同公司应否承担担保责任。第一，出租人提交了相关发票证明租赁物的客观存在和经济价值。一同公司虽然主张融资租赁合同约定的租赁物价格严重偏离实际价值，质疑部分租赁物是否真实存在，但并无充分证据否定发票的真实性，出租人举证的证明力大于一同公司，故对一同公司的主张不予认可。第二，承租人将其设备转卖给出租人后，再承租使用，双方之间系合法有效的融资租赁关系。一同公司主张出租人与承租人之间系非法的民间借贷关系，依据不足，不予采信。第三，一同公司要求法院实地查勘租赁物是否真实存在，要求评估租赁物的价值，但这其实是合同当事人在签订合同之前应尽的义务。一同公司本应在签订保证合同前严格审查，以避免商业风险，而不是在诉讼中要求法院组织查勘、评估。一同公司自己疏于审查防范，应自行承担商业风险。本案中，没有证据证明一同公司系受欺诈或胁迫签署了《保证合同》，法院只能认定《保证合同》合法有效，一同公司应依约承担法律责任。

综上，二审法院判决：驳回上诉，维持原判。

四、对本案的评析

本案中，出租人主要依据发票确定租赁物的价值，因保证人所提供证据不足以否定租赁物发票的真实性，故两审法院均未支持保证人关于租赁物价值明显偏低的抗辩理由。但两审法院均认为“如存在租赁物价值明显偏低、无法起到担保租赁债权实现的情形，可认定为仅有融资之实，而无融物之实”。可见，租赁物价值——尤其是在低值高买的情况下，会影响融资租赁法律关系的认定。

融资租赁的法律特征是通过“融物”达到“融资”的目的，其融资目的必须通过融物来实现，这是融资租赁与金融借贷的根本区别所在。从融资租赁的行业惯例及司法实践认定来讲，租赁物的价值应能够保障租赁债权的实现。《最高人民法院关于审理融资租赁合同纠纷案件适用法律问题的解释》第1条规定，“人民法院应当根据合同法第237条的规定，结合标的物的性质、价值、租金的构成以及当事人的合同权利和义务，对是否构成融资租赁法律关系做出认定，对名为融资租赁合同，但实际不构成融资租赁法律关系的，人民法院应按照其实际构成的法律关系处理”，可见租赁物的价值是裁判机关认定交易是否构成融资租赁法律关系的重要考量因素。《最高人民法院关于融资租赁合同司法解释理解与适用》一书亦表达了该等观点：租赁物价值明显偏低、无法起到担保租赁债权实现的，此类交易仅有融资之实，而无融物之实，该租赁物显然不足以作为出租人的物权保障，出租人以融资租赁合同的名义安排交易，实为在信贷管制严格的客观条件下，以融资租赁合同的方式进行变相贷款[①]。《天津法院融资租赁合同纠纷案件审理标准》第4.1.3条亦规定：“售后回租合同的出租人明知租赁物不存在或者租赁物价值严重低值高估的，不认定为融资租赁合同关系。”因此，如果租赁物价值远低于出租人支付的租赁物购买价款、无法起到担保租赁债权实现的，则属于仅有融资之实，而无融物之实，易被认定为不构成融资租赁法律关系。

综上，在租赁物实际价值明显低于出租人支付的租赁物购买价款的情况下，相应交易不构成融资租赁法律关系，通常会被认定为借贷关系。在强监管的背景下，融资租赁合同被认定借贷属性可能会影响合同效力。

五、对租赁公司的建议

建议租赁公司在开展融资租赁交易前，对租赁物的原始供货合同、发票及市场

---

① 奚晓明主编，最高人民法院民事审判第二庭编著．最高人民法院关于融资租赁合同司法解释理解与适用［M］．北京：人民法院出版社，2014年3月．

价等进行考察，避免租赁物严重低值高估的情况出现。另外，应在相关担保合同中完善担保范围，明确主合同项下法律关系认定不影响担保责任的承担，增加担保人对主合同无效所形成的债务承担连带责任的独立条款，以尽可能避免脱保风险。

案例五　出租人先诉债权得到支持，但未获得足额清偿，能否再主张解除合同，取回租赁物①

依据《最高人民法院关于审理融资租赁合同纠纷案件适用法律问题的解释》（以下称“《融资租赁司法解释》”）第21条，出租人在诉讼时只能对“要求全部未付租金”或者“解除融资租赁合同、收回租赁物”择一诉请。实践中，出租人二次诉讼面临诸多问题，如出租人先诉债权得到支持，但未获得足额清偿，出租人能否主张解除合同，取回租赁物？

一、案件事实及审理经过

案例（一）：仲利国际租赁有限公司与上海创冉实业有限公司、上海艾亚布艺有限公司等融资租赁合同纠纷案②

原告：仲利国际租赁有限公司（以下简称“仲利国际”或“出租人”）

被告：上海创冉实业有限公司（以下简称“创冉公司”或“承租人”）

1. 案件基本事实

仲利国际与创冉公司开展融资租赁交易，双方于2013年6月4日签订了《租赁合同》《买卖合同》，双方开展售后回租交易，租赁期自2013年6月7日起至2014年12月7日止。《租赁合同》履行期间，创冉公司仅支付了1—8期租金，自2014年3月7日起未再支付租金，故成诉。

2. 案件审理情况

2014年7月，原告诉至法院，请求判令：1. 被告创冉公司支付全部租金；2. 被告创冉公司支付违约金；3. 诉讼费、公告费由被告负担。被告未到庭答辩，也未提供任何证据。法院经过审理，支持了原告的所有诉求。

后被告未履行生效判决，仲利国际申请法院强制执行，鉴于被执行人创冉公司已经停止经营，执行中查明被执行人名下已无财产可供执行，法院做出终止执行的

---

① 本部分作者为北京市汇融律师事务所合伙人邹颖、实习律师乔蕊蕊。

② 本文对部分案情有所删减，详阅请参见上海市长宁区人民法院做出的（2014）长民二（商）初字第3173号、（2015）长民二（商）初字第7820号判决书，以及（2015）长执字第1677号民事裁定书。

裁定。

2015 年 7 月，原告再次起诉至法院，要求判令：1. 被告创冉公司返还《租赁合同》项下标的物；2. 案件受理费、公告费由被告创冉公司承担。被告创冉公司未到庭应诉，无书面答辩意见，也未向法院提供证据。法院认为：原告作为出租人请求被告作为承租人支付合同约定的全部未付租金，法院判决后被告未予履行，原告再行起诉请求收回租赁物的，具有法律依据，本院予以支持；并且原告就本案提出的诉请已替代其前一案件中提出的诉请，本案做出的判决将替代前一判决，故原告不应再依据前一判决书向法院申请执行。

案例（二）：仲利国际租赁有限公司与东莞水贝鸿运五金塑胶制品有限公司融资租赁合同纠纷案①

原告：仲利国际租赁有限公司（以下称“仲利国际”或“出租人”）

被告：东莞水贝鸿运五金塑胶制品有限公司（以下称“鸿运公司”或“承租人”）

1. 案件基本事实

仲利国际与鸿运公司开展融资租赁交易，并于 2012 年 8 月 24 日签订了《租赁合同》，租赁期限自 2012 年 8 月 27 日起至 2014 年 7 月 27 日止。鸿运公司支付了部分租金后，自 2012 年 12 月 27 日起未再支付租金，故成诉。

2. 案件审理情况

原告诉至法院，请求判令：1. 解除《租赁合同》；2. 被告鸿运公司返还租赁合同项下租赁物；3. 被告支付全部租金；4. 被告鸿运公司支付违约金；5. 诉讼费及其他费用由被告负担。被告未到庭答辩，也未提供任何证据。在审理过程中，租赁物被其他执行法院另案查封并申请拍卖，仲利国际申请了执行异议，该执行法院裁定中止对租赁物的拍卖，后经仲利国际同意将租赁物拍卖并保留了拍卖价款。在本案中，鉴于租赁物已无法取回，法院支持了被告支付租金、违约金的诉求，驳回了返回租赁物的诉求。

后仲利国际获得了部分清偿（实际领取约 8 万元），剩余大部分债权（约 300 万元）未得到清偿。仲利国际再次起诉至法院，要求判令：1. 确认《租赁合同》项下租赁物所有权归仲利国际；2. 返还租赁物相应的拍卖款（约 23 万元）；3. 本案诉讼费由被告鸿运公司承担。法院认为：1. 仲利国际已经领取了部分租金，如

---

① 本文对部分案情有所删减，详阅请参见深圳市罗湖区人民法院做出的（2013）深罗法民二初字第 343 号以及深圳市中级人民法院做出的（2016）粤 03 民终 21009 号判决书。

果再将租赁物的拍卖款返还给仲利国际，会出现仲利国际既可得到全部租金又可得到租赁物的局面。2. 仲利国际取回租赁物的前提是解除合同，由于租赁期限已经届满，解除《租赁合同》缺乏事实基础，故仲利国际无权取回租赁物。3. 本案的租赁物已被拍卖，他人已取得合法所有权，因此不能确认所有权归仲利国际。

仲利国际不服一审判决，向二审法院提起上诉，二审法院认为，出租人应对请求解除合同收回租赁物或者要求支付全部租金做出选择，而仲利国际的租金已经得到了部分履行，因此二审法院驳回上诉，维持原判。

二、对案件的评析

案例（一）和案例（二）均涉及出租人主张全部未付租金并得到支持后，出租人再次起诉，就租赁物或租赁物处置所得主张权利，两法院却做出了结果截然相反的判决。笔者认为，出租人主张全部未付租金后，无论承租人是否获得了清偿，租赁合同仍然对双方具有约束力，出租人有权解除合同，取回租赁物，且租赁物处置所得应归出租人所有。另外，案例（一）中，法院还明确了出租人二次诉讼所取得的两份判决如何执行，值得借鉴。

1. 两案中，出租人要求支付全部应付租金意味着剩余未付租金加速到期，租赁合同对双方仍有约束力，出租人有权行使解除权，并取回租赁物。

《融资租赁司法解释》第 21 条第 2 款规定："出租人请求承租人支付合同约定的全部未付租金，人民法院判决后承租人未予履行，出租人再行起诉请求解除融资租赁合同、收回租赁物的，人民法院应予受理。"第 22 条进一步规定，出租人解除合同，取回租赁物的，有权要求承租人赔偿损失。据此，出租人的全部未付租金主张得到支持后，承租人未履行的，出租人可通过二次诉讼，主张解除合同，收回租赁物并赔偿损失。

在案例（一）和案例（二）中，出租人提起第一次诉讼时，租赁期限均未届满，出租人要求承租人支付全部未付租金，意味着剩余未付租金加速到期。此处"加速到期"意为租赁期限加速至出租人主张权利时到期，而非租赁合同加速到期。即剩余未到期的租金，在出租人主张权利日，上述租金已届清偿期，承租人负有偿还义务，如逾期则产生相应违约责任。而租赁合同到期需满足合同到期所附条件或所附期限，如租赁合同中未约定合同上述条件和期限，租赁合同仍对双方具有约束力，承租人应按租赁合同约定履行支付义务。

因此，笔者不认同案例（二）中法院认为租赁期限届满，解除融资租赁合同缺乏事实基础因此不可能解除合同，该观点混淆了租赁期限和合同期限的区别，进而误入出租人不能解除租赁合同、取回租赁物的歧途，是对《融资租赁司法解释》

第21条第2款的错误适用。

2. 出租人取得全部未付租金的判决情况下，无论首份判决是否得到全部执行，均不影响出租人行使解除合同并取回租赁物的权利。

案例（二）中，法院将《融资租赁司法解释》第21条第2款规定的“未予履行”解释为“完全未予履行”，从而认定若支持了出租人解除合同，取回租赁物的请求，则出租人构成重复受偿。对此，笔者不能认同：第一，第21条第2款从文义上没有体现承租人“完全”未履行，相反，承租人只有在完全履行首份判决的情况下，才能称之为完成了履行义务。第二，司法解释规定出租人可选择先诉债权后诉物权的目的在于，无论通过何种途径受偿，出租人的受偿总额不应超出债权总额，否则有悖“填平原则”。因此，物债择一是指时间和顺序上的先后，而非两权利相互排斥。第三，实践中首份判决生效后，出租人或多或少会执行到部分财产，否则，出租人无必要先诉债权。在首份判决得到部分执行后，已执行的部分视为承租人偿还的租金，对于未得到执行的部分，出租人可在二次诉讼中，作为解除合同，列入承租人应赔偿损失的范围。当然，出租人若认为取回租赁物即可弥补损失，无须另行主张赔偿损失。第四，《融资租赁司法解释》第23条规定了出租人有权直接起诉解除合同，取回租赁物并赔偿损失。在出租人直接诉请取回租赁物时，法院无须主动考察承租人已付租金与租赁物价值的差额，从表面上看，同样涉及出租人最终受偿的金额可能超过全部未付租金，但是，在承租人未依《合同法》第249条和《融资租赁司法解释》第23条，就租赁物价值提出异议的情况下，法院无须干预，应基于出租人作为所有权人支持出租人的取回权。第五，二次诉讼形成的两份判决有替代关系，正如案例（一）中法院认定，出租人二次诉请已替代其前一案件中提出的诉请，二次判决将替代首次判决，出租人不应再依据首次判决书向法院申请执行。因此，不存在出租人重复受偿的问题。

需提到的是，案例（二）中，首次诉讼审理期间，为防止租赁物贬值，租赁物已由其他执行法院经出租人同意拍卖，租赁物已转化为租赁物处置所得，出租人对于该代位物亦有权主张返还。

三、对租赁公司的建议

在现行《融资租赁司法解释》规定了物债择一的法律框架内，出租人二次诉讼在实践中面临诸多新的困境和争议，我们建议：

（一）完善融资租赁合同中合同期限：明确融资租赁合同期限为合同生效日起至承租人履行完毕全部合同义务后终止。

（二）合理设计诉讼请求：第一，建议在先诉主张全部未付租金时，同时提出确认租赁物所有权的诉求，为在后续可能参与的法律程序中（如执行异议、二次诉讼、破产清算等）就租赁物主张权利做铺垫。第二，尽量通过一次诉讼实现权利，笔者注意到，实践中已经出现一次诉讼间接实现物债同时支持的案例，包括通过实现自物抵押、以租赁物拍卖、变卖或折价的方式确定赔偿范围等，实现租赁物担保租赁物债权功能。

案例六 承租人及回购人都主张确认租赁物所有权归其所有时的处理①

本案争议焦点：承租人租金逾期欠付构成违约，租赁物回购人依照回购协议仅向出租人支付部分回购价款，且其与承租人另有连带责任保证担保约定的情况下，承租人、回购人同时（起诉出租人）要求确认租赁物所有权归其所有，在出租人债权已获实现前提下如何确定租赁物的权利归属。

A 建筑工程有限公司、B 资产管理有限公司与 C 金融租赁公司融资租赁合同纠纷案②

上诉人（一审原告）：A 建筑工程有限公司

被上诉人（一审被告）：C 金融租赁公司

一、案件基本事实

2011 年 8 月，C 金融租赁公司（以下称“租赁公司”或“出租人”）与 B 资产管理有限公司（以下称“资管公司”或“回购人”）签订《合作协议》，双方约定：租赁公司（出租人）为资管公司推荐的客户（承租人）提供融资租赁服务。同时，为降低融资租赁交易出租人的风险，资管公司按融资租赁合同对每笔融资租赁业务向租赁公司出具《不可撤销回购担保承诺函》。双方确认担保方式：资管公司对租赁物提供回购担保并按照融资租赁本金余额的 5% 比例向租赁公司缴存回购保证金，在《合作协议》《租赁物买卖及担保合同》等约定的回购条件成立时回购人（资管公司）向租赁公司支付对价回购租赁物及应收租金债权。

2011 年 11 月 30 日，经资管公司推荐，A 建筑工程有限公司（以下称“承租人”）与供货人、资管公司（保证人/回购人）三方签订《租赁物买卖及担保合同》，约定承租人受出租人委托向供货人购买租赁物、资管公司（保证人）对承租

---

① 本部分作者为北京市汇融律师事务所律师王勇。

② 本文为读者阅读便利考虑，对两个案件的案情和法院裁决做了适当删减和归并。

人的全部租金承担连带担保责任并同时约定由供货人、资管公司（回购人）向出租人承担回购租赁物责任。

2011 年 12 月 15 日，承租人与租赁公司签订融资租赁合同、委托购买协议等交易文件，双方约定开展融资租赁交易（租赁期限 36 个月），由出租人根据承租人对供货人和租赁物的指定，从供货人处购买两套混凝土搅拌站（即租赁物），并出租给承租人使用，承租人按约定向出租人支付租金等。同日，承租人向出租人出具《融资租赁业务申请书》并做出承诺："承租人同意在累计拖欠三期以上（含三期）租金的情况下，出租人可将租赁物收回，或可由出租人将租赁设备所有权转移给回购人（与出租人签订回购协议并为此笔租赁业务提供回购责任人），由回购人按回购协议支付租金，回购人拥有收回该租赁物的权利。"

融资租赁合同签订后，出租人依约全面履行了合同义务，承租人在履行大部分租金支付义务后，因与供货人就租赁物发生维护维修争议自 2014 年 9 月 15 日即第 33 期租金支付日起未再支付租金，截至 2014 年 12 月 15 日已连续四期租金持续逾期未支付。2014 年 12 月 30 日，资管公司向出租人支付了 14 万元。2015 年 1 月 30 日，资管公司向出租人支付了 202 500 元。2015 年 3 月 5 日，承租人向出租人偿还了 192 000 元，至此，出租人债权全部实现。2015 年 10 月 28 日，承租人诉至法院。

二、起诉与答辩及法院的认定与判决

承租人向一审法院起诉，请求：1. 确认混凝土搅拌站设备（两套）归承租人所有；2. 出租人给付违约金 100 000 元；3. 出租人承担本案诉讼费用。事实和理由：2011 年 11 月承租人与出租人达成融资租赁交易，同时出租人又委托承租人与供货人签订了《租赁物买卖及担保合同》，由出租人出资 4 500 000 元购买混凝土搅拌站成套设备（两套），并将该设备出租给承租人。但合同履行过程中，供货人违反合同，提供了不符合合同约定的设备，给承租人生产造成巨大经济损失。鉴于出租人作为搅拌站成套设备的买方，又是设备的出租方，其对所提供的设备，应达到原、被告双方按合同所约定的标准，并保证承租人正常生产经营。现因出租人违约，给承租人造成损失应当承担相应的违约责任。此外，承租人及其担保人已经将所有的租金支付完毕，根据合同约定，出租人应当将该设备的所有权转移至承租人。

出租人辩称：不同意承租人的诉讼请求。一、承租人仅支付了前 32 期租金，自 2014 年 9 月 15 日起至 2015 年 3 月 4 日止连续四期租金逾期欠付已构成严重违约。二、承租人无权留购租赁物，无权主张租赁物所有权。承租人连续四期欠付租金的行为已触发《租赁物买卖及担保合同》《合作协议》中的回购担保条款。同时，依据承租人在《融资租赁业务申请书》中的承诺，出租人可将租赁物所有权转移给回购人，承租人未依约付清租金无权留购租赁物。三、融资租赁合同项下的租金支付义务，与《合作协议》项下的租赁物回购义务是两个独立的法律关系，且本案原、被告与回购人三方之间并无直接连带责任保证担保情况下，基于合同相对性承租人片面认为第三方（回购人）的付款行为就是代其履行租金支付义务没有事实依据，并且该第三方的付款行为也不改变承租人在《融资租赁合同》项下连续四期欠付租金的违约事实，承租人应自行承担由此产生的全部违约责任和不利后果。第三方基于《合作协议》《不可撤销回购担保承诺函》履行回购租赁物义务的付款行为并非是对承租人连续四期欠付租金行为承担连带清偿责任，承租人关于第三方已代其履行租金支付义务，且其支付滞纳金后即等于已承担全部违约责任的主张依法不成立。承租人要求确认租赁物归其所有，以及要求出租人赔偿其损失的主张均缺乏事实依据和法律依据。

一审法院认为：承租人与出租人签订的《融资租赁合同》，出租人与资管公司签订的《合作协议》，以及承租人与供货人、资管公司（保证人/回购人）签订的《租赁物买卖及担保合同》均为各方当事人真实意思表示，且不具有法律规定的合同无效的条件，为合法有效的合同，各方当事人均应当自觉履行合同义务。现承租人在签订合同之后，已经向出租人支付了大部分租金，但仍有部分租金未予支付。承租人主张剩余部分租金因其与保证人（资管公司）已建立连带担保关系，故资管公司向金融租赁公司偿付的款项应当视为本公司支付的租金。根据承租人提交的《租赁物买卖及担保合同》，其与资管公司的确约定有连带担保责任条款。但同时该合同亦约定了资管公司（回购人）和供货人的租赁物回购责任。对于债权人（出租人）而言，其并非连带担保合同的当事人，亦无证据证明其知道且认可承租人与资管公司（保证人）之间的连带担保关系。而根据出租人与回购人（资管公司）签订的《合作协议》，资管公司应当在回购条件成就时承担回购租赁物责任。后资管公司支付部分款项后所出具的情况说明中，亦认可“应租赁公司要求”的事实，故法院认定资管公司向租赁公司支付款项的行为并非为承租人履行连带担保责任，亦非代偿行为，不能作为承租人履行租金支付义务的证据。此外，资管公司（回购人）亦支付了部分回购款项。因此，法院认定承租人未付清所有应付租金，不符合合同约定的留购条件，其起诉要求确认混凝土搅拌站成套设备（两套）归其所有的诉讼请求，没有事实依据，不予支持。关于其要求支付违约金 10 万元，亦未提交相关证据，对该项诉讼请求不予支持。判决驳回承租人的全部诉讼请求。

三、上诉与答辩及法院的认定与判决

承租人提起上诉称：一、一审判决认定事实错误。承租人本身支付租金和通过保证人（资管公司）支付租金，已付清了出租人的租金、滞纳金和留购价款，具备了融资租赁合同约定的留购条件。涉案两套租赁物的所有权应属于承租人。具体理由：1. 出租人知道承租人与保证人（资管公司）关于支付租金的连带担保责任条款。2011 年 11 月承租人与供货人、保证人/回购人（资管公司）三方签订《租赁物买卖及担保合同》（合同编号：LNHN –20110239）。承租人与出租人签订的《融资租赁合同》第 2 页“核心条款：《租赁物买卖合同》编号 LNHN –20110239”完全一致，说明出租人知道《租赁物买卖及担保合同》的内容。2. 资管公司是承租人支付租金的担保人。①《租赁物买卖及担保合同》中前言内容充分说明资管公司为承租人提供担保。②2011 年 11 月 21 日承租人与资管公司签订的《工程机械、车辆融资租赁担保服务协议》前言内容再次充分说明资管公司为承租人提供担保。该协议第 15 条明确约定“保证人对承租人的全部债务承担连带责任”。3. 资管公司支付给出租人的 14 万元是资管公司为承租人垫付的租金。理由：首先，出租人清楚资管公司有为承租人垫付租金的情况。依出租人与资管公司签订的《合作协议》第 11 页第 6 条“资管公司为承租人垫付逾期租金款项的，资管公司应与承租人自行达成相关协议……”据此，出租人已预料到资管公司为承租人垫付租金。其次，出租人的两份《说明》均说明资管公司是为承租人垫付的租金。第三，资管公司的《情况介绍》中“应租赁公司的要求”，也与《工程机械、车辆融资租赁担保服务协议》中第 7 条“……租赁公司要求承租人垫付，资管公司有权……并向承租人追索其所欠债务”的内容相吻合。第四，资管公司支付给出租人的 202 500 元是承租人依据《工程机械、车辆融资租赁担保服务协议》支付给资管公司的租金保证金。第五，资管公司作为原告已另在法院将承租人作为被告起诉，向承租人追偿 140 000 元。第六，出租人、资管公司均陈述是回购款，是不成立的。如果是回购款，与出租人的《说明》中确认是垫付款自相矛盾，与资管公司在另案中作为原告向承租人行使追偿权自相矛盾。二、一审判决与（2017）京 0102 民初 482 号判决互相冲突，设备所有权既不属于承租人，也不属于资管公司。言外之意，设备所有权属于出租人。出租人已实现了全部债权，已无权主张设备所有权。承租人请求二审法院查明事实，综合全案证据予以认定。三、出租人应承担违约金100 000元。

出租人不同意承租人的上诉请求和事实与理由。回购人（资管公司）向出租人支付的相应款项并非履行连带保证责任，不是代偿行为，不能作为承租人履行租金支付义务的依据。根据《融资租赁合同》约定，承租人连续四期租金逾期欠付

已符合《合作协议》及《融资租赁业务申请书》的约定，回购人履行回购租赁物义务并支付了对价，承租人未全面履行合同义务无权主张租赁物所有权归其所有。

二审法院认为：《融资租赁合同》约定，租赁期限届满，承租人向出租人付清所有到期租金、滞纳金及其他应付款后，承租人可按照约定的名义货款，按“现时现状”留购租赁物，取得租赁物的所有权；租赁期限届满，如承租人未按期向出租人付清所有租金、滞纳金及其他应付款项等，承租人无权按照约定的名义货款按“现时现状”留购租赁物。本案融资租赁合同履行过程中，承租人本身向租赁公司支付了大部分租赁费，其间资管公司于2014年12月30日给付出租人140 000元，于2015年1月30日给付出租人202 500元。对此，出租人于2015年3月6日出具《说明》，确认其公司将资管公司预付的140 000元用于为承租人垫付部分应付款。出租人于2016年5月30日出具《说明》，确认其公司于2015年1月30日收到资管公司为承租人垫款202 500元。资管公司于2016年12月16日出具《情况介绍》，确认因承租人未按期支付第33、34、35、36期租金，其公司应出租人要求于2014年12月30日给付140 000元，于2015年1月30日给付202 500元，合计342 500元。最终，承租人于2015年3月5日又向出租人偿还了192 000元，至此，承租人在本案诉争融资租赁合同项下欠付出租人的全部应付款项（包括但不限于租金、滞纳金、留购价款等）均已付清，出租人的全部债权均已得到实现。按照本案融资租赁合同的约定，出租人收取了承租人支付的名义货款，表明其已同意承租人按“现时现状”留购租赁物，取得租赁物的所有权，本案租赁物所有权应当归属承租人。虽然承租人与供货人、资管公司签有《租赁物买卖及担保合同》，承租人与资管公司签有《工程机械、车辆融资租赁担保服务协议》，出租人与资管公司签有《合作协议》，但资管公司并未完成上述协议中的回购租赁物责任，只是替承租人垫付了部分租金，并未取得租赁物的所有权，出租人继续保留租赁物的所有权没有合理依据，亦无权替资管公司保留或主张租赁物的所有权。因此，一审法院认定承租人未付清所有应付租金，不符合合同约定的留购条件，显属不当，本院予以纠正。另，承租人要求出租人支付违约金100 000元，没有事实依据，本院不予支持。综上，承租人的上诉请求部分成立，应予支持，其余部分不成立，应予驳回。判决撤销一审判决，确认承租人与出租人所签《融资租赁合同》项下搅拌站HZS270工程机械设备两套归承租人所有；驳回承租人的其他诉讼请求。

在上述案件一审过程中，资管公司基于已向出租人支付租赁物回购价款34.25万元的事实向法院起诉要求确认租赁物所有权归其所有，并要求出租人出具租赁物所有权及应收租金债权转移证明书（详见下文）。

上诉人（一审原告）：B资产管理有限公司

被上诉人（一审被告）：C金融租赁公司、A建筑工程有限公司

四、资管公司起诉与答辩及法院的认定与判决

资管公司起诉称：资管公司与出租人签订《合作协议》，约定在满足回购条件情况下向出租人承担回购租赁物责任。同时，资管公司与承租人、供货人三方签订的《租赁物买卖及担保合同》中也同时约定了租赁物回购条件，现承租人未依约向出租人支付租金（已连续四期逾期欠付），资管公司已向出租人支付租赁物回购款342 500元，故诉至法院请求确认租赁物所有权归其所有。

出租人意见：在《合作协议》约定回购条件成就（承租人连续四期租金逾期欠付）时，资管公司（回购人）应对租赁物进行回购以保证出租人债权的完整实现。现回购人依约承担回购租赁物责任并已向出租人支付了部分回购价款，出租人同意将混凝土搅拌站成套设备（两套）所有权确认给资管公司。

承租人辩称：不同意资管公司的诉讼请求。1. 根据融资租赁合同约定，租赁期内租赁物的所有权归出租人；现承租人已经付清全部租金、滞纳金、留购价款及其他应付款项，租赁物所有权应归属承租人。2. 承租人与供货人、资管公司签订的《租赁物买卖及担保合同》约定，资管公司是保证人，对承租人支付租金的义务承担连带担保责任。3. 因供货人未履行《租赁物买卖及担保合同》义务，承租人确实出现了逾期支付租金的情形；资管公司向出租人支付140 000元，是为承租人垫付租金；资管公司另将承租人预存于资管公司的保证金202 500元支付给出租人用于偿还租金；2015年3月，承租人又向出租人支付了192 000元，至此，全部租金都已付清。4. 资管公司支付给出租人的140 000元，不是“回购款”，而是在履行垫付租金的担保责任。5. 资管公司作为保证人无权主张租赁物的所有权。6. 出租人的全部债权已经实现，因此租赁物应由承租人所有。

一审法院认为：围绕本案资管公司的诉讼请求，本案的争议焦点在于，资管公司向出租人偿还承租人在本案诉争《融资租赁合同》项下欠付租金的行为性质是什么，资管公司是否已经完全履行了《合作协议》约定的合同义务，以及资管公司是否取得了融资租赁合同项下租赁物的所有权。1. 依据《合作协议》约定，当承租人连续三期未能按时足额支付租金时，资管公司应对租赁物进行回购。承租人主张资管公司对其在《融资租赁合同》项下债务承担的是连带保证责任，依据为《租赁物买卖及担保合同》第13条，“资管公司对唐山公司的全部租金承担连带担保责任，并由资管公司承担回购租赁物的责任”。该条款系约定了两种并列的担保形式供当事人选择，即连带保证责任和回购担保责任，但该合同并未有作为债权人

的出租人盖章确认，且根据承租人出具的《融资租赁业务申请书》第5条，“承租人在拖欠累计三期租金时，由回购方按回购协议支付租金”，承租人应知晓其与出租人签署的《融资租赁合同》中应有回购担保的存在。在本案庭审过程中，资管公司和出租人均主张，资管公司承担的是回购担保责任，据此，资管公司向出租人偿还承租人在本案诉争《融资租赁合同》项下欠付租金的行为，应系承担了回购担保责任。2.《合作协议》第11条约定：“回购价款为以下两项金额之和：1. 融资租赁合同项下承租人应支付的所有已到期租金、未到期租赁本金、滞纳金、名义货款……”依据出租人出具的租金还款表，资管公司偿还出租人140 000元和202 500元后，承租人仍欠租赁公司部分租赁本金、滞纳金、名义货款未予付清。在承租人偿还192 000元后，融资租赁合同项下的后续租金得以付清，出租人的全部债权得以实现。据此，资管公司仅履行了部分回购担保责任，并未支付《合作协议》约定的全部回购价款。3.《合作协议》第9条第3款规定，“资管公司完成回购后，回购设备直接归资管公司所有”；第10条第4款规定，“租赁公司应在收到资管公司全部回购价款后，向资管公司出具《租赁物所有权及应收租金债权转移证明书》”。由于资管公司并未支付全部回购价款，应为未完成回购，故资管公司并未取得回购设备（即融资租赁合同项下租赁物）的所有权，出租人不应向资管公司出具《租赁物所有权及应收租金债权转移证明书》，承租人亦不需向资管公司交付租赁物。判决驳回资管公司的全部诉讼请求。

五、资管公司上诉与答辩及法院的认定与判决

资管公司提起上诉称：一、资管公司承担的是回购担保责任，发生回购，资管公司即取得租赁物的所有权，承租人丧失对租赁物所有权的期待权。《合作协议》、《关于办理融资租赁业务的申请书》及《不可撤销回购担保承诺函》已形成完整的证据链，证明资管公司在融资租赁业务项下，向出租人承担的是回购责任。二、回购后，租赁物所有权为资管公司所有，资管公司享有取回权。资管公司与承租人签订的《工程机械、车辆融资租赁担保服务协议》约定，承租人出现租金逾期时，资管公司有权行使取回租赁物的权利。同时，资管公司与承租人、供货人签订的《租赁物买卖及担保合同》也约定了对租赁物取回、拍卖、变卖、折价处理等的权利，有权可以随时向承租人进行任何方式的追偿（包括但不限于停机、锁机、拆机、取回设备等）。

出租人意见：出租人对资管公司要求确认租赁物为其所有，并向其提供租赁物及债权转让证明书的意见不持异议，前提是出租人不承担本案的不利后果。

承租人辩称：一审判决认定事实清楚，适用法律正确，应当驳回上诉，维持原判。出租人承认涉案设备应当归资管公司所有，事实上不成立。出租人曾经出具过两份书面证明都提到资管公司为承租人垫付租金，不可能是回购款。资管公司已另向法院起诉要求承租人给付140 000元垫付款，其行使的是承担保证责任后的追偿权。

二审法院认为：依据一审法院查明的事实，资管公司偿还出租人140 000元和202 500元后，承租人仍欠出租人部分租赁本金、滞纳金、名义货款未予付清。在承租人偿还192 000元后，承租人与出租人所签融资租赁合同项下的后续租金得以付清，出租人的全部债权得以实现。在《合作协议》中也明确约定了回购价款的构成。据此，认定资管公司仅履行了部分回购担保责任，出租人与资管公司并未履行《合作协议》约定的租赁物回购流程，资管公司并未支付《合作协议》约定的全部回购价款，资管公司未完成回购，不能取得融资租赁合同项下租赁物的所有权，其诉讼请求没有事实依据，判决驳回上诉，维持原判。

六、案件总评析

租赁公司本着扶持实体经济发展的愿望和初衷，为本案承租人提供融资租赁服务。但本案中租赁公司却经历了因承租人认识误区先后两次违背与出租人达成的约定管辖条款提起并要求出租人承担租赁物瑕疵担保/维修维护责任之诉及由此引发的管辖权异议程序。最终案件移送有管辖权法院后，承租人经法官释明后才变更了诉讼请求——请求确认租赁物所有权归其所有。

本案争议起因于资管公司既与承租人在《租赁物买卖及担保合同》中约定了连带保证责任（保证人），又与出租人在《合作协议》中约定了回购租赁物责任（回购人）。但事实上出租人、承租人、资管公司三方之间并未建立直接的连带保证担保关系。在此情况下，资管公司依据《合作协议》向出租人支付款项的行为对承租人而言并不构成连带清偿或代为偿付，对出租人而言属于履行回购租赁物责任（支付了部分对价），并且承租人连续四期租金逾期欠付的事实已满足《融资租赁业务申请书》中“承租人同意在累计拖欠三期以上（含三期）租金的情况下，出租人可将租赁物收回，或可由出租人将租赁设备所有权转移给回购人（与出租人签订回购协议并为此笔租赁业务提供回购责任人），由回购人按回购协议支付租金，回购人拥有收回该租赁物权利”的回购条件。同时，根据融资租赁合同的约定，承租人只有依约向出租人全面履行租金及其他应付款项支付义务前提下才可（支付名义货款）留购租赁物，承租人连续四期欠付租金已致租赁物回购条件成就。此外，资管公司尽管向出租人支付了部分租赁物回购对价，但并未依《合作协议》的约定支付全部回购款项。因此，一审法院基于交易各方上述相关约定做出了承租人未付清全部应付租金不符合合同约定的留购条件，以及资管公司仅履行了部分回购担保责任，并未支付《合作协议》约定的全部回购价款的认定，分别驳回了承租人、资管公司的诉讼请求。

二审中，法院查明承租人与资管公司另签订《工程机械、车辆融资租赁担保服务协议》，约定承租人通过出租人租赁工程机械设备，并由资管公司为其提供保证担保服务，即在承租人未按约定履行融资租赁合同项下租金支付义务且出租人要求资管公司垫付时有权从承租人在资管公司开设的回购保证金、租赁保证金账户中直接扣划其回购、租赁保证金偿还其租赁费用。此外，鉴于资管公司已另行起诉承租人要求承租人给付140 000元垫付款，案由为追偿权纠纷，表明资管公司已就其垫付款项向承租人行使追偿权。综合以上事实，二审法院基于资管公司行使（垫款）追偿权的事实认定资管公司并未完成回购租赁物责任，仅是替承租人垫付了部分租金而未支付全部回购价款，因此不能取得租赁物的所有权，最终裁决将租赁物所有权确认给承租人。

七、实践指导意义

在融资租赁交易中，交易结构设计通常是以出租人的权益保障为核心或出发点，兼顾承租人、供货人（或回购人）等相关当事方权利和义务的平衡，以便相关各方发生争议时有利于矛盾的化解或使纠纷得以顺利解决。实践中通常采用连带责任保证担保或者在直租交易模式下由供货人提供租赁物及租金债权的回购担保，以最大限度保障出租人的债权实现，但应避免两种担保方式集中于同一主体时的权利义务界限模糊，包括约定模糊和操作模糊都要尽力避免。若采用回购模式，建议租赁公司与回购人应当对回购条件、回购方式、回购担保的确认和履行、回购价款确定与支付等事项及具体操作流程做出明确和清晰约定，在回购条件成就时出租人应当遵循约定及时通知回购人承担（履行）回购租赁物责任（义务），并在双方按约定完成回购后出具《租赁物所有权及应收租金债权转移证明书》，使回购人在向承租人行使追偿权时得到租赁物所有权和租金债权的双重保障，防止承租人基于保证担保关系而主张代偿并同时诉请确认租赁物权属归其所有的情形，以避免租赁公司卷入不必要的诉争之中。

案例七　承租人是否可以支付首付款为由主张对租赁物的所有权[①]

融资租赁直租业务中，常有承租人支付部分租赁物购买价款作为首付款，与租

---

① 本部分作者为北京市汇融律师事务所合伙人张立国、实习律师崔晓晔。

赁公司、供货人开展交易的情况。之后合同履行过程中各方发生争议，如承租人逾期支付租金造成实质违约，出租人拟解除合同、收回租赁物，承租人可能以支付了首付款为由主张对租赁物的部分所有权。承租人的该等主张是否具有法律依据？笔者对本案进行简析，以期对该问题的解决有所帮助。

曾某与长沙佳沃工程机械有限公司融资租赁合同纠纷案[①]

再审申请人（一审被告、二审上诉人）：曾某（以下称“承租人”）

被申请人（一审原告、二审被上诉人）：长沙佳沃工程机械有限公司（以下简称“佳沃公司”）

一、案件基本事实

2013 年 4 月 27 日，曾某作为承租人与沃尔沃汽车金融（中国）有限公司（以下简称“沃尔沃公司”）作为出租人签订了《融资租赁合同》，合同约定承租人以融资租赁方式承租沃尔沃公司所有的挖掘机一台，供货人为佳沃公司；设备价款为 2 056 800 元，其中曾某需支付首付款 411 360 元，沃尔沃公司需支付剩余款项 1 645 440元；租赁期间为2013 年4 月 27 日至2016 年5 月2 日，租金期数为36 期，首期租金还款日为 2013 年 6 月 2 日。同时，佳沃公司与沃尔沃公司签订了《合作协议》，约定就沃尔沃公司提供融资支持的客户，佳沃公司同意就客户的还款义务向沃尔沃公司承担不可撤销的连带保证责任。

而后，承租人按约向佳沃公司支付了首付款 411 360 元，并按约偿还租金直至 2014 年 12 月，之后再未向沃尔沃公司偿还租金。佳沃公司作为连带保证人向沃尔沃公司垫付租金共计 589 850 元，并于 2016 年 9 月 1 日将涉案挖掘机回购，取得了挖掘机的所有权。本案诉讼过程中，佳沃公司向法院申请财产保全，法院已经将涉案挖掘机保全并交付佳沃公司保管。

二、起诉与答辩及法院的认定与判决

佳沃公司诉至法院，要求承租人立即向其支付垫付租金人民币 589 850 元。

承租人辩称：不同意佳沃公司的诉讼请求。

一审法院认为：《融资租赁合同》《合作协议》均系双方的真实意思表示，内容合法有效，双方均应按约履行义务。沃尔沃公司与承租人就融资租赁达成协议，佳沃公司按约向承租人交付了工程机械，承租人收到工程机械后进行了验收确认，双方已形成有效的融资租赁关系，承租人应按约向沃尔沃公司支付租金。承租人支

① 参见湖南省长沙市中级人民法院（2017）湘 01 民终 839 号民事判决书，于 2017 年 5 月 18 日做出；湖南省高级人民法院（2017）湘民申 3627 号民事裁定书，于 2018 年 3 月 1 日做出。

付部分购机款后，未按约支付租金，导致佳沃公司作为连带责任保证人向沃尔沃公司进行清偿，截至2016年9月1日，佳沃公司已向沃尔沃公司清偿租金589 850元。

根据《担保法》第31条之规定，佳沃公司基于保证责任向沃尔沃公司清偿承租人所欠租金589 850元，有权向债务人即承租人进行追偿。根据回购协议，佳沃公司取得了涉案挖掘机的所有权；根据《融资租赁合同》，承租人未按期支付租金，沃尔沃公司可以收回挖掘机，现佳沃公司作为挖掘机的所有人，有权收回承租人所承租的挖掘机，故法院对佳沃公司该项诉讼请求予以支持。

一审法院判决：限承租人在判决发生法律效力之日起7日内连带清偿佳沃公司垫付款589 850元。

三、上诉与答辩及法院的认定与判决

承租人提起上诉，请求二审法院撤销一审判决，驳回佳沃公司的诉讼请求。事实与理由为：一审判决认定事实错误，承租人对涉案挖掘机拥有20%的产权，《融资租赁合同》仅涉及80%的产权，一审法院错误认定沃尔沃公司有权收回整个挖掘机，严重损害了承租人的合法权益。

佳沃公司答辩称：佳沃公司的设备已经回购，根据回购协议，设备的所有权归佳沃公司。

二审法院认为：承租人主张自己享有涉案挖掘机20%的所有权，经查，《供货合同》中明确，除非要货方（承租人）按时足额付清相关款项，否则商品所有权仍属于出货方（佳沃公司），且依据融资租赁的法律关系，承租人不拥有涉案挖掘机的所有权。对承租人的该项上诉请求，本院不予支持。

二审法院判决：驳回上诉，维持原判。

四、申请再审与答辩及法院的认定与判决

承租人提起再审申请，请求撤销二审判决，改判驳回佳沃公司的诉讼请求。事实与理由为：承租人支付了40余万元首付款，并支付了相当长时间的租金。沃尔沃公司在没有通知承租人且未向承租人主张权利的情况下，利用其与佳沃公司签订的《合作协议》阻却承租人抗辩的机会，使得佳沃公司利用少量所谓垫付款获得了价值200余万元的挖掘机所有权，严重损害了承租人的合法权益。此外，二审判决在沃尔沃公司没有参加诉讼且未否认承租人拥有涉案挖掘机20%产权的情况下，未调查《融资租赁合同》实际履行情况就认定融资租赁事实亦无事实依据。

佳沃公司答辩称：佳沃公司是融资租赁关系的参与方，佳沃公司仅仅是向出租方提供设备；佳沃公司与沃尔沃公司签订的《合作协议》中明确约定了佳沃公司对沃尔沃公司的融资租赁客户应当提供连带责任担保；承租人违约后，佳沃公司履行了担保义务，并多次催告承租人偿还，承租人目前尚未归还欠款。佳沃公司请求驳回承租人的再审申请。

再审法院认为：虽然承租人提出，其拥有涉案挖掘机20%的所有权，但《融资租赁合同》明确约定出租人是租赁设备的唯一所有权人，承租人主张其拥有涉案挖掘机20%的所有权无相应的法律依据。

再审法院裁定：驳回承租人的再审申请。

五、对本案的评析

本案的争议焦点在于融资租赁直租业务中，承租人支付部分租赁物购买价款作为首付款，是否有权以此为由主张对租赁物的部分所有权。虽买卖法律关系是出卖人转移标的物的所有权于买受人，买受人支付价款的法律关系，但并不意味着支付价款的一方即能取得标的物所有权，取得所有权的一方应为合同约定的买受人。本案《融资租赁合同》中，明确约定租赁物买受人是沃尔沃公司，承租人虽支付部分购买价款作为首付款，仍因其并非买受人而无法取得租赁物的所有权；承租人支付首付款的行为，仅关系其融资金额的问题，其应在履行完毕全部合同义务后方能按约取得租赁物的所有权。

（一）出租人享有租赁物所有权系融资租赁交易应有之义

融资租赁是出租人根据承租人对租赁物、供货人的指定，取得租赁物并提供给承租人占有、使用，承租人支付租金的合同。融资兼融物系融资租赁交易特性，融资是融物的目的，融物系融资手段。通说认为，出租人享有租赁物所有权是融资租赁交易的应有之义，是融资租赁交易性质的要求。《合同法》第242条规定："出租人享有租赁物的所有权。承租人破产的，租赁物不属于破产财产。"实践中，租赁公司一般均会在融资租赁合同中与承租人就租赁物的所有权做出约定，明确在承租人未清偿租金等款项并留购租赁物之前，租赁物的所有权归出租人所有，本案融资租赁合同中出租人就与承租人对租赁物的所有权进行了明确约定，故，无论从法定、约定还是从交易惯例而言，出租人享有租赁物的所有权均应为融资租赁交易的应有之义。

（二）从物权法定角度看租赁物所有权

根据《物权法》规定，物权的种类和内容由法律规定。动产物权的设立和转让，自交付时发生效力，但法律另有规定的除外。在直租融资租赁交易中，出租人根据承租人指定向供货人购买租赁物，并在买卖合同中明确约定以与承租人开展融资租赁交易为买卖合同之目的，由供货人直接向承租人交付租赁物。从法律性质上来讲，出租人系融资租赁交易的买方，供货人应向出租人交付租赁物，出租人领受租赁物而取得租赁物所有权后，再另行向承租人转移占有租赁物，以实现承租人占有、使用租赁物的目的。为避免出租人向承租人转移占有可能构成交付的歧义，《合同法》第239条、第242条明确规定，出租人根据承租人对出卖人、租赁物的选择订立的买卖合同，出卖人应当按照约定向承租人交付标的物；出租人享有租赁物的所有权。因此，从物权法定角度看，融资租赁直租交易中，出租人亦对租赁物享有完整的所有权。

（三）从按份共有的法律规定角度看租赁物的所有权

根据《民法通则》第78条、《物权法》第八章的规定，不动产或者动产可以由两个以上单位、个人共有。共有包括按份共有和共同共有。共同共有基于共同关系而产生，按份共有以约定或法律推定当事人合意为产生基础，如甲、乙、丙各自出资2万元购买拖拉机以共同用于农业作业，在无书面合意及有证据证明口头合意的情况下，法律根据具体情况推知各方共同意思判定为按份共有，显然，在本交易中，不具备按份共有的合意，融资租赁合同一般均明确约定租赁物的所有权归出租人享有，在承租人支付部分租赁物购买价款、部分融资的情形下，亦会明确约定该等部分融资不影响出租人对租赁物享有的完全、完整的所有权。故，从当事人合意的角度、关于共有法律规定的角度看，租赁物的所有权亦应归属于出租人享有。

（四）承租人利益平衡的诉求保护

根据《合同法》第249条规定，出租人、承租人双方约定租赁期间届满租赁物归承租人所有，承租人已经支付大部分租金，但无力支付剩余租金，出租人因此解除合同收回租赁物的，收回的租赁物的价值超过承租人欠付的租金以及其他费用的，承租人可以要求部分返还。本案中，租赁物在融资租赁合同订立之初的初始价值为2 056 800元，承租人欠付租金等应付款项的总额为589 850元，承租人已支付租金占租赁物初始价值的71.32%，一般应被认定承租人已经支付大部分租金。站在承租人利益保护的角度，承租人应提起“租赁物部分价值返还”的反诉，以寻求其自身利益的保护。本案中，承租人仅从租赁物按份共有、返还按份共有部分价值作为抗辩，实属隔靴搔痒、剑走偏锋，难以维护其自身利益。

综上所述，融资租赁直租交易中，即使承租人支付部分租赁物购买价款作为首付款，出租人也对租赁物拥有符合法律规定、契合合同约定的完整的所有权。当然，在融资租赁合同对首付款的性质约定不明或未做约定的情况下，比较容易发生如本案提及的承租人对租赁物所有权提出主张的争议。为了更好地保障各方的合法权益，建议出租人在合同中明确约定首付款的性质及其适用规则。

案例八 通谋虚伪意思表示下，与融资租赁合同、担保合同有关的问题分析①

民事法律行为以意思表示为要件，表意瑕疵直接影响民事法律行为的效力，《民法总则》首次为“通谋虚伪”设置一般性规定，完善了“表意瑕疵”民法体系的构成，对我国民法有重大填补作用。兼《民法典分编（草案）》第527条规定“当事人以虚构租赁物等方式订立融资租赁合同掩盖非法目的的，融资租赁合同无效”，且融资租赁交易常因租赁物存否面临效力质疑，故，在融资租赁交易范畴探讨通谋虚伪之适用对租赁界同人来说已十分重要。本文以现今在“中国裁判文书网”仅存融资租赁有关通谋虚伪之虞的三案之一②为解剖对象，试论通谋虚伪视角下融资租赁合同的签订、履约风险。

宜昌鑫沃汽车销售服务有限公司、周某追偿权纠纷案③

上诉人（原审原告）：宜昌鑫沃汽车销售服务有限公司

被上诉人（原审被告）：周某

被上诉人（原审被告）：周某某（系周某之妻）

一、案件基本事实

2016年8月5日，债权人上海易鑫融资租赁有限公司（以下简称“易鑫租赁”）与保证人宜昌鑫沃汽车销售服务有限公司（以下简称“宜昌鑫沃”）签订了《连带责任保证合同》，第一条约定“本合同所担保的主合同为自2016年8月5日起至2017年8月4日止，由宜昌鑫沃提交融资租赁申请的债务人（承租人）与本合同债权人（出租人）所签订的融资租赁合同”；同时，宜昌鑫沃与易鑫租赁签订《代理合作协议》，主要约定宜昌鑫沃代易鑫租赁向融资租赁合同中的承租人账户打款，并有权收取代理费。

2016年11月29日，周某（作为承租人）与易鑫租赁（作为出租人）签订《上海易鑫融资租赁有限公司汽车租赁合同》（以下简称《融资租赁合同》），约定

---

① 本部分作者为北京市汇融律师事务所合伙人张立国、实习律师明文丰。

② 2018年12月29日，以“融资租赁”、“通谋虚伪”为关键词搜索“中国裁判文书网”，搜索结果为3个案例。

③ 参见湖北省宜昌市中级人民法院（2018）鄂05民终2263号民事判决书，于2018年9月10日做出。

本合同项下租赁物为 JEEP（吉普）车一台，经销商为宜昌鑫沃，融资金额为 88 000元，租赁期限为 36 个月，每月还款 3 457.06 元。该 JEEP 车行驶证上注册日期为 2011 年 7 月 13 日，所有人为周某，且周某在签订《融资租赁合同》前已购买该 JEEP 车并已使用多年。

2016 年 12 月 1 日，周某收到宜昌鑫沃打款 88 000 元整。

《融资租赁合同》签订后，周某自行偿还了第 1 至 5 期款项，共计 17 285.3 元，余下期数未再偿还。后宜昌鑫沃代周某偿还了第 6 至 9 期款项，共计 13 828.24元。

2017 年 10 月 16 日，宜昌鑫沃向易鑫租赁出具《担保责任承担申请函》，载明宜昌鑫沃同意履行担保义务，同日，易鑫租赁出具《担保责任承担申请确认函》，载明易鑫租赁已收到宜昌鑫沃代周某支付的租金及其他款项共计 73 594.26 元，并将易鑫租赁就《融资租赁合同》对承租人享有的债权和抵押权转让给宜昌鑫沃。

二、起诉与答辩及法院的认定与判决

为行使追偿权，宜昌鑫沃诉至法院。请求：1. 判令周某、周某某偿还宜昌鑫沃代偿的 87 422.5 元；2. 自 2017 年 10 月 10 日起至实际清偿之日止，以 87 422.5 元为本金，按银行同期贷款利率向原告支付利息。

周某答辩称：1. 我在 2011 年 7 月以分期付款方式购买 JEEP 车，车辆登记在我本人名下，期数为 36 期，2014 年 7 月已还清贷款，按宜昌鑫沃诉称的就是我租自己的车，所以这个融资租赁合同是假的。2. 我是找宜昌亚洲广场 24 楼的一个叫宝玉的小额贷公司借款，和宜昌鑫沃没有接触过，我借款本金是 88 000 元，但实际到手的钱只有 80 000 元，月利息是 3 457 元，我按期偿还了 5 期，现在没有能力偿还高额利息。

一审法院审理认为：

本案争议的焦点为宜昌鑫沃以担保追偿权提起诉讼主张能否成立。

1. 《融资租赁合同》效力问题。融资租赁合同中的租赁物是出租人根据承租人对租赁物的选择，向出卖人购买租赁物，提供给承租人使用，而本案中租赁物是承租人自己的车辆，这与融资租赁关系中租赁物要件不符；宜昌鑫沃在诉状中也陈述本案中《融资租赁合同》实际上是一份借款合同，本案属于通谋虚伪意思表示，即一个表面的法律关系隐藏了另一个真实法律关系。《融资租赁合同》的合同形式是真实的，但内容是虚假的，融资租赁关系并非合同双方真实意思表示，《融资租赁合同》无效。

2. 本案真实的法律关系应为借贷纠纷，宜昌鑫沃认为虽以宜昌鑫沃名义向周某打款88 000元，但此款是受易鑫租赁委托支付，宜昌鑫沃与周某无借贷关系，宜昌鑫沃坚持以履行《融资租赁合同》中的担保责任而提出担保追偿权诉讼主张。

3. 因主合同被认定无效致担保合同无效，宜昌鑫沃明知周某与易鑫租赁之间并无融资租赁关系，仍为收取代理费而提供担保，宜昌鑫沃属有过错的担保人。无效担保合同中，有过错的担保人只应承担不超过债务人不能清偿部分的三分之一，并可根据承担赔偿责任的事实向债务人追偿。债务发生在周某与周某某婚姻关系存续期间，且二人均未证明此债务属个人债务，因此应承担共同的偿还责任。

4. 关于债务人不能清偿部分的认定。合同部分无效，不影响其他部分效力，借贷关系约定内容未违反法律强制性规定，故对《融资租赁合同》中还本付息的约定予以认定，宜昌鑫沃应承担不能清偿部分的三分之一即28 424.68元的赔偿责任，并可对该部分向债务人追偿，此外，其他代偿部分可另行主张。

一审判决：周某、周某某应在判决生效后15日内向宜昌鑫沃支付28 424.68元；驳回宜昌鑫沃其他诉讼请求。

三、上诉与答辩及法院的认定与判决

宜昌鑫沃不服，向二审法院提起上诉，要求撤销原判决，支持己方全部诉讼请求。其理由为：1. 一审法院认定周某与易鑫租赁签订的《融资租赁合同》无效，是错误的。根据《民法总则》第146条规定，周某与易鑫租赁签订的《融资租赁合同》符合通谋虚伪意思表述的构成要件，双方的虚假民事法律行为即融资租赁关系无效，但隐藏的民事法律关系即借贷关系是有效的。《融资租赁合同》作为借款合同是有效的。2. 一审法院认定宜昌鑫沃是有过错的担保人是错误的。由于周某与易鑫租赁之间的借贷关系有效，因此知晓双方真实意思的宜昌鑫沃为双方的真实的借贷行为提供担保就是合法合理的，不存在任何过错。3. 一审法院对合同效力的认定自相矛盾，难以自圆其说。其认定周某与易鑫租赁签订的《融资租赁合同》无效，又认定合同部分无效，不影响其他部分的效力，自相矛盾。

被上诉人周某、周某某未提供书面答辩意见。

二审法院审理认为：

本案中，虽然周某与易鑫租赁签订了《融资租赁合同》，但该合同的租赁车辆是周某自己的车辆，宜昌鑫沃和周某亦认可该合同并非当事人真实意思表示，双方实际系民间借贷关系，故《融资租赁合同》属无效合同（本意应为融资租赁法律关系无效——作者注)。根据易鑫租赁与宜昌鑫沃签订《连带责任保证合同》的担保内容，该保证合同属于《融资租赁合同》从合同，主合同无效，该从合同应属无效。虽然该担保合同无效，但是，宜昌鑫沃在提供担保时，其是明知周某与易鑫租赁之间并无融资租赁关系的，宜昌鑫沃的真实意思是为周某与易鑫租赁之间的民间借贷提供担保，即宜昌鑫沃与周某、易鑫租赁之间存在隐藏的担保法律关系，该担保行为并未违反法律强制性规定，应属于有效。宜昌鑫沃已经实际履行了担保义务，其依法享有对周某的追偿权。

二审法院判决：撤销一审判决；判决周某、周某某在二审判决生效后 15 日内向宜昌鑫沃支付 85 274.05 元，并按人民银行同期同类贷款利率的标准支付资金占用费；驳回宜昌鑫沃其他诉讼请求。

四、对本案的评析

本案主要涉及通谋虚伪视角下出租人不享有租赁物所有权之融资租赁合同的效力及性质问题。

（一）本案中的通谋虚伪行为与隐藏行为

通谋虚伪系各方共同虚伪表示，应具备四个要件：一是应有意思表示，二是须表示与内心目的不一，三是须有虚伪故意，四是当事各方通谋实施。本案中，周某基于借贷融资的意思与易鑫租赁签署《融资租赁合同》，宜昌鑫沃基于为作为借贷交易的主债权提供保证担保的意思是为《融资租赁合同》提供保证担保，由于本案判决书未提及易鑫租赁对《融资租赁合同》自述意思，此暂不论及；本案中论及租赁物系承租人自有车辆，与融资租赁交易性质不符，且根据原被告共同对《融资租赁合同》系借贷交易的自认认定隐藏行为为借贷，我们暂假设易鑫租赁真实意思为借贷意思进行分析［随后第（二）项再行对租赁物原属于周某是否会必然导致《融资租赁合同》隐藏借贷意思进行讨论］。综上，可以看出，周某与易鑫租赁之间真实意思及隐藏行为系借贷交易，融资租赁系当事方通谋虚伪行为；周某与宜昌鑫沃之间真实意思及隐藏行为系为名为融资租赁实为借贷关系的主债权提供保证担保，为融资租赁提供担保系当事方通谋虚伪行为。且各方共同存在虚伪故意、通谋实施以及表示与内心目的的不一，符合《民法总则》第 146 条关于通谋虚伪的规定。故，二审法院据此认定“通谋虚伪行为”之融资租赁法律关系无效，“隐藏行为”借贷法律关系有效，“通谋虚伪行为”之为融资租赁主债权提供保证担保无效，“隐藏行为”之为借贷债权提供保证担保有效，对一审判决进行了改判。

（二）本案融资租赁交易关系的完善路径

本案《融资租赁合同》中融资租赁法律关系被认定为“通谋虚伪行为”从而

无效的依据有二：一是参与诉讼各方当事人的自认；二是租赁物在《融资租赁合同》签署之前就归周某所有，此与融资租赁法律关系中租赁物要件不符。根据《最高人民法院关于审理融资租赁合同纠纷案件适用法律问题的解释》第2条的规定，融资租赁合同不因售后回租交易形式而无效，承租人在《融资租赁合同》签署之前享有租赁物所有权不必然导致融资租赁交易的无效。鉴于融资租赁交易中，出租人享有加速到期主张全部租金、租赁物权保障租赁债权、首期租金不影响计息租赁本金等的特性，认定为融资租赁交易关系对于出租人而言，以及本案中已承担保证担保责任的担保人而言均是有益的。从本案现有情况来推测（案中未见细述），案涉《融资租赁合同》可能未将售后回租的性质约定明确，或错将融资租赁关系约定成了直租，以致合同性质偏差，造成被认定为通谋虚伪，值得租赁公司引以为戒。

（三）关于《民法典分编（草案）》第527条的点名无效

根据《民法通则》第58条规定，以合法形式掩盖非法目的的民事行为无效。根据《合同法》第52条规定，以合法形式掩盖非法目的合同无效。何为"非法目的"，通说认为，"违反法律、行政法规的强制性规定""造成国家、集体或者第三人利益的损害"的目的即非法目的；"合法形式"仅为民事行为/合同的外衣，是通谋虚伪行为。实践中常有将"非法目的"扩大解释情形出现，一定程度上侵害了意思自治与市场交易的安全。《民法总则》为"通谋虚伪"设置一般性规定，完善了"表意瑕疵"民法体系的构成，对我国民法进行了重大填补，原有的"合法形式掩盖非法目的"在《民法总则》《民法典分编（草案）》合同编"一般规定"部分均未提及，因为通过对"以虚假的意思表示隐藏的民事法律行为的效力，依照法律规定处理"的规定，并结合《民法总则》第六章第三节其他条款的规定，可以实现对通谋虚伪"意思瑕疵"下隐藏行为效力的认定。应该说《民法总则》及《民法典分编（草案）》合同编"一般规定"部分对"合法形式掩盖非法目的"实现了严谨的覆盖，因此导致《民法典分编（草案）》第527条"当事人以虚构租赁物等方式订立融资租赁合同掩盖非法目的的，融资租赁合同无效"的规定显得突兀与刻意。立基前述，若"当事人以虚构租赁物等方式订立融资租赁合同"，则构成"通谋虚伪行为"而无效，无租赁物仅融资的交易一般构成借贷，则隐藏行为为借贷，若该交易存有"违反法律、行政法规的强制性规定的"或"违背公序良俗的"等，则依法认定无效。故，该第527条规定的存在，实无必要且显突兀，容易留下被扩大解读或自由裁量的空间，减损《民法总则》的进步意义。

综上，《民法总则》首次为“通谋虚伪”设置一般性规定，完善了“表意瑕疵”民法体系的构成，对我国民法有重大填补作用。融资租赁合同所涉交易系融资兼融物的交易，建议租赁公司完善租赁物权的取得、完善融资租赁合同约定，以避免融资租赁交易性质、效力被不利认定之虞。《民法典分编（草案)》第527条在《民法总则》《民法典分编（草案)》合同编“一般规定”之外，单对融资租赁合同规定“掩盖非法目的”之无效，实无必要，现《民法典分编（草案)》仍在征求意见中，呼吁业界同人一起建议删除该条规定。

案例九　共同承租与担保的厘定①

“共同”承租模式下，存在两个及以上承租人，他们共同与出租人签署融资租赁合同，该模式下通常由共同承租人之一实际占有使用租赁物，另一个/几个共同承租人并不实际占有使用租赁物，结合我国民法上关于“连带之债”的规定，各共同承租人同为一方合同当事人，作为共同的义务主体，连带承担融资租赁合同项下承租人一方的责任，向出租人承担连带支付租金的义务。表面上看，共同承租与担保人承担连带担保责任起到了“相同效果”。亦基于此，有观点将共同承租与担保“混同”，认为不占有租赁物的共同承租人实质上是担保人，笔者认为，该等观点有待商榷。下文的租赁合同纠纷案件中，共同承租人之一即提出“己方非共同承租人，实际是保证人”，笔者在为融资租赁公司提供法律服务过程中，也经常被问及共同承租人是否保证人的问题，因此，有必要对此进行厘清。经检索，未发现融资租赁合同纠纷案件中的共同承租人以此抗辩的案例，但租赁合同与融资租赁合同是相通的，因此，笔者以本案为切入点进行分析。

弘集（香港）集装箱发展有限公司与上海鸿盛港泰海运有限公司、台州市港泰海运有限公司海运集装箱租赁合同纠纷案②

原告：弘集（香港）集装箱发展有限公司（以下称“弘集香港公司”）

被告：上海鸿盛港泰海运有限公司（以下简称“上海港泰公司”）

被告：台州市港泰海运有限公司（以下简称“台州港泰公司”）

被告：丁某某

被告：李某某（丁某某之妻）

① 本部分作者为北京市汇融律师事务所合伙人李雪梅、实习律师明文丰。

② 参见厦门海事法院（2015）厦海法商初字第341号民事判决书，于2016年1月27日做出。

被告：丁小某（丁某某之子）

被告：张某某

被告：黄某（张某某之妻）

被告：浙江凯航船舶工业公司（以下简称“浙江凯航公司”）

被告：陈某

一、案件基本事实

2013年，弘集香港公司作为出租人与上海港泰公司、台州港泰公司、丁某某、李某某、丁小某、张某某、黄某、浙江凯航公司、陈某以及案外人祥运汇利投资有限公司共计10人（以下合称“共同承租人”）作为承租人签订《集装箱租赁合同》。主要约定，弘集香港公司将1 000个海运集装箱（租赁物）租赁给共同承租人使用，租期1 826天，日租金为人民币5.58等值美元，租金按月支付。该合同第七条明确约定，所有承租人共同确认：本合同项下的权利义务由所有承租人共同享有，任一承租人行使本合同权利即视为所有承租人行使该权利；所有承租人对本合同项下的义务承担连带责任，出租人有权请求任一承租人或全部承租人履行本合同项下的全部义务和责任，其他承租人不因出租人未向其主张权利或者迟延向其主张权利而免除或者减少其责任。同时，各方在该合同第9条中对承租人的违约责任进行了详细约定：承租人未按时、足额支付本合同项下的费用，且未支付的金额累计达到相当于1个月租金的，出租人有权要求承租人立即如数补交相应费用，并按拖欠费用日0.1%计算逾期付款违约金。

2013年12月26日，弘集香港公司向承租人之一上海港泰公司出具《提箱收据》，载明：《集装箱租赁合同》项下共提取1 000个集装箱，并载明了箱号、箱型、送箱日期、放箱号以及送箱地点，上海港泰公司加盖印章予以确认，确认其已按照合同的约定进行验收合格，并予以接受、使用。

2015年2月后，因上海港泰公司经营不善，而公司股东以及其他共同承租人台州港泰公司、丁某某、李某某、丁小某、张某某、黄某均集体失联，为此弘集香港公司提起系列诉讼。

另，弘集香港公司已自行回收集装箱353个，尚未收回集装箱647个。

二、起诉与答辩及法院的认定与判决

鉴于共同承租人均未严格按照合同的约定支付租金等应付款项，弘集香港公司诉至法院。请求：1. 向弘集香港公司支付租金，暂计至2015年1月止共计396 090.97美元；并继续支付按照约定标准计算，直至还箱完毕之日止的租金。2. 承担第1项请求中所述欠款按日0.1%计算的逾期付款违约金。3. 解除《集装箱租赁合同》，同时支付解除合同违约金 169 118.46 美元。4. 立即归还 647 个集装箱；未能归还的，弘集香港公司有权要求共同承租人按照《集装箱租赁合同》约定的重置价值（20 344.38 元/箱）赔偿。5. 承担本案受理费、保全费、担保费等所有诉讼费用。

承租人中的浙江凯航公司、陈某辩称：1. 其从未收到弘集香港公司交付的集装箱，陈某仅在上海港泰公司作为承租人的其他集装箱融资租赁交易中签署过担保，未与其他被告共同承租集装箱；2. 其从事船舶建造而非航运，无须租赁使用海运集装箱，故本案名为共同租赁实为担保，而弘集香港公司诉讼主张并非基于担保合同关系；己方名义上是共同承租人，实际上是弘集香港公司让丁某某找更多的保证人。丁小某、李某某等人系丁某某家人，陈某某、黄某夫妻系丁某某亲戚，而浙江凯航公司是造船企业，租用集装箱没有实际意义。故案涉合同第 7 条约定“所有承租人共同确认”等内容不实，集装箱真正承租人是上海港泰公司和丁某某，而非其他被告。因租箱合同为实践合同，其并未实际租赁、使用、收益，也未实际收过箱子，故非共同承租人，无支付集装箱租金义务。而且弘集香港公司与丁某某有 8 000 多个箱子租赁业务，明知对方已经营不善与困难，仍恶意串通把其他人拉进来签约，故案涉合同应属无效。

上海港泰公司、台州港泰公司、丁某某、李某某、丁小某、张某某、黄某未出庭应诉及答辩。

法院经审理认为：

双方争执焦点案涉合同是否名为租赁实为担保，实际涉及本案合同法律关系性质的认定。根据《合同法》第 125 条第 1 款规定，“当事人对合同条款的理解有争议的，应当按照合同所使用的词句、合同的有关条款、合同的目的、交易习惯以及诚实信用原则，确定该条款的真实意思。”因案涉《集装箱租赁合同》明确为租赁合同法律关系，而且其首部与具体内容，均明确为海运集装箱租赁事宜；尤其是浙江凯航公司与陈某在合同结尾“承租方”一栏处自愿签名、盖章或按手印，事实有据；况且上海港泰公司实际提取合同项下租赁标的物——海运集装箱，浙江凯航公司在上海港泰公司作为承租人的其他集装箱融资租赁交易中提供担保，或者浙江凯航公司、陈某是否实际使用租赁标的物，并不影响本案集装箱租赁合同关系的成立。

至于弘集香港公司是否与丁某某恶意串通而导致合同无效，实际涉及合同效力。法院认为，根据《合同法》第 52 条第 2 款规定，恶意串通，损害国家、集体或者第三人利益的合同无效。故仅就主体而言，浙江凯航公司与陈某作为合同当事人，本不属本条款法益保护对象“第三人”之列。而且，根据《民诉法司法解释》第91条第2款“主张法律关系变更、消灭或者权利受到妨碍的当事人，应当对法律关系变更、消灭或者权利受到妨碍的基本事实承担举证证明责任”规定，浙江凯航公司与陈某负有证明责任，证明恶意串通事实的存在，否则根据《民诉法司法解释》第90条第2款规定，“在作出判决前，当事人未能提供证据或者提供证据不足以证明其事实主张的，由负有举证证明责任的当事人承担不利的后果。”再者，根据《合同法》第212条规定，“租赁合同是出租人将租赁物交付给承租人使用、收益，承租人支付租金的合同。”故就租赁合同而言，除非存在《合同法》第52条所列合同无效情形，否则当事人内心缔约动机或意欲实现的合同目的，本身并不影响合同效力。最后，根据《提箱收据》记载，说明上海港泰公司业已实际收取使用案涉1 000个集装箱，查证属实。因浙江凯航公司尚且自愿为弘集香港公司和上海港泰公司、丁某某等人融资租赁海运集装箱合同提供担保，足以说明浙江凯航公司及陈某个人知悉集装箱融资租赁以及租赁使用、自愿在合同上签字或盖章的事实。浙江凯航公司与陈某也无举证其他影响合同效力情形存在，故其辩称合同无效主张，无事实与法律依据佐证，不予采信。案涉《集装箱租赁合同》系双方自愿签订，意思表示真实，内容不违反法律规定，应做有效认定。

三、对本案的评析

本案中，浙江凯航公司、陈某的主要抗辩理由为：本案名为共同承租实为担保；租箱合同为实践合同，其并未实际租赁、使用、收益，也未实际收过集装箱，故非共同承租人，无支付租金义务；弘集香港公司与丁某某恶意串通，案涉《集装箱租赁合同》无效。而法院的观点可总结为：案涉《集装箱租赁合同》明确为租赁合同法律关系，合同内容及当事人签字均体现租赁的意思表示；共同承租人是否实际使用租赁标的物，并不影响本案租赁合同关系的成立；浙江凯航公司、陈某并无证据证明弘集香港公司与丁某某之间有恶意串通事实或者其他影响合同效力的事实的存在。笔者认为，法院的该等审判观点正确把握了共同承租的交易特点，对当事人之间的法律关系和合同效力做出了准确认定。

有人认为融资租赁交易中的共同承租人也是连带责任担保人，因此，有必要对共同承租与担保进行厘定，本案各方当事人之间的抗辩以及法院的审判观点均对解决融资租赁交易实践中共同承租模式下存在的问题具有极大的指导意义。结合本案折射出的理论问题，笔者从以下几个方面进行简要分析：

1. 正确认识共同承租的交易特点。融资租赁合同中，根据共同承租的交易惯例，租赁物通常由一个承租人占有使用，其他共同承租人并不会实际占有使用租赁物，仅作为共同的义务主体，承担连带支付租金的义务。从既有的司法案例[①]来看，共同承租模式受到法律的保护，法院支持共同承租构成融资租赁法律关系，认可共同承租人共同承担融资租赁合同项下的义务与责任，即使某一共同承租人以未实际使用租赁物进行抗辩，法院通常仍认定其应承担相应的法律责任。从交易安排来看，通常出租人也会在合同中赋予每一个承租人占有使用租赁物的权利，具体由哪一个承租人实际使用租赁物，交由各承租人自行协商确定。因此，各承租人均有权使用租赁物，未实际使用租赁物的承租人系放弃了该项权利，属于对其权利的自由处分，如果其再以“并未实际占有、使用租赁物”为由，提出“无支付租金等款项义务”抗辩，从禁止反言的角度也不应获得支持。

2. 从“连带债务”的角度进行分析。共同承租模式中各承租人对债务承担连带责任，而连带责任保证人对承租人的债务承担的也是连带责任，二者在法律效果上是相同的，基于此，有观点认为共同承租实为担保。

连带债务的法律依据是《民法通则》第 87 条，该条规定：“债权人或者债务人一方人数为二人以上的，依照法律的规定或者当事人的约定……负有连带义务的每个债务人，都负有清偿全部债务的义务，履行了义务的人，有权要求其他负有连带义务的人偿付他应当承担的份额。”《民法总则》第 178 条亦做出了相同的规定，且其第（三）款明确规定：“连带责任，由法律规定或者当事人约定。”由此可见，连带债务是指债务人有两个或两个以上，因全体债务人之间存在连带关系，各债务人都负有全部偿付的义务，债务人中的一人或数人的完全偿付，对全体债务人生效，因而导致全部债的关系消灭的债务。连带债务的核心是债务人之间的连带关系，连带关系是连带债务产生的法律依据。所谓连带关系，就是法律规定或当事人约定的一种法律关系；在该关系中，多数债务人中一人或数人所发生的事项，效力及于全体债务人。因此，连带债务关系中的债权人，可以对债务中的一人、数人或全部，同时或先后请求全部或部分履行债务。[②]

在我国民商事领域，连带债务的产生可能基于多种事由，除前述共同承租的情况外，实践中还常见债务加入、连带责任保证、共同侵权、合伙组织对外产生的债务及其他并存的债务承担等情形。因提供连带责任保证而承担连带责任只是其中一种，也就是说，承担连带责任的主体并不等同于保证人。因此，在民事法律关系

---

① 参见北京市第二中级人民法院（2015）二中民（商）初字第 04420 号案、天津市第一中级人民法院（2016）津 01 民初 266 号案等。

② 陈雷．如何理解连带债务要具备的连带关系？［EB/OL］．找法网，2017－03－16。

中，仅根据承担连带清偿责任便将不实际占有使用租赁物的共同承租人解释为担保人缺乏事实和法律依据。

笔者以为，共同承租人之间的连带债务应属于债务加入。债务加入，又称并存的债务承担，通常认为这一概念首现于江苏高院《关于适用（中华人民共和国合同法）若干问题的讨论纪要（一）》（苏高发审委〔2005〕16 号）第 17 条："债务加入是指第三人与债权人、债务人达成三方协议或第三人与债权人达成双方协议或第三人向债权人单方承诺由第三人履行债务人的债务，但同时不免除债务人履行义务的债务承担方式。"司法审判实践中对债务加入是认可的，如最高人民法院（2005）民二终字第 155 号"某焦化公司与某供销公司等合作合同纠纷案"、最高人民法院（2010）民二终字第 26 号"某资产公司与某房地产公司等借款合同纠纷案"① 等。债务加入与连带保证存在相似之处，易被混淆。保证，是指保证人和债权人约定，当债务人不履行债务时，保证人按照约定履行债务或者承担责任的行为。连带保证与债务加入的相似之处在于，债务人或第三人均向债权人履行清偿债务的责任，两者的主要区别在于：保证具有从属性，保证之债依附于主债务而存在，债务加入中债务人和第三人承担的是同一债务，不存在主从债务之分；保证合同是主债权债务合同的从合同，而债务加入是独立的合同。同时，两者之间还存在以下不同：第一，保证人代债务人承担保证责任后具有法定的向债务人追偿的权利，而债务加入中的第三人承担债务后仅能依据约定向债务人进行追偿，非法定追偿权。第二，保护期间不同。保证人的保证责任受到保证期间的保护，而债务加入中的第三人没有单独的保证期间，仅受到诉讼时效的制约。共同承租模式中，未实际使用租赁物的承租人与实际使用租赁物的承租人承担的是同一个债务，不存在主债务与从债务之分，因此，共同承租人之间的连带债务应属于债务加入。

3. 从保证的角度进行分析。依据《担保法》第 13 条的规定，"保证人与债权人应当以书面形式订立保证合同"，因此，严格法律意义上的保证，有特定的内涵，应当有明示的书面约定，即保证责任必须有明确的意思表示而不能推定。故，在共同承租模式中，不能因存在连带责任而推定不占有租赁物的共同承租人与出租人之间成立的是担保法律关系，否则会违背《担保法》的法理。

综上，笔者认为，共同承租人和保证人虽都是融资租赁交易的重要参与方，但二者实质上存在重大区别。共同承租模式下，不能因连带之债的存在就推定不占有

---

① 奚晓明．最高人民法院商事审判指导案例·第五卷（上）［M］．北京：中国法制出版社，2011 年 7 月．

租赁物的共同承租人与出租人之间成立的是担保法律关系。

四、启示

根据我国《公司法》第16条的规定，公司提供担保尤其是对外担保应当履行特定程序要求，该等程序要求会增加决策的不确定性或增大交易成本，且现阶段，我国立法和司法实践对公司对外担保的把握呈趋严态势。在前述背景下，对一些融资租赁交易的参与者而言，他们认为设置共同承租人与要求担保人承担连带担保责任可起到“相同效果”，采用共同承租能规避担保所要求的内部决策机制、审批机制，以至于反映在交易实践中，部分从业者对共同承租和担保的区别没有明确认识，甚至混同“共同承租人”与“担保人”，以上做法给融资租赁交易的顺利开展埋下了极大的“隐患”。

结合本文第三部分对共同承租和担保的厘定及分析，建议融资租赁交易的参与方，尤其是出租人，应当对共同承租和担保有准确的认识，明确共同承租和担保的区别，区分共同承租人与担保人各自的权利义务来源。在架构交易结构和合同条款设计时，能够准确定位共同承租人和担保人各自的权利义务；在未来可能发生的纠纷中，面对共同承租人提出的“己方非共同承租人，实际是保证人”的抗辩时，能够有针对性地提出反驳意见，从而维护出租人的合法权益。

案例十 船舶融资租赁中承租人经营船舶产生债务，海事请求人能否请求扣押出租人名下当事船舶以外的其他船舶①

2000年7月1日起施行的《海事诉讼特别程序法》（以下简称《海诉法》）规定，海事法院可以扣押对海事请求负有责任的船舶所有人、光船承租人、定期租船人或者航次租船人在实施扣押时所有的其他船舶。

那么，船舶融资租赁交易中是否同样适用上述规定？上述规定中可扣押船舶的范围又有多广？笔者在此对以下案件进行分享和评析，以期提供有益借鉴。

华融金融租赁股份有限公司、南安市闽捷供油服务有限公司船舶物料和备品供应合同纠纷执行审查类执行纠纷案②

异议人（案外人）：华融金融租赁股份有限公司

申请执行人：南安市闽捷供油服务有限公司

被执行人：广西新闽航海运有限责任公司

① 本部分作者为北京市汇融律师事务所律师任立。

② 参见北海海事法院（2015）海法执异字第9号民事裁定书，于2015年12月4日做出。

一、案件基本事实

华融金融租赁股份有限公司（以下称“华融公司”或“出租人”）作为出租人，与广西新闽航海运有限责任公司（以下称“新闽航公司”或“承租人”）等作为承租人以船舶作为租赁物开展融资租赁交易。经本案审理法院即北海海事法院查明，2011年10月21日，登记机构就租赁物“新安源9”号船出具光船租赁登记证明书，载明船舶所有人和出租人为华融公司，船舶承租人为新闽航公司，并载明了租金、租期（6年）等事项；备注为融资租赁。

2015年8月21日，宁波海事法院做出（2015）甬海法商初字第806号民事调解书，确认承租人欠付出租人逾期租息及逾期付款违约金，出租人同意融资租赁合同继续履行并延长租赁期限；该调解书还确认了承租人的违约责任承担方式等事项。后因承租人未履行义务，出租人于同年11月16日在宁波海事法院申请执行，请求强制承租人向出租人交付出租人所有并光租给承租人的“新安源9”号船①。

又，南安市闽捷供油服务有限公司（以下简称“供油公司”）向厦门海事法院诉称：供油公司与承租人签订《购油合同》，供油公司向承租人所有的“新安源9”“新成功28”“成功80”等船舶提供燃油，承租人欠付供油公司燃油费及利息，故供油公司请求法院判令承租人支付该款项。厦门海事法院对此做出（2015）厦海法商初字第861号民事调解书，确认了承租人欠付供油公司油料款的金额。该调解书于2015年10月9日生效后，因承租人未履行债务，供油公司向厦门海事法院申请强制执行，厦门海事法院将该案移送宁波海事法院执行，宁波海事法院于2015年11月3日做出（2015）海法执字第2091号执行裁定书，裁定扣押光船租赁登记证明书中载明新闽航公司为承租人的“新安源9”号船。

二、异议的提出及法院的认定与裁定

出租人于2015年11月23日就上述扣押裁定向北海海事法院提出书面异议，称：1.“新安源9”号船为出租人所有，因融资租赁给承租人而办理光船租赁登记，并且因承租人不履行义务，出租人已向宁波海事法院申请执行承租人交还“新安源9”号船和赔偿经济损失；2.供油公司对承租人的债权并非可扣押“新安源9”号船的海事债权原因如下：首先，出租人合法取得“新安源9”号船的所有权，承租人并非所有权人，本案不适用当事船舶所有权人姊妹船的扣押规则；其次，融资租赁船舶并非光租船舶；最后，即使依据光租船舶扣押规则，“新安源9”号船也并非当事船舶，供油公司申请强制执行的（2015）厦海法商初字第861号民事调

① 参见宁波海事法院（2015）甬海法执民字第714－2号执行裁定书，于2016年3月14日做出。

解书中也未明确每艘船舶拖欠燃油款的金额。综上，请求法院解除对“新安源 9”号船的扣押。

法院认为：根据《海诉法》第 23 条“有下列情形的，海事法院扣押当事船舶：……（二）船舶的光船承租人对海事请求负有责任，并且在实施扣押时是该船的光船承租人或者所有人……”以及《最高人民法院关于人民法院办理执行异议和复议案件若干问题的规定》第 25 条“对案外人的异议，人民法院应当按照下列标准判断其是否系权利人：……（二）已登记的机动车、船舶、航空器等特定动产，按照相关管理部门的登记判断；未登记的特定动产和其他动产，按照实际占有情况判断……”之规定，首先，“新安源 9”号船在船舶登记机关的登记所有人为出租人，并非承租人；其次，在供油公司据以申请执行的（2015）厦海法商初字第 861 号民事调解书中，该生效法律文书对“新安源 9”号船是否有拖欠供油公司油款的行为及数额并不确定，供油公司申请法院对“新安源 9”号船进行扣押的请求，并不在海事法院扣押当事船舶的法律规定范围内。综上，出租人提出的异议请求有事实和法律依据，法院予以支持。

综上，法院裁定中止对“新安源 9”号船的执行。

三、对本案的评析

本案涉及的主要问题是，在船舶融资租赁中，承租人因经营船舶产生债务，海事请求人能否请求法院扣押当事船舶所有人名下的其他船舶。

《海诉法》第 23 条规定：“有下列情形之一的，海事法院可以扣押当事船舶：……（二）船舶的光船承租人对海事请求负有责任，并且在实施扣押时是该船的光船承租人或者所有人……”此条第（五）款规定：“海事法院可以扣押对海事请求负有责任的船舶所有人、光船承租人、定期租船人或者航次租船人在实施扣押时所有的其他船舶，但与船舶所有权或者占有有关的请求除外。”本案中，出租人认为本案涉案船舶既非负担海事请求的船舶，亦不适用姊妹船扣船规则，融资租赁船舶也并非光租船舶；法院认为当事船舶登记的所有权人是出租人而非承租人，且当事船舶是否拖欠、拖欠多少燃油款并不能确定，因此当事船舶不在海事法院可扣押的船舶范围内。笔者同意法院在本案中做出的裁定，并认为出租人提出的上述观点存在讨论空间。

本案涉及两个核心问题，一是《海诉法》第 23 条是否适用于船舶融资租赁，二是海事责任人为承租人的情况下，可扣押船舶的范围能否延伸至当事船舶所有人名下的其他船舶。笔者结合海事相关法律、行政法规、司法解释及国际公约，对上述问题简要评析如下：

（一）对《海诉法》第23条的解读及其在船舶融资租赁交易中的适用

1.《海诉法》第23条立法目的及对“海事请求”的理解

根据《海诉法》第23条，海事法院可以因光船承租人的债务，扣押光船租赁中的当事船舶，光船承租人是否为船舶所有人并非进行扣押的必要条件。立法上之所以允许扣押光租船舶，就是为了实现对海事请求人合法债权的有效清偿①：船舶具有移动性，且营运中可能发生错综复杂的海事纠纷，而海事请求人往往无法轻易确定船东身份，难以及时向其主张责任；为保障海事请求人的合法权益，立法者允许海事请求人请求法院对船舶进行扣押，其本质上是一项财产保全措施，扣押海事责任人船舶的目的在于为海事请求人的海事请求提供担保，以确保海事请求人根据海事请求提起的海事诉讼能够在将来胜诉时取得执行判决的保障②。

需要明确的是，《海诉法》第21条共列举了22项可以申请扣押船舶的海事请求，事由包括船舶营运造成的财产灭失或人身伤亡，海难救助，共同海损，船舶建造、管理和维修等等，和《1999年国际扣船公约》第1条中定义的海事请求种类基本完全一致。笔者认为，只有当事人的请求符合《海诉法》第21条列举的范围，其请求才成为海事请求，当事人成为海事请求人，《海诉法》第23条得以适用。

2. 上述规定在船舶融资租赁中的适用

船舶融资租赁交易中，鉴于船舶所有人即出租人并不实际对船舶占有和使用，因此对海事请求负有责任的人往往为融资租赁交易项下的承租人。虽然在字面上，《海诉法》第23条对承租人的描述仅为“光船承租人”，但是船舶融资租赁和光船租赁存在很多相似之处，笔者认为不排除船舶融资租赁交易适用该条款的可能，从而对租赁公司造成风险。

第一，船舶融资租赁是指出租人根据承租人的要求和选择购买船舶，并将购买的船舶出租给承租人使用，承租人向出租人支付租金的行为；《海商法》第144条规定：“光船租赁合同，是指船舶出租人向承租人提供不配备船员的船舶，在约定的期间内由承租人占有、使用和营运，并向出租人支付租金的合同。”二者不但定义类似，实践中也经常发生混同，特别是《海商法》第154条规定：“订有租购条款的光船租赁合同，承租人按照合同约定向出租人付清租购费时，船舶所有权即归

---

① 李伟．光租船舶扣押与拍卖的法律问题研究——兼评2015年《最高人民法院关于扣押与拍卖船舶适用法律若干问题的规定》第三条．社会科学辑刊．2015年06期．第92页

② 葛仲彰．船舶扣押制度中的扣船范围研究．吉林大学．2015年．第6页

于承租人。”有学者认为，光船租赁在这种情况下一定意义上已变为船舶融资租赁。[①] 即使光船租赁合同中不存在留购条款，无论在船舶融资租赁还是光船租赁中，承租人均需自行配备船员并占有、使用和营运船舶，承担维修、保养义务，对船舶承担的权利义务基本一致，因此船舶融资租赁和光船租赁承租人都应对其海事请求人承担责任。

第二，虽然《海商法》中并无调整融资租赁交易项下船舶关系的规定，但在海事实践中，船舶融资租赁交易自动适用《海商法》的相关规定，如船舶融资租赁的登记适用《海商法》中船舶的国籍登记、所有权登记、光船租赁登记等，在承租人运营船舶时则适用运输单证、船舶碰撞、共同海损、海事赔偿等规定。

第三，2008 年发布的《交通运输部办公厅关于规范国内船舶融资租赁管理的通知》第 4 条规定，以融资租赁方式新建或购置的船舶，其出租人与承租人之间按光船租赁关系办理登记手续；海事局于 2015 年印发的《船舶登记工作规程》第 74 条规定，融资租赁船舶应办理船舶所有权登记和光船租赁登记，并在光船租赁登记证书上附注“融资租赁”。即在现行登记制度下，船舶融资租赁的承租人租赁权登记比照适用光船租赁登记的规定，公示出租人的租赁权并取得对抗第三人的效力，侧面肯定了船舶融资租赁和光船租赁承租人具有相同的法律地位。

另外，在光船租赁中，出租人与承租人是一种传统的财产租赁关系，出租人收取的租金只是让渡使用权的对价[②]；而船舶融资租赁的出租人对船舶享有所有权，却免除了作为所有权人本应承担的义务和责任，可以说其对租赁物享有的所有权是一种弱化的所有权。根据“举重以明轻”的类推原则，既然光船租赁出租人需要根据《海诉法》承担海事请求人主张扣押船舶的风险，那么船舶融资租赁出租人的所有权弱于光船租赁出租人，更应承担这一风险。

综上所述，笔者认为在船舶融资租赁中，承租人对海事请求负有责任的情况下，应适用《海诉法》第 23 条；争议发生时，不排除海事请求人依据该条规定，向海事法院请求扣押当事船舶，并取得法院的支持。

（二）《海诉法》第 23 条扣押船舶的范围

根据《海诉法》第 23 条第 2 款，海事法院可以扣押对海事请求负有责任的船舶所有人、光船承租人、定期租船人或者航次租船人在实施扣押时所有的其他船舶，但与船舶所有权或者占有有关的请求除外。该规定与《1999 年国际扣船公约》

---

① 郑雷．船舶融资租赁法律问题研究［M］．北京：法律出版社．2012 年 8 月．

② 薛正纲．船舶融资租赁合同与船舶光租合同的比较［EB/OL］．中国海事审判网，2002 年．

第3条第2款规定的扣船范围基本完全一致[①]，该款规定，除非海事请求涉及船舶所有权或占有，则承担海事责任的船舶所有人、光船承租人等在扣押行为发生时所有的其他船舶（即海商法理论上的“姊妹船”）也在扣船范围内。结合笔者上文分析，船舶融资租赁交易中的承租人也应适用该条规定，承租人在扣押行为发生时所有的其他船舶也可由海事法院扣押。

结合本案事实，供油公司作为海事请求人请求法院扣押出租人即船舶所有人名下船舶，但该船舶并非负有海事请求的当事船舶，而是出租人名下的其他船舶，那么该船舶是否符合上述条款规定的扣船范围？笔者认为答案是否定的。

首先，可被海事法院扣押的“其他船舶”之定语为“对海事请求负有责任的船舶所有人、光船承租人……在实施扣押时所有”；从文义上理解并分析该句，可知在法院实施扣押时，如船舶所有人对海事请求负有责任，则可扣押的“其他船舶”应归船舶所有人所有，如光船承租人对海事请求负有责任，则“其他船舶”应为光船承租人所有，以此类推。据此，当融资租赁承租人对海事请求负有责任时，根据上述条款并结合笔者前文分析，承租人名下如果有其他船舶，则该船舶符合上述条款规定的扣船范围；但如果与此同时出租人对该海事请求并不负有责任，法院不应对出租人名下出租给同一承租人的其他船舶进行扣押。

其次，在船舶融资租赁交易下，出租人只承担支付船舶购买价款的义务，除此之外出租人对船舶运营行为并不干涉，船舶航运中和第三方（如修理公司、燃油公司等）进行的交易一概由承租人安排和操作，出租人和承租人双方往往也会在融资租赁合同中进一步明确出租人对船舶运营不承担任何责任。在这一交易框架下，如果允许法院扣押出租人名下的其他船舶，相当于默认了出租人对船舶所负海事请求负有责任，并且该责任是需要出租人以其所有的其他财产来承担的，这显然与融资租赁交易的本质不符。

综上所述，笔者认为本案中的涉案船舶即使和负担海事请求的当事船舶同属于出租人名下，也并非处于法院可扣押船舶的范围内，法院认定“扣押涉案船舶的请求不在海事法院扣押当事船舶的法律规定范围内”尊重了法律规定和案件事实，值得肯定。

四、融资租赁公司面临的风险和防范措施

首先，船舶不同于普通动产，其上往往负担海事请求，受到《海商法》《海诉

---

① 《1999年国际扣船公约》第3条第2款规定：“对于在实施扣押时对海事请求负有责任并且在发生请求时为下述者拥有的任何其他船舶，也允许扣押：（a）对其发生海事请求的船舶的所有人；或（b）船舶的光船承租人、定期承租人或航次承租人。本规定不适用于有关船舶的所有权或占有的请求。”

法》中海事请求人优先受偿条款的约束。即便出租人在融资租赁项下只承担支付船舶购买价款的义务，不参与任何船舶经营活动，但如果承租人在船舶运营中产生债务，那么相关的海事请求人都可能依法申请扣押船舶，导致出租人作为船舶所有人承担了巨大的风险。尽管本案裁定有利于融资租赁公司，但本案特殊之处在于涉案船舶欠付燃油费情况并未明确，融资租赁公司取得有利裁判实属侥幸，不能排除其他案例中法院查明涉案船舶即为负有海事请求的当事船舶，该种情况下，法院有充分的理由支持海事请求人的主张，裁定扣押该涉案船舶。另外，如果特殊情况下作为船舶所有人的出租人参与到船舶经营中，对海事请求负有了责任，那么出租人名下的其他船舶也可能成为海事法院扣押的对象。

因此，融资租赁公司在进行船舶融资租赁业务时需要预估存在船舶被扣押的风险，采取谨慎设计交易结构、在船舶融资租赁合同中明确各方责任、尤其明确出租人不承担任何船舶经营活动产生的义务等风险控制措施，保障融资租赁公司的利益。

其次，虽然融资租赁交易中租赁物的所有人实际为出租人，《交通运输部办公厅关于规范国内船舶融资租赁管理的通知》也规定融资租赁船舶的所有人应为出租人，但如果船舶融资租赁合同的当事人做出特别约定或出于规避法律法规（例如：按照《船舶登记条例》第 2 条第 1 款第 1 项的规定，登记为船舶所有人的法人，其注册资本中有外商出资的，中方投资人的出资额不得低于 50%。如果出租人的股权结构中外资比例超过 50%，无法登记为船舶所有人，为规避这一规定，船舶融资租赁合同约定将承租人登记为船舶所有人）、政策限制的目的，则有可能登记的船舶所有人并非出租人[①]；有时，承租人为享受政策优惠，也要求将融资租赁船舶登记在自身名下。上述情况下，不但存在承租人擅自处分船舶的风险，而且如果出租人有多条融资船舶均登记在同一承租人名下，则其中一艘船舶在经营过程中发生对其的海事请求时，不排除海事请求人根据《海诉法》第 23 条第 2 款主张法院扣押承租人名下的其他船舶。

根据《物权法》第 24 条：“船舶、航空器和机动车等物权的设立、变更、转让和消灭，未经登记，不得对抗善意第三人。”据此，船舶所有权登记具有公示对抗效力，当融资租赁船舶登记在承租人名下时，如承租人擅自处分船舶，或海事请求人请求法院扣押和拍卖船舶，同时相关的船舶买受人为善意第三人，则融资租赁公司对船舶的所有权不能对抗该船舶买受人。因此，如果融资租赁公司在船舶融资租赁实践中将船舶登记在承租人名下，则建议租赁公司随时关注船舶动态，如发生上述可能导致善意第三人取得船舶所有权的情形，租赁公司应尽快向船舶买受人以

---

① 郭建君．船舶融资租赁纠纷调研报告［R］．天津海事法院．2014 年．

及法院披露其为事实上的船舶所有权人，以规避船舶被第三人善意取得的风险。

3.3.2 融资租赁公司败诉案件大数据分析①

一、报告样本说明

（一）样本来源

1. 检索条件：利用数据库高级检索功能锁定样本范围

按图 3-1 所示检索条件，我们于 2017 年 10 月 31 日登录威科先行法律信息库，检索全国近 3 年融资租赁合同纠纷的二审判决书并下载存档，共计 861 份。之后，通过阅览案例，进一步筛选出本报告的研究样本，即出租人（融资租赁公司）败诉的二审判决书，共计 223 份（见图 3-2）。

2. 样本数量与占比：223 案（21%）出租人在二审中败诉

公开案件数据显示，全国近 3 年融资租赁合同纠纷二审案件中，出租人败诉的比例超过 1/5。

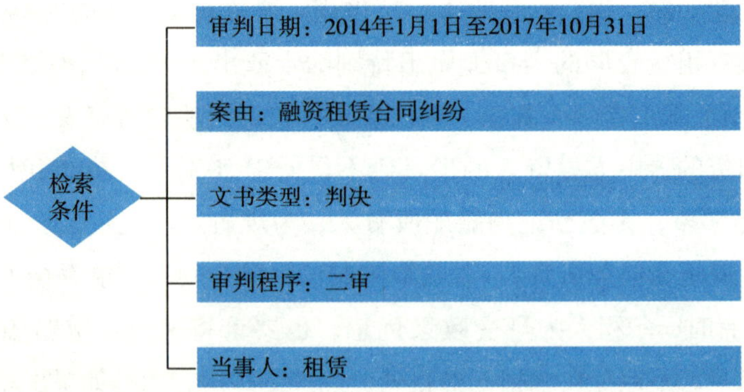

图 3-1 检索条件

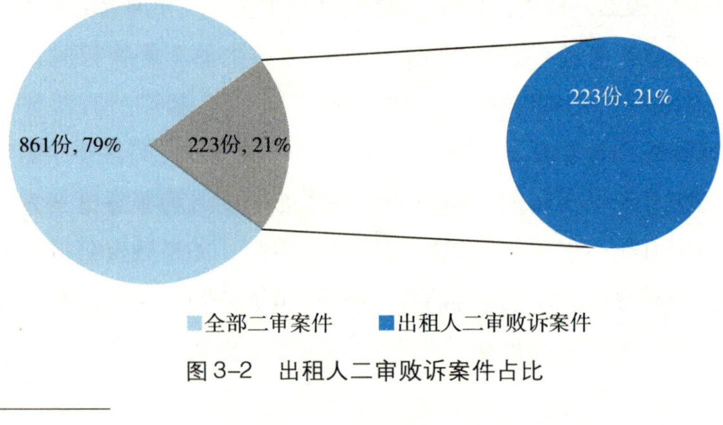

图 3-2 出租人二审败诉案件占比

① 本部分作者为上海申骏律师事务所大数据团队，团队负责人是许建添。

（二）样本概况

1. 1/3 以上出租人二审败诉案件标的额超过 100 万元

经分段统计案涉标的额，我们发现，223 份出租人败诉的二审判决书中，诉讼标的额在 50 万元以下的案件有 114 起，近半案件标的额超过 50 万元，1/3 以上案件的标的额在 100 万元以上（见图 3-3）。

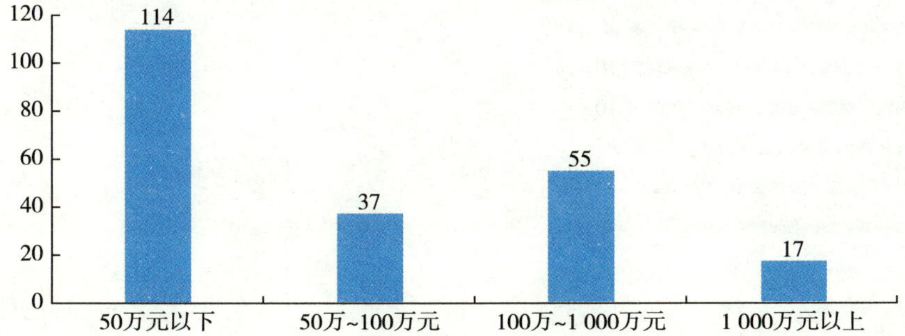

图 3-3　案件标的额统计

2. 出租人败诉的大部分二审案件分布于我国东部地区

数据显示，出租人败诉的二审案件主要集中于东部地区，特别是上海、江苏两地（见图 3 -4）。之所以出现上述分布，主要原因在于我国东部地区融资租赁业务发展良好，案件基数大。

3. 以工程车辆作为租赁物的出租人二审败诉案件最多

进一步研究出租人败诉的二审案件，可发现租赁物为机械设备、工程车辆等大型租赁物的败诉案件最多（见图 3-5）。原因可能是该类融资租赁合同纠纷所涉金额大，进入二审程序的案件尤其多。

4. 过半败诉案件系出租人一审败诉提起上诉后被驳回

观察败诉出租人在二审中的诉讼地位，可发现过半案件的出租人为上诉人（见图 3-6）。这也从侧面反映了出租人在一审中败诉的案件不在少数。

5. 出租人二审败诉案件中，1/4 以上为全部败诉

根据出租人在二审中败诉的情况，我们将败诉类型分为部分败诉（驳回部分诉讼请求）和全部败诉（驳回全部诉讼请求）两类。数据显示，超过 1/4 以上的出租人在二审中全部败诉（见图 3-7）。

6. 二审败诉案件数量位居前十的出租人，最高为 29 案

223 份出租人败诉的二审判决书中，图 3-8 中出租人的出现频率最高。这与出租人的业务量存在一定的正相关，当然，这也说明出租人在融资租赁业务方面的风控管理仍存在纰漏。

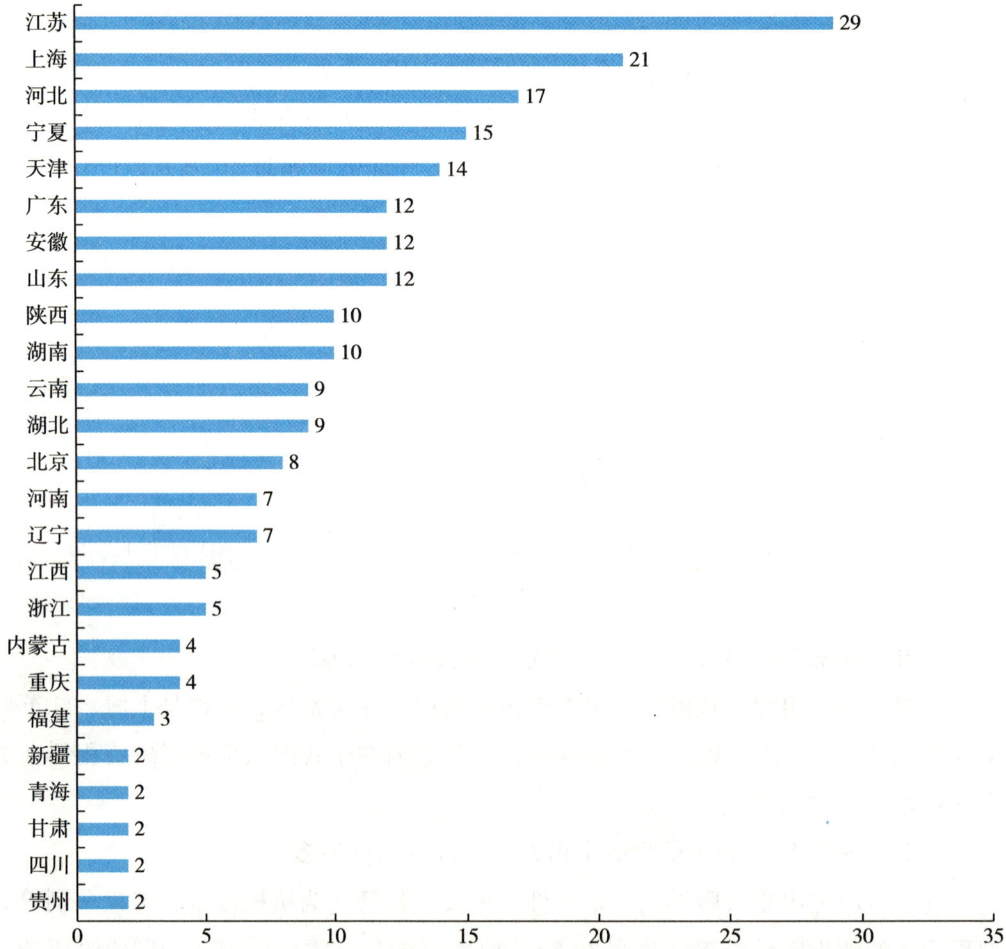

图3-4　出租人二审败诉案件地域分布情况

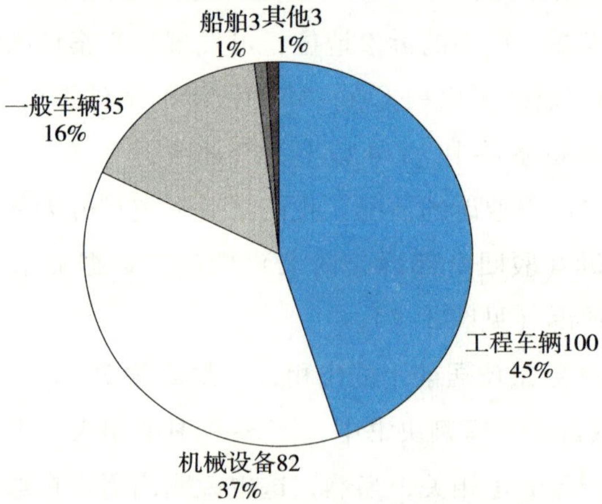

图3-5　出租人败诉案件租赁物比例

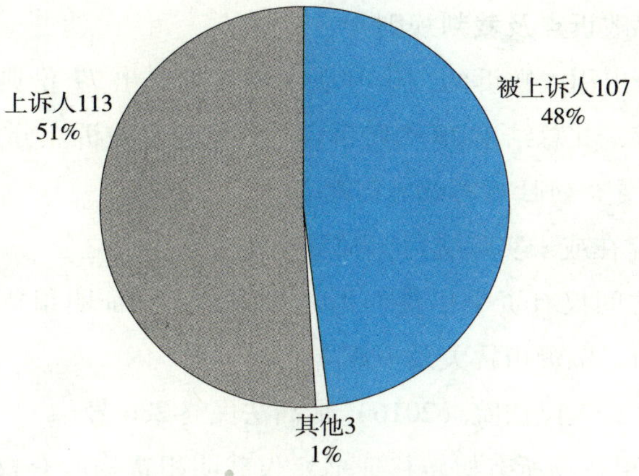

图 3–6 出租人二审诉讼地位

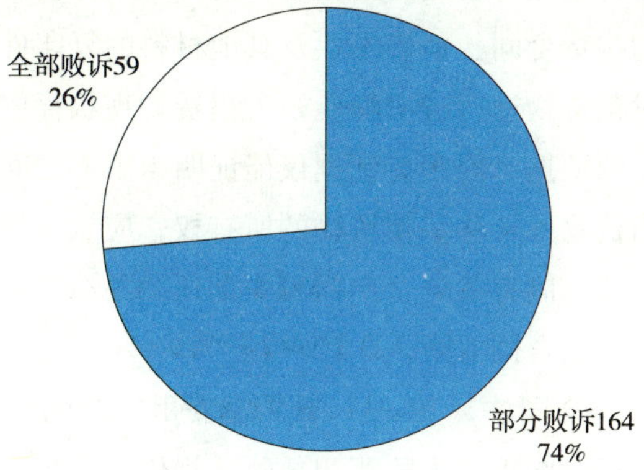

图 3–7 出租人败诉类型及比例

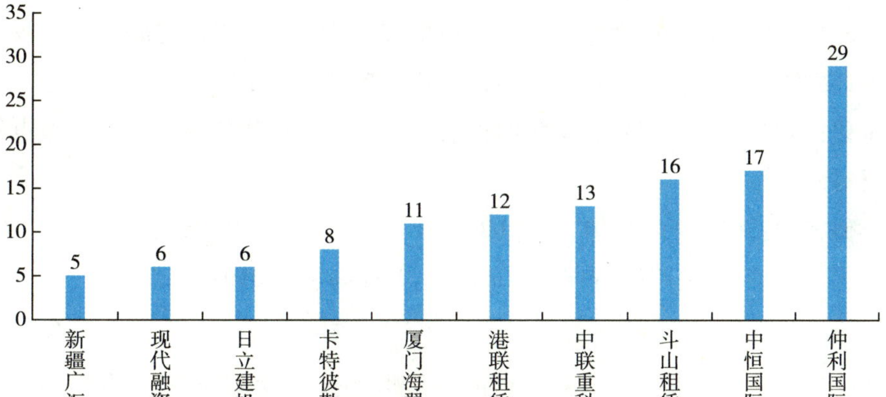

图 3–8 败诉案件数量位居前十的出租人

二、二审案件败诉点及裁判规则[①]

我们从223份出租人败诉的二审判决书中，挑选出77份典型判决，提炼出每份判决的裁判要旨，共总结出29个败诉点，并将这些败诉点分为6类。

（一）融资租赁合同性质与效力问题

1. 租赁物不存在或未实际交付，融资租赁关系不成立

（1）当事人之间仅有资金出借与返还关系，无法证明租赁物实际存在且已转移租赁物所有权的，融资租赁关系不成立。

法院案号：最高人民法院（2016）最高法民终286号。

法院认为：《租赁物所有权转移证书》仅载明租赁物所有权转移而未载明具体的租赁物名称及型号，《租赁物清单》列明的供货商、租赁物名称、入账金额、时间等不足以使租赁物特定化。合同约定租赁物的交付条件，但出租人未能提供所有权凭证原件、租赁物购货合同、销售发票及其他材料的复印件，也未提供出租人取得租赁物所有权时对租赁物进行过实物检视、租赁物现状存放地点及其他能够证明特定租赁物真实存在的证据。因现有证据仅能证明当事人之间有资金借还关系，无法证明存在实际的租赁物并转移了租赁物的所有权，应认定构成借款合同关系而非融资租赁合同关系。该合同有关资金出借和到期还款的约定系真实意思表示，无法律规定的无效事由，借款合同有效。

实务要点：根据《合同法》第237条“融资租赁合同是出租人根据承租人对出卖人、租赁物的选择，向出卖人购买租赁物，提供给承租人使用，承租人支付租金的合同”的规定，租赁物客观存在且所有权由出卖人转移给出租人系融资租赁合同区别于借款合同的重要特征。若没有确定的、客观存在的租赁物，或无租赁物的所有权转移，仅有资金的融通，就不构成融资租赁合同关系。因此我们建议，出租人在签订融资租赁合同及其他相关协议时应明确载明租赁物的名称及型号，将租赁物特定化；同时，保留租赁物交付时的实物检验、租赁物的现状及存放地点等相关书面材料。

类似案例：（2017）沪01民终6209号、（2017）沪01民终6190号、（2014）沪一中民六（商）终字第469号、（2013）苏商终字第0191号。

---

① 对于这些裁判要旨与败诉点，我们诚恳地做出如下说明：第一，由于我们专业水平有限，相关归纳与概括未必准确，甚至与裁判者所要表达的裁判理由不一致，敬请裁判者及读者谅解；第二，这些归纳与概括仅为法律实务探讨，仅供学习、研究所用，不代表我们对某一份判决做出任何价值判断；第三，因字数所限，可能部分表述词不达意，读者切勿断章取义地解读，如有兴趣，可登录中国裁判文书网浏览并研究相关案例。29个败诉点及相关分析整体顺序排列，未因上级标题变化重新排序。——编者注

2. 买卖关系或合同被否定，影响融资租赁关系的认定

（2）租赁物未实际交付，买卖关系不成立，法院认定双方的真实意思为借款而非融资租赁，融资租赁合同被认定无效。

法院案号：江苏省高级人民法院（2013）苏商终字第0191号。

法院认为：本案并无租赁物的买卖，仅有的出卖人与承租人间的定制合同也未获得融资租赁合同的追认，不能认定出租人与承租人间就购买租赁物、完成融资租赁达成了真实合意。出租人与承租人间约定租赁物交付后承租人应向出租人提供发票、提单及《租赁物件验收证明》等，但并未实际产生和交付。承租人在接受出租人支付的3 080万元设备款当日向出租人返还1 080万元，并在账册中记载为"长期借款"，出租人对此明知并接受了承租人的还款，应当认定双方的真实意思仅为资金的融通及分期偿还，而非融资租赁。企业间借贷超越了出租人的经营许可范围，亦有违现行金融法规的强制性规定，依据《合同法》第52条第5款，应当认定合同无效。

实务要点：名为融资租赁实为企业间借贷，该借贷合同是否有效？最高人民法院做出的（2014）民二终字第109号民事判决认为，案涉主合同名为融资租赁实为借贷合同，出租人作为内资融资租赁业务试点企业，虽未取得发放贷款资质，但并没有证据表明其以发放贷款为主要业务或主要利润来源，出租人与承租人的案涉企业间借款系双方的真实意思表示，且不违反法律、行政法规的禁止性规定，故维持一审关于案涉主合同不符合借款合同无效情形的认定。在《最高人民法院关于审理民间借贷案件适用法律若干问题的规定》（法释〔2015〕18号，简称《民间借贷规定》）颁布之前所做出的判决书中，大部分认定名为融资租赁实为企业间借贷的合同无效，《民间借贷规定》施行之后大部分认定为有效。

（3）买卖合同被依法解除后，出租人无法向承租人交付合同约定的租赁物，承租人解除融资租赁合同的请求应予支持。

法院案号：河北省石家庄市中级人民法院（2016）冀01民终5252号。

法院认为：另案判决书已认定，租赁物的出卖人未向出租人代理人开元公司交付车辆，并判决解除这二者签订的《车辆购销认定书》、出卖人退还购车款及违约金。据此，本案法院认定出租人向承租人交付租赁车辆的义务已不可能履行，承租人要求解除本案融资租赁关系并返还已缴纳租金的主张予以支持。

实务要点：《最高人民法院关于审理融资租赁合同纠纷案件适用法律问题的解释》（法释〔2014〕3号，简称《融资租赁纠纷解释》）第11条规定："有下列情形之一，出租人或者承租人请求解除融资租赁合同的，人民法院应予支持：

（一）出租人与出卖人订立的买卖合同解除、被确认无效或者被撤销，且双方未能重新订立买卖合同的；（二）……”买卖合同被解除后，融资租赁合同项下出租人向承租人交付租赁物的义务已不可能履行，承租人有权要求解除融资租赁合同。

3. 租赁物存有瑕疵，导致融资租赁合同无效或被解除

（4）制造商未取得涉案租赁物生产许可，租赁物被认定为不合格产品，承租人主张融资租赁合同无效，法院予以支持。

法院案号：河南省焦作市中级人民法院（2016）豫08民终611号。

法院认为：原审法院认为，出租人与承租人签订融资租赁协议时租赁物尚未取得生产许可，是未经国家质监总局批准制造的不合格产品，承租人主张合同无效该院予以支持。二审法院认为，租赁物于2007年4月由出租人交付给承租人使用时，租赁物的制造商未取得该挖机的生产许可，同时出租人也未提供证据证明该租赁物系合格产品，故租赁物系不合格产品。原审认定双方签订的融资租赁协议无效，并无不当。

实务要点：本案中出租人提供的租赁物系不合格产品，但是否就可据此认定融资租赁协议无效？根据《合同法》规定的合同无效的五种情形，租赁物为不合格产品并不能得出融资租赁协议无效的结论。但我们也不能排除今后其他法院也会做出与本案相同的认定，故建议出租人在签订买卖协议时，仔细审查出卖人的资质、并对租赁物的质量严格把关，在可控范围内降低风险。此外，我们认为，租赁物系不合格产品应当属于《融资租赁纠纷解释》第19条所述的“租赁物不符合融资租赁合同的约定”，承租人可以要求出租人承担相应的责任。

（5）因出卖人交付承租人的租赁物不能实现涉案融资租赁合同的目的，承租人请求解除融资租赁合同，法院予以支持。

法院案号：江苏省高级人民法院（2016）苏民终20号。

法院认为：《融资租赁纠纷解释》第11条规定，因出卖人的原因致使融资租赁合同的目的不能实现的，出租人或承租人请求解除融资租赁合同的，人民法院应予解除。根据合同关于案涉车辆应以承租人名义为租赁车辆登记上牌的约定，出卖人提供的案涉车辆应具备在承租人所在地区上牌的条件。因宿迁地区于2013年7月31日之后已不再为“国三”车辆上牌，故案涉车辆因排放标准问题于2013年8月2日事实上已不再具备在该地区上牌的条件。因此，承租人签订案涉融资租赁合同的目的不能实现，且原因在于出卖人，承租人有权要求解除案涉融资租赁合同。

实务要点：《融资租赁纠纷解释》第11条规定，因出卖人的原因致使融资租赁合同的目的不能实现的，出租人或承租人请求解除融资租赁合同的，人民法院应予解除。融资租赁公司在交付租赁物时，应对出卖人提供的租赁物是否符合合同约定的标准进行审查，一方面是为了避免出现本案这种合同目的无法实现的情况，另一方面租赁物的价值变现也是融资租赁交易中融资租赁公司的租金保障。

4. 签章不实且租赁事实不明的，融资租赁关系不成立

（6）融资租赁合同签章不实，并且根据当事人提供的证据无法查明租赁事实，法院认为应当认定融资租赁关系不成立。

法院案号：辽宁省沈阳市中级人民法院（2017）辽01民终7590号。

法院认为：司法鉴定书认定八份《车辆融资租赁合同》中承租人鑫源公司的公章印文不真实，故该八份《车辆融资租赁合同》并非承租人的真实意思表示，融资租赁合同关系并未成立。虽然另一份合同编号为A、B的《车辆融资租赁合同》上承租人“鑫源公司”公章印文真实，但该合同项下车辆的实际所有人已证明车辆系通过案外人购买的，购车款的支付与出租人主张的事实不符，且提车单中没有出租人的相关信息，出租人无证据证明其与九份车辆发票的关系，应当认定该事实不存在。

实务要点：签章作为合同的成立生效要件之一，务必做到真实有效。在签章不真实的情况下，出租人应充分举证证明租赁物的实际使用人即为承租人，以确保融资租赁关系已成立并生效。

类似案例：（2015）宁商终字第1529号。

5. 出租人未履行融资义务，不构成融资租赁法律关系

（7）因出租人未能提供购买租赁物的实际付款凭证，法院认定无法证实其已履行融资义务，融资租赁法律关系不成立。

法院案号：山东省济南市中级人民法院（2017）鲁01民终6741号。

法院认为：出租人须按照承租人的要求履行出资购买选定租赁物之义务，虽然出租人主张其已经向出卖方支付了涉案租赁物全部价款，但未能提供实际付款凭证，亦未能提交双方之间以其他应付款项抵扣租赁物价款的证明，也不能在双方之间存在以发票作为付款凭证之交易习惯的情况下，仅凭借出卖方为其开具的增值税发票证明出租人已经付清货款。因出租人无法证实其履行了融资义务，双方当事人之间不构成融资租赁法律关系。

实务要点：从本案可以看出，法院对于融资租赁交易中，出租人履行融资义务的审查，要求有实际付款凭证。因此，融资租赁公司在融资租赁交易中，应选择明

确清晰的资金流转路径，并谨慎保留履行融资义务的凭证。

6. 融资租赁合同约定的内容显失公平，法院予以撤销

（8）承租人已经通过买卖获得租赁物所有权，融资租赁合同约定租赁物所有权归出租人且需交纳租金的约定显失公平。

法院案号：辽宁省葫芦岛市中级人民法院（2016）辽14民终820号。

法院认为：在《融资租赁合同》签订之前，承租人经他人与供应商协商后，将涉案车辆交付承租人并出具购车发票，承租人由此获取了涉案车辆的所有权。因此，承租人与供应商存在着事实上的车辆买卖关系。而在《融资租赁合同》中既存在车辆所有权人为承租人，并由承租人向出租人交纳涉案车辆租赁费，也存在涉案车辆所有权为出租人的约定，此种约定当属显失公平，符合可撤销的法定要件，应予以撤销。

实务要点：在部分融资租赁实践中，出租人是在承租人已经部分履行买卖合同后才介入融资租赁交易。此时，出租人应当注意该业务模式下租赁物所有权转移、租赁物交付、融资资金转移路径等环节。对于以交付作为所有权转移标志之动产，出租人在此类业务中更应注意必须完成租赁物交付，以确保获得租赁物之所有权。

7. 出租人未取得租赁物所有权，融资租赁关系被否定

（9）出租人未支付租赁物的对价，且未办理所有权变更登记，不能对抗设立在先的抵押权，租赁物所有权未发生转移。

法院案号：浙江省舟山市中级人民法院（2015）浙舟商终字第216号。

法院认为：结合融资额度与租赁物的实际价值相比明显偏低、租赁期限不长及双方所约定末期租赁费付款时间到期后，出租人既未催讨，也未重新签订融资租赁合同等事实，综合考虑各方意见及本案实际情况，依据现有证据，出租人所支付的款项尚不能认定系购买租赁物所有权的对价。原抵押未消灭的情况下，出租人支付完款项后亦未办理物权变更登记，而是以《财产所有权转移确认书》确认物权，不符合常理。承租人发出的《未来收益抵押通知书》载明，承租人向出租人借款，将租赁物的未来收益从2014年4月15日起抵押给出租人。该通知内容表明，租赁物所有权仍属于承租人，并未实际转移至出租人。故，本案名为融资租赁实为借贷。

实务要点：售后回租模式中，出租人是否支付了租赁物的对价，以及支付了多少对价、出租人是否取得租赁物所有权，均是判定融资租赁关系是否成立的重要标准。售后回租模式中，出租人应当谨慎对待租赁物的权属问题，需做更为详细的调查，以防止出现在先设有抵押权、承租人无权处分等情况。

类似案例：（2015）苏中商终字第01654号。

8. 租赁物价款与实际价值不符，融资租赁关系不成立

（10）合同约定的租赁物价款明显高于实际价值，且租赁物所有权的转移不符合正常交易习惯，应认定租赁关系不成立。

法院案号：山东省德州市中级人民法院（2016）鲁14民终2151号。

法院认为：出租人仅支付了买卖合同约定租赁物价款的33%的情况下，承租人将租赁物所有权转移给出租人，不符合正常交易习惯。租赁物以500多万元购入，而合同约定总价为1 000多万元，明显存在租赁物低值高估的情形，故本案应按借款合同处理。出租人没有从事经营性贷款业务的资格，如果以经常放贷为主要业务或主要收入来源，则有可能导致该企业质变为未经金融监管部门批准从事专门放贷业务的金融机构。该行为扰乱金融秩序，造成金融监管紊乱，客观上损害了社会公共利益，应该从效力上做出否定性评价。所以，本案《买卖合同》及《租赁合同》系以合法形式掩盖从事民间借贷业务这一目的，依法应认定为无效。

实务要点：自《民间借贷规定》实施之后，很多法院对于名为融资租赁实为借贷的借贷关系都认定为有效，因没有证据表明融资租赁公司以发放贷款为主要业务或主要利润来源，出租人与承租人的案涉企业间借款系双方的真实意思表示，且不违反法律、行政法规的禁止性规定，故不符合借款合同无效的情形。但也有部分法院认为，因融资租赁公司明显存在过错，出租人与承租人存在故意串通，以融资租赁之名掩盖借贷之实的情况，客观上损害了社会公共利益，故判定借贷合同无效。出租人在办理融资租赁业务中应避免出现租赁物实际价值与购买价相差较大的情形，不仅是为了避免融资租赁合同被认定为无效，也是确保租赁物价值足以覆盖剩余未付租金，以保障出租人的租金安全。

（二）出租人履约瑕疵问题

9. 出租人合同履行瑕疵给承租人造成损失，应予赔偿

（11）出租人延迟交付增值税专用发票导致承租人无法抵扣，违反合同的附随义务，承租人因此所受损失由出租人承担。

法院案号：内蒙古自治区赤峰市中级人民法院（2016）内04民终608号。

法院认为：融资租赁合同中的出租人依法负有开具、交付增值税专用发票的义务。出租人发票开具半年后才将其交付承租人，违反合同附随义务，致使承租人因无法抵扣税款造成损失。根据《合同法》之规定，一方履行合同义务不符合约定，给对方造成损失的，损失赔偿额应当相当于因违约所造成的损失，包括合同履行后

可以获得的利益，可得利益损失亦是实际损失。

实务要点：融资租赁公司在业务办理过程中应当全面履行合同义务，包括合同约定的具体义务，以及其他未明确约定的附随义务、行业惯例等。此外，在业务操作的其他环节也可能出现纰漏而致使出租人违约。如本案发票交付过晚，极可能是因为融资租赁公司内部的管理出现疏漏，该类问题是可以通过公司自身管理模式的改进来避免的。

（12）出租人未按合同约定购买车辆保险，租赁车辆发生事故后无法进入保险赔偿程序，承租人所受损失由出租人承担。

法院案号：北京市第一中级人民法院（2017）京01民终1005号。

法院认为：承租人出具《代购保险确认书》委托出租人代为购买保险。后承租人涉案车辆发生交通事故，索赔时发现出租人并未按约如期代购保险，致使承租人无法获得保险赔偿。出租人的违约行为是导致承租人无法获得保险赔偿的直接原因，其应对承租人的损失承担违约赔偿责任。

实务要点：本案出租人败诉在于其未按合同约定履行义务，合同一方违约给另一方造成损失的，须承担违约赔偿责任。实践中，履行合同的过程中出现各式各样的违约情形并不少见，因此融资租赁公司有必要对融资业务制定详细的步骤规划和备忘录，以免出现疏漏给双方造成损失。

（13）出租人采用锁死等方式致使承租人在租赁期间无法正常使用租赁物的，对于锁死期间的租金诉请，法院不予支持。

法院案号：天津市第二中级人民法院（2017）津02民终3618号。

法院认为：出租人虽系融资租赁设备的所有权人，但其已将设备出租予承租人，因此在租赁期间承租人对设备享有占有及使用的权利，出租人的锁死行为干扰租赁物的使用，故出租人主张在设备被锁机期间的租金依据不足，本院不予支持。

实务要点：租金是承租人占有、使用租赁物的对价，出租人应当保证承租人平静占有使用租赁物，否则出租人无权主张租金。合同履行过程中，若出租人采取锁死等方式影响承租人平静占有租赁物的，出租人在起诉时应调整诉讼策略。

类似案例：（2014）张商终字第160号、（2017）京03民终20号、（2017）津02民终3618号。

（14）因租赁物质量问题影响承租人正常使用，法院综合出租人与承租人双方的违约责任，对出租人诉请租金予以酌减。

法院案号：河南省郑州市中级人民法院（2017）豫01民终8798号。

法院认为：依据承租人提交录音、维修证据及租赁公司的质证意见，应当认定租赁设备出现质量问题，影响承租人的正常使用。承租人多次向出租人和出卖人的共同代理人反应该情况，但其未及时采取措施，一审法院综合双方的违约责任，对承租人占用期间的租金予以50%酌减，处理并无不当。

实务要点：对于合同履行中出现的问题，双方当事人应以积极态度协商、应对、共同解决。出租人及其代理人应对己方义务有明确认知和把握，确保己方义务的全面履行，尽力避免因不完全履行义务对己方收取租金等权利造成减损。

类似案例：（2015）三中民终字第00500号。

（15）承租人未按合同约定支付租金，出租人未进行催告直接起诉要求解除合同、支付全部剩余租金的，法院不予支持。

法院案号：湖北省武汉市中级人民法院（2014）鄂武汉中民商终字第00640号。

法院认为：承租人虽有迟延支付和未按期缴纳租金的事实，但出租人应向承租人进行催告，要求其在合理期限内支付。出租人没有证据证实进行催告后承租人拒不缴纳租金的事实，且承租人自出租人提起诉讼后一直履行缴纳租金的义务至出租人二审上诉前。故出租人要求解除《租赁合同》，由承租人支付全部剩余租金的请求本院不予支持。

实务要点：承租人未按期支付租金，在出租人催告后在合理期限内仍不支付的，出租人可依据《合同法》第248条的规定要求加速到期或者解除合同、收回租赁物。因此，若出租人拟行使上述权利，则负有催告的法定义务。实践中，出租人应确保其催告具有法律效力，通过约定送达条款等方式确保送达效力，并保存好相关文书证据。

（16）出租人及供应商未向承租人履行交付标的物的义务，出租人应退还承租人已付首付款和月租金，并承担赔偿责任。

法院案号：新疆维吾尔自治区巴音郭楞蒙古自治州中级人民法院（2014）巴民一终字第00426号。

法院认为：出租人及供应商应当根据租赁合同的约定履行向承租人交付合同标的物装载机的义务，现其未履行，应承担违约赔偿责任。承租人请求退还已付装载机首付款和月租金，符合法律规定，本院予以支持。

实务要点：合同各方当事人应按约履行各方义务，在融资租赁交易中，租赁物的交付是非常重要的一个环节，出租人应予以充分重视，保存好相应证据确保完成交付。若无证据证明标的物实际交付的，由出租人承担不利后果。

10. 出租人因代理人的代理行为导致其相应权利的丧失

（17）承租人向出租人的代理人履行了支付租金的义务后，出租人在诉讼中再次主张同一时段的租金的，法院不予支持。

法院案号：宁夏回族自治区银川市中级人民法院（2016）宁01民终847号。

法院认为：出租人指定融资租赁业务的代理商为晟沃公司，晟沃公司为此也与承租人签订融资租赁合同且将租赁物交付给承租人使用，故承租人依据相关合同向晟沃公司支付的部分租金，可以认定是向出租人的付款。

实务要点：出租人将租赁业务的相应事宜委托给第三人，承租人依照委托权限向受托人履行合同义务，依法应当认定为对出租人履行了相应义务。在此情况下，出租人应当向第三人主张相关权利。为慎重起见，出租人应慎重选择第三人代为行使合同权利。

类似案例：（2017）内02民终129号、（2016）宁01民终847号、（2014）石民四终字第69号。

（18）出租人委托第三方办理融资租赁业务，第三方因表见代理所做出的行为视为出租人的行为，对出租人具有法律效力。

法院案号：宁夏回族自治区银川市中级人民法院（2016）宁01民终2766号。

法院认为：通过上述约定及晨升机械公司的行为，对于承租人有理由相信晨升机械公司的行为即为代理出租人的行为，晨升机械公司构成表见代理，进而晨升机械公司收回涉案设备的行为即为出租人的行为，对出租人具有法律效力。根据合同约定，处分租赁物所得用于抵偿相关费用，出租人无证据证明尚有不足部分，原审法院对出租人支付租金和逾期利息的主张未予支持并无不当。

实务要点：实践中，出租人将融资租赁的相关事宜交由第三方来处理，对此出租人应当明确第三方的委托权限及委托内容。本案中，出租人代理人通过一系列的行为让承租人相信了其合理的代理权限，从而使得代理人行为的效力也及于出租人。

类似案例：（2016）黔01民终4732号、（2017）宁01民终140号、（2016）苏01民终298号。

（三）出租人诉请的事实与合同依据问题

11. 出租人对逾期利息、违约金、滞纳金主张金额过高

（19）出租人同时主张逾期利息、违约金或滞纳金超过其实际损失的，法院不予支持，根据案情结合公平原则相应酌减。

法院案号：天津市第二中级人民法院（2015）二中民二终字第3号。

法院认为：逾期利息和违约金均系补偿性质，二者虽然可以并用，但应以守约方的实际损失为限。本案承租人逾期支付租金给出租人造成的损失主要是垫付资金的费用，合同约定的逾期利息和违约金之和远远大于出租人的实际损失。出租人未能证明其实际损失情况。法院综合本案合同履行情况、当事人过错程度及预期利益等综合因素，考虑公平原则，认定本案合同约定的年利率20%标准计算的逾期利息已经足以弥补出租人逾期收取租金的损失。

实务要点：出租人主张的逾期利息、违约金、滞纳金金额虽符合融资租赁合同的约定，出租人仍需对上述金额合同条款约定的合理性、出租人请求承租人支付上述金额的公平性加以证明，并向法院明确阐述上述金额的请求权基础。

类似案例：（2016）冀01民终6695号、（2014）厦民终字第1132号、（2016）京01民终7276号、（2017）粤20民终1464号、（2015）中法民二终字第554号、（2015）唐民四终字第337号、（2015）唐民四终字第1268号、（2015）滦民重字第32号、（2016）湘01民终2689号、（2016）湘01民终6733号、（2016）湘01民终6031号、（2015）长中民二终字第02174号、（2016）皖01民终4009号、（2015）六民二终字第00339号、（2014）昆民四终字第394号。

（20）出租人根据融资租赁合同约定，主张超过年息24%的违约金、滞纳金或逾期利息的，法院不予支持，酌定调整为24%。

法院案号：深圳市中级人民法院（2016）粤03民终10693号。

法院认为：案涉《融资租赁合同》约定的逾期利息率为日万分之八，年化为28.8%，已经超过了民间借贷可以保护的最高标准，本院酌定将逾期利息率调整为年24%。

实务要点：《融资租赁纠纷解释》未对违约金以及逾期利息的计算标准进行规定。法院在判决中会参照同类民事案件的计算标准。《民间借贷规定》颁布后，法院可能会参照该规定将违约金、滞纳金、逾期利息等调整为年利率24%。

类似案例：（2017）甘10民终613号、（2016）粤03民终10693号、（2015）昆民四终字第252号、（2015）唐民四终字第1398号、（2015）唐民四终字第1397号、（2015）合民二终字第00014号、（2015）唐民四终字第1400号、（2016）浙04民终2008号、（2017）苏11民终70号、（2015）扬商终字第00292号、（2017）赣09民终419号、（2015）浙杭商终字第587号、（2017）陕06民终126号、（2015）皖民二终字第00858号。

（21）融资租赁合同依法解除后，出租人主张违约金的合同基础已不存在，承租人不再负有向出租人支付违约金的义务。

法院案号：天津市高级人民法院（2015）津高民四终字第13号。

法院认为：因本院将涉案合同解除时间调整为本案判决生效之日，故需重新确定逾期付款违约金的本金数额以及起止时间。在合同因违约而解除时，承租人承担的违约金仅应计算至合同解除之日；涉案合同解除后，因其承担违约金的合同基础已不存在，故不再负有支付约定违约金的义务。

实务要点：本案法院认为，违约金的计算应以融资租赁合同存续为前提，融资租赁合同解除后，违约金条款不再适用。对此观点，我们存在不同意见。如果违约金仅计算至合同解除之日，那么不仅合同解除之后出租人的权利无法得到保障，对于承租人而言迟延也缺乏及时履行付款义务的压力或动力。同时，我们认为违约金是对于承租人违约后应承担的责任，可以理解为属于合同结算或清理条款。根据《合同法》第98条之规定，合同的权利义务终止，不影响合同中结算和清理条款的效力。因此我们建议，在以后的诉讼中，出租人在主张违约金时仍应坚持要求承租人支付至实际清偿之日止。

类似案例：（2016）陕民终56号。

（22）融资租赁合同约定的每期租金中已包含租金本金和租金利息，利息不得重复计算，罚息的基数仅为到期未付租金。

法院案号：湖南省长沙市中级人民法院（2016）湘01民终2689号。

法院认为：每期应支付的租金中已经包括了租金本金和租金利息，本案欠付的租金利息不应当再另行重复计算罚息。故本案罚息应以到期未支付租金本金为基数计算。

实务要点：出租人应在融资租赁合同中明确约定违约金的计算基数。

类似案例：（2014）沪一中民六（商）终字第248号。

（23）出租人提供的融资租赁合同为格式合同且未就违约条款对承租人尽到合理提示义务，法院依法对违约金进行调整。

法院案号：河南省开封市中级人民法院（2015）汴民终字第207号。

法院认为：由于融资租赁合同系融资租赁公司提供的格式合同，通用条款字体太小，非常模糊，常人无法看清。且融资租赁公司未提供证据证明已明确告知承租人如违约应承担的责任，承租人须依法承担违约责任。对于欠付租金的滞纳金计算标准应按同期银行贷款利率计算。

实务要点：根据《合同法》第39条规定："采用格式条款订立合同的，提供格式条款的一方应当遵循公平原则确定当事人之间的权利和义务，并采取合理的方式提请对方注意免除或者限制其责任的条款，按照对方的要求，对该条款予以说明。”融资租赁合同多为格式合同，出租人在制作融资租赁合同时应采用易于阅读的格式，并将重要条款进行突出标识，必要时应让承租人在违约条款后方签字确认。必要时，出租人可以将融资租赁合同中的重要条款摘录出来，制作成格式条款提示与说明书，要求承租人签署。

（24）融资租赁合同未约定违约金或者融资租赁合同设定的违约金支付条件未成就，出租人不得要求承租人支付违约金。

法院案号：陕西省渭南市中级人民法院（2017）陕05民终216号。

法院认为：根据双方合同约定，如承租人未能按期支付租金的，且经催告后在合理期限内仍未履行的，出租人可以单方解除合同，承租人同意出租人按出租支付表中的全部租金本金总和的8%向承租人计收违约金。该约定内容是指出租人在解除合同的情况下计收违约金。本案实际情况是出租人并未单方解除合同，故其要求承租人支付违约金的诉讼请求，不应支持。

实务要点：出租人应在融资租赁合同中完善违约金的支付条件。在起诉时，出租人应根据案件材料判断其主张违约金的合同和事实基础是否成立，并选择合适的诉讼方案。特别提示，根据《融资租赁纠纷解释》第12条第2项、第3项之规定，出租人在以下两种情况下解除合同均必须履行催告义务：一是承租人未按照合同约定的期限和数额支付租金，符合合同约定的解除条件；二是合同对于欠付租金解除合同的情形没有明确约定，但承租人欠付租金达到两期以上，或者数额达到全部租金15%以上。

类似案例：（2016）皖13民终57号、（2017）陕05民终193号。

（25）违约金的性质为拖欠租金产生的资金占用利息损失，承租人申请破产，违约金应计算至承租人破产申请被受理时。

法院案号：四川省高级人民法院（2015）川民终字第758号。

法院认为：出租人要求承租人承担的因拖欠租金而需支付的违约金的性质实质上是拖欠租金产生的资金占用利息损失。根据《企业破产法》第46条关于“附利息的债权自破产申请受理时起停止计息”的规定，承租人的破产案件管辖法院于2014年2月13日裁定受理了承租人的破产重整申请，本案违约金应计算至2014年2月13日。

实务要点：为保证所有债权人公平受偿，《企业破产法》规定自破产申请受理时起停止计息。对于出租人而言，破产申请受理后的违约金无法受偿，因此出租人应密切关注承租人的涉诉情况，定期审查风险，一旦承租人违约，出租人应及时起诉以减少损失。

（26）出租人与承租人已就违约金的金额和支付自愿达成和解协议的，和解协议有效，违约金金额应当以和解协议为准。

法院案号：内蒙古自治区包头市中级人民法院（2015）包民二终字第132号。

法院认为：因双方在和解协议中已对截至2013年11月12日承租人应付而未付的租金及应承担的违约金做出确认，本院依据和解协议确认承租人应支付截至2013年11月12日的租金及违约金共计362 151.75元。

实务要点：在承租人违约后，出租人于起诉前与承租人达成和解协议的，相当于和解协议变更了融资租赁合同的相关约定，法院将依据和解协议做出判决。因此，出租人应谨慎签订和解协议，并在和解协议中约定承租人无法履行和解协议的违约后果，最大化维护出租人的合法权益。

12. 出租人收取咨询费、服务费等费用无合同事实依据

（27）出租人向承租人付款时扣除咨询服务费且未提供相应服务系规避法律的行为，咨询服务费应冲抵承租人应付款项。

法院案号：深圳市中级人民法院（2016）粤03民终5664号。

法院认为：首先，涉案《租赁合同》中并未明确约定承租人应当对出租人提供的征信调查、现场访视、业务咨询等服务另行支付费用；其次，该款项并非是承租人实际另行支付，而是出租人在向承租人支付设备购买款项中预先扣除的116 000元；再次，参照《合同法》第200条的规定，借款的利息不得预先在本金中扣除。利息预先在本金中扣除的，应当按照实际借款数额返还借款并计算利息。因此，本院认为出租人在支付承租人设备购买款项前扣除的116 000元服务费的行为实际上是为规避相关法律的规定，该费用应冲抵承租人应付给出租人的款项。

实务要点：出租人向承租人收取融资租赁管理费、咨询费、服务费的情况极其普遍，部分法院支持部分法院不予支持，因此司法实践中分歧较大。在售后回租业务中，出租人采取抵扣的方式收取上述费用存在一定风险。我们建议，一方面，合同要明确约定相关费用的支付方式，如果是采取抵扣方式支付的，应予以明确；另一方面，出租人应当为承租人提供相应的咨询服务，至少形式上保留一些咨询服务的证据，比如由承租人确认的咨询服务报告等。

类似案例：（2014）深中法商终字第211号。

13. 承租人缴纳保险费，享有保险利益，应获理赔款项

（28）保险期间内，融资租赁合同解除、租赁物提前取回后的保险费由出租人承担，承租人已缴纳保险费应退还承租人。

法院案号：云南省昆明市中级人民法院（2014）昆民四终字第540号。

法院认为：承租人支付了融资租赁期间的保险费 42 660 元，鉴于出租人提前收回租赁物，承租人未实际享有租赁物收回后的保险利益，剩余保险期间的保险利益由出租人实际享有，故剩余保险期间的保险费应由出租人退还承租人。

实务要点：承租人支付保险费为其享有相应保险利益的对价。承租人未实际占有使用租赁物，其不享有该期间的保险利益，不需支付保险费。出租人可在融资租赁合同中明确约定如承租人违约，出租人提前收回租赁物的，承租人已支付的保险费不予退回。

类似案例：（2013）汉中民终字第 00699 号、（2014）昆民四终字第 541 号、（2014）银民商终字第 93 号。

（29）由于融资租赁合同明确约定保险理赔款应优先抵扣租金、违约金，故出租人应当根据融资租赁合同约定进行抵扣。

法院案号：甘肃省庆阳市中级人民法院（2017）甘 10 民终 613 号。

法院认为：涉案《车辆融资租赁合同》一般条款第 6. 3 条规定，租赁车辆保险理赔款须优先偿还原告租金、违约金等应付款项。故融资租赁公司对保险理赔款处理不当，应予纠正，该理赔款应当优先作为部分抵扣的租金。

实务要点：融资租赁合同有约定的，出租人应严格按照约定对保险理赔款进行扣减。

（30）出租人为租赁物的投保人和收益人的情况下，发生保险事故后，出租人应积极向保险公司提供材料申请保险理赔。

法院案号：湖北省武汉市中级人民法院（2013）鄂武汉中民商终字第 01548 号。

法院认为：承租人早在 2011 年 5 月便按保险公司要求向其邮寄了索赔的相关资料，而后，出租人作为投保人和受益人，在两年多的期限内既未向保险公司索赔，亦未通过诉讼等方式向保险公司主张权利，没有履行相应的协助义务。在保险公司拒赔保险费后，承租人对保险公司拒赔的合理性提出了异议，出租人作为保险合同的相对方亦有义务通过诉讼等法律途径向保险公司主张权利。根据《合同法》第 67 条的规定，在出租人穷尽救济方式前，承租人有权拒绝给付事故发生后的租金。

实务要点：在发生保险事故后，出租人虽非保费实际缴纳人和租赁物实际使用人，但作为租赁物的所有权人和保险合同的投保人与受益人，出租人也应关注保险理赔的进程并积极配合保险公司进行理赔。建议出租人在融资租赁合同中就承租人保险事故的告知义务和保险事故发生后申请理赔的责任，以及保险公司理赔不能的后果进行明确约定。

14. 缺乏事实与合同依据，出租人无权主张占有使用费

（31）出租人主张承租人支付占有使用费的，应举证证明承租人占有并实际使用该租赁物，以及占有使用费的计算标准。

法院案号：重庆市第一中级人民法院（2016）渝01民终8578号。

法院认为：出租人诉请支付占有使用费，实际系案涉租赁物在保全查封至执行扣押期间是否产生了相应费用及承租人是否应当承担的问题。双方融资租赁合同关系业已解除，出租人主张占有使用费期间系案涉租赁物被保全查封至执行扣押前期间。在此期间租赁物虽由承租人保管，但现代公司仍应举证证明承租人使用了租赁物及使用费标准。综合对本案相关事实的认定及涉案租赁物保全情况的反映，无法对出租人的相关诉讼主张予以印证；出租人举示的民事判决书亦并未对涉案租赁物使用情况予以认定。故对该项诉请不予支持。

实务要点：出租人主张占有使用费，应举证证明承租人实际占有并使用案涉租赁物。即使承租人系依据法院保全裁定在保全期间保管被查封的租赁物，出租人仍应举证证明承租人实际使用了租赁物及使用费标准，否则将承担举证不力的后果。

（32）现有法律并未明确规定占有使用费的承担问题，故出租人诉请要求承租人支付占有使用费的，应当提供合同依据。

法院案号：重庆市第一中级人民法院（2016）渝01民终2985号。

法院认为：对于出租人要求承租人支付租赁合同解除日起至承租人实际返还租赁物期间的租赁物占有损失的请求，双方在合同中并未约定，亦无法律上的规定，故对该项诉请不予支持。

实务要点：融资租赁合同已解除，法院已经判决承租人返还租赁物，承租人拒不返还，而此时出租人主张的违约金和逾期利息已经固定，承租人继续占有、使用租赁物，其实构成了不当得利。尽管如此，因“占有使用费”无明确的法律规定，如果融资租赁合同亦未就占有使用费进行约定，很可能被法院以无法律和合同依据为由驳回占有使用费请求，故建议出租人在融资租赁合同中明确就合同解除到实际返还租赁物期间的租赁物占有使用费进行约定，如发生前述情况，出租人可依据合同约定要求承租人赔偿该项损失。

（33）占有使用费为承租人应归还但未归还租赁物而对出租人损失的赔偿，出租人已取回租赁物的，不存在占有使用费。

法院案号：内蒙古自治区包头市中级人民法院（2015）包民二终字第132号。

法院认为：出租人已解除融资租赁合同并已收回租赁物，不存在承租人继续占有使用租赁物的情形，故出租人提出的承租人赔偿合同解除后继续占有、使用设备

给出租人造成的损失的诉请，已无须法院处理。

实务要点：占有使用费计算期间系合同解除之日起到租赁物实际返还之日止，即为该期间内因承租人未归还租赁物而应支付给出租人的损害赔偿，如合同解除后承租人并未实际占有、使用租赁物的，则不会产生占有使用费，出租人无权主张该项损失。

（34）占有使用费性质为损失赔偿，不同于租金，要求承租人承担占有使用费的，应明确该项诉请为占有使用损失赔偿。

法院案号：江西省宜春市中级人民法院（2015）宜中民二终字第302号。

法院认为：根据《融资租赁纠纷解释》第22条关于“出租人依照本解释第十二条的规定请求解除融资租赁合同，同时请求收回租赁物并赔偿损失的，人民法院应予支持”的规定，出租人有权就其合同终止后至租赁物收回之日止的损失向承租人主张权利，因出租人在本案中未提起该诉请，故不予处理。

实务要点：租金和损失赔偿的性质不同，前者系承租人占有使用出租人的租赁物而依约支付的对价，损失赔偿系因承租人未返还租赁物对出租人造成损失从而应给予的赔偿。换言之，出租人自融资租赁合同解除之日起，不应再计收租金；自合同解除之日起到租赁物实际返还之日止，承租人继续占有、使用租赁物而对出租人造成损失的，出租人应就该项损失向承租人主张损失赔偿。该项损失赔偿可以参照租金标准进行计算，但是性质上并非租金。

15. 留购意思表示及租赁物处分权影响留购条款的履行

（35）承租人有权选择是否履行融资租赁合同中的留购条款，故承租人未做出明确留购意思表示的，无须支付留购价款。

法院案号：内蒙古自治区包头市中级人民法院（2014）包民二终字第35号。

法院认为：因承租人未到庭，未对是否选择留购做出明确的意思表示，故对出租人要求承租人支付100元回购费的诉请，不予支持。

实务要点：如《融资租赁合同》约定，合同终止时，承租人支付全部租金后可选择支付留购价（即租赁物的残值或者合同约定价值）以获得租赁物所有权的，据此应由承租人选择是否留购。承租人如未明确表示留购的，出租人不能强制要求承租人留购，亦不能要求承租人支付留购价款。

（36）留购价的性质不同于租金，出租人未单独诉请主张留购价而是将其直接包含于租金诉请中的，法院可能不予支持。

法院案号：江苏省苏州市中级人民法院（2017）苏05民终1541号。

法院认为：关于出租人主张的留购款300元，因出租人并未向承租人主张履行购买租赁物的合同约定，故不予支持。

实务要点：出租人将主张承租人支付留购价款的请求直接包含在租金诉请中，未明确区分该款项性质为履行留购条款中约定的留购价，即未明确要求承租人履行合同约定的留购条款，法院可能不予支持。

（37）承租人在租赁期限届满且所有债务履行完毕后，有权根据合同行使留购权，并在支付留购款后取得租赁物所有权。

法院案号：安徽省合肥市中级人民法院（2015）合民二终字第00014号。

法院认为：根据《融资租赁合同》约定，承租人在租赁期满并且支付完毕合同项下所有债务后，有权行使其在合同下拥有的购买租赁物的选择权，购买价格为期末留购价格500元。该条约定赋予承租人对案涉租赁物的留购权，且合同未对留购权进行限制。因此，承租人支付了全部欠付租金、逾期利息及留购价格后，案涉租赁物的所有权归承租人享有。

实务要点：留购价制度的设计从程序上对融资租赁物在期满时的归属产生了深远影响，它赋予了承租人选择支付留购价款获取租赁物所有权的权利，承租人如放弃行使留购权，则租赁物所有权归属于出租人，承租人选择行使留购权的，在支付留购价后租赁物所有权转移给承租人。

（38）留购款系承租人为获得租赁物所有权而支付的价款，出租人已将租赁物所有权转移给第三人的，无权主张留购款。

法院案号：福建省厦门市中级人民法院（2016）闽02民终2233号。

法院认为：承租人已向出租人支付保证金，合同约定保证金不用于抵销拖欠的租金及违约责任，保证金在租赁期限届满后可抵销留购价款。但租赁物已被出租人变卖，承租人事实上已无法行使留购权以取得租赁物的所有权，故承租人要求出租人利施公司立即返还保证金的上诉请求本院予以支持。

实务要点：承租人根据合同约定支付留购价款而获得租赁物所有权，如果出租人已取回并变卖租赁物，承租人无法取得租赁物所有权，故此时出租人无法主张留购款。

16. 律师费计算标准应尽量约定，收取方式需严格执行

（39）融资租赁合同未明确约定律师费的具体计算标准，对于出租人主张的律师费金额，法院可根据具体情况酌情调整。

法院案号：上海市第二中级人民法院（2017）沪02民终383号。

法院认为：首先，根据合同约定，律师费作为实现债权的费用应由承租人承担，但该合同并未约定律师费的具体计收标准，出租人与律师事务所订立《法律服

务合同》并不当然对承租人产生拘束力；其次，承租人与出租人订立合同时，未必能预见出租人现诉请主张的律师费金额；再次，出租人主张以租赁物的评估价格与违约金之和计算诉讼标的金额，并据此计算本案律师费，但其并未提供证据证明租赁物评估价格的计算依据及金额的客观性、合理性，故酌情调整律师费金额。

实务要点：如融资租赁合同未就律师费的具体计收标准进行明确约定，且出租人未充分举证证明律师费金额计算的客观性、合理性，法院可能根据情况酌情减少出租人主张的律师费金额。建议出租人根据相关地区律师费指导价标准范围的规定，尽量在融资租赁合同中客观、合理地约定律师费计算标准。

（40）融资租赁合同约定律师费应从保证金或其他款项中扣除的，出租人诉请律师费应从已收取的该等款项中先予扣除。

法院案号：辽宁省大连市中级人民法院（2016）辽02民终3248号。

法院认为：承租人已经向出租人给付了192 000元的租赁保证金，根据合同的约定，应先抵扣律师费，故出租人主张律师费的请求不予支持。

实务要点：融资租赁合同中就律师费计算标准及抵扣方式等做出具体约定的应当有效，出租人应当严格遵照执行。若出租人未按照约定方式抵扣律师费，法院可能不支持该律师费诉请。

（41）承租人已依约履行融资租赁合同的情形下，并不存在违约情况，故出租人诉请要求承租人支付律师费无法律依据。

法院案号：云南省昆明市中级人民法院（2016）云01民终4218号。

法院认为：承租人已支付完毕租金及费用，其不存在违反合同约定之行为，出租人诉请支付律师费无法律依据，不予支持。

实务要点：承租人不存在违约情形，出租人主张承租人承担律师费的诉请缺少法律依据。

17. 签订解除融资租赁关系协议将影响诉讼请求的基础

（42）签订含终止融资租赁合同意思表示的《提前清偿协议》之后，出租人基于原租赁合同主张权利的，法院不予支持。

法院案号：上海市第一中级人民法院（2014）沪一中民六（商）终字第39号

法院认为：出租人与承租人签订的《提前清偿协议》系双方针对《租赁合同》的履行情况另行签订的协议，上述两份合同各自独立，均合法有效，对合同双方均具有约束力。出租人未举证证明该协议不是其真实意思表示，故不予采纳。根据《提前清偿协议》的约定，《租赁合同》于2011年8月26日终止，故原审法院认定《租赁合同》终止具有事实依据，本院予以确认。

实务要点：融资租赁关系成立后，合同当事人又签订《提前清偿协议》约定终止融资租赁关系的，融资租赁关系解除，出租人不能依据原融资租赁合同主张权利。在实务中，出租人应谨慎签订《提前清偿协议》等含终止融资租赁合同意思表示的协议，如若签订协议则应在该类协议中设置承租人违约条款，以督促承租人履行协议。

（43）出租人签订新协议解除融资租赁关系，后又实际履行原融资租赁合同义务的，基于新协议的主张，法院不予支持。

法院案号：上海市第一中级人民法院（2015）沪一中民六（商）终字第196号。

法院认为：出租人、承租人、出卖人虽签订新的协议约定融资租赁关系已解除并约定出租人既可要求出卖人返还货款，又可要求承租人支付解约金。但新协议签订后，出卖人向承租人交付了原融资租赁合同项下的剩余租赁物，出租人与出卖人间结清了全部货款，承租人向出租人支付了两笔性质不明且金额相当于原融资租赁合同约定租金的款项。本院认为，本案纠纷产生的实质原因是：出租人、承租人、出卖人虽签订新的协议约定融资租赁关系已解除，但出租人、承租人在实际履行中恢复了原融资租赁关系或者重新建立了新的融资租赁关系，出租人在明知融资租赁关系成立且已经收取部分租金的情况下，不得依据新签订的协议向出卖人主张返还货款。

实务要点：首先，出租人与承租人应当谨慎签订变更原融资租赁合同关系的协议；其次，若存在继续履行原融资租赁合同的可能性，则建议在新协议中对后续可能的履约进行约定，以明确主张违约责任时的法律关系基础，降低诉讼风险；再次，在实际履行中，出租人应严格按照合同约定履行，如根据实际要求需要变更合同内容的，也应签订书面协议；最后，出租人的诉讼请求应当以最终有效的协议或约定为依据。

（四）融资租赁合同担保问题

18. 未达到回购条件的，法院不予支持出租人回购主张

（44）承租人、保证人依融资租赁合同承担付款义务的判决尚未执行终结，出租人不得再起诉要求回购人履行回购义务。

法院案号：江苏省南京市中级人民法院（2015）宁商终字第109号。

法院认为：《回购合同》具有保证属性，回购价款实质上是对出租人租金损失的补偿。出租人本可一并要求回购人支付回购价款，在承租人、保证人、回购人三方任何一方履行付款责任后，其余债务人的给付义务予以免除。但出租人仅在前案中主张承租人按照融资租赁合同支付全部未付租金及逾期付款违约金、保证人承担

保证责任，法院已判决支持。如前案判决全部执行则出租人不可再向回购人主张回购义务。出租人在前案判决尚未确定能否履行的情况下，另诉要求支付回购价款，没有事实和法律依据。出租人可待生效判决最终未执行或未完全执行时，就其未获偿部分另行向回购人主张。

实务要点：关于回购的性质，理论与实务中都存在争议，有人认为是买卖，有人认为是担保，有人认为两者兼有。但从实际效果上看，违约责任和回购义务履行后最终都能对出租人的损失进行补偿。在承租人违约时，出租人可选择要求承租人承担违约责任，也可选择要求回购人承担回购义务。从诉讼经济角度出发，出租人可在一个诉里一并要求承租人和保证人履行付款义务、回购人承租回购义务，则承租人、保证人、回购人任意一方履行义务的，出租人就可获偿。如需分开起诉的，建议先行衡量回购方、保证人、承租人的经济实力，以更为便捷的方式弥补损失，降低风险。

(45) 出租人与出卖人约定回购和保证责任由出卖人选择，出卖人未拒绝回购的，出租人不得要求出卖人承担保证义务。

法院案号：辽宁省沈阳市中级人民法院（2015）沈中民三终字第1401号。

法院认为：出租人与出卖人签订《设备买卖合同补充协议》约定若承租人违约则出卖人应履行回购义务，如果出卖人不能回购，出卖人及其他保证人承担保证责任。现承租人发生违约，因承租人并不是《设备买卖合同补充协议》的当事人，其发生违约行为，出租人主张出卖人承担回购义务应以出租人履行通知义务为前提。但出租人并没有证据证明其向出卖人（回购人）履行了告知回购的义务且回购人明确表示不能回购，出租人不得要求回购人、担保人承担担保责任。另外，依据《设备买卖合同补充协议》约定，截至出租人自认通知时间止，该设备回购金额已为零。

实务要点：出租人与出卖人约定回购的，承租人非回购协议当事人，故出租人应先向出卖人（回购人）履行通知义务。通知行为以书面为佳。建议在初始订立合同时明确通知送达的形式，或进行"被通知人未明确表示同意则视为同意"等类似约定，以便于要求回购人履行回购义务。将回购责任和保证责任作选择性约定时，需注意二者先后履行顺序，在明确无法履行先履行义务时方可主张后履行义务。如本案中回购责任为先履行义务，则需在明确不能履行回购义务的前提下方可主张保证责任。

19. 保证金的约定应明确，并符合保证金应有法律属性

(46) 出租人有权没收保证金的约定违反了保证金的法律属性，出租人在诉请

中主张不予退还保证金的，法院不予支持。

法院案号：陕西省汉中市中级人民法院（2013）汉中民终字第00699号。

法院认为：出租人与承租人签订的融资租赁合同中关于“承租人违约，保证金不予退还”的约定，违反保证金法律属性，出租人亦无权没收承租人缴纳的保证金，故该约定条款无效。双方合同终止时保证金应当冲抵租金费用或者退还。

实务要点：法院认为违反保证金法律属性的约定属于无效约定，出租人无权没收保证金，只能将保证金作为担保工具，用以抵扣承租人应付的款项。对此我们有不同意见。首先，法律、法规和司法解释均未明确租赁保证金的法律属性是什么，而本案中法院亦未阐述保证金的具体法律属性，出租人为何无权没收保证金；其次，实践中许多融资租赁合同约定租赁保证金可以抵扣违约金，或者直接作为违约金予以没收，该约定并不违反法律规定；最后，合同明确约定可以没收保证金的情况下，租赁保证金具有违约金的特点，出租人能否予以没收，司法实践中存在不同的案例。法院往往从公平原则考虑，如果融资租赁合同既约定了违约金，又约定了没收保证金，通常用保证金抵作违约金；如果单独约定了没收保证金，没有约定违约金，而且保证金的金额不是特别大，与损失或者违约后果相当，法院一般是支持没收的。对于出租人而言，完善融资租赁合同的保证金条款是重中之重，如果约定没收则要有比较完备的合同条款，具有可操作性，且不能前后自相矛盾。

类似案例：（2016）辽01民终5139号。

（47）格式合同中，承租人与出租人同时约定保证金予以抵扣和保证金予以没收的，法院对没收保证金的主张不予支持。

法院案号：浙江省温州市中级人民法院（2017）浙03民终947号。

法院认为：出租人主张按照《同意书》没收保证金条款没收保证金，但该《同意书》同时约定保证金返还和抵扣条款。两者对保证金处理约定不同，存有争议。因该《同意书》系出租人提供的格式合同，对格式合同条款的理解发生争议的，根据《合同法》第41条，应做出对出租人不利的解释，故对没收保证金的主张不予支持。

实务要点：无论是与保证金给付目的和常规交易模式相悖，还是因格式条款中约定不一致，不同法院均在合同中存在保证金处理不一致条款时，支持了对出租人不利的解释。因此，融资租赁合同的拟定环节中，应避免冲突条款的存在。

（48）融资租赁合同中，出租人和承租人双方未就保证金抵扣顺序进行明确约定的，法院认定保证金先予抵扣欠付租金。

法院案号：河北省石家庄市中级人民法院（2016）冀01民终7988号。

法院认为：保证金是承租人连同首付款及其他费用一并支付给出租人的，该保证金应冲抵所欠租金，原审判决从罚息中扣除没有事实依据，本案予以纠正。

实务要点：保证金从欠付租金中予以抵扣将直接影响以欠付租金为基数计算的赔偿费用，如逾期违约金等。因此，建议出租人在融资租赁合同中直接明确约定保证金的抵扣顺序。

类似案例：（2016）苏03民终839号、（2015）徐商终字第1090号、（2014）鄂武汉中民商终字第01370号、（2015）长中民二终字第03083号。

（49）融资租赁业务中，对保证金的扣除时间首先应依据合同约定进行确定，在约定不明时应自合同解除之日进行抵扣。

法院案号：安徽省合肥市中级人民法院（2016）皖01民终727号。

法院认为：对保证金的抵扣时间首先应依其约定，在约定不明时，应自合同解除之日进行抵扣。双方签订的《融资租赁合同》仅规定合同履行过程中保证金的抵扣方式，并未约定合同解除时保证金的处置。依据我国法律规定，合同解除时，出租人收取的保证金应予以返还，此时承租人拖欠出租人的租金，故两者可以相互抵销，抵销时间为合同解除之日。

实务要点：保证金的抵扣时间是容易被忽略的要点。一般而言，保证金可能在逾期时抵扣，也可能在合同解除之日抵扣，两者会存在时间差。较早或较晚的抵扣保证金将直接影响赔偿金额的计算。因此，建议在设计保证金条款时，不仅应明确保证金的抵扣顺序，还应当明确保证金的抵扣时间。

（50）融资租赁合同履行过程中，出租人留存承租人的回购款项作为名义保证金的，法院对名义保证金的主张不予支持。

法院案号：江苏省无锡市中级人民法院（2015）锡商终字第00578号。

法院认为：双方均认可出租人全额付清了货款，承租人支付了3 987 532.03元保证金。同时，双方明确约定保证金为3 987 532.03元、回购价格为3 595 865.37元及保证金冲抵最后两期租金，该约定并非将保证金分为实际保证金和名义保证金（回购款），而是指保证金有两种用途：一可在租赁期限届满且承租人按约履行义务后抵作回购货款；二可抵作最后两期租金。故，出租人关于承租人实际仅支付部分保证金的主张不能成立。

实务要点：法院并未禁止将回购款项先行留存充当保证金的行为，但法院并不因该笔款项系用于冲抵回购货款的用途而认定其为专用的名义保证金，而将其认定为一般保证金。在发生违约的情形下，该笔款项可用于冲抵租金、违约金等承租人应付款项。

20. 担保合同的签署和登记等对担保人担保责任的影响

（51）经司法鉴定，保证人签章不实的，保证合同不具有法律效力，故法院驳回出租人主张保证人承担保证责任的诉请。

法院案号：上海市第一中级人民法院（2016）沪01民终11610号。

法院认为：经司法鉴定科学技术研究所鉴定中心对《连带责任保证书》尾页“王某”的签名是否其本人所签以及“张家界创远发展有限责任公司”的印文与创远发展公司提供的样本、该公司在工商登记资料中的公章印文是否一致进行鉴定，鉴定意见为：《连带责任保证书》上需检的“张家界创远发展有限责任公司”印文与样本印文不是同一枚印章盖印，需检的“王某”签名与王某样本签名不是同一人所写。因此保证合同并不具有法律效力，相应的保证人不应当承担保证责任。

实务要点：融资租赁公司在与承租人或保证人签订相关合同时，应严格审核法人的公章印文是否与工商登记资料一致，对于自然人签字的，应当要求当面签署。

类似案例：（2015）沪二中民六（商）终字第518号、（2015）沪二中民六（商）终字第129号。

（52）主合同被依法认定无效，担保合同也应依法认定为无效，若担保人对此不存在过错，担保人不应承担担保责任。

法院案号：山东省德州市中级人民法院（2016）鲁14民终2151号。

法院认为：出租人以其与承租人签订的买卖合同与租赁合同，主张其与承租人构成融资租赁关系，但双方未对租赁物的价值进行评估，其对标的物价值的确定过于草率自身存在过错；承租人以极低价格出卖租赁物，反而向出租人支付高额租金，不符合常理；根据日常经验法则，双方存在恶意串通，损害国家或第三人利益的情形，双方以融资租赁之名，行借贷之实，属共同故意规避法律的不当行为，因此双方之间买卖合同及租赁合同均应依法认定无效且担保人不应承担担保责任。

实务要点：名为融资租赁实为借贷时，借贷合同以及相应的担保合同是否有效，实践中还存在不同观点。若主合同无效，根据《担保法》第5条规定：“担保合同是主合同的从合同，主合同无效，担保合同无效。担保合同另有约定的，按照约定。担保合同被确认无效后，债务人、担保人、债权人有过错的，应当根据其过错各自承担相应的民事责任。”因此，融资租赁公司在融资租赁交易中，应当规范交易流程，尽量避免融资租赁合同被认定为无效。否则，可能会使得已支付的融资无回收保障。

（53）出租人未能证明保证人曾明确授权他人代为签署保证合同，且未能证明保证合同真实性，保证人不承担保证责任。

法院案号：安徽省高级人民法院（2016）皖民终660号。

法院认为：《租赁合同》抬头部分虽列明蒋春梅为保证人，但蒋春梅并未签署该合同，据此无法认定保证合同成立。出租人另依据《授权委托书》认为《租赁合同》中在保证人处签名的高峻系受蒋春梅委托。对此，法院认为，一是对该委托书，蒋春梅否认系其出具，其中的签名非本人所签，该委托书签名真实性存疑；二是该委托书对委托担保事项、授权范围均不明确，不能证明蒋春梅委托高峻代其做出为涉案《租赁合同》向出租人提供担保的明确意思表示；三是蒋春梅以个人财产提供担保及委托有关事项应以其真实意思表示为依据，在无充分证据证明上述行为系其所为的情况下，即使该委托书中加盖有中瑞购物公司印章，也不能达到证明蒋春梅提供担保及委托事项真实性的目的。因此，出租人主张蒋春梅系《租赁合同》保证人，应承担保证责任，缺乏充足的事实依据。

实务要点：实践中很多融资租赁公司要求承租人的法定代表人或指定案外人为融资业务增信而签订保证合同或含有保证责任条款的租赁合同，在此建议融资租赁公司在签订保证合同或类似文件时应严格审核签字人是否为保证人本人，若非保证人本人则应审核授权委托书的真伪、内容、授权范围等，避免保证合同因上述原因被认定为无效。

（54）矿业权抵押权自登记或者备案时设立，未在国土资源主管部门办理抵押权备案登记的，该类抵押权未能有效设立。

法院案号：最高人民法院（2016）最高法民终605号。

法院认为：矿产资源作为土地附着物，探矿权、采矿权抵押应遵循登记生效主义原则，抵押权应自登记时设立。目前，矿业权抵押尚无法律明确规定的登记部门。国土资源主管部门作为矿产资源勘查许可证、采矿许可证的审批登记机关，为矿业权抵押办理备案手续。在法律、行政法规尚无明确矿业权抵押登记部门的情况下，国土资源主管部门依据部门规章或者地方性法规办理的矿业权抵押备案，可视为矿业权抵押登记，矿业权抵押权自登记或者备案时设立。就本案而言，案涉两份抵押合同约定用于抵押的采矿权，均没有在国土资源主管部门办理备案登记，因此法院认定两份煤矿采矿权抵押权均未设立。

实务要点：目前矿业权抵押尚无法律明确规定的登记部门，且部分地方出台文件对矿业权抵押设定了限制条件，因此当事人如欲设立矿业权抵押作为债权的担保，应事先向当地国土资源管理部门咨询具体的办理程序及条件。实践中融资租赁公司应当切记抵押合同的有效签订并不代表抵押权已经有效设立了，还需及时办理抵押权登记以保障自身权益。同时，可在抵押合同中约定，如不能办理矿业权抵押登记，抵押人即应支付违约金，以督促抵押人尽快办理抵押登记手续。

（55）融资租赁公司因怠于行使其合法权益导致未在担保期限内起提起诉讼的，法院认定担保人不再承担连带保证责任。

法院案号：青海省海西蒙古族藏族自治州中级人民法院（2017）青28民终300号。

法院认为：根据双方合同的约定，担保人的担保期限为债务履行期届满后两年，租赁期为36个月即自2010年10月6日起至2013年10月15日止，债务履行期届满日为2013年10月16日，因此，原告主张的担保期间已超出，故担保人不承担连带保证责任。

实务要点：融资租赁公司因怠于主张其合法权益，即出租人未能在保证合同约定的有效保证期间内主张其合法权益导致保证期限届满，导致担保人不必承担合同约定的连带保证责任。因此建议融资租赁公司在承租人违约时要及时提起诉讼，不要怠于行使权利。

21. 司法鉴证、留购价等因素对租赁物残值认定的影响

（56）出租人未能有效举证租赁物的剩余价值且未及时选择司法鉴证方法及鉴证基准日的，则应以司法鉴证的价格为准。

法院案号：江苏省苏州市中级人民法院（2015）苏中商终字第01401号。

法院认为：关于租赁物的价值，本案一审中对租赁物的价值依法进行了鉴证，鉴证程序并不存在违法情形，鉴证基准日系双方一致认可，故苏州市价格认定局做出的苏价证民鉴（2015）37号《关于机器设备的价格鉴证结论书》合法有效，原审法院依据鉴证结论书认定租赁设备的价值并无不当。

实务要点：本案中，鉴证结论系采用成本法作为价格鉴证方法，没有考虑二手设备市场的交易风险。且鉴证结论的鉴证基准日并非为租赁物的实际拍卖日或变卖日。由于租赁设备受市场价格波动影响较大，因此融资租赁公司在申请对租赁物价值做司法鉴定时，应要求以实际拍卖日或变卖日作为鉴定基准日，并采用现行市价鉴证法，以避免租赁物的价值被大幅高估，扩大融资租赁公司的损失。

（57）融资租赁合同已约定租赁期限届满租赁物留购价格且该价格较低的，法院可以剩余租赁期租金来认定租赁物残值。

法院案号：湖北省襄阳市中级人民法院（2016）鄂06民终2109号。

法院认为：涉案租赁合同中约定租赁期限届满时租赁物的处理方式为承租人留购，留购价格仅为100元，表明一审判决采用剩余租赁期租金这一标准来认定租赁物残值，与合同表现出的双方对于租赁物价值变化的评价并未显著偏离。

实务要点：融资租赁合同纠纷案件中关于租赁物残值的确定有三种方式，即人民法院依照合同约定确定、没有约定或约定不明参照折旧及合同到期后残值确定、评估拍卖。即使租赁合同未明确约定合同到期租赁物残值的确定标准，但合同约定租赁期满的留购价格，可视为当租赁期届满时，租赁双方对于购买租赁物所需支付的对价做了约定，法院可据此认定双方已就以剩余租赁期租金这一标准认定租赁物残值达成合意。

（五）出租人维权不当问题

22. 出租人自力取回设备不当，应承担相应的不利后果

（58）出租人取回租赁物后，合同的履行已经没有事实依据，故对于租赁物取回后的租金，承租人无须再向出租人支付。

法院案号：北京市第一中级人民法院（2015）一中民终字第 03328 号。

法院认为：因涉案租赁物已于 2014 年 3 月被收走，故原审判决第二项判定承租人于判决生效之日后 7 日内支付出租人自 2014 年 4 月 1 日起至实际给付之日止的到期未付租金及逾期利息已无事实依据，故原审判决第二项应予撤销。

实务要点：出租人取回租赁物后，合同的履行已无事实依据，故租赁物取回后的租金承租人无须再支付。本案的关键点在于取回租赁物的时间点。2014 年 3 月取回的租赁物，出租人诉请却要求承租人支付 2014 年 4 月 1 日起至实际给付之日止的租金。承租人没有实际控制租赁物的这段时间，所产生的租金还计算在承租人身上，显失公平。出租人在设计诉请时应当注意到这一点。

类似案例：（2016）粤 19 民终 9600 号、（2015）二中民二终字第 158 号、（2014）沪一中民六（商）终字第 247 号、（2015）徐商终字第 1090 号。

（59）出租人自力取回租赁物的，再次向法院起诉请求返还租赁物，因请求不存在实际可操作性，因此该诉请无法支持。

法院案号：重庆市第一中级人民法院（2017）渝 01 民终 4531 号

法院认为：出租人已将租赁设备取回，现一审判决已经确认合同解除，各方亦无异议，该租赁设备已由出租人实际控制，出租人要求返还租赁物的诉讼请求，事实上已经实现，无须再行判决支持。

实务要点：案件中出现上述情况的驳回，是因为租赁公司诉请设计的问题。法院不会支持不具有可执行性的诉请。

类似案例：（2016）津 02 民终 1589 号、（2016）津 02 民终 1519 号、（2014）沪二中民六（商）终字第 5 号。

（60）出租人私力取回租赁物，有权以合理价格自行处置租赁物，并依约将处

置后所得价款用于抵扣承租人的未付租金。

法院案号：江苏省扬州市中级人民法院（2015）扬商终字第00292号。

法院认为：本案中，出租人处置车辆的收入应计入承租人所付租金数额，在所欠租金中冲抵。依据合同约定，出租人有权以其认为合理的价格处置车辆。

实务要点：出租人收回租赁物后向法院起诉要求承租人赔偿租金损失的，鉴于出租人已经取回租赁物并处置出售，为公平合理起见，出租人主张的租金损失应当扣除其出售租赁物收回的部分钱款。

（61）出租人私力取回租赁物后非以公开合理方式处置，而承租人对价格不予认可的，出租人赔偿损失的诉请难以支持。

法院案号：北京市第三中级人民法院（2017）京03民终2853号。

法院认为：因涉案租赁设备自收回两年后才做的评估，且出租人在收回设备时未对设备进行合法有效的评估，处置设备时采用了变卖而非公开拍卖等形式，依据出租人提交的现有证据，不能认定其收取的设备处置款真实体现了涉案租赁设备当时的市场价格，依据现有证据不能认定出租人在收取设备处置款后尚有损失存在，故对出租人的赔偿损失诉请予以驳回。

实务要点：租赁物取回后应当及时且合理处置，本案中出租人取回设备后延迟近两年才处置设备，且设备未以合理方式处置。出租人以该设备处置款折抵租金后主张损失，缺少相应依据，设备延迟两年处置造成的折旧损失应当由出租人自行承担。

类似案例：（2017）京02民终9041号、（2017）京03民终2847号、（2016）冀01民终9154号、（2015）穗中法金民终字第1455号。

（62）承租人已履行了全部合同义务，出租人未经承租人同意擅自处分租赁物，构成违约，应当赔偿承租人相应的损失。

法院案号：青海省西宁市中级人民法院（2016）青01民终361号。

法院认为：本案中，承租人已履行了全部合同义务，按约定车辆应由承租人管理使用，而出租人未将车辆交付给承租人，且未经承租人同意擅自处分车辆违反合同约定，出租人上诉所持双方之间的合同已解除、其公司不应退还承租人车价款的上诉理由与事实不符，不予支持。

实务要点：根据合同约定，在承租人履行完合同义务后，承租人即取得车辆的管理使用权。承租人既然合法占有使用租赁物，出租人在无正当理由的情况下，不得擅自处置租赁物，如因此导致合同无法继续履行，应当赔偿承租人相应的损失。

类似案例：（2016）宁民终118号、（2014）宿中民二终字第00114号、

（2016）苏05民终8249号。

23. 出租人超过诉讼时效主张权利，法院驳回全部诉请

（63）收回租赁物之日即为合同解除之日，自此开始计算两年的诉讼时效。出租人超过时效主张权利的，法院不予支持。

法院案号：江苏省南京市中级人民法院（2017）苏01民终5352号。

法院认为：案涉《融资租赁合同》因出租人2012年10月25日取回租赁物而解除，诉讼时效期间依法应自2012年10月25日起算。出租人至2016年12月28日才向一审法院提起本案诉讼已过法定诉讼时效期间，一审法院因此驳回其诉讼请求并无不当。

实务要点：不少法院认可收回租赁物之日为合同解除日，出租人取回租赁物后，应及时追讨、主张《融资租赁合同》项下的权利，避免因超过诉讼时效而全部败诉。

类似案例：（2015）合民二终字第00742号、（2016）豫01民终14492号。

（64）出租人提供的证据不能证明案件诉讼时效产生中断的效果，在合同到期两年之后起诉主张权利的，法院不予支持。

法院案号：湖南省张家界市中级人民法院（2017）湘08民终304号。

法院认为：出租人提交的补正诉讼材料告知书及后附立案统计表仅能反映出租人曾向河北省临西县人民法院递交过起诉状，不能反映其所交起诉状的诉讼请求与本案有无关联。且在本院给予的举证期限内，出租人仍未能提供相关证据予以佐证，故出租人关于本案诉讼时效已经中断的上诉理由不能成立。一审驳回其诉讼请求的处理并无不当，本院予以维持。

实务要点：出租人向承租人等主张权利时，须保留好相关文书，确保其能达到时效中断的效果，在法定时效内主张权利。

24. 出租人举证不力，法院对相应的诉讼请求不予支持

（65）出租人既未申请延期，又无正当理由逾期举证的，法院对相关证据不予采信，对无证据证明的诉讼请求不予支持。

法院案号：河北省高级人民法院（2017）冀民终169号。

法院认为：出租人未在举证期限届满前提交律师费用已经实际支付的证据。出租人在一审庭审后提交了增值税发票等证据，该证据形成日期均在一审庭审前，并且由其留存，因此，其不存在不能及时提交的正当事由。出租人既未申请延期举证，又未说明逾期举证的合理理由，且律师费是否已实际支付的证据材料不属于作为本案融资租赁合同纠纷的基本事实，故本院依法对被上诉人逾期提供的证据不予采纳。

实务要点：举证应在法院指定的举证期限内完成，确实存在无法及时提供的情形的，出租人应主动与法院协商，申请延期举证。

（66）无证据证明前案判决返还的租赁物已灭失且前案执行程序已经终结，出租人另案起诉赔偿损失的，法院不予支持。

法院案号：江苏省苏州市中级人民法院（2016）苏05民终3961号。

法院认为：出租人以融资租赁合同项下租赁物灭失为由主张承租人赔偿相应损失，但无证据证明本案租赁物确已灭失。出租人也未证明判令承租人向出租人返还租赁物的另案判决已进入执行且执行程序终结，故该判决中所确认的由承租人向出租人返还租赁物能否得到实现尚未明确，原审法院据此认定租赁物是否能够返还以及出租人损失尚不能确定并无不当。

实务要点：租赁物灭失的损失赔偿系确认返还租赁物的后续诉讼主张，须以前案执行程序已完结且返还租赁物未实现为条件。同时，出租人须承担租赁物灭失损失的举证责任，若无证据证明发生损失的事实，或损失数额未能确定，则法院将不予支持。

类似案例：（2016）苏05民终3962号、（2016）苏05民终3966号。

（67）出租人仅提供融资租赁合同但未举证证明所要求返还租赁物之名称、型号及数量，对其返还租赁物之诉请不予支持。

法院案号：上海市第一中级人民法院（2015）沪一中民六（商）终字第115号。

法院认为：出租人依据案涉《租赁合同》《委托购买合同》《保证书》等书面文件，要求承租人返还租赁标的物、支付违约金，要求保证人承担保证责任。除了提交合同文本之外，出租人未对其所要求返还的系争标的物的具体设备名称、型号以及数量等，提供充分的证据予以佐证。本案3名被告一审、二审均未能到庭应诉，在此情况下，本案相关事实缺乏对方当事人的确认，原审法院依法驳回出租人诉讼请求，并无不当。

实务要点：纵观出租人所签订的两份涉案合同中，均未对涉案机器设备的具体设备名称、型号以及数量等做出具体描述，正是由于出租人此种失误，导致出租人未能提交涉案设备系特定化设备的完整的证据链，进而造成出租人回收租赁物的请求未能得到两审法院的支持。因此，建议出租人在相关文件中明确租赁物的详细情况，实际勘验租赁物并留取相关证明材料。

（68）出租人诉请“返还租赁物，如不能返还，则赔偿损失”，对于赔偿损失诉请，应举证证明承租人不能返还租赁物。

法院案号：福建省厦门市中级人民法院（2014）厦民终字第1132号。

法院认为：出租人的诉请包括“请求承租人返还租赁物；若不能返还，则立即赔偿损失”，法院已判令承租人向出租人返还讼争租赁物，故出租人主张赔偿损失的条件为承租人未能返还讼争租赁物。本案中，出租人未能证明承租人存在无法返还讼争租赁物的事实，故在其未进一步举证情形下，诉请赔偿损失不予支持。

实务要点：本案中，出租人的诉请为选择性诉请，且设置了先后顺序，在理论上此为备位之诉，在实践中许多法院无法接受该类诉讼请求。因此，出租人在诉讼时应根据案件实际情况谨慎选择诉请。出租人主张选择性诉请的，要慎重考量需二次诉讼的风险，出租人要求承租人赔偿损失的只有在承租人拒不返还租赁物后，才能再次提起诉讼。但值得特别指出的是，实践中出租人诉请返还租赁物的同时要求承租人赔偿损失的案例已有许多。其中，典型的是上海市浦东新区人民法院、上海市第一中级人民法院均支持出租人主张返还租赁物同时要求承租人赔偿损失，赔偿损失的范围为全部剩余未付租金、相关费用与租赁物价值的差额，而租赁物价值的确定方式亦在判决主文中予以明确。关于这个问题，详见上海申骏律师事务所于2017年10月发布的《上海融资租赁合同纠纷案件大数据报告》“诉讼请求类型”部分。

25. 出租人诉讼请求设计有瑕疵，未能实现利益最大化

（69）出租人既主张解除合同又主张全部租金，在法院依法释明后未做出选择的，法院根据案情判决驳回其中某一诉请。

法院案号：广东省深圳市中级人民法院（2012）深中法商终字第828号。

法院认为：根据《融资租赁纠纷解释》第21条和《合同法》第248条规定，出租人只能在全部未付租金和解除《租赁合同》中二选一。本院认为，一方面出租人未做出选择，另一方面鉴于合同履行期于2010年6月26日即行届满，出租人再行请求解除合同已经无实际意义，故本院对仲利公司解除合同的请求予以驳回。

实务要点：要物和要债，是两种不同的诉讼方案，只能二选一。出租人可在诉讼前对债务人的偿债能力进行分析，对比两种诉讼方案，尽可能选择最佳诉请。

类似案例：（2014）济商终字第380号、（2016）粤01民终12634号、（2014）沪一中民六（商）终字第247号、（2014）深中法商终字第211号。

（70）融资租赁物已成为另案执行标的，在法官释明后出租人没有变更诉请，仍旧主张承租人返还租赁物的，判决驳回。

法院案号：上海市第一中级人民法院（2014）沪一中民六（商）终字第375号。

法院认为：在生效判决确认案涉租赁标的物设有抵押权且前案已进入执行阶段的情况下，出租人要求承租人返还租赁物的诉请，目前不存在客观基础。本案中原审法院已经就租赁物之返还向出租人进行释明，并多次询问出租人是否需要变更诉请，但出租人仍坚持原诉请，并未提出租赁物不能返还时需要赔偿之请求，因此原审法院判决驳回相应诉请，并无不当。

实务要点：在设计诉讼请求时须考虑执行可能性，准备相应备位诉请，及时调整诉讼请求。

（71）承租人支付大部分租金后无力支付剩余租金，而返还的租赁物价值高于剩余租金，承租人可要求出租人返还差价。

法院案号：江苏省苏州市中级人民法院（2015）苏中商终字第01401号。

法院认为：合同约定租期届满承租人有权以0元取得租赁物所有权，该约定属于《合同法》规定的租赁期满租赁物归承租人所有的情形。根据《合同法》第249条规定："当事人约定租赁期间届满租赁物归承租人所有，承租人已经支付大部分租金，但无力支付剩余租金，出租人因此解除合同收回租赁物的，收回的租赁物的价值超过承租人欠付的租金以及其他费用的，承租人可以要求部分返还。"故承租人有权向出租人主张租赁物价值超过欠付租金部分的金额。

实务要点：在融资租赁合同约定租期届满租赁物归承租人所有，且租赁物价值远高于剩余租金的情况下，诉请"加速到期+全部未付租金（租赁物抵偿）"比"解除合同+返还租赁物+已到期租金"对出租人更有利。因为二诉请都需将债权和租赁物价值做比较，租赁物超过债权价值的部分需返还。

（六）其他问题

26. 出租人未取得租赁物所有权，无权主张返还租赁物

（72）一物多卖，融资租赁公司未先行受领交付的，未取得标的物所有权，故其主张返还租赁物的，人民法院不予支持。

法院案号：上海市第一中级人民法院（2014）沪一中民六（商）终字第436号。

法院认为：出租人上诉称其已向供应商支付价款，签订合同取得相关设备的所有权，原审法院应依法判决承租人返还租赁标的物。本院认为，虽然出租人签订买卖合同并支付价款，承租人亦出具了《租赁物交付与验收证明书》，但根据本案查明的事实，承租人并未实际收到供应商交付的租赁物，故出租人要求返还租赁标的物的诉请无法支持。

实务要点：首先，合同签订之前应对承租人企业经营状况、还款能力有较为清

晰的了解；其次，确保租赁物真实，融资租赁公司在现场核查设备的时候，不仅要对设备本身的铭牌信息、出厂资料等进行核验，同时也可以选择以不提前预告的方式实地走访、查看设备真实情况，避免出现案例中承租人借用设备冒名顶替的情况；再次，尽早维权。一旦发现租赁物出现问题、融资租赁合同履行出现障碍，要尽快诉诸法院或向公安报案，同时尽可能固定、保留现有证据。

（73）融资租赁公司未尽到合理注意义务，且未证明其已支付租赁物购买款的，法院认为其不构成对租赁物的善意取得。

法院案号：广东省广州市中级人民法院（2015）穗中法金民终字第635号。

法院认为：对于售后回租这种非典型的融资租赁业务，租赁物所有权转移以约定生效时发生效力，融资租赁公司更应当审查租赁物的采购合同、发票等产权转移凭证等证明材料，这属融资租赁行业的交易习惯。案涉加工机系承租人向供应商购买，在未付清全部货款前，该机器的所有权属于供应商。承租人并未支付全部货款给供应商，没有取得上述机器的所有权，其将该机器通过售后回租方式出卖给出租人是无权处分行为。出租人要取得机器的所有权必须同时满足法律规定的善意取得制度的条件，即要考量其受让机器时是否同时具备善意、支付合理对价及完成交付3个条件。本院认为出租人不应作为善意受让人，依法不能取得加工机的所有权。

实务要点：售后回租业务模式下，融资租赁公司应确保租赁物真实、无权属负担，融资租赁公司应严格审查买卖合同、发票等信息，现场核查设备时，不仅要对设备本身的铭牌信息、出厂资料等进行核验，同时也可以选择以不提前预告的方式实地走访、查看设备真实情况。

（74）出租人只有在已全面履行买卖合同下的付款义务并获得租赁物所有权后，才可在租赁合同项下主张享有租赁物的所有权。

法院案号：上海市第二中级人民法院（2017）沪02民终383号。

法院认为：出租人依据《融资租赁合同》的约定，要求确认其对租赁物的所有权，但该所有权确认的前提是出租人依据《买卖合同》的约定已经履行了买受人的付款义务，并向该《买卖合同》的出卖人另案主张。

实务要点：融资租赁合同不同于一般租赁合同的特别之处，在于其涉及租赁和买卖两个合同，且涉及出租人、承租人、出卖人三方主体。融资租赁公司系通过买卖合同获得租赁物所有权，其若想主张确认其对租赁物享有所有权，应根据买卖合同提出该项主张，同时，出租人应全面履行其在买卖合同项下主要义务，即支付租赁物价款义务。

27. 未证明承租人非实际使用人的，连带责任不予支持

（75）出租人未举证证明承租人和租赁物使用人非同一主体时，其主张实际使用人承担连带清偿责任的，法院不予支持。

法院案号：陕西省西安市中级人民法院（2014）西中民三终字第00228号。

法院认为：出租人称李克俭为租赁物的实际使用人，要求李克俭承担连带赔偿责任，但出租人未提交证据，李克俭在原审法院审理期间也不予认可，该请求本院不予支持。

实务要点：融资租赁案件中，承租人与租赁物实际使用人不一致的举证责任在出租人一方。但客观上，在实际使用人不认可，承租人不配合提供相关证据的情况下，出租人恐难以完成举证责任。若无法证明承租人非实际使用人的，出租人主张实际使用人承担连带责任的诉讼请求不予支持。

28. 以夫妻债务为由主张配偶连带清偿，法院不予支持

（76）出租人主张婚姻存续期间的融资租赁债务由承租人配偶（非融资租赁的保证人）承担连带责任的，法院不予支持。

法院案号：江苏省高级人民法院（2016）苏民终20号。

法院认为：虽然陆爱红与承租人李超系夫妻关系，且案涉融资租赁关系发生在其婚姻关系存续期间，承租人亦认可租赁案涉车辆进行经营所获收益的用途包括了家庭开支，但这不构成在本案中直接判令陆爱红对融资租赁合同项下承租人李超的债务承担连带清偿责任的依据。

实务要点：仅凭婚姻关系存续期间成立融资租赁关系，且租赁物所得收益用于家庭开支，不必然导致婚姻另一方对融资租赁合同项下债务承担连带清偿责任。建议出租方在与承租方签订融资租赁合同的同时，将婚姻另一方作为保证人一并签署合同，以此明确责任承担主体。

29. 买卖合同具有履行必要与现实性，出租人不得解除

（77）设备出卖人和承租人均不同意解除合同，且合同存在履行的必要性和现实性，出租人要求解除合同的，不予支持。

法院案号：湖南省长沙市中级人民法院（2016）湘01民终1978号。

法院认为：经调查，承租人表示其仍需要使用涉案设备，出卖人表示其随时可以发货，合同存在履行的必要性和现实性。仅提供部分货款的出租人要求解除合同，不予支持。按照《订购契约书》的约定，出租人的合同义务是提供部分设备款（160万元），合同权利是按月向承租人收取租金。现出租人一方面收取了承租人的租金，另一方面诉至法院请求出卖人返还设备全款（291万元）并支付利息，

不予支持。

实务要点：在融资租赁法律关系中，出租人的合同义务是根据承租人的选择购买租赁物并交付承租人使用，合同权利是收取租金。但出租人不能仅享有权利而不履行义务，在出卖人与承租人均同意继续履行合同且出租人已经收取了部分租金的情况下，出租人应当继续支付剩余设备款以购买租赁物，将租赁物交付承租人使用。

三、建议

（一）项目磋商、合同签订阶段

1. 确保合同效力

售后回租业务中，出租人在合同签订阶段应当确保购买租赁物的买卖关系有效，即买卖合同有效并且租赁物所有权发生转移，这是融资租赁交易得以有效的重要前提。若因买卖合同无效或解除，以及租赁物所有权未能从承租人转移给出租人，那么融资租赁交易的性质很可能会被认定成为借款关系，融资租赁合同的效力将会被否定。

因此，我们建议在融资租赁交易中，首先，出租人应当确保租赁物真实存在，需要查验租赁物的状况；其次，出租人需要按照买卖合同和融资租赁合同的约定，对外公示对租赁物的所有权，尽最大可能收取租赁物购买发票等文件，以完成租赁物所有权的转移；最后，出租人切实向承租人交付租赁物，不能仅仅停留在合同约定的层面，与承租人签署交接清单等必要性文件。

2. 完善合同条款

根据本次检索的情况，出租人全部败诉、部分败诉的案例中，因合同未能全面约定相关事项所占的比例较高，突出表现在租赁物的特征描述、保证金及抵扣事宜、租赁物实际占用费、违约金等方面。其中，租赁物的表述部分，如被法院认定存在瑕疵，很有可能导致出租人全部诉讼请求得不到法院的支持；保证金、违约金、实际占用费等存在的问题，可能导致出租人部分诉讼请求得不到法院的支持。对于该部分的建议，《上海融资租赁合同纠纷案件大数据报告》已予以提示，在此不再赘述。此外，纵观全部二审败诉案例，部分融资租赁合同中约定承租人向出租人支付租金和“利息”。结合《合同法》融资租赁合同章节以及《融资租赁纠纷解释》的相关规定，融资租赁合同的特征之一是出租人向承租人收取“租金”，而“利息”是在借款合同章节中才出现。虽然，目前实践中还未因为该原因导致融资租赁交易性质被否定的案例，但是我们从交易规范化的角度考虑，仍然建议避免在融资租赁合同中约定收取利息，直接将出租人支出的购买租赁物的价款和预期的收益之和约定为租金，以免与借款关系产生混淆。

3. 慎重选择业务代理人

我们从部分案例中获悉，实践中有部分出租人采取委托其他公司办理融资租赁业务的模式，即出租人委托第三方与承租人签署融资租赁合同，并且由业务代理人向承租人交付租赁物，但未委托第三方收取租金。合同签署后，承租人认为第三方系出租人的代理人，并向第三方支付部分租金。诉讼中，承租人主张向第三方支付的租金应予以扣除，该主张获得法院的支持。

我们认为，出租人应当谨慎选择业务代理人，避免直接让代理人以自己的名义与承租人签署相关文件。即使需要由代理人签署相关文件，也需要在相关委托书等文件中明确委托代理权限，明确租金需要直接向出租人支付。

4. 确保合同签署的真实性

我们注意到少部分案例，融资租赁合同中承租人签章不实，法院认定融资租赁关系未建立。还有在不少案件中，保证人的签名经司法鉴定被认定为不真实，最终法院判决驳回出租人要求保证人承担保证责任的诉讼请求。因此，出租人应当严格审查承租人、保证人的签字或盖章，签字时必须核实身份并当面签署。条件允许的情况下，出租人还可以留取承租人、保证人签字或盖章的影像资料。

（二）合同履行阶段

1. 出租人需全面履行己方义务

根据《合同法》第67条关于先履行抗辩权的相关规定，出租人一方负有先履行部分义务的情况下，若出租人履行债务不符合约定，承租人一方有权拒绝其相应的履行要求。倘若融资租赁合同约定了出租人需要承担交付发票、妥善交付租赁物等义务，但是出租人未能妥善履行该义务，那么承租人可能行使先履行抗辩权，有权拒绝支付租金等。根据案例显示，出租人若未能依约履行开具增值税发票、购买车辆（系租赁物）保险等合同约定的义务，那么由此导致承租人的损失需要由出租人承担。因此，我们建议出租人在融资租赁合同签署后，严格全面地履行合同义务，否则可能承担承租人的损失，承租人更加有可能据此拒绝履行支付租金等义务。

2. 出租人应加强对租赁物的监控

在融资租赁交易中，出租人交付租赁物以后应加强对租赁物的监控，确保租赁物的所有权归属。

对于不动产租赁物，应当确保租赁物登记所有权人为出租人，这样可以比较有效地防止承租人转移租赁物或设立其他物权。对大量没有所有权登记机关的机械设备及其他无所有权登记机关的一般动产而言，占有是所有权的主要公示方式，在承租人处分租赁物时，受让人可以根据善意取得制度取得租赁物的所有权或其他物权；但对出租人而言，其租金债权的物权保障存在一定风险。我们建议出租人同时采取在租赁物的明显位置进行标识、办理租赁物抵押权登记、办理融资租赁交易登记、留取租赁物购买发票原件、租赁物现场安装监控等措施。

此外，对于汽车等特殊动产的融资租赁业务，出租人可以在租赁物隐蔽处安装GPS（全球定位系统）等定位装置，实时监测租赁物的位置，以实现对租赁物的有效监控。出租人除了依照《融资租赁纠纷解释》办理抵押登记以外，还可以要求承租人交付行政机关出具的所有权登记证明文件，以确保可以对抗善意第三人。

3. 出租人应及时通知相关履行当事方权利义务

有案例显示，承租人逾期支付租金后，若出租人自行回收租赁物并未能通知承租人回收情况，解除融资租赁合同，法院可能认定出租人根本违约，导致出租人败诉。有的案例，出租人在承租人逾期支付租金以后，未能及时通知出卖人履行回购义务，导致诉讼时租赁物的约定价值为零，无法要求出卖人承担回购义务和违约责任。

因此，我们建议出租人在采取关键性行动以前，或者承租人出现违约情况时，均需要尽量以书面形式通知相关当事方，根据约定主张相关权利，避免前述败诉事项的发生。

（三）纠纷解决阶段

1. 出租人应尽早维护合法权益

虽然在众多案例中，因为诉讼时效而败诉的仅有4起，但是这也需要引起出租人的注意。当承租人出现逾期支付租金等违约情形时，出租人应当及时进行催收，即通过非诉手段中断诉讼时效，或直接提起诉讼和仲裁。特别是在出租人回收租赁物以后，法院很可能认定融资租赁合同自回收之日解除，那么出租人需要自回收之日起3年的诉讼时效内向承租人主张权利。

我们认为，无论是通过诉讼、仲裁还是通过其他方法催收，均宜早不宜迟。一方面，如果不及时启动催收措施，债务人的财务状况可能急剧恶化，即使出租人启动诉讼程序，最后履行情况亦不会太理想；另一方面，若租赁物被其他债权人先行主张所有权或抵押权并获得生效法律文书确定，那么出租人起诉要求返还租赁物将难以获得法院支持。

2. 私力取回租赁物时应谨慎

根据北京、河北等部分地区的二审案例，出租人若自行回收租赁物，并处置租赁物，法院对于租赁物处置价值不予认可，损失赔偿部分的诉讼请求也得不到法院的支持。我们提请上述地区的出租人注意，在租赁物价值不足以覆盖剩余租金等的情况下，需要谨慎选择自行回收租赁物，以防止后续向承租人主张损失赔偿之时出现败诉的现象。

对于个别案件中，出租人已回收租赁物的，在诉讼中将无权主张回收后产生的租金、再次请法院判决承租人归还租赁物等，出租人需要避免提出不当的诉讼请求。

3. 违约金主张应合情合理

通过本次案例检索，我们不难发现，虽然《合同法》及相关司法解释明确违约金上限是不超过实际损失的30%，但是全国各地法院对于违约金标准的把握并不统一，有的法院认为合同约定标准已超过损失酌情予以降低，有的法院直接认为合同约定标准过高予以降低，有的法院参照民间借贷的相关规定以年利率24%做出裁判，甚至有的出租人主动降低违约金计算标准。

我们认为，违约金标准的把握需要结合司法实践进行判断，出租人在从事融资租赁业务时，需要充分考虑案件管辖地法院的司法实践，不仅需要从合同制定的角度合乎司法实践，也需要在诉讼阶段予以调整。

4. 诉讼请求需有充分的证据支撑

与超出诉讼时效一样，出租人提起诉讼无事实依据的情况并不多见。但是，一旦出现这样的问题（甚至，个别案件中出租人对租赁物详情都无法证明），那么出租人整案败诉的风险则会很高，出租人有必要加以重视。这需要出租人在办理融资租赁业务时，加强公司业务流程的管理，必要的工作流程需要形成必要的证据（例如在交接租赁物时必须由承租人签署交接清单，通知承租人变更租金支付账户的需要留取承租人收到通知的凭证等），避免因为缺乏必要的证据证明融资租赁关系，导致法院无法认定融资租赁相关事实，进而全部败诉。

5. 诉讼方案应合理恰当

结合《上海融资租赁合同纠纷案件大数据报告》，我们认为，出租人有5种诉讼方案可选：第一种，合同已经到期，出租人主张承租人返还租赁物；第二种，合同已经到期，出租人主张承租人支付全部未付租金；第三种，合同未到期，出租人主张解除合同、承租人返还租赁物并支付到期未付租金；第四种，合同未到期，出租人主张解除合同、承租人返还租赁物并赔偿损失；第五种，合同未到期，出租人主张承租人支付全部未付租金，即加速到期。

在制定诉讼方案时可以考虑以下3个因素。第一，管辖法院的裁判规则或意见。出租人应当提前了解案件管辖法院的裁判规则或意见，提出符合管辖法院要求的诉讼请求，避免败诉风险。第二，承租人的经济状况。如果承租人具备支付能力，只是主观上不愿意支付，出租人可以起诉要求承租人支付全部未付租金。如果承租人的支付能力较差，则建议出租人选择解除合同、要求承租人返还租赁物并赔偿损失。第三，租赁物的剩余价值和状况。租赁物的残值以及是否方便处置，均为出租人在制定诉讼策略时应当考虑的重要因素。

3.3.3 京津地区融资租赁合同纠纷案件报告①

近十年来，融资租赁业在我国获得突飞猛进的发展，截至 2017 年，全国融资租赁合同资产余额已超过六万亿元人民币，与十年前相比增加了一百多倍。随着交易量的上升，融资租赁合同纠纷的数量也持续增长，近两年来全国法院审结的融资租赁纠纷案件每年都在 1.9 万件以上②。截至 2017 年底，全国的 31 个省、市、自治区③都设立了融资租赁公司。但绝大部分企业仍分布在京津地区和东南沿海一带。其中，天津、北京两地的企业总数占比较高。因此，本部分暂以京津地区为切入点，对融资租赁合同纠纷案件形成报告。

案例检索情况说明：

2018 年 3 月 14 日，在阿尔法案例系统，以“融资租赁合同纠纷”“2017 年度”“北京”“判决”为检索条件，检得案例 508 份；以“融资租赁合同纠纷”“2017 年度”“天津”“判决”为检索条件，检得案例 106 份；以“融资租赁合同纠纷”“2017 年度”“最高人民法院”“判决”为检索条件，检得案例 2 份，以上共有案例 616 份，经去重后，共获得报告样本案例 543 份。

一、起诉方和标的额

（一）起诉方分布

总体来看，出租人起诉的案件多达 415 件，占到了全部案件总量的 76%；次多的为权利受让人起诉的案件，共有 73 件，占比 13%；而承租人起诉的案件仅有 34 件，占比 6%；此外，起诉方的类型还有回购人、供货人、担保人及保理人等（见图 3-9）。

融资租赁交易兼具融资、融物的特性，以融物实现融资的目的，或者说融物系融资的手段。样本案件体现出的起诉方类型特点基本与融资租赁交易中各方当事人

---

① 本部分作者为北京市汇融律师事务所大数据团队，执笔人包括：张立国，明文丰；参加编写人：张稚萍，马长春，邹颖，李雪梅，王勇，贺欣，李艳科，崔晓晔，王文佳，陈祝安，任立，张福广，战荣。

② 数据来源于“中国裁判文书网”。

③ 此处不含港、澳、台地区。

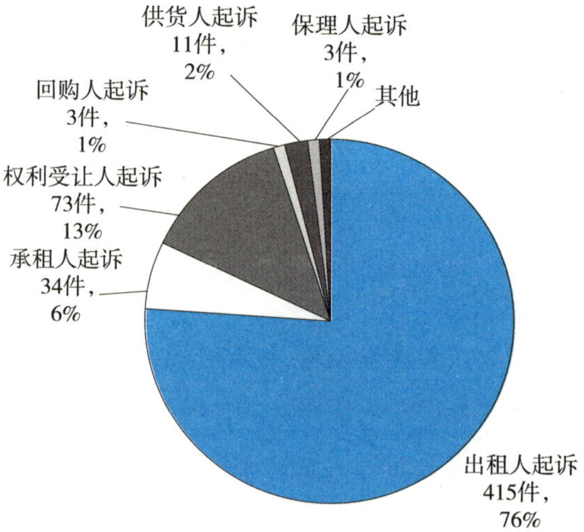

图 3-9 起诉方类型

数据来源：北京市汇融律师事务所大数据团队整理。

之间权利、义务、责任的分配特性相符合。具体而言，融资租赁交易中存在三方当事人、两个合同，其中权利义务的主体主要为出租人和承租人，出租人的积极义务主要是支付租赁物购买价款，消极义务主要是保障承租人对租赁物的平静占有，而承租人的主要义务为依约支付租金等应付款项和保障出租人的租赁物所有权；出租人的主要义务集中在融资租赁交易履行之初，而承租人的主要义务则贯穿于融资租赁交易的始末。因此，承租人违约的概率远高于出租人，出租人起诉的概率远高于承租人。此外，不同的交易架构下，还可能存在第三方角色（权利受让人、保证人、回购人、供货人、保理人等），由此发生争议的，则对应其他类型的起诉方。

（二）标的额

由于阿尔法案例系统数据更新，为增强针对性、现时性，我们对诉讼标的额分布采用最新数据统计（除此之外，本报告所依据的样本均为文首“案例检索情况说明”部分所述之基础数据）。于 2018 年 7 月 18 日，检索 2017 年度北京市地区、天津市地区、最高人民法院分别以“融资租赁合同纠纷”为案由的判决总共为 879 件，其中涉诉标的额在 1 000 万元人民币以下的案件有 823 件，占全部案件的 93. 63%；涉诉标的额在 1 000 万至 2 000 万元人民币的案件有 12 件，占全部案件的 1. 37%；涉诉标的额在 2 000 万至 5 000 万元人民币的案件有 16 件，占全部案件的 1. 82%；涉诉标的额在 5 000 万至 1 亿元人民币的案件有 16 件，占全部案件的 1. 82%；涉诉标的额在 1 亿元以上的案件有 12 件，占全部案件的 1. 37%（见图 3-10）。

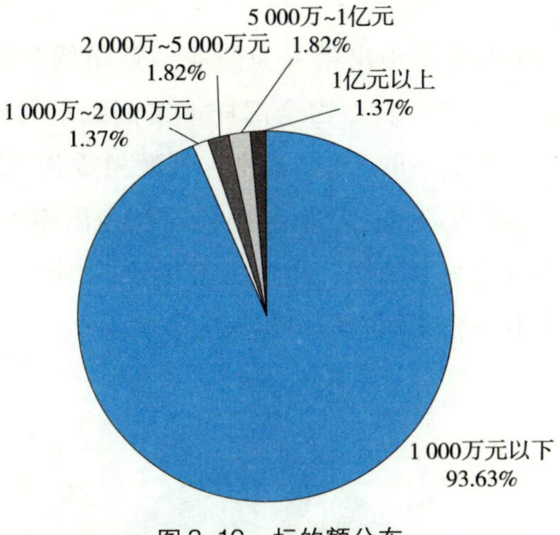

图 3-10 标的额分布

数据来源：北京市汇融律师事务所大数据团队整理。

二、融资租赁交易具体因素分布

（一）出租人

1. 涉诉集中度

在全部样本案例中，作为出租人的涉诉融资租赁公司共计 75 家，涉诉案件数量超过 10 起的融资租赁公司共计 8 家（详见图 3-11）。一方面，这些数据体现了租赁公司的业务量；另一方面，也反映了以交通运输设备、工程机械等设备作为租赁物开展的零售型融资租赁存在覆盖承租人范围广、中小企业出险率高的特点。

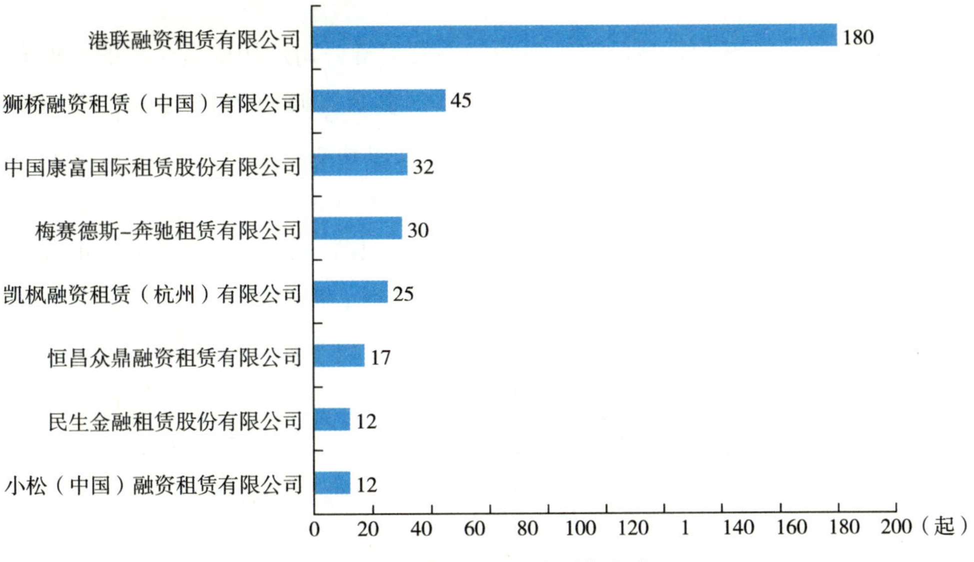

图 3-11 租赁公司涉诉集中度

数据来源：北京市汇融律师事务所大数据团队整理。

2. 属性

由图3–12可知，样本案例中出租人为商业融资租赁公司（包括内资租赁公司、外资租赁公司）的多达495件，占全部样本案例数量的比例高达93%，而其余的几类出租人合计才占总数量的7%。其中，金融租赁公司作为出租人的案例数量仅有18件，远低于商租的数量；汽车金融公司作为出租人的案例数量为8件，且该等案件中出租人均为同一家公司；此外，还有部分出租人为营业范围中不涉及融资租赁的公司，甚至有一个案例中的出租人为自然人①。

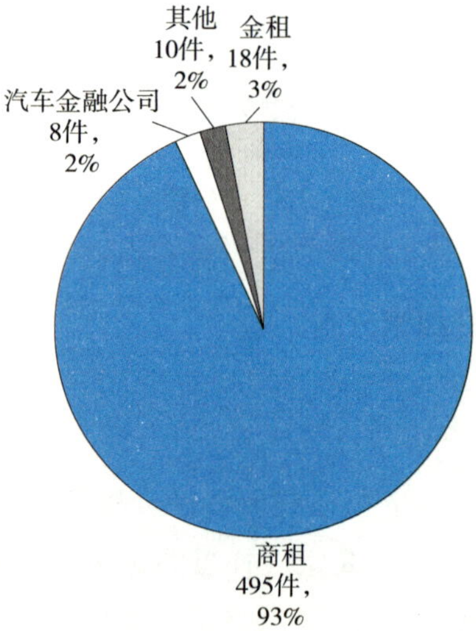

图3–12　出租人属性

数据来源：北京市汇融律师事务所大数据团队整理。

商租数量远大于金租数量的情况与我国融资租赁公司的构成是一致的。据商务部《中国融资租赁业发展报告（2016—2017）》显示，截至2016年末，全国融资租赁企业（不含单一项目公司、分公司、SPV公司和收购海外的公司）总数约为6 158家，其中，内资试点融资租赁企业总数为204家，而外商投资融资租赁公司共5 954家，占到全部融资租赁公司的绝大多数，而截至2018年末已获批准开业的金融租赁企业仅为69家。另外，金租资金力量雄厚、融资成本低，是融资租赁产业链的龙头和资金批发窗口，虽然总体业务量相对较少但单项业务标的额一般较高；商租中多有厂商系融资租赁公司和独立出租人，有着更为广泛的市场营销网络、客户群体、单位金额内相对更多的人员配备，细分行业中对客户经营能力有着更为全面的了解，单项业务标的额相对较低，但项目数量相对较多，这也是商租公

① 参见北京市昌平区人民法院（2016）京0114民初15177号案。

司涉诉案件高于金租公司的重要因素之一。

（二）承租人

依据承租人的性质划分，样本案例中承租人可具体分为公司、自然人、个体工商户、事业单位。

由图 3-13 可知，承租人主要是公司法人和自然人，且承租人为自然人的案例多达423 件，占到了全部案件总数的79%。需要进一步说明的是，根据笔者对样本案例的初步统计和整体感知，承租人为自然人的案件所对应的业务领域主要为“交通运输设备（工具)”租赁，且几乎覆盖了个人消费与交通运营的各个方面，该等情况也与以交通运输设备（工具）为租赁物的融资租赁交易的运营特点相适应。此外，还有3 个案件中的承租人属事业单位（医院)，均系“医疗设备”租赁项目。

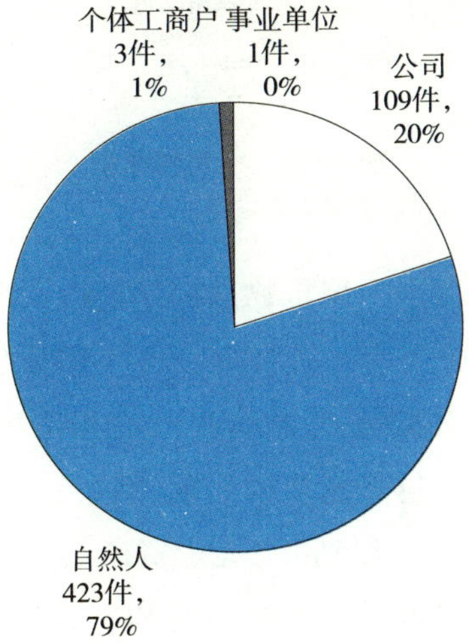

图 3-13 承租人主体类型

数据来源：北京市汇融律师事务所大数据团队整理。

（三）租赁物

在样本案例中，租赁物的类型多样，涵盖了不动产、医疗器械、工程机械、交通运输设备（工具)、农业机械、矿业机械、工业设备、能源设备及其他动产等，相关案件数量见图 3-14。

由图 3-14 可知，涉案租赁物主要为动产，排名前三位的具体情况如下：交通运输设备（工具）数量最多（占比 65%），工程机械次之（占比 23%），工业设备排第三位（占比 5%）；另有 6 个案件中的租赁物为不动产，仅占全部案件数量的 1%。

租赁物的该等分布与融资租赁特性、市场、惯例密切相关。我国自 20 世纪 80

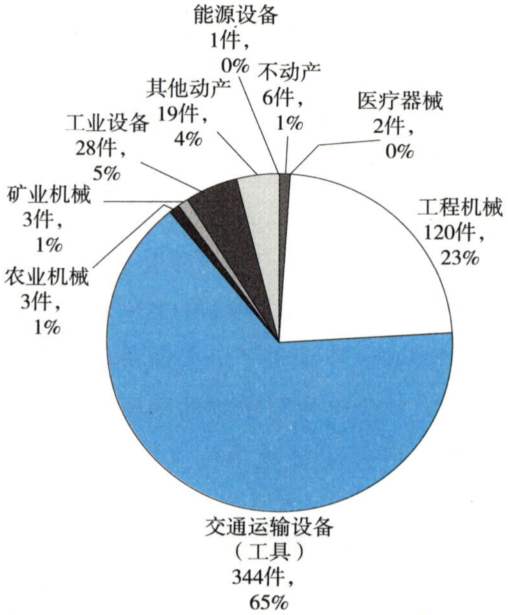

图 3-14 租赁物类型

数据来源：北京市汇融律师事务所大数据团队整理。

年代正式引入融资租赁制度以来，租赁物从初期的以大型机械设备为主，逐渐发展为飞机、轮船、汽车等交通设备等。近年来，不少租赁公司在业务开展中以房地产项目、城市地下管网、高速公路等“不动产”为租赁物进行融资租赁交易。除此之外，实践中租赁物的类型也越来越多样，租赁物范围甚至覆盖“生物资产”“存货”等，更有极端情况下涉及“权利”“无形资产”；但从市场需求、适用性而言，最适合做融资租赁标的物的或者说“天生就是租赁物”的，仍然是交通运输设备、工程机械、工业设备等，结合“中国制造 2025”的背景，设备租赁依然大有可为。

（四）交易结构

交易结构分布上，主要为“直租”和“售后回租”两大类，另有部分案例的交易结构可归入到“其他”项下，具体包括“回购”“债权转让”“转租”“保理”等结构形式（见图 3-15）。

由图 3-15 可知，售后回租交易和直租交易涉及的案件数量相差不大，分别为 252 件（占比 47%）、273 件（占比 50%）。另外，样本案例中有相当多的案例采用混合交易结构，如采用“直租 + 债权转让”“回租 + 债权转让”“回租 + 共同承租”“直租 + 共同承租”“直租 + 回购”等形式。

通常而言，融资租赁交易中，出租人和承租人之间采取不同的交易结构可能出现不同的争议点。采用直租形式的案件中，争议点多集中在租赁物上，承租人可能

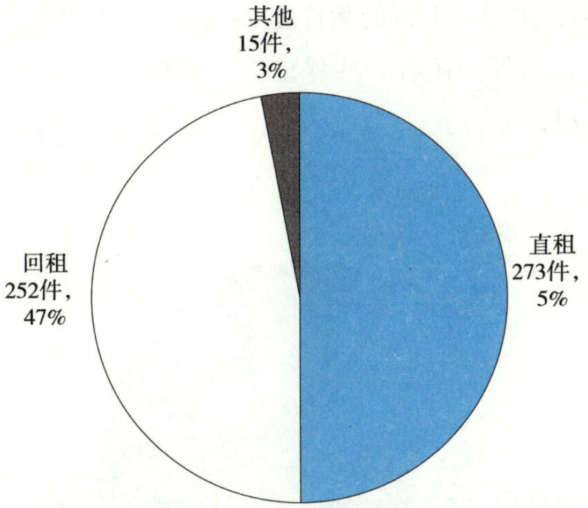

图 3-15　交易类型

数据来源：北京市汇融律师事务所大数据团队整理。

以租赁物存在瑕疵、不符合己方要求或己方未取得租赁物等理由对抗出租人的债权主张；而采用售后回租模式的案件中，租赁物的所有权是否发生移转、是否构成融资租赁法律关系等问题是常见的争议点。因此建议，租赁双方根据项目的实际情况，结合具体的风险点，选择恰当的交易结构并在合同约定、履行中做好针对性风险防范。

三、审判程序分布

由图 3-16 可知，一审判决生效的案件有 473 件，二审判决生效的案件有 66 件，上诉率大约为 14%。

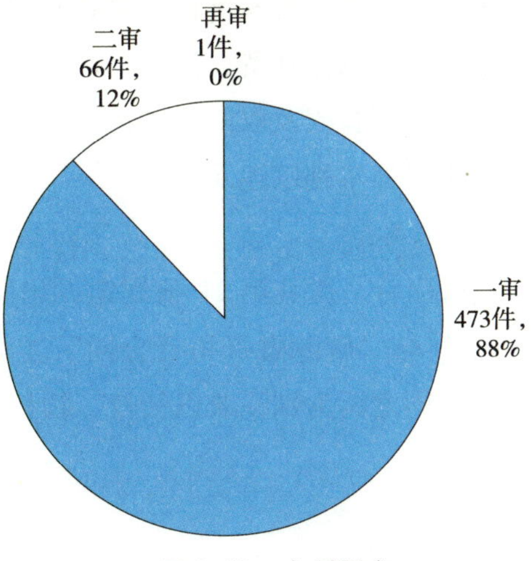

图 3-16　审判程序

数据来源：北京市汇融律师事务所大数据团队整理。

全部上诉案件中，出租人上诉的案件有41件，占比62%；承租人上诉的案件有20件，占比30%；此外，还有一些保证人、回购人、权利受让人上诉的案件，共占比8%（见图3-17）。

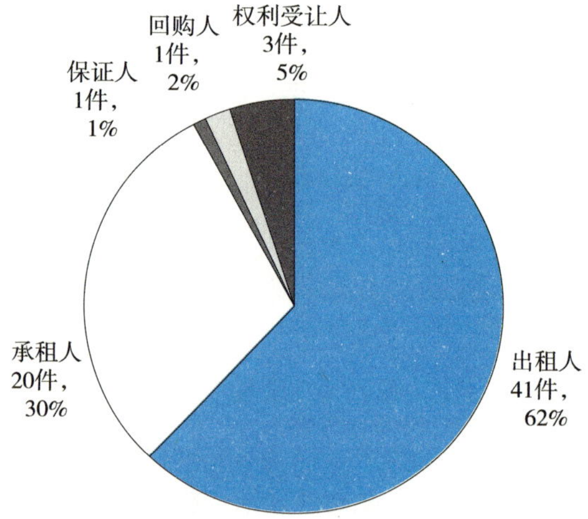

图3-17　上诉方分布

数据来源：北京市汇融律师事务所大数据团队整理。

四、诉讼请求类型及其分布

在融资租赁法律关系中，当事人之间发生纠纷后，很可能采取诉讼方式解决问题。尤其对出租人而言，是否选取了一种“高性价比”的诉讼策略可能直接影响到其能否在合法合规范围内维护自身的最大利益。实践经验表明，尽管融资租赁合同纠纷案件中，不同当事人提出的诉讼请求不同，但一般不外乎围绕继续履行合同、解除合同两条法律关系主线，结构化安排租金及其滞纳金/逾期利息、违约金、损害赔偿金等主要债权请求权，以及律师费、保全费、担保费等实现债权的费用等其他债权请求权，与确认租赁物所有权及取回租赁物的物权请求权，笔者以诉请方之别、诉请之主次及占比轻重对样本别以述及：

（一）出租人主诉诉讼请求类型

《融资租赁司法解释》施行后，据其第21条规定，出租人的诉请一般被明示要求从“诉请支付全部租金”与“解除融资租赁合同”主脉络之中二择其一，笔者即以继续履行之诉与解除合同之诉为别，兼以债权、物权主张之分，对出租人诉请进行了分类汇总、分析。

1. 继续履行之诉：

1.1.1　出租人诉请支付全部未付租金，包括已到期未付租金和未到期租金。

1.1.2　出租人诉请支付全部未付租金及留购价款（即1.1.1诉请加留购

价款)。

1.1.3 出租人诉请支付全部到期未付租金(租赁期限未届满)。

1.1.4 出租人诉请支付全部到期未付租金(租赁期限已届满)。

1.1.5 出租人诉请租金债权的同时诉请确认租赁物所有权归出租人享有。

2. 解除合同之诉。

(1)未取回租赁物。

1.2.1 出租人诉请解除合同、收回租赁物并赔偿损失。

1.2.2 出租人诉请支付到期未付租金,同时诉请解除合同、收回租赁物。

(2)已取回租赁物。

1.2.3 出租人诉请支付到期未付租金,同时诉请解除合同(租赁物已收回)。

1.2.4 出租人诉请支付到期未付租金,确认车辆所有权并配合过户(租赁车辆已收回)。

1.2.5 出租人仅诉请赔偿损失。

3. 既诉请全部租金又诉请收回租赁物。

1.3.0 出租人既诉请给付全部未付租金(包括到期未付租金和未到期租金),又请求收回租赁物。

4. 结构化安排诉请,实现租赁物所有权对租金债权的保障。

1.4.0 出租人诉请支付租金;确认租赁物的所有权属于出租人;若承租人未按期付款的,出租人可对租赁物进行拍卖、变卖等方式变价,若变价不足以清偿债务,出租人可向被告清偿,若变价有剩余,则剩余部分归被告所有。

1.4.1 出租人诉请支付租金,并诉请对自抵租赁物优先受偿。

(二)出租人主诉请之外的其他诉请请求

除诉请租金债权、损害赔偿债权、租赁物物权外,出租人之诉往往还会涉及租赁物留购价款、违约金、律师费、回购等诉讼请求,以及融资租赁法律关系构成的问题,本文在下文中予以分别述及。

(三)承租人诉讼请求类型

3.1.0 承租人诉请解除合同、赔偿损失。

3.2.0 承租人诉请赔偿损失。

3.3.0 承租人诉请租赁物价值部分返还(租赁物被出租人收回)。

(四)诉讼请求类型分布

诉讼请求类型分布如图3-18所示。

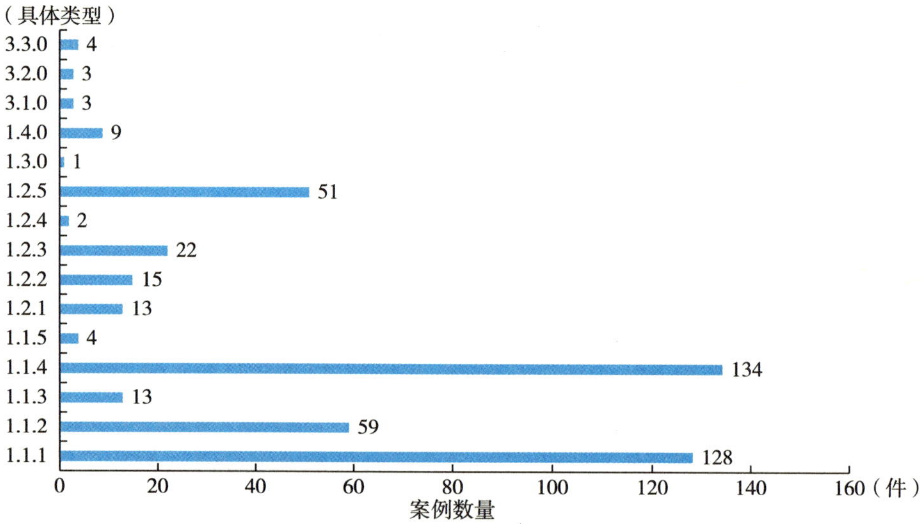

图 3-18 诉请类型分布

数据来源：北京市汇融律师事务所大数据团队整理。

五、诉讼请求类型及其分布的汇总分析

（一）出租人诉讼请求类型及其分布的汇总分析

本部分所涉的主要法律依据为《合同法》第 248 条、《融资租赁司法解释》第 20、21、22、23 条等的规定。

1. 继续履行之诉

由图 3-18 可知，相关诉请中排在前三位的分别为 1.1.4、1.1.1 及 1.1.2，其中 1.1.4 诉请的数量最多，为 134 件，鉴于租赁期限已经届满，在承租人违约时出租人提出支付全部到期未付租金的诉讼主张合法合规，没有疑问；诉请数量排在第二位的为 1.1.1，其数量为 128 件，该种诉讼请求，是典型的加速到期，完全符合《合同法》第 248 条的规定，在融资租赁交易性质认定没有问题的情况下，法院一般都会支持；排名第三位的诉请类型为 1.1.2，具体数量为 59 件，该等诉请与 1.1.1 诉请相比多了一项“留购价款”，对于留购价款部分，在有明确的合同依据且满足了留购条件的基础上，法院大多会支持出租人的该项诉讼请求，总体而言，该类诉请的被支持率比较高。

诉讼请求为 1.1.3 的案件数量有 13 件，该等诉请的被支持率亦比较高。该项诉请与 1.1.4 具有一定相似性，均是主张全部租金，区别在于租赁期限是否届满、是租金全部到期还是具有加速到期性质。尽管 1.1.3 诉请中租赁期限并未届满但其具备法定/约定的有权加速到期主张全部租金的条件，依法一般均能得到支持。

诉请类型为 1.1.5 的案件共有 4 个，且在这 4 个案例中法院均支持了出租人的

确权诉请。融资租赁交易具有融资融物双重属性，融资为目的、融物为手段，以物权保障债权是融资租赁合同的应有之义。《合同法》规定，融资租赁合同是出租人向出卖人购买租赁物，提供给承租人使用，承租人支付租金的合同；出租人享有租赁物的所有权。承租人破产的，租赁物不属于破产财产。具体融资租赁合同中，出租人一般均将租赁物所有权的取得、在租赁期限内对所有权的保护、租赁期限届满且承租人履约完毕后所有权向承租人的转移的明确具体约定放在首要位置。因此，出租人对租赁物所有权的享有具有明确法律依据，一般还具有明确的合同依据。对租赁物所有权的支持一般不存在问题。如：样本朝阳区人民法院（2017）京 0105 民初 7604 号案中，法院认为“确认设备的所有权与收回租赁物不同，虽本案租赁合同已经到期，但承租人未全额支付租金，出租人亦未收回租赁物，故涉案租赁物的所有权尚应属出租人所有”；样本北京市第二中级人民法院（2017）京 02 民初 5 号案中，法院指出“涉案《融资租赁合同》约定，租赁期限届满，在承租人清偿本合同项下所有应付租金、留购价款以及其他应付款项后，出租人向承租人出具《所有权转移证书》，故在承租人支付《融资租赁合同》项下全部应付款项之前，《融资租赁合同》项下租赁设备归出租人所有”。实践中，有的裁判者认为，确认所有权之诉系民事案由“物权保护纠纷”项下“所有权确认纠纷”，“融资租赁合同纠纷”位列“合同、无因管理、不当得利纠纷”项下“合同纠纷”，二者不能在一个案件中同时主张，要求出租人予以选择诉请或予以裁定驳回确认租赁物所有权的诉请。当然，该种观点有值得商榷之处，篇幅有限不予展开。但对出租人而言，仍建议应在诉讼请求予以主张确认租赁物的所有权，原因如下：一是对抗第三人对承租人进行的保全，根据保全、执行的规定与实践，对承租人持有的动产，在无相反证据证明的情况下，法院一般均可依法予以保全，若租赁物被第三人申请保全查封后，在书面执行异议阶段，法院一般均难以认定出租人提交的融资租赁合同、融资租赁登记等证据材料，均难以直接解除对租赁物的查封、扣押，往往需要出租人继续进行执行异议之诉以保护自己的所有权，大费时间成本、金钱成本，很多情况下还将影响租赁物的价值，另外，在承租人涉及破产时，对租赁物所有权确认的判决可以直接援引适用，防范破产案件中对所有权认定的不确定性发生。故，在一个诉中同时实现对租赁物所有权的确认，对出租人而言非常有利。

2. 解除合同之诉

诉请类型为“1. 2. 1”的案例共计 13 件，根据《融资租赁司法解释》第 21、22 条的规定，在融资租赁交易性质没有问题的情况下，该类诉请依法应得到支持，但需要进一步探讨合同解除的时间确定、自力取回可行性、租赁物价值的确定、租赁物保全等多方面的问题。比如出租人同时主张收回租赁物并赔偿损失的，就有必要确定租赁的价值。根据《融资租赁司法解释》第23条的规定，租赁物价值的确定有3种形式：（1）按照合同约定；（2）参照租赁物的折旧及到期残值；（3）上述方式严重偏离租赁物实际价值的，请求人民法院委托有资质的机构评估或拍卖。因此，建议租赁公司在合同中预设明确的、执行性强的约定条款，明确租赁物价值的认定。当约定的价值严重偏离租赁物实际价值时，可能涉及承租人请求人民法院启动评估程序的问题。实践中亦有判例将租赁物价值的确定交由执行程序处理，如：样本天津市高级人民法院（2016）津民初93号案中，法院认为，“（1）出租人基于法律规定请求解除合同并返还租赁物，其主张符合法律规定，本院予以支持；（2）关于损失赔偿数额的问题。本案中的租赁物为不动产，市场价格波动较大，故本院认为收回租赁物的价值应以在执行阶段中协议或者租赁物拍卖、变卖所得价款确定更符合公平原则……”该类判决将租赁物价值评估延迟到执行阶段，避免了诉中评估，节约了诉讼时间，对出租人较为有利，建议出租人在难以避免评估问题时在诉中积极争取。

诉请类型为1.2.2的案件共有15个，该类诉请的实质包含了两部分：第一部分是对到期未付租金的诉请，是对合同解除以前的已到期债权的主张，属于合同的履行；第二部分系收回租赁物的诉请，属于对合同解除后的责任清算，二者并行不悖，依法一般均应予以支持。该15个样本案例中法官均支持了出租人要求承租人支付到期未付租金、解除合同并收回租赁物的诉请。

诉请类型1.2.3与1.2.4系由1.2.2诉请派生而来。如前所述，根据《合同法》及《融资租赁司法解释》规定，租赁物所有权归属于出租人，出租人有权主张解除合同收回租赁物，在出租人已依法自力取回租赁物情况下，出租人有权继续主张损害赔偿。因此，该类诉讼请求一般依法应得到支持，1.2.4诉请系特殊动产租赁物项下，出租人根据取得变更登记的确权需要而做出的主张，是1.2.3诉请的延伸。

诉请为1.2.3的案件共有22个，法院支持出租人主张的案例有21件，未支持出租人主张的案例仅有1件，即北京市朝阳区人民法院（2016）京0105民初54250号案，判决指出，“本案出卖人收回租赁物的行为及于出租人，承租人违约的，出租人有权收回租赁物或者要求承租人支付全部租金，承租人有权就全部未付租金及其他费用与收回租赁物价值的差额请求出租人赔偿损失。本案中，出租人收回了租赁物，但租赁物的处置情况不明，出租人未能举证证明存在上述‘差额’，故对出租人的诉讼请求不予支持”。

诉请为1.2.4的案件共有2个，法院支持出租人的该等主张。在北京市朝阳区人民法院（2016）京0105民初54884号案中，法院认为，“承租人未按照约定如期足额支付租金，构成违约。出租人有权解除合同，并要求承租人支付合同项下全部已到期租金。双方合同明确约定，设备的所有权始终归出租人所有，出租人现已实际收回租赁物，第三人行天下公司作为车辆登记所有人对此亦不持异议，故出租人在解除合同后请求确认所有权，本院应当予以支持，承租人、第三人行天下公司应当协助办理车辆过户登记手续”。

诉讼请求类型为 1. 2. 5 的案件共有 51 件，该等案例中有 49 个为港联融资租赁有限公司（出租人、权利受让人）与自然人（承租人）之间的纠纷，审理法院均为“北京市朝阳区人民法院”，且多数案例中采用了回租 + 债权转让的模式，租赁物为车辆。法院支持出租人全部诉讼请求的案例有 4 件，支持出租人部分诉讼请求的案例有 38 件，支持的部分为未付租金 + 违约金 - 车辆转卖价格/车辆评估价值，不予支持的部分包括催收费用、车辆管理费、保险违约金、保险保证金、信息费等；全部驳回出租人诉讼请求的案例有 9 件，理由有：（1）本案租赁物已收回，出租人主张的未收回租金、违约金之和低于租赁物（车辆）的转卖价格/值（7件）；（2）已过诉讼时效（1 件）；（3）出租人未提交充足的证据（1 件）。

综上，融资租赁交易中，租赁物是租金债权的保障，出租人依法既可以主张物权也可以主张债权，出租人应基于每个案件的具体情况，做出最为有利的选择。

3. 既诉请全部租金又诉请收回租赁物

《合同法》第 248 条规定，承租人逾期违约项下，出租人“可以要求支付全部租金；也可以解除合同，收回租赁物”，对文中分号表并列还是表选择的争议在《融资租赁司法解释》出台前一直有存有争议而难成定论。在《融资租赁司法解释》出台前，尚有同时支持两个诉请的案例；在《融资租赁司法解释》于 2014 年 3 月 1 日施行后，同时支持两个诉请的案例鲜有出现。《融资租赁司法解释》第 21 条规定，“出租人既请求承租人支付合同约定的全部未付租金又请求解除融资租赁合同的，人民法院应告知其依照《合同法》第二百四十八条的规定作出选择”，通行观点认为，主张支付全部到期租金以及未到期租金是融资租赁合同的加速到期，属融资租赁合同的履行；主张收回租赁物是解除合同的后果，出租人不能既主张履行合同，又主张解除合同①。样本中诉请类型为 1. 3. 0 的案件仅有 1 件②，该案的审理过程中，出租人撤回了其收回租赁物的诉讼请求。

---

① 奚晓明主编，最高人民法院民事审判第二庭编著. 最高人民法院关于融资租赁合同司法解释理解与适用［M］. 北京：人民法院出版社，2014 年 3 月.

② 北京市第三中级人民法院（2017）京 03 民初 20 号案。

4. 结构化安排诉请，实现租赁物所有权对租金债权的保障

诉请类型为1.4.0的案例共计9件，该等案例中法院均支持了出租人的诉请。1.4.0诉请实质上系在1.1.5诉请基础上又往前走了一步。出租人诉请：支付租金；确认租赁物的所有权属于出租人；若承租人未按期付款，出租人可对租赁物进行拍卖、变卖等方式变价，若变价不足以清偿债务，出租人可向被告清偿，若变价有剩余，则剩余部分归被告所有。该等诉请出租人并未在诉请加速到期的同时要求解除合同、收回租赁物，而是请求法院确认在承租人偿清全部租金债权之前出租人拥有租赁物的所有权，并诉请对租赁物变价多退少补，笔者认为，与《合同法》《融资租赁司法解释》的规定并不矛盾，同时减少了出租人的讼累，节约了审判资源，从解决纠纷、保护权益的角度应当予以肯定。

5. 自抵租赁物优先受偿

融物属性使融资租赁交易的租赁物产生所有与占有的分离，善意取得制度项下，出租人的所有权常常面临被无权处分并被善意取得的风险，在租赁交易实践中，出租人创设了授权承租人将租赁物抵押给出租人的防范模式，并被《融资租赁司法解释》明文予以认可该租赁物自抵的抵押登记。样本案例中，诉请实现租赁物抵押权数目为42件，在其中37个案例中，法院支持了抵押权人的主张，其主要理由有：满足了抵押合同约定的抵押权实现的条件，办理了合法有效的抵押登记。另5个案例中，自抵租赁物优先受偿权的主张被法院予以驳回，其主要观点认为：对出租人通过委托承租人将租赁物抵押给自己的方式办理抵押登记进而取得登记公示效力的变通做法的认可，并非对抵押权物权效力的确认；从《物权法》和《担保法》关于抵押权的立法本意看，根据融资租赁合同，双方办理抵押登记的目的在于公示租赁物并防止承租人擅自处置租赁物，并无设立抵押担保的合意；若租金等债权诉请得以实现则其权益得以保障，如未能实现则可通过解除合同、收回租赁物方式实现救济，两种情形下均无行使抵押权之必要。

关于租赁物自抵情形下出租人是否享有优先受偿权，法理上、实践中存在争议，笔者认为《物权法》明确规定了抵押设立的前提不是所有而是有权处分，《物权法》对抵押权优先受偿亦做出了明确规定，且现有法律规范未分别何种抵押权可优先受偿，尤其是现有法律规范未排除任何抵押权适用优先受偿，故，对自抵租赁物优先受偿应予以支持（该问题的论及涉及大量法理，为本文之目的、受篇幅所限不予展开）①。从诉讼实践来看，站在本文样本基础上，92.5%的样本支持了出租人

---

① 张雅萍，柏亮．融资租赁案例解析与实践指导[M]．北京：中国经济出版社，2018年4月．

对自抵租赁物的优先受偿权，建议出租人完善抵押合同并在诉讼中予以积极主张。

（二）出租人主诉请之外的其他诉请请求

1. 留购价款

笔者认为，留购价款对融资租赁交易而言，实质上可以认定为物权转移触发的权利标记，在租赁期限内，在承租人全部履约前，租赁物的所有权归属于出租人，在租赁期限届满且承租人全部履约后，或加速到期履约或裁判加速到期后，租赁物的所有权归属于承租人，留购价款系出租人应享有的债权，从该角度而言，出租人在继续履行合同诉请项下对留购价款的主张应予以支持。样本案例中，出租人诉请留购价款的案件数目为 63 件，其中有 51 件案例法院支持该项诉求（支持率约为 80%），可见在有合同依据且满足了约定条件情形下，法院通常支持出租人的该项诉请。驳回留购价款诉请的案件数目为 12 件，其驳回原因可分类为：（1）主债权被驳回（5 件）；（2）无合同依据（2 件）；（3）留购条件未成就（1 件）；（4）租赁期限届满后，承租人尚未对是否选择留购租赁物做出选择，出租人尚无权主张留购价款（4 件）。如：样本北京市昌平区人民法院（2016）京 0114 民初 7451 号案中，法庭指出，“根据双方签订的《融资租赁合同》约定及法律规定，租赁期限结束后，承租人有权选择是否留购该租赁物……故原告要求被告支付 100 元留购款的诉讼请求，本院不予支持。”延续该判决思路，在出租人全部收回判决认定的租金等债权后，租赁物所有权依然归属于出租人，出租人主张留购价款的，仍需另行主张，甚至另行起诉，从解决经济纠纷的效用上，是不经济的；若出租人不再主张留购价款，出租人仍享有租赁物所有权，则出租人实际享有了超额利益。但，主债权被驳回、无合同依据、留购条件未成就的不支持理由，建议出租人予以充分重视，完善租赁合同预设，以便于纠纷中援引、主张权利，以防范未然、保障权益。

2. 回购

融资租赁交易中的回购是指出租人与回购义务人（通常为承租人及其关联方或出卖人）约定，一旦承租人发生未按约支付租金等违约情形，由回购义务人向出租人支付约定的回购价款、承担回购担保义务的行为。

样本案例中，诉请中涉及回购的案件数目共有 5 个，鉴于该等案例中均有明确的合同依据，且回购条件已经成就，法院均支持了出租人的回购诉请，判令回购义务人履行回购义务。如：样本北京市第二中级人民法院（2017）京 02 民初 5 号案中，法院认为本案中承租人与出租人约定的回购条件已经成就，出租人有权主张回购。同时指出，尽管《回购/转让协议》与《融资租赁合同》并非同一法律关系，但《回购/转让协议》是在《融资租赁合同》基础上签订，所约定的回购事项与

《融资租赁合同》具有密切的关系，故可在本案中一并审理，且认为本案中出租人在诉讼请求中已明确提出，如任一被告履行了给付义务，其他被告的相应给付义务即予以免除，此时不会造成权利主张重复和冲突，出租人能依据《回购/转让协议》与《融资租赁合同》同时主张权利。

综上，建议当事人重视回购协议中各类条款的约定，包括但不限于注意明确回购担保的范围、回购价格、回购义务人、回购对象（租金债权还是租赁物）、回购条件成就等条款，并在诉请中积极予以一并主张。

3. 担保权益不被支持的情形

本项诉请区别于前述“自抵租赁物优先受偿权”及“回购”，且此处的担保方式根据样本主要为保证担保。样本案例中，担保诉请不被支持的案例数目为7件。未被支持的原因主要有4类：（1）主合同法律关系不成立，从合同保证法律关系亦不成立；（2）主债务不存在/已消灭，保证人的保证责任免除；（3）已过诉讼时效；（4）举证不能，未提供证据证明保证人对承租人所负债务承担连带保证责任。

担保系债权保障的有效手段，甚至一些项目中，出租人将风险把控措施主要放在担保品上，一旦脱保，对出租人而言将是巨大损失。故，出租人应当重视担保的设置和完善。建议出租人完善担保合同及其登记，尤其在条款的设计上，应重点关注主债权及其范围、约定时效，联动设置租赁合同被认定为其他法律关系、无效、被撤销后的担保责任，签署、履行合同中，注重内部决议的取得、履行证据的留存、诉讼时效的把控等。

4. 融资租赁法律关系的构成

人民法院在审理合同纠纷时，倾向于坚持实质重于形式原则，《融资租赁司法解释》规定，法院应根据《合同法》第237条的规定，结合标的物的性质、价值、租金的构成以及当事人的合同权利和义务，对是否构成融资租赁法律关系做出认定。对名为融资租赁合同但实际不构成融资租赁法律关系的，法院按照其实际构成的法律关系处理。样本案例中，被认定不构成融资租赁法律关系的案例数目为7个；其中，被认定成“借贷法律关系”的有6个，被认定为构成“其他法律关系/无名合同”的有1个。

（1）被认定为“借贷法律关系”的原因主要是：在租赁物不存在或出租人未取得租赁物所有权等情形下，租赁物不具有租金债权担保的功能，融资租赁交易不具有“融资”和“融物”的双重特性。在融资租赁法律关系被认定为借贷法律关系的情况下，有关合同效力、当事人权利义务关系随之将按借贷合同纠纷的规则进行审理。如，样本北京市朝阳区人民法院（2016）京0105民初55545号案中，法院认为，在不存在实际租赁物的情况下，出租人向承租人提供资金，承租人分期偿还，实际上构成了民间借贷法律关系。出租人预先在本金中扣除利息的，应当将实际出借的金额认定为本金。双方所约定的违约金标准参照借贷关系处理过高，予以调整。法院对《融资租赁合同》的法律性质进行重新认定，不影响担保人承担保证责任。又如样本天津市第二中级人民法院（2017）津02民初142号案中，法院认为，出租人未提交充分证据证明取得了案涉租赁物所有权，缺乏“融物”要素，双方之间的真实意思表示名为融资租赁，实为借贷法律关系。基于双方实际形成借贷法律关系，出租人收取的预付款、手续费、管理费，缺乏合同和法律依据，应从本金中予以减除。担保人仍应依约在对因借贷关系发生的债权债务范围内承担担保责任。

故，在被认定为借贷法律关系时，出租人将至少面临以下后果：①出租人不再享有租赁物所有权；②出租人直接从租赁物购买价款中扣除的手续费、保证金、利息等或基于融资租赁关系收取的预付款、手续费、管理费等，可能无法计入借款本金计收利息；③参考《最高人民法院关于审理民间借贷案件适用法律若干问题的规定》第26条的规定，在借贷关系下，出租人约定的利息在年利率24%内可得到支持；④在融资租赁关系中，承租人如违约拖延支付租金，出租人可依合同主张加速到期要求承租人支付全部租金，此租金包含了租赁本金与租赁利息，但在借贷关系下，法院支持的系承租人未偿还的借款本金，不包含未到期部分利息；⑤留购价款得不到法院的支持；⑥担保人可能提出免于承担担保责任的抗辩，即主张主合同法律关系不成立，从合同担保法律关系亦不成立。

（2）被认定为构成“其他法律关系/无名合同”的原因是：在北京市第二中级人民法院（2017）京02民终5631号案中，涉案《租赁合同》租金约定的实质为出租人与承租人共担经营风险，共享经营收益，与融资租赁合同中出租人收取固定的融资成本及合理利润作为租金，不直接参与租赁物经营使用的方式有明显区别，其权利义务与《合同法》规定的租赁合同及其他有名合同亦有一定区别，因此法院认定涉案《租赁合同》的性质为无名合同，双方权利义务依照合同约定进行审理。

综上，建议租赁公司在相关合同中约定被认定为不构成融资租赁法律关系的后果等，以降低法律适用的不确定性风险。

5. 关于送达、缺席审理、简易程序

样本案例中，适用简易程序审理的案件有135件，进行缺席审理（包括部分当事人缺席）的案件数目为366件，且缺席的当事方身份通常为承租人。

根据本报告前述“起诉方分布”部分的表述，融资租赁纠纷案件中，出租人作为起诉方的占比高达76%，该等诉讼的发生多源于承租人的违约行为。纠纷发生后承租人“失联”的情况比较普遍，导致出租人、法院等相关方无法及时联系到承租人，导致司法文书送达困难。该等情况亦可能导致原本可适用简易程序审理的案件变更为适用普通程序，造成了司法资源的浪费，且公告送达的适用也会严重降低诉讼效率。一方面，公告送达后被告真正前来应诉的可能性不大，另一方面，被告缺席出庭，庭审中仅有原告单方的陈述及举证，也会使法官查明案件事实、推进审判进程出现困难。

送达问题，由来久矣。尤其实践中一般认为简易程序不适用公告送达，除公告期耗费外，送达问题一般还关涉案件是否可适用简易程序、缩短审限的问题。为解决送达问题，一些地方法院近年来进行了探索①，最高法院亦在《最高人民法院关于进一步推进案件繁简分流优化司法资源配置的若干意见》（法发〔2016〕21号）第3条及最高人民法院印发的《关于进一步加强民事送达工作的若干意见》第8条规定，可以认定当事人明确约定的送达地址为送达地址。实践中，越来越多的法院接受约定送达地址。因此建议出租人在所涉全部合同中，完善送达地址约定，明确约定送达地址适用于法院的传票、判决书、裁定书等司法文书，并明确约定相应的法律后果，防范公告送达的耗时风险。

6. 违约金

依据《合同法》及《融资租赁司法解释》的规定，出租人有权约定承租人违约时应当根据违约情况向出租人支付一定数额的违约金，也可以约定因违约产生的损失赔偿额的计算方法；出租人按照融资租赁合同的约定要求承租人支付逾期利息、相应违约金的，人民法院应予支持。但通行观点一般认为，违约金不具有惩罚性质，若约定的违约金过分高于造成的损失，承租人可以请求人民法院予以适当减少。

样本案例中，共有347个案例中当事人提出了违约金主张，其中有30个案例中，法院支持了当事人的全部违约金主张；有213个案件中法院对违约金进行了调低，另有103个案例中法院对当事人的违约金主张不予支持（见图3-19）。一般而言，有合同依据且一方存在违约事实的情况下，法院会认可守约方关于违约金的诉讼请求，但法庭常有根据《合同法》第114条、《合同法司法解释（二）》第28条、第29条等的规定，参考请求方的实际损失、双方合同约定的违约金计算标准，结合当事人的过错程度等因素对违约金进行调整/低，若法院进行调低，一般会将年利率调整为24%。法院调低违约金数额的原因概括分类如下：（1）合同约定的

① 上海市高级人民法院发布的《关于审理信用卡纠纷案件的若干指导意见》（沪高法〔2011〕24号），福建省高级人民法院于2014年10月29日发布的《关于依法规范金融案件审理和执行的若干意见（试行）》，江西省高级人民法院于2015年8月10日向全省各级法院下发的《民事送达工作指南》，均对约定送达的约定及认定做出了规定。

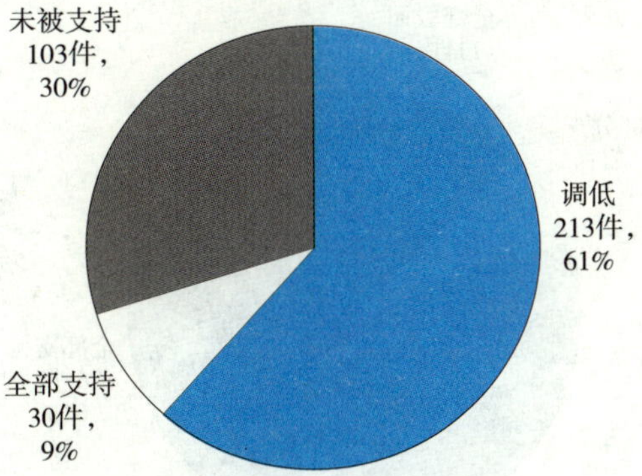

图 3-19 违约金支付情况

数据来源：北京市汇融律师事务所大数据团队整理。

违约金标准过分高于实际损失；（2）承租人违约，而权利人（出租人、债权的受让人）长期未行使权利，导致违约金总数过高，应予以适当调整；（3）违约金、滞纳金均针对逾期还款（两项存在重复），出租人未提交造成实际损失的证据/未提交证据证明其因承租人的违约行为造成资金占用之外的其他损失，两项叠加过分高于其实际损失，故对违约金、滞纳金金额予以适当调整；（4）违约金与损害赔偿金不得同时主张，对于出租人的实际损失，结合双方合同约定的违约金计算标准，法院酌定损失金额；（5）逾期利息已经能够弥补损失；（6）出租人主动将逾期利息调低为年利率 24%；（7）计算逾期利息的起算时间点不对；（8）以合同总额为基数计算违约金，该计算标准过高，调整为以欠付款项/剩余未付租金为基数。还有一些案例，虽然违约金已经超过 24%，但未明显悬殊，法院予以认可，未进行调低。建议出租人在具体交易架构中予以考量。

7. 律师费

依法治国不断被国家层面予以推进，术业有专攻，尤其在融资租赁之一专业性强、创新结构多、法律素养要求高的服务行业内，律师被当事人委托介入纠纷概率明显高于普通民商事案件。律师费的主张及被支持情况多受出租人关注，样本中，诉请律师费的案件数目为 94 件。

律师费被全部支持的案件数目为 76 件，支持率达 81%（见图 3-20）。法院的支持理据有：（1）合同中有关于律师费承担的明确约定；（2）律师费属合理支出且金额未超过双方约定的范围；（3）有充分证据（主要指律师费发票该等收费凭证）证明已实际支出了律师费。

律师费获得部分支持的案件数目为 7 件，法院的裁判观点可归纳为：（1）仅支持有充分证据证明的律师费，即有律师费发票的律师费；（2）仅支持已经实际

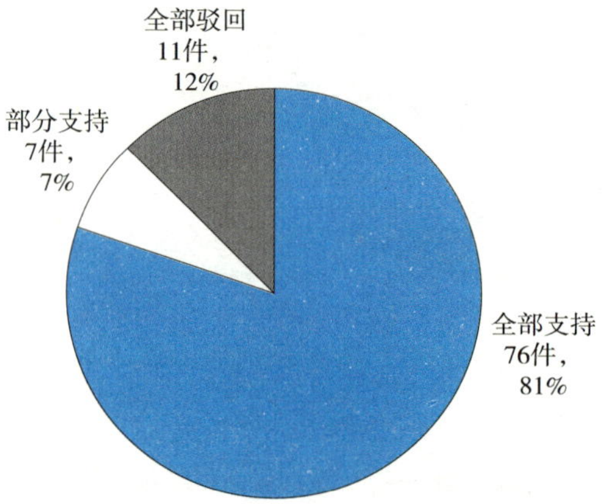

图 3-20　律师费支持情况

数据来源：北京市汇融律师事务所大数据团队整理。

发生的部分；(3) 律师费的金额过高，且不支持律师费部分的违约金。

律师费被全部驳回的案件数目为11件，被驳回的理由主要是：(1) 当事人未提供涉及律师费支出的证据；(2) 没有合同依据；(3) 主债权被驳回。

根据上述分析，提示融资租赁交易中的当事人完善合同条款的设计，在合同中明确约定律师费的承担方，同时妥善保存律师费发生和/或支出的凭据，如委托合同、支付凭证、律师费发票等。

(三) 承租人诉讼请求类型

融资租赁合同项下，出租人所负义务一般仅为支付租赁物购买价款、不侵害承租人平静占有、使用租赁物的义务；承租人法定权利还存在于承租人已支付大部分租金但无力支付剩余租金时的租赁物部分价值返还权。样本中，围绕出租人义务与承租人权利，承租人诉请主要为诉请类型3.1.0、3.2.0及3.3.0，其中：诉讼请求类型为3.1.0的案件共3件，上述案例中法院均认定融资租赁合同解除（自出租人取回租赁物之日起解除），其中一件支持了承租人要求赔偿损失的诉讼请求，另外两件法院认为“承租人已支付款项系按照融资租赁合同约定支付的租金、迟延损害金，为承租人占有、使用挖掘机期间应支付的费用，供货人拖回租赁物系承租人欠付租金所致，承租人无权要求供货人、出租人共同返还首付款及大部分已付租金”，从而对承租人要求赔偿损失一项不予支持。诉讼请求类型为3.2.0的案件共3件，法院均支持了承租人要求赔偿损失的诉请，具体情况为：出租人未能举证证明其已及时履行了维修或安排替代用机的义务，应当承担赔偿责任；出租人未按照《融资租赁合同》的约定按时代购保险构成违约；出租人擅自扣车行为给承租人的正常经营造成损失。该等案例提示出租人一方应当注意自身义务的履行，保证承租人对租赁物的平静占有，在融资租赁合同中对租赁物瑕疵、维修保养、保险购买等事项做出明确的安排，防范风险。诉请3.1.0比诉请3.2.0多了一项“解除合同”。根据《融资租赁司法解释》第11条及第13条等的规定，在特定的情形下，融资租赁合同中的承租人一方享有合同解除权。此外，《融资租赁司法解释》第17至第19条对承租人向出租人主张违约责任的情形做出了规定，故法院一般依据上述规定做出裁判。

诉讼请求类型为3.3.0的案例有4件，且法院都支持了承租人的诉请主张。样本北京市第二中级人民法院（2017）京02民终10045号案中，法院认为，从《合同法》第249条以及《融资租赁司法解释》第22条的规定可以看出，在融资租赁合同解除的情形下，出租人实际获得的利益不能超过合同履行利益。此案中，出租人取回了涉案车辆，表明其以实际行为解除了《融资租赁合同》，此时出租人的债权范围为承租人欠付的全部租金、其他费用、留购价款的总和减去租赁物的价值。出租人应将该差额款项返还给承租人。

六、相关建议①

根据前述的统计数据及分析，我们建议，出租人在融资租赁交易中至少应注意以下几个方面的问题：

首先，做好项目谈判及合同签署阶段的工作。在交易过程中，有的融资租赁公司可能因业务量巨大而选择使用格式合同，此时一旦该类合同条款存在漏洞导致的损失将是巨大的。实践经验表明，合同条款设计、架构越完备，争议发生的时候越有利于直面问题，尽快地梳理出合同当事人的权利义务关系，因此建议融资租赁交易项目中的各方通过深入谈判或磋商的形式，将具体的合同条款细化，架构起清晰、完整的权利义务脉络体系。尤其对出租人而言，通过明确的合同约定可为自身提供维权保障。

其次，在合同履行过程中，为确保自身租金等款项的债权的实现，出租人需全面履行己方义务，包括但不限于加强对租赁物的监控、及时通知相关义务履行方履行自身义务、加强对承租人一方的执行监管等。此外，鉴于诉请均建立在掌握充分有效的证据的基础上，保存好各类证据至关重要。

最后，纠纷发生后，各方当事人均应该妥善对待。尤其对出租人一方而言，应该聘请专业的律师团队，掌握最佳的诉讼时机，避免发生诉讼时效经过这样的情况；同时，设计恰当、合理的诉讼方案。至于选择哪种诉讼请求组合，要综合考虑各种因素，包括但不限于租赁物价值大小、能否覆盖全部风险敞口、租赁物取回的

---

① 因本报告篇幅有限，我们没有在此部分对具体的风险防范措施展开分析，仅从宏观角度进行了论述。

可行性、二手设备处理市场的状况、承租人资信情况及目前财务状况、向担保人追偿的可能性、回购人的回购意愿和能力等因素。

此外，建议融资租赁交易的当事人，及时掌握同类纠纷管辖法院法官的审理思路及倾向意见，以备不时之需。

3.3.4 应收账款被采取强制措施之风险解析——结合账户质押和账户监管探讨①

应收账款质押作为一种常见担保方式被广泛运用在各种融资领域，随着这一担保工具运用的常态化，应收账款质权实现过程中的风险日渐凸显。对于债务人能够特定化的应收账款而言，质权的实现需要债务人的配合以及质权人对债务人所付款项的及时掌控；对于债务人不特定化的应收账款，质权的实现很大程度上取决于质权人对出质人所收取和归集款项的监控，否则，质权人在实现质权的过程中将面临被采取强制措施，从而使质权落空的风险。笔者试结合账户质押和账户监管角度分析如何防范应收账款质押实现过程中的风险。

一、应收账款基础合同或基础法律关系对质权实现的影响

（一）应收账款界定和范围

《应收账款质押登记办法》（中国人民银行令〔2017〕第3号，2017年12月1日生效）第二条规定，应收账款是指权利人因提供一定的货物、服务或设施而获得的要求义务人付款的权利以及依法享有的其他付款请求权，包括现有的和未来的金钱债权。具体包括：（1）销售、出租产生的债权，包括销售货物，供应水、电、气、暖，知识产权的许可使用，出租动产或不动产等；（2）提供医疗、教育、旅游等服务或劳务产生的债权；（3）能源、交通运输、水利、环境保护、市政工程等基础设施和公用事业项目收益权；（4）提供贷款或其他信用活动产生的债权；（5）其他以合同为基础的具有金钱给付内容的债权。

（二）应收账款类型化区分

笔者以融资类合同为例，应收账款质押的主债权多为分笔支付，相应地，为确保出质人持续享有付款请求权，基础合同多为继续性合同。对于此类合同而言，时间因素在债务履行上居于重要地位，总给付的内容取决于应为给付的时间长度②。也就是说，随着时间推移，债务人将分期分笔持续履行基础合同项下义务，上述义

① 本部分作者为北京市汇融律师事务所合伙人邹颖律师。

② 韩世远．合同法总论（第四版）［M］．北京：法律出版社，2018年6月．

务履行后，融资方即丧失对债务人的付款请求权，相应部分的应收账款作为质物随着债务人的支付行为不复存在，质权便无从实现。

由此，对于质权人而言，需关注的是，一方面匹配融资方与债务人分别在融资合同和基础合同项下的还款期限；另一方面对债务人付款请求权以及基于该请求权已产生的收入进行控制。而后者，是质权得以实现的关键，同样也最易成为应收账款质押案件的争议焦点。

基于此，笔者进一步根据基础合同特征将应收账款做以下类型化区分：一是基础合同中债务人明确的应收账款，即基础合同可以书面形式固定，且债务人特定。出质人和质权人有条件事先通知债务人，质权人可通过直接要求债务人履行义务的方式实现质权，并对基础合同项下出质人的收款账户进行监管。

二是基础合同债务人不特定的应收账款，即融资方与债务人并无书面形式基础合同，以高速公路收费权、门票收费权、广播电视网络收费权以及针对具体用户的水费、电费、燃气、供暖收费权等收费权类应收账款质押为典型。鉴于债务人不特定，加之收费权多存在特许经营因素，不能简单地通过对应收账款拍卖、变卖或折价方式实现质权，质权能否实现有赖于出质人是否设定唯一收款账户并依约归集应收账款，质权人最终通过取得收费权转化后的金钱来实现质权。

三是处于模糊地带的其他收益权，如企业经营权、拆迁补偿、政府税收返还等。上述类型的收益权也体现为现金收入，与应收账款的最终表现形式一致，对债权亦有担保作用，但上述收益权存在基础法律关系无法特定化或并非基于“提供一定的货物、服务或设施”而产生的对债务人的付款请求权，有违《应收账款质押登记办法》对应收账款的界定，上述收益权能否构成应收账款质押标的存在争议①，无法通过设定应收账款质押方式担保债权。因此，通过设定下文提到的账户质押方式实现对该类款项的优先受偿具有现实意义。

二、应收账款质权实现方式及其局限性

《物权法》、《担保法》及《最高人民法院关于适用〈中华人民共和国担保法〉若干问题的解释》（法释〔2000〕44 号，2000 年 12 月 13 日生效，以下简称《担保法司法解释》）中所规定的权利质权的实现方式与动产质权并无二致，根据《物权法》第 229 条的规定，应收账款质押的实现方式，仍适用动产质押的相关规定，

---

① 以拆迁补偿为例，在重庆市高级人民法院（2016）渝民终 420 号判决书中，法院认为拆迁补偿款在出质时是否发生不能确定，债务人无法确定，也无类似于公路、桥梁、隧道、渡口等不动产收费权可以特定化的基础法律关系，故不应属于应收账款范围，不能作为应收账款质押标的。

即“质权人可以与出质人协议以质押财产折价，也可以就拍卖、变卖质押财产所得的价款优先受偿”。

上述法律及司法解释的规定显然无法满足质权人的现实需求：一方面，应收账款本身即为金钱请求权，再通过以上方式实现质权，实无必要；另一方面，对于具有特许经营性质的收费权，收费主体无法将该权利转让，应收账款无法通过拍卖、变卖或折价方式实现。

第一，对于基础合同债务人明确的应收账款，一旦发生实现质权情形，质权人需立即通知债务人止付，并及时通过诉讼程序保全应收账款，否则仅凭质权人的通知，特别是债务人事先不知悉应收账款已出质的情况下，并无义务止付，对于债务人已支付的款项，质权人能否主张优先受偿存在不确定性。

第二，对于债务人不特定的应收账款质押而言，如高速公路收费权、门票收费权等，基础合同持续形成，应收账款随时变现，质权人直接向债务人收取应收账款无从操作，虽然出质人所收取的款项即为收费权的现金价值，质权理应及于该款项，但如下文所述，质权人对直接对该款项主张权利并无法律明确规定，且法理上亦无法自洽。

三、债务人已支付的应收账款被采取强制措施的风险

应收账款质押性质上属于权利质押，若债务人将应收账款支付给出质人，就该笔款项而言，一方面，出质人已不再享有付款请求权，质权人无从实现质权；另一方面，应收账款已经由债务人的支付行为转变为出质人账户的金钱，金钱财产具有“占有即所有”特性。那么，若发生出质人账户中的款项被司法机构采取强制措施，质权人能否通过提起执行异议的相关程序就该款项主张实现质权？对此，笔者通过检索相关案例予以分析。

第一，出质人账户中款项的权利人。最高人民法院公布的《关于人民法院办理执行异议和复议案件若干问题的规定》第二条规定：“对案外人的异议，人民法院应当按照下列标准判断其是否系权利人……（三）银行存款和存管在金融机构的有价证券，按照金融机构和登记结算机构登记的账户名称判断……”据此，若质权人作为案外人对出质人账户内的款项提出异议，法院的判断标准是账户名称，即出质人账户内的资金属于出质人所有。

第二，对于出质人账户内款项是基于应收账款产生，质权人的质权是否及于该款项从而享有优先受偿权，法院从是否符合金钱质押的角度来判断质权人的异议是否成立、是否享有优先受偿权。

（1）法院未支持质权人异议成立的案例：在湖北竹山农村商业银行股份有限公

司（以下简称“竹山农商行”）、王惠英执行异议之诉一案①中，借款人山河发电公司将其享有的三村河二级电站发电收益质押给竹山农商行，作为借款合同的质押担保。后山河发电公司与第三方债权人另案发生纠纷，第三方申请法院对山河发电公司账户内的资金进行查封并划扣，竹山农商行提出执行异议之诉，认为被查封账户是其与山河发电公司约定存放“全部发电量电费收益权”的电费账户，进入到该账户的任何一笔款项均可认为是电费、是质物，银行对山河发电公司的电费款有优先受偿权。

法院经审理未认定山河发电公司就账号中的资金对竹山农商行构成应收账款质押，主要理由为：首先，第三人山河发电公司与被告竹山农商行签订的是电费收益权质押合同，属于权利质权，该账户中不仅有电费收入，还有培训场地费收入，无法证明该账户存入的资金进行了特定化。其次，涉案账户多次存在进出账款的情形，账户内的资金数额不断浮动，山河发电公司在该账户内支付有财税费、对他人的大额转账还款、汇款、企业网银等使用该账户进行其单位的业务交易的账款往来支付，不能证明涉案账户资金移交了竹山农商行占有作为债权的担保。

（2）法院区分不同情形，认定质权人对出质人账户中的款项享有优先受偿权，且可排除法院执行措施：如赵岩、阜新银行股份有限公司大连分行、云南泛亚农业合作开发有限公司等第三人撤销之诉案件②；明兴望与中信银行股份有限公司武汉分行申请执行人执行异议之诉案件③；陕西汉中变压器有限责任公司与中国农业发展银行高台县支行、张掖市宝隆水电开发有限责任公司申请执行人执行异议之诉案件④，法院支持的理由具体包括：第一，通过保证金账户形式进行特定化；第二，双方签订电费账户监管协议，并作为附件在办理应收账款质押登记手续时向中国人民银行征信中心进行了提交，法院认为该账户作为售电收入的特定结算账户已经特定化，但对于该账户中非售电收入的资金，法院仍可强制执行。据此，法院认定账户资金排除强制措施的理由是该账户的资金已符合特定化要求，故仍是从金钱质押的思路来判定质权人的优先受偿权。

四、解决路径——配套账户质押和账户监管

如前所述，一方面囿于现行法律对应收账款质押的具体实现方式尚不满足实践需求；另一方面若质权人不采取特定化收款账户的方式无法排除第三人申请司法机

---

① 详见湖北省襄阳市中级人民法院做出的（2017）鄂06民终2853号民事判决书。

② 详见辽宁省高级人民法院做出的（2017）辽民撤1号民事判决书。

③ 详见武汉市洪山区人民法院做出的（2017）鄂0111民初7183号民事判决书。

④ 详见陕西省汉中市中级人民法院做出的（2016）陕07民终1009号民事判决书。

构对债务人已付款项采取强制措施。笔者认为质权人应增强对应收账款的实际控制：

第一，对于基础合同项下债务人明确的应收账款，质权人和出质人共同将应收账款质押的事宜事先通知债务人，要求债务人不得擅自向基础合同项下付款账户以外的其他账户付款，一旦质权人通知，债务人立即向出质人止付，并按质权人要求向质权人直接支付。

第二，无论基础合同类型如何，都有必要在应收账款质押模式下配套账户质押和账户监管，账户质押和账户监管的意思表示和操作方式可以一并在一份账户质押协议或账户监管协议中体现。

账户质押是指账户权利人以账户向银行或第三方出质，承诺将账户中的资金作为偿还债务担保的融资方式。由于账户本身没有交换价值，不能变现，故账户质押的本质是以账户中的资金作为担保财产，构成金钱质押。因此，《担保法司法解释》第 85 条关于金钱质押的规定应作为账户质押的直接依据。①

账户质押包括一般账户质押和退税账户质押。《物权法》《担保法》未对“一般账户质押”做明确规定，仅以司法解释形式明确了出口退税账户质押，并规定了已出质的出口退税专用账户内款项可以排除法院财产保全措施或者执行措施。根据《最高人民法院关于审理出口退税托管账户质押贷款案件有关问题的规定》，应将出口退税账户质押视为动产质押，而非权利质押。原因是退税账户没有权利凭证，不能交付，亦无登记机关，不具备质押的有效要件，但按照动产质押，将质押账户开在贷款银行，在贷款银行控制之下，视为动产交付，质权就此设立②。

《担保法司法解释》第 85 条规定：“债务人或者第三人将其金钱以特户、封金、保证金等形式特定化后，移交债权人占有作为债权的担保，债务人不履行债务时，债权人可以以该金钱优先受偿。”据此，对于金钱质押而言，质权设定的前提为金钱是否满足“特定化”要求，在一般账户质押的操作实践中，质权人多为出质人的开户行，常见的特定化方式为银行开立“保证金账户”。但是，对于以账户向开户行以外的第三人质押，由于第三人无法实际占有和控制该账户，需要通过以下账户监管（或共管）方式完成特定化：（1）质权人与出质人、开户行对收款账户进行监管，约定出质人应将基于应收账款产生的全部收入归集至监管账户，出质人不得擅自变更该账户。（2）该账户为专项账户，是应收账款的唯一归集账户，

---

① 曹士兵．中国担保制度与担保方法——根据物权法修订［M］．北京：中国法制出版社，2008 年 1 月．

② 刘贵祥．《物权法》关于担保物权的创新及审判实务面临的问题（下）［J］．法律适用 2007（9）．

不得与出质人的其他资金混同。(3) 监管银行（即开户行）应根据质权人的要求随时向质权人披露账户资金使用情况。(4) 一经质权人通知，监管银行应无条件划扣账户资金用以优先清偿质权人债权。(5) 在无法实现账户监管的条件下，采取预留两方印鉴、分别持有部分取款密码等共管方式实现质权人对账户的控制。(6) 通过笔者查询到的案例，有法院认为在中国人民银行征信中心公示应收账款质押时一并公示监管账户也属于特定化方式。除此以外，目前征信中心“动产融资统一登记公示系统”所列示的“保证金质押登记”“其他登记”，也可以对账户信息进行公示登记。

需要明确的是，账户质押中的收款账户的“特定化”不意味着“固定化”，对此，最高人民法院公报案例——中国农业发展银行安徽省分行诉张大标、安徽长江融资担保集团有限公司执行异议之诉纠纷案①中已就账户资金浮动是否影响金钱特定化的问题给出答案。保证金账户的资金余额是浮动的，虽然账户内资金根据业务发生情况处于浮动状态，但未用于非保证金业务的日常结算。债权人可以控制该账户，债务人对该账户内的资金使用受到限制，故该账户资金浮动仍符合金钱作为质权的特定化和移交占有的要求，不影响该金钱质权的设立。

综上，与动产质押和其他权利质押不同，应收账款一经履行即转化为现金，质权人掌握对现金的唯一、排他的控制权和直接收取权才是质权人实现质权的真正方式，提示质权人的是，除了及时通知债务人止付外，还建议质权人在采取应收账款质押担保方式时，配套采取账户质押和账户监管的方式确保质权的顺利实现。

3.3.5 光纤租赁权作为租赁物的适格性分析②

一、问题的提出

A 公司的主营业务为从某铁塔公司租用电信线路，电信线路主要为光纤专线通信基础设施。租用的电信线路一方面自用，另一方面用于转租给下游客户使用。A 公司与铁塔公司通过签订光纤租用合同使用电信专线，但光纤的产权是铁塔公司的资产。

问题：A 公司能否以其享有的光纤线路或电信骨干线路的承租权（以下简称“租赁权”）作为开展售后回租交易的标的？

---

① 详见安徽省高级人民法院做出的（2013）皖民二终字第 00261 号民事判决书。

② 本部分作者为北京市汇融律师事务所合伙人李雪梅律师。本文不构成北京市汇融律师事务所对该类问题的法律意见，仅代表笔者个人观点，如需进一步了解，请与作者联系。

二、问题分析

（一）我国制定法框架下的租赁物范围

当讨论租赁物适格性的时候，其本质是对租赁物的“购买”“归属”等事项进行法律评价，而评价该事项的基础性法律是《合同法》和《物权法》。《合同法》第十四章并未对租赁物种类或范围做出禁止性规定，2018 年 9 月 5 日在中国人大网上公布的《民法典各分编（草案）》（以下简称《草案》）合同编第十五章亦如此。值得注意的是，《合同法》第 239 条两次使用“标的物”代指租赁物。可见，《合同法》并不关心租赁物的种类和范围，租赁物只是出租人和承租人双方就相关权利义务进行约定的媒介；《物权法》作为规范“物的归属和利用而产生的民事关系”的基本法，亦未对融资租赁交易之标的物做出禁止性规定，《草案》物权编也无限制。但无论如何，融资租赁是基于租赁物的交易，因而租赁物应当是客观存在且可供交易的“物”。

《物权法》严格区分“物”和“物权”，其第 2 条第 2 款规定：“物，包括不动产和动产。法律规定权利作为物权客体的，依照其规定。”可知，“物”有两种，即不动产和动产，对于特定的权利，则可以视为《物权法》意义上的物，或者承认其与物具有相似的属性。《物权法》第 2 条第 3 款规定，物权包括所有权、用益物权和担保物权。根据《物权法》第 39 条、第 117 条，所有权和用益物权的客体只能是动产或不动产；而担保物权的客体则不同，从第 180、181、223 条可知，担保物权的客体不仅包括不动产、动产，也包括汇票、债券、可以转让的股权、知识产权中的财产权、应收账款和其他财产权利等权利，这些权利都是“法律规定”“作为物权客体”的权利，是法律所拟制的物。以上，便是我国制定法体系中的物和物权。

综上可知，从法律概念来看，除不动产和动产外，特定的权利也可以视为《物权法》意义上的物，只要法律有规定即可。

（二）基于《物权法》规定对租赁权进行分析

1. 租赁权是否是法定物权的客体

本文第一部分所提及的问题中，租赁权体现为对光纤等电信线路进行占有（占有电信线路的容量）、使用和收益的权利，显然是一种财产性权利，与《物权法》拟制的物非常接近。那么，在物权法定原则之下，租赁权是否是法律规定的作为物权客体的权利？如果是，它是哪种物权的客体？

如前文所述，所有权和用益物权的客体指向均非常明确，并不包括权利，只有担保物权的客体指向可能是权利。遗憾的是，《物权法》并未列明租赁权可以抵押或质押，尽管当租赁权基于不动产（如房屋租赁权）时非常类似于土地使用权，但现行《物权法》体系下只有“建设用地使用权抵押权”，而没有“房屋租赁权抵押权”，《草案》物权编也未将租赁权作为担保物权的标的。所以，在严格的物权法定原则之下，租赁权不是法律规定的可以作为物权客体的权利，也不是拟定的“物”，而仅是财产性权利。

2. 租赁权是否是准物权

“准物权”不是制定法下的法律概念，而是法学理论中的概念，它是指在《物权法》所规定的典型的物权种类之外，性质与要件等相近于典型物权并准用《物权法》规定的财产权，包括准所有权、准用益物权、准担保物权等。当然，该界定并非反映准物权本质属性的严格定义，仅是一种描述或者解释而已。准物权具有内含模糊、外延不确定的特点，在权利主体、客体、内容等方面与典型物权存在较大差异。

德国民法理论将不属于典型物权的用水权、林权、狩猎权、捕鱼权等称为“附属物权”，我国《物权法》第 122、123 条规定了海域使用权、探矿权、采矿权、取水权和使用水域、滩涂从事养殖、捕捞的权利等权利，取法于德国的痕迹很明显。实际上上述权利就是物权，但理论界倾向于将上述权利定位为“准物权”，因为上述权利与典型的传统物权相比存在较大差异，例如养殖权的权利客体不仅涉及一定面积的水域或滩涂，而且涉及不确定的动植物种类与数量；取水权的权利客体则涉及水体的水质、水深、体积等问题，且取水的主体可以是多人（包括法人与自然人），不具有排他性；狩猎权所涉及的土地面积、野生动物的种类与数量也不确定，等等。概括来看，准物权可归为以下几类：（1）权利物权，如上文所列；（2）特许物权，需要行政许可，带有一定公法色彩，如渔业权、矿业权、水权、狩猎权等；（3）物权取得权，如先买权、预先登记、先占权等；（4）其他与典型物权相似的财产权。

本文第一部分所提及的问题中，租赁权客体仍然属于传统的动产，与准物权的特征并不相符，反而更接近典型的物权（详见下文）。因此，笔者倾向于认为租赁权不是准物权。

3. 租赁权是否是用益物权

根据《物权法》第 117 条（《草案》第 118 条），用益物权是指对他人所有的不动产或者动产依法享有占有、使用和收益的权利。值得注意的是：其一，《物权法》第三编列举的 4 种用益物权均为土地的用益物权，并未列举土地外最典型的不动产——房屋，尽管基于对他人所有的房屋占有、使用和收益的权利与土地使用权人对土地的用益物权并无区别，但物权法体系中尚无“房屋租赁权”这一用益物权，也正因如此，理论界产生了租赁权债权说、准物权说、用益物权说、租赁权物权化说等多种学说。其二，尽管用益物权的定义中包括动产，但实际上《物权法》及《民法典分编（草案）》物权编用益物权章列明的用益物权客体均指向了不动产，例如海域使用权、地役权、探矿权、采矿权、取水权和使用水域、滩涂从事养殖、捕捞的权利以及土地承包经营权、建设用地使用权、宅基地使用权、居住权，其客体无一指向动产。针对这一情况，目前存在两种解释，一种解释认为《物权法》承认动产用益物权，只是由于种类太多，不予以特别列举，支持的证据除117条的定义之外，还包括第121条的规定，明确了征收、征用动产可能会致使（动产）用益物权消灭或影响（动产）用益物权行使，而且（动产的）用益物权人有权获得补偿；另外一种解释则持否定性观点，认为我国实行严格的物权法定原则，非经法律明确列明，动产用益物权就是徒有其名而无其实，第十章的“一般规定”之所以提及动产，只是预留了通过特别法设立动产用益物权类型或未来承认动产用益物权的空间，我国实际上并不存在动产的用益物权。笔者倾向于第一种解释。

现行法律框架下，我国实行严格的物权法定原则，在这一背景下，无论如何理解是否存在动产用益物权，《物权法》中用益物权所展现的逻辑体系都是不周延的，因为无论是房屋（作为不动产）租赁权，抑或是其他动产的租赁权，本质上均符合用益物权的定义，应当予以特别规定。鉴于《物权法》第120条和第121条赋予了用益物权人更坚实的法律保障，而这些保障对于债权人而言却必须通过合同约定的方式去争取；概言之，同样是对他人所有的不动产或动产的占有、使用和收益，是否被法律明确列明为用益物权，直接影响到对该种“用益”的保护程度。故以法定方式对实质相同的权利强行区分，并非基于严密的法学理论和逻辑推演，而是根源于长期的社会实践，与商业惯例、物之价值和特征、用益的难易程度或时间等因素密切相关。

关于《物权法》逻辑推演的一个有趣现象是，《物权法》中用益物权编所列明的土地承包经营权和建设用地使用权，由于均可在其上设立担保物权，因而该两种物权既是用益物权，又是担保物权的客体（即可视同《物权法》意义上的物），所以它们既是物权，又是《物权法》意义上的物。

本文第一部分所提及的问题中，A公司对电信线路进行租用，符合《物权法》第117条“对他人所有的不动产或者动产”“占有、使用和收益”的定义，A公司作为承租人享有的权利，实际上与土地使用权人享有的用益物权并无实质区别。遗憾的是正如前文所述，如何理解《物权法》第三编第十章对动产用益物权的规定仍未有定论。值得注意的是，《草案》新增“海域使用权”（第186条第1款第3项）作为抵押财产，第135条规定“土地承包经营权可以转让、入股、抵押或者以其他方式流转”，从实质上看，光纤租赁权与海域使用权、土地承包经营权类似，都是基于他人所有的财产的使用权利，也属于承租企业的重要财产，具有交换价值，符合抵押财产的条件，亦应可以作为抵押财产。虽然《草案》第186条第1款第8项规定了“法律、行政法规未禁止抵押的其他财产”可以抵押，但该等其他财产的抵押如何公示以及效力如何，《草案》并未做出规定，进入实践领域后，易引发争议。基于正面列举担保财产所体现的指引作用，期待《草案》再修订时能够考虑将租赁权等类似权利明列为抵押财产。

4. 租赁权的物权化趋势

“租赁权物权化”是一种早已存在的客观现象，它通常被揭示于“债权物权化”的研究。“债权物权化”实质是越来越多的债权被赋予物权的效力，“租赁权物权化”的实质与此一致：法律赋予租赁权越来越多的物权效力，使其物权化。前述现象根源于社会经济的发展，因为“物尽其用”的方式往往不再是所有权人自己使用和收益，社会财产运用租赁的方式越来越普遍，为促进社会经济之发展，法律必须保护承租人的权利，因而自然地加强了对租赁权的保护，在历史的视角下，这种动态的过程尤其明显。最典型的例子是农地的租赁权，自秦汉至南宋，它随经济社会发展从一般租赁而逐渐发展为永佃权，《物权法》也明确列明土地承包经营权为用益物权，甚至鼓励流转（与处分无异）。同理，对于许多其他社会财产，如建设用地、房屋、飞机船舶、车辆、一般动产等，法律也强调对承租人权益的保障，尽管不少租赁权尚未成长为法定物权，但诸多类型的租赁权均具备明显的物权效力。

值得注意的是，租赁权的种类非常丰富，根据租赁权客体差异便能区分出特征不同的租赁权，如：不动产和动产租赁权，长期和短期租赁权，等等，租赁权物权化无一例外都是从不动产租赁权、长期租赁权开始的，体现出法律对于社会经济生活规律和社会财产利用方式特点的尊重。本文开头所述租赁权属于一般动产的租赁权，其物权效力是有限的，但良好的合同设计能使之在个案分析中达到较高程度的物权化，概括来说，应尽量使承租人的权利接近已有的用益物权人的权能。因此，A公司与铁塔公司签署的租赁合同设计的基本原则应当是加强A公司对光纤等电信专线的占有、使用、收益权能，排除所有权人的支配和处分权能。

（三）行业监管和合规性

法律、行政法规并未对融资租赁交易的租赁物范围进行限制，但《金融租赁公司管理办法》对金融租赁公司的租赁物提出了要求，该办法第 4 条规定："适用于融资租赁交易的租赁物为固定资产"，而租赁权作为一项财产性权利，无论是否会被认定为用益物权，均难以被认为是固定资产。是故，如若金融租赁公司开展此类标的的融资租赁交易，是存在合规和监管风险的。随着监管部门的调整，融资租赁公司开展此类业务是否也存在合规风险，目前尚不明朗。

三、结论

光纤通信线路的租赁权是财产性权利，是法学理论上的用益物权，但不是我国现行制定法体系下法律规定可以作为物权客体的权利（即不是《物权法》意义上的物）。对于是否是制定法体系下的用益物权，目前尚无定论。此外，光纤通信线路的租赁权也不符合法学理论所归纳出来的准物权的各项特征，难以被认定为准物权。依据物权法定原则，未被纳入物权法体系中的准物权可能无法受到《物权法》的保护。

3.4 会计

自《国际财务报告准则第 16 号——租赁》（IFRS 16）于 2016 年 1 月 13 日正式发布以来，我国租赁会计准则便启动了修订项目，计划做出相应调整，以完善我国企业会计准则体系，保持与国际财务报告准则持续趋同。与此同时，整个融资租赁行业也在积极准备应对新准则带来的变化。

IFRS 16 的核心变化在于要求承租人将经营租赁纳入资产负债表内进行核算，确认其相关的权利和义务，以真实反映承租人的资产和负债，强化信息披露，更清晰地展现承租人的财务杠杆和资本使用情况，于 2019 年 1 月 1 日起正式实施。

3.4.1 我国租赁会计准则的历史沿革

在中国改革开放之后，人们认识到"经济越发展，会计越重要"。随着国民经济的全面恢复，会计制度逐步建立和完善起来。1979 年财政部恢复了会计司，由其负责制定我国的会计准则。1985 年我国发布了《中华人民共和国会计法》（1999 年进行了第二次修订）。

在新一轮改革开放浪潮中，会计制度与会计准则相继颁布。股份制改革和股权结构变化相适应，1992 年 5 月《股份制试点企业会计制度》发布。在借鉴国际经验的基础上，1992 年 11 月财政部发布了《企业会计准则》（基本准则）和《企业财务通则》。1997 年琼民源案件直接推动了第一个具体会计准则——《关联方关系及其交易的披露》的发布，至2001年已制定并发布了16个具体准则。2000年财政部发布了《企业会计制度》和《金融企业会计制度》。

经济全球化，越来越多的企业“走出去”。在这样的形势下，财政部从2004年下半年开始着手建立与国际趋同的会计准则体系。在借鉴国际惯例的基础上，2006年2月15日财政部发布了《企业会计准则》，该准则体系在2014年进行了修订，并发布了新的具体准则。2017年7月5日，修订后的《企业会计准则第14号——收入》准则发布。

我国租赁会计准则制定得较晚。1996年1月，财政部发布了《企业会计准则——租赁（征求意见稿）》，标志着我国有关租赁业务的处理逐步趋于规范化，并在很大程度上参考了租赁国际会计准则及其他国际会计准则的一些做法，体现了与国际会计惯例的接轨。

2001年1月1日，《企业会计准则——租赁》正式在所有企业中实施。

2006年，作为租赁会计准则的《企业会计准则第21号——租赁》与其他38个准则一起发布。在2001年和2006年的租赁准则中，都将租赁划分为融资租赁和经营租赁。我国的租赁准则借鉴了《国际会计准则第17号——租赁》（IAS17）和美国《财务会计准则公告第13号——租赁会计》（SFAS13），对融资租赁和经营租赁的划分，既在会计准则中采用原则导向规定了“大部分”“几乎相当于”的要求，又在会计准则指南中采用规则导向规定了“75%”和“90%”的要求。

在国际会计准则理事会2016年1月发布IFRS16后，我国也开始起草与国际准则趋同的新的租赁准则。

2018年1月8日，财政部办公厅公布《企业会计准则第21号——租赁（修订）（征求意见稿）》，一为解决现行租赁会计准则实施中存在的问题，二为实现与IFRS 16趋同。征求意见稿从5个方面进行了修订：（1）完善租赁的识别、分拆及合并等相关原则；（2）承租人会计处理由双重模型修改为单一模型，同时进一步完善了可变租赁付款额、租赁发生变更等情形的会计处理；（3）改进出租人的租赁分类原则及相关会计处理；（4）调整售后租回交易会计处理并与收入准则衔接；（5）完善与租赁有关的列示和信息披露要求。

2018年12月7日，财政部下发《关于修订印发〈企业会计准则第21号——租赁〉的通知》，新租赁会计准则正式出台，并在实施范围和实施时间上采取分步到位的办法。

根据通知规定，在境内外同时上市的企业以及在境外上市并采用国际财务报告准则或企业会计准则编制财务报表的企业，自2019年1月1日起施行；其他执行企业会计准则的企业自2021年1月1日起施行。母公司或子公司在境外上市且按照国际财务报告准则或企业会计准则编制其境外财务报表的企业，可以提前执行本准则，但不应早于与其同时执行的2017年3月31日印发的《企业会计准则第22号——金融工具确认和计量》和2017年7月5日印发的《企业会计准则第14号——收入》的日期。

3.4.2 财政部会计司有关负责人就新租赁准则发布实施答记者问

2018年12月7日，财政部修订发布了《企业会计准则第21号——租赁》（以下简称"新租赁准则"），这是进一步完善我国企业会计准则体系，保持与国际财务报告准则持续全面趋同的重要成果。为便于各方面了解掌握新租赁准则，财政部会计司有关负责人就相关问题回答了记者提问。

问：修订完善租赁准则的背景？

答：2006年2月，财政部发布《企业会计准则第21号——租赁》（以下简称"原租赁准则"），对企业发生的租赁业务的确认、计量和相关信息的列报进行了规范，发挥了积极作用。然而，随着市场经济的日益发展和租赁交易的日趋复杂，承租人会计处理相关问题逐步显现。原租赁准则下，承租人和出租人在租赁开始日，应当根据与资产所有权有关的全部风险和报酬是否转移，将租赁分为融资租赁和经营租赁。对于融资租赁，承租人在资产负债表中确认租入资产和相关负债；对于经营租赁，承租人在资产负债表中不确认其取得的资产使用权和租金支付义务。由此导致承租人财务报表未全面反映因租赁交易取得的权利和承担的义务，也为实务中构建交易以符合特定类型租赁提供了动机和机会，降低了财务报表的可比性。

为此，国际会计准则理事会于2016年1月修订发布了《国际财务报告准则第16号——租赁》（以下简称"国际租赁准则"），自2019年1月1日起实施，其核心变化是取消了承租人关于融资租赁与经营租赁的分类，要求承租人对所有租赁（选择简化处理的短期租赁和低价值资产租赁除外）确认使用权资产和租赁负债，并分别确认折旧和利息费用。

在此背景下，为进一步规范租赁的确认、计量和相关信息的列报，同时保持我国企业会计准则与国际财务报告准则持续全面趋同，我们借鉴国际租赁准则，并结合我国实际，修订后形成了新租赁准则。

问：租赁准则的修订完善过程是怎样的？

答：在国际租赁准则修订过程中，我们及时成立了项目组，跟进研究国际租赁准则修订进程和变化，并结合我国实务积极反馈意见和建议。国际租赁准则发布后，我们即启动了我国租赁准则修订项目，先后开展了以下工作：

一是全面研究我国新形势下修订租赁会计准则的需要和预计修订的主要内容，并组织翻译了《国际财务报告准则第16号——租赁》；

二是在充分听取国内部分承租人、出租人、会计师事务所以及学术界代表意见的基础上，结合我国实际起草了修订初稿，并就修订初稿采取多种方式内部征求意见和开展研讨；

三是在汇总整理和深入分析各方面意见的基础上，形成征求意见稿，于2018年1月印发《企业会计准则第21号——租赁（修订）（征求意见稿）》，公开征求意见；

四是通过与准则咨询专家、相关企业和专业机构深入探讨、与有关监管部门座谈沟通、实地调研等方式认真分析研究收到的反馈意见，在此基础上，对征求意见稿做了进一步修改完善，履行财政部审核批准程序后，形成终稿，于2018年12月7日正式发布。

问：租赁准则修订的主要内容有哪些?

答：新租赁准则在租赁定义和识别、承租人会计处理方面做了较大修改，出租人会计处理基本延续现有规定。修订的主要内容如下：

（1）完善了租赁的定义，增加了租赁识别、分拆、合并等内容。

新租赁准则将租赁定义为“在一定期间内，出租人将资产的使用权让与承租人以获取对价的合同”，并进一步说明如果合同中一方让渡了在一定期间内控制一项或多项已识别资产使用的权利以换取对价，则该合同为租赁或者包含租赁。同时，新租赁准则还对包含租赁和非租赁成分的合同如何分拆，以及何种情形下应将多份合同合并为一项租赁合同进行会计处理做了规定。

（2）取消承租人经营租赁和融资租赁的分类，要求对所有租赁（短期租赁和低价值资产租赁除外）确认使用权资产和租赁负债。

新租赁准则下，承租人不再将租赁区分为经营租赁或融资租赁，而是采用统一的会计处理模型，对短期租赁和低价值资产租赁以外的其他所有租赁均确认使用权资产和租赁负债，并分别计提折旧和利息费用。

短期租赁，是指在租赁期开始日，租赁期不超过12个月的租赁。低价值资产租赁，是指单项租赁资产为全新资产时价值较低的租赁。承租人对于短期租赁和低价值资产租赁可以选择不确认使用权资产和租赁负债，而是采用与现经营租赁相似的方式进行会计处理。

（3）改进承租人后续计量，增加选择权重估和租赁变更情形下的会计处理。

原租赁准则未对租赁期开始日后选择权重估或合同变更等情形下的会计处理做出明确规范，导致实务中多有争议且会计处理不统一。新租赁准则明确规定发生承租人可控范围内的重大事件或变化，且影响承租人是否合理确定将行使相应选择权的，承租人应当对其是否合理确定将行使续租选择权、购买选择权或不行使终止租赁选择权进行重新评估。租赁变更，是指原合同条款之外的租赁范围、租赁对价、租赁期限的变更。企业应视其变更情况将其作为一项单独租赁进行会计处理或重新计量租赁负债。

（4）丰富出租人披露内容，为报表使用者提供更多有用信息。

关于出租人发生的经营租赁，原租赁准则仅要求出租人披露各类租出资产的账面价值。新租赁准则要求出租人增加披露相关租赁收入及未折现租赁收款额等信息。此外，出租人还应当根据理解财务报表的需要，披露有关租赁活动的其他定性和定量信息。

问：修订租赁准则的意义是什么？

答：此次对租赁会计准则的修订完善有以下现实意义：

一是有利于提高会计信息质量，更好满足报表使用者需求。新租赁准则下，承租人会计处理不再区分融资租赁和经营租赁，而是统一采用使用权资产模型，有利于全面反映企业因租赁交易取得的权利和相关义务，提升了报表透明度和可比性。同时，新租赁准则对承租人后续计量的改进和完善，以及承租人、出租人的新披露要求都为报表使用者进行经济决策提供了更为相关和可靠的信息。

二是有利于真实反映企业资产负债情况，防范化解风险。新租赁准则下，原采用经营租赁方式取得的资产及支付义务需在资产负债表中列示，消除了承租人利用经营租赁进行表外融资的机会，可以更为全面真实反映企业资产负债情况。

三是有利于联动企业业务管理与会计管理，推动企业加强风险管理，提高发展质量。新租赁准则下，做好租赁的识别、使用权资产和租赁负债的计量，需要业务部门提供大量信息并加强合同管理。同时，新准则引入的承租人增量借款利率反映了承租人自身信用风险特征，结合原表外债务的显性化，将促使企业重新梳理评估现有业务和债务结构，加强风险管理，提升发展质量。

问：新租赁准则的实施范围和时间是如何安排的？

答：国际租赁准则自 2019 年 1 月 1 日起实施。为兼顾我国市场环境和企业实际情况，在实施范围和实施时间上采取分步到位的办法。具体如下：

（1）在境内外同时上市的企业以及在境外上市并采用国际财务报告准则或企业会计准则编制财务报表的企业自 2019 年 1 月 1 日起实施，以避免出现境内外报表会计准则适用差异。

（2）其他执行企业会计准则的企业（包括A股上市公司）自2021年1月1日起实施，以为其留出充足准备时间，总结借鉴境外上市企业执行新租赁准则的经验，确保准则实施质量。同时，考虑到企业编制合并财务报表实际需要，允许母公司或子公司在境外上市且按照国际财务报告准则或企业会计准则编制其境外财务报表的企业提前实施，但不应早于与其同时执行的财政部于2017年3月31日印发的《企业会计准则第22号——金融工具确认和计量》和2017年7月5日印发的《企业会计准则第14号——收入》的日期。

此外，鉴于租赁准则新旧变动较大，为帮助相关企业顺利过渡至新租赁准则，新准则提供两种方法：一是允许企业采用追溯调整；二是根据首次执行本准则的累积影响数，调整首次执行本准则当年年初留存收益及财务报表其他相关项目金额，不调整可比期间信息。同时，在第二种方法下提供了多项简化处理安排。

问：财政部门应如何做好新租赁准则的实施指导工作？

答：一是要加强宣传培训。财政部门要采用多种渠道和形式，做好新租赁准则宣传培训，帮助和指导实施企业和会计师事务所掌握新准则的基本内容及主要变化，及时做好新准则实施前的各项准备工作。

二是要加强实施指导。财政部将尽快发布新租赁准则应用指南，为企业实施新租赁准则提供操作性指引。各地财政部门要密切跟踪新准则实施情况，做好监督指导，了解收集新准则实施中遇到的问题并及时反馈。

三是要加强监管协同。财政部门要加强与有关监管部门的沟通协调，确保新租赁准则与有关监管政策的协调一致，努力形成监管合力。

3.4.3 实务视角解析新租赁准则①

新租赁准则的核心是将经营租赁表外业务表内化，对经营租赁承租人的偿债能力指标带来不利影响，短期内会影响经营租赁业务的开展，但融资租赁业务融资期限长、享受差额征税政策等优势并未改变，租赁行业赖以生存的根基未发生动摇。同时，新租赁准则之下承租人售后回租会计处理更接近实务，经营租赁业务会出现会计和税务处理差异，沿袭的售后回租初始直接费用资本化的处理方式依然不合理。

---

① 本部分作者为中国融资租赁三十人论坛特约研究员、西藏金融租赁有限公司计划财务部总经理宰金勇。

财政部于2018年12月7日正式修订发布了《企业会计准则第21号——租赁》(AS21),规定境内外同时上市的企业以及在境外上市并采用国际财务报告准则的企业自2019年1月1日起施行;其他企业自2021年1月1日起施行。本文将从实务视角探讨新租赁准则修订的背景、对承租人的影响、对租赁公司的影响以及其他新租赁准则相关的问题。

一、新租赁准则修订的背景

经营租赁业务一直作为企业表外融资的重要形式存在,在现行租赁会计准则下(国际会计准则第17号即IAS17,中国企业会计准则第21号即CAS21)经营租赁未纳入承租人的资产负债表,导致其财务报表无法全面反映因租赁交易取得的权利和承担的义务,而融资租赁与经营租赁会计处理的差异以及明线划分标准的存在,为实务中构建交易以符合特定租赁的定义创造了动力和机会,从而导致经济实质相同的交易会计处理迥异,降低了财务报表的可比性。

以飞机经营租赁业务为例,一架波音737或空客A320的使用年限可达25—30年,而飞机经营租赁的期限一般为12年,但是这么长期限的租赁业务却不符合目前判断融资租赁的5条标准,租赁年限不到资产使用寿命的75%,未来的应付租金折现也不到租赁资产公允价值的90%,也没有所有权转移条款。这样一项长期的业务没有确认相关资产和负债,每年只体现租赁费用,显然是不合理的。虽然财务报告附注会披露经营租赁承担,但由于不在显要位置,许多财务报表阅读者会忽略其潜在的负债和资产。

实务中许多评级机构在分析经营租赁业务较多的企业财务报表时,会将年度租赁费用乘8,再加到资产和负债当中,以考量其真实的资产负债率水平。

二、新租赁准则对承租人的影响

新租赁准则的核心变化就是将经营租赁表外业务表内化,将承租人会计处理由双重模型修改为单一模型。新租赁准则取消承租人关于融资租赁与经营租赁的分类,要求承租人对所有租赁(选择简化处理的短期租赁和低价值资产租赁除外)确认使用权资产和租赁负债,并分别确认折旧和利息费用。在出租人方面,该准则基本沿袭了现行《企业会计准则第21号——租赁》和IAS17的会计处理规定,但改进了出租人的信息披露,要求出租人披露对其保留的有关租赁资产的权利所采取的风险管理战略、为降低相关风险所采取的措施等。

(一)新租赁准则下承租人经营租赁核算举例

假设承租人与出租人签订了为期3年的设备租赁合同。相关租赁安排如下:年租金为10万元,内含利率为6%,则租赁付款额现值为267 301元。

原租赁准则之下，承租人只需每年确认 10 万元的租赁费用，对资产负债表没有影响。新租赁准则之下，承租人在期初需确认一项金额为 267 301 元的使用权资产和租赁负债，之后每年按直线法确认使用权资产的折旧 89 100 元（267 301/3）、按实际利率法确认利息费用并增加租赁负债，每年支付的租金冲减租赁负债。报表相关结果见表 3–9。

表 3–9 承租人报表核算结果 单位：元

项 目	期初	第一年	第二年	第三年	合计
现金支付		100 000	100 000	100 000	300 000
损益表确认的相关费用					
使用权资产折旧		89 100	89 100	89 101	267 301
利息费用		16 038	11 001	5 660	32 699
损益表费用合计		105 138	100 101	94 761	300 000
资产负债表					
使用权资产	267 301	178 201	89 100	—	
租赁负债	267 301	183 339	94 340	—	

注：尾差为保留整数四舍五入所致。

（二）新租赁准则对承租人财务报表影响

由表 3–9 可知，在新租赁准则之下，使用权资产折旧以直线法计算，利息支出在租赁期内随着租赁负债的减少而减少，因此承租人损益表中总体成本呈现前高后低的特点，相应期初净资产和每股收益下降。前期利息费用增加，也会使利息保障倍数下降。

从资产负债表来看，因为经营租赁业务入表，使用权资产和租赁负债同时增加会导致资产负债率提高。确认使用权资产也会使资产周转率下降。

从现金流量表来看，原准则之下支付经营租赁租金一般计入经营活动流出的现金流量，新准则实施后计入筹资活动流出的现金流量。新准则的实施会导致经营活动净现金流增加、筹资活动净现金流减少。

三、新租赁准则对租赁行业的影响

新租赁准则从会计核算来讲对租赁公司影响不大，但承租人财务处理的变化会对租赁公司业务带来一定影响。

（一）新租赁准则对经营租赁业务会带来不利影响

由于新租赁准则之下经营租赁承租人资产负债率增加、租赁初期利润下降等原因，承租人可能会结束一些出于调节资产负债率动机开展的经营租赁业务。例如对航空业来讲，许多航空公司一半甚至三分之二的飞机是通过经营租赁形式取得的，如果航空公司的出发点主要是想降低负债率，则租赁到期后可能不续租。新租赁准则实施后，租赁公司可能面临一定的退租风险，另外，如果市场上退租的飞机多的话，短期来讲会有租赁物残值下降的风险。

同时，新租赁准则对短期租赁（小于 12 个月）和低价值租赁（企业会计准则第 21 号未给量化金额，IFRS 之下为 5 000 美元）可以应用会计处理豁免，但这一豁免由于其金额过小、期限过短很难在租赁行业应用。

综上所述，新租赁准则对经营租赁业务会带来一定的冲击。

（二）新租赁准则不影响融资租赁业务

新租赁准则之下，融资租赁业务会计处理基本不变，同时，除了之前的五条判别融资租赁的标准之外，还新引入了以下 3 条标准：1. 若承租人撤销租赁，撤销租赁对出租人造成的损失由承租人承担；2. 资产余值的公允价值波动所产生的利得或损失归属于承租人；3. 承租人有能力以远低于市场水平的租金继续租赁至下一期间。这 3 条标准都属于转移资产实质性的风险和报酬的条款，新租赁准则下融资租赁的内涵更为丰富。

国内目前 80% 的业务是融资性售后回租，新租赁准则的实施总体对租赁行业来讲影响并不大。同时，融资租赁业务的传统优势并未改变，比如融资租赁相比银行期限长、融资比例高，融资租赁差额征税政策也未改变（全面“营改增”之后，融资租赁是为数不多的保留了差额征税政策的业务）。

即使是经营租赁业务，承租人也不一定会因为资产负债率的提高而放弃经营租赁的形式，比如对航空公司来讲经营租赁可以增加机队弹性和灵活性，同时降低一次性付款的压力。

总之，租赁业赖以生存的根基并没有动摇，租赁在税务筹划、增值服务、融资比例和期限等方面的优势并未消失。同时，新租赁准则也要求租赁公司尝试由租赁向服务和资产管理转型。租赁公司也需要防范经营租赁存量业务退租和租赁物残值风险。

四、新租赁准则的其他问题

除了经营租赁承租人会计处理变化带来的影响之外，新租赁准则还有其他的一些影响。

（一）承租人售后回租业务会计处理更贴近实务

关于售后回租业务，原租赁准则是首先判断售后回租形成融资租赁还是经营租赁，然后根据不同的模式来处理。原租赁准则规定：售后回租形成融资租赁，售价与资产账面价值之间的差额应当予以递延，并按照该项租赁资产的折旧进度进行分摊，作为折旧费用的调整。而实际业务中售后回租承租人很少做固定资产清理及折旧费用调整，而是保持固定资产的会计核算不变，直接增加银行存款和长期应付款。

新租赁准则是首先判断售后回租是否属于销售，其第 51 条规定：售后租回交易中的资产转让属于销售的，承租人应当按原资产账面价值中与所保留使用权有关的部分，计量售后租回所形成的使用权资产，并仅就转让至出租人的权利确认相关利得或损失。第 52 条规定：售后租回交易中的资产转让不属于销售的，承租人应当继续确认被转让资产，同时确认一项与转让收入等额的金融负债，并按照《企业会计准则第 22 号——金融工具确认和计量》对该金融负债进行会计处理。实务中大部分售后回租都不属于销售，新准则实施后承租人直接增加银行存款和租赁负债即可，之前承租人实践中常用的做法相当于得到了会计准则的认可，新会计准则下承租人售后回租会计处理的规定更接近实务。

（二）经营租赁业务会产生会计和税务处理的差异

按照新租赁准则，经营租赁承租人要确认使用权资产和租赁负债，相应地要在利润表中确认折旧和利息，租赁期内总成本会呈现前高后低的情况。而按照所得税法的要求，只认可实际支出的租金，实践中经营租赁通常会采用直线法的支付方式，这将导致税务和会计上关于经营租赁业务处理的差异，从而在租赁前期会产生递延所得税资产，并对资产负债表和利润表产生影响。

（三）售后回租业务初始直接费用资本化处理仍不合理

原租赁准则第 11 条规定：承租人在租赁谈判和签订租赁合同过程中发生的，可归属于租赁项目的手续费、律师费、差旅费、印花税等初始直接费用，应当计入租入资产价值。

从实践情况来看，其实需要区分直接融资租赁和售后回租形成的融资租赁。在直接融资租赁的情况下，应参考《企业会计准则第 4 号——固定资产》第八条的规定，外购固定资产的成本，包括购买价款、相关税费、使固定资产达到预定可使用状态前所发生的可归属于该项资产的运输费、装卸费、安装费和专业人员服务费等。直租情况下，初始直接费用属于使固定资产达到预定可使用状态前所发生的可归属于该项资产的费用，资本化是合理的。而在售后租回的情况下，租赁资产的状态并未实质转移，将初始直接费用资本化有虚增资产的嫌疑，计入当期费用是更为合理的选择。

新租赁准则第 16 条在计算使用权资产价值时，仍包括了初始直接费用，沿袭了原租赁准则下售后回租业务初始直接费用资本化的规定，这可能是租赁会计准则的一个缺陷。当然，在实务中，也很少有承租人会将售后回租的初始直接费用资本化。

3.4.4 新租赁准则对ABS的影响①

一、新租赁准则的概述

（一）新租赁准则的适用范围

准则适用于所有租赁，排除以下事项：

（1）承租人通过许可使用协议取得的电影、录像、剧本、文稿等版权及专利等项目的权利，以出让、划拨或转让方式取得的土地使用权，适用于《企业会计准则第6号——无形资产》；

（2）出租人授予的知识产权许可，适用于《企业会计准则第14号——收入》；

（3）勘探或使用矿产、石油、天然气及类似非可再生资源的租赁；

（4）承租人承租生物资产；

（5）采用建设经营移交等方式参与公共基础设施建设或运营；

值得注意的是，新租赁准则明确企业以出让、划拨或转让方式取得的土地使用权，适用《企业会计准则第6号——无形资产》，而不适用于新租赁准则，与IFRS16的规定存在差别，但预计不会对净资产或净利润产生重大影响。

（二）新租赁准则“新”在哪里

1. 租赁定义重新判断

新准则下，对于“租赁”的判断不再拘泥于合同形式是否为“租赁协议”，而应根据“已识别资产”“主导使用”等概念进行判断。判断是否存在一项租赁的关键点为是否存在一项已识别资产，以及企业是否具有控制已识别资产使用的权利（见图3-21）。

第一步：判断已识别资产。已识别资产通常由合同明确指定，也可以在资产可供客户使用时隐性指定。但是如果资产的供应方在整个使用期间拥有对该资产的实质性替换权，则该资产不属于已识别资产。

第二步：确定是否具有控制已识别资产使用的权利。企业应当评估合同中的客户是否有权获得在使用期间内因使用已识别资产所产生的几乎全部经济利益，并有

① 本部分作者为天风证券大湾区管理总部联席总经理、结构金融部总经理、中国融资租赁西湖论坛（南沙）研究院特聘专家刘焕礼。

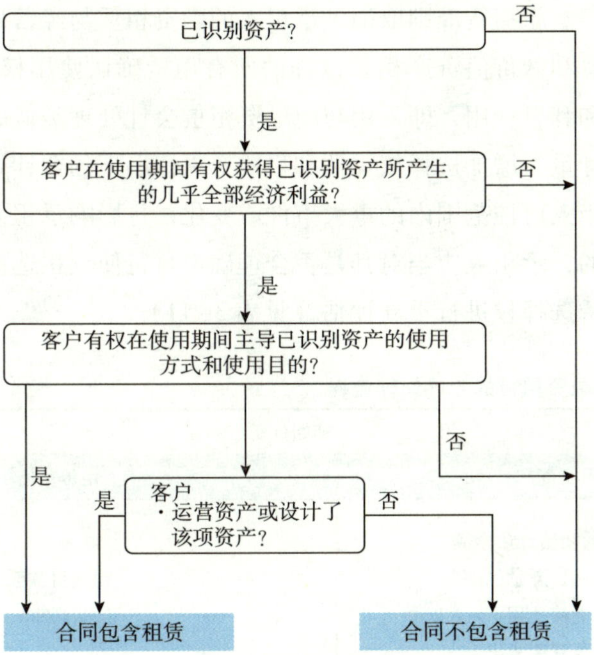

图 3-21 租赁的判断

权在该使用期间主导已识别资产的使用。

此外，租赁拆分和合并概念的引入，使得租赁的计量单元细化到了“单独租赁”，类似于新收入准则下的“单项履约义务”，见表 3-10、图 3-22。

表 3-10 租赁的分拆

同时包含多项单独租赁	▶分拆至各项符合准则规定条件的“单独租赁”
同时包含租赁和非租赁部分	▶通常应当将租赁和非租赁部分分拆 ▶承租人可按照租赁资产的类别选择是否分拆，如选择不分拆，应将各租赁部分及与其相关的非租赁部分分别合并为租赁

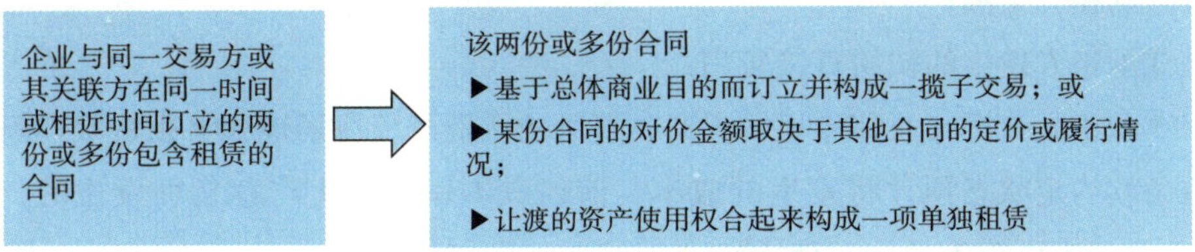

图 3-22 租赁的合并

2. 租赁的会计处理

（1）承租人对融资租赁的会计处理。

新租赁准则对承租人会计处理变化主要有两点：一是承租人会计处理由双重模

型修改为单一模型。新租赁准则取消了承租人的融资租赁与经营租赁分类，要求承租人对除短期租赁和低价值资产租赁以外的所有租赁确认使用权资产和租赁负债，并分别确认折旧和利息费用，即采用与原融资租赁会计处理类似的单一模型。二是改进承租人后续计量，增加选择权重估和租赁变更情形下的会计处理。新租赁准则明确规定发生承租人可控范围内的重大事件或变化，且影响承租人是否合理确定将行使相应选择权的，承租人应当对其是否合理确定将行使续租选择权、购买选择权或不行使终止租赁选择权进行重新评估（见表3-11）。

表3-11　承租人对融资租赁的会计处理流程

<table>
<tr><td colspan="6">初始计量</td></tr>
<tr><td colspan="3">使用权资产</td><td colspan="3">租赁负债</td></tr>
<tr><td colspan="3">租赁负债的初始计量余额
预付租金和租赁激励的调整
初始直接费用
预计拆除复原支出</td><td colspan="3">租赁付款额
折现率</td></tr>
<tr><td colspan="6">租赁期</td></tr>
<tr><td colspan="2">不可撤销期间</td><td colspan="2">承租人有权选择续租期间（如果承租人合理确定会行使该选择权）</td><td colspan="2">承租人有权选择终止租赁期间（如果承租人合理确定不会行使该选择权）</td></tr>
</table>

首先，在租赁期开始日，承租人应当对租赁确认使用权资产和租赁负债，适用简化处理的短期租赁和低价值资产租赁除外（此两项的阐述见豁免规定部分）。

使用权资产应当按照成本进行初始计量。该成本包括：

①租赁负债的初始计量金额；

②在租赁期开始日或之前支付的租赁付款额，存在租赁激励的，扣除已享受的租赁激励相关金额；

③承租人发生的初始直接费用；

④承租人为拆卸及移除租赁资产、复原租赁资产所在场地或将租赁资产恢复至租赁条款约定状态预计将发生的成本。前述成本属于为生产存货而发生的，适用《企业会计准则第1号——存货》。

承租人应当按照《企业会计准则第13号——或有事项》对上述第4项成本进行确认和计量。

租赁付款额，是指承租人向出租人支付的与在租赁期内使用租赁资产的权利相关的款项，包括：

①固定付款额及实质固定付款额，存在租赁激励的，扣除租赁激励相关金额；

②取决于指数或比率的可变租赁付款额，该款项在初始计量时根据租赁期开始日的指数或比率确定；

③购买选择权的行权价格，前提是承租人合理确定将行使该选择权；

④行使终止租赁选择权需支付的款项，前提是租赁期反映出承租人将行使终止租赁选择权；

⑤根据承租人提供的担保余值预计应支付的款项。

折现率，首选租赁内含利率，无法确定时，采用承租人增量借款利率，即承租人在类似经济环境下为获得与使用权资产价值接近的资产，在类似期间以类似抵押条件借入资金须支付的利率。

在后续计量方面，使用权资产：

参照《企业会计准则第 4 号——固定资产》计提折旧；

按照《企业会计准则第 8 号——资产减值》确定是否应计提减值准备。

利息费用：采用固定的周期性利率计算租赁期各期间的利息费用，计入当期损益。

可变租赁付款额（未纳入租赁负债计量的部分）：实际发生时计入当期损益。

重新计量租赁负债：调整使用权资产的账面价值，以调减至零为限，需进一步调减的，剩余金额应计入当期损益。

（2）出租人对融资租赁的会计处理。

总体而言，出租人的会计处理与现行做法差异不大，即出租人继续将租赁分类为融资租赁和经营租赁。但是，新租赁准则引入了国际租赁准则有关生产商或经销商作为出租人的特殊会计处理。

在租赁期开始日，出租人应当对融资租赁确认应收融资租赁款，并终止确认融资租赁资产。出租人对应收融资租赁款进行初始计量时，应当以租赁投资净额作为应收融资租赁款的入账价值。租赁投资净额为未担保余值和租赁期开始日尚未收到的租赁收款额按照租赁内含利率折现的现值之和。

租赁收款额，是指出租人因让渡在租赁期内使用租赁资产的权利而应向承租人收取的款项，包括：

①承租人需支付的固定付款额及实质固定付款额，存在租赁激励的，扣除租赁激励相关金额；

②取决于指数或比率的可变租赁付款额，该款项在初始计量时根据租赁期开始日的指数或比率确定；

③购买选择权的行权价格，前提是合理确定承租人将行使该选择权；

④承租人行使终止租赁选择权需支付的款项，前提是租赁期反映出承租人将行使终止租赁选择权；

⑤由承租人、与承租人有关的一方以及有经济能力履行担保义务的独立第三方向出租人提供的担保余值。

出租人应当按照《企业会计准则第 22 号——金融工具确认和计量》和《企业会计准则第 23 号——金融资产转移》的规定，对应收融资租赁款的终止确认和减值进行会计处理。出租人将应收融资租赁款或其所在的处置组划分为持有待售类别的，应当按照《企业会计准则第 42 号——持有待售的非流动资产、处置组和终止经营》进行会计处理。

3. 特殊事项

（1）售后回租。

新租赁准则还根据《企业会计准则第 14 号——收入》的最新修订，对于售后租回交易的会计处理进行了相应调整。新租赁准则下，售后租回交易的处理，关键在于资产转让是否满足收入准则所规范的“销售”，而非对租赁类型（经营租赁或融资租赁）的判断。不符合“销售”条件的，视为融资行为处理，而即使满足销售条件，出售相关的会计处理及确认的损益也与现行准则不同，其具体处理见表 3-12。

表 3-12　售后回租会计处理原则

	资产转让属于销售	资产转让不属于销售
承租人	▶将原资产账面价值中与租回获得的使用权有关的部分计入售后回租所形成的使用权资产 ▶仅就转让至出租人的权利确认相关利得或损失	▶继续确认被转让资产 ▶确认一项与转让收入等额的金融负债
出租人	▶根据其他适用的企业会计准则对资产购买进行会计处理 ▶根据新租赁准则对资产出租进行会计处理	▶不确认被转让资产 ▶确认一项与转让收入等额的金融资产

（2）转租赁。

转租出租人应当基于原租赁产生的使用权资产，而不是原租赁的标的资产，对转租赁进行分类。但是，原租赁为短期租赁，且转租出租人应用新租赁准则第 32 条（即：对于短期租赁和低价值资产租赁，承租人可以选择不确认使用权资产和租赁负债）。对原租赁进行简化处理的，转租出租人应当将该转租赁归类为经营租赁。

（3）租赁变更。

租赁变更，是指原合同条款之外的租赁范围、租赁对价、租赁期限的变更，包括增加或终止一项或多项租赁资产的使用权，延长或缩短合同规定的租赁期等，租赁变更的具体规则见表 3-13。

表 3-13 租赁变更规则

▶增加一项或多项租赁资产的使用权 ▶增加的对价与租赁范围扩大部分的单独价格按该合同情况调整后的金额相当	▶一项单独的租赁
▶未形成一项单独租赁的租赁变更	▶重新确定租赁期，重新计量租赁负债
▶租赁范围缩小或租赁期缩短	▶调减使用权资产，并确认终止部分的损益

4. 列报与披露要求

（1）承租人的列报与披露要求（见表 3-14）。

承租人应当在资产负债表中单独列示使用权资产和租赁负债。其中，租赁负债通常分别列示非流动负债和一年内到期的非流动负债。

在利润表中，承租人应当分别列示租赁负债的利息费用与使用权资产的折旧费用。租赁负债的利息费用在财务费用项目列示。

在现金流量表中，偿还租赁负债本金和利息所支付的现金应当计入筹资活动现金流出，支付的按新租赁准则第 32 条简化处理的短期租赁付款额和低价值资产租赁付款额以及未纳入租赁负债计量的可变租赁付款额应当计入经营活动现金流出。

表 3-14 承租人的列报与披露要求

资产负债表	利润表	现金流量表	附注
▶使用权资产 ▶租赁负债 分别列示非流动负债和一年内到期的非流动负债	▶租赁负债的利息费用（在财务费用项目列示） ▶使用权资产的折旧费用	▶筹资活动现金流出： 偿还租赁负债本金和利息所支付的现金 ▶经营活动现金流出： 简化处理的短期租赁和低价值租赁的付款额 未纳入租赁负债计量的可变租赁付款额	▶各项与租赁有关的信息 各财务报表项目注释信息 进行简化处理的事实 ▶有关租赁活动的其他定性和定量信息

（2）出租人的列报与披露要求。

财务报表项目列示与现行租赁准则类似，但附注披露的信息更为广泛，除要求列示融资租赁有关的信息外，还明确了应披露的与经营租赁有关的信息。

新租赁准则明确了与租赁相关的现金流量如何列示，规定承租人将偿还租赁负债所支付的现金作为筹资活动现金流量列示，预计将对承租人现金流量表的结构产生影响。

5. 相关豁免规定

对于短期租赁和低价值租赁，承租人可以选择不确认使用权资产和租赁负债，将租赁付款额在租赁期内各个期间按照直线法或其他系统合理的方法计入相关资产成本或当期损益，租赁豁免相关规则见表3-15。

表3-15　租赁豁免相关规则

短期租赁	低价值租赁
在租赁开始日，租赁期不超过12个月的租赁	单项租赁资产为全新时的价值较低的租赁
按照租赁资产类别做出选择	根据每项租赁的具体情况做出选择

（三）新租赁准则对经营租赁业务的不利影响

新租赁准则下，融资租赁业务会计处理基本不变，但会对进行经营租赁的承租人产生较大的影响。新租赁准则的核心变化是：取消了承租人关于融资租赁与经营租赁的分类，要求承租人对经营租赁业务也确认使用权资产和租赁负债（租金支付义务），并分别确认折旧和利息费用。因此，对承租人的影响非常大。很多承租人在达成租赁业务之初便带有资产出表的诉求，它们希望借助经营租赁模式放大财务杠杆，取得租赁物的使用权及其收益，但背后的资产和负债数据某种程度上被“雪藏”。如此出表的操作，对资产负债敏感的承租人，如航空公司、租船公司等构成极大吸引力，成为企业融资、融物的重要通道。但是，新租赁准则的出台对这些行业的承租人带来了巨大的冲击。

其主要影响如下：

（1）对资产负债表的影响。

按照企业会计准则22号对租赁业务的规定，原采用经营租赁方式取得的资产及支付义务应在资产负债表中列示，因此企业应对不可撤销的最低租赁付款额进行折现处理并计入当年财务报告。若按照新租赁准则调整后，以航空上市公司披露数据为例，进行重新测算，其资产负债率将增长3%~6%。

（2）对利润表的影响。

修订后将不再要求将当期的租赁费用计入当期损益，而是通过摊销的方式对使用权资产及租金支付义务进行摊销处理。同时，原最低付款额与现入账的最低付款额现值之间的差额产生的未确认融资费用也应于各期进行摊销计入财务费用。由此，将导致经营租赁承租人的费用分摊方式将由现行的直线法变为与融资租赁一致的“前大后小”模式，即在租赁期的前半段时间内的总费用（即资产折旧加上利息）要高于现行租赁准则下直线法确认的经营租赁费用。具体差异见图3-23。

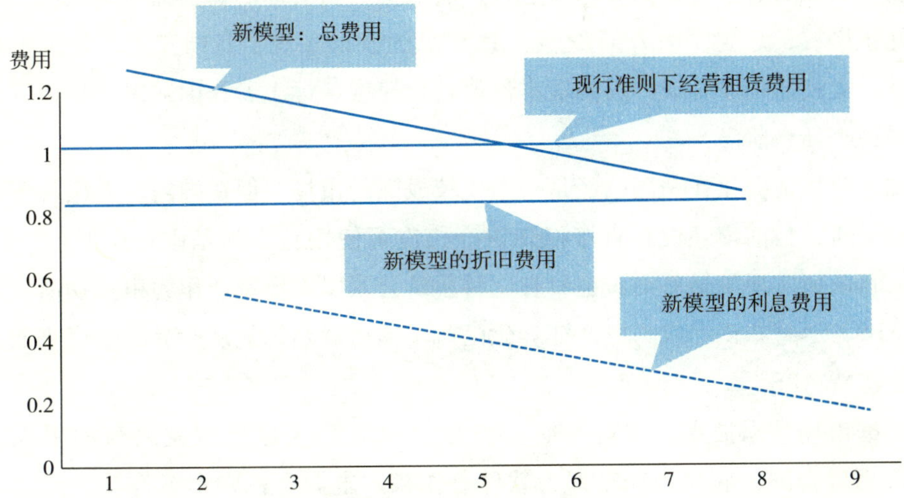

图3-23 新旧准则费用对比图

注：该图引自普华事务所分析，http：//www. shui5. cn/article/f3/117822. html。

（3）对财务指标的影响。

承租人会计处理及财务报表项目的变化进而会导致企业关键财务比率的变化，最直观的表现为承租人的杠杆水平会上升，偿付能力会下降，资产运营能力指标下降（见表3-16）。

表3-16 新旧租赁准则各财务指标变化情况

财务指标	计算方法	影响	原因解释
资产负债率	负债总额/资产总额	上升	租赁资产负债同时增加
流动比率	流动资产/流动负债	下降	租赁负债导致流动负债增加
资产周转率	销售收入/资产	下降	租赁资产增加导致资产增加

二、新租赁准则对ABS的影响

租赁ABS一般是融资租赁公司作为主体发行，对于大型的租赁来说，其进行ABS融资主要是为了出表、调节资产负债率，而对于小型租赁公司来说，则主要是为了进行融资。因为新准则对承租人的会计处理要求与旧准则基本一致，因此新租赁准则对一般的租赁ABS影响并不大，主要会对一些特殊的ABS产生影响。下面将分析新租赁准则的实施对几类ABS业务的影响。

（一）对无形资产租赁 ABS 的影响——以知识产权租赁 ABS 为例

2018 年 12 月 14 日，我国首只知识产权证券化标准化产品“第一创业 - 文科租赁一期资产支持专项计划”在深圳证券交易所成功获批。该产品以北京市文化科技融资租赁股份有限公司为原始权益人，底层资产租赁标的物全部为专利权、著作权等知识产权，总规模达 7.33 亿元。该产品的获批实现了我国知识产权证券化零的突破，大大加快了知识产权的资本价值转化速度，标志着我国知识产权运营水平迈上了一个新台阶。

知识产权证券化在美国已经是一个比较成熟的市场，但在国内，无论是银行间还是交易所，目前都还没有直接将知识产权许可使用费作为基础资产发行 ABS 的案例。目前所实现的最新突破也只有文科租赁公司以无形资产作为租赁物所发行的租赁 ABS，尽管知识产权与资产证券化已产生紧密联结，但从产品的角度来看，依旧还是租赁 ABS。

根据市场数据披露，文科一期 ABS 的基础资产为原始权益人与承租人签订的融资租赁合同，底层资产全部为软件著作权、电影电视剧本著作权、形象著作权和专利权等无形资产。但是新租赁准则规定将承租人通过许可使用协议取得的电影、录像、剧本、文稿等版权、专利等项目的权利排除在租赁准则的适用范围之外，而适用于《企业会计准则第 6 号——无形资产》，因此文科租赁一期 ABS 可能很难被其他租赁公司复制。文科租赁的特殊之处在于其是第一家商务部批准的进行无形资产租赁的试点单位，无形资产评估确权工作是在政府主导下开展的。

（二）CMBS 与类 REITs 中的租赁安排设计

根据市场情况，我国已发行的 CMBS（商业房地产抵押贷款支持证券）和类 REITs（房地产信托投资基金）产品，底层资产基本上都是底层物业租金收入，租赁方式为散租及整租的方式，且都为经营租赁。那么新租赁准则的实施必然会对上述形式产生影响。

比如说保利租赁 REITs 这一单产品，该计划标的物业为保利地产自持租赁住房，且为自建项目，多数项目刚竣工，甚至存在在建项目，尚未办理产权登记，极少投入运营，运营数据缺乏，未来招租的不确定性大，为规避这一风险，保利平安与保利商业对标的物业进行整租，租约确定的租赁按年度支付租金。随后项目公司与整租方签署长租约，租期为 20 年（《合同法》规定范围内的最长租赁期限）。保利租赁住房 REITs 项目主要参与主体见表 3-17。

表 3-17 保利租赁住房 REITs 项目主要参与主体

机构角色	机构名称
原始权益人/资产优先收购权人/资产服务机构	保利房地产（集团）股份有限公司
整租方	保利平安和保利商业
基金管理人	北京中联国新投资基金管理有限公司
托管人/监管人/委贷银行	招商银行股份有限公司广州分行
计划管理人/销售机构	前海开源资产管理有限公司

如果要将这 20 年的经营租赁合同纳入表中，那么对于承租人项目公司来说，其资产负债将双向增加，导致项目公司资产负债率增加，对项目公司的其他财务指标也会带来不利影响。项目公司不会同意，也增加了产品的操作难度。

为了解决上述问题，在进行产品设计时则需要关注租赁合同期限，调整租期长短，避免长期限的经营租赁进表导致项目公司资产负债陡然增加。具体操作可借鉴市场上中联基金主导发行的碧桂园 REITs 这一产品，其在产品设计时设置"首个租赁期为 3 年，在续租协商期内可协商续租，但每次续租期限不超过 3 年，总租赁期限不超过 20 年"。租赁期限最长不超过 3 年，且到期可继续续租，这一条款的设计既可以保证产品在每个 3 年存续期现金流的稳定性，也缓解了项目公司大额资产负债同时进表给资产负债表造成的不利影响，相比 20 年的资产负债进表，增加 3 年的资产负债对于项目公司而言，是可以接受的。这一操作为其他 CMBS 和类 REITs 产品的设计提供了借鉴和思考，在应对新租赁准则方面具有一定的现实意义。

（三）新租赁准则对飞机租赁、船舶租赁 ABS 相关业务的影响

普华永道曾对 3 200 家企业做了调研，发现新租赁准则出来后，公司的平均负债大约增加 22%。从行业角度上看，零售业、租船公司、航空公司受到的影响最大，特别是零售业和航空公司二者的资产和负债会出现明显膨胀。在航空领域，新租赁准则对中小航空公司的冲击较大，尤其是通过经营租赁方式引进飞机居多的公司。

综合来看，受新租赁准则影响，承租人经营租赁下的资产负债入表，其资产负债率将有所上升，由此可能影响承租人对融资租赁工具使用的积极性。这一变化传导至出租人，将波及租赁交易的安全性和稳定性，不排除出现更多提前退租或到期不续租的情况。对于进行融资租赁 ABS 业务的相关出租人，新租赁准则实施后，其可能会面临一定的退租风险（经营租赁退租），这将影响到租赁公司的短期现金

流情况，从而间接影响其 ABS 存续期的正常兑付，可能出现存续期风险问题。

3.5 外汇

租赁公司涉及外汇的业务主要有租赁贸易所涉及的经常项目，例如为货物贸易收付汇；租赁公司所涉及的资本项目，例如境外融资、融资租赁收取外币租金。

（一）贸易外汇收支企业名录

境内租赁公司取得经常项目下的收付汇，首先需要拥有对外贸易经营权（出口贸易资质）。在取得对外贸易经营权后，需要进行货物贸易名录登记。根据《货物贸易外汇管理指引》第 10 条规定，外汇局实行“贸易外汇收支企业名录”登记管理，统一向金融机构发布名录，金融机构不得为不在名录的企业直接办理贸易外汇收支业务，即租赁企业需要进行企业名录登记，才能办理外汇收支业务。

《货物贸易外汇管理指引实施细则》第 3 条规定企业依法取得对外贸易经营权后，需持《货物贸易外汇收支企业名录登记申请书》、法定代表人签字并加盖企业公章的货物贸易外汇收支业务办理确认书及下列资料有效原件及加盖企业公章的复印件，到所在地外汇局办理“贸易外汇收支企业名录”登记手续：企业法人营业执照或企业营业执照副本；中华人民共和国组织机构代码证；对外贸易经营者备案登记表，依法不需要办理备案登记的可提交中华人民共和国外商投资企业批准证书或中华人民共和国台、港、澳投资企业批准证书等；以及外汇局要求提供的其他资料。

同时，《货物贸易外汇管理指引实施细则》第 4 条规定，从事对外贸易的保税监管区域企业，按照保税监管区域外汇管理有关规定办理外汇登记手续时，应当签署《确认书》。区内企业在取得相关外汇登记证明并签署《确认书》后自动列入名录。

租赁企业成功进入货物贸易名录之后，企业可以直接在银行开立经常项目账户，且无地域和账户个数限制。

（二）资本项目外汇收入意愿结汇

依据国家外汇管理局《关于改革和规范资本项目结汇管理政策的通知》（汇发〔2016〕16 号），资本项目外汇收入意愿结汇是指相关政策已经明确实行意愿结汇的资本项目外汇收入，可根据境内机构的实际经营需要在银行办理结汇。境内机构资本项目意愿结汇比例暂定为 100%。

此项政策可使企业选择有利的时点进行结汇，企业能够更好地实现汇率风险管控，实现外币资金兑换收益的最大化，并有利于更好地满足企业的经营与资金运作需要。

（三）全口径跨境融资

当前融资租赁公司获得外汇资金主要通过跨境人民币贷款、境外外汇借款及境外发债。这 3 种跨境外债统称全口径跨境融资。外资融资租赁公司会利用外债额度引入境外低成本资金；而金融租赁公司外汇资金主要来源于传统境内购汇、境内银行外币授信及从境外借款或境外发债。

在外债规模方面，中国人民银行先后发布了《关于在全国范围内实施全口径跨境融资宏观审慎管理的通知》（银发〔2016〕132 号，以下称“132 号文”），以及《关于全口径跨境融资宏观审慎管理有关事宜的通知》（银发〔2017〕9 号）（以下称“9 号文”）。从适用范围看，“9 号文”较“132 号文”对企业的范围由原先的上海、广东、天津、福建自贸区内企业扩展至境内所有法人企业，金融机构的范围由原先的 27 家银行类金融机构扩展至各类法人金融机构，并将外国银行境内分行也纳入适用范围。从规定内容看，“9 号文”要求企业和金融机构开展跨境融资按风险加权计算余额，风险加权余额不得超过上限。具体计算公式为：跨境融资风险加权余额上限 = 资本或净资产 × 跨境融资杠杆率 × 宏观审慎调节参数。

杠杆比例方面，依据规定，金融租赁公司在计算跨境融资风险加权余额上限时，跨境融资杠杆率为 1。而内资租赁公司，视为普通企业，按照跨境融资杠杆率为 2 计算风险加权余额上限，规模约为 2 倍净资产。另据规定，外商投资租赁公司还可在“2 倍净资产”与现行跨境融资管理模式中任选一种适用。

根据国家外汇管理局关于外债管理的规定，外商投资租赁公司按照“投注差”管理原则借用外债，即外商投资租赁公司借用的短期外债余额、中长期外债发生额及境外机构保证项下的履约余额之和不超过其投资总额与注册资本的差额。对于外商投资性控股公司的外债规模，规定注册资本不低于 3 000 万美元的，其短期外债余额与中长期外债累计发生额之和不得超过已缴付注册资本的 4 倍；注册资本不低于 1 亿美元的，其短期外债余额与中长期外债累计发生额之和不得超过已缴付注册资本的 6 倍。外商投资租赁公司借入外债形成的资产将被全部计为风险资产，且根据商务部《融资租赁企业监督管理办法》（商流通发〔2013〕337 号），外商投资融资租赁公司的风险资产不得超过净资产总额的 10 倍。因此，外商投资租赁公司便可以根据自身净资产规模，选择可获取更大外债额度的模式。

在审批报备方面，外债管理规定取消了境外融资事先审批制度：人民银行和外管局不实行外债事前审批，企业改为事前签约备案，金融机构改为事后备案。统一了中、外资企业外债待遇，统一了短期和中长期外债的管理方式。

对于内、外资租赁公司的事前签约备案，“9 号文”第 10 条规定，企业应当在跨境融资合同签约后但不晚于提款前 3 个工作日，向国家外汇管理局的资本项目信息系统办理跨境融资情况签约备案。同时，企业要每年向外管局更新跨境融资信息（包括境外债权人、借款期限、金额、利率和自身净资产等）；如该等信息发生变更，要及时备案变更。

对于金融租赁公司，“9 号文”规定，金融机构开展跨境融资业务前，应根据本通知要求，结合自身情况制定本外币跨境融资业务的操作规程和内控制度，报中国人民银行、国家外汇管理局备案后实施。

（四）跨境双向人民币资金池

依据中国人民银行《关于进一步便利跨国企业集团开展跨境双向人民币资金池业务的通知》（银发〔2015〕279 号），跨境双向人民币资金池业务是指跨国企业集团根据自身经营和管理需要，在境内外成员企业之间开展的跨境人民币资金余缺调剂和归集业务。

跨境双向人民币资金池业务的准入条件为：（1）股权关系要求是跨国企业集团：包括母公司及其控股 51% 以上的子公司，母公司、控股 51% 以上的子公司、单独或者共同持股 20% 以上的公司，或者持股不足 20% 但处于最大股东地位的公司。（2）经营时间一年以上，且未被列入出口货物贸易人民币结算企业重点监管名单。（3）境内成员公司上年度总营业收入不低于 5 亿元人民币，境外成员公司总营业收入不低于 2 亿元人民币。

额度管理根据：跨境人民币资金净流出（入）上限 = 资金池应计所有者权益 × 宏观审慎政策系数。

资金池应计所有者权益 = （境内成员企业的所有者权益 × 跨国企业集团的持股比例）的总和。

境内主办企业应按照《人民币银行结算账户管理办法》等银行结算账户管理规定申请开立人民币专用存款账户，专门用于办理跨境双向人民币资金池业务，账户内资金按单位存款利率执行，不得投资有价证券、金融衍生品以及非自用房地产，不得用于购买理财产品和向非成员企业发放委托贷款。

跨境双向人民币资金池政策可以使租赁公司实现全球资金的集中调配，提高跨境人民币资金的使用效率。资金可以合规、便捷地进行境内外划转，有效降低财务成本。入池资金性质较为宽泛，有效调配股、债、贷资金。

开办跨境双向人民币资金池业务可以帮助集团客户打通境外资金合规入境渠

道，不需要贸易背景，让境外的资金可以合规、便捷地进入境内，同时，降低集团综合融资成本。此外，双向资金池可以将集团境内外盈余资金归集，提高集团内部资金运用效率，实现资金收益最大化；资金池内成员企业盈余资金共享，互补长短，减少银行融资，减少利息费用支出。

另一方面，规定中业务优势主要体现在拉动结算类存款上，由于一个跨国企业集团原则上只能开办一个跨境双向人民币资金池，因此该资金池业务对于租赁公司而言，与银行的合作是排他性的，一旦确定，其他银行则再难进入。

（五）跨国公司外汇集中运营

依据《国家外汇管理局关于印发〈跨国公司外汇资金集中运营管理规定〉的通知》（汇发〔2015〕36 号），跨国公司可以根据经营需要，在所在地银行（省级区域，下同）开立国内外汇资金主账户，集中运营管理境内成员企业外汇资金，办理经常项目集中收付汇和轧差净额结算等业务。此外，规定跨国公司可以根据经营需要，在所在地银行开立国际外汇资金主账户，集中运营管理境外成员企业资金及从其他境外机构借入的外债资金。国际外汇资金主账户之间以及与境外机构境内外汇账户、境外资金往来自由。国际外汇资金主账户内资金不占用企业外债指标，但应按规定办理外债登记。

跨国公司试行借用外债比例自律管理，可在满足规定条件下，遵循商业惯例自行借用外债。

国内外汇资金主账户从国际外汇资金主账户净融入资金不得超过外债总规模。国际外汇资金主账户从国内外汇资金主账户净融出资金不得超过对外放款总规模。跨国公司向境内存款性金融机构借入的外汇贷款不得进入国内外汇资金主账户（用于偿还外债、对外放款等除外）。原则上每个自然月轧差净额结算不少于 1 次。

业务开展期间，相关事项发生变更的（开户银行、主办企业、成员企业等），应按要求及时向外汇局变更备案。

业务的准入条件包括：（1）具备真实业务需求；（2）具有完善的外汇资金管理架构、内控制度；（3）建立相应的内部管理电子系统；（4）上年度本外币国际收支规模超过 1 亿美元（参加外汇资金集中运营管理的境内成员企业合并计算）；（5）近 3 年无重大外汇违法违规行为（成立不满 3 年的企业，自成立之日起无重大外汇违规行为）。贸易外汇收支企业名录内企业，货物贸易分类结果应为 A 类；（6）外汇局规定的其他审慎监管条件。

跨国公司外汇集中运营政策优势包括：国际主账户资金不占用企业外债指标，

但应按照规定办理外债登记。企业办理外债登记后可根据商业原则自主选择偿债币种。简化集团内部资金结算、减少跨境外汇交易量及银行费用，降低企业财务成本。集团共享对外放款额度和外债额度，有效提高资金灵活性。企业归集至主办企业的外商直接投资项下外汇资金、外债资金在国内外资金主账户内按照意愿结汇方式办理结汇手续。国内外汇资金主账户可集中办理经常项下、直接投资、外债和对外放款项下结售汇，相关购汇、付汇业务可在不同银行办理。

对于开展跨境租赁业务的企业，往往境内资源丰富、资金需求量大，跨国公司外汇集中运营可以满足租赁企业对资金灵活调配及融资需求。外汇资金集中运营管理，一方面可以统筹规划集团外汇资金，实现集团内部资金自主调配，提高外汇资金流转率；另一方面，有利于形成规模巨大的“资金池”，便于跨国公司对外汇资金的流向和流量进行全面监督和统一调控；还可以使集团闲置资金效用最大化，实现资金的有效配置。

（六）收取外币租金试点

融资性租赁、经营性租赁业务实施以外币计价结算政策，使租赁企业减少了汇兑成本、降低了汇率风险，为企业未来在全球范围内处置飞机资产和深度参与国际竞争提供了保障。

1. 融资租赁收取外币租金

外资融资租赁公司早期通常借助外方股东从境外融入资金在境内开展融资租赁业务，视同外汇转贷款管理，允许其在境内开展的融资租赁业务收取外币租金。

2012 年出台的《国家外汇管理局综合司关于国内金融租赁公司办理融资租赁收取外币租金问题的批复》（汇综复〔2012〕第 80 号）明确规定，经银监部门批准成立的金融租赁公司，如果其用以购买租赁物的资金 50% 以上来源于自身的国内外汇贷款或外币外债，可以按规定以外币形式收取租金。

2017 年 7 月底，商务部、交通运输部、工商总局、质检总局、外汇局五部门联合发布了《关于做好自由贸易试验区第三批改革试点经验复制推广工作的函》（商资函〔2017〕515 号），规定融资租赁公司可收取外币租金。

为切实将试点经验推广落地，外汇局发布了《国家外汇管理局关于融资租赁业务外汇管理有关问题的通知》（汇发〔2017〕21 号），允许融资租赁业务收取外币租金，同时明确了相关操作性问题。该通知的主要内容包括：一是明确了融资租赁类公司的类型，包括金融租赁公司、外商投资融资租赁公司以及中资融资租赁公司等三类主体。二是明确了在境内收取外币租金的前提条件，即融资租赁类公司用以购买租赁物的资金 50% 以上来源于自身国内外汇贷款或外币外债。三是明确了承租人办理外币租金购付汇的手续：符合前述前提条件的融资租赁业务承租人，可持相关真实性证明材料，自行到银行办理对出租人的租金购付汇手续。四是明确了融资租赁类公司外币租金收入的后续处理：可以进入融资租赁类公司自身按规定在银行开立的外汇账户，超出偿还外币债务所需的部分，可直接在银行办理结汇。

至此，融资租赁类公司收取外币租金政策在全国进行推广实施。

2. 经营租赁收取外币租金

2015 年 8 月，《国家外汇管理局综合司关于在天津东疆保税港区开展经营性租赁业务收取外币租金试点的批复》（汇综复〔2015〕12 号）正式下发。依据规定，开展经营性租赁业务的租赁公司，在购买租赁物的资金 50% 以上来源于自身的国内外汇贷款或外币外债，或者租赁物从境外租入并需要对外支付外汇租金的情况下，可收取外币租金，收取的外币租金可以结汇用于上缴境内税款。至此，经营性租赁收取外币租金政策在东疆展开了试点工作。

经过两年试点和评估，2017 年 8 月 1 日，国家外汇管理局正式批复天津东疆保税港区开展经营性租赁收取外币租金业务，并逐步推行至全国。2017 年 8 月，国家外汇管理局下发了《关于在郑州航空港经济综合实验区开展经营性租赁收取外币租金业务的批复》；国家外汇管理局上海市分局也推行了上海开展经营性租赁收取外币租金业务。2017 年 12 月 1 日、2018 年 8 月 29 日，《广东省人民政府关于印发广东省进一步扩大对外开放积极利用外资若干政策措施的通知》（粤府〔2017〕125 号）和《广东省人民政府关于印发广东省进一步扩大对外开放积极利用外资若干政策措施（修订版）的通知》（粤府〔2018〕78 号）先后发布，要求加大金融支持力度，争取飞机、船舶等经营性租赁收取外币租金业务试点资格，支持区内的外商投资融资租赁公司开展外币结算业务。

3.6 海关

融资租赁公司跨境业务主要模式包括租赁进口、租赁出口、离岸租赁。

租赁进口货物是指经营租赁业务的企业与外商签订国际租赁合同后，由境内企业租赁进口的货物，实际业务模式一般为境外（含保税区内）出租人，将标的物出租给境内承租人，承租人定期支付租金，本报告称此种模式为租赁贸易进口。

租赁出口货物是指经营租赁业务的企业与外商签订国际租赁合同后，由境内企业租赁出口的货物，实际业务模式一般为境内出租人，将标的物出租给境外承租人，承租人定期支付租金。

离岸租赁业务模式一般为保税港区内出租人，将标的物从境内或境外购置，并将标的物出租给境外承租人，承租人定期支付租金。虽然存在跨境行为，但实际上标的物在境内关外流转。

海关处理租赁进口货物和租赁出口货物，统一按照租赁贸易的方式监管。租赁贸易是指经营租赁业务的企业与外商签订国际租赁合同的进出境的货物。

（一）海关界定

在海关进出口货物报关单填制规范和监管方式代码表中，租赁期在一年及以上的进出口货物，监管方式代码“1523”，简称“租赁贸易”。

租赁期在一年及以上的进出口货物分期办理征税手续时，每期征税适用监管方式代码“9800”，简称“租赁征税”。

租赁期不满一年的进出口货物，监管方式代码“1500”，简称“租赁不满一年”。

但经营租赁业务的企业进口自用的设备、办公用品，加工贸易租赁进口的机器设备，补偿贸易租借进口的货物则不适用该流程。

（二）监管要求

依据《中华人民共和国海关进出口货物征税管理办法》（海关总署令第124号），租赁货物属于海关监管货物，租赁进口货物自进境之日起至租赁结束办结海关手续之日止，应当接受海关监管。

纳税义务人应当自租赁进口货物租期届满之日起30日内，向海关申请办结监管手续，将租赁进口货物复运出境。需留购、续租租赁进口货物的，纳税义务人向海关申报办理相关手续应当不迟于租赁进口货物租期届满后的第30日。

“租赁贸易”（1523）期满复运出（进）口的货物，监管方式为“退运货物”（4561），“租赁不满一年”（1500）期满复运出（进）口境的货物，监管方式为“租赁不满一年”（1500）。

关于许可证件及通关单问题，规定租赁贸易（1523、1500）进出口货物实行许可证件管理的，凭授权发证机关签发的许可证件验放。列入《出入境检验检疫机构实施检验检疫的进出境商品目录》范围内的进出口货物，凭货物报关地出入境检验检疫局签发的入境货物通关单、出境货物通关单验放。进口旧机电产品，凭与进口旧机电产品相符的进口许可证件和检验检疫机构出具的入境货物通关单（应当在备注栏标注“旧机电产品”字样）验放。

关于属地申报，要求纳税义务人进口租赁货物，除另有规定外，应当向其所在地海关办理申报进口及申报纳税手续。

此外，在海关总署支持下，北京、天津、石家庄、上海、杭州、青岛、济南、海口、成都、昆明等10个海关已在天津签署合作备忘录，共同打造进口租赁飞机海关跨关区联动监管新模式。联动监管模式下，航空公司可在所在地海关办理通关手续，并在东疆保税港区海关实际通关，改变了过去需要办理转关手续才能完成全部通关流程的通关模式。

4 全国租赁业聚集高地：东疆

4.1 概况

天津东疆保税港区，成立于2006年，是经国务院批准成立的迄今为止面积最大、条件最好、政策最优、效率最高、通关最便捷、环境最宽松的保税港区。东疆保税港区集保税区、出口加工区、保税物流园区功能于一体，在拥有开发区、保税区、高新技术产业园区等区域全部政策的同时，充分享受国家批准的涉及税收、口岸监管、外汇管理等方面的众多优惠政策。

与此同时，东疆保税港区也是京津冀海上门户，是新亚欧大陆桥的重要起点和海陆丝路的战略支点，同时还是京津冀地区唯一的自贸片区之一。

4.1.1 区位概况

东疆港区位于天津港东北部，北临永定新河口，南临天津港主航道，西临规划反“F”航道，东临渤海湾海域，为浅海滩涂人工造陆形成的三面环海半岛式港区。港区南北长约10公里，东西宽约3公里，总面积约30平方公里。

东疆保税港区位于东疆港区内，总面积10平方公里，由5.6平方公里的码头作业区和4.4平方公里的物流加工区组成，是国务院批准设立的功能最全、政策最优惠、开放度最高的保税港区。

按照规划，东疆港区分为码头作业区、物流加工区、综合配套服务区“三大区域”。

码头作业区：已建成6个10万吨级保税集装箱泊位，2个10万吨级、2个4万吨级的散货泊位，4个客轮泊位，装箱中心站（海铁换装中心）正在建设中。

物流加工区：建成79.9万平方米标准厂库房、9万平方米低温冷库、7万平方米恒温恒湿库。

综合配套服务区：建成国际邮轮母港、游艇码头、国际商品展销中心、国家

4A 级的东疆湾沙滩景区及一批写字楼和住宅。

4.1.2 租赁产业概况

截至目前，在天津东疆累计注册的包括 SPV 在内的融资租赁公司已经达到 3 000多家，注册资本近 5 000 亿元人民币，形成了租赁总资产约万亿元，奠定了航空、航运、海工三大优势的租赁板块。天津东疆保税港区已经成长为华北乃至全国融资租赁产业发展的“桥头堡”和“集聚地”，其在飞机、国际航运船舶、海工平台等方面的跨境租赁业务占据全国总量的 80% 。

2018 年，中煤科工金融租赁股份有限公司、天翼融资租赁有限公司等融资租赁企业相继落户天津东疆。天津东疆内资租赁试点企业已形成了品牌示范效应，已经吸引了央企、国企以及行业龙头企业纷纷落户东疆并申报内资融资租赁试点资质。

与此同时，除了诸如船舶、设备、轨道交通等传统租赁业务之外，天津东疆保税港区内融资租赁企业还拓展了新能源汽车、医疗健康设备、基础设施等新兴业务领域，实现了板块多元化和业务模式创新。

在飞机租赁领域，2018 年，天津东疆全年新增飞机 281 架，新增飞机租赁资产约 150 亿美元。截至 2018 年底，东疆累计完成 1 414 架飞机租赁业务，其中民航运输飞机数量历史性突破千架大关，达到 1 144 架。民航资源网数据显示，截至 2018 年底，我国民航运输飞机共 3 615 架。东疆完成的民航运输飞机租赁的数量已约占我国民航运输飞机总量的 1/3。工银租赁、国银租赁、建信租赁、中航租赁、交银租赁等持续扩大东疆飞机资产规模。信达金租、国航租赁公司、中建投租赁、LCI 等首次通过东疆项目公司开展飞机租赁业务。

东疆保税港区已经成为继爱尔兰之后，拥有飞机资产最多的世界第二大飞机租赁聚集地，全国民航机队中每 4 架飞机就有一架来自东疆。

4.2 东疆租赁业的发展历程与特色

4.2.1 产业发展历程

东疆租赁业的起步，源于市场对国内飞机租赁模式的迫切需求，得益于推进滨海新区开发开放的历史机遇。

2009 年 5 月，空客（天津）总装厂首架飞机交付，该次交易各方均为境内企业或具有中资背景企业，飞机的总装、购买和使用均在国内，唯有租赁环节通过境外租赁平台完成。由于国内开展飞机租赁业务的环境尚不成熟，国内航空公司以租赁方式引进的飞机，基本全部通过爱尔兰、新加坡等国的飞机租赁公司，国内航空租赁市场被境外租赁公司垄断，飞机引进成本居高不下，这一事件使东疆找到了发展飞机租赁市场的潜在机遇。借助滨海新区开发开放的契机，东疆管委会与工银租赁等机构积极走访国家发展改革委、商务部、海关总署、国家税务总局、国家外汇管理局等部门，共同探索可行的国内飞机租赁模式。

2009 年 12 月，利用东疆保税港区特有的保税功能，工银租赁和南方航空公司合作完成了 2 架飞机融资租赁交易，实现了中国首单保税进口飞机租赁业务，在全球范围内开创了飞机保税租赁这一“东疆模式”，填补了中国本土飞机租赁业的空白，具有里程碑式意义，自此拉开了东疆租赁创新发展的序幕。

自 2009 年底东疆模式诞生起，东疆租赁产业发展经历了先行先试、国家创新试点和国家租赁创新示范区建设三个阶段。

1. 推动租赁业务先行先试（2009. 12—2011. 5）

《国务院关于推进天津滨海新区开发开放有关问题的意见》（国发〔2006〕20 号）鼓励天津滨海新区进行金融改革和创新，并指出在金融企业、金融业务、金融市场和金融开放等方面的重大改革，原则上可安排在天津滨海新区先行先试。东疆自完成第一单保税进口租赁飞机开始，就积极争取海关、外汇、发改、税务等监管和职能部门的支持，在业务操作上先行先试，先后完成了 50 余架飞机的租赁业务，吸引了多个企业和金融租赁公司在东疆设立租赁公司和项目子公司，初步形成了飞机租赁业务的聚集效应。

2. 推进租赁制度创新试点（2011. 5—2015. 4）

飞机租赁聚集效应的初步形成以及面临的业务发展难题带来了进一步的制度创新需求。2011 年 5 月，国务院印发《关于天津北方国际航运中心核心功能区建设方案的批复》（国函〔2011〕51 号），要求以东疆保税港区为核心载体，开展租赁业务创新试点等四项试点政策。之后，国家发展改革委、财政部、海关总署、国家税务总局、国家外汇管理局等有关部委和天津市有关部门也相继出台了专项配套文件和实施细则，支持上述试点政策加快落地。至此，东疆初步建立起有助于租赁业发展的创新机制和制度体系。

在制度创新带动下，东疆租赁产业规模迅速壮大，飞机租赁业务增长迅猛，年均增长率超 100%，船舶、海工租赁业务起步，逐步形成交通运输、轨道机车、电力设备、新能源、医疗器械等多个租赁板块。由此，东疆形成了一批可复制推广的租赁业创新试点经验，并在其他相关区域推广实施，助推了全国租赁业的发展壮大，融资租赁服务实体经济、拓宽中小企业融资渠道、促进经济稳定增长和转型升级的积极作用日益显现。

3. 建设国家租赁创新示范区（2015.4 至今）

2015 年 4 月，国务院印发《中国（天津）自由贸易试验区总体方案》（国发〔2015〕19 号），要求天津自贸试验区“率先推进租赁业政策创新，形成与国际接轨的租赁发展环境，加快建设国家租赁创新示范区”。中国人民银行同年出台支持天津自贸试验区建设的“金改 30 条”意见。以此为标志东疆租赁业迈入以金融配套政策创新促进融资租赁业发展的新阶段。10 年来，东疆深入研究租赁产业在监管、融资、司法等方面的需求，分析行业风险和发展瓶颈，推动政策创新和业务创新，得到了国家相关部委和国务院领导的大力支持，推动了一系列租赁政策、制度创新的落地，成为租赁行业政策创新的策源地和试验田，形成了数十种新的业务模式，发挥了国家租赁创新示范区的引领和示范作用。

在政府服务和行业生态建设方面，东疆在国内首创“专家 + 管家式”服务理念，搭建了以监管职能部门联动支持、专业服务平台有效支撑、专业化团队贴心服务为特点的涵盖业务全流程的服务体系。建成了租赁上下游企业集聚的国家租赁和新金融产业园，成为天津自贸试验区“加快建设国家租赁创新示范区”的重要载体。

4.2.2　租赁产业特色

依托于租赁政策功能创新以及完善的基础设施服务等发展优势，东疆保持了租赁业快速发展的态势，产业“质”“量”持续领跑，已初步建成全国领先的租赁产业聚集地。

1. 租赁资产规模持续壮大

截至 2018 年底，东疆租赁资产总额约为 10 000 亿元人民币，奠定了航空、航运、海工三大租赁优势板块，累计完成 1 414 架飞机、150 艘国际航运船舶和 15 座海上石油钻井平台的租赁业务，飞机、船舶、海工设备租赁资产累计总额约 800 亿美元，国内市场占有率达 80% 以上，形成了中国飞机租赁中心、船舶海工和大型设备租赁基地。东疆已成为全国租赁资产最集中的区域，在全国享有“东疆租赁模式”美誉。

2. 租赁企业加速聚集

截至 2018 年 12 月底，东疆共注册租赁公司 3 172 家，其中，金融租赁公司 2

家，外商投资融资租赁公司1 097家，内资试点融资租赁公司85家（占比全国近24%），单一项目公司1 831家，其他租赁公司和分公司157家，累计注册资本金达5 359亿元人民币。各大央企集团、境内外上市公司、各省大型国企纷纷在东疆设立租赁公司，持续推动了联通租赁、天翼融资租赁、航天租赁、中维华信租赁、一汽租赁、首钢融资租赁、国药租赁、光谷融资租赁等一批行业龙头项目落户东疆，东疆已经成为国内优质租赁企业的最大集聚地。

3. 租赁品种不断丰富

东疆租赁企业业务已基本覆盖飞机、船舶、海工设备、电力设备、轨道交通、医疗器械、新能源汽车等多个领域，形成了以工银、中航、中飞租等为代表的飞机租赁板块，以民生、交银、中远海发等为代表的船舶海工租赁板块，以中铁、大唐、国电等为代表的装备设备租赁板块，以中车、中铁建等为代表的轨道交通租赁板块，以中水电、中节能、中民投等为代表的新能源租赁板块，以远东、平安、复星等为代表的医疗器械租赁板块，以国机、一汽、易鑫等为代表的汽车租赁板块等。

4.3 发展环境持续优化

4.3.1 2018年东疆租赁政策创新

【母子公司共享外债额度】2018年3月，国家外汇管理局印发《关于中飞租融资租赁有限公司外债便利化试点的批复》，同意中飞租下设在天津的特殊项目公司（SPV）共享中飞租外债额度，中飞租成为全国首家获批子公司共享母公司外债额度的企业。同时，该批复还允许天津辖内其他融资租赁公司下设注册在天津的SPV共享母公司外债额度。天津成为全国首个享受租赁企业外债便利化试点政策的地区。该政策的落地，为飞机、船舶等租赁项目子公司借用外债开辟了一条全新渠道，极大地便利了项目公司跨境融资业务，将吸引飞机、船舶等租赁业务进一步向天津聚集。

【进口租赁飞机全国跨关区联动监管】2018年5月，在海关总署的支持下，东疆保税港区与天津、北京、上海等10个海关协同联动，共同打造进口租赁飞机海关跨关区联动监管创新模式，简化通关手续、提高通关效率，实现了以东疆为轴的多地海关监管的互联互通。此外，于2018年12月28日正式封围投入使用、纳入天津机场飞行控制区管理的飞机租赁区，实现了海关特殊监管区域和机场飞行控制区域功能的双重叠加，飞机入区流程进一步优化，飞机入区准备时间大幅缩短，企业操作更加便捷，区域共管、资源共享的模式为全国首创。

【船舶登记业务权限下放自贸区】天津海事局简政放权将船舶登记业务下放至分支海事局，是海事部门进一步支持天津自贸区建设的一项重要举措。权限下放后，东疆海事局于2018年12月完成了首个融资租赁船舶登记业务，成为东疆推动“区内事区内办”和政府集成创新平台的一大举措。

4.3.2 2018年东疆租赁配套服务创新

【搭建银企对接平台】天津东疆银企对接平台的搭建既满足了租赁企业的融资需求，更好地提升了东疆的金融服务职能，同时为这些优质的租赁企业授信也能满足天津金融机构的风控要求，是金融机构急待开发的、首选的优质资源，通过平台的对接真正起到地方金融机构支持地方经济建设的作用，促进东疆乃至天津地方经济可持续发展。

【成立租赁创新产业基金】成立聚焦于服务融资租赁企业的租赁创新产业基金，充分发挥政府资金的引导和撬动作用，解决融资租赁企业在发行资产证券化产品中普遍遇到的痛点。

【推动加强租赁资产流转】东疆保税港区正积极研究和推动飞机交易，优化交易流程，打造良好的飞机资产流转环境。截至2018年末，东疆的租赁企业通过资产交易、股权交易的方式，已完成70余架飞机的资产交易，交易模式涵盖跨境交易和区内交易，其中2018年达成交易的飞机共计10架。

产业市场篇

5 航空租赁

飞机租赁板块是租赁行业最大的子板块之一，依据全球领先的航空数据集团 FlightGlobal 2018 年 9 月 6 日的不完全统计数据，航空机队价值在 1 亿美元以上的中国租赁公司及中国控股的租赁公司已达 26 家，总机队价值约为 817.17 亿美元，折合人民币约为 5 574.49① 亿元。

5.1 航空市场发展情况

飞机租赁是飞机制造商和航空公司等飞机运营使用者的中间环节。根据亚太航空中心（CAPA）统计，全世界一半航空公司的在役商用飞机是通过租赁取得的。飞机租赁渗透率在拉丁美洲、欧洲和亚太地区较高，在北美和非洲较低。租赁飞机的比例在 20 世纪八九十年代强劲增长，但在过去 10 年中趋于平稳。航空公司通过租赁或购买的方式获得飞机，主要用于航空旅客运输。虽然航空货运尤其是快递行业近几年在国内发展迅速，但在行业体量上仍然无法比拟航空客运。

（一）航空客运量

航空旅客运输市场在 21 世纪全球经济危机（2008—2010 年）中经历了回落之后，至今一直保持着 7% 左右的年均增长率。

国际航空运输协会（IATA）发布的航空运输旅客预测报告显示，按照目前的行业发展趋势，至 2037 年，全球航空客运量将达到 82 亿人次，是 2018 年的两倍。

国际航空运输协会预测，2025 年，中国将成为世界上最大的航空客运市场。到 2037 年，中国航空客运量将由现在的 6 亿人次增长到 16 亿人次。美国航空客运

① 依据中国人民银行同日美元兑人民币汇率中间价 6.821 7 计算。

市场在2037年将增长到13亿人次，较现值新增4.81亿人次。印度将在2024年从现在的第七跃升为世界第三大航空客运市场，预计2037年其航空客运量将达5.72亿人次，较现值新增4.14亿人次。

此外，印度尼西亚将在2030年成为世界第四大航空客运市场，预计2037年其航空客运量达4.11亿人次，较现值新增2.82亿人次。尼日利亚因近期较高的生活标准，人口平均年龄较小，人口增长率较高，预计未来20年，年平均航空客运增速将达5.2%。土耳其因人口红利，预计在21世纪30年代早期成为世界第八大航空客运市场。巴西预计在21世纪20年代中期重回世界第五大航空客运市场。泰国预计将在2030年进入世界前十大航空客运市场，同时意大利被挤出前十。菲律宾将在20年代中期升为世界第11大航空客运市场，高速增长的人均国民收入、人口红利是主要原因。

从地区来看，航空行业重心正加速东移。东南亚和中国的增速令人瞩目。亚太地区到2037年航空客运量将增长23.5亿，达到39亿人次，年均复合增长率为4.8%。未来20年，北美航空客运量预计增加5.27亿人次，全年总量达到14亿人次，年均复合增长率为2.4%。欧洲航空客运量至2037年预计增加6.11亿人次，总量达19亿人次，年均复合增长率为2.0%。拉丁美洲市场至2037年预计增加3.71亿人次，总量达7.31亿人次，年均复合增长率为3.6%。中东地区至2037年预计增加2.90亿人次，总量达5.01亿人次，年均复合增长率为4.4%。非洲至2037年预计增加1.99亿人次，总量达3.34亿人次，年均复合增长率为4.6%。

在客运量高增长预期的同时，旅客周转量（RPK）的预期同样高速增长。根据国际民航组织不完全统计，2017年旅客周转量（RPK）较2016年增长7.5%。这一数字继续大幅领先全球GDP增长率。

空中客车公司预测，未来20年全球航空旅客周转量年均增长率为4.4%，前10年的增长率为4.8%、后10年的增长率为4.0%。预期20年后全球航空旅客周转量是现在两倍以上。全球航空运输市场年均航空客运量将呈逐年上涨的态势，快速增长的航空客运需求为航空公司的发展带来利好。

（二）航空公司

航空公司是飞机租赁业务的主要客户，也是航空产业链主体。依据FlightGlobal的数据，2017年，主营业务收入、营业利润、旅客周转量、旅客运输量指标在全球前十的航空公司见表5-1—表5-4。

表 5-1 主营业务收入 Top10

航空公司	国家	主营业务收入（亿美元）
美国航空集团	美国	422
达美航空	美国	412
汉莎集团	德国	404
联合大陆航空	美国	377
联邦快递	美国	362
法航荷航	法国	293
阿联酋航空	阿联酋	279
国际航空集团	英国	261
西南航空	美国	212
中国南方航空	中国	190

数据来源：FlightGlobal，中国融资租赁三十人论坛整理。

表 5-2 营业利润 Top10

航空公司	国家	营业利润（亿美元）
达美航空	美国	61.1
美国航空集团	美国	40.6
西南航空	美国	35.2
联合大陆航空	美国	35.0
汉莎集团	德国	33.8
国际航空集团	英国	31.0
联邦快递	美国	25.8
瑞安航空公司	爱尔兰	19.6
中国国航	中国	17.5
法航荷航	法国	17.0

数据来源：FlightGlobal，中国融资租赁三十人论坛整理。

表 5-3 旅客周转量 Top10

航空公司	国家	RPKs（亿千米）
美国航空集团	美国	3 641.91
达美航空	美国	3 502.99
联合大陆航空	美国	3 479.63
阿联酋航空	阿联酋	2 922.21
汉莎集团	德国	2 611.56
国际航空集团	英国	2 528.19
法航荷航	法国	2 484.76
中国南方航空	中国	2 306.97

（续表）

航空公司	国家	RPKs（亿千米）
西南航空	美国	2 078.02
中国国航	中国	2 010.90

数据来源：FlightGlobal，中国融资租赁三十人论坛整理。

表 5-4　旅客运输量 Top10

航空公司	国家	旅客运输量（万人次）
美国航空集团	美国	19 960
达美航空	美国	18 640
西南航空	美国	15 780
联合大陆航空	美国	14 810
瑞安航空公司	爱尔兰	13 030
汉莎集团	德国	13 000
中国南方航空	中国	12 630
中国东方航空	中国	11 080
国际航空集团	英国	10 480
中国国航	中国	10 160

数据来源：FlightGlobal，中国融资租赁三十人论坛整理。

美国公司中，美国航空集团、达美航空、西南航空、联合大陆航空、联邦快递为各榜单常客。德国、英国、法国与荷兰等欧洲老牌国家分别有航空公司上榜。中东地区作为液体黄金的出产地，有着阿联酋航空、卡塔尔航空等优质航空公司，这些航空公司尤其以高质量服务而闻名。同时，阿联酋航空也因其经营长距离航线的特点在主营业务收入和旅客周转量两个榜单中上榜。中国国航、中国南方航空、中国东方航空分别上榜。可以看出，我国航空市场从体量上和美国仍有一定的差距。相应地，航空公司各项指标对标美国同行仍有一定的上升空间。

飞机租赁公司的产业链下游较为分散，主要为航空公司，业务范围遍布全球。不同于其他板块业务聚焦国内市场，我国飞机租赁行业国际化发展进度较快，紧跟世界飞机租赁市场步伐，客户范围基本覆盖全世界。

（三）商用飞机

在航空客运市场旅客周转量与旅客运输量双重翻番的预期下，商用飞机的需求量将进一步增大。根据 FlightGlobal 预测，未来 20 年全球商用飞机需求量约为 25 000 架，届时全球航空机队总量达 53 600 架，其中单通道、双通道飞机的需求占主导地位。

结合客运机队和货运机队，空客公司为未来 20 年全球机队市场做了预期（见图 5-1）。

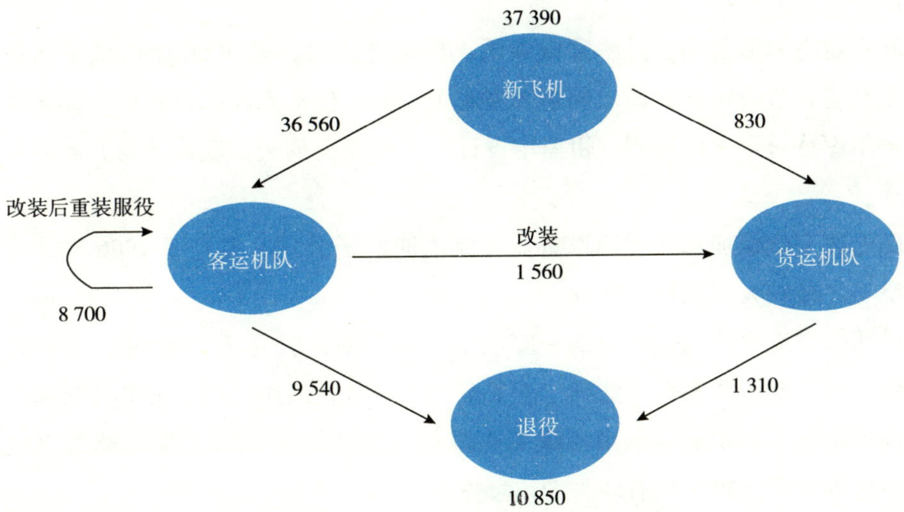

图 5-1 未来 20 年全球机队市场预期情况

资料来源：Airbus。

空客认为，在 2018 年初全球 21 450 架飞机的机队规模基础上，未来 20 年，世界机队将实际淘汰 10 850 架，经过旧飞机改装、转型以及新飞机生产，到 2037 年，世界机队规模将达到 47 990 架。面对如此大的飞机缺口，如果新飞机仍然保持 50% 购买、50% 租赁的比例，世界新飞机租赁将是一块巨大的蛋糕。

（四）飞机制造商

世界主要飞机制造商包括：波音公司、空中客车公司、联合航空制造公司、庞巴迪宇航、巴西航空工业公司、中国商飞等。在飞机制造行业，制造商集中度较高，两大飞机制造商波音、空客基本控制着飞机生产市场。其他飞机制造商主要生产小型飞机。

【波音公司】 波音公司是美国一家开发及生产飞机的公司，总部在伊利诺伊州芝加哥，在航空业拥有颇高的市场占有率。1997 年，美国波音公司和麦道公司股东批准合并，与麦道公司完成合并后的波音公司已经成为世界上航空航天领域规模最大的公司。波音民用飞机集团（主要生产民用运输机）是波音四大业务集团之一，是全球航空业的领袖公司，也是世界上最大的民用飞机制造商之一。

【空中客车公司】 空中客车公司（Airbus），是欧洲一家民航飞机制造公司，于 1970 年由德国、法国、西班牙与英国共同创立，总部位于法国图卢兹。空中客车公司作为一个欧洲航空公司的联合企业，其创建的初衷是为了同波音和麦道等美国公司竞争。空中客车公司目前已掌握了全球约一半的民用飞机订单。

【其他飞机制造公司】 联合航空制造公司、庞巴迪宇航、巴西航空工业公司、中国商飞。

联合航空制造公司，是一家俄罗斯飞机制造公司，是2006年由俄罗斯最主要的几家航空制造公司合并而成的超大型军工企业，包括米高扬设计局、苏霍伊设计局、伊尔库特科学生产集团、伊留申设计局、雅克夫列夫实验设计局、图波列夫设计局等。

庞巴迪宇航是加拿大运输设备业者庞巴迪的子公司，创立于1986年，是除波音、空客之外较大的飞机生产商。

巴西航空工业公司是巴西的一家航空工业集团，成立于1969年，总部位于巴西圣保罗州的圣若泽多斯坎波斯，业务范围主要包括商用飞机、公务飞机和军用飞机的设计制造，以及航空服务。现为全球最大的120座级以下商用喷气飞机制造商，在世界支线飞机市场有较大的市场份额。

中国商飞是我国大飞机产业核心企业和骨干中央企业。现已有较成熟型号ARJ21、C919、CR929分别处于运营、试航、研发阶段。

5.2 航空租赁产业发展情况

飞机生产商被世界其他国家垄断，尤其是波音和空客两大制造商牢牢把握着市场的话语权。中国飞机租赁公司起步较晚，进入市场年限较短，与两大制造商的谈判仍然处于劣势地位，这种情况会因中国商飞的崛起和生产能力逐步提升而得到缓解。

全球航空市场有着十分巨大的“蛋糕”。由旅客需求量带来的航空运输需求目前看来是无可动摇的。很多数据分析显示，航空运输需求走势比GDP增长更为强劲。在需求市场的拉动下，世界飞机需求以及老旧飞机的淘汰，给新飞机的购买和租赁带来了极大的市场。

【世界市场】对于中国飞机租赁公司来说，目前美国市场仍然是较难进入的市场。但是在北美之外，中国飞机租赁公司的业务渗透能力较强，有足够的能力扩大在世界飞机租赁市场的占有率。2007年中国租赁公司在全球租赁市场中占据的份额几乎可以忽略不计，到2017年底，全球每10架飞机当中，就有一架来自中国公司。可以看出，中国飞机租赁公司在全球航空金融产业中的影响力也在不断提升。

随着航空发展重心逐渐东移，环太平洋地区预计会成为重要的新兴市场。中国以其地缘优势及国家政策支持，在抢占市场方面有一定的优势。

【本土市场】中国市场是飞机需求量增长最快的市场之一，且中国租赁公司在国内市场有着较高的控制力。过去 10 年，“四大支柱”及外汇管理、海关等为主要内容的政策环境是中国飞机租赁行业发展的重要驱动力量。随着改革开放深入推进，整体飞机租赁板块呈现不断优化的态势。

2007 年至今，国家出台多项红利政策以及便利化措施保证飞机租赁在中国高速发展。指导性意见包括：《关于加快飞机租赁业务发展的意见》（国办发〔2013〕108 号）、《关于加快融资租赁业发展的指导意见》（国办发〔2015〕68 号）等。在飞机租赁聚集地尤其是保税港区等地区也出台了便利化措施，例如：融资租赁、经营性租赁收取外币租金，母公司与 SPV 公司共享外债额度。在税收方面出台的优惠政策包括：《关于租赁企业进口飞机有关税收政策的通知》（财关税〔2014〕16 号）、《国家税务总局 海关总署联合公告 2018 年第 24 号（关于进口租赁飞机有关增值税问题）》（联合公告〔2018〕24 号）。

政策环境的不断改善助力我国飞机租赁腾飞。2007 年底，国内航空公司中租赁的飞机数量为 481 架，中国租赁公司只有 26 架，占比仅为 5%，当时市场上活跃的中国租赁公司只有 4 家。经过 10 年发展，到 2017 年底，市场上活跃的中国租赁公司已经有 20 多家，已经牢牢控制着国内航空公司飞机租赁和融资市场，占据了新飞机租赁市场 90% 以上的份额，在国内航空公司 1 369 架租赁飞机存量规模中占比超过 50%。从中国的政策导向和延续性推断，中国租赁公司对本土市场的把控能力将越来越高。

总体来说，中国飞机租赁行业拓展趋势为稳抓本土市场、渗透欧美市场、抢占新兴市场。

【影响因素】 影响飞机租赁市场预期的因素有新会计准则、贸易环境、国际油价等。

新会计准则实施之后，无论飞机承租人处于国内市场还是国外市场，都面临着新会计准则变动的冲击。经营性租赁原有的表外优势，在新会计准则实施后将消失，从而可能导致飞机承租人的资产负债率上升、资产周转率下降，最终影响承租人对经营租赁业务的需求。原有因“表外融资、优化报表”而选择经营租赁飞机的客户可能会通过其他方式租赁飞机。这种冲击对整个飞机租赁板块都会有较大的影响，尤其是对以经营性租赁为主的飞机租赁公司影响较大。

中美贸易战可能对飞机租赁公司的影响有限，因为目前美国提出的关税条款仅适用于小部分飞机租赁公司的投资组合。较高的税收和关税主要以成本增加的形式传递给承租人。另外，不可否认的是，关税的增加会对旅客周转量（PRK）造成负面影响，最终会影响租赁公司的盈利能力与扩张速度。不过相较于宏观层面旅客周转量的增长趋势，中美贸易环境的变动对飞机租赁业的发展形势影响较小。

燃料成本对航空公司的飞机使用偏好影响较大。航空公司日常运营支出中，燃料成本占较大比重。油价较高时航空公司对新型飞机的偏好较高，有动力引入新飞机，选择型号时也着重考虑燃油经济型。而燃油成本较低时，航空公司可能会偏向继续保养并沿用老式飞机而非大量引入新型节能飞机。不过，从产业分析可知，未来飞机需求高速增长的主要动力并不是老飞机的淘汰，而是整体需求的增长。所以，即使未来维持较低的燃油成本，飞机租赁产业受燃油成本的影响仍然较小。而一旦燃油成本提高，将是飞机租赁产业一大利好。

5.3 航空租赁主要业务模式

现阶段，我国航空租赁的业务模式主要包括经营租赁、融资租赁、跨境租赁、售后回租、干租和湿租等。

经营租赁

经营租赁的主要特点是，在合约终止时，飞机将返还给出租人。因此飞机的残值风险和收益由出租人承担。

融资租赁

融资租赁的特点是，在合约终止时，航空公司因飞机所有权问题，会承担飞机残值的风险和收益。

跨境租赁

飞机租赁往往是跨境交易，航空公司和租赁公司往往在不同国家注册。不同国家对飞机租赁业务过程中的会计处理及税收制度有所不同，尤其是在爱尔兰、新加坡、中国香港等国家和地区，以及部分国家的保税港区有税收优惠政策。跨境租赁可能使飞机租赁业务享受到部分税收优惠。

售后回租

售后回租是融资租赁的一种形式。主要形式是航空公司将飞机对外卖出然后再重新租回。这种方式可以让承租人在短期获得大量现金，以解决短期资金问题。

干租和湿租

干租一般指租赁飞机，不含保险、机组成员以及维修。典型的干租有经营租赁和融资租赁两种模式。

湿租为航空公司提供飞机及相关配套项目，例如保险、机组成员以及维修。

5.4 中国飞机租赁公司分析

依据 FlightGlobal 2018 年 9 月 6 日的不完全统计数据，航空机队价值在 1 亿美元以上的中国租赁公司及中国控股的租赁公司已达 26 家，总机队价值约为 817.17 亿美元，折合人民币约为 5 574.49 亿元（见表 5－5）。

表 5－5 规模超 1 亿美元的中资飞机租赁机队情况

公司名称	机队价值（亿美元）	机队数量（架）
Avolon	181	558
中银航空	141	330
工银租赁	135	331
国银航空	70.70	212
交银租赁	69.30	178
中飞租	39.09	117
招银金租	27.70	69
建信租赁	26.00	65
浦银金租	13.78	32
长江租赁	13.15	65
中航租赁	12.43	51
天合租赁	11.46	22
中民投租赁	10.65	22
民生商业航空	9.27	34
奇龙航空租赁	9.00	31
朗业租赁	7.79	19
平安租赁	7.54	12
民生金租	6.93	16
天津渤海租赁	6.38	13
兴业租赁	4.89	9
香港国际航空租赁	3.22	10
光大金租	3.16	9
厦门航空租赁	2.80	28
华瑞租赁	2.62	7
中国南方航空租赁	1.25	14
农银租赁	1.06	7

数据来源：FlightGlobal，中国融资租赁三十人论坛整理。

榜单中前3大飞机租赁公司机队价值总量占据了总价值的一半。可以看出，飞机租赁规模化发展程度较大，行业龙头公司对市场的占有率极高。其原因在于，飞机租赁较为依赖资金背景，资金规模和资金成本直接决定了企业的盈利。资本市场的能力是飞机租赁公司最核心的竞争力。

5.5 航空租赁资本运作新趋势[①]

航空租赁业务历来被视为租赁业“皇冠上的明珠”，是租赁企业扩大经营规模和效益、创造市场影响力和品牌的成功路径。

纵观全球领先的数十家租赁企业，基本是以航空租赁业务为主。十多年前，中国的飞机租赁公司还与当时的飞机租赁巨头ILFC（国际租赁金融公司）、GECAS（通用航空金融服务公司）等公司存在较大差距。随着中国租赁业的复兴和崛起，国内有实力的金融租赁企业、融资租赁企业，依托中国的开放政策和资本实力，逐步进入租赁业的高端市场——国际航空租赁市场。可喜的是，一批有实力有远见的中国租赁企业，包括渤海租赁、工银租赁、国银租赁、中银租赁，通过开展航空租赁业务已经跻身于全球领先的十大租赁企业之列，中国的租赁企业已经能够在全球市场上与国际一流飞机租赁公司同场竞技。这不仅为中国的租赁企业创造世界级品牌探索了成功的经验，也极大地提升了中国在全球租赁市场、航空市场的影响力和定价权，使得中国整个飞机租赁行业在国际舞台上发挥着越来越重要的作用，实现了经济效益和社会效益的双丰收。

正因为如此，航空金融市场也越来越受到有实力、有远见的中国金融机构的关注和参与。上述所提到的渤海租赁、工银租赁等中国租赁企业国际航空租赁业务的开展，国际航空租赁企业的并购，正是与中国进出口银行、国家开发银行、中国工商银行等中国大型金融机构深度合作的成果。在此过程中，中国租赁企业和金融机构积极创新，形成了几种成功合作的商业模式，例如“工银模式”与“渤海模式”。

“工银模式”，工银租赁、国银租赁等一批租赁企业，依托银行背景和信用，与国内大型政策性银行、商业银行形成紧密的战略合作关系，获得大量的信贷资金支持，迅速形成市场规模和影响力，短短数年晋身世界前列。

“渤海模式”，渤海租赁依托航空产业背景和专业能力，在国内政策性银行和大型商业银行的支持下，积极开展跨境兼并收购，从而迅速位居全球租赁行业领先地位。

---

① 本部分作者为中国融资租赁三十人论坛特约研究员、安龙（Avolon）副总裁刘晟扬。

国内主流金融机构与租赁企业积极创新、深度合作，不仅为中国租赁企业航空租赁业务的开展提供了强有力的资金支持，也为中国大型金融机构参与国际航空金融业务竞争、提升全球金融市场影响力、打造国际航空金融品牌起到了积极作用。

越来越多的国际一流航空租赁企业也在积极寻求与中国大型金融机构的合作，使得中国的金融机构在国际航空金融市场上开始占有一席之地，填补了以往中国金融机构在全球航空金融市场的空缺。这无疑为中国的租赁企业和金融机构创造了参与国际金融竞争的良好环境，形成了合作共赢的可喜局面。

回过头来研究国际航空金融的商业模式不难发现，国际航空金融业务早已经成为国际大型金融机构的主要业务之一。欧洲、美国、日本的航空租赁业发展的过程中，租赁企业与金融机构之间始终保持着紧密的合作共赢关系。航空租赁企业专注的市场拓展能力和专业化的资产管理能力，为金融机构创造了巨大的、稳定的市场需求，以及安全可靠的资金投放渠道，航空租赁企业多样性业务需求和长期性的资产经营与管理需要，也为合作的金融机构提供了如债权融资、股权融资、资产证券化、资产交易、利率管理、汇率管理等诸多金融市场业务资源。在此过程中，如欧洲苏格兰皇家银行（RBS）、日本的三菱银行、美国的富国银行等金融机构，通过与国际一流的租赁企业深度合作，在国际航空金融市场形成了稳固的市场地位和竞争优势，甚至在一定程度上掌握了国际航空金融市场的定价权和主导权。

早在 2001 年，苏格兰皇家银行就开始涉足航空租赁业，随着其航空金融业务的快速发展，2004 年，苏格兰皇家银行将其航空金融业务独立出来成立了 RBS 航空资本。2005 年，RBS 航空资本的机队规模就突破了 200 架，并开始通过法国图卢兹和美国西雅图的办公场所组建全球航空金融业务网络，在国际航空金融市场的影响力日趋强大。2007 年，RBS 航空资本将其业务扩展到了东南亚地区。此后，着眼于中国民航业务的飞速发展，2009 年，RBS 航空资本在北京设立办事处，并于同年完成了首单出口金融交易，率先布局中国航空金融市场。RBS 航空资本给苏格兰皇家银行带来了丰厚的盈利，并因其专业性蜚声全球航空金融领域。正因为如此，2012 年苏格兰皇家银行出售 RBS 航空资本时，受到了众多金融机构和投资人的青睐与竞购，最终，三井住友银行集团以当时航空租赁业最高价 73 亿美元成功收购 RBS 航空租赁业务。收购后的三井住友航空资本（SMBC Aviation Capital）也由此一举成为世界上最大的航空租赁公司之一。

三菱日联金融集团（MUFG）也非常重视国际航空金融市场，凭借其金融强项和全球覆盖的优势，三菱日联金融集团与国际航空领域深度合作，向机身和引擎制造商、航空公司、飞机租赁公司，以及航空业投资者提供多种金融解决方案，包括贷款、保险、出口信用、组合融资、结构性资本市场业务、资产证券化等，形成了独具特色的航空金融品牌。2015 年，MUFG 航空服务团队以全球协调者和账簿管理人的角色为英国航空公司提供了 17.5 亿美元的循环信贷，获得了《航空金融杂志》评选的“2015 年度企业贷款交易”奖。2016 年，MUFG 在深耕亚洲和欧洲航空金融服务的基础上，将其航空金融业务扩展到了美国，在美国开设机构为美国的航空公司、飞机租赁公司和其他公司购买飞机提供多种多样的金融服务，进一步丰富了自身的产品结构。

富国银行以其迅猛的零售银行业务和房贷业务闻名，由于意识到全球每年超过 1000 亿美元的航空金融市场对自身整体发展的重要性，富国银行在 2010 开始涉足飞机租赁领域，同年与 ALC（Air Lease Corporation）完成了其首次飞机抵押融资。2011—2012 年，它与其他两家国际知名飞机租赁公司 Avolon 与 AWAS 进行过合作。为深耕飞机租赁领域，发展自身的飞机租赁业务，2012 年，富国银行曾参与竞购 RBS 航空资本，但败给了三井住友银行集团。随后，富国银行与 Avolon 合资成立了一家租赁公司 ACP（Avolon Capital Partners）。通过不断深入飞机租赁领域与各大飞机租赁公司合作，富国银行一方面降低了房贷业务带来的风险，另一方面快速获得了专业化的飞机资产管理能力和国际航空金融市场拓展能力，在国际航空金融市场上打响了自己的品牌。目前，富国银行拥有一支专业的飞机金融队伍，其中很多人员具备 20 年以上的行业经验，为客户提供全面的飞机金融服务，包括中期融资、固定利率和浮动利率贷款、进度支付、利率风险管理策略咨询、飞机保险、租赁与国际航空融资、二手飞机融资等。

以国际实例仔细对比国内现行商业模式，虽然国内金融机构与中国租赁企业合作的案例和模式越来越多，但大多数还停留在简单的信贷融资层面。租赁企业局限于自身资本实力和金融市场运作能力，其专业的航空租赁市场拓展能力和专业化资产管理能力难以得到更大的发挥，同时缺乏长期稳定的资金来源；而金融机构由于难以迅速建立航空租赁资产的专业评估能力和专业化资产管理能力而难以深度参与航空金融市场的竞争和品牌的建立，同时无法分享更大的航空金融市场的资本收益。因此，中国有实力的金融机构与国际国内一流航空租赁企业开展深度合作，实现共赢，无疑成为双方的共同需要。

经过对市场的研究和对国外成功的商业合作模式的借鉴，特别是结合中国的金融市场的开放与金融体制的改革实践，出现了新的合作共赢的商业模式。

航空产业的诸多数据表明全球航空金融市场尤其是中国的航空金融市场无疑是一个潜力巨大的市场，亚太地区特别是中国未来必将成为国际航空业的一个重要中心。巨大的商机带来庞大的航空领域金融需求，中国飞机租赁行业资本运营和资产整合空间巨大。可以预计，未来将会有更多的中国租赁企业和金融机构进入航空租赁市场。

目前，中国正在进行深层次、大范围的产业结构调整和金融整顿，经济增速放缓，实体经济回报率下降，特别是近期涉及100万亿的资管新规①的出台，刚性兑付逐渐被打破，大量的资金在寻求高质量、高收益、安全性强的投资标的，而境内回报率高的优质投资项目较为贫乏，“资产荒”问题日益突出。

此外，随着美国加息和美元走强中长趋势的确立，境内外资金利差不断收窄，再加上中国金融体制改革的深化，中国租赁企业和大型金融机构参与全球航空金融业务的外部大环境比起前些年具有越来越明显的优势。

因此，前十余年租赁企业和金融机构依托资产泡沫和基础设施投资市场的发展模式已经时过境迁，金融机构的资金投放将更加规范审慎，对优质基础资产的需求也将增大。在中国经济结构、产业结构以及政策调整的窗口期，部分行业，例如工程机械设备租赁、基础设施租赁等，都或多或少遇到了问题，但飞机租赁业务并没有受到太大影响，也没有出现不良资产。飞机租赁资产的价值很高，又能带来定期、可预测的现金流和较高的投资回报率，具有安全性强、流动性好、标准化程度高等特点，使得飞机租赁资产成为很好的投资标的和资产配置种类。专业化、规范化、成熟化、国际化的航空租赁与航空金融业务将成为中国租赁企业和金融机构的新的业务方向。

大型银行、保险公司、基金公司、资产管理公司等通过与中国租赁企业深度合作，可以获得优质的飞机资产标的，迅速掌握飞机租赁资产的投资、管理能力，在快速做大规模的同时，提升在国内外航空领域内的影响力，对于推进具有国际影响力的中国航空金融品牌的形成具有积极的意义。另外，与飞机租赁公司合作，通过开拓新的市场和新的模式来保持竞争优势，也扩大了金融市场业务资源，提升了持续盈利能力。

从创新实例来看，早在2016年，Avolon便开始在中国市场寻求新的发展机遇，即引入中国金融机构实现合作共赢的商业模式。从基金模式到合资公司模式，Avolon经历了长达2年的探索期，终于在2018年6月与信达租赁（香港）在开曼群岛合资设立了Jade Aviation LLC（以下简称“Jade”）。根据渤海上市公司公告显示，信达租赁（香港）拟出资6 860万美元，持股80%；Avolon拟出资1 720万美

① 新规是指《关于规范金融机构资产管理业务的指导意见》。

元，持股20%。协议规定，信达租赁（香港）将为Jade提供约2.8亿美元公司间借款，为Jade向Avolon购买飞机资产提供融资服务，双方根据对Jade的出资比例分享投资收益。同时，Avolon与Jade签署服务协议，为Jade提供包括飞机资产购买、运营、出售及再租赁的相关有偿服务，并且Avolon将在未来一段时间内作为Jade的唯一飞机资产出售方及服务商。简而言之，信达租赁（香港）将作为Jade的主要出资方为Jade的发展提供资金支持，而Avolon则将在Jade的运营上扮演主要角色。

上文提到，中国的飞机租赁业发展基本依靠“工银模式”和“渤海模式”。但在新时期，仅国内的飞机租赁市场的竞争已异常激烈，单一依靠强大的融资能力已经不能在市场上占据主动。我们应该更多地将目光放在境外市场和机队的管理上，这时借力境内外一流飞机租赁公司多年的成功管理经验就成为增强市场竞争力的一大途径。有理由相信，通过对市场的不断探索和研究，同时借鉴国外成功的合作模式，特别是结合中国的金融市场的开放和金融体制的改革，经历长时间的创新和打磨，新的模式，即中国大型金融机构与国际国内一流租赁企业合资经营的模式将在未来航空租赁业中占据重要地位。

因此，有理由相信，中国金融机构与国际国内一流租赁企业“强强联合、合作共赢”的商业模式，将吸引包括银行、资产管理公司、保险公司、基金公司等越来越多大型金融机构的参与和青睐。通过与国际国内一流租赁企业的深度合作，这些有实力的金融机构将更加安全迅速地参与到国际航空金融市场的竞争，更加可靠迅速地形成航空金融资产的市场经营能力、风险控制能力和资产管理能力，更加便捷迅速地培养航空金融市场的人才队伍，从而在打造全球一流的航空租赁企业和航空租赁品牌的同时，也迅速打造出全球领先的航空金融服务机构和航空金融品牌。

6 航运租赁

6.1 航运市场发展情况

（一）全球航运市场发展情况

按照船舶运营范围，国际航运市场可分为海洋运输和内河运输，海洋运输又分为沿海运输和远洋运输，沿海运输是指国内沿海港口间海上运输，远洋运输是指本国与外国港口之间或外国港口之间的海上运输。按照船舶类型及承运货种，航运市场可分为干散货航运、集装箱航运和油轮运输三类。

船舶行业发展具有明显的周期性，其兴衰变化交替循环紧随世界经济发展的步伐。根据历史规律，航运市场形势与国际经济环境的起伏息息相关，每一次国际经济危机都会引起船舶行业的波动。如2008年全球金融危机使船舶行业受到剧烈的波动，船舶制造企业的新增订单出现明显下降，手持订单也发生延期交付、价格降低、订单撤销等情况。

1. 波罗的海干散货运价指数走势

波罗的海干散货运价指数（Baltic Dry Index，BDI），包含了航运业的干散货交易量的转变，直接反映了干散货运输的繁荣程度，是国际航运的重要指标，也反映整个航运业的繁荣程度。航运业兴衰与国际贸易和世界经济息息相关，因此BDI又称为世界经济的“晴雨表”。

BDI由全世界历史最悠久的航运市场——波罗的海航交所发布，是国际航运界最具影响力的运价指数。主要以干散货的远洋运输为计算对象，能够反映出全球干散货航运市场的运价水平。BDI甚至已成为全球宏观经济的风向标之一。历史经验显示，世界经济所经历的历次大周期都与BDI周期相吻合。

以衡量国际海运情况的波罗的海干散货运价指数（BDI）近20年的走势来看，2004年至2009年BDI处于历史高位，且出现连续剧烈波动（见图6－1）。2003年BDI仅有不到3 000点，进入2004年则翻倍上涨至6 000点以上，此后继续一路攀升，至2007年超过11 000点，涨幅近200%。自2007年下半年开始，BDI出现大幅下滑，到2008年1月更是跌破6 000点。虽然从2008年2月开始，BDI开始反弹，继续大幅上涨，但此次上涨是外部因素驱动下出现的暂时性上涨，在2008年5月20日创下11 793点的历史最高点后开始暴跌，且下跌速度及跌幅空前，同时随着金融海啸对国际干散货市场的负面效应逐步放大，BDI于2008年10月跌破1 000点大关，于2008年12月5日跌至663点。

在运力过快增长、全球干散货运量需求减少导致的运力过剩，以及全球金融危机的影响下，航运业迎来了长达数年的低迷期，BDI于2016年2月10日跌至历史最低点290点。此后，BDI触底反弹，开始较为稳定的增长，航运市场开始逐渐回暖。

进入2018年以来，BDI指数在航运新年旺季过后逐渐下跌，市场需求疲软，于4月6日降至948点。在持续数月的消沉之后，BDI指数大幅回升，7月24日升至1 774点，涨幅达87.13%。而从四季度开始，BDI又呈现出下跌趋势，从季度初的1 500点已下跌至季度末的1 200点附近。

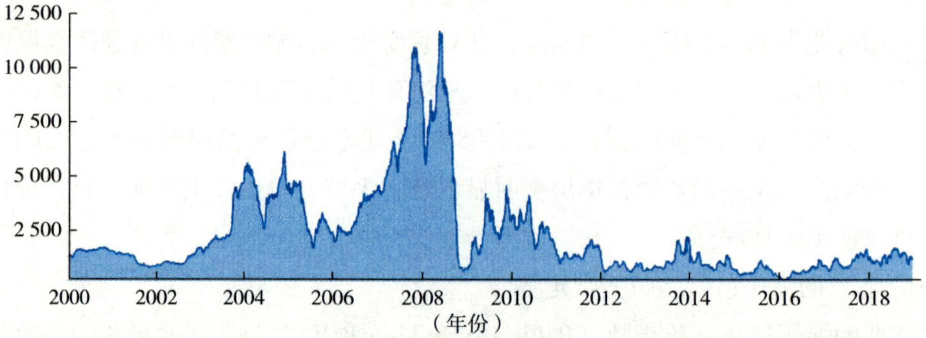

图6-1　2000—2018年，波罗的海干散货运价指数走势

资料来源：国际船舶网。

2. 全球航运业重组

面对全球航运低迷以及运力严重过剩，自2015年下半年起，集运企业开始了重组、收购的风潮。

2016年7月，挪威两家海工船东Solstad Offshore与REM Offshore达成合并协议，合并后的新公司将运营62艘海工船。

2016年7月，赫伯罗特签署收购阿拉伯联合轮船的协议，后于2017年5月正式完成合并，形成全新的全球第五大班轮公司，将运营230艘船舶，总运力达160万TEU（国际标准集装箱）。

2016 年 8 月，韩国最大的集装箱班轮公司韩进海运正式向法院申请破产程序，之后进入清算阶段。

2016 年 9 月，法国达飞海运完成收购新加坡东方海皇的交易，以进一步巩固其在全球航运业的领先地位，扩大集团的市场份额。

2016 年 10 月，日本三大航运集团（日本邮船、商船三井和川崎汽船）宣布拟合并集装箱航运业务，共同建立一家合资企业——Ocean Network Express（ONE），ONE 已于 2018 年 4 月 1 日正式开始运营，成为世界第六大航运集团，占全球集运市场 6.6% 的市场份额。

2016 年 12 月，全球航运巨头马士基宣布购买汉堡南美航运公司，进一步巩固其在航运业第一的位置，收购交易完成后，马士基占全球集运市场份额的 18.2%。

（二）国内航运市场发展情况

1. 需求端：四季度新造船市场需求有望增长

根据中国船舶工业行业协会公布的数据，2018 年三季度中国造船产能利用监测指数（CCI）为 601 点，与 2017 年三季度 654 点相比，下降 53 点，同比下降 8.1%；与 2018 年二季度 611 点相比，下降 10 点，环比下降 1.6%，指数比年初有所回落，仍处于偏冷区间（见图 6－2）。

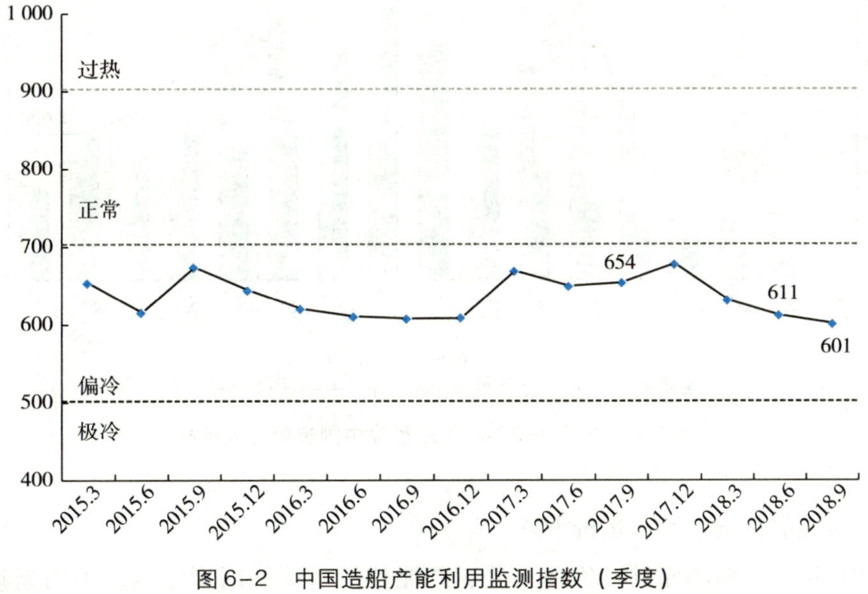

图 6－2　中国造船产能利用监测指数（季度）

资料来源：中国船舶工业行业协会。

具体来看，三季度新船市场需求仍然平淡，骨干造船企业手持船舶订单持续回落，先行指标降幅明显。骨干企业主营业务收入、营业利润率等指标小幅回升。受应交付船舶量下降的影响，造船产能利用情况仍处于较低水平。

预计2018年四季度航运市场将小幅回暖，新造船市场需求有望增长，中国造船产能利用监测指数或将回升，但总体上仍将处于偏冷区间。

2. 供给端：全国三大造船指标两增一降

2018年1—10月，我国造船完工量同比下降，新承接订单和手持船舶订单继续增长。

1—10月，全国造船完工3 023万载重吨，同比下降14%。承接新船订单2 846万载重吨，同比增长41.4%。10月底，手持船舶订单8 546万载重吨，同比增长5.2%，比2017年底下降2%（见图6-3）。

1—10月，全国完工出口船2 772万载重吨，同比下降20.2%；承接出口船订单2 530万载重吨，同比增长25.2%；10月末手持出口船订单7 580万载重吨，同比增长0.4%。出口船舶分别占全国造船完工量、新接订单量、手持订单量的91.7%、88.9%和88.7%。

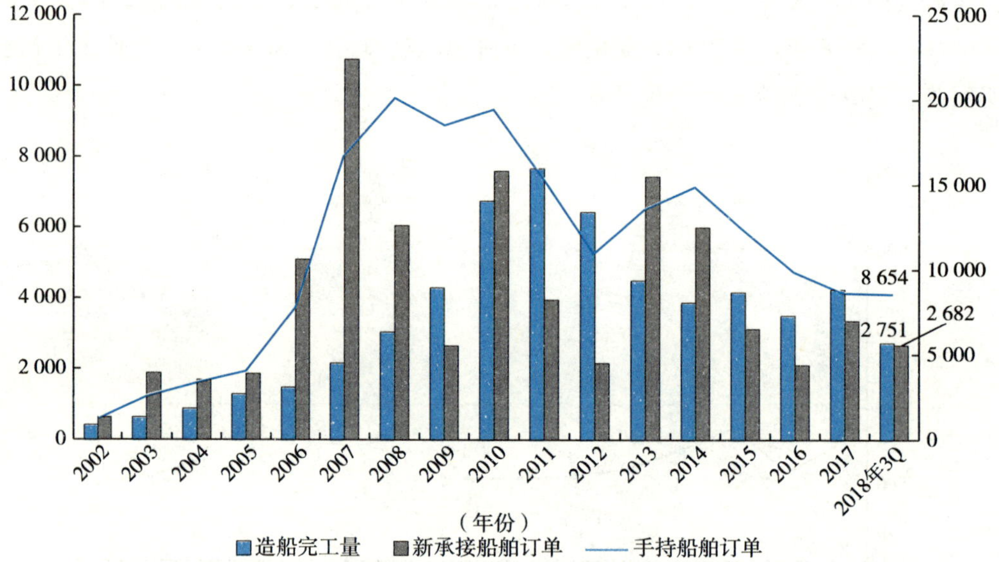

图6-3　2002—2018年三季度中国造船三大指标

资料来源：中国船舶工业行业协会。

3. 新造船价格上升，运价下跌

2018年，受船舶原材料价格上涨、产能持续挤压等因素影响，中国新造船价格指数（CNPI）持续上升，从1月的771点上升至12月的824点，但涨幅较小。各船型综合指数同样呈持续小幅上升趋势，其中干散货船综合指数（CNDPI）从1月的791点上升至12月的852点；油轮综合指数（CNTPI）从1月的827点上升至

12月的867点；集装箱船综合指数（CNCPI）从1月的790点上升至12月的861点（见图6－4）。

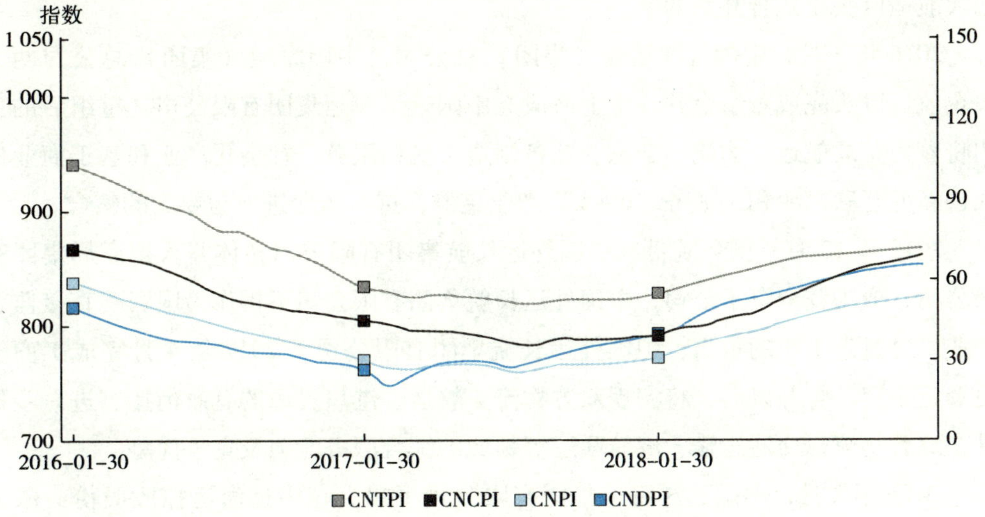

图6-4　2016—2018年中国新造船价格指数走势

资料来源：中国新造船价格指数网站。

2018年，中国沿海（散货）综合运价指数（CCBFI）呈波动下降趋势，从1月的1 416.72点下降至12月的1 048.36点；2018年平均综合运价指数为1 149.05，较2017年平均综合运价指数（1 148.02）上升1.03点（见图6－5）。

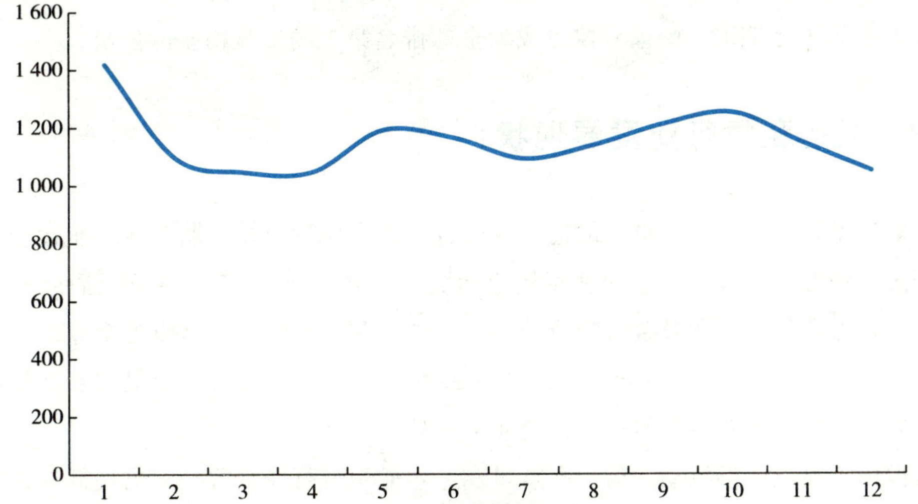

图6－5　2018年中国沿海（散货）综合运价指数

数据来源：中华人民共和国交通运输部，中国融资租赁三十人论坛整理。

4. 我国航运业重组

随着全球航运产业重组的进行，我国航运业重组也相继展开，2016 年，国内四大航运巨头正式合并为两家。

2016 年 3 月，中国远洋运输（集团）总公司、中国海运（集团）总公司两大央企航运巨头完成重组合并，于上海成立中国远洋海运集团有限公司。重组后的集团将着力布局航运、物流、金融、装备制造、航运服务、社会化产业和基于商业模式创新的互联网 + 相关业务“6 + 1”产业集群，进一步促进航运要素的整合。

2015 年 12 月，国务院批准中国外运长航集团有限公司整体并入招商局集团有限公司，成为其全资子公司，中国外运长航集团有限公司不再作为国资委直接监管企业。经过近 1 年的重组，中国外运长航集团有限公司于 2017 年 4 月完成工商变更登记手续。合并以后，将实现双方物流、航运、港口资源的有效衔接，进一步提升在综合物流、交通运输、港航联运等领域的综合服务能力及竞争优势。

2017 年 7 月，中国远洋海运集团有限公司下属公司中远海运控股股份有限公司（以下简称“中远海控”）通过境外全资下属公司 Faulkner Global，联合上港 BVI 向东方海外（国际）有限公司（以下简称“东方海外国际”）全体股东发出收购要约，计划获得至少 68.7% 至多 100% 的股份。至 2018 年 8 月要约收购完成交割，中远海控联合上港 BVI 合计持有东方海外国际股份的 98.43%，其中中远海控持股 88.53%，成为东方海外国际的控股股东。此次收购完成后，中远海控旗下中远海运集运和东方海外国际两家班轮公司将共同运营全球主要市场的 409 条航线，总运力达 277 万 TEU，中远海控将成为全球排名第三的集装箱航运公司。

6.2 航运租赁行业发展现状

船舶融资租赁是全球重要的造船融资方式，在航运市场长期低迷、航运企业急缺资金的情况下，我国船舶融资租赁应运而生，并于 2008 年金融危机后迎来快速发展，以融资租赁公司及金融租赁公司为主的中国金融船东逐渐成为全球航运业的新“金主”，扩大了我国在全球航运业的影响力。目前，我国船舶租赁发展相对成熟，并成为我国融资租赁行业的传统业务板块。

但由于航运市场波动，运力严重过剩，船舶租赁行业也曾一度出现低迷，利润大幅下滑，导致租赁公司不得不减少船舶订单量。随着近两年航运业复苏，船舶租赁也开始逐渐回暖，租赁公司订单相应增加。据中国船舶工业行业协会的不完全统计，2017 年中资的金融租赁公司在国内船厂累计订造了 300 多万吨船舶。

在船舶租赁融资主体方面，由于船舶属于重资产，船舶融资租赁业务资金需求量大，一般由资金实力较强的融资租赁公司开展。而我国三类融资租赁企业股东背景不尽相同，金融租赁公司作为非银行金融机构，其股东多为银行或大型央企，资金实力最为雄厚。因此，我国金融租赁公司已成为全球船舶融资的主力军，另有部分优秀的内、外资融资租赁公司在也开展该业务。

根据原银监会披露的信息，截至 2017 年 3 月末，全国共有 60 家金融租赁公司，有 23 家开展了船舶租赁业务，金融租赁行业船队规模达到 989 艘，船舶租赁资产余额 1 139 亿元，且 68% 为直租业务，较 2016 年同期增长 58%。

在船舶租赁国际化方面，租赁公司的船舶租赁业务已从主要面向国内发展为国际和国内业务并重，一些租赁公司已经实现了国际化布局。另外，在高度国际化的海事金融领域，中国租赁公司的市场地位和专业化能力已在全球范围内得到认可和提升。国际知名船东对中国船舶融资市场的关注上升，并逐步转向中国金融机构以寻求多元化的融资渠道支持。全球最大航运公司马士基航运、法国达飞轮船、瑞士地中海航运都参与过中国的船舶租赁交易。同时，欧美等众多专注于船舶融资的传统银行也在积极转变船舶融资模式，加强与中国金融机构的合作。

6.3 航运租赁主要业务模式

现阶段，我国船舶租赁的业务模式主要包括直租、售后回租、经营租赁、联合租赁、离岸租赁、出口租赁、进口租赁等，其中又以售后回租模式为主。船舶的船龄一般为 10 ~ 20 年，船舶融资租赁合同期限一般在 5 年左右，大大低于船舶使用年限。

租赁的主要船型包括散货船、液化气船（包括 LNG 船和 LPG 船）、集装箱船、油轮、游轮、化学品船以及工程船舶等。

在实际业务开展中，由于融资租赁公司的部分船舶资产为以美元购买，为了对冲汇率风险，租赁公司一般会要求对应的应收融资租赁款以美元计价。

联合租赁

船舶联合租赁，即多家融资租赁公司共同对一个船舶资产提供租赁融资，由其中一家融资租赁公司作为牵头人及出租人，与承租人及船东订立融资租赁合同和买卖合同，从船厂购入船舶并租赁给承租人使用。各家租赁公司按照所提供的租赁融资额的比例承担该融资租赁项目的风险和享有该融资租赁项目的收益。各家租赁公司与作为牵头人的租赁公司订立体现资金信托关系的联合租赁协议。该种模式是融资租赁公司之间的一种利益分享、风险分担的合作方式，有利于单家租赁企业控制交易风险、减少资金占用同时充分发挥各自的专业优势。

2015年5月，农银金融租赁有限公司与汇众（天津）融资租赁有限公司共同出资从境内船厂处购买了一艘301起重铺管船，资产总额近1.8亿美元，以融资租赁方式交付于境外同一承租人使用，双方按照所持船舶的股权比例收取租金，充分利用了农银租赁强大的资金实力以及汇众（天津）租赁专业的技术背景。该业务成为国内首单船舶跨境联合租赁业务，同时也是金融租赁公司与外资租赁公司联合开展的首笔租赁业务。

此外，我国融资租赁公司也在探索创新联合租赁模式，将融资租赁公司的资金及融资优势，与航运企业的技术、市场及管理优势相结合，充分利用航线及船舶资源，实现租赁公司、航运企业、船舶管理公司等多方合作，使各方均可享受市场机会，同时风险分担、收益共享。

离岸租赁

离岸租赁模式是指融资租赁公司通过其在保税区设立的SPV公司开展船舶融资租赁业务，由SPV公司从境外买入船舶资产，然后租赁给境外承租方。每一个SPV公司对应一笔租赁合同，实行单独管理、单独核算，从而与母公司之间实现有效的风险隔离，同时该模式下交易各方也能获得一定的税收优惠。

2015年12月，华融金融租赁股份有限公司通过东疆的SPV公司华融华稳（天津）船舶租赁有限公司与香港瑞海航运发展有限公司完成了一艘价值2 100万美元的4.7万载重吨国际远洋成品油船离岸直租业务。该业务采用售后直租模式，华融金租的东疆SPV公司以委托购买形式由承租人香港瑞海航运从国外船东处购入标的船舶后，再直租给承租人。船舶融资方面，使用境内美元由银行直接向保税区项目进行放款；船舶登记方面，出租人与承租人选择离岸登记。在该笔纯离岸结构模式下，不涉及增值税，租赁公司只需缴纳企业所得税。该单业务标志着我国首单船舶离岸售后直租业务顺利完成。

出口租赁

出口租赁模式下，由融资租赁的SPV公司从境内船厂购入船舶资产，以融资租赁形式出租给境外承租人。根据《财政部海关总署国家税务总局关于在全国开展融资租赁货物出口退税政策试点的通知》（财税〔2014〕62号），融资租赁企业、金融租赁公司及其设立的项目子公司出口船舶可享受一次性返还增值税。

2013年9月，民生金融租赁设立在东疆的SPV公司从江苏熔盛重工有限公司购入一艘载重量为76 000吨的散货船“华洋先锋”号，并出租给香港海洋之城航运有限公司。该艘散货船在东疆海关申报出口，在如皋海关查验放行顺利交付离境，采用了“属地申报，口岸验放”的创新通关模式，节省了企业通关时间及物流成本，成为全国首单船舶出口融资租赁业务，也是国内首单跨境跨关区海关异地监管船舶出口租赁业务。

进口租赁

进口租赁模式下，融资租赁公司设立的SPV公司从境外船东处购入船舶，以融资租赁形式出租给境内承租人使用。

7　汽车租赁

7.1　汽车金融市场发展情况

我国汽车金融市场在近些年得到飞速发展，市场渗透率逐渐提升，市场参与主体逐渐增多，互联网概念深入汽车金融商业模式，金融科技水平逐渐增强，大数据运用越来越广泛。

除新车金融发展较快逐渐成熟外，二手车金融在近年也成为市场的重要竞争点，受到资本青睐，这相应促进了国内二手车交易量的增长。此外，汽车金融也在不断开发汽车后市场的利润增长点。

（一）2018 年汽车市场现状

近 30 年来，中国新车市场不断发展，到 2009 年已经超越美国成为世界上最大的汽车市场。然而，2018 年中国汽车市场出现负增长。2017 年汽车销量为 2 887.89万辆，同比增长仅为 3.04%，增长势头已经下降，2018 年，汽车销量为 2 808.1万辆，下降幅度 2.8%（见图 7－1）。其中，2018 年乘用车销量 2 371 万辆，同比下降 4.1%，商用车销量 437.1 万辆，同比增长 5.1%。

1. 乘用车

乘用车市场状况低于行业总体。自 2018 年下半年以来，乘用车月度销量一直处于下滑态势，11 月乘用车销量下滑最多，同比减少超过 20%（见图 7－2）。从乘用车四类车型的销量情况看，均出现负增长，交叉型乘用车市场继续萎缩，年销量同比下滑 17.3%。同时受油耗及车船税政策影响，2018 年小排量车型销量增速明显，1L 及以下乘用车销量同比增长 50.7%。

新车销量下滑由多种原因促成，汽车保有量的暂时饱和，消费升级带来的巨大消费压力，停车问题难以解决等都可能影响消费者购买意愿，从而影响新车销量。

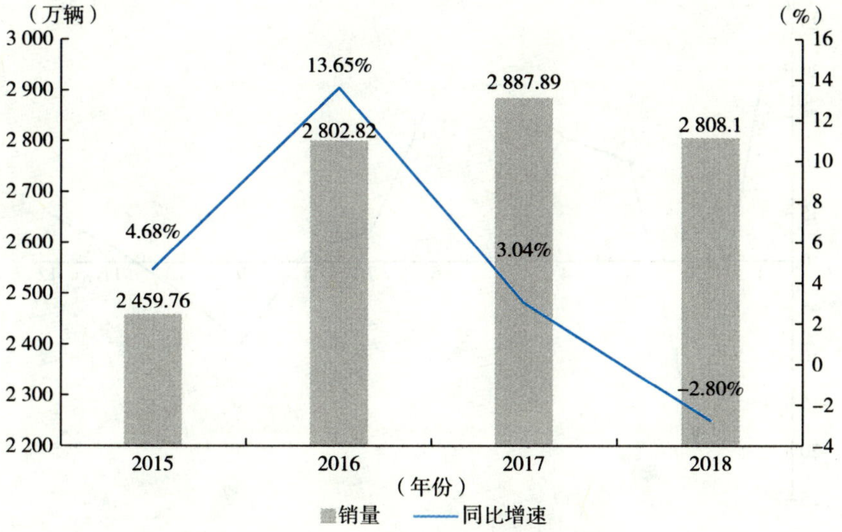

图 7-1　近几年汽车销量及同比增速

数据来源：汽车工业协会，中国融资租赁三十人论坛整理。

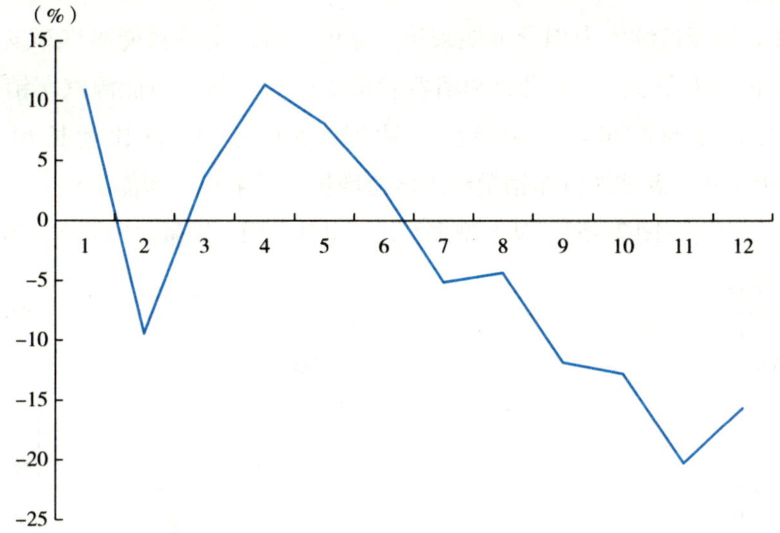

图 7-2　2018 年乘用车月度销量同比增速

数据来源：汽车工业协会，中国融资租赁三十人论坛整理。

2. 商用车

2018 年，商用车销量保持连续增长，创历史新高，但增速有所回落。上半年，受基建项目陆续开工影响，工程车市场快速增长，重卡销量保持高增长态势。进入下半年，市场需求减缓，销量增幅持续回落，9、10 月出现了负增长。分车型来看，2018 年货车销量同比增长 6.9%，客车销量同比下降 8%（见图 7-3）。

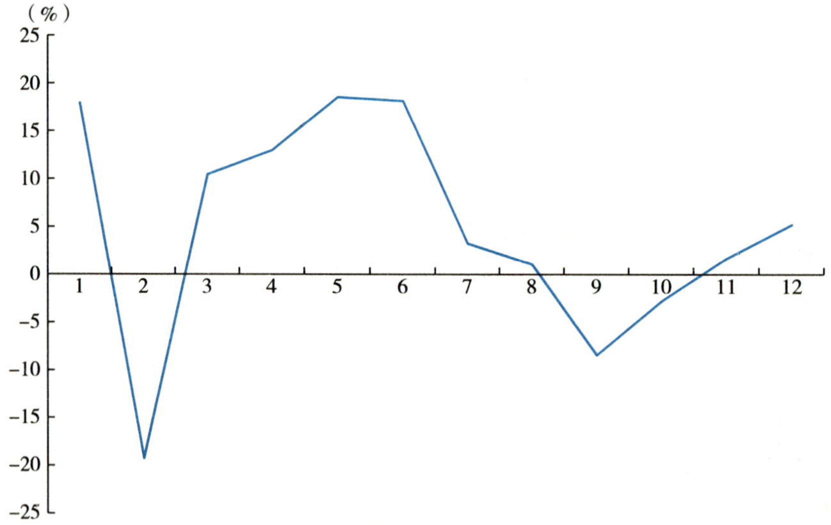

图 7-3　2018 年商用车月度销量同比增速

数据来源：汽车工业协会，中国融资租赁三十人论坛整理。

3. 新能源汽车

2018 年，国家持续大力倡导节能减排、绿色出行，支持新能源汽车发展。在政策目标驱动下，以及随着车型投放和消费者接受度的增强，新能源汽车销量逐渐增长。1—12 月新能源汽车累计销量已经达到 125.6 万辆，同比增长 61.7%（见图 7-4）。上半年，新能源汽车销量经历倍速增长，下半年，新能源汽车月度销量同比增速保持平稳（见图 7-5）。从车型来看，纯电动乘用车销量占比最高，达到 63%。

图 7-4　近三年新能源汽车销量及同比增速

数据来源：汽车工业协会，中国融资租赁三十人论坛整理。

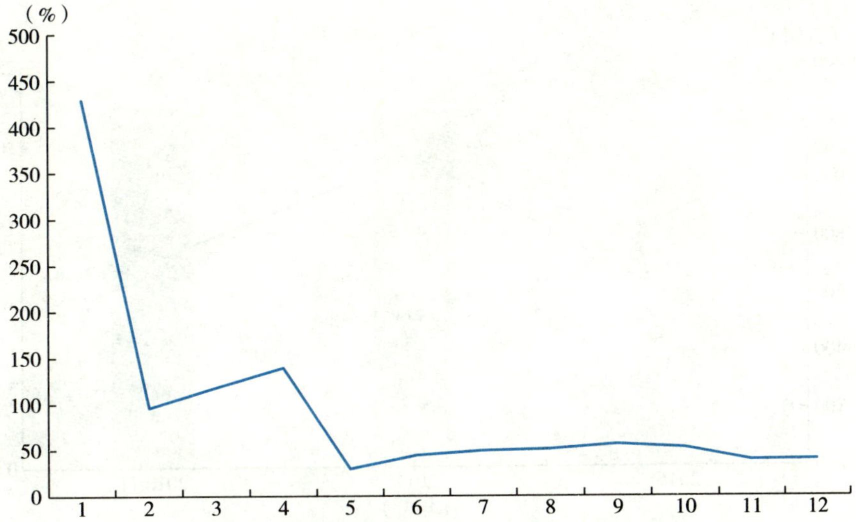

图 7-5 2018 年新能源汽车月度销量同比增速

数据来源：汽车工业协会，中国融资租赁三十人论坛整理。

制约新能源汽车市场发展的因素包括充电设施等配套环境的不完善、定价不标准、残值的不稳定以及政策补贴的过度依赖等。政策补贴作为新能源汽车市场快速发展的动力之一，在未来两年存在大的调整可能，会对市场产生一定的影响。而在当前的政策和经济环境下，国内新能源汽车发展前景被普遍看好，汽车制造商大量投入生产制造，投入开发智能驾驶等新技术。对于汽车金融而言，新能源汽车在未来无疑是竞争的重要市场。

4. 二手车

2018 年，在车市销量下滑情况下，全国二手车交易量保持连续增长，1—11 月二手车交易量为 1 260. 47 万辆，同比增长 12. 84%（见图 7－6）。从全年来看，除 2 月同比略有下降外，自 3 月起交易量保持连续增长，下半年增速保持 10% 以上（见图 7－7）。新生代用户正在成为中国二手车市场消费的主力军，同时售价为 3 万～5万元的过渡型二手车和 10 万元以上的品质型二手车最受消费者欢迎。

而随着消费群体年轻化以及消费者观念的转变，国内二手车市场逐渐崛起，二手车金融服务也成为汽车金融市场的重要阵地。一直以来制约二手车市场发展的因素包括：消费者观念、二手车定价体系、二手车残值及流通性、信用环境等。随着国民收入的增长，国内汽车市场的整体发展，消费者的换车周期将会逐渐变短，二手车的残值将相应提高，二手车的交易价值、交易量等都会逐步增加，同时国内信用体系逐步完善，信用环境有所改善，目前制约二手车发展的不利因素或将渐渐减少或消失。

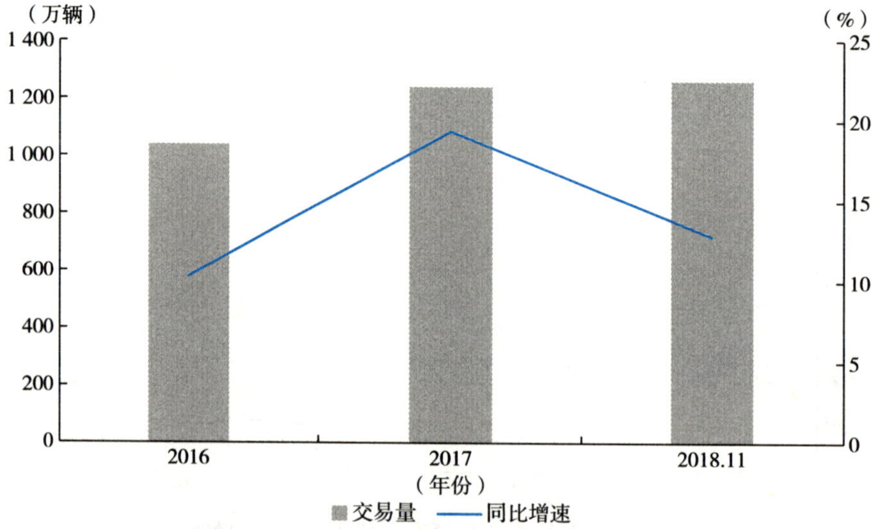

图 7-6　近三年二手车交易量及同比增长

数据来源：汽车流通协会，中国融资租赁三十人论坛整理。

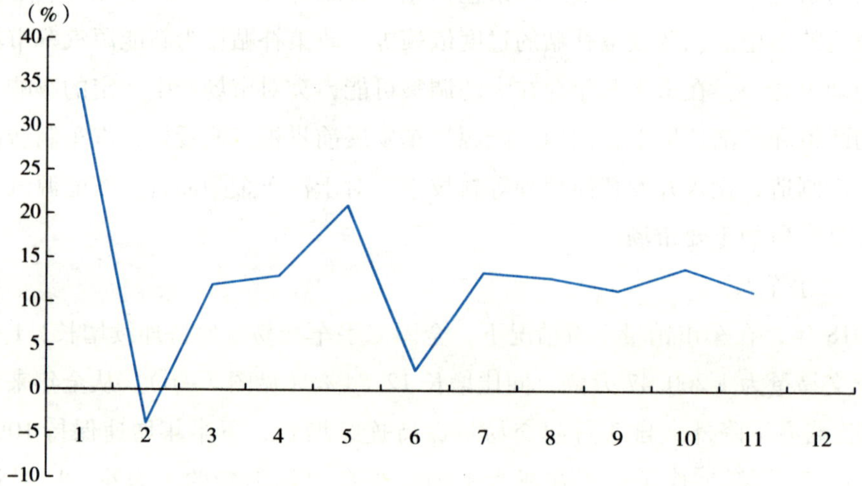

图 7-7　2018 年二手车月度交易量同比增长

数据来源：汽车流通协会，中国融资租赁三十人论坛整理。

5. 2018 年汽车行业相关政策

（1）国务院发布《打赢蓝天保卫战三年行动计划》

2018 年 7 月 3 日，国务院发布《关于印发打赢蓝天保卫战三年行动计划的通知》（国发〔2018〕22 号），通知称自 2019 年 1 月 1 日起，全国全面供应符合国六标准的车用汽柴油，停止销售低于国六标准的汽柴油，实现车用柴油、普通柴油、部分船舶用油“三油并轨”，取消普通柴油标准，重点区域、珠三角地区、成渝地区等提前实施；自2019年7月1日起，重点区域、珠三角地区、成渝地区提前实施国六排放标准。推广使用达到国六排放标准的燃气车辆。2019年1月1日，国家发展改革委等七部门联合发布公告，宣布自2019年1月1日起，全面供应国六标准车用汽柴油，同时停售低于该标准的车用汽柴油。

（2）国务院办公厅发布《完善促进消费体制机制实施方案（2018—2020年）》

2018年10月，国务院办公厅发布《完善促进消费体制机制实施方案（2018—2020年）》（国办发〔2018〕93号），其中第九条规定：继续实施新能源汽车车辆购置税优惠政策；完善新能源汽车充电设施标准规范，大力推动“互联网+充电基础设施”，提高充电服务智能化水平；实施汽车销售管理办法，打破品牌授权单一模式，鼓励发展共享型、节约型、社会化的汽车流通体系；深入推进汽车平行进口试点；全面取消二手车限迁政策，便利二手车交易；积极发展汽车赛事、旅游、文化、改装等相关产业，深挖汽车后市场潜力；综合运用发行城市停车场建设专项债券、调整完善车辆购置税分配政策等措施，加大停车设施建设资金支持力度。

（3）2018年12月29日，第十三届全国人民代表大会常务委员会第七次会议通过《中华人民共和国车辆购置税法》

《车辆购置税法》规定车辆购置税实行一次性征收。购置已征车辆购置税的车辆，不再征收车辆购置税。车辆购置税的税率为10%，沿用《中华人民共和国车辆购置税暂行条例》（国务院令第294号），此外，五类车辆可免征购置税。

我国汽车销售占社会零售总额比重超过1/4，而购置税优惠政策带来的透支效应、关税下调预期下的消费者观望，以及限购限行等政策是2018年汽车消费下降的主要原因，但从千人保有量水平看，中国汽车市场仍有巨大的发展潜力。随着智能化时代的到来，互联网技术与汽车工业的融合是大势所趋，汽车产业将迎来创新、升级的关键时期。借助互联网、物联网、人工智能、区块链等技术，汽车金融发展条件越来越成熟，科技与金融、实体的深度融合，会带动汽车产业链，特别是汽车后市场的改革与创新。

（二）汽车金融市场参与主体

近几年，随着汽车消费需求的不断增长及消费群体的年轻化，作为服务汽车产业链重要一环的汽车金融也快速提升其市场渗透率，并形成了参与者众多、模式多元的竞争态势，科技赋能，数据运用特征也越来越明显。

汽车金融市场主体主要包括：商业银行、汽车金融公司、融资租赁公司、互联网公司（见表7-1）。传统汽车金融市场只有商业银行一家独大，后期汽车金融公司得以快速发展，近年来随着汽车金融市场的开放、汽车消费量的增长、互联网的发展以及个人征信体系的完善，融资租赁公司、互联网公司纷纷入局，抢占汽车金融市场。

表 7-1　汽车金融市场参与主体

	商业银行	汽车金融公司	融资租赁公司	互联网公司
举例	平安银行	上汽通用汽车金融公司	民生金融租赁	大搜车
优势	资金成本低，可打造客户流量闭环，认可度高	可布局汽车产业链上下游，主机厂有贴息优惠，经销商系距离场景最近	产品形式多样，相应股东背景优势，审批速度较快	拥有庞大的线上流量，首付较低，运用大量科技手段
渠道	线下营销网络	经销商网络优势	机构合作	互联网线上引流 + 线下门店
便利性	流程复杂	一站式服务	较便利	线上申请方便快捷

1. 商业银行

从市场份额来看，处于资金链顶端的商业银行仍然占据整个汽车金融市场的最大份额，主要形式是银行贷款和信用卡。目前在汽车金融领域涉足较多的是以平安银行、中信银行、民生银行和浙商银行为代表的股份制商业银行。

商业银行是最早进入汽车金融领域的主体，其最大的优势是较低的资金成本，同时，商业银行通过其他业务方向积累了大量的客户资源，在产品推广上也具备一定优势。但另一方面，商业银行由于审批和放款的业务属性及地推团队的缺乏，很难深入汽车金融的整体产业链。

近几年，消费金融成为信贷投放的重点，除传统库存融资业务，商业银行利用资金优势、客户资源优势、系统优势等采取包括助贷等多种方式投放资金，形成银行 + 保险、银行 + 助贷、银行 + 电商等合作模式。

微众银行在 2015 年推出了“互联网 + 汽车金融”产品“微车贷”，与电商平台合作。微众银行提供资金，同时联合合作方进行风控，其他前端获客和售后服务等方面，则由合作方完成。

晋城银行则采取了“晋城银行 + 灿谷”的专业资产管理公司助贷模式，即银行保留审批和放款核心功能，其他的相应职能外包出去，由专业的资产管理公司做专业的事。助贷模式对银行而言，有助于帮助其打破地域限制、扩大获客群体，为资产寻找投向、实现盈利，同时培养互联网环境下的经营能力等。对助贷机构而言，助贷有助于其获得低息稳定的资金、借用银行牌照和征信渠道、培养独立风控能力、掌握银行 + 互联网融合体系的制高点等。

2. 汽车金融公司

2003 年，原银监会颁布实施了《汽车金融公司管理办法》（2003），真正意义上打破了当时国内由商业银行垄断汽车金融业务的格局，形成汽车金融市场多种机构、多种服务方式的竞争，也标志着汽车金融公司正式以专业汽车金融服务提供者的身份进入汽车金融市场。

截至 2018 年末，我国共有 25 家汽车金融公司。截至 2017 年末，其注册资本总和超过 500 亿元，总资产规模约 7 500 亿元，股东方包括：国内主机厂、外资银行、内资银行、财务公司、经销商集团等。

大部分汽车金融公司具有汽车厂商背景，厂商背景优势有助于汽车金融公司深入整个产业链，从销售环节延伸到后续服务环节。另外，汽车金融公司具备商业银行缺失的产品精细化优势，非银行金融机构的性质使得汽车金融公司相比银行能够提供更灵活的产品，比如可以突破汽车贷款首付比例的限制进行放贷，在风险政策、贷款审批、贷后服务上更为精准、宽松、灵活、快捷等。

《汽车金融公司管理办法》（2008 年修订）在业务内容规定上，更突出汽车金融公司专业化发展和核心主业的要求。在原有汽车零售贷款、经销商批发贷款的基础上，新增汽车融资租赁业务，从而形成汽车金融公司的三大核心业务。

3. 融资租赁公司

近几年，汽车消费群体的年轻化使得“以租代购”模式在国内再次兴起，汽车融资租赁也成为汽车金融的热点。融资租赁由于融资与融物相结合的特点，出租人在保有所有权的同时，具备提供车后服务的条件和动力，同时融资租赁产品灵活的首付选择也吸引了越来越多的消费者。

根据业务集中度，融资租赁公司分为两类：一类是传统租赁公司，包括一些布局汽车金融事业板块的金融租赁公司和融资租赁公司；另一类是专一类租赁公司，即专营汽车融资租赁业务的融资租赁公司。根据股东背景可以分为三类：第三方独立系、厂商背景系以及经销商背景系。

4. 互联网公司

互联网汽车金融平台包括以微贷网、投哪网为代表的 P2P 模式以及以花生好车、优信二手车为代表的新零售模式。

近几年，网贷监管政策频频出台，监管态度逐渐明朗。2018 年 11 月，中国机构编制网发布的《中国银行保险监督管理委员会职能配置、内设机构和人员编制规定》明确规定，将P2P网贷正式纳入中国银行保险监督管理委员的管辖，网贷行业进入合规进程。合规要求的提升导致很多网贷平台主动或被动选择退出，网贷行业遭遇清洗，一些平台也开始寻求转型。

而最新兴起的汽车新零售，使得汽车金融市场竞争进入新的阶段。各电商持续加码汽车金融，甚至斥巨资开展广告战。花生好车、优信金融、毛豆新车、弹个车、易鑫车贷、大白汽车等纷纷加入引流抢客大战。

互联网公司主要依赖大数据、云计算等工具开发定制化产品，在用户画像、线索引流以及存量客户挖掘等方面具有优势。随着金融科技的持续发展，未来互联网公司可以在风控、产品、营销等诸多方面赋能互联网汽车金融行业，为用户提供更加优质的产品和服务。同时，近几年互联网汽车金融持续深耕线下，加大线下场景布局，渠道逐渐下沉至三、四线城市，从关注商品销售向关注用户体验转变，即注重“线上+线下+高效物流”的结合。

7.2 汽车融资租赁市场发展现状

2016年3月，中国人民银行、原银监会联合发布《关于加大对新消费领域金融支持的指导意见》(银发〔2016〕92号)；2017年4月，商务部发布《汽车销售管理办法》；2017年6月，交通运输部公布《关于促进汽车租赁业健康发展的指导意见（征求意见稿)》；2017年10月，中国人民银行、原银监会联合发布《关于调整汽车贷款有关政策的通知》(银发〔2017〕234号)；2018年1月，国家发展改革委发布《智能汽车创新发展战略》(征求意见稿)，建议利用开发性和政策性金融、融资租赁和金融租赁等政策工具，重点扶持智能汽车新业态、新模式发展。这一系列政策利好为汽车零售及融资租赁行业的发展提供了强大助力。

汽车融资租赁在近两年成为汽车金融市场的热点之一，“以租代购”模式兴起，尤其是以直租为代表的汽车新零售成为热门投资市场。

一方面，消费者实现了观念转变，不再依赖对汽车的所有权而更加重视消费体验，以取得使用权为消费目的，而融资租赁具备融资和融物属性，所有权和使用权必然分离，契合了消费者的需求；另一方面，融资租赁模式相比传统汽车贷款更加灵活、方便快捷，降低了消费门槛，迎合了年轻消费群体的消费习惯和消费能力，能够以丰富多样的产品，灵活的付款模式吸引消费者。

1. 市场参与主体

汽车对于融资租赁行业来说是非常好的标准化资产，其市场规模巨大、登记制度完善、场景延伸多样、流通性强，是传统融资租赁公司交通物流板块的重要组成部分。如民生金融租赁专设车辆事业部布局汽车融资租赁业务，车辆成为其设备板块的重要部分；平安租赁则通过“以租代购”的创新模式，于2015年正式布局汽车金融，2016年初步成型，2017年便进入快速增长阶段。

此外，汽车融资租赁市场的重要参与主体还有专营汽车租赁业务的第三方独立系融资租赁公司，包括狮桥租赁、先锋太盟等，它们主要为客户提供专业的整合服务，业务模式更加灵活多样。

随着汽车融资租赁业务的兴起，国内多家大型汽车集团纷纷涉足该领域，如一汽集团、上汽集团、东风汽车、广汽集团等旗下均设立了专门的汽车融资租赁公司（见表7-2）。这些融资租赁公司在帮助集团拓展产业链，增加销售渠道的同时，也可背靠厂商产品、获客、车辆处置等优势开展业务。

表7-2　部分汽车集团旗下融资租赁公司

汽车集团	融资租赁公司	成立时间	注册资本（亿元）	持股比例（%）
一汽集团	一汽租赁有限公司	2016/02/22	24	100
	一汽智行国际租赁有限公司	2018/04/04	6	75
上汽集团	安吉租赁有限公司	1993/04/20	11.64	100
	上汽通用融资租赁有限公司	2018/06/25	10	55
东风汽车	创格融资租赁有限公司	2017/01/06	3	70
	东风南方融资租赁有限公司	2013/10/25	1.7	100
广汽集团	广州广汽租赁有限公司	2004/02/24	5	100
陕汽集团	德银融资租赁有限公司	2011/11/24	10.5	100
浙江吉利	浙江智慧普华融资租赁有限公司	2013/08/09	1.73	70
福田汽车	北京中车信融融资租赁有限公司	2012/04/25	5	100
江淮汽车	安徽中安汽车融资租赁股份有限公司	2018/08/01	10	41.08

资料来源：工商信息网，中国融资租赁三十人论坛整理。

而在销售渠道和了解终端客户方面具有独到优势的经销商同样把握住了汽车融资租赁这一增长机会，开设专门的融资租赁公司。一方面可以开展融资租赁业务帮助经销商缓解库存压力，另一方面通过提供汽车保险、售后维修等捆绑服务，提高售后返厂率以挖掘汽车全生命周期价值。

大搜车、趣店、易鑫、毛豆新车等新兴互联网公司的加入加速了“汽车新零售”产品的生长和布局。互联网公司受到资本青睐，拥有强大的背景，拥有大量用户线上行为数据，在线上引流时代具有较强的竞争力。同时，互联网促进了二手车

表7-3　部分经销商系融资租赁公司

公司名称	经销商背景	注册时间	注册资本（亿元）
汇通信诚租赁有限公司	广汇汽车服务有限责任公司	2011/12/01	35.60
上海永达融资租赁有限公司	上海永达控股集团有限公司	2013/03/29	5.00
庞大乐业租赁有限公司	庞大汽贸集团股份有限公司	2009/04/30	29.17
汇益融资租赁（天津）有限公司	国机汽车股份有限公司	2015/06/17	$1.03
利星行融资租赁（中国）有限公司	利星行汽车	2008/02/29	$3.70
易汇资本（中国）融资租赁有限公司	百利得	2010/06/11	$0.725
浙江中大元通融资租赁有限公司	浙江物产元通汽车	1996/10/28	17.57
浙江车家佳融资租赁有限公司	浙江物产元通汽车	2017/08/22	2.00

资料来源：工商信息网，中国融资租赁三十人论坛整理。

注：$表示这三家公司注册资本为美元。

交易线上线下相互融合，优信、瓜子等二手车电商也在不断加大对汽车新零售领域的资本和技术投入。此外，在互联网助力下，二手车维修、保养、配饰等汽车后市场环节的服务需求不断增加，这也为相关金融服务的发展提供了更大的市场空间。

2. 渠道逐步下沉

当前，国内汽车融资租赁还处于早期发展阶段，渗透率远远低于美国等发达国家市场。而且与商业银行和汽车金融公司的业务模式相比，汽车融资租赁公司的渠道更下沉，更多地面向三线及以下城市和农村人群。与一、二线城市人群相比，三线及以下城市尤其是在4S店未覆盖到的地区，人群平均收入水平和信用额度较低，在取得银行或汽车金融公司的贷款时存在一定困难，而融资租赁的消费门槛相对低，能够更好地满足其购车需求。

近几年，三、四线城市成为汽车消费增长最为迅速的市场，以80后、90后为代表的年轻人则成为汽车消费的主力军。大搜车官网显示，在2018年双11的购物活动中，小镇青年表现出了强烈的汽车消费热情。数据显示，18～35岁的消费者占比达到68.4%，而来自三线及以下城市的消费者占比达到71.9%。

为避开传统汽车金融产品的竞争，汽车融资租赁将渠道进一步下沉以开拓市场，打造核心竞争力，同时加大线下布局，在线下直接触达消费者。其中线下渠道建立包括与经销商合作以新零售模式体验店提供强大的消费场景实现三、四线及以下城市的下沉，从而建立线上服务+线下体验联动互补的轻资产模式，以及汽车融资租赁企业自建门店的重资产模式。

3. 资产证券化逐渐成熟

随着资产证券化的兴起，目前租赁债权已成为资产支持证券（ABS）基础资产的重要来源。ABS 是将可带来未来现金收入但缺乏流动性的资产按一定标准进行结构性重组，再通过证券发行方式出售给市场投资者的融资方式。这样操作可以将未来的现金流变现，增强资产的流动性，也有利于汽车融资租赁公司内部治理结构的改善。

汽车租赁债权作为基础资产，具有单笔金额小，区域分散度高、现金流稳定可预测，以及风险极低、存在较大的利差空间等优点，这些优点使其具备开展资产证券化业务的先天优势。而且汽车租赁天然分散的特性可以弱化发行主体资质要求，符合资产证券化的本质。

根据 wind 不完全统计，2018 年 15 家租赁公司发行了 35 只汽车租赁 ABS，合计金额超 340 亿元，其中 26 只以租赁租金为基础资产。35 只 ABS 中，单只 ABS 金额最低为 2.22 亿元，金额最高为 26.55 亿元。35 只汽车租赁 ABS 的次级占比区间为 5% ~16.79%。其中具有代表性的是，2018 年狮桥租赁、先锋太盟、易鑫等专营汽车租赁公司保持高频发行，平安租赁成功发行首单汽车租赁生态圈证券化产品，吉利控股成功发行国内首单整车厂商汽车租赁 ABS（见图 7 -8）。

从安全性角度考虑，由于汽车租赁资产池单笔金额较小，且具备抗周期性的特点，因此对于资产池的安全性分析重点在于贷款人准入条件、首付比率、历史逾期率、违约率、早偿率、回收率、加权平均剩余期限、加权平均贷款利率、影子评级等方面。

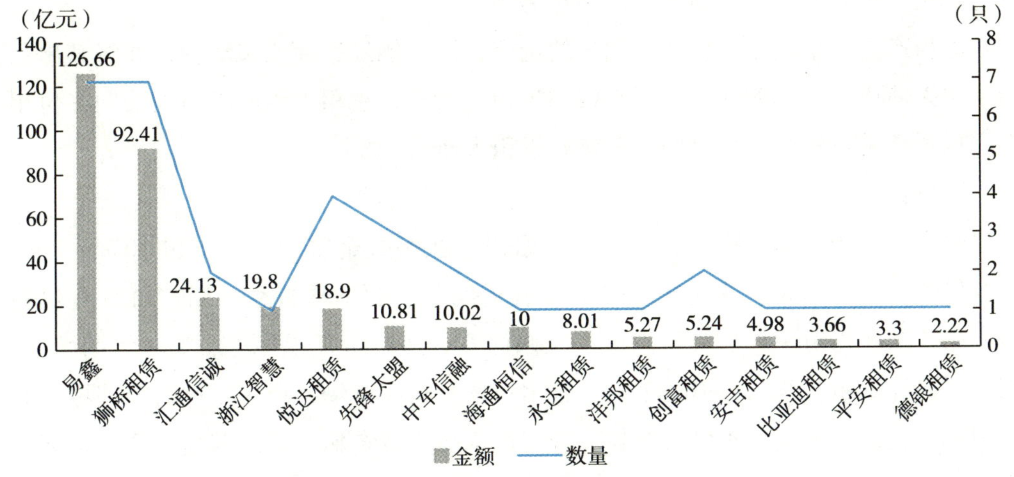

图 7–8 2018 年部分汽车租赁 ABS 发行情况

数据来源：wind，中国融资租赁三十人论坛整理。

增信方面，汽车租赁 ABS 主要增信措施是内部增信，设置差额支付、保证担保等外部支持措施的较少。优先/次级的内部分层结构作为内部增信的最主要支持来源，其次级资产支持证券占比相对较高。

基于汽车资产的标准化及分散特征，汽车资产证券化产品受到资产和资金方的青睐，成为ABS市场重要组成部分。

7.3 汽车融资租赁业务模式

目前，汽车融资租赁主要分为以下三种：

新车融资租赁。以租代购、分期付款的一种购车方式，还款方式一般为按月等额本息或等额本金，租赁期限一般在24~36个月。

二手车融资租赁。二手车租赁的期限相对新车融资租赁较短，资金一般用于小微企业及个体工商户的资金周转或个人消费等，目前租赁公司一般多与互联网平台合作，借助线上的庞大流量来实现这种租赁模式。

库存融资。这类租赁模式主要用于解决经销商从汽车厂商批量购车时面临的资金紧缺问题，汽车销售一般能实现较快的资金回笼，因此租赁期限很短，且相比其他汽车融资租赁资产而言，车辆未经使用且集中储存，保值性更好、更易于监控，能有效降低违约后的损失，但这类模式对租赁公司提出了更高的资金和风控要求。

1. 产品类型

从产品角度，传统融资租赁业务模式分为经营租赁、融资租赁，融资租赁产品分为直租和售后回租，目前以售后回租为主。

直租产品：指出租人根据承租人的选择，向车辆经销商购买车辆，并将其出租给承租人使用。在此期间车辆所有权归出租人所有，承租人则向出租人按期支付租金。租赁期满且租金支付完毕，车辆归承租人所有。

示例：

弹个车：用户确认购车意向后，根据用户在蚂蚁金服的信用支付10%~20%的首付款，第一年为租赁期，由弹个车购买保险、缴纳购置税，用户每月支付租金，租赁期间内由用户自行承担车辆维修保养、违章责任承担等。第一年期满后，用户可选择续租、购买或退还车辆。若用户选择购买车辆，可一次付清全部尾款并办理过户，也可分期三年付清尾款。若用户选择租赁车辆，可以继续租赁，租期届满后仍可以选择分期付清尾款。

售后回租：承租人和经销商签订买卖合同后，将汽车出售给融资租赁公司，再从融资租赁公司处将汽车重新租回，只需按期向融资租赁公司支付租金。

示例：

庞大欧力士：它将客户现有的车辆购买后，根据每台车的使用年数设定租期，代替客户进行车辆管理业务（车险，维修保养、事故处理等）和车辆使用成本管理（税金，保险费，维修保养费等），并将这些车辆直接作为租赁车辆，租赁给客户。

在传统的汽车融资租赁业务模式下，车牌与汽车的所有权都归属于融资租赁公司，由承租人支付租金取得使用权。考虑到部分城市对车牌的限制（如上海），很多融资租赁公司在开展汽车融资租赁业务时，会将汽车所有权与车牌登记于承租人名下。在此模式下，出租人对于租赁物较难掌控，实务操作中会有出租人通过办理抵押登记、安装 GPS 等措施进行风险防控，但部分车管所对于融资租赁的抵押登记会设置较大的障碍。

除了融资租赁外，如易鑫、弹个车、花生好车等还推出了经营性租赁产品。

经营租赁：一般由租赁公司自行购置车辆，用于专门租赁。出租人可以将租赁汽车租给不同承租人使用，汽车的所有权不发生转移。这种模式下出租人需要承担汽车毁损灭失的法律风险，且提供一定程度上的维修保养等其他技术性服务，出租人的责任与风险较大。

示例：

易鑫：向汽车经销商购买汽车并充当出租人，将汽车租给消费者（承租人），以收取租金。在租赁期间内，易鑫保有汽车所有权，消费者仅拥有使用权，在租赁期满后，将汽车返还给易鑫。在第一个 12 月期间结束时，消费者有 4 个选择：（1）转为 3 年融资租赁；（2）再次支付首期付款以租赁新车；（3）作为一次性付款购买该汽车；（4）汽车返还给易鑫，无须支付额外费用。

经营性租赁只交换汽车使用权，不涉及汽车所有权的转移；对承租人来说，经营性租赁是以使用车辆为目的，而融资租赁是以融物的方式实现融资为目的；经营性租赁以承租人占用车辆的时间计算租金，而汽车融资租赁以承租人占用融资成本的时间计算租金。

2. 获客模式

面向个人消费者的汽车融资租赁业务的获客方式主要包括三种：与渠道商合作、线下自营门店以及线上互联网平台。

与渠道商合作中，最普遍的是经销商模式，属于轻资产运营，对于租赁公司而言可以免去昂贵的店面成本，降低人力成本，且渠道下沉更加灵活，可以开拓四、五线城市消费群。但该模式下，融资租赁公司对市场、客户、销售体系的把控能力偏弱。贷前风控对大数据的依赖度更高，贷后风控团队与销售体系独立分开，风险较直营门店更大，资产管理难度大，且服务标准的参差不齐很容易对品牌形象造成负面影响，而且各个渠道商的产品政策难以统一。

第二种是直营模式，即租赁公司设立自营门店，属于重资产模式，如花生好车，其目前在国内拥有400余家直营门店。直营模式下公司对市场、客户、销售体系的把控力强，可以更好地为用户提供无差别的优质服务，也有助于对资产保全、风险控制的把握，且产品政策能够统一，避免恶意竞争，有利于品牌形象的打造。

重资产运营需要更高的运营成本，员工数量的增加也提高了管理难度，而且门店运营形成一定的规模后，区域销售管理与总部运营职能之间的配合难度增大，信息传递效率低。

第三种是线上渠道，除了各电商自身建立的平台，还包括BATJ（指百度、阿里巴巴、腾讯和京东）等平台的引流入口。通过大数据等互联网技术能够为线下门店精确导流，摊薄线下门店的平均流量成本。目前，汽车新零售平台多数都与流量巨头形成了生态连接，相比传统4S店，这种方式在流量聚集和转化方面优势明显，且互联网平台面对的消费群体更多更广，缩短客户对服务与品牌的感知距离。

3. 盈利模式

从盈利模式来看，汽车直租产品盈利模式更加多样化，租赁公司批量购车能够拥有更多的议价空间，还可以赚取汽车批发零售差价、装饰利润、保险返点等。而售后回租模式下的盈利主要来源于利差。此外，对于厂商设立的专业汽车融资租赁公司，或与厂商签订合作协议的融资租赁公司，销售佣金也是其主要的盈利来源。

另外，参照国际经验，汽车市场利润将逐渐向后市场转移。从发达国家汽车产业的情况来看，20%的利润来源于汽车制造与销售，60%则来自汽车金融等其他相关的服务领域。目前很多融资租赁产品已经通过打包购置税及保险等方式来吸引消费者，融资租赁公司可以通过资源整合打造汽车从销售到售后服务的生态，让整条生态链的前端销售与后端销售有效链接，使消费者得到全方位、一体化的服务。

随着消费群体年轻化及分期消费意识的崛起，汽车融资租赁将作为有利的金融工具，不仅能够促进新车生产销量，还可促进二手车交易发展，促进汽车市场形成良性交易闭环。对于汽车融资租赁企业而言，需要形成差异化的竞争实力，要掌握好渠道，提高服务意识，同时必须在产品和风控技术上进行不断优化，在大数据时代特征越来越明显的情况下，结合数据科技锻造风控能力和手段。

8 医疗租赁

8.1 医疗大健康产业发展情况

大健康是根据时代发展、社会需求与疾病谱的改变提出的一种全局理念。大健康产业可以通过人类生命周期按照“生、老、病、死”四个阶段进行相关产业区分，还可以按照大健康业态进行区分，包括健康管理、医疗医药、康复智能、养老养生四个维度。目前，我国医疗大健康产业以医疗、医药产业和健康养老产业为主，产业的整体发展与我国国情及国家战略、政策方针密不可分。

（一）多重因素驱动医疗大健康发展

1. 人口老龄化程度加深

我国人口老龄化已成为一个严峻的社会问题，根据国家统计局统计数据显示，至2017年末我国大陆总人口数为139 008万，其中0～14岁人口数为23 348万，占总人口的比重为16.80%；15～64岁人口数为99 829万，占总人口的比重为71.81%；65岁及以上人口数为15 831万，占总人口的比重为11.39%，人口老龄化结构明显。此外，我国人口老龄化的程度也在加深，2013年至2017年，我国65岁及以上人口数量持续增加，老年抚养比不断上升，至2017年末，老年抚养比为15.9%（见图8－1）。

2. 国家扶持医疗健康产业发展

中共中央、国务院于2016年10月25日印发并实施《“健康中国2030”规划纲要》（以下简称《纲要》），旨在推进健康中国建设，提高人民健康水平。根据《纲要》战略目标，到2020年，建立覆盖城乡居民的中国特色基本医疗卫生制度，基本形成内涵丰富、结构合理的健康产业体系。纲要提出要提供优质高效的医疗服务，要求完善医疗卫生服务体系，创新医疗卫生服务供给模式，提升医疗服务水平和质量。《纲要》还鼓励发展健康产业，优化多元办医格局，发展健康服务新业态。

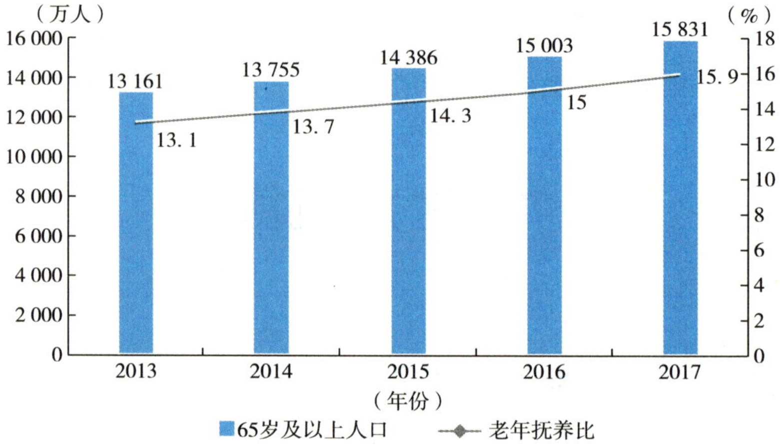

图 8-1　2013—2017 年我国 65 岁及以上人口数量、老年抚养比走势

数据来源：国家统计局，中国融资租赁三十人论坛整理。

此外，党的十九大报告明确指出“实施健康中国战略”，进一步深化医疗卫生体制改革，全面建立中国特色基本医疗卫生制度。

3. 鼓励社会资本进入医疗领域

2010 年 11 月 26 日，国务院办公厅转发发展改革委、卫生部等部门《关于进一步鼓励和引导社会资本举办医疗机构意见》的通知（国办发〔2010〕58 号），指出坚持公立医疗机构为主导、非公立医疗机构共同发展，加快形成多元化办医格局，是医药卫生体制改革的基本原则和方向。意见提出，放宽社会资本举办医疗机构的准入范围，具体包括鼓励和支持社会资本举办各类医疗机构；调整和新增医疗卫生资源优先考虑社会资本；鼓励社会参与公立医院改制；允许境外资本举办医疗机构等。

《“健康中国 2030”规划纲要》要求进一步优化政策环境，优先支持社会力量举办非营利性医疗机构，推进和实现非营利性民营医院与公立医院享受同等待遇，破除社会力量进入医疗领域的不合理限制和隐性壁垒。2017 年 12 月召开的中央经济工作会议，再次提出鼓励社会资金进入养老、医疗等领域。

4. 深化医药卫生体制改革

2009 年 3 月 17 日《中共中央国务院关于深化医药卫生体制改革的意见》（以下简称《意见》）的出台，标志着我国新一轮医改正式启动。《意见》指出了深化医药卫生体制改革的总体目标，到 2020 年要建立起覆盖城乡居民的基本医疗卫生制度。普遍建立比较完善的公共卫生服务体系和医疗服务体系，比较健全的医疗保障体系，比较规范的药品供应保障体系，比较科学的医疗卫生机构管理体制和运行机制，形成多元办医格局。

《意见》要求进一步完善医疗服务体系，坚持非营利性医疗机构为主体、营利性医疗机构为补充，公立医疗机构为主导、非公立医疗机构共同发展的办医原则。

要求建立政府主导的多元卫生投入机制，确立政府在提供公共卫生和基本医疗服务中的主导地位；明确中央政府和地方政府都要增加对卫生的投入，并兼顾供给方和需求方。逐步提高政府卫生投入占卫生总费用的比重；新增政府卫生投入重点用于支持公共卫生、农村卫生、城市社区卫生和基本医疗保障。同时鼓励和引导社会资本发展医疗卫生事业；国家制定公立医院改制的指导性意见，积极引导社会资本以多种方式参与包括国有企业所办医院在内的部分公立医院改制重组。稳步推进公立医院改制的试点，适度降低公立医疗机构比重，形成公立医院与非公立医院相互促进、共同发展的格局。

根据2016年底公布的《国务院深化医药卫生体制改革领导小组关于进一步推广深化医药卫生体制改革经验的若干意见》，深化医改取得重大进展和明显成效，表现在：全民医保制度基本建立，基本医疗保险参保率稳固在95%以上，覆盖人口超过13亿人，2016年城乡居民医保财政补助标准达到人均420元；公立医院综合改革持续拓展深化，全国1977个县（市）全面推开县级公立医院综合改革，公立医院综合改革试点城市扩大到200个等。当前，深化医改进入了深水区和攻坚期。

（二）我国医疗健康产业快速增长

我国医疗健康行业在人口老龄化加速、国家大力度扶持、鼓励社会资本进入以及城镇化进程加速等因素的推动下，正处于快速增长期，社会医疗健康服务需求持续增长，医疗健康服务市场的规模持续扩大。

1. 卫生机构数量持续增加

2013年至2017年，我国医疗卫生机构（包括医院、基层医疗卫生机构、专业公共卫生机构、其他医疗卫生机构）数量总体处于持续增加态势，其中医院数量也在逐年持续增加、卫生技术人员人数直线增加（见图8－2）。

根据《2017年我国卫生健康事业发展统计公报》，截至2017年末，全国医疗卫生机构总数达986 649个，比2016年增加3 255个。其中：医院31 056个，基层医疗卫生机构933 024个，专业公共卫生机构19 896个。与2016年相比，医院增加1 916个，基层医疗卫生机构增加6 506个，专业公共卫生机构减少4 970个。医院中，公立医院12 297个，民营医院18 759个。医院按等级分：三级医院2 340个（其中：三级甲等医院1 360个），二级医院8 422个，一级医院10 050个，未定级医院10 244个。全国医疗卫生机构床位794.0万张，其中：医院612.0万张（占77.1%），基层医疗卫生机构152.9万张（占19.3%）。医院中，公立医院床位占75.7%，民营医院床位占24.3%。与上年比较，床位增加53.0万张。卫生人员总数中，卫生技术人员898.8万人，比2016年增加53.4万人（增长5.9%）。

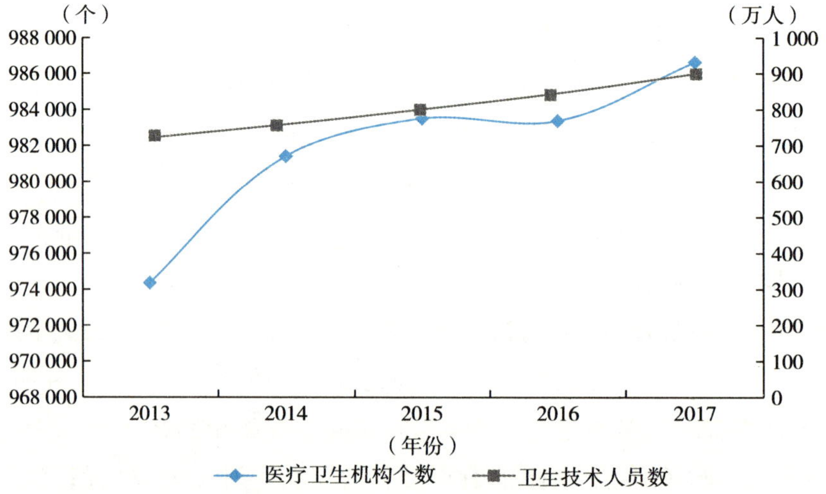

图8-2　2013—2017年，我国医疗卫生机构数量及卫生技术人员数走势

数据来源：国家统计局，中国融资租赁三十人论坛整理。

截至2017年末，全国共有各类提供住宿的社会服务机构3.2万个，其中养老服务机构2.9万个，儿童服务机构656个。

2. 医疗卫生支出不断增加

我国医疗卫生支出在国民经济中的重要性逐渐提升。我国包括政府卫生支出、社会卫生支出及个人卫生支出在内的卫生总费用从2013年的31 668.96亿元增加到2017年的52 598.28亿元，年均复合增长率为13.52%；同时，卫生总费用占GDP的比重逐年增加，从2013年的5.4%已上升至2017年的6.4%（见图8-3）。

卫生总费用中，社会卫生支出逐年增加，从2013年的11 393.79亿元上升到2017年的22 258.81亿元。此外，我国人均卫生费用水平保持直线增长，从2013年的2 327.37元已上涨至3 783.83元（见图8-4）。

3. 卫生行业投资加大

近年，我国卫生行业的投资不断增加，固定资产投资中卫生和社会工作投资从2013年的3 184亿元增长至2017年的7 327亿元，年均复合增长率为23.17%。从卫生和社会工作投资的增长情况看，2016年至2017年的增速有所放缓（见图8-5）。

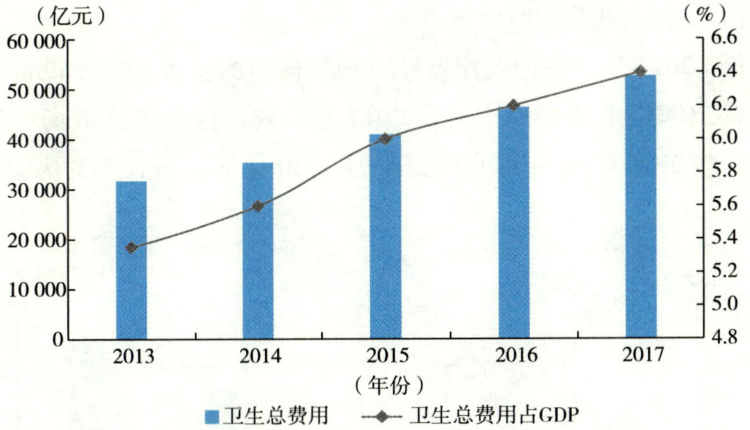

图 8-3　2013—2017 年，我国卫生总费用及其占 GDP 比重

数据来源：国家统计局，中国融资租赁三十人论坛整理。

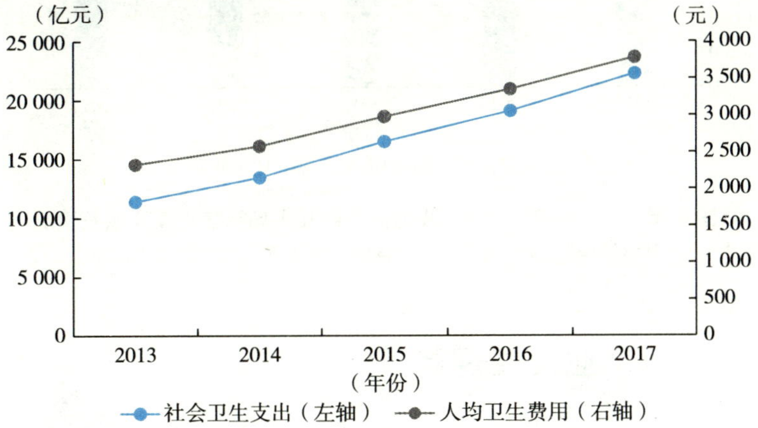

图 8-4　2013—2017 年，我国社会卫生支出、人均卫生费用趋势

数据来源：国家统计局，中国融资租赁三十人论坛整理。

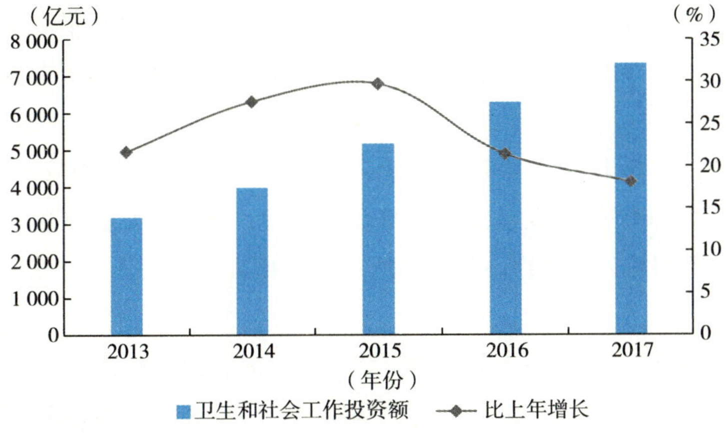

图 8-5　2013—2017 年，我国卫生和社会工作投资额及增速情况

数据来源：国家统计局，中国融资租赁三十人论坛整理。

4. 医疗设备制造业收入增加

2013 年至 2017 年，我国医疗器械市场规模不断扩大，医疗设备制造收入持续增加，增长率均保持在 20% 以上。2017 年，我国医疗器械市场销售规模约为 4 450 亿元，较 2016 年的约 3 700 亿元增长 750 亿元，增长率约为 20.27%（见图 8－6）。

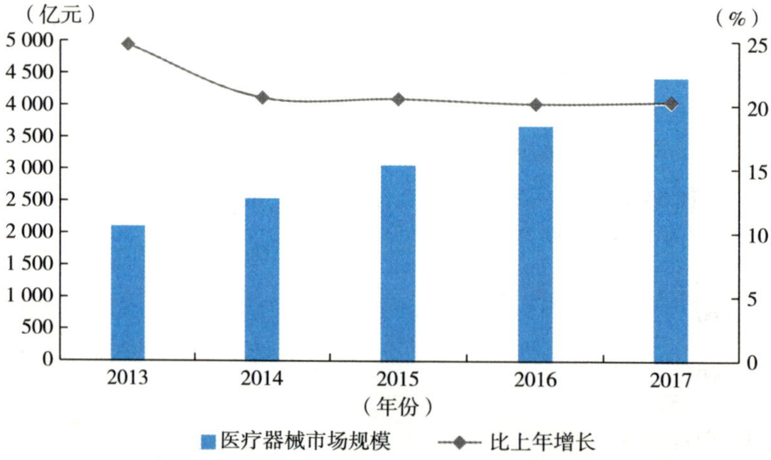

图 8-6　2013—2017 年，我国医疗器械市场销售规模及增长情况

数据来源：中国医疗器械行业发展报告，中国融资租赁三十人论坛整理。

8.2　医疗租赁产业发展现状

医疗大健康产业的高速发展，伴随着大量的融资及融物的需求，市场竞争日趋激烈，产业链上各类机构需要加大投入力度，各类医院也需引进先进的医疗器械提升竞争力。这些需求成为与融资租赁最好的结合点，融资租赁凭借融资额度大、融资方案灵活、快捷等优点获得行业认可，也成为推动医疗大健康产业发展有力的服务工具。

国务院办公厅曾于 2016 年 3 月发布《关于促进医药产业健康发展的指导意见》（国办发〔2016〕11 号），要求强化财政金融支持，探索医疗器械生产企业与金融租赁公司、融资租赁公司合作，为各类所有制医疗机构提供分期付款采购大型医疗设备的服务。

此外，《国务院办公厅关于加快融资租赁业发展的指导意见》（国办发〔2015〕68 号）中要求改革制约融资租赁发展的体制机制，完善相关领域管理制度。根据融资租赁特点，便利融资租赁公司申请医疗器械经营许可或办理备案。

（一）经营资质逐步放开

我国对经营医疗器械融资租赁业务的金融租赁或融资租赁企业，均视其为医疗器械经营企业，要求具备医疗器械经营许可证。

《医疗器械监督管理条例》（中华人民共和国国务院令第276号）明确规定，开办第二类、第三类医疗器械经营企业，应当经省、自治区、直辖市人民政府药品监督管理部门审查批准，并发给《医疗器械经营企业许可证》。无《医疗器械经营企业许可证》的，工商行政管理部门不得发给营业执照。《医疗器械经营企业许可证》有效期5年，有效期届满应当重新审查发证。

之后于2005年6月，国家食品药品监督管理局公布《关于融资租赁医疗器械监管问题的答复意见》，指出融资租赁公司开展的融资租赁医疗器械行为属经营医疗器械行为的范畴，食品药品监督管理部门应根据《医疗器械监督管理条例》及相关规章对融资租赁医疗器械行为进行监管。

《医疗器械经营企业许可证》的取得，无疑对融资租赁企业增加了人员、设施、管理成本。随着医疗租赁业务的广泛开展，以及对融资租赁业务认知的加深，目前对于医疗租赁产业监管的环境正日渐改善，对于融资租赁企业经营许可的资质要求有逐步放开之势。

《最高人民法院关于审理融资租赁合同纠纷案件适用法律问题的解释》中指出，根据法律、行政法规规定，承租人对于租赁物的经营使用应当取得行政许可的，人民法院不应仅以出租人未取得行政许可为由认定融资租赁合同无效。

【厦门】2018年2月12日，中国（福建）自由贸易试验区厦门片区管委会、厦门市市场监督管理局、厦门市卫生和计划生育委员会公布关于印发《福建自贸试验区厦门片区大型医疗器械融资租赁监管改革的若干意见》（以下简称《意见》）的通知，支持片区内融资租赁或金融租赁企业开展大型医疗器械融资租赁经营活动。《意见》要求便利从事大型医疗器械融资租赁的企业申请医疗器械经营许可或办理备案。一方面，便利企业申请，厦门市市场监督管理局依法委托大型医疗器械融资租赁企业经营场所所在地的区市场监督管理局开展医疗器械经营许可和备案工作；另一方面，优化审批管理，要求对申请大型医疗器械融资租赁经营许可的，压缩审批时限到法定时限的35%以内。受理许可申请的各区市场监督管理局应当自收到申请材料之日起10个工作日内对申请材料进行审核，并进行现场核查。符合条件的，做出准予许可的决定，并发放经营范围仅限于大型医疗器械融资租赁的《医疗器械经营许可证》。

【南沙】2018年10月18日，《中国（广东）自由贸易试验区广州南沙新区片区开展“一照一码走天下”改革试点工作方案》正式印发。《方案》要求探索建立合格假定监管示范区，营造市场准入环境。按照自由贸易港理念，在自贸试验区、粤港澳深度合作示范区内假定企业符合准入条件，不再办理许可审批，试行“无条件准入、登记式备案、免审批准营、信用制监管”的合格假定监管模式。根据该规定，示范区内试点的融资租赁企业经营大型医疗器械融资租赁业务，做出合格假定承诺后，可按照营业执照记载的经营范围直接经营，无须再办理《医疗器械经营许可证》。医疗器械的进货查验、销售记录、运输贮存和使用管理等责任，通过签订三方医疗器械质量安全管理责任协议的方式，明确由医疗设备供应商和承租人（医疗机构）来承担，设备供应商具备经营许可资格即可。

（二）聚焦医疗、医药

随着医疗租赁产业的纵深发展，近几年，融资租赁公司已不仅通过简单的提供资金来满足医疗大健康产业的需求，而且能提供多元服务，覆盖产业链上的各大重要环节。

目前，我国融资租赁公司主要服务于医疗大健康板块中的医疗产业、医药产业，对于健康养老产业仍处于探索阶段。具体来看，融资租赁公司合作方主要包括制药厂商、医疗器械设备制造厂商、医疗服务商以及医院，其中仍以医院为主；租赁物主要包括制药设备、医疗器械等。此外，还针对医院提供改制、扩张等基础设施建设类服务。

（三）公共事业单位为主要客群

我国融资租赁公司服务的医院客户大部分属于公共事业单位，主要定位于基本情况较为公开透明的县级以上公立医院，民营医院客户占比较少。

对于客户医院的选择主要考察收入和负债情况，包括从医院的病床数量及病床使用率、住院/出院人数、门诊人流量、门诊人均费用等分析医院的收入情况；通过医院的财务系统、财务报表等分析医院的负债情况。

（四）提供综合服务成发展趋势

虽然医疗大健康产业处于高速增长阶段，但随着越来越多的融资租赁公司进入该领域，医疗板块租赁资产规模的逐年增加，竞争日趋激烈。简单的提供设备融资或纯资金的服务已不能满足医疗大健康产业发展的多元需求，融资租赁公司未来需要围绕产业链拓展增值服务，深度参与产业发展，为客户提供综合金融解决方案，增强与行业及客户间的黏性，实现双赢。以远东宏信、环球医疗为例：

远东宏信医疗板块主要包括资金业务、投资类业务以及管理咨询类业务三大类。资金业务通过旗下金融业务本部开展，业务类型主要包括医疗设备直接租赁、售后回租、应付账款保理、应收账款保理。产业投资类业务由旗下专业开展医疗投资业务的经营平台开展，为医疗机构提供改制重组、规划新建、投资并购等服务。管理咨询类业务由旗下专业从事医疗机构管理业务的经营平台开展，提供包括医院评审与评鉴管理、病人安全暨医疗质量促进、医院绩效管理、医院形象管理和智能化后勤管理的管理咨询类服务，涵盖科室、医院委托运营的项目运营类服务。截至2018 年 6 月末，远东宏信实际投入运营的已签约控股或参股医院及诊所数量已达43 家，全部 43 家医疗机构可开放床位数已超过 16 000 张，按照各家医院的经营需求，截至 2018 年 6 月末，实际开放床位数超过 10 000 张。

环球医疗则提供包括医疗金融、医院投资管理、医疗技术服务、医疗信息化在内的综合医疗解决方案。融资租赁是环球医疗一直以来的经营重点，其医疗金融业务模式包括直接租赁和售后回租。医院投资管理业务是环球医疗未来的重点发展项目，帮助投资管理的医院提升技术水平、服务能力、运营效果和管理效能；同时，通过与区域龙头医院的合作，逐步向区域内其他等级医院辐射，打造由龙头医院牵头、其他等级医院共同结成的医联体。医疗技术服务包括科室升级咨询服务以及高科技医疗设备引入；在科室升级咨询服务方面，主要向具有高增长潜力、高改善需求的地县级医院，持续深入推进以脑卒中等重大疾病为核心的科室升级服务模式；在高科技医疗设备引入方面，环球医疗现已成为 6 家医疗设备供货商 19 个医疗设备产品类别在中国的独家总代理及区域代理。其医疗信息化业务包括建设远程医疗网络，提供远程医疗服务，提供一揽子信息化集成解决方案，打造智慧医疗平台。

可见，现阶段，以远东宏信、环球医疗等为代表的龙头医疗租赁企业已经搭建了相对完备的医疗大健康产业服务体系，经过在医疗租赁行业多年积累，拥有丰富的医疗设备制造商资源，并与多家医院建立起了较为稳固的长期合作关系，同时也已具备了完善的医院管理运营体系，逐渐形成了与自身发展相匹配的医疗资源平台。

8.3 医疗租赁主要业务模式

医疗租赁业务模式主要包括直接租赁、售后回租、厂商租赁、联合租赁、经营性租赁等，其中以售后回租为主。

直接租赁

融资租赁公司根据承租人的选择，向医疗设备制造商购买设备，并出租给承租人使用。租赁期间，融资租赁公司享有设备的所有权，承租人享有设备使用权和收益权、并分期支付租金。租赁期满后，承租人根据合同约定的设备留购价格取得所有权。

售后回租

承租人将自有的医疗设备以公允价值出售给融资租赁公司，所有权相应转移至出租人，然后再以融资租赁方式租回使用。租赁期间，承租人正常使用医疗设备，保有使用权和收益权并分期支付租金。租赁期满后，承租人重新获得医疗设备的所有权。

经营性租赁

融资租赁公司根据承租人的选择，向医疗设备制造商购买设备，并出租给承租人使用。租赁期间，融资租赁公司享有设备所有权，承担设备附带的风险，承租人享有设备使用权。租赁期满后，设备仍归融资租赁公司所有。

厂商租赁

融资租赁公司与医疗设备制造商合作，为从制造商处购买设备的客户提供租赁服务，并在租赁期间对设备进行租后管理。

联合租赁

融资租赁公司与其他融资租赁公司作为联合出租人，其中一家融资租赁公司作为主出租人与承租人签订融资租赁合同，将医疗设备租赁给承租人使用。各联合出租人按照出资比例享有权利、履行义务，并共同承担风险。

金融市场篇

9 股权融资

9.1 融资租赁企业上市/挂牌情况

融资租赁企业的运作模式决定了它是一个资本快速消耗的机构，对资本的需求量大。据不完全统计，截至2018年末，我国的融资租赁企业数量约万家，但是上市/挂牌融资租赁企业仅有21家，另有5家融资租赁企业计划上市。

（一）上市途径

我国融资租赁企业上市途径大致分为三类：上海证券交易所和深圳证券交易所（以下简称“沪深主板”）、全国中小企业股份转让系统（以下简称“新三板”）和香港交易所（以下简称“港交所”）。在21家上市融资租赁企业中，选择沪深主板上市的有2家，选择新三板上市的共8家，选择港交所上市的共11家（见图9－1）。从公开信息来看，在计划上市的5家融资租赁企业中，有3家计划在港交所上市，有2家计划在上交所上市。

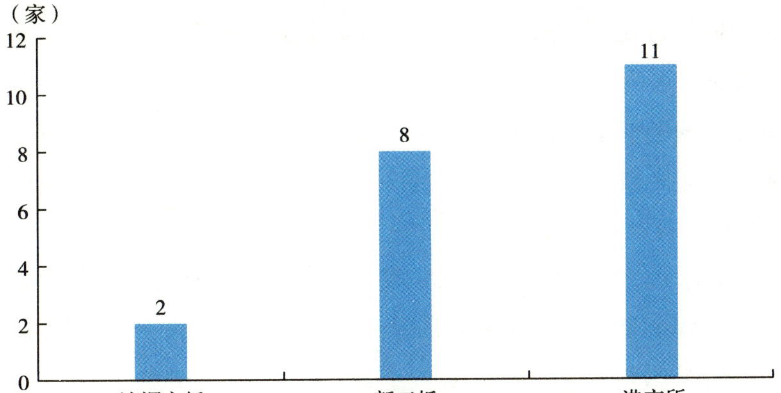

图9－1 不同板块融资租赁公司上市数量

数据来源：东方财富、Choice，中国融资租赁三十人论坛整理。

总体上看，我国融资租赁企业上市渠道主要为港交所和沪深主板，且更倾向于港交所。2016 年 1 月 19 日，全国中小企业股份转让系统暂停类金融机构挂牌新三板，其中融资租赁企业也被暂停。到目前为止，新三板尚未放开对类金融机构的挂牌，所以对融资租赁企业而言，新三板的上市融资渠道依然“行不通”。

（二）融资规模

融资租赁企业的上市融资规模并不算大，从募集资金来看，融资租赁企业在港交所的合计净募资额最高为 236.12 亿港元，其次是沪深主板，合计净募资额为 100.02 亿元，新三板合计净募资额最低为 40.32 亿元（见图 9－2）。原因在于，有一半的挂牌融资租赁企业最终终止了股票发行。

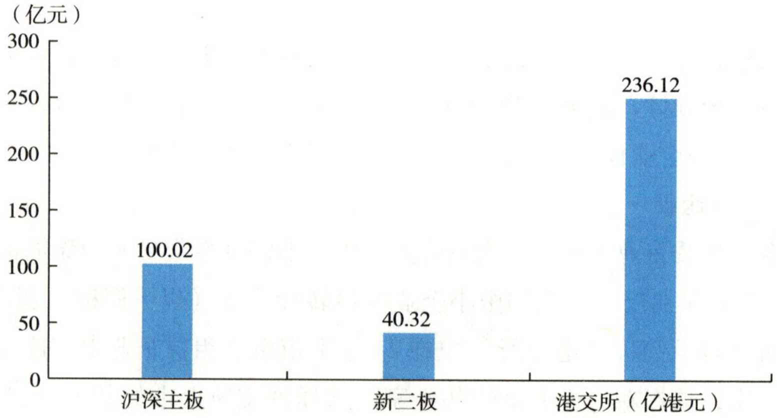

图 9-2　不同板块上市融资租赁公司募资金额

数据来源：东方财富、Choice，中国融资租赁三十人论坛整理。

（三）区域分布

从注册地域分布来看，福建和深圳各有 4 家上市融资租赁公司，北京、上海、天津、江苏等地区各有 2 家，山东、安徽、浙江、湖北等地各有 1 家。此外，有一家在新加坡注册的融资租赁公司（业务开展在中国大陆境内）也实现了上市融资。上市融资租赁公司区域分布情况如图 9－3 所示。

（四）上市时间

从上市年份来看，自 1996 年开始，我国融资租赁企业开启上市“破冰”之旅，随后上市融资租赁企业数量呈现先上升后下降的波动，近两年的上市融资租赁公司数量均为 3 家（见图 9－4）。

无论是上市企业数量还是上市募资规模，我国融资租赁企业上市情况并不太乐观。

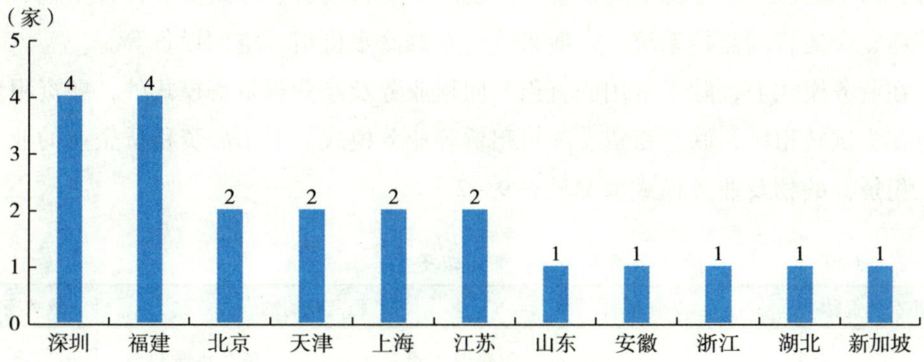

图 9-3 上市融资租赁公司注册区域分布

数据来源：东方财富、Choice，中国融资租赁三十人论坛整理。

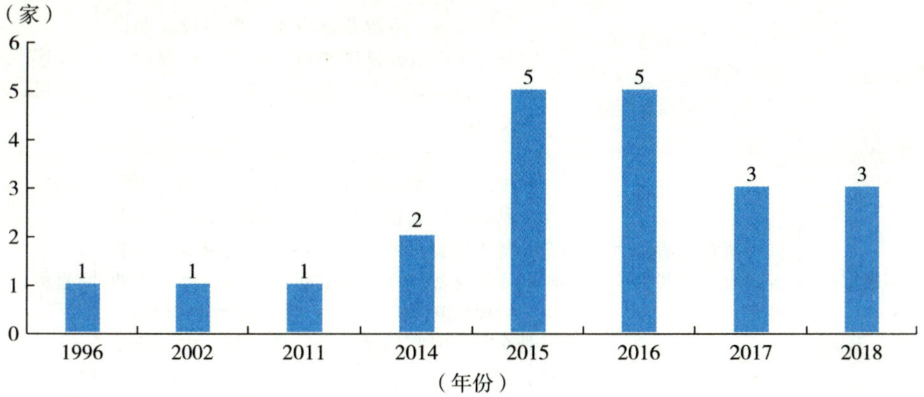

图 9-4 融资租赁公司上市年份分布

数据来源：东方财富、Choice，中国融资租赁三十人论坛整理。

9.2 上市/挂牌融资租赁企业发展情况

（一）业务分析

上市融资租赁企业的业务领域越来越宽，涉及的租赁标的物种类日益丰富。

在业务领域方面，融资租赁企业的业务领域除了传统的航空、航运、汽车等领域外，还包括医疗、公用事业、教育、节能环保、新能源、交通运输、物流仓储、通信、港口码头、印刷、纺织、服装及特种设备等领域。

在租赁标的物方面，融资租赁标的物除了传统的民用飞机、各类船舶、民用汽车等设备外，还包括医疗设备及制药设备、供暖设备、管网设施、教学仪器、网络设备、多媒体设备、印刷设备、光伏电站设备、供水、供热、供气设备、节能环保设备、污水处理及水环境治理设备、海航航空航材设备、海航实业特种车辆、内贸集装箱、交通管理监控系统、广播系统、空调冷水机组、空调设备等。

在业务模式上，除了常用的直租、回租业务及经营租赁等模式外，融资租赁企业也在尝试转租赁、联合租赁、项目租赁等业务模式。上市融资租赁企业的业务领域、租赁标的物及业务模式情况见表9-2。

表9-2 2017年上市/挂牌融租租赁企业业务领域及业务模式比较

上市公司简称	业务领域	租赁标的物	业务模式
江苏租赁	医疗行业租赁、公用事业租赁、教育行业租赁、厂商租赁、其他租赁	医疗卫生设备、公交、水务、供暖供气、管网设施、教学仪器、网络设备、多媒体设备、农机、高端重卡、IT设备、印刷包装、光伏、环保、汽车、通信等设备	直租、回租
渤海租赁	飞机租赁、集装箱租赁、基础设施租赁、商业物业租赁、机械设备租赁	民用飞机、市政基础设施、电力设施和设备、交通运输设施和设备、清洁能源设施和设备、商业写字楼、设备、管网、飞机发动机	经营租赁、直租、回租
中国康富	高端装备、清洁能源、医疗健康、公共事业、其他业务	挖掘机、履带起重机、泵车等高端装备、风电、水电和光伏电站设备、医疗设备及制药设备、供水、供热、供气设备、节能环保设备、海航航空航材设备、海航实业特种车辆、机场用车、台式爆炸物探测器、交通管理监控系统、广播系统、空调冷水机组、空调设备等	直租、回租
皖江金租	公共事业、传统设备租赁、交通运输、仓储和邮政业租赁业务	污水处理及水环境治理设备、环保设备、医疗设备及制药设备、城市基础设施、能源设备、采矿设备、制造设备、通用航空飞机、内河船舶、内贸集装箱、重卡、汽车	直租、回租
融信租赁	新三板快易租、工程设备快易租、居间服务	工程设备、已生成租赁资产	回租、转租赁、联合租赁
喜相逢	汽车租赁	汽车	经营租赁、融资租赁
远东宏信	交通、教育、医疗、电子信息、综合设备、建设、包装、工业装备、城市公用	输水设备、起重机、高温引风机、专用链式输送机、发电机组、配套电机、变压器、砂过滤装置、尾气破坏装置、中央空调、直梯、监控设备等、电源整流模块、自动化设备、通风设备、勘探设备	直租、回租
中国飞机租赁	飞机租赁	民用飞机	融资租赁、经营租赁

（续表）

上市公司简称	业务领域	租赁标的物	业务模式
国银租赁	飞机租赁、基础设施租赁、船舶、商用车与工程机械租赁、其他租赁	民用飞机、收费公路及轨道交通设备、市政设施、保障房、能源和电力设备、运输及工程船舶、矿砂船、大型集装箱船、液化气船、化学品船、成品油轮和散货船、商用车和工程机械、新能源公交车、化工、造纸、纺织、煤炭和钢铁在内的制造设备、厂房、写字楼、酒店和商铺	融资租赁、经营租赁
中银航空租赁	飞机租赁	民用飞机	融资租赁、经营租赁
融众金融	产业租赁	激光加工、塑料、工业加工、纺织及成衣以及酒店及休闲产业的资产	融资租赁
恒嘉融资租赁	码头及物流租赁	物业、厂房及设备	融资租赁
富银融资股份	设备租赁	医疗设备、工业运输及商业运输设备	融资租赁
富道集团	设备租赁	节能设备供应商	融资租赁
易鑫集团	汽车租赁	乘用汽车为主（客户为个人和汽车经销商）	融资租赁、经营租赁
紫元元	印刷租赁、物流租赁	印刷设备、运输设备	融资租赁
百应租赁	纺织品、服装、特种设备租赁	纺织品、服装、特种设备	直租、售后回租

数据来源：各租赁公司募集说明书、年报，中国融资租赁三十人论坛整理。

（二）A股上市租赁公司财务分析

截至2018年12月31日，A股上市融资租赁公司共2家，分别是渤海租赁和江苏租赁。渤海租赁是国内最早上市的租赁公司，江苏租赁是金租A股上市第一股，两者均是融资租赁行业的优秀代表。

从公司披露的2018年半年报来看，渤海租赁的体量更大，江苏租赁的体量相对较小。由表9-3可知，渤海租赁的总资产达到2 922.43亿元，而江苏租赁的总资产为567.76亿元。在资产规模增速方面，江苏租赁要高于渤海租赁。营业收入方面，2018年上半年，渤海租赁营收将近200亿元，江苏租赁的营收为11.84亿元；同期两者的营业收入增幅分别为0.78%和10.95%。在净利润规模上，渤海租赁2018年上半年归属上市股东的净利润规模为12.90亿元，而江苏租赁为6.43亿元。在净利润增速上，渤海租赁2018年上半年的增速为25.66%，而江苏租赁的为10.03%。

表 9-3　2018 年上半年 A 股上市租赁公司主要财务指标　（单位：万元人民币）

公司简称	总资产	总负债	营业收入	归属上市公司股东的净利润
渤海租赁	29 224 323. 10	25 520 685. 20	1 987 030. 50	128 976. 30
江苏租赁	5 677 630. 23	4 636 703. 75	118 374. 77	64 261. 12

数据来源：租赁公司 2018 年半年报，中国融资租赁三十人论坛整理。

2018 年上半年，在 A 股上市的两家租赁公司的营业利润率和净利率表现出较大差距。渤海租赁和江苏租赁的营业利润率分别为 8. 23% 和 72. 20%；同期，两家租赁公司的净利率分别为 6. 49% 和 54. 29% （见图 9 –5）。

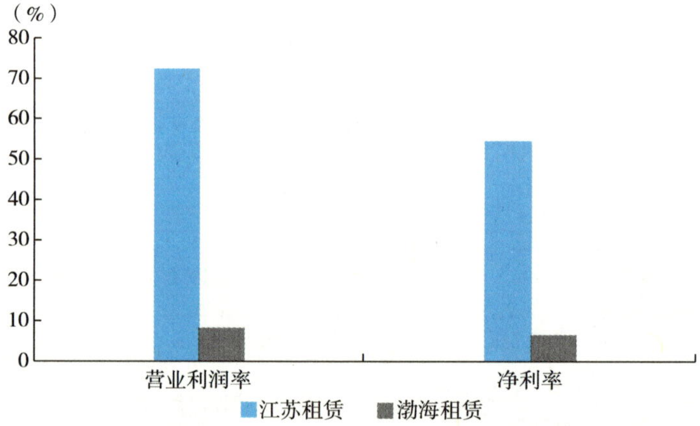

图 9–5　2018 年上半年 A 股上市租赁公司营业利润率、净利率情况

数据来源：租赁公司 2018 年半年报，中国融资租赁三十人论坛整理。

（三）H 股上市租赁公司财务分析

H 股上市的融资租赁公司共有 11 家。根据各融资租赁公司 2018 年中期报告披露的数据，截至 2018 年 6 月末，10 家①融资租赁公司中总资产超千亿元的共有 3 家，总资产超百亿元的共有 2 家。其中远东宏信总资产最高，为 2 723. 00 亿元，国银租赁总资产为 2 099. 82 亿元，中银航空租赁总资产排第三，为 1 132. 22 亿元。从 2018 年上半年营业收入看，远东宏信、国银租赁、中银航空租赁仍旧位居前三，分别为 127. 67 亿元、61. 70 亿元、54. 56 亿元。从归属于公司股东的净利润看，远东宏信最高，为 20. 10 亿元；中银航空租赁排第二，为 19. 65 亿元；国银租赁排第三，为 11. 18 亿元（见表 9 –4）。

① 融众金融的财报数据未经审核，且财务报告日期与其他公司不同，不具有可比性，故不统计在内。

表 9-4 2018 年上半年 H 股上市租赁公司主要财务指标 （单位：万元人民币）

上市公司简称	总资产	总负债	营业收入	归属于公司股东的净利润
远东宏信	27 229 994.30	23 492 216.50	1 276 673.90	200 971.20
国银租赁	20 998 223.30	18 701 664.30	616 983.20	111 839.50
中银航空租赁	11 322 237.30	8 683 202.79	545 601.07	196 541.10
易鑫集团	4 707 618.90	3 186 682.30	256 356.00	-15 948.40
中国飞机租赁	3 344 404.18	3 050 150.49	134 498.84	25 683.51
恒嘉融资租赁	207 060.91	95 846.05	4 581.98	183.30
富银融资股份	138 946.19	95 040.14	6 381.72	2 336.48
富道集团	112 889.60	66 282.60	3 589.50	891.40
百应租赁	61 356.21	41 983.69	4 091.51	1 251.61
紫元元	35 549.00	13 928.00	29 150.00	603.00

数据来源：各公司 2018 年中期报告，中国融资租赁三十人论坛整理。

注：2018 年 6 月 30 日，1 美元 =6.617 1 元，1 港元 =0.834 3 元。

从 10 家融资租赁公司 2018 年上半年净利率看，差异较大。其中，富银融资股份净利率最高，达 36.61%；中银航空租赁净利率略低，为 36.02%；其次为百应租赁，净利率为 30.59%；易鑫集团净利率最低，为 -6.22%。

从各公司毛利率看，已披露的 4 家融资租赁公司中，富银融资股份毛利率最高达 74.58%；远东宏信毛利率为 58.66%；易鑫集团毛利率为 48.77%；恒嘉融资租赁毛利率为 25.45%（见图 9-6）。

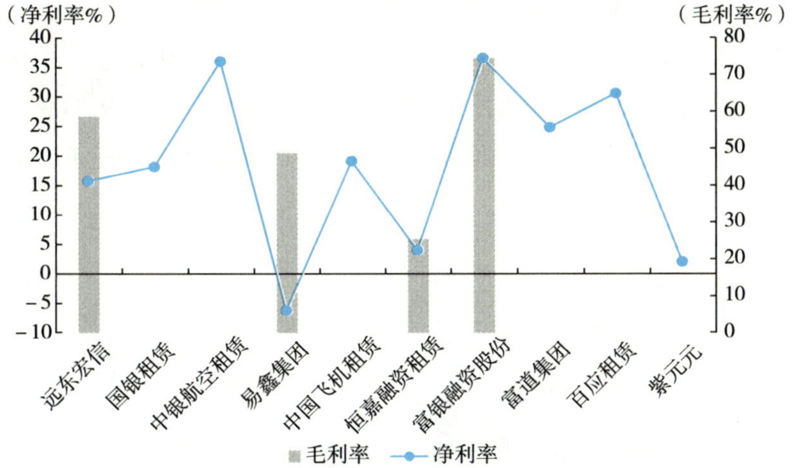

图 9-6 2018 年上半年 H 股上市租赁公司毛利率、净利率情况

数据来源：各公司 2018 年中期报告，中国融资租赁三十人论坛整理。

（四）新三板挂牌租赁公司财务分析

目前，在新三板挂牌的融资租赁公司共 8 家。从各家披露的半年报情况来看，皖江金租和中国康富的总资产、总负债、营业收入和净利润规模非常接近且远高于其他租赁公司。皖江金租和中国康富的总资产规模分别为327.29亿元和326.38亿元，剩余几家租赁公司的总资产规模均较小。从营业收入来看，皖江金租和中国康富的营业收入分别位列新三板上市租赁公司的第1位和第2位，且均突破10亿元大关。从归属挂牌公司股东的净利润来看，皖江金租和中国康富的净利润规模分别为2.09亿元和2.02亿元（见表9－5）。

表9-5　2018年上半年新三板挂牌租赁公司主要财务指标

名称	总资产（万元）	总负债（万元）	营业收入（万元）	归属挂牌公司股东的净利润（万元）
中国康富	3 263 779.27	2 878 278.93	102 563.70	20 216.47
皖江金租	3 272 899.93	2 647 859.59	130 349.60	20 954.88
融信租赁	281 290.66	229 119.12	9 978.35	－749.54
福能租赁	369 468.54	293 668.18	9 885.99	881.15
喜相逢	—	—	—	—
东海租赁	192 296.12	106 942.57	6 445.12	862.96
顺泰租赁	—	—	—	—
康安租赁	89 038.90	57 637.24	3 317.65	147.67

数据来源：各公司2018年中期报告，中国融资租赁三十人论坛整理。

注：喜相逢、顺泰租赁未公布2018年半年报数据。

2018年上半年，8家新三板挂牌的租赁公司的毛利率和净利率的差异均较大，其中融信租赁的毛利率最高达97.65%，其次是康安租赁70.64%，中国康富的毛利率为28.76%，排名垫底；同期，中国康富的净利率最高为19.71%，其次是皖江金租，其净利率为16.08%，融信租赁的净利率以－7.51%垫底（见图9－7）。

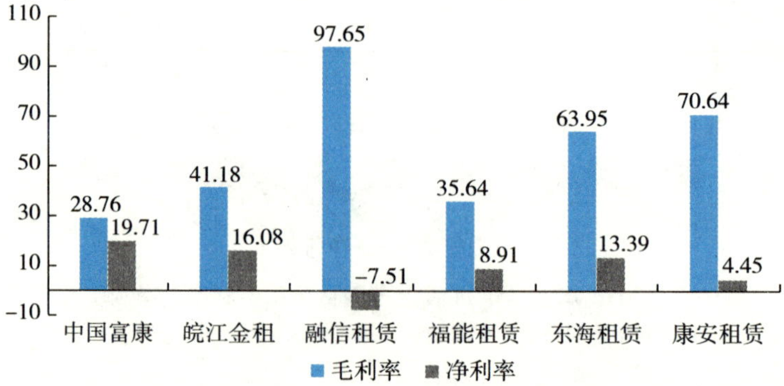

图9-7　2018年上半年新三板挂牌租赁公司毛利率、净利率情况

数据来源：各公司2018年中期报告，中国融资租赁三十人论坛整理。

10 债务融资

在债务融资渠道的选择上，金融租赁公司与内、外资融资租赁公司存在明显差异，金融租赁公司由于属于非银行金融机构，主要通过发行金融债的方式融资，而内、外资融资租赁公司则主要通过资产证券化（包括 ABS、ABN），发行中期票据、短期融资券、超短期融资券、公司债、定向工具（PPN）等方式融资。比较来看，内、外资融资租赁公司融资渠道更为多元，品种更为丰富，方式也更加灵活。

本章主要从 ABS（含 ABN）、金融债、中期票据、短融（超短融）、公司债以及 PPN 6 种渠道分析融资租赁公司近 5 年（2014—2018 年 11 月末）的融资情况。

1. 融资规模持续扩大

从整体发行规模看，2014 年至 2018 年 11 月，融资租赁公司从上述 6 类渠道融资的总金额上涨明显，2015 年较 2014 年大幅增长，之后增速逐年放缓，2018 年 1—11 月融资的总规模为 3 856. 62 亿元，较 2017 年全年增加 7. 13%。

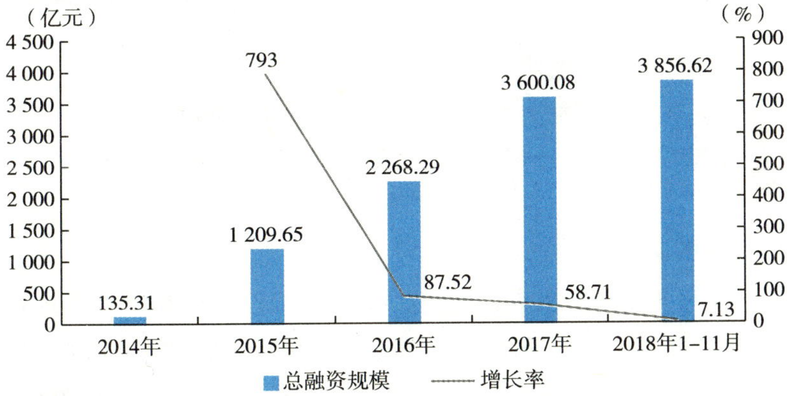

图 10-1　2014—2018 年 11 月，融资租赁公司 6 类渠道融资总规模增长情况

数据来源：wind，中国融资租赁三十人论坛整理。

2. 渠道多元化发展

2014 年，融资租赁公司在 6 类渠道中仅通过发行 ABS、金融债以及中期票据进行融资；自 2015 年开始，融资渠道更为丰富，增加了短期（超短期）融资券、PPN、公司债三类产品。随着渠道的多元发展，行业融资结构更加优化，中长期资金占比逐渐增加，期限错配问题逐步得到改善。

从各类渠道融资金额的占比情况看，ABS（含 ABN）的发行量最大，所占比重最高，2018 年 1—11 月发行规模合计占比 32%；金融租赁公司发行金融债的规模及所占比重也较大，2018 年 1—11 月发行规模合计占比 22%；此外，短期（超短期）融资券发行规模的占比逐年增加，从 2018 年 1—11 月的发行量看，占比达 23%，已成为仅次于 ABS 的一大融资渠道（见图 10 - 2）。

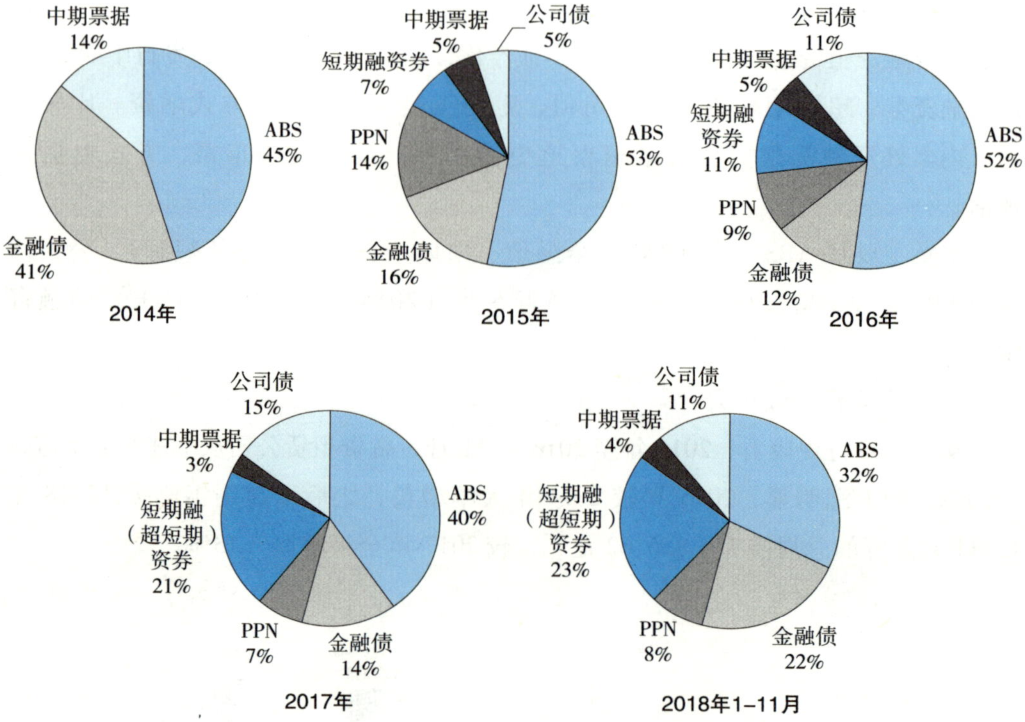

图 10-2　2014—2018 年，融资租赁公司融资渠道分布情况

数据来源：wind，中国融资租赁三十人论坛整理。

3. 发行主体更丰富

2014 年，仅有 8 家融资租赁公司共发行了 12 只产品；2015 年，通过上述 6 类渠道进行融资的融资租赁公司增至 59 家，共发行融资产品的数量增至 126 只；2016 年，融资租赁公司数量增至 93 家，发行产品数量增至 229 只；2017 年，通过上述 6 类渠道进行融资的融资租赁公司数量较 2016 年有所下降，共计 82 家，发行产品数量依然持续增加，合计发行280只；2018年1—11月，融资租赁公司数量又增至89家，发行产品合计345只（见图10－3）。

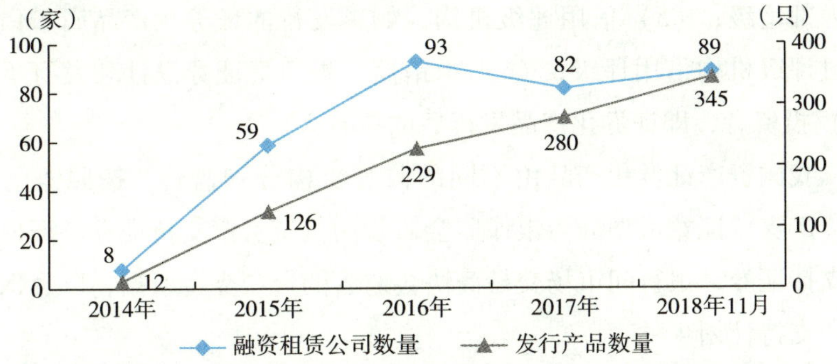

图10-3 2014—2018年11月，发行主体数量与发行产品数量增长情况

数据来源：wind，中国融资租赁三十人论坛整理。

据统计，2014年至2018年11月，通过6类渠道进行融资的融资租赁公司总共有164家。虽然发行主体数量及产品发行数量逐渐增长，但大部分参与融资的融资租赁公司相对比较固定。同时，融资集中度较高，表现为少数融资租赁公司的融资额占总融资规模的比重较大。

2014年至2018年11月，从6类融资产品的发行规模看，均自2015年开始呈现出大幅增长，此后增长趋势依然明显。各类所发行产品的融资成本，除了在宏观层面受市场资金的影响之外，微观层面还受到融资期限、发行人主体评级、债项评级等各类因素的影响；此外，月度统计的加权平均发行利率也受当月发行规模及数量的影响；整体看，6类产品的发行利率均在2016年处于低位，自2016年末开始一路上扬，至2018年中随着资金面的略显宽松，发行利率呈现波动下降。

10.1 资产证券化

资产证券化，是指以基础资产未来所产生的现金流为偿付支持，通过结构化设计进行信用增级，在此基础上发行资产支持证券（Asset-backed Securities，ABS）的过程。它是以特定资产组合或特定现金流为支持，发行可交易证券的一种融资形式。

资产证券化交易较为复杂，所涉当事人较多，主要包括：（1）发起机构，也称原始权益人，是证券化基础资产的原始所有者；（2）特定目的机构或特定目的受托人（SPV），指接受发起人转让的资产，或受发起人委托持有资产，并以该资产为基础发行证券化产品的机构；（3）资金和资产存管机构，为保证资金和基础资产的安全，特定目的机构通常聘请信誉良好的金融机构进行资金和资产的托管；

（4）信用增级机构，该类机构负责提升证券化产品的信用等级，并在证券违约时承担赔偿责任，有些证券化交易中，并不需要外部增级机构，而是采用超额抵押等方法进行内部增级；（5）信用评级机构，如果发行的证券化产品属于债券，发行前必须经过评级机构信用评级；（6）承销商，指负责证券设计和发行承销的投资银行；（7）投资者，即证券化产品发行后的持有人。

目前，我国资产证券化产品由不同的监管机构分别监管。按照监管机构的不同，我国资产支持证券可划分为银保监会监管的信贷资产支持证券，证监会监管的企业资产支持证券，银行间市场交易商协会监管的资产支持票据，以及保监会监管的项目资产支持计划4种。

根据《关于信贷资产证券化备案登记工作流程的通知》（银监办便函〔2014〕1092号）规定，金融租赁公司开展信贷资产证券化业务实行备案制；此外，金融租赁公司也可发行企业资产支持证券，须由银监会批准。内、外资融资租赁公司可发行企业资产支持证券以及资产支持票据。

从实际发行情况来看，金融租赁公司较少发行资产证券化产品且多为信贷资产支持证券。自2014年9月，交银金融租赁有限责任公司发行全国首单由银监会主管的租赁资产支持证券以来，至2018年11月仅有10家金融租赁公司发行过20只信贷资产支持证券。而内、外资融资租赁公司则大规模发行企业资产支持证券以及资产支持票据，尤其自2014年12月证监会发文将ABS产品发行由审批制改为备案制以后，融资租赁公司发行的企业资产支持证券于2015年迎来了爆发式增长（见表10－1）。

表10－1　金融租赁公司信贷ABS历史发行统计（截至2018年11月末）

项目名称	发起机构	发行金额（亿元）	公告日
皖金2017年第二期租赁资产支持证券	皖江金融租赁股份有限公司	18.87	2017/11/24
融汇2017年第二期租赁资产支持证券	华融金融租赁股份有限公司	49.61	2017/11/24
浦信2017年第一期租赁资产支持证券	浦银金融租赁股份有限公司	22.86	2017/08/11
皖金2017年第一期租赁资产支持证券	皖江金融租赁股份有限公司	29.72	2017/07/17
金信2017年第一期租赁资产支持证券	兴业金融租赁有限责任公司	47.21	2017/05/15
建鑫租赁2017年第一期租赁资产支持证券	建信金融租赁有限公司	12.14	2017/04/24
冀租稳健2017年第一期租赁资产支持证券	河北省金融租赁有限公司	15.10	2017/02/28
融汇2017年第一期租赁资产支持证券	华融金融租赁股份有限公司	49.90	2017/02/14
招金2017年第一期租赁资产支持证券	招银金融租赁有限公司	56.36	2017/02/14
苏租2017年第一期租赁资产支持证券	江苏金融租赁股份有限公司	18.73	2017/01/11

（续表）

项目名称	发起机构	发行金额（亿元）	公告日
皖金 2016 年第一期租赁资产支持证券	皖江金融租赁股份有限公司	16.64	2016/11/25
金信 2016 年第一期租赁资产支持证券	兴业金融租赁有限责任公司	21.56	2016/09/05
招金 2016 年第一期租赁资产支持证券	招银金融租赁有限公司	48.56	2016/04/27
融汇 2016 年第一期租赁资产支持证券	华融金融租赁股份有限公司	44.11	2016/04/12
融汇 2015 年第一期租赁资产支持证券	华融金融租赁股份有限公司	28.55	2015/09/30
招金 2015 年第一期租赁资产支持证券	招银金融租赁有限公司	12.61	2015/06/30
苏租 2015 年第一期租赁资产支持证券	江苏金融租赁股份有限公司	10.41	2015/04/08
工银海天 2015 年第一期租赁资产支持证券	工银金融租赁有限公司	10.32	2015/01/08
华租稳健租赁资产支持证券	华融金融租赁股份有限公司	6.44	2014/12/12
交融 2014 年第一期租赁资产支持证券	交银金融租赁有限责任公司	10.12	2014/09/09

资料来源：wind，中国融资租赁三十人论坛整理。

从发行规模看，2014 年至 2018 年 11 月，融资租赁公司发行 ABS 的总金额及数量均呈上涨趋势，2015 年的发行金额及数量较 2014 年增长近 10 倍。2018 年 1—11月，融资租赁公司发行 ABS 规模合计 1 237.19 亿元，发行数量合计 104 只，其中包括 23 只 ABN，发行金额合计 274.66 亿元（见图 10－4）。

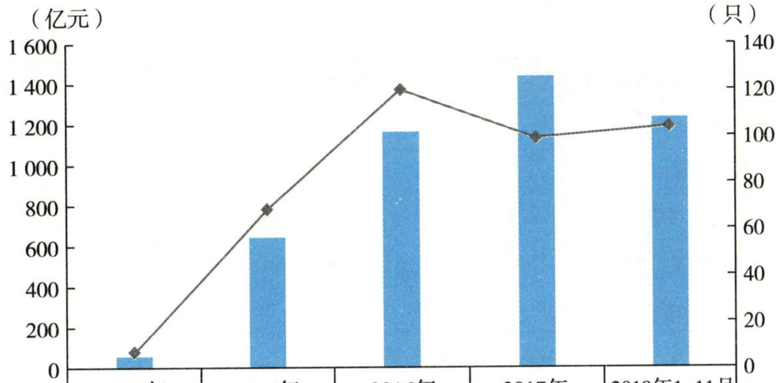

	2014年	2015年	2016年	2017年	2018年1–11月
发行金额	61.31	647.15	1 166.99	1 439.98	1 237.19
发行数量	6	68	120	99	104

图 10－4　2014—2018 年 11 月，融资租赁公司 ABS 发行情况

数据来源：wind，中国融资租赁三十人论坛整理。

从发行利率看，2014 年 5 月至 2018 年 11 月，发行利率历史最高为 7.27%，最低为 3.98%，相比之下，2016 年全年利率均较低。2017 年开始，随着市场资金面趋紧，发行利率波动上扬；从 2018 年 7 月开始，发行利率逐渐下降，至 11 月加权平均发行利率为 5.44%，较 6 月下降 101 基点（见图 10－5）。

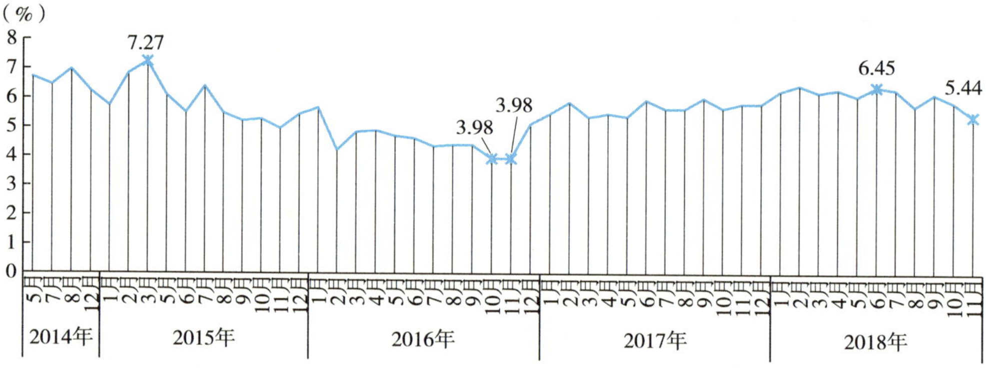

图 10-5　2014—2018 年 11 月，融资租赁公司 ABS 产品利率走势

数据来源：wind，中国融资租赁三十人论坛整理。

从发行机构看，2018 年 1—11 月，远东国际租赁有限公司发行规模最高，发行 4 只 ABS，金额合计 131.33 亿元；其次为上海易鑫融资租赁有限公司，共发行 7 只 ABS，金额合计 126.66 亿元；发行规模排第三的为狮桥融资租赁（中国）有限公司，共发行 6 只 ABS，金额合计 83.51 亿元；海通恒信国际租赁股份有限公司排第四，共发行 7 只 ABS，金额合计 81.14 亿元；平安国际融资租赁有限公司发行规模排第五，共发行 4 只融资租赁 ABS，金额合计 72.30 亿元（见表10－2）。

表 10-2　2018 年 1—11 月，租赁 ABS 前五大原始权益人（按发行金额排序）

发起机构/原始权益人	发行金额（亿元）	发行数量（只）
远东国际租赁有限公司	131.33	4
上海易鑫融资租赁有限公司	126.66	7
狮桥融资租赁（中国）有限公司	83.51	6
海通恒信国际租赁股份有限公司	81.14	7
平安国际融资租赁有限公司	72.30	4

数据来源：wind，中国融资租赁三十人论坛整理。

从计划管理人看，2018 年 1—11 月，中信证券股份有限公司发行金额最高，合计 109.01 亿元，发行数量为 7 只；上海国泰君安证券资产管理有限公司次之，发行金额合计 106.02 亿元，发行数量为 4 只；天风证券股份有限公司排名第三，发行金额合计 101.30 亿元，但发行数量最高，共 10 只；兴证证券资产管理有限公司排第四，发行金额合计 75.61 亿元，发行数量为 6 只；上海海通证券资产管理有限公司排第五，发行金额合计 59.99 亿元，发行数量为 5 只（见表 10－3）。

表 10-3 2018 年 1—11 月，租赁 ABS 前五大计划管理人（按发行金额排序）

发行机构/计划管理人	发行金额（亿元）	发行数量（只）
中信证券股份有限公司	109.01	7
上海国泰君安证券资产管理有限公司	106.02	4
天风证券股份有限公司	101.30	10
兴证证券资产管理有限公司	75.61	6
上海海通证券资产管理有限公司	59.99	5

数据来源：wind，中国融资租赁三十人论坛整理。

10.2 金融债

金融债是由金融机构法人在全国银行间债券市场发行的、按约定还本付息的有价证券。金融机构法人，包括政策性银行、商业银行、企业集团财务公司及其他金融机构。

金融债券具有流动性较强、期限长、成本较低的特点，其期限一般为 3 ~ 5 年，利率略高于同期定期存款利率水平。金融债券由于其发行者为金融机构，因此资信等级相对较高，多为信用债券。发行金融债券能够较有效地解决金融机构的资金来源不足和期限不匹配的矛盾。

我国金融债的发行是一个逐步开放的过程，初始于北洋政府时期，新中国成立之后的金融债发行则始于 1982 年，由中国国际信托投资公司成功于日本发行了外国金融债；1985 年，中国工商银行、中国农业银行获批发行金融债；此后，中国银行、中国建设银行也陆续发行了金融债。1988 年开始，部分非银行金融机构开始发行金融债。1994 年，我国政策性银行成立之后，成为金融债最主要的发行主体。

金融租赁公司则是于 2009 年 9 月获批发行金融债的，但发行条件较为严格。根据中国人民银行、原银监会公告〔2009〕第 14 号，中国人民银行对金融租赁公司在银行间债券市场发行和交易金融债券进行监督管理；原银监会对金融租赁公司发行金融债券的资格进行审查。同时规定，金融租赁公司发行金融债券，应具备以下条件：（1）具有良好的公司治理结构和完善的内部控制体系；（2）具有从事金融债券发行和管理的合格专业人员；（3）金融租赁公司注册资本金不低于 5 亿元人民币或等值的自由兑换货币，汽车金融公司注册资本金不低于 8 亿元人民币或等值的自由兑换货币；（4）资产质量良好，最近 1 年不良资产率低于行业平均水平，资产损失准备计提充足；（5）无到期不能支付债务；（6）净资产不低于行业平均水平；（7）经营状况良好，最近 3 年连续盈利，最近 1 年利润率不低于行业平均水平，且有稳定的盈利预期；（8）最近 3 年平均可分配利润足以支付所发行金融债券 1 年的利息；（9）风险监管指标达到监管要求；（10）最近 3 年没有重大违法、违规行为；（11）中国人民银行和中国银行业监督管理委员会要求的其他条件。

金融债的发行主要按照《全国银行间债券市场金融债券发行管理办法》《全国银行间债权市场金融债券发行管理操作规程》等有关规定执行。

2014 年 4 月 30 日，中国人民银行、原银监会发布公告，对金融租赁公司发行金融债券的行为重新进行了规范，同时废止了〔2009〕第 14 号公告。金融租赁公司发行金融债券，应具备以下条件：（1）具有良好的公司治理机制、完善的内部控制体系和健全的风险管理制度；（2）资本充足率不低于监管部门的最低要求；（3）最近 3 年连续盈利；（4）风险监管指标符合审慎监管要求；（5）最近 3 年没有重大违法、违规行为；（6）中国人民银行和中国银行业监督管理委员会要求的其他条件。

从发行规模看，2014 年至 2018 年 11 月，金融债发行金额及数量增长趋势明显。2018 年，金融租赁公司积极发行金融债，优化负债结构，至 11 月累计发行 28 只，发行金额达 862 亿元，占 2014—2017 年全部发行总额的 82%（见图 10 -6）。

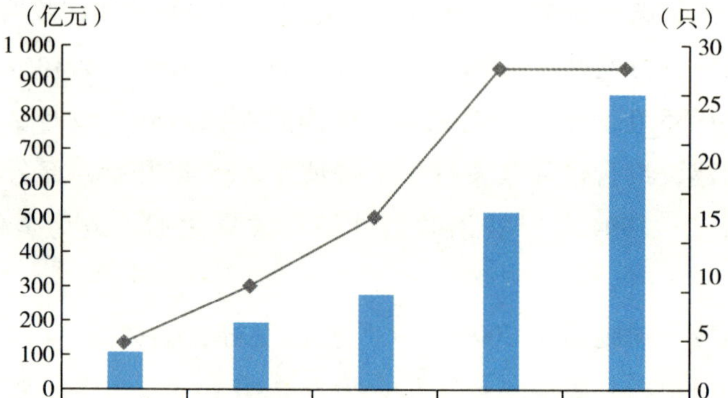

	2014年	2015年	2016年	2017年	2018年11月
发行金额	55.00	197.00	280.00	519.00	862.00
发行数量	4	9	15	28	28

图 10-6　2014—2018 年 11 月，金融租赁公司金融债发行情况

数据来源：wind，中国融资租赁三十人论坛整理。

从发行利率看，2014 年至 2018 年 11 月，金融债历史最高月均利率为 6.5%，最低仅为 3%。2018 年发行利率整体呈下降趋势，10 月加权平均利率为 4.12%，较 3 月的 5.31% 下降 119 基点（见图 10 -7）。

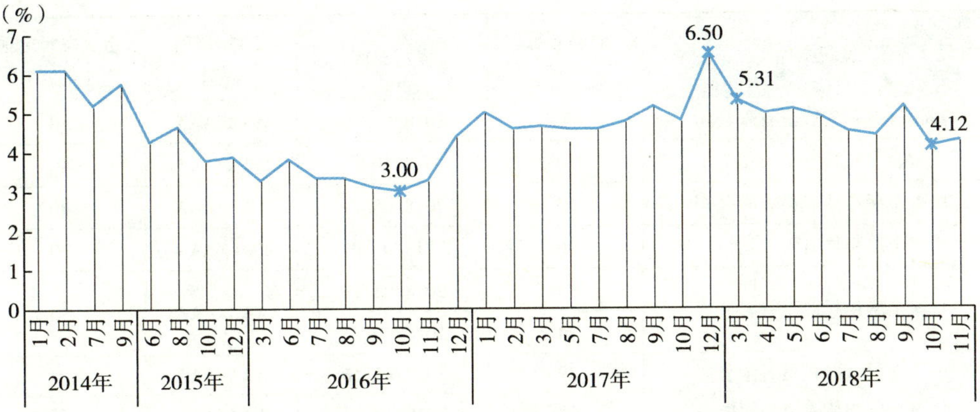

图 10-7 2014—2018 年 11 月，金融租赁公司金融债发行利率走势

数据来源：wind，中国融资租赁三十人论坛整理。

从发行机构看，2018 年 1—11 月，招银金融租赁有限公司、建信金融租赁有限公司均发行了 3 只金融债，合计发行金额均为 120 亿元；其次，交银金融租赁有限责任公司、兴业金融租赁有限责任公司均发行 3 只金融债，合计发行金额均为 100 亿元；光大金融租赁股份有限公司、江苏金融租赁股份有限公司、浦银金融租赁股份有限公司均合计发行 50 亿元金融债（见表 10－4）。

表 10-4 2018 年 1—11 月金融租赁公司发行金融债统计（按合计发行规模排序）

发行主体	发行金额（亿元）	发行时间	主体/债项评级	合计发行金额（亿元）
招银金融租赁有限公司	40	2018/03/14	AAA/AAA	120
	40	2018/05/09		
	40	2018/07/16		
建信金融租赁有限公司	60	2018/04/16	AAA/AAA	120
	30	2018/07/18		
	30	2018/08/21		
交银金融租赁有限责任公司	40	2018/07/05	AAA/AAA	100
	20	2018/09/18		
	40	2018/10/22		
兴业金融租赁有限责任公司	35	2018/06/05	AAA/AAA	100
	35	2018/11/21		
	30	2018/11/30		
光大金融租赁股份有限公司	50	2018/11/08	AAA/AAA	50
江苏金融租赁股份有限公司	10	2018/03/15	AAA/AAA	50
	40	2018/05/23		

（续表）

发行主体	发行金额（亿元）	发行时间	主体/债项评级	合计发行金额（亿元）
浦银金融租赁股份有限公司	50	2018/07/19	AAA/AAA	50
工银金融租赁有限公司	40	2018/10/25	AAA/AAA	40
民生金融租赁股份有限公司	40	2018/05/21	AAA/AAA	40
西藏金融租赁有限公司	30	2018/07/31	AA+/AA+	30
华融金融租赁股份有限公司	6	2018/03/13	AAA/AAA	30
	24	2018/08/27		
中国外贸金融租赁有限公司	29	2018/05/16	AAA/AAA	29
华夏金融租赁有限公司	25	2018/10/25	AAA/AAA	25
苏银金融租赁股份有限公司	25	2018/08/20	AAA/AAA	25
洛银金融租赁股份有限公司	17	2018/11/13	AA+/AA+	17
河北省金融租赁有限公司	16	2018/11/22	AAA/AAA	16
哈银金融租赁有限责任公司	10	2018/05/02	AA+/AA+	10
长城国兴金融租赁有限公司	10	2018/04/26	AAA/AAA	10

数据来源：wind，中国融资租赁三十人论坛整理。

10.3 中期票据

中期票据，是指具有法人资格的非金融企业在银行间债券市场按照计划分期发行的，约定在一定期限还本付息的债务融资工具。中期票据的发行期限在1年以上，主要为信用发行，发行审核方式为注册制，发行方式灵活，具有一次注册可分期发行的优势，注册有效期为2年。

中期票据按照《银行间债券市场非金融企业债务融资工具管理办法》《银行间债券市场非金融企业中期票据业务指引》《银行间债券市场非金融企业债务融资工具发行注册规则》《银行间债券市场非金融企业债务融资工具信息披露规则》等的相关规定发行。

根据《银行间债券市场非金融企业中期票据业务指引》，企业发行中期票据应依据《银行间债券市场非金融企业债务融资工具注册规则》在交易商协会注册；规定中期票据待偿还余额不得超过企业净资产的40%；另外规定，在注册有效期内，企业主体信用级别低于发行注册时信用级别的，中期票据发行注册自动失效。

我国融资租赁公司发行的中期票据多为3年期，少数为5年期。从发行规模看，中期票据的发行金额及发行量均较少，2014年至2018年11月，合计发行总额为416.40亿元。2018年1—11月，共有11家融资租赁公司发行14只一般中期票据，发行金额共计139.20亿元，较2017年全年发行总额增长45%（见图10－8）。

从发行利率看，2014年至2018年11月，融资租赁公司发行中期票据的历史最高月均利率为6.53%，最低为3.19%，相差334基点，2015年7月发行利率次高，为6.50%。2018年4月，发行利率升至最高后开始直线下降，11月降至4.75%，下降178基点（见图10－9）。

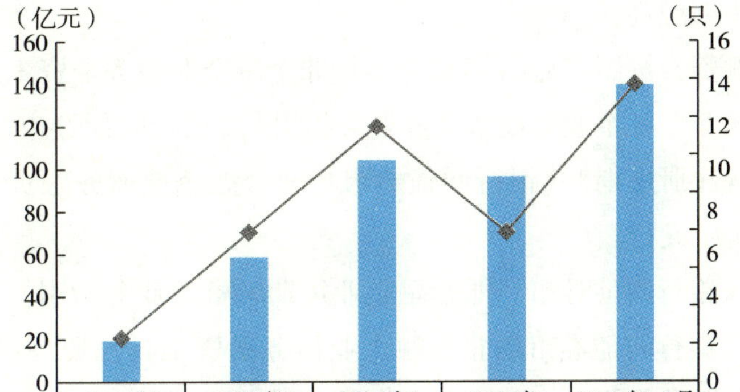

	2014年	2015年	2016年	2017年	2018年11月
发行金额	19.00	58.40	103.80	96.00	139.20
发行数量	2	7	12	7	14

图10-8　2014—2018年11月，融资租赁公司中期票据发行情况

数据来源：wind，中国融资租赁三十人论坛整理。

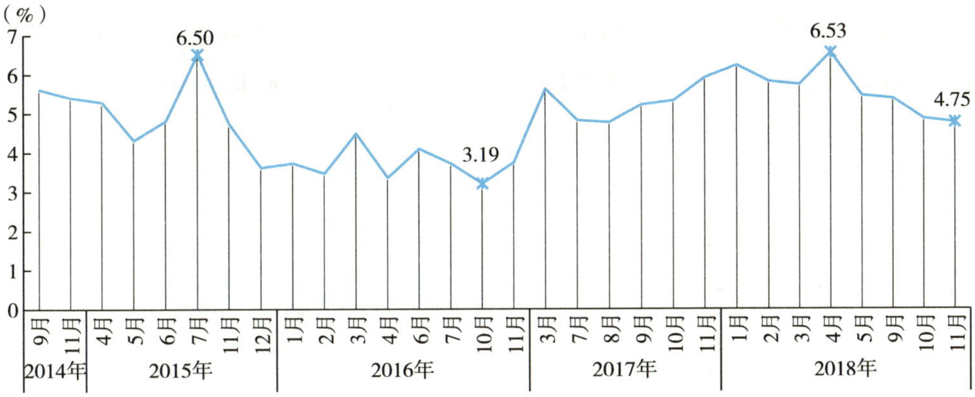

图10-9　2014—2018年11月，融资租赁公司中期票据发行利率走势

数据来源：wind，中国融资租赁三十人论坛整理。

从发行机构看，2018年1—11月，中航国际租赁有限公司共发行2只中期票据，发行金额合计23亿元；其次为中交建融租赁有限公司、远东国际租赁有限公司，均分别发行1只金额为20亿元的中期票据；海通恒信国际租赁股份有限公司共发行2只中期票据，合计发行金额18亿元。

10.4 短期（超短期）融资券

短期融资券（Commercial Paper，CP）是指具有法人资格的非金融企业在银行间债券市场发行的，约定在 1 年内还本付息的债务融资工具。超短期融债券（SCP）则是指具有法人资格的非金融企业在银行间债券市场发行的，期限在 270 天以内的短期融资券。

短期融资券按照《银行间债券市场非金融企业债务融资工具管理办法》《银行间债券市场非金融企业短期融资券业务指引》《银行间债券市场非金融企业债务融资工具发行注册规则》《银行间债券市场非金融企业债务融资工具信息披露规则》等的相关规定发行。

根据《银行间债券市场非金融企业短期融资券业务指引》，企业发行短期融资券应依据《银行间债券市场非金融企业债务融资工具注册规则》在交易商协会注册；短期融资券待偿还余额不得超过企业净资产的 40%；企业的主体信用级别低于发行注册时信用级别的，短期融资券发行注册自动失效。

从发行规模看，2017 年融资租赁公司发行的短期（超短期）融资券金额及数量均大幅增长，发行总额较 2016 年增长 191%，发行数量较 2016 年增长 129%。2018 年 1—11 月，短期（超短期）融资券共发行 115 只，发行金额合计 879. 00 亿元，较 2017 年全年发行总额增加 17. 26%；其中包括 9 只短期融资券，发行金额共计 80. 00 亿元，106 只超短期融资券，发行金额共计 799. 00 亿元（见图 10 - 10）。

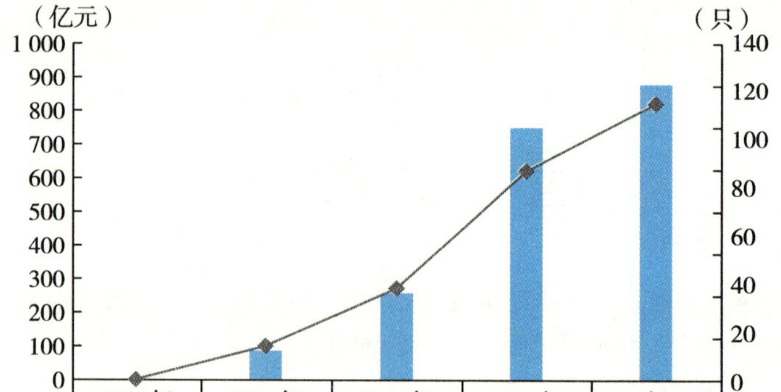

	2014年	2015年	2016年	2017年	2018年11月
发行金额	0	86.00	257.50	749.60	879.00
发行数量	0	14	38	87	115

图 10-10　2014—2018 年 11 月，融资租赁公司短期（超短期）融资券发行情况

数据来源：wind，中国融资租赁三十人论坛整理。

从发行利率看，2014 年至 2018 年 11 月，短期（超短期）融资券的历史最高月均发行利率为 5.79%，最低仅为 2.87%。2018 年，融资租赁公司发行短期（超短期）融资券的利率呈波动下降态势，11 月降至 3.86%，下降 190 基点，为 2018 年的最低位（见图 10－11）。

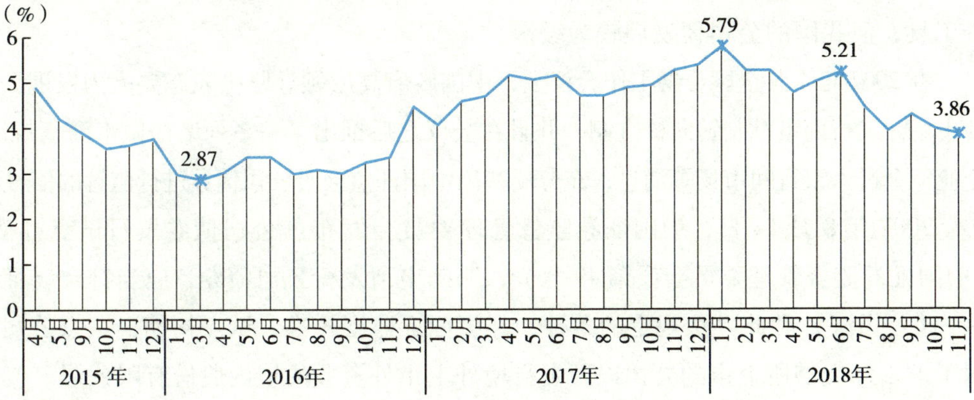

图 10－11　2014—2018 年 11 月，融资租赁公司短期（超短期）融资券发行利率走势

数据来源：wind，中国融资租赁三十人论坛整理。

从发行机构看，2018 年 1—11 月，平安国际融资租赁有限公司发行数量及金额均最高，共发行 20 只，其中 2 只为短期融资券，18 只为超短期融资券，合计发行金额 165 亿元；其次为中航国际租赁有限公司，共发行 12 只，其中 1 只为短期融资券，其余 11 只为超短期融资券，合计发行金额 121 亿元；中电投融和融资租赁有限公司排第三，共发行 10 只超短期融资券，发行金额合计 85 亿元；远东国际租赁有限公司排第四，共发行 6 只超短期融资券，合计发行金额 75 亿元；中国环球租赁有限公司排第五，共发行 12 只，其中 2 只为短期融资券，10 只为超短期融资券，合计发行金额 73.5 亿元（见表 10－5）。

表 10－5　2018 年 1—11 月，短期（超短期）融资券前五大发行机构（按发行金额排序）

发行机构	发行金额（亿元）	发行数量（只）
平安国际融资租赁有限公司	165	20
中航国际租赁有限公司	121	12
中电投融和融资租赁有限公司	85	10
远东国际租赁有限公司	75	6
中国环球租赁有限公司	73.5	12

数据来源：wind，中国融资租赁三十人论坛整理。

10.5 公司债

公司债券，是指公司依照法定程序发行、约定在一年以上期限内还本付息的有价证券，可以公开发行，也可以非公开发行。公司债是公司筹措长期资金的重要融资工具，但我国的公司债发展较为缓慢。

在2007年1月全国金融工作会议上，中国政府高层领导坚决表态要大力发展公司债市场，发行由审批制转向核准制，并且在会议之后推出了一系列诸如做市商新规定、企业年金进入银行间市场等消息，充分反映出中国证监会对公司债券进行监管的信号。

2007年8月14日，中国证券监督管理委员会发布《公司债券发行试点办法》（中国证券监督管理委员会令第49号），明确申请发行公司债券，应当符合《证券法》《公司法》和此办法规定的条件，经中国证监会核准。试点初期，试点公司仅限于沪、深交易所上市的公司以及发行境外上市外资股的境内股份有限公司。

2015年1月15日，中国证监会发布《公司债券发行与交易管理办法》（中国证监会令第113号），同时废止了中国证券监督管理委员会令第49号，并将发行主体扩大至所有公司制法人。

根据现行规定，公开发行公司债可以申请一次核准，分期发行。自中国证监会核准发行之日起，发行人应当在12个月内完成首期发行，剩余数量应当在24个月内发行完毕。公开发行公司债券的募集说明书自最后签署之日起6个月内有效。非公开发行公司债券，可以申请在证券交易所、全国中小企业股份转让系统、机构间私募产品报价与服务系统、证券公司柜台转让。

我国融资租赁发行的公司债包括一般公司债以及私募债。从发行规模看，自2015年开始，融资租赁公司发行公司债的金额及数量也逐年增加。2017年发行总额超2016年发行总额的2倍。2018年1—11月，共发行公司债437.73亿元，发行数量为46只，其中11只为一般公司债，发行金额共计93.95亿元，其余均为私募债（见图10－12）。

从发行利率看，2014年至2018年11月，公司债的历史最高月均发行利率高达8.90%，最低为3.42%，相差548基点。2015—2016年，公司债发行利率出现剧烈波动的原因在于，月发行量较少，加权平均发行利率易受发行人主体评级及债项评级等情况的影响。2018年，公司债月均利率于2月升至6.79%后开始波动下降，至11月，月均发行利率为6.47%（见图10－13）。

从发行机构看，2018年1—11月，平安国际融资租赁有限公司发行金额最高，共

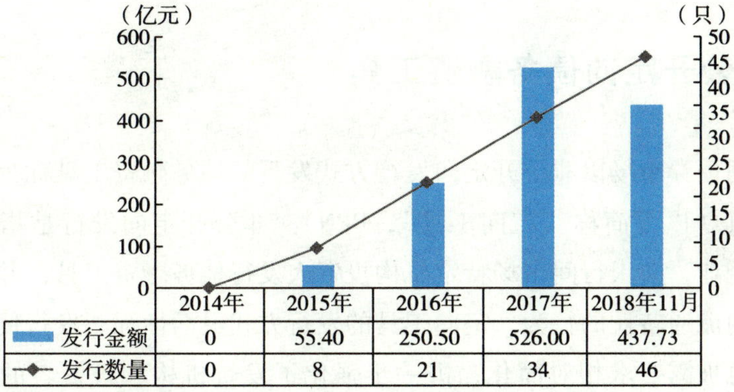

图 10-12 2014—2018 年 11 月，融资租赁公司的公司债发行情况

数据来源：wind，中国融资租赁三十人论坛整理。

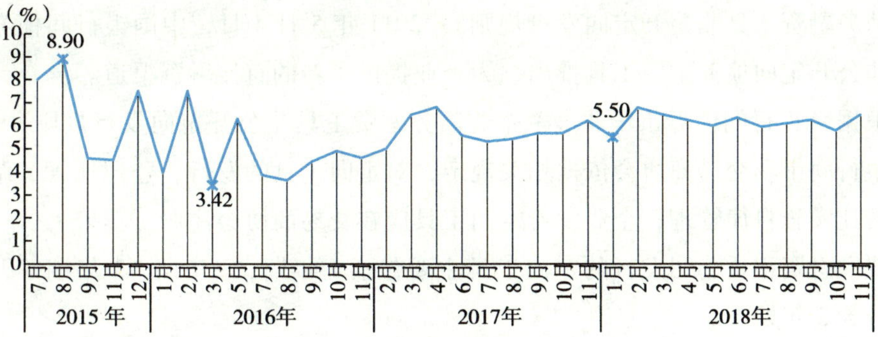

图 10-13 2014—2018 年 11 月，融资租赁公司发行公司债的利率走势

数据来源：wind，中国融资租赁三十人论坛整理。

发行 8 只私募公司债，合计发行金额 105.08 亿元；其次为远东国际租赁有限公司，共发行 5 只私募公司债，合计发行金额 80.00 亿元；中航国际租赁有限公司排第三，共发行 8 只，其中 5 只为私募债，3 只为一般公司债，合计发行金额 76.70 亿元；中建投租赁股份有限公司排第四，共发行 5 只私募公司债，合计发行金额 35.00 亿元；中国环球租赁有限公司排第五，共发行 3 只私募债，合计发行金额 31.00 亿元（见表 10-6）。

表 10-6 2018 年 1—11 月，公司债前五大发行机构（按发行金额排序）

发行机构	发行金额（亿元）	发行数量（只）
平安国际融资租赁有限公司	105.08	8
远东国际租赁有限公司	80.00	5
中航国际租赁有限公司	76.70	8
中建投租赁股份有限公司	35.00	5
中国环球租赁有限公司	31.00	3

数据来源：wind，中国融资租赁三十人论坛整理。

10.6 非公开定向债务融资工具

在银行间债券市场以非公开定向发行方式发行的债务融资工具称为非公开定向债务融资工具（以下简称“定向工具”，PPN）。非公开定向发行是指具有法人资格的非金融企业，向银行间市场特定机构投资人发行债务融资工具，并在特定机构投资人范围内流通转让的行为。定向工具的发行方式灵活性强、发行便利、流通有限，同时信息披露要求相对简化，进一步强化了发行机构和投资者的自主协商机制，适合投资者的个性化需求。

2011 年 4 月 29 日，中国银行间市场交易商协会发布《银行间债券市场非金融企业债务融资工具非公开定向发行规则》。2011 年 5 月 4 日，中国银行间债券市场首批非公开定向债务融资工具推出，为企业提供了新的直接融资渠道。

根据《银行间债券市场非金融企业债务融资工具非公开定向发行规则》规定，中国银行间市场交易商协会依据相关规定，对定向工具的发行、登记托管、结算和流通转让实施自律管理；企业发行定向工具应在交易商协会注册。

我国融资租赁公司发行的定向工具主要包括 1 年期、2 年期、3 年期等，其中大部分为 3 年期产品。

从发行规模看，2015 年至 2018 年 11 月，融资租赁公司发行 PPN 总额的增量较为稳定。2018 年 1—11 月，PPN 发行总额为 301.50 亿元，发行数量为 38 只（见图 10－14）。

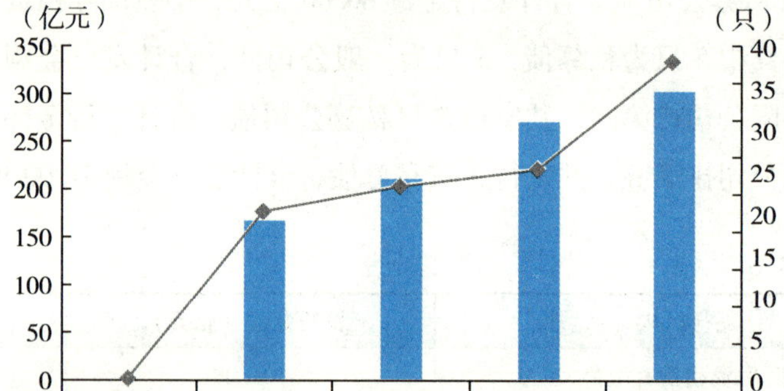

	2014年	2015年	2016年	2017年	2018年11月
发行金额	0	165.70	209.50	269.50	301.50
发行数量	0	20	23	25	38

图 10－14　2014—2018 年 11 月，融资租赁公司 PPN 发行情况

数据来源：wind，中国融资租赁三十人论坛整理。

从发行利率看，2014 年至 2018 年 11 月，PPN 发行利率整体依然呈现先降后升的态势，历史最高月均发行利率为6.45%，最低为3.45%，相差300基点。2018年以来至11月，PPN发行利率降至5.51%（见图10－15）。

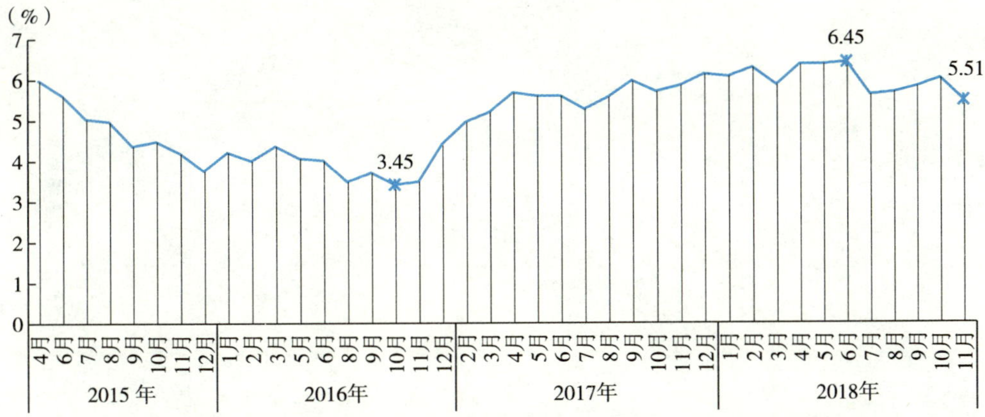

图10－15　2014—2018年11月，融资租赁公司PPN发行利率走势

数据来源：wind，中国融资租赁三十人论坛整理。

从发行机构看，2018年1—11月，平安国际融资租赁有限公司发行数量及金额均最高，共发行9只定向工具，合计发行金额95.00亿元；其次为中航国际租赁有限公司，共发行7只定向工具，合计发行金额为67.00亿元；远东国际租赁有限公司排第三，共发行4只定向工具，合计发行金额35.00亿元；中电投融和融资租赁有限公司排第四，共发行2只定向工具，合计发行金额20.00亿元；海通恒信国际租赁股份有限公司排第五，共发行3只定向工具，合计发行金额19.00亿元（见表10－7）。

表10－7　2018年1—11月，定向工具前五大发行机构（按发行金额排序）

发行机构	发行金额（亿元）	发行数量（只）
平安国际融资租赁有限公司	95.00	9
中航国际租赁有限公司	67.00	7
远东国际租赁有限公司	35.00	4
中电投融和融资租赁有限公司	20.00	2
海通恒信国际租赁股份有限公司	19.00	3

数据来源：wind，中国融资租赁三十人论坛整理。

模式与思考篇

11 标杆租赁公司案例

11.1 工银金融租赁有限公司

【公司简介】

工银金融租赁有限公司（以下简称“工银租赁”）成立于2007年11月28日，是国务院确定试点并获原中国银监会批准开业的银行系金融租赁公司，是中国工商银行的全资子公司，注册资本180亿元人民币。主要经营航空、航运、能源电力、轨道交通、装备制造等重点领域大型设备的金融租赁业务，提供设备租赁、租赁资产转让、投资资产证券化、资产交易、资产管理等多项金融与产业服务。

2013年12月27日，李克强总理在天津时曾调研考察工银租赁，对工银租赁和金融租赁行业给予了充分肯定，并要求工银租赁继续坚持服务实体经济，做大做强，在支持中国高端装备制造业走出去、平衡国际贸易、促进就业等方面发挥积极作用。

【行业地位】

工银租赁依托中国工商银行强大的服务网络和自身集约化、综合化经营优势，持续完善综合金融服务能力，有效满足了客户多样化、个性化的金融需求。

经过10余年的发展，工银租赁已成为国内资产规模、盈利能力、创新能力和市场领导力均处于领先地位的租赁企业，充分发挥了中国工商银行综合化、国际化经营平台的重要作用。

工银租赁自2013年获得国际评级以来，主体评级持续保持稳定。穆迪、标普、惠誉分别确认工银租赁主体长期信用评级为A1、A级、A级，评级结果与母行保持一致，反映了国际资本市场对于工银租赁的认可。

【业务介绍】

工银租赁坚持“专业化、市场化、国际化”的经营原则，严格按照国家宏观调控要求、产业发展政策以及有关监管要求，打造了航空、航运、能源电力、轨道交通、市政服务、工程机械、文化旅游等多个重要领域的专业产品线，形成了航空、航运、大型设备租赁三足鼎立的业务发展格局。通过不断的探索实践，建立起了比较完备的租赁业务体系和经营管理体系，在有效防范风险的前提下，实现了资产规模迅速增长和经营质量的不断提升。

（一）航空租赁

依托工商银行的全球平台，工银租赁进军国际主流航空市场，为国内外航空公司提供全面周到的金融服务。工银租赁航空业务以开拓创新为立足之本，从无到有，推出保税租赁、出口租赁、联合租赁等一系列新型产品，打破了外资飞机租赁公司对中国市场的垄断，并成功开拓了大量国际市场业务，与世界一流租赁公司同台竞技。

工银租赁通过保税租赁、联合租赁等方式，与国内各主要航空公司开展业务合作，为国内航空公司引进试行飞机、更新改造机型、扩充机队规模等提供多方面服务，帮助我国航空公司优化机队结构、降低财务成本、提高运营效率，为国内民航事业的发展提供了重要支撑。

2018 年 3 月，经监管机构和股东批准，工银租赁在香港设立全资子公司——工银航空租赁，负责承接工银租赁全球商用飞机租赁业务。工银航空租赁成立后，将发挥香港国际金融中心和打造国际飞机租赁中心的优势，整合工银租赁境内外航空租赁业务，实现专业化独立运营。

工银租赁始终将航空金融业务视为公司的重点业务，于 2013 年底起一直位列全球飞机租赁行业前 10 强。截至 2018 年末，公司拥有和管理飞机约 670 架，交付运营的商用飞机超过 380 架，飞机资产规模突破 1 300 亿元人民币。

目前工银租赁飞机租赁业务的国际业务占比已达到 60%，工银租赁共为全球 38 个国家和地区的 83 家优质客户提供量身定制的航空金融综合解决方案，初步形成了遍布各个大洲的业务布局。

根据 FlightGlobal 的全球租赁公司排名，工银租赁的机队价值已排名全球第六。工银租赁持续支持国产飞机等高端制造业发展，累计订购百架 C919 飞机和 30 架 ARJ21 飞机，帮助国产飞机在国内和全球市场进行营销，以实际行动支持中国航空业发展。

（二）航运租赁

工银租赁是国内船舶与海工租赁行业的领先企业之一，公司致力于为境内外生产企业、航运企业、大型贸易商、海洋工程企业在建造、收购、改装船舶方面提供定制化的租赁解决方案。

公司拥有各类航运资产约300艘，资产涵盖散货船、集装箱船、成品油轮、液化气船、豪华邮轮、海洋工程和辅助船等多个类型。公司持续完善航运金融服务体系，与招商局、中国远洋海运、英国石油、巴西淡水河谷、加拿大蒂凯、地中海航运等全球顶尖的生产企业、航运公司及产业链上相关各方建立了紧密合作，多项业务获得国际海事机构颁发的金融大奖。

工银租赁积极推动中国造船、航运服务“走出去”，帮助国内船厂承接海外订单，协助中国航运企业参与国际能源运输等重大项目的运营，促成我国船舶租赁成为全球船东在我国造船的主要融资渠道之一，推动中国造船、航运产业转型发展。

（三）设备租赁

工银租赁始终坚持服务国家战略，其设备租赁业务服务于国民经济多个重要领域，在支持实体经济健康发展、促进产业升级、助力国内企业走出去，以及有效地拉动内需方面发挥了积极的作用。

作为国内大型设备租赁领域的重要力量，工银租赁在能源装备、高端装备、轨道交通、城市基础设施、广电、旅游等行业打造了一系列特色租赁模式和产品，在国内设备租赁市场获得了高度认可。

工银租赁管理各类大型设备4万台/套。公司抓住国家“一带一路”、国际产能合作等重大机遇，加大对国际国内两个市场及重点行业领域的开拓深耕，成绩显著。公司与中国铁路总公司及40余家地方轨道交通、铁路、公路、公交公司建立了密切的业务联系，与华能、大唐、华电、国电投、中核等大型能源电力集团达成长期战略合作，与中铁、中铁建、徐工、三一、特变电工等国内主要工程建设企业和装备制造商实现了广泛的合作共赢。

（四）融资方面

工银租赁持续积极创新融资渠道、融资方式，开展应收租赁款保理业务、获批发行资产证券化产品、进入国际债券资本市场。

【行业贡献】

工银租赁担负着探索中国金融租赁发展道路的历史使命。10余年来，工银租赁将扩大行业影响、提升金融租赁社会认知度、推动行业发展环境的完善作为自身重要的社会责任，见证并带动了行业的蓬勃发展，受到社会各界的广泛赞誉。

2009年、2011年、2017年，工银租赁三次当选为中国银行业协会金融租赁专业委员会主任单位，联合同业加强行业研究、自律，推动政策环境完善，提升金融租赁的社会认知度。

2010年以来，工银租赁连续成功举办四届“中国金融租赁高峰论坛”，搭建交流平台，凝聚行业共识，加强国际交流，对宣传推广金融租赁业务发挥了重要的作用。

2011 年，工银租赁联合不同类型的租赁公司发起设立了“中国融资租赁三十人论坛”，推动同业交流，呼吁政策完善。针对行业内存在的融资租赁知识准备不足、专业人才缺乏等实际问题，工银租赁近年来组织翻译出版了《租赁与资产融资：执业者的综合指南》《设备租赁完全手册》《租赁资产组合管理》《飞机金融》《航运金融》等国外融资租赁经典书籍，为提高国内融资租赁从业人员的专业知识，推动融资租赁国际化、专业化水平做出了坚持不懈的努力。

同时，工银租赁还与南开大学合作成立金融租赁研究中心，加强前沿问题研究，培养融资租赁专业人才。2016 年，工银租赁博士后工作站获全国博士后管委会办公室批准成立。公司也接收了多批大学生到公司实习，增强他们对行业的适应性和前瞻性认识，为行业的发展储备了专业的人力支撑，推动高校与行业企业互利共赢的人才培养和业务创新。

11.2 国银金融租赁股份有限公司

国银金融租赁股份有限公司（以下简称“国银租赁”）成立于 1984 年，是中国最早成立的租赁公司之一和首批银行系租赁公司，是中国租赁行业的标杆、开创者和领导者。2016 年 7 月，国银租赁在香港联交所成功上市，注册资本增加至 126 亿元人民币。国银租赁享有中国国家准主权信用评级（穆迪 A1、标普 A 及惠誉 A+），是中国金融机构中信用评级最高的企业之一，拥有银行借款、发行债券、同业拆借以及保险、信托等非银行资金来源的多元化融资渠道，具有较强的融资能力。

作为国家开发银行（以下简称“国开行”）唯一的租赁业务平台和重要战略业务板块，国银租赁坚持“市场化、专业化、多元化、国际化”的战略定位，秉持“引领中国租赁、服务实体经济”的使命，致力于建设国际一流的租赁公司，业务范围包括飞机租赁、基础设施租赁、船舶、商用车和工程机械租赁，以及新能源和高端装备制造等其他租赁业务。目前，公司已逐步形成了以飞机租赁和基础设施租赁为核心的业务布局和以服务于大中型优质客户为核心的客户定位，成功打造了飞机租赁及基础设施租赁两大模式成熟、资产质量优良及发展前景广阔的主要业务板块，飞机租赁业务全球知名、行业领先，基础设施租赁业务能力强大，与国家开发银行专注的行业一脉相承。

作为中国历史最为悠久的租赁公司之一，国银租赁用35年见证并经历了中国租赁行业的发展壮大，经历了数次行业经济周期及监管变革。从2012年总资产在业内率先突破1 000亿元人民币，到2018年上半年总资产突破2 099亿元人民币，公司在业务领域探索、产品创新、风险管控、经营管理等方面积累了丰富的经验，也取得了很多开创性的业绩，创造了业内多项第一。

2018年，国银租赁沉着应对各种外部变化和挑战，加强业务拓展，优化业务布局，持续强化风险管理能力，夯实经营管理基础，资产规模、融资规模、经营业绩再创历史新高，实现了规模、质量、效益的全面提升，进入了高质量发展的良性轨道。

（一）紧紧围绕服务实体经济定位公司发展战略

作为与实体经济关联最为紧密的金融力量，国银租赁一直坚守租赁服务实体经济的本源，明确了“引领中国租赁、服务实体经济”的企业使命，并紧紧围绕“服务实体经济”定位公司发展战略，将开展租赁业务与服务实体经济紧密结合，通过自身的发展壮大带动行业回归租赁本源，引领租赁行业支持新动能、新经济、新业态。

在飞机租赁方面，2018年上半年公司资产规模达到722.385亿元人民币，总机队规模为408架飞机，其中在役飞机及托管216架飞机，大部分飞机以长期经营租赁的方式出租给包括中国、亚洲、欧洲、中东及非洲以及美洲等地的28个国家和地区的54家航空公司，境内客户包括中国南方航空、中国国航、中国东方航空以及运营状况良好的低成本航空公司、西部地区航空公司等；境外客户包括载旗航空公司，例如阿联酋航空公司、法国航空及新加坡航空等，以及本土市场领先的低成本航空公司，例如IndiGo、Cebu Pacific、Pegasus等，还包括“一带一路”沿线国家投资的航空公司，如喜马拉雅航空。并且，公司长期以来不遗余力地支持中国民用航空制造业发展，是中国商飞ARJ21支线客机以及C919大型客机的启动用户。

基础设施租赁是国银租赁的核心业务之一，业务涉及能源基础设施、交通基础设施（收费公路、铁路、轨道交通）和城市基础设施（市政设施、保障房），致力于为在国家和地方经济中具有系统重要性的项目提供融资解决方案。在能源基础设施方面，公司近年加大了核电、水电、风电、光伏发电等清洁能源领域业务拓展力度；在交通基础设施方面，重点开发高速公路、桥梁、地铁、城际铁路、云轨等租赁业务；城市基础设施方面，着力开发给排水、供暖、供气、地下综合管廊等市政配套设施项目，有效盘活地方存量资产，极大地支持了国家基础设施建设及城市发展。

公司从2008年开始开展船舶租赁业务，是中国最早开展船舶租赁业务的租赁公司之一。公司通过订造新船或者直接购买二手船直接租赁、售后回租或者经营租赁等多种方式租赁给客户，为客户提供融资支持，盘活其存量资产，满足其动力需求。其新造船经营租赁项目的船舶均由国内制船厂建造，同时也支持了国内船舶工业转型升级，带动航运市场上下游企业的发展。截至2018年6月30日，国银租赁已向境内外的25家客户提供船舶租赁服务，境外客户包括细分市场排名靠前的各大船东，如Costamare Inc.、FMG集团，国内客户包括中远海运集团、招商局集团等大型央企集团及其子公司。

商用车、工程机械租赁是国银租赁集中落实普惠金融政策，服务中小微企业发展的业务板块。它是中国首批向商用车和工程机械制造商和经销商客户提供定制融资租赁方案的金融租赁公司之一，是中国商用车和工程机械租赁市场的主要参与者之一，也是国内第一家批发式开展车辆及工程机械租赁业务的金融租赁公司，租赁物覆盖商用车、乘用车和工程机械等领域，终端客户包括大型工程企业、城市公共交通公司、租赁公司和遍布全国的中小微企业和自然人等。经过近十年的探索和培育，国银租赁在国内市场以“终端零售+平台批发”两个类型业务驱动发展，形成了“租赁通”和“租赁宝”两个知名金融产品，获得了国内厂商和承租客户的一致青睐和好评，不仅在业务上游大力支持了民族工业发展，在业务下游也解决了众多中小微客户融资难、融资烦、融资贵的难题。

2018年，按照党中央、国务院及五部委关于进一步深化支持小微企业金融服务的意见，公司加大了对小微企业融资的支持力度。截至2018年6月底，车辆及工程机械业务总资产约181.968亿元人民币；商用车和工程机械厂商租赁业务累计授信厂商44家，合作经销商784家，已完成授信规模346.49亿元人民币，向41 822个中小微客户共计发放款项522.36亿元人民币，租赁设备近79 951台/辆；在平台批发方面，通过与专业从事车辆和工程机械租赁业务的租赁公司合作，间接为超过1.4万个中小微客户提供金融服务。

（二）市场化、专业化、多元化、国际化发展，引领中国租赁参与国际市场

多年来，借助国家日趋成熟的支持租赁企业国际化的政策，国银租赁顺应国家“一带一路”倡议的实施，在客户网络、管理机制、人才队伍、融资渠道等方面不断提升公司国际化水平；联手国内大型装备制造企业，支持飞机、船舶、高铁、电信等民族制造产品走向国际市场，积极参与国际租赁市场竞争。

1. 公司治理国际化

国银租赁以“建设国际一流的租赁公司”为目标，坚持不懈地向市场化、专

业化、多元化、国际化发展。2015 年 9 月，公司完善治理，成立股份制公司。2016 年 7 月 11 日，公司在香港联交所主板挂牌上市（1606. HK），迈出了开行集团“子公司市场化专业化改革”的重要一步，打通了国际资本市场，引入多元化的融资渠道服务国家战略，引入市场化机制提升发展质效。同年，中国金融租赁行业在境外的第一家专业子公司——国银航空金融租赁有限公司获中国银监会批准在爱尔兰设立。目前，国银航空已组建超过 100 人的专业化国际团队，飞机资产价值位列全球前十。

另外，公司进一步优化集团战略组织架构，推进新能源与装备租赁、船舶租赁专业平台的发展，继续推进区域工作组的建设。至此，公司已逐步形成了以飞机租赁和基础设施租赁双轮驱动，船舶、商用车与工程机械租赁、新能源与装备制造租赁为辅的业务发展模式，业务合作伙伴遍及全球 30 多个国家和地区。国银租赁在自身国际化发展的同时，引领中国租赁的力量竞逐国际市场，联通世界。

2. 支持“一带一路”建设

作为国开行唯一的租赁业务平台，国银租赁坚持“开发性金融”理念，响应“一带一路”倡议，与国开行密切配合，整体统筹协调，积极实施“走出去”战略，大力推进国际业务，公司重点支持基础设施互联互通、国际产能和装备制造合作等领域项目，促进中外经贸交流，服务“一带一路”国家包括伊拉克、菲律宾、印度、新加坡、土耳其、阿联酋、俄罗斯等国家。截至 2018 年上半年，公司已为境外超过 30 个国家和地区的近 80 家承租人提供专业租赁服务。

（三）落实国家战略布局及重点领域金融需求，服务中国制造 2025

在国家制造业转型升级的大背景下，公司依据国家宏观经济政策、产业政策，围绕供给侧结构性改革、区域协调发展等国家战略目标，将公司的优质资源集中投向国家战略重点领域，积极支持装备制造、战略新兴行业、环保节能行业发展。

近年来，公司与金风科技、晶科、通富微电、沈阳机床、北汽集团、国显光电、比亚迪、京东方等一大批龙头企业积极开展租赁业务，以金融租赁特有优势服务国家战略，助力实体经济稳步发展。

（四）落实绿色金融政策，加大新能源业务拓展力度

国银租赁将“绿色发展”的理念深入融入业务当中，一方面通过拓展风能、太阳能、核能等清洁能源开发与应用相关的融资租赁业务，为清洁能源产业的发展添助一臂之力。另一方面，积极推进节能型飞机、节能型船舶等租赁业务，推动整个产业链的节能减排。

一是积极支持光伏、风电、核电领域，打造清洁能源全产业链。公司发挥资金

和品牌优势，在新能源领域积极布局，除支持光伏、风电、核电等多个新能源领域外，积极从新能源供给向清洁供热、清洁供气等新能源应用领域拓展，打造清洁能源的全产业链。截至2018年6月末，公司累计在新能源领域投放资金96.63亿元。

二是支持民生，开展新能源客车租赁业务。公司以绿色金融作为切入点，全面开展新能源客车租赁业务，创新租赁业务模式，支持民生领域发展，为实现我国能源转型发展，实现经济与环境可持续发展做出贡献。早在2015年，公司开展了深圳市首单新能源汽车租赁业务，支持了深圳市东部公共交通有限公司更换565台比亚迪纯电动客车。截至2018年6月末，公司累计在公交领域完成投放27.21亿元，涉及公交车辆4 021台，致力于服务城市绿色公交体系建设以及绿色出行等民生领域的发展，充分展现了公司履行社会责任的良好外部形象。

三是积极推进飞机、船舶整个产业链的节能减排。在飞机租赁业务中，公司保持对飞机节能性的关注。比如2014年订购的130架波音、空客飞机均为当时市场上最先进的下一代窄体飞机B737NG和A320Ceo，以及在此基础上实现更高燃油效率的下一代窄体机型B737MAX和A320Neo。在船舶租赁方面，国银租赁不断优化舰队资产结构，大力支持技术先进、节能环保型船舶制造，推动公司船队大型化、高端化、节能化升级发展，持续提升自有船队的市场竞争力。

【公司竞争优势】

作为中国历史最为悠久的租赁公司之一，国银租赁在业务领域探索、产品创新、风险管控、经营管理等方面积累了丰富的行业经验，在做强做优做大国有资本的同时，形成了独具特色的竞争优势：

一是股东背景优势。国银租赁是国开行集团唯一的租赁业务平台和上市公司平台，可充分利用国开行的信用优势、专家优势、政策优势、客户优势。

二是资产领先优势。自2008年以来，国银租赁资产规模年均复合增长率达28%，资产规模连续行业领先，资产质量逐年优化，资产管理能力不断提升。

三是信用能力优势。基于国开行信用优势，国银租赁拥有准主权国际信用评级，是国内获得国际评级最高的租赁公司，这有助于其降低融资成本，保持多元化融资渠道，增强资金调度能力。

四是资本市场优势。国银租赁是国内最先上市的金融租赁公司，能充分利用资本市场实现资源整合、提升竞争优势。

五是市场品牌优势。国银租赁是中国最早、最大的租赁公司之一，开创了多个行业第一，形成了成熟的业务布局。

六是专业管理优势。国银租赁拥有行业领先且高度专业化的飞机、船舶、新能源、工程机械等租赁业务，拥有强大的基础设施业务开发和管理能力，建立起多行业发展、多产品共存、境内外并举的租赁业务体系，并在历经行业多次调整后积累了丰富的经验。

11.3 国新融资租赁有限公司

国新融资租赁有限公司（以下简称“国新租赁”或“公司”）是中国国新控股有限责任公司（以下简称“中国国新”）全资控股的融资租赁公司，是中国国新中央企业金融服务平台的重要支柱。2016 年 12 月 15 日正式营业，注册地为天津自贸试验区（东疆保税港区），注册资本 50 亿元人民币。中国国新控股有限责任公司是 2016 年初被国务院国有企业改革领导小组确定为国有资本运营公司试点的中央企业，是国有资本市场化运作的专业平台。

国新租赁秉承中国国新“国之脉，传承红色基因；新致远，坚持创新发展”的价值理念，建设“品牌一流、业务一流、风控一流、人才一流、文化一流”的新时代一流的高质量发展央企租赁公司。公司坚持以聚焦中央企业客户为中心，以推进供给侧结构性改革为主线，服务项目涉及“大制造”“大能源”“大基建”“大交通”“大消费”五大领域，促进产融结合，发挥资产价值管理的优势服务实体经济，积极拓展更加贴合央企特点的租赁业务，建设央企租赁生态圈。截至 2018 年末，国新租赁已累计为 22 家央企集团下属的 59 家央企单位提供租赁服务近 300 亿元，在推动中央企业产业升级、拓宽中央企业融资渠道和促进中央企业财务结构调整优化等方面发挥了重要作用。

为响应党中央、国务院“三去一降一补”、国资委“压两金”的政策要求，发挥中国国新中央企业金融服务平台的作用，公司提出建设去产能——资产处置服务平台、去库存——存货周转消化平台、去杠杆——负债现金流调节平台、降成本——省息节税融资服务平台、补短板——新兴领域投资支持平台等五大平台，并初见成效。在去库存、压降“两金”方面，在集团领导直接指导下，公司展开对通过租赁方式助力央企存货优化的研究，提出了七种存货优化综合解决方案。目前该类产品为公司首创，具有一定的差异化竞争优势，获得中央企业积极的支持和认可。

国新租赁力争在成立五周年时，为中央企业客户提供超过 1000 亿元的租赁服务，有力地服务央企提质增效和转型升级，支持实体经济发展，为实现中国国新打造成为具有全球竞争力的一流的综合性国有资本运营公司的目标做出积极贡献，为中国融资租赁行业发展和央企改革发展做出有益探索。

11.4 狮桥融资租赁（中国）有限公司

【公司简介】

狮桥融资租赁（中国）有限公司（以下简称“狮桥”），成立于2012年4月，中国领军的商用车智慧服务平台。致力于打造以技术驱动、联结共生为根基，以车贷金融、车后服务、干线和城配物流为核心，以整合商用车全周期多场景价值为使命的大数据时代领先的商用车健康生态体系，为商用车司机/车主、车企经销商、金融机构、物流货主提供基于大数据的全生态圈智慧服务。

狮桥现有员工2 200余人，业务范围辐射全国30个省级行政区的700余个县级市。2014年9月，狮桥引入控股股东美国知名私募基金贝恩资本（Bain Capital），2018年6月，狮桥又获得百度和阳光融汇资本的10亿元战略投资。

【经营情况】

截至2018年底，狮桥已累计提供各类融资450亿元（包含商用车融资，以及2017年前为农户购买农机、中小医院购买医疗设备、居民购买乘用车融资等），已为近12万名卡车司机车主提供金融产品服务，户均融资18万元，已成为中国最大的第三方商用车金融公司。狮桥是干线物流排名前2位的运力平台公司，联合数万名司机为国内所有一线电商、快递、快运公司和众多第三方物流公司提供承运服务。

【主要业务及领域】

狮桥以商用车为核心，深耕商用车全周期多场景价值，下设三大主营业务：车贷金融、车后服务、干线和城配物流。

（一）车贷金融

作为中国领军的独立第三方商用车金融公司，也是中国零售信贷实践的领先机构，狮桥建立了高度下沉的零售金融网络，将领先的风控模型和技术实力通过近千名销售和风控人员有效覆盖全国30多个省级行政区的700余个县市。

1. 服务小微：过去6年，狮桥为12万名卡车司机和个体车主提供融资支持服务，平均融资额18万元，成为行业内支持实体经济、践行普惠金融的表率。未来，狮桥将持续每年为超过6万名司机和车主提供金融支持。

2. 多维场景：狮桥提供的线上线下结合的金融服务渗透于商用车全生命周期的各个场景。从新车购置到车后运营再到车辆升级换代，狮桥为车主提供各类型融资方案，涵盖车辆保险、燃油、ETC、路桥费、车辆维修保养、升级、购买或出售二手车等各个场景环节。

3. 数据 AI 风控：基于人行征信数据、三方征信数据、GPS 等多方大数据，狮桥建立了行业领先的基于 AI 技术的风控模型，通过机器深度学习支持风控策略的自动实施，实现了逾期率和坏账率逐年下降、远低于零售融资市场平均水平的目标。

4. 联结产融：借助狮桥强大的风控能力、领先的 IT 技术以及庞大的网络和渠道资源，狮桥深度联结金融机构和用户，架构起银行、金融租赁公司、资产管理公司等机构直接向物流行业小微客户提供资金支持的平台和桥梁。

（二）车后服务

秉持联结共生的理念，狮桥以技术和金融为工具，为超过 7 000 家商用车经销商、14 000 家运输公司以及超过 20 万名商用车司机车主提供更智慧的运营方案，助力商用车健康生态圈的价值提升。

1. 技术赋能车商：通过狮桥 SaaS 平台为经销商、车队运输公司提供业务管理、客户引流、库存融资、经营融资等综合解决方案。

2. 新能源物流车无忧通道：为以中国一汽解放为代表的新能源车企的渠道下沉及市场拓展赋能，为新能源车用户提供新车购置（经营租赁、以租代购等）、车辆保养维修、充电和紧急备用车等综合解决方案。

3. 二手卡车速捷交易：为二手卡车交易双方提供线上展示、线下带看，辅之以拍卖平台、库存融资、交易担保等工具，确保双方交易的快捷安全。

4. 二手卡车产业赋能：拥有业内领先的商用车车型库，通过线上线下结合的评估检测，全面支持二手车交易行业发展。

（三）干线和城配物流

狮桥专注于为快递、快运、零担专线等运力需求方提供运输外包服务，目前运营 4 600 多辆卡车，运力能力在全国公路干线运输领域稳居前两位。

1. 数据驱动：狮桥基于海量的超级车队运营数据和经验，建立大数据仓库，通过机器学习深度挖掘建立车货匹配模型，进一步优化车辆在途、线路优化、人员和位置管理等调度逻辑，为实现智能运输、降本增效提供大数据决策支持。

2. 智能定价：市场运力的交易价格紧贴运力市场供需关系。狮桥智能定价系统，除指导自有运力价格外，还借助社会交易的第三方数据和狮桥积累的强大数据平台，为行业上下游交易定价提供指导参考。

3. 自动驾驶：作为中国最大的干线运输商，狮桥加入百度 Apollo 计划，将协同主机厂商等合作伙伴，推动干线自动驾驶解决方案的落地，降低干线物流成本、消除不良驾驶习惯、减少交通事故带来的各项损失。

4. 无车承运：锁定“重＋轻”的业务发展模式，狮桥采取资产运营和平台战略并重的策略，通过“有车承运解决客户稳定的运力需求，无车承运解决客户波动性需求”的方式为客户运力需求提供综合解决方案。

【业务模式创新】

融资租赁的本源是对购置设备进行融资。租赁是根本，融资是工具。从2012年创立以来，狮桥始终坚持选择高价值、高残值、可回收、通用性强、能产生经营现金流的租赁物，并将广大司机车主、车企经销商等小微、实体经济群体作为其重点服务对象。这一业务模式，既是服务小微、支持实体经济的落地，也保障了狮桥能够获取足够的合理利润，并严格控制风险。

首先，从服务对象上说，成立至今，狮桥已为11万名卡车司机提供了小额融资，平均融资金额18万元，帮助该群体每月盈利1万～2万元，在满足社会效益的同时保证了资产质量的稳定，避免了行业内屡见不鲜的踩雷事件。今后，狮桥每年将继续为超过6万名司机车主提供金融支持。零售金融业务体系帮助狮桥分散了风险，十几万司机客户也为狮桥建立平台型金融＋服务的业务体系提供了坚实基础。

成立7年来，通过深耕商用车细分行业，狮桥充分挖掘并利用移动智能科技和大数据技术价值，发展出“科技＋平台”化的业务模式。围绕司机车主、物流货主、经销商、金融机构等四大相关方，狮桥既为司机车主提供购买新车和二手车的购车资金及运营资金支持，又通过狮桥运力为广大个体司机提供货运订单服务；通过联结货主和司机，狮桥运力已建成业内第二大干线运力平台，为京东、顺丰等一线快递快运公司提供稳定的、高质量的卡车运力；基于移动互联网技术，狮桥建立服务经销商的SaaS平台体系，帮助经销商实现一站式客户营销、融资申请及二手车交易；基于多年积累的行业数据、设备数据和客户数据建立起大数据风控模型，为银行风险决策提供重要参考。同时，集电子签约、人脸识别、电子支付、自动还款于一体的狮桥IT平台，为银行针对商用车细分市场操作零售金融提供了更好的解决方案，也成为狮桥服务银行等金融机构进行移动互联技术和大数据风控技术输出的重要体现。

其次，狮桥通过对商用车行业的专注与深耕，积累了丰富且专业的风控能力。其中，狮桥建立了基于狮桥数据、人行征信、三方数据的信用评级模型，覆盖贷前、贷中、贷后，自动否决高风险客户，以防范客户的信用道德风险；同时狮桥建立了业内领先的，整合狮桥自装GPS、交通部北斗车载GPS、厂商预装GPS的贷后车辆监控系统，实时监控车辆运行情况，分析、挖掘车辆运行数据，包括运行里程、路线等，对不正常离线、进入高风险区域等进行电子自动报警，通过对贷后监控和清收环节的把控，来防范客户的运营风险；狮桥建立了超过200名的IT技术团队，依靠IT支持狮桥风险管理体系来防范内部操作风险。客户提交申请、销售人员调查和放款、贷后管理和服务，全部可在移动端APP中完成。狮桥的IT体系同时嵌入了人脸识别、图像识别等AI技术，CFCA认证电子签约，以及三方支付等技术，极大方便司机群体的同时，还为狮桥的数据积累提供了帮助。狮桥还建立了行业领先的卡车车型库，以及线上和线下评估能力。这些控制风险的根本措施，既有狮桥对行业的深刻理解，对承租人的风险评估和模型评级，也是基于狮桥坚持做真租赁，具备对设备及行业的评估和把控能力。

【公司竞争优势】

经过7年发展，狮桥有幸成为中国领军的商用车智慧服务平台、中国最大的第三方商用车金融服务公司、中国零售信贷暨扶持民营实体经济践行普惠金融的领先机构，在模式、渠道、技术、数据、经验等方面都积累了自己独有的竞争优势。

（一）模式优势

2018年7月，狮桥发布“一二三四”战略，即围绕一个定位（中国领军的商用车智慧服务平台）、两个基础（移动互联技术和大数据风控技术）为四大相关方（司机/车主、车企经销商、物流货主、金融机构）提供车贷金融、车后服务、干线和城配物流等三大业务服务。通过这一模式和定位，狮桥打通了商用车全生态圈产业链，围绕商用车全周期多场景，从新车贷款、运营资金、二手商用车买卖、货运物流，到油卡、路桥费、保险、维修等运营需求，狮桥都能提供专业的资金支持和产品服务。这一模式帮助狮桥通过深耕细分领域建立起自身核心竞争力，并构建起商用车金融服务闭环生态圈，既服务了小微企业、支持了实体经济发展，也以成熟可控的风险体系及科技+平台赋能的优势，为真租赁服务实体践行普惠金融蹚出一条新路，也奠定了狮桥作为商用车智慧服务平台的行业领军地位。

（二）渠道优势

狮桥现有员工2 200余人，业务范围辐射全国30多个省级行政区的700余个县市。基于充分下沉且密集的服务网点和一线超过1 000名的销售团队，狮桥可第一时间响应12万名卡车司机和个体车主、7 000家商用车经销商、14 000家运输公司的需求。此外，狮桥高度下沉且对商用车客户群体及其圈子深入洞察、掌控的渠道资源，对狮桥线上风控体系形成了强有力的互补，狮桥线下评估检测团队可对实地对二手商用车进行108项功能及部件检测，并为每台车辆出具评估检测报告及担保。狮桥还与近百家金融机构深度合作，在为金融机构输出狮桥专业完善的风控技术的同时，为商用车司机车主提供成本更低的金融产品和服务。

（三）技术优势

为支持在全国范围内提供高效便捷的商用车金融服务，狮桥建立了超过200名的IT团队，投入巨额资金建设起行业领先的移动互联IT体系。狮桥的主要业务——从客户提交申请、销售人员调查和放款、贷后管理和服务，全部在移动终端APP中完成。狮桥的IT体系同时嵌入了人脸识别、图像识别等AI技术，CFCA认证电子签约，以及三方支付等技术，极大地方便了司机群体。从创立初期由客户经理电话沟通—征信查询—下户面访—实地家访—电话背调—人工审核，一周都不一定能批下来一单，到如今狮桥已经实现了“狮桥商家”APP在线扫描秒出征信、征信80分以上免人工审核、秒批秒贷分钟放款、二手商用车一站式评估定价交易，在大大节省人力成本、提高效能的同时，更为商用车司机车主及经销商提供一站式智慧解决方案。

（四）数据优势

狮桥基于多方大数据已经建设投产申请评分卡、行为评分卡和催收评分卡，覆盖贷前、贷后和清收环节。对优质客户狮桥做到条件优惠、放款时间压缩到1天以内。充分利用股东百度的数据优势，引入互联网大数据库，和百度金融完成了联合建模。为了支持狮桥普惠金融模式，IFC（国际金融公司）向狮桥提供了为期3年的风险管理和模型建设咨询项目。2018年6月，IFC专家组入场对狮桥的信用评级模型进行了评估，对评级模型的方法论和模型效果给予了高度评价。借助于数据模型的支持，狮桥成功将不良损失率降低至1%以下，而这一指标的行业均值通常在2.5%左右。借助于狮桥Fintech（金融科技）平台，银行和资金机构可直接向优质司机、车商和货主融资放款。2017年2月，基于狮桥的零售业务模式、较好的内控体系和IT能力，狮桥作为试点融资租赁公司获批接入中国人民银行征信数据库。除了实时查询及上传个人征信信息，狮桥风控数据也对人行的征信数据提供了有益补充。

（五）经验优势

针对商用车行业发展面临的购车贷款难、信贷风控难、司机运营难、退出置换难等四大难题，狮桥通过7年深耕商用车市场的一线实战经验，总结出垂直化、专业化、定制化、平台化等“四化”解决方案，即通过深耕场景渠道下沉覆盖传统金融所不能覆盖到的领域、基于技术和大数据的专业风控模型、根据商用车整个生命周期的不同场景定制各类金融和服务解决方案。得益于对商用车价值的深刻理解和成熟的评估体系，狮桥搭建了线上线下相结合的二手车交易平台体系，通过二手商用车的专业评估系统及专业的线下检测师团队，打造一站式评估、定价、交易、金融等专业的二手商用车交易平台。

中国商用车金融市场逾万亿元、后服务市场超过2万亿元、公路货运市场达到4.5万亿元，市场规模巨大。作为第三方金融服务平台的老兵，狮桥以技术驱动、联结共生为根基，以车贷金融、车后服务、干线和城配物流为核心，整合商用车全周期多场景价值，打造中国领军的商用车智慧服务平台。从商用车买卖、租赁、养护、运营、货运切入，为司机/车主提供买车无忧、养车不愁的整体解决解决方案；为车企经销商提供业务管理、客户引流等综合解决方案；为金融机构提供渠道下沉、风控模型等领先的联结产融解决方案；为物流货主提供高效安全、降本增效的智慧物流解决方案，真正实现商用车全周期、多场景价值提升，以及商用车健康生态体系的构建。

11.5 邦银金融租赁股份有限公司

【公司概况】

邦银金融租赁股份有限公司（以下简称“邦银租赁”）于2013年8月在天津中心商务区注册成立，是经银监会批准全国首家由银行业资本与保险业资本共同设立的金融租赁公司，目前注册资本30亿元，股东为成都农商行和安邦人寿。

公司成立5年来，始终坚持“安全性、流动性、效益性”发展原则，坚持服务实体经济，培育可持续发展能力，不断扩大市场竞争优势，逐步形成了服务于中小企业的客户定位，以公共事业租赁为核心，并向节能环保、旅游景区、健康医疗、高端装备、新能源等多个领域发展的战略定位和业务布局，业务模式以售后回租为主，同时积极开展直租和经营租赁业务，深耕细作，精心将邦银打造成一家融资租赁服务“专卖店”。

截至2018年末，公司累计投放超过450亿元，资产总额近300亿元，业务覆盖全国24个省（市、自治区），资产规模跻身行业中上游，资产质量始终保持“零不良”的优良记录。

【经营特点】

（一）坚持“稳健经营”，综合实力不断提高

自2015年以来，邦银租赁的发展进入快车道，综合实力不断提高，近3年资产规模复合增长率达到60%，其中，2015—2017年连续两年实现翻番。截至2018

年末，资产规模达到288亿元，同比增长15%。同时，盈利能力不断提升，2018年实现净利润2.67亿元，人均创利、资产收益率（ROA）、净资产收益率（ROE）等指标处于行业前列。经过5年高质量的发展，邦银租赁已成为一家市场知名度和行业认可度较高、行业排名中上游的金融租赁公司。

（二）紧贴国家政策，助力中小企业发展

作为全国性金融租赁公司，邦银租赁紧跟国家政策脚步，认真贯彻落实党的十九大以及中央经济工作会议的相关精神，全力服务宏观经济政策的实施，聚焦“一带一路”“京津冀一体化”“长江经济带”等国家规划领域，发挥金融租赁“融资+融物”的优势，重点服务“三农”“精准扶贫”“基础设施补短板”等相关中小企业。公共事业方面，为我国重点发展地区的城建集团、水务集团、热力公司等城市基础设施建设主体提供个性化金融服务，在助力中国新型城镇化发展、区域协调发展和城市公用领域的升级等方面起到了重大推动作用。农业方面，为云南省脱贫攻坚项目的经营主体提供融资租赁服务。至此，邦银租赁支持农业、公共事业、制造业、信息科技等中小企业项目近200个，对接融资需求金额超过400亿元。

（三）积极探索转型升级，提高专业化服务能力

当前，经济下行压力增大，市场资产质量恶化，金租行业转型升级面临严峻考验。邦银租赁根据自身资源禀赋及市场定位，结合当前经济形势，确立了转型思路。首先，对已经涉及的业务领域进行深耕和挖掘，发现行业的内在价值和规律，通过把行业做深、做透，实现转型升级。其次，横向拓宽业务领域和业务模式，瞄准国家重大战略需求，重点围绕公共事业、节能环保、医疗卫生、高端装备制造、新能源等符合国家产业政策的行业发展。最后，围绕先进制造领域，不断提高租赁资产专业化服务能力，推进直租和经营性租赁业务，实现客户类型与业务结构多元化发展。

（四）流动性管理出色，融资方式多元化

2018年，面对货币政策不断调整，市场流动性整体趋紧，以及安邦集团的舆情影响，公司将流动性管理作为各项工作的重中之重，坚持做到“提前预判、充分准备”，确保公司流动性安全。

一是控制投放节奏。2018年初，公司准确预判市场资金形势，结合自身情况，及时调整经营策略，坚持“量入为出”的原则，根据流动性情况合理安排业务投放，不仅保证了流动性安全，还实现了全年业务的平稳增长。

二是多渠道融资。公司从融资占比较多的同业借款出发，加大银行营销力度，由高管层带领金融市场条线对全国所有可能开展合作的银行开展了多轮地毯式的营

销。截至2018年末，公司已实现合作授信机构超100家，授信总额超过800亿元。同时，不断拓宽融资渠道，2017年，公司抓住有利时机，发行了首笔30亿元金融债，创下当年金融租赁公司发债的最低利率和第二大规模。此外，公司还开展了银行业信贷资产登记流转中心有限公司（银登中心）资产转让、保理融资等多种业务，形成了多元化的融资结构。

三是增加现金储备，提高备付资金水平。公司账面资金长期保持在30亿~40亿元左右，最高时期超过50亿元，并且通过同业拆出增加收益近6 000万元，有效降低了储备资金的占用成本。

（五）风控体系严格有效，资产质量保持良好

邦银租赁始终坚持"风险可控"条件下的有效发展，建立了严格的风控体系，坚持"审慎、稳健、严苛"的风控标准。对于新增业务，严把授信条件和准入门槛。公司根据政策环境变化，优化业务准则，不断细化项目审查要求，充分评估项目风险，以提高项目质量，从源头上确保资产质量安全。同时，及时跟踪市场动态，对国家重要政策文件和市场风险事件进行分析和解读，提高风险识别和应变能力，对风险做到"早发现、早预防"。2018年，在市场违约事件频发的情况下，公司成功规避十余起市场知名主体风险事件。对于存量业务，做好租后管理工作，防范可能出现的风险，提前预警，充分准备。2018年上半年，公司领导带队，对超过一半的存量项目开展"回头看"工作，了解市场情况，及时掌握客户动态，把租后工作做实、做细。开业5年，公司成功守住了资产质量的安全，始终保持"零不良、零诉讼"的优良记录，充分证明公司的风控体系严格有效，能够经受住考验。

【竞争优势】

（一）人员精炼

邦银租赁注重人力资源管理，对人力资源进行有效运用，做到"人尽其才，才尽其用"，在人才制度、管理模式等方面优势明显。一是公司人员队伍整体年轻，综合素质较高。现有员工近80人，硕士及以上学历占比超70%，平均年龄35岁，大部分来自银行、金融租赁公司等，具有良好的从业经验。二是前后台人员比例合理，人均创利能力强。目前，公司前后台员工比例3∶2，男女比例2∶1，保证每位员工充分发挥其价值，极大促进了公司的业务发展。三是管理效率行业领先。公司高管层亲自参与项目的调研和评审，对每笔业务投放都十分重视，注重做好每一笔业务，提高管理效率。

（二）盈利能力强

作为非银行系金融租赁公司，邦银租赁能够找准自身定位，采取差异化竞争策

略，不断提高议价能力和单一客户收益率。2018 年，公司进一步优化项目质量，提高项目收益，依靠较强的议价能力，整体收益水平保持行业领先。准确的市场定位和较高的溢价能力使得邦银租赁近年来保持了良好的盈利水平。特别是 2015 年来，公司净利润高速增长，2015—2018 年复合增长率达到 48%。2018 年，公司不断推进由中高速发展向高质量发展转变，继续保持较好的盈利水平。

（三）资产质量好

近几年来，市场风险事件不断。据统计，债券市场全年新增违约主体 42 家，涉及债券 118 只，违约总额达到 1 154.5 亿元，而 2017 年这一数据仅为 337.5 亿元。“违约潮”的爆发，致使大量金融机构相继“踩雷”。其中，仅永泰能源、营口港务集团两起违约事件，就涉及金融租赁公司近 20 家，涉及金额超过 200 亿元。资本市场受到巨大震荡，资产质量急剧下降，银行业不良率不断攀升，由 2018 年一季度的 1.75% 上升至三季度末的 1.87%。在此情况下，公司进一步完善风控体系，加强从项目审核至租后管理全流程的风险把控，资产质量始终保持“零不良”。

（四）应对复杂局面能力强

2018 年，经济下行压力不断增大，宏观政策几经调整，安邦集团舆情持续发酵。面对内外部复杂形势，公司始终保持战略定力和经营定力，不断提升经营质效，逆境中实现了新突破，体现出较强的应对复杂局面的能力。

一是贴近市场政策，适时调整发展思路和业务政策。公司管理层重视对市场的研判能力，成立之初，确立以服务公共事业租赁为业务发展的主要方向，清晰的发展战略使得公司充分把握城镇化发展带来的机遇，公司业务在全国范围内得以快速扩张。近年来，面对国内外复杂变化，公司提升政策研判能力，提前预判政策走势，在既定战略的基础上，不断深耕挖掘公司目前所涉及的行业，把现有行业做大、做专，实现行业内的转型升级。

二是舆情处置能力得当有效，业务发展保持稳定。面对外部舆情，公司沉着冷静，积极应对。首先，做好流动性风险监测分析，确保流动性风险可控；其次，积极营销授信银行和机构，争取更多续借和新增授信；最后，及时向监管机构汇报公司情况，为业务发展营造稳定的外部环境。在不懈的努力下，公司不仅成功化解流动性危机，经营业绩还实现了新的突破。

（五）激励机制有效，员工获得感强

邦银租赁坚持“以人为本”的经营理念，致力于提高员工的获得感和幸福感。实施市场化激励机制，推行绩效考评体系，以能力定职位、以贡献定薪酬，鼓励员工想干、多干、能干，实现员工与公司共同进步、共同发展，极大地提高了员工的凝聚力和向心力。公司内部已经建立了一支高素质、有能力、能做事、会做事的优秀人才队伍，为公司未来的可持续发展提供了充足、稳定的智力支持和人才储备。

展望未来，邦银租赁将继续发挥自身优势，对标同业先进，不断推动公司由中高速发展向高质量发展转变，努力将邦银租赁打造成为一家管理先进、业绩优良、员工优秀、激励有效、氛围融洽的优秀公司。

11.6 重庆鈊渝金融租赁股份有限公司

【公司简介】

重庆鈊渝金融租赁股份有限公司（以下简称“重庆鈊渝”）成立于2017年3月23日，注册资本30亿元，注册地重庆，由重庆银行作为主发起人设立并持股51%，其他股东还包括启迪控股等国内知名企业。公司现设办公室（董事会办公室、监事会办公室）、5个业务部门、金融市场部、业务管理部、风险管理部、资产管理部、计划财务部、信息科技部、人力资源部（党支部办公室）、内审稽核部等共14个部门。现有员工57人，平均年龄35岁，本科及以上学历者占比98.2%，具有3年及以上的银行、租赁从业经历者占比80.7%。

重庆鈊渝将立足重庆、辐射西部，服务全国实体经济发展，力争成为规范化、专业化、特色化的国内一流金融租赁公司作为发展愿景。

【经营情况】

重庆鈊渝坚持“合规是前提，风险是底线，发展是目的”的经营理念，自开业以来稳步推进经营管理各项工作。截至2018年末，公司总投放约200亿元，租赁资产余额突破150亿元，实现净利润超1亿元，租赁资产遍布重庆、四川、北京、江苏、山东等13个省级行政区。租金回收率100%，租赁资产五级分类结果均为“正常”。

【主要业务及领域】

重庆鈊渝开展的业务类型有售后回租和直接租赁。重庆鈊渝紧跟国家重大发展战略以及国家地区产业政策导向，充分发挥金融租赁服务实体经济优势，优先支持基础设施、民生产业及公用事业、大健康产业、文化旅游、交通运输、高端装备制造、环保及新能源等行业领域。

【业务模式创新案例】

重庆某塑胶有限公司是一家专业从事汽车零部件及配件制造的实体企业，主要产品为塑料尼龙管，规模较小，业务发展主要依靠产业链核心企业带动。重庆鈊渝采用直接租赁方式为其授信 1 500 万元，用于其生产设备采购，并通过一系列创新手段达到提高效率控制风险的目的。

该项目主要创新点有：一是优化设备采购流程，采用租赁公司较少使用的“先款后货”模式（公司先支付货款，供货商后发出租赁物件），减少了操作环节，提高了效率。二是升级风险控制，在租赁物验收之前，重庆鈊渝先行收取客户风险敞口全额保证金，规避租赁物落空带来的风险；将客户向供应商支付尾款作为起租条件之一，锁定了资金用途。

【竞争优势】

（一）牌照优势

重庆鈊渝是经中国银行业监督管理委员会批准设立的全国性非银行金融机构，业务辐射半径大，可在全国范围展业。

（二）区域优势

重庆鈊渝注册地位于我国中西部唯一的直辖市——重庆，是国家中心城市、长江上游地区的经济、金融、科创、航运和商贸物流中心，经济发展潜力巨大，区域市场前景广阔。

（三）股东优势

重庆鈊渝控股股东重庆银行是赴港交所上市的第一家内地城商行，在贵州、四川、陕西三省设有异地分支机构，实力较强，能与重庆鈊渝业务开展形成良好的风险信息共享和业务联动。

（四）人才优势

重庆鈊渝领导层及骨干员工拥有金融租赁、银行等行业多年从业经验，熟悉行业运行规律和特点，专业能力强，能够快速响应客户需求。

（五）审批优势

重庆鈊渝审批效率高，在合规和风险可控前提下，自立项到放款，最快 1 个月内即可完成。

11.7 航天科工金融租赁有限公司

【助力航天科工军民融合产业发展】

2018 年 12 月 29 日，航天科工金融租赁有限公司（以下简称“航天金租”）与中国航天科工集团有限公司（以下简称“航天科工”）旗下的宏华集团有限公司（以下简称“宏华集团”）开展自 2017 年 6 月 28 日以来的第五次合作，完成对宏华集团下属企业宏华租赁2亿元租赁业务投放。至此，航天金租已综合运用厂商租赁、经营性租赁等多种业务模式实现对宏华集团租赁业务投放累计达7.4亿元，帮助该集团回笼产品销售资金、降低“两金”，支持该集团生产能力建设，促进其装备制造产品销售，体现了航天金租在租赁产品上的创新和专业化、特色化的服务能力，以及助力航天科工成员单位军民融合产业发展的信念与决心。

此次合作，航天金租出资2亿元向宏华集团购买全球领先的大功率电动高端页岩气开采设备——6000HP页岩气电动压裂泵组及配套设备，采用“经营性租赁+转租赁”的业务合作模式，设备最终使用者为中石化中原井下公司，这是在双方此前合作基础上的再次创新。通过业务模式的创新，实现了航天金租为宏华集团促销专业设备产品融资的目的，是一笔体现航天金租“融物融资一体化，产融结合促销售”理念的军民融合特色业务，同时也使宏华租赁业务结构进一步得到优化，为后续宏华租赁与其他潜在合作资方的业务洽谈起到良好的示范作用。

由于该项目金额较大，根据中国银保监会相关监管规定及风控要求，航天金租经营决策层针对该项目的审批十分审慎。为了推进项目，2018年11月航天金租组织董事团队到宏华集团调研，详细了解企业生产经营情况并与客户深入沟通，随后宏华集团领导带队到航天金租进行回访，现场考察及高层互动有效促进了项目及时签约。随着此次项目签约，航天金租与宏华集团在2018年6亿元的战略合作项目全部成功落地。

航天科工是中央直接管理的国有特大型高科技企业。宏华集团是航天科工旗下唯一境外上市公司，被定位为航天科工的能源装备发展主平台，于2017年6月16日完成股权交割仪式加入航天科工大家庭。作为全球领先的陆地钻采设备制造商之一及中国最大的陆地石油钻机出口商，宏华集团主要从事制造传统陆地钻探钻机、数控钻探钻机、钻机配件及钻机维修零部件。凭借其强劲研发能力、优质生产设施及成熟的国际销售网络，约80%的产品销往世界各地主要产油区，如北美、中东和南美、印度、俄罗斯等新兴市场及非洲等地区。

11.8 中民投租赁集团

中民投租赁集团（CMIG Leasing Group）是由中国民生投资集团全资控股的国际化、专业化大型租赁集团，于2017年1月在天津自贸试验区注册，注册资本金150亿元。中国民生投资集团是由全国工商联发起，59家行业领先企业联合设立的、中国领先的全球化大型民营投资集团。

在聚焦航空、物流、健康产业和清洁能源等专业领域的同时，中民投租赁集团充分发挥股东、战略和团队优势，坚持“集团化管理、专业化运营”的经营思路，在“一母四子”的集团架构下，深耕目标行业，持续构建租投结合、租管结合、租售结合的商业模式，注重建设业务多元化盈利能力，以及涵盖债权、物权和股权的多层次风控体系，持续打造“特色鲜明、盈利稳定”的专业化运作租赁行业投资、管理和服务综合平台。

（一）中民国际融资租赁股份有限公司

中民国际融资租赁股份有限公司（CM International Financial Leasing Co.，Ltd，以下简称“中民国际租赁”）成立于2015年4月，是由中民投租赁集团和韩国韩亚银行共同出资设立的中外合资租赁公司。

中民国际租赁自成立以来，遵循稳健可持续经营方针，秉承“专业化发展与投资并购双轮驱动”的战略思路，通过发挥租赁产品功能和作用，有效连接境内外市场资源，重点聚焦通用航空、清洁能源领域，并密切关注国内外优质投资并购机会，以实现自身卓越成长。

在通航领域，中民国际租赁大力发展以直升机为核心的全产业链投融资业务，截至2018年底，管理直升机124架，是目前“中国最大、最具影响力的直升机租赁公司”。2018年12月，中民投租赁集团、中民国际租赁携手知名央企中航材集团在雄安新区成立了国内首家布局全国的航空救援综合服务平台，实现了央企与民企强强联合、资源互补，为中民投在通航领域的后续业务开展奠定了坚实基础。

未来，中民国际租赁将继续以实际行动履行国家“一带一路”倡议，竭诚为全球客户量身定制最优化的融资租赁解决方案，进一步强化产融结合能力，助力国际产能合作迈向更高层次，着力打造中国租赁业的世界顶级品牌，致力于成为“主业突出、盈利良好、国内领先、国际知名”的大型租赁公司，为繁荣我国租赁行业和服务实体经济转型发展做出新的更大的贡献。

（二）中民投航空融资租赁有限公司

中民投航空融资租赁有限公司（CMIG Aviation Leasing Co.，Ltd，以下简称“中民投航空租赁”）是由中国民生投资集团全资控股的国际化、专业化航空租赁业务平台，境内平台于2017年4月在天津自贸试验区设立，境外平台设立在爱尔兰，首期注册资本金合计30亿元。

中民投航空租赁拥有一支来自全球多个国家、具备国际一流管理水平和丰富国际市场经验的、多元化专业团队，并结合强大的股东实力和融资能力，为全球航空公司提供经营租赁、融资租赁、预付款融资、购买回租、飞机机位交易等多种租赁/机队解决方案，为客户提供量身定制的飞机全寿命周期融资与管理服务。

截至2018年末，中民投航空租赁自有航空飞机22架，代管飞机1架，机队平均机龄仅约3.8年，资产质量良好；租赁业务分布9个国家的15家承租航空公司，其中7家是国家航空公司、中国央企或央企控股企业，3家是所在国最大的民营航空公司。公司积极布局全球飞机租赁市场，在上海、都柏林、新加坡等多个国家和地区设立公司及办公室。

（三）中民投健康产业融资租赁有限公司

中民投健康产业融资租赁有限公司（CMIG Healthcare Leasing，以下简称“中民投健康租赁”）是中民投租赁集团全资设立的内资试点融资租赁公司，于2017年3月在天津空港经济区注册成立，首期注册资本金30亿元人民币。

中民投健康租赁致力于聚集全球医疗资源，深耕健康产业融资市场，秉承“租投结合、租融结合、租售结合”的企业经营策略，将融资租赁、股权投资、经营性租赁、供应链金融等业务有机结合，以健康产业的投资、经营及管理场景为基础，为客户定制场景化的金融产品，努力打造成为国内最专业的健康产业综合金融服务商。

（四）中民投国际物流融资租赁有限公司

中民投国际物流融资租赁有限公司（CMIG International Logistics Financial Leasing Co.，Ltd，以下简称“中民投物流租赁”），于2017年8月9日注册于中国陕西省西安市，是由中民投租赁集团联合陕西荣民投资实业发展有限公司和新加坡太平船务共同发起设立的中外合资融资租赁公司，注册资本金30亿元人民币，是陕西省内注册资本最大的融资租赁公司。

作为中国第一家专注于物流全产业链投融资的专业机构，中民投物流租赁秉承集团“专业化发展和投资并购双轮驱动”的战略思想，遵循“产业与金融结合，传统与创新同步，规模和效益并重”的经营理念，聚焦于冷链物流、能源物流、物流地产等垂直细分领域，以“嵌入式供应链金融”、“投资型综合金融”和“场景化生态圈金融”的商业模式，为企业提供融资租赁、保理、股权投资、资产管理、贸易、数据服务等产品和服务。同时，中民投物流租赁还将以行业场景、物联网及区块链等技术为核心，整合并重构物流生态圈，为中国物流行业转型升级和供给侧结构性改革赋能，并立志成为中国融资租赁行业转型升级的引领者。目前，公司已在西安国际港务区项目和草滩项目完成物流地产板块投资，并已建成集云供应链、大数据和信用评估于一体的商品供应链平台公司。

以雄厚的实力和专业化团队为支撑，中民投国际物流融资租赁有限公司将充分发挥股东在区域经济、实体经济、金融服务、风险控制等方面的经验和资源优势，构建“一带一路”和中国内陆（含台湾）的立体物流通道，打造高端跨境运输体系，实现国际互联互通，促进国际政治、经济和文化的交流和合作。

11.9 河北省金融租赁有限公司

河北省金融租赁有限公司（以下简称“河北金租”）是银监会监管的非银行金融机构，公司在1995年经中国人民银行批准挂牌，是国内早期成立的金租公司之一，也是河北省国资委直接监管的29家企业之一。在2004年、2013年和2016年，河北金租完成三次增资，注册资本金目前达到30亿元人民币。

在华北地区，河北金租是成立时间最长、注册资本最雄厚的金融租赁公司，致力于为客户提供融资解决方案和专业租赁服务，积累了丰富的业务经验，并享有良好的社会口碑与行业影响，河北金租已为超过20个省、市、自治区的客户提供了融资租赁服务，累计完成租赁业务投放超过1 000亿元。

【历史沿革】

1995年，河北省金融租赁有限公司挂牌成立，成为国内首批设立的金租公司之一，也是一家国有独资的金融租赁公司。2004年，公司实施增资、扩股和改制，注册资本金增至5亿元人民币，并引入民营资本，河北建设投资集团有限责任公司（以下简称“河北建投”）、新奥集团等5家具有不同实业背景的优秀企业成为股东，河北金租由国有独资企业改制为国有资本为第一大股东（占26%）的混合所有制企业。其中，河北建投是河北省政府批准的国有独资有限责任公司，是支持河北省经济发展的投融资平台、基础设施建设平台和金融服务业平台，也是河北省属资产规模最大的国有资本投资运营集团。新奥集团是以清洁能源为主业，拥有能源、化工、环保、工程技术和文化、健康、旅游、地产等众多关联产业的创新型民营企业集团，2017年位列中国民营企业50强。

2013年，公司注册资本由5亿元增加至15亿元人民币。2016年，公司注册资本由15亿元增加至30亿元人民币。

【治理结构稳健有效，内控体系较为完备】

为了实现质量、效益、规模的协调发展，公司在股东会、董事会、监事会分权制约、民主决策的法人治理结构下，建立了较为完备的风险管理体制和内控机制。公司严格落实合规经营原则，确保所有活动与所适用的法律法规、监管规定、行业规则、自律性组织制定的有关规章制度和行为准则相一致。

同时，河北金租逐步打造了锐意进取、专业诚信的优秀高管团队。其中，董事长徐敏俊从事金融租赁行业超过9年，具备丰富的从业经验和广阔的金融视野，近年来主持多个行业领先之举，如资产证券化产品、银行间市场金融债、对接银行保理的直租业务等，带领公司在资产规模、营业收入等方面保持了持续稳健的快速增长，各项核心指标都达到同业中的优秀水准。总裁王永生从事金融租赁行业超过8年，对于金融租赁行业的社会价值、盈利模式、发展潜力、市场机会等有着深刻敏锐的洞察力，在公司体制机制、内控管理、业务拓展、团队建设等领域进行了积极探索。

【努力实现专业化、产业化和特色化发展】

近年来，在国家的鼓励和支持下，金融租赁行业不断扩容，至2017年底，全国已成立金租公司69家，其中银行系金租公司超过2/3，河北金租是少数拥有产业背景的金租公司。依托股东产业优势，河北金租确立靠特色立足，靠专业制胜的发展思路，努力开拓清洁能源、节能环保、绿色交通等绿色租赁业务。公司立足金融租赁行业特性，搭建扁平高效的运营结构，专注基于“资产信用”的融资，发挥审批效率高、放款时效快、融资比例高、还款安排灵活等优势，获得了稳健快速的成长。截至2018年底，公司资产规模突破400亿元，实现营业收入超过15亿元，实现净利润超过5亿元。

公司依托河北建投和新奥集团等股东产业平台，以“成为国内清洁能源领域最具影响力”的租赁公司为目标，明确了清洁能源、节能环保、泛能生态、医疗健康等战略推进行业，因地制宜开发出更优更好的融资模式对这些行业进行支持。如在光伏电站发电、分布式光伏、水力发电等清洁能源项目中，公司把握能源设施设备能够长期创造收入的特征，用回租设备提供融资或直接购买发电设备进行直租的方式支持项目运营。在节能环保项目中，公司根据环保设备在“建设—经营—转让”（BOT）、“合同能源管理”（EPC）等项目模式中实现的持续运营收益，开展设备回租或设备直租。在医疗项目中，公司同样围绕医疗设备能够稳定创造现金收入和社会价值的优势开展租赁。此外，租赁业务期限长，最长可接近租赁物使用寿命，能够为承租人提供长期支持，并根据项目周期及现金流情况灵活设计租金方案。

截至目前，公司在上述行业业务投放超过近300亿元。公司于北京和上海开设了两大业务中心，在京津冀地区形成了较强的竞争优势，并在长三角经济黄金区域培育了较好的竞争能力。公司切实感受到，在“新常态”背景下，供给侧改革正在为租赁行业发展带来历史性机遇，未来公司将更深入地参与清洁能源和节能环保产业链，从清洁能源、节能环保等产业维度着手，支持更多改善生态环境、应对环保问题的新兴业态；更广泛地参与健康生活生态圈，逐步开拓文旅、医疗、养老、消费等行业。

【融资能力稳定提升，积极开拓金融债等创新渠道】

河北金租积极开发新型融资工具，搭建长期、稳定和多元化的融资渠道。

截至2018年底，公司授信金融结构超过百家，取得授信总额达到720亿元。2018年，河北金租获中诚信AAA最高主体信用评级抗风险及盈利能力得到资金市场认可，有利于开展更加多元和成本更低的融资活动。

在金融债方面，2016年7月，公司第一期5亿元金融债券以公开招标方式成功发行。2017年，公司成功发行了国内非银机构首单20亿元绿色金融债。根据监管要求，绿色金融债所募资金将专项扶持环境效益显著的绿色项目，公司依据银监会《绿色信贷指引》规定，对节能环保、清洁能源等项目进行了资金投放。2018年，公司发行两期共计30亿元金融债。

在资产证券化方面，2016年4月，经河北银监局核准，公司成为业内少数具备开展银行间市场资产证券化业务资格的金租公司。2017年3月，河北金租首单租赁资产支持证券簿记建档成功发行，合计金额15.10亿元。2018年12月，公司发行当年金租行业唯一单单租赁资产支持证券。此外，2017年，公司经过创新探索，在全国银行业信贷资产登记流转中心销售发行了多笔ABS产品，规模合计超过40亿元，不仅优化了公司资产负债结构，加强了流动性风险管控能力，也有效提升了河北金租市场和行业影响力。

11.10 君创国际融资租赁有限公司

【企业简介】

君创国际融资租赁有限公司（以下简称“君创租赁”）成立于2015年11月，截至2018年末，公司注册资本金为20.2亿元。公司总部位于上海，目前已在9个省市开设了11家办事机构，为全国各类企业提供高品质、高价值的综合金融服务。

君创租赁是联想控股股份有限公司（以下简称“联想控股”）的全资子公司。联想控股从IT业起步，经过30多年的发展，现已成为中国领先的多元化投资控股公司。联想控股拥有独特的“战略投资+财务投资”双轮驱动业务模式：战略投资涉及IT、金融服务、创新消费与服务、农业与食品以及先进制造与产业服务五大板块；财务投资涉及天使投资、风险投资和私募股权投资等领域。

君创租赁致力于以职业化的管理和专业化的服务，打造引领中国融资租赁业发展的行业精品，成为融资租赁行业卓越企业。君创租赁的核心管理团队均拥有丰富的海内外知名融资租赁公司的管理经验，行业平均从业时间超 10 年。同时公司团队也具有高度专业性，超过 65% 的雇员拥有金融、经济、法学、财会及管理专业背景，超过 60% 的员工具有 5 年以上租赁从业经验。

【业务领域】

自创立伊始，君创租赁秉承“打造租赁行业精品、做精品租赁”的发展理念，围绕“十三五”规划的战略性新兴产业，为产业结构升级中具有发展潜力的优质企业提供职业化、专业化的租赁服务。

2016—2018 年，国内经济、金融形势经历了较大的变化，在经济结构转型以及金融监管变化的大环境下，君创租赁坚持服务实体经济，服务结构转型的基本策略，凭借管理层多年租赁行业经验以及对实体经济产业的深入理解，建立起医疗健康、先进制造、节能环保、文旅消费、农牧食品等多个子行业。普惠金融方面，针对小微企业融资难问题，借助线上申请、审批、签约以及租后管理平台，为金属零部件加工、塑料塑胶、消费电子、通信、光电等行业的小微客户，提供符合数据化运营时代需求的标准化、快捷化的租赁服务。在互联网经济带动了物流业蓬勃发展的大背景下，重型卡车租赁业务作为君创租赁的核心业务之一，旨在为物流企业及物流司机提供从车辆租赁、管理、维护等全方位的租赁服务，结合物流业务区域化下沉的特色，通过互联网操作平台及线下服务网点并举的模式，为客户提供身边的卡车租赁服务，协助物流行业客户提升运营及盈利能力。同时，公司结合互联网技术工具提供租赁业务服务，使得租赁业务的开展与最终用户快速建立联系，标准化特色方案、模块化快速审批为小微企业及物流行业客户提供更为便捷和快速的服务，加强客户黏性，真正为客户提供以客户为中心的专业租赁服务。

【经营成果】

经过三个完整年度的发展，君创租赁实现累计近 200 亿元的租赁业务投放，存量租赁资产超百亿元；同时在高速发展的过程中，君创租赁坚持以资产安全为发展的前提，保持了优良的资产质量，构建了企业长期发展的稳健基石。

同时君创租赁凭借良好的市场声誉、优秀的经营成果、完善的管理制度、成熟的专业团队，取得投资人的关注与信任，自 2016 年起发行多支资产证券化、银行间债券产品，与众多国内外大型金融机构建立授信业务关系，累计获得银行授信超百亿元，并发行多只债券产品。

【经营优势】

在业务发展的过程中，君创租赁与其股东联想控股旗下的投资机构开展了充分的互动，各方就客户对于股权、债券等不同融资需求保持沟通，同时也对于投后及贷后管理的信息保持交流。通过“三军联动”这种合作模式，君创租赁与联想控股其他成员企业形成了良好的互补，基于各自不同的风险偏好，服务于不同发展阶段的企业，充分满足了企业间差异化的金融服务需求。在联动合作下，君创租赁不仅能获得大量优质的承租人客户，同时也为具有良好发展潜力的承租人客户储备了进军资本市场的橄榄枝。

【案例分享】

“三军联动”——为企业发展添砖加瓦，保驾护航。客户创始于2003年，是一家国际领先的生命科学研发服务企业，主营新药研发外包服务（CRO），在药物化学、生物等领域向美国、欧洲、日本等全球制药公司和研发机构提供一系列全方位的增值外包服务。客户在国内临床前CRO企业中排名前三，系行业内的标杆企业之一。企业拥有超过80 000平方米的实验室，研发技术、服务体系完善，为国内为数不多的可向国外大型制药公司提供全流程药物研发服务的CRO企业，同时也是目前国内少数可以完成IND package（新药临床试验申报）的服务公司之一。

联想控股旗下的投资机构自2007年开始对客户进行股权投资，投资初始客户收入规模仅为千万元。随着客户的发展，控股成员投资机构在2015年继续加码，现客户收入规模已超10亿元，服务于全球医疗企业的新药研发业务。

该客户的主要业务形态决定了其需要根据客户的新药研发需求，不断新建实验室，因此每年的实验仪器设备等采购金额巨大。客户的业务发展除依赖其研发能力外，还需依赖大量的设备类投资，因此也构成了较大的资产规模。在这种形势下，基于资产而形成的融资需求是与融资租赁天然契合的。2016年，在与成员企业PE机构沟通后，君创租赁主动与客户取得联系，并开展尽调工作。在尽调过程中，君创租赁的业务人员与企业的管理人员进行了充分的沟通，由于客户的融资需求较为急迫，君创租赁配合客户的需求入驻企业两周，以财务顾问式的服务对企业的情况进行了深度的分析。尽调期间，君创租赁了解到客户拥有大批的存量进口设备，同时新的采购需求也包含了大量进口的专业实验室设备。凭借细致入微的尽调与分析、过硬的进口设备租赁操作经验，君创租赁精准地将客户资产与资金需求相适配，为客户量身制定了租赁服务方案，并在3周内完成了所有的业务流程，及时满足了客户的融资需求。

通过首次合作，君创租赁以专业、高效的财务顾问式服务取得了客户信任，并在后期持续开展了合作。君创租赁对客户持续投放了约2亿元人民币，有力支持了客户的实验类设备的投资需求，支撑客户的业务规模在近两年保持了高速的增长。

企业的发展犹如小孩的成长，在不同阶段需要不同的关注与资源。控股成员投资机构在客户初创期投入资源支撑了企业的快速成长，君创租赁在客户进入成熟发展期间投入资源，支持企业健康稳健的持续发展。在不同资本的助力下，客户顺利在 2018 年登陆国内创业板。

【结束语】

君创租赁坚持以专业专注、职业精神服务于企业客户，以金融与产业复合的专业能力持续为企业客户创造价值，陪伴企业发展壮大。新环境、新征程，君创租赁将镞砺括羽，脚踏实地，持续以专业化的经营理念服务于实体经济与普惠金融，积极推动我国经济及产业转型的进程，致力于打造租赁行业的精品企业。

11.11 贵阳贵银金融租赁有限责任公司

贵阳贵银金融租赁有限责任公司（以下简称“贵银金租”）以推动绿色生态金融、助力供给侧改革、服务实体经济为目标，立足贵州，辐射西南，放眼全国，以专业化、差异化、特色化为发展路径，为客户提供个性化金融产品和多样化的金融服务。在贵州省实施“大扶贫、大数据、大生态”三大战略的背景下，贵银金租在旅游领域积极探索创新绿色金融租赁业务模式，助力旅游市场绿色经济发展。

贵银金租通过对业务流程的再造和优化，针对旅游类项目的行业风险和特点，制定了标准化的行业租赁模式，大力支持旅游绿色类项目。一是对于绿色旅游类项目予以绿色审批通道，模块化、标准化的制定准入和审批标准，加快审批效率；二是通过拓展资金来源和加快存量绿色租赁资产流转，降低企业的资金成本。

截至 2018 年末，贵银金租共支持旅游类项目 37 个，租赁余额 51.08 亿元，占公司租赁资产总额的 26.28%。

【案例：旅游景区租赁业务】

贵州某旅游景区开发公司位于国家深度贫困县，景区处于开发初期，虽然景区有一定现金流，由于兼顾旅游精准扶贫的责任，资金需求较大，仅有政策性银行对其进行了金融支持。贵银金租通过旅游租赁业务，在合理测算景区未来发展趋势的前提下，以景区未来收益作为质押，为客户量身定制融资方案。

贵银金租与景区开发公司签订租赁合同，支付租赁款支持景区建设，并在方案设计时，计划后续通过保理、发行 ABS 等方式对资产进行转让。

对于贵银金租而言，通过景区收益与租金还款的合理匹配，有效降低了信用风险，并获得了一定的业务综合收益。同时，通过保理、发行 ABS 产品盘活存量绿色租赁资产，加快绿色资产周转，提升了资产收益。

对于承租人而言，拓宽了融资渠道，获得了一定的中长期资金支持，有效地缓解了项目融资难、担保难的问题，有效加快了景区的开发建设。

从社会效益的角度而言，在贵州省三大发展战略的背景下，此类具有“景城一体化”“大扶贫”“大生态”多重属性的项目，通过办理租赁业务予以金融支持，既有效地保护和开发了自然景观，发展绿色经济，又促进了当地的景区与城区一体化发展，为当地贫困居民创造和提供了新的就业岗位，实现了经济发展、环境保护及精准扶贫的多重目的。

11.12 冀银金融租赁股份有限公司

【公司简介】

冀银金融租赁股份有限公司（以下简称“冀银租赁”或“公司”）成立于2015年12月25日，2017年7月公司完成增资，注册资本金从10亿元增至20亿元。截至2018年12月末，公司资产总额201.18亿元，不良资产率为0。

公司以“做实、做专、做强”为指导原则，以服务京津冀协同发展为导向，致力于在京津冀产业转移升级、大气污染防治、农业现代化建设三大业务领域持续打造专业金融服务能力，强化差异化、特色化的竞争优势，抓住京津冀协同发展、北京冬奥会和雄安新区的政策机遇，将公司建设成为治理完善、专业和风控能力突出、经济和社会效益良好的全国领先的金融租赁公司。

【经营情况】

2018年，是冀银租赁三年创业期的收官之年。面对复杂多变的经济环境，在董事会的正确领导下，公司领导班子带领全体员工不惧挑战、主动作为，积极应对市场变化，加快推动业务转型，拓宽融资渠道，强化风险防控，获得了AAA主体长期信用评级。

（一）资产稳步增长，盈利能力增强。2018年，公司在实现资产规模稳步增长的同时，注重高质量增长，盈利及风险抵御能力进一步增强。截至年末，公司资产总额201.18亿元，较年初增加37.23亿元，增长22.71%。与成立之初相比，资产总额由0到87亿元、164亿元、突破200亿元，一年一个台阶，业务由省内拓展到全国16个省市，超额完成经营计划。利润指标方面，实现拨备前营业利润3.42亿元，净利润1.20亿元，资本充足率12.72%，拨备率达到2.58%。

（二）完成规划编制，做好顶层设计。按照董事会要求，结合外部形势，公司完成了新的三年发展战略规划（2019—2021 年）的编制工作。规划经过多轮内部讨论和修订，明确了未来三年的发展模式，围绕公司治理、资产负债、风险管理、财务管理、团队建设、企业文化等方面制定了清晰的战略目标和实施路径。

（三）加强内控建设，稳健合规运营。公司将 2018 年定为制度落实年，把制度执行作为提升内控水平的重要抓手。完善制度体系。截至年末，公司新制定规章制度 24 项，同时结合公司发展状况，利用监管部门部署的自查和评估，查风险、补短板，对已发布制度进行审查或修订。强调制度刚性。依靠制度管人管事，确保制度体系能把握住实质风险，流程上做到严谨合规。加强员工管理。加强对员工特别是一线业务人员的培训教育和管理，着力提升专业素质和业务本领。培养全体员工的合规意识，按季度开展员工行为排查，加强案防工作的宣导和管理。

（四）强化风险管控，夯实发展基础。当前信用风险、市场风险不断积聚，公司引导全体员工树立正确的风险观，通过提高风险识别和把控能力来防控风险。一方面加强资产管理。抓好尽调、审查、租后管理，处理好发展与风险的关系，加大敏感区域、行业和客户的走访力度，切实做好资产管理工作。另一方面，针对不同风险种类，细化信用风险管理策略，加强市场风险监测，做好流动性风险预案和舆情监测，定期完成风险评估报告。

（五）加强文化建设，凝聚发展合力，加强党建工作，2018 年度，冀银租赁党支部严格执行从严治党、从严治司要求，并落实到日常管理和发展成效上。一方面，抓纪律、守规矩，加强作风建设和履职待遇、业务支出管理，层层传导，强化规矩意识。另一方面，用经营成效来检验党建工作，把党支部建设成为业务推动的“战斗堡垒”，建立标准、明确导向，营造干事创业的良好氛围。公司格外重视人才培养，定期组织条线培训和专题培训，激发团队的活力和潜力，增强员工的事业心、上进心，凝聚发展合力。

【主要业务及领域】

（一）发挥地缘优势，助力国家战略落实。公司地处河北，在聚焦熟悉区域的基础上，聚焦高质量增长。除熟悉的京津冀区域外，在长江经济带精耕细作，积极介入粤港澳大湾区业务，实现有聚焦、有侧重，稳步发展，支持国家战略落实。截至 2018 年末，公司业务由省内拓展到 16 个省市。在京津冀地区投放 148.46 亿元，占比 47.37%；在河北地区投放 124.69 亿元，占在京津冀地区投放金额的 83.99%。在长江经济带投放 114.21 亿元，占总投放金额的 36.44%。

（二）不忘初心，服务实体经济。公司在京津冀产业转移升级、大气污染防治和农业现代化建设三大业务领域外，逐步选取基础设施、清洁能源、交通运输等行业作为重点业务领域，探索相关业务模式，形成自身特色，逐步提升客户服务能力。同时，为服务实体经济，冀银租赁逐步制定了一套包含业务营销、风险管理、绩效考评等方面的制度体系，以目标客户的需求为导向，根据所处行业及客户特点，量身定制业务模式和产品，提供融资解决方案，由价格竞争向服务竞争转变，有力支持着实体经济业务的开展。截至2018年末，公司为实体经济企业投放金额273.58亿元。

（三）坚持转型升级，提升专业化水平。2022年，北京冬奥会是京津冀协同发展的重要举措。公司抓住支持冬奥会相关项目建设的契机，在进行充分调研的基础上，以直租、回租相结合的租赁模式，以雪场缆车索道、造雪机等资产为租赁物，为张家口雪场提供融资、融物的支持，促进雪场的改扩建工作。截至2018年末，公司为奥运相关项目投放金额27.94亿元，有力地支持了冬奥会的各项筹建工作。

（四）拓宽融资渠道，丰富融资产品。自年初起，受宏观审慎评估（MPA）考核、金融机构去杠杆等多重政策影响，造成资金价格上升，租赁公司流动性管理和盈利压力加大。公司多措并举，把握好规模、收益和流动性的平衡。一方面，优化同业负债结构。降低价格较高的中小行授信比例，增加国有行的银行授信占比。目前取得授信银行机构55家，授信总额达350亿元。另一方面，积极拓宽融资渠道。利用同业拆借调剂头寸，提高资金融通效率。丰富融资产品，启动保险资产支持计划，做好2019年度金融债券发行准备工作，降低资金成本，为公司流动性提供支持。

【业务模式创新】

张家口雪场直租、回租混合租赁项目。张家口市崇礼县是河北省旅游重点县，特别是旅游滑雪产业已经成为华北地区冬季旅游的亮点。2022年北京冬奥会的申请成功，极大地带动崇礼县滑雪产业的发展和知名度提高。公司以“直租” + “回租”的租赁模式，以雪场现有资产（包括缆车索道、造雪机、压雪机等设备）作为售后回租租赁物，以高速索道设备、塔式造雪机、枪式造雪机等机器设备作为直租租赁物，为张家口雪场提供了资金支持，促进雪场改扩建工作，有力地支持了冬奥会的筹建工作。

【公司竞争优势】

（一）地缘优势。公司地处河北，近年来受京津冀协同发展、雄安新区建设、北京冬奥会等国家战略影响，有力地带动了区域经济发展。

（二）“稳健、审慎”的风险理念。公司始终坚持“稳健、审慎”的风险理念，把风险防控放到首要位置。围绕公司总体发展战略，在健全的公司治理架构下，董事会、监事会、高级管理层、各专门委员会和各条线员工各自履行相应的风险管理职责，构筑起全面风险管理体系，防范信用风险、操作风险、市场风险、流动性风险等的发生，保障公司各项业务的健康发展。

11.13 中国电建集团租赁有限公司

【河北200MW光伏电站项目】

该项目位于河北省张家口市境内，总投资约19亿元，由业主张北某新能源公司投资建设，中国电建某子公司作为EPC方，某大型能源上市公司为项目建成后的收购方。为满足承租人争取较好电价政策，实现当年6月30日并网发电要求，通过交易结构安排，由中国电建旗下租赁公司与施工总承包企业为承租人分别提供融资和建设服务实现交钥匙目的，在收购方对价资金到位后实现租赁退出。

【交易结构】

河北200MW光伏电站项目交易结构见图11－1。

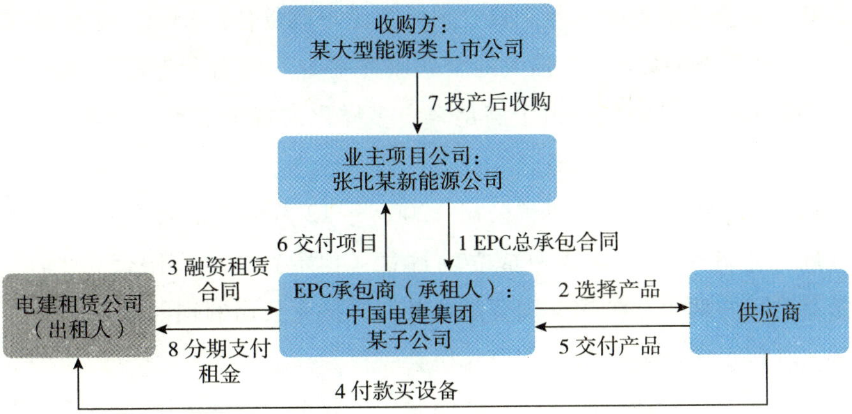

图11－1 河北200MW光伏电站项目交易结构

【案例亮点】

（1）光伏类新能源发电项目属于能源类基础设施，受宏观政策鼓励，技术成熟，现金流稳定，项目投产后较易获得信贷支持。但此类业主普遍主体资信状况一般，且项目建设所需资金较大，动产设备投资占比大，投资回报周期较长，在项目投产前难以从银行等传统金融租赁机构获得融资支持。为解决项目工期紧、融资难的情况，电建租赁公司发挥融资租赁灵活快捷的服务优势，提供建设期融资服务，解决了业主融资难和EPC企业应收款痛点。

（2）解决了EPC企业垫资施工的资金压力，很好地发挥了中国电建在电力能源领域的全产业链价值整合者优势，为客户提供了完整的设计—融资租赁—施工一体化解决方案。

11.14 日立租赁（中国）有限公司

日立租赁（中国）有限公司（以下简称“日立租赁”）成立于2005年，是日资企业在华独资设立的第一家融资租赁公司。历经14年的辛勤耕耘，日立租赁参与并见证了中国经济和融资租赁业的快速成长历程，一直积极为中国经济发展和租赁业的繁荣贡献力量，并取得了良好的经营成果。

日立租赁坚持“通过创造社会与顾客所需的价值，为建设更加富裕的社会做贡献”的企业使命，坚守“基本与正道”的伦理观，注重合规化经营，推崇诚实信用，实行高标准的经营管理，致力于实现经营上的可持续发展。日立租赁继承和发扬日立集团的“开拓者精神”的传统，顺应时代变化，遵循中国经济发展的轨迹，以变应变，不惧挑战，创造新价值，在业务活动中主动地遵循法律及道德规范开展业务，为健全社会的发展做贡献。日立租赁立足于其母公司——日立金融株式会社（以下简称“日立金融集团”）强大的金融服务平台，积累了丰富的融资租赁以及商业保理相关的行业经验，致力于满足客户多样化的资金需求，为客户提供专业、快捷的融资租赁与商业保理服务。

日立租赁旗下拥有两家全资子公司：2009年12月成立的日立租赁（中国）有限公司深圳分公司和2011年1月成立的日立（租赁）中国有限公司上海分公司。日立租赁总公司与两家分公司共同开展业务，以扩大公司的辐射范围，发挥更大的地区优势，获得更多的商业伙伴与合作机会。

日立租赁在深耕行业、服务客户的同时，也获得了业界的诸多好评。公司取得了业界多个权威机构会员资格，分别是中国融资租赁三十人论坛成员、中国外商投资企业协会租赁业工作委员会理事单位、北京市租赁行业协会会员、中国日本商会会员以及北京中外企业人力资源协会会员，积极参与租赁市场建设，为中国租赁业贡献出一分力量。

目前，日立租赁的合作伙伴包括三大板块：一是与大型外资及国有银行合作，获得多渠道的融资优势；二是与其他租赁企业合作、开展债权转让等业务；三是与范围涵盖环保领域、互联网领域、公共事业、健康医疗、装备制造等行业的大型中央企业、国有企业、上市公司等企业合作，开展直租、售后回租、商业保理等多样化业务。此外，日立租赁作为日立金融集团在中国大陆的窗口，协助日立金融集团在指定领域以普通合伙人或直接注资的方式进行项目投资活动，对国家政策重点支持的政府系租赁公司参与股权出资、与国有企业，大型企业下属的租赁公司进行合作。目前协助日立金融集团在南京、西安、青岛、广州等地投资参股合资公司，以获得更安全稳定的项目来源，实现公司的区域布局战略及多元化发展。

日立租赁作为对社会负责任、为社会创造价值的企业，根据联合国可持续发展目标（SDGs）开展金融服务业务。公司根据 SDGs 的 17 个目标，提出了与业务发展相关的重要课题：为了促进目标实现的伙伴关系，通过良好的伙伴合作以解决课题；为了应对气候变化、保护生物多样性、保障用水和卫生以实现可持续的生产和消费，使用可持续且稳定的能源、资源；为了实现基础设施完善的可持续城市与社区、创造智慧城市与移动生活；为了人类的健康，保证生活、生命的质量；为了保证陆地及海洋的粮食来源、维护食品的安全与稳定；为了普及教育、增加雇佣、消除性别歧视等不平等，面向社会提供体面的工作。日立租赁努力通过展开与联合国 SDGs17 个目标相契合的业务，解决重要课题、满足利益相关者的需求，为社会创造价值。

【股东介绍】

日立租赁的母公司日立金融集团是日立集团重要的金融合作伙伴。创立于 1957 年，是日本规模最大的租赁公司之一。截至 2018 年 9 月，日立金融集团在全球设有超过 30 家集团子公司，金融网络覆盖世界各大洲，其中包括中国、日本、美国、加拿大、英国等主要国家。2016 年 10 月 3 日，日立金融集团将部分股权出让给三菱日联金融集团以及三菱日联租赁。此次股权转让堪称业内最高级别的强强联合，大大提升了日立金融集团在全球市场的竞争力。

日立金融集团于 2016 年 6 月在香港设立的全资子公司——日立金融管理（中国）有限公司（以下简称“日立金融管理”），统管中国境内的所有子公司。旨在人民币逐渐国际化的背景下，依托香港的国际金融中心地位，将日立金融管理作为发挥投资、融资、财务统筹功能的中间控股公司，以整合集团资源，实现集团一体化运营。

股东日立（中国）有限公司，主要负责日立集团在华的投资活动和业务，在电力设备、产业机械及零部件、控制系统、信息通信、数字家电、显示器部件、国际采购等领域开展各项业务。

【主要优势】

母公司日立金融集团数十年的租赁经验以及良好的品牌背景是日立租赁在中国发展的首要优势。

日立租赁作为国内首家日本企业独资设立的融资租赁公司，凭借日本租赁行业经验，形成比较规范的独具特色的风控体系。首先，实现双重风控。联合母公司日立金融集团和日立租赁的风控部门实现双重风控，拥有完善的信审标准、地域标准以及风控操作规范严格把控项目质量；其次，严格注重合规。将合规作为公司的第一要务，注重合规建设，实现公司稳健发展；最后，强化风险防范意识。每个员工都重视风险防范意识，为客户提供安全优质的服务。规范的风控体系是公司能够在国内稳健发展的第二大优势。

具有较强的融资能力则是第三大优势。2016 年日立金融集团与三菱日联金融集团完成相互入股，三菱日联为日本最大金融集团，此次互相参股也使日立租赁更具有资金优势。

贴近市场、适应市场，根据中国市场的发展和变化调整战略，研究中国的政策，严谨做事的工作方式是日立租赁的特色。

【特色业务】

日立租赁以应对客户多样化需求，通过回租、直租、债权转让等方式提供高效便捷的服务。目前的主要业务领域包括公共事业、健康医疗、设备制造等，同时在其他产业如互联网、环保等领域紧抓经济转型机遇，寻求拓展机会，形成了以公共事业为主，医疗、互联网、环保等领域为增长点的业务结构。在企业战略方面通过多方面的战略合作和强大的金融平台扩大了事业范围，获得了资金、情报、人才、国际同行等多方面的支持，构筑了良好的事业结构。

特色业务 1：公共事业

日立租赁通过回租和转租赁的业务模式，围绕城市设施、现代交通、教育领域、航空器材等公共事业领域积极拓展业务，使得公共事业的债权份额大幅增加，从 2014 年占比 5% 增长到 2018 年的 60%，成为公司的支柱业务领域。

特色业务 2：健康医疗

健康医疗领域主要包含医疗领域、养老领域、康复领域、护理领域等，业务模式以直租和回租为主，授信主体为各地各级医院。该领域贡献了日立租赁第二大债权份额，占比超 16%。在医院建设中，日立租赁结合日立集团的相关产品，还向院方提供设备 + 金融的综合解决方案。

特色业务 3：设备租赁

日立租赁与包括日立集团企业在内的设备厂商展开深度合作，主要以直租的模式开展相关业务，租赁物包括工程机械、影院设备、办公设备等，业务范围基本覆盖全国所有地区。

特色业务 4：绿色租赁

全球气候变暖、资源枯竭、生态系统破坏等各种环境问题日趋严重。日立租赁也积极从事诸如太阳能发电、风力发电、天然气冷热电联产、水力发电、污水处理、节能减排等绿色租赁事业，为环境保护贡献一分力量。

典型案例：日立租赁结合日立集团企业的产品技术优势，以直租的业务模式为某省级国有大型综合场馆提供了天然气冷热电联产设备，发电设备装机规模为3MW，能源综合利用率达到87%，与常规燃煤电站相比，碳排放减少约72%，消耗水量减少60%以上，NOx减少约80%，SOx和固体废弃物排放几乎为零。

特色业务5：互联网金融

我国的消费主体和人群的消费观正在发展巨大的转变，80后与90后为网生一代，受互联网影响较深，互联网消费和互联网金融正处在高速增长期。日立租赁紧跟时代步伐，与包括BAT（是指百度、阿里巴巴和腾讯三大互联网企业）在内的互联网领军企业积极探讨模式创新，在新零售、汽车金融等领域开展了实质合作，预计互联网金融将成为新的业务增长点。

11.15 鑫桥联合融资租赁有限公司

鑫桥联合融资租赁有限公司（以下简称“鑫桥租赁”）是2007年依照中华人民共和国商务部制定的《外商投资租赁业管理办法》批准设立的外商投资融资租赁公司，母公司为鑫桥联合控股（香港）有限公司，主要股东是中国光大控股及国际著名金融集团。

鑫桥租赁主要致力于为中国大型国有企业集团、中国城市公用基础设施建设和运营的大型企业集团公司、上市公司及能源输电行业、交通运输行业等提供以经营性租赁和融资性租赁为形式的盘活存量，用增量来支持城市基础设施建设、实体经济可持续发展的结构化创新型的金融服务。鑫桥租赁已在中国城市基础设施建设领域的融资租赁项目、城市发展基金项目及PPP等项目的大规模投融资实践中积累了丰富的行业经验。

在发展过程中，鑫桥租赁得到中国各监管机构和金融行业及合作伙伴的诸多好评。鑫桥租赁自2009年度起担任中国外商投资企业协会副会长单位和中国外商投资企业协会租赁业工作委员会副会长单位；2012年度起担任中国外商投资企业协会租赁业工作委员会常务副会长单位；并于2010年5月14日，永久担任中国社会科学院融资租赁研究基地常务副理事长兼秘书长单位，这是中国境内唯一的融资租赁领域专业性的博士后流动站。鑫桥租赁于2011年5月获得英国SGS（通标标准技术服务有限公司）颁发的ISO 9001∶2008质量管理服务体系认证，是目前国内屈指可数的几家获得国际权威机构认证的融资租赁公司。

鑫桥租赁在结构性融资方面的专业优势和创新能力，多年来一直得到业界各专业机构的高度认可。

【鑫桥租赁债权资产支持专项计划项目案例】

（一）参与机构

角色	参与方	主要职责
融资需求方/承租人	××有限公司	与鑫桥租赁签署《融资租赁合同》及相关担保合同形成融资租赁债权
原始权益人/出租人	鑫桥联合融资租赁有限公司（以下简称“鑫桥租赁”）	与管理人签署《基础资产转让协议》，将基础资产转让给管理人设立的专项计划
管理人	××有限公司	设立并管理专项计划，出具季度（如需）、年度资产管理报告，收益分配报告等
销售机构	××有限公司	设计交易结构和产品方案、销售资产支持证券
托管人	××银行股份有限公司	与管理人签署《托管协议》，为专项计划提供托管服务
监管行	××银行股份有限公司	与管理人、原始权益人/资产服务机构、承租人签署《监管协议》
其他中介机构	评级机构、律师、会计师、评估机构等	评级机构出具首次评级报告及跟踪评级报告；律师为交易文本提供起草和咨询服务，出具法律意见书；会计师提供专项审计服务（如需），出具会计、税务处理意见（如需），专项计划设立的验资、专项计划清算报告的审计；评估机构出具基础资产评估报告及其他需要的评估报告
托管、交易	中国证券登记结算有限公司（以下简称“中证登”）；上海证券/深圳证券交易所	为资产支持证券提供登记托管和上市交易服务
投资人	××银行 ××银行 ××保险公司	签署《认购协议》

（二）交易结构概述

1. 认购人通过与管理人签订《认购协议》，取得资产支持证券，成为资产支持证券持有人；管理人设立并管理专项计划。

2. 管理人根据与原始权益人签订的《基础资产转让协议》的约定，将专项计划募集资金用于向原始权益人购买基础资产，即原始权益人根据基础资产文件拥有的租赁债权及其附属担保权益。

3. 在专项计划存续期间，承租人根据《融资租赁合同》约定按期偿还租金本金和利息。

4. 监管银行根据《监管协议》约定，对应付租赁款监管账户、应收租赁款监管账户进行核算和监管，并向资产服务机构、管理人报告核算情况；按约定将应收租赁款监管账户收到的基础资产现金流入划付至专项计划账户。

5. 管理人对专项计划资产进行管理，托管人根据《托管协议》对专项计划资产进行托管。

6. 管理人委托资产服务机构签订《资产服务协议》，委托资产服务机构对基础资产提供管理服务。

7. 根据基础资产文件和专项计划文件的约定，在应付租赁款监管账户核算日，监管银行对应付租赁款监管账户进行核算并向资产服务机构和管理人报告，资产服务机构根据核算结果确定是否需要通知差额补足方（如有差额补足方）履行差额补足义务，如通知的，差额补足方在对应的差额补足义务履行期内将补足款项划付至应付租赁款监管账户；在租金划款日，监管银行将应付租赁款监管账户内不超过当期应付租金的资金划转至应收租赁款监管账户；在应收租赁款监管账户核算日，监管银行对应收租赁款监管账户进行核算并向资产服务机构和管理人报告，资产服务机构根据核算结果确定是否需要通知担保人履行担保义务，如通知的，担保人在对应的担保义务履行期内将履行担保义务所需款项划付至专项计划账户；在专项计划账户核算日，托管人对专项计划账户进行核算并向管理人报告，管理人根据核算结果安排兑付和/或启动根据专项计划文件约定的其他管理人应采取的行动。

8. 在分配指令发出日，管理人根据《计划说明书》及相关文件的约定，向托管人发出分配指令。托管人根据分配指令，在分配资金划拨日划出相应款项分别支付专项计划费用、当期资产支持证券预期收益和本金。

12 中国融资租赁三十人论坛成员访谈录

12.1 杨凯生：新形势下融资租赁业发展的思考[①]

首先我代表中国融资租赁三十人论坛对大家参加 2018（第五届）全球租赁业竞争力论坛表示欢迎和感谢！

中国融资租赁三十人论坛成立于 2011 年，我们是一家专注于融资租赁领域理论问题研究和实务问题探讨的专业智库。成立 7 年多来，我们一直致力于搭建一个行业交流、研究的高端平台，以推动中国租赁业健康发展和中国租赁环境的健康改善。我们今天举办的全球租赁业竞争论坛就是这样一个平台。

从全球范围来看，现代租赁业起源于美国，20 世纪 50 年代美国成立了第一家融资租赁公司，而我国的租赁业开始于 20 世纪 80 年代，比美国晚了几十年的时间。当时的历史背景主要是想通过组建中外合资租赁公司，来部分地解决外汇紧张、进口国外先进设备难等问题。

由于当时我们的改革开放刚刚起步，相关的政策还不够配套，法规、监管也不够完善，因此当时起步的中国租赁业，无论是对中国经济发展所发挥的作用，还是与中国经济社会整体的发展步伐相比，和中国金融业中的其他行业比起来都是相对滞后的，这一点我们应该坦率地承认。

最近 10 来，融资租赁业有了明显的变化，我国租赁业开始迈上了快车道。在今天这个论坛上，我十分高兴地见到了许多租赁业的同事与朋友。这是一个大家在一起就融资租赁业的发展交流意见、共同探讨的很好机会。

今天我想谈这么几个问题：

第一，客观理性地看待宏观经济压力有所加大、金融风险隐患有所暴露的

---

① 本文为中国融资租赁三十人论坛主席杨凯生于 2018 年 11 月 28 日受邀出席 2018（第五届）全球租赁业竞争力论坛所做的主旨发言。

问题。

从2018年前三季度的经济数据来看，我国宏观经济下行的压力比较大。11月20日，国家统计局公布了国家第三季度经济运行的数据。前三季度我国GDP同比增速分别是6.8%、6.7%和6.5%。10月31日，政治局会议分析研究了当前经济形势，部署了下一步经济工作。11月1日，习近平总书记又主持召开了民营企业座谈会，听取和了解当前经济运行中的一个突出问题，也就是民营经济发展的问题，并做了一个重要的讲话。政治局会议和习近平总书记在座谈会上的讲话，都对当前经济形势做了深入的分析。

总体来看，一方面，我们要充分肯定前三季度经济运行总体平稳，仍然是稳中有进的，经济增长继续保持在一个合理的区间；物价现在也是基本稳定的，CPI不高；制造业在回升，进口在稳步增长，新增就业也已经提前完成全年计划目标，居民经济收入的增长也与经济增长基本同步，这是好的一面，是我们经济发展主体的一方面。另一方面，我们也要正视问题，当前经济遇到了一些矛盾和问题，经济运行的情况稳中有变，经济下行的压力有所加大，部分企业经营困难较多，长期积累的一些风险隐患有所暴露。对此，各个方面现在都正在按照中央和国务院的要求，努力采取对策，力图能够运用一些新的方法，通过一些新的思路去解决这些问题。

我想我们这次论坛的主要任务也就是要按照总体的要求，来研究和探讨融资租赁业所面临的新情况和新问题。

第二，融资租赁作为特殊的金融工具，具有其特殊的作用，尤其是在当前经济金融形势下，应该更好地发挥融资租赁这种特殊作用。

融资租赁是实物信用和银行信用相结合的一种金融服务形式，具有融资与融物的双重属性，作为一种特殊的金融工具，它确实具有一些特殊的作用。

首先，融资租赁在本质上具有脱虚向实的特性，能够有效地服务实体经济。

我们知道要脱虚向实、服务好实体经济，不仅仅是党中央、国务院近年来一直十分强调的对金融工作的一个基本要求，其实也是市场对金融业寄予的一种希望和期盼。融资租赁业通过融物的手段达到融资的目的，是与传统的融资方式有所不同的一种金融业态，融资租赁业务上游是资金供给方，下游是实体企业，通过转移租赁物的使用权实现租赁资产相关权益在实体经济运行过程中的一种转移。我想只要我们坚持把握好了融资租赁的这个本质，就可以发挥融资租赁业植根于实体经济、服务于实体经济的作用。

其次，融资租赁能够起到为生产企业稳杠杆、降杠杆的作用。应该说前些年，我国宏观经济的杠杆率尤其是企业的杠杆率上升是很快的。目前，中国非金融企业的杠杆率仍然处在一个较高的水平。这固然与我国金融市场长期以来一直是以间接融资为主的特点有关，但是如果任其发展下去，对经济金融长期稳定的发展是不利的。

所以，2016 年以来，我国实施推进了“三去一降一补”的供给侧结构性改革，使得我国总杠杆率的上升趋势明显放缓，其中非金融企业杠杆率和前几年相比也出现了比较明显的下降。融资租赁作为一种稳杠杆或者说降杠杆的有效手段，在这个过程中，已发挥并且可以继续发挥其重要的作用。融资租赁是依靠资产的信用开展的一种融资行为，租赁使得我们有可能把企业的部分生产运营资产独立出来，使企业对这些资产的所有权和使用权实现一定程度的分离，在这个过程中，就可以达到部分改善企业资产负债表的目的，降低企业的杠杆率，从而为解决企业的融资难问题在某个方面创造一些条件。

最后，相比于信贷融资，融资租赁在风险把控上也具有自身的优势。从目前来看，我国绝大部分融资租赁企业开展的融资租赁业务都是基于物的融资，面对承租人一旦违约的情况，与传统信贷业务中的抵质押贷款相比，承租人可以比贷款发放者更加自主、更加直接地回收并且处置相关租赁物，这在一定程度上有可能使得我们出租人的损失能够得到控制，从而更好地把控自身的风险以及相关金融机构比如说融资方的风险。

第三，我想就新形势下我国融资租赁业的发展方向谈一些想法。

目前来看，我国的经济金融运行面临着一些值得注意的情况和问题，有的是老情况、老问题，有的是新情况、新问题。比如说经济下行压力仍然存在、宏观经济杠杆率仍然处于不低的水平，再比如说国际贸易纷争的局势究竟会不会进一步升级，能够升级到什么程度？比如说马上 G20 会议要召开了，大家都寄希望于 G20 会议上，总书记和特朗普的会晤会不会有所成果，全球的一些地域政治问题是否会继续发酵，这都增加了我们所面临问题的不确定性。

在这种情况下，融资租赁业应该如何发展？

【要坚持合规发展的底线】

由于历史原因，过去我国的租赁业一直由不同部门分头监管，租赁公司也分为金融租赁公司和融资租赁公司，我刚才讲的融资租赁实际上是把二者融合在一起讲的，与狭义的融资租赁概念不完全相同。金融租赁公司和融资租赁公司过去怎么分呢？实际上是按不同的主办单位、不同的监管部门来区分和管理的，我们人为把它分成了两类，采用不同的监管办法、不同的监管标准，这种状况的存在，坦率地说并不有利于租赁业的整体发展。

根据第五次全国金融工作会议的精神，2018 年 5 月，商务部下发了《商务部办公厅关于融资租赁公司、商业保理公司和典当行资质管理调整的通知》，将商业融资租赁公司、商业保理公司、典当行的监管职能、规章制度的制定职能都移交给了中国银行保险监督管理委员会，金融租赁行业的监管正式向统一监管转型。

我想说的是，之所以这样做，并不是因为原来哪些公司办得更好、哪些公司办得不行，也并不是说原来哪个部门管得更好、哪个部门管得不行，而是要坚持一个基本的原理，即同样性质的金融业务、相类似的金融产品，都应该按照统一的标准来进行同样的监管。我想这既是金融市场稳定发展、安全发展的一个需要，也是我们租赁行业，无论是过去叫金融租赁行业还是融资租赁行业健康可持续发展的一个内在要求。这是基于我国国情进行的一次租赁业的监管体制改革。这样一改，一直以来以主办者、监管者身份的不同作为认定依据的金融租赁公司和融资租赁公司，我想今后不仅在监管标准上会逐步地趋于一致。更重要的是，在市场上，我们大家将可以更加密切地合作，更加良性地竞争，更加有序地共同发展。

无论是原来的金融租赁公司，还是原来的融资租赁公司，在新的监管体制下，都要加强合规意识，视合规为行业发展首要的前提，只有做到了这一点，才能实现服务实体经济的目的，才能实现企业自身更好发展的目标。

【要坚持回归租赁的本源】

租赁业务和传统银行的信贷业务存在着一个重要的区别，传统的贷款业务主要关注的是企业信用，而租赁业务更多的是关注资产的信用。但是多年来，市场对这个区别似乎重视得不够，往往把租赁业务，尤其是把我们银行业的金融租赁公司开展的业务，都当作是一种类信贷机构，我想我们应该强调，租赁企业要回归租赁的本源。

为什么呢？应该说，在目前我国金融体系中，并不缺乏传统的信贷融资机构，缺少的恰恰是多元化的融资机构和多元化的融资形式，这恰恰是融资租赁的长处所在。如果融资租赁企业不把融资租赁回归到租赁业的本源上，仅仅办成一种类信贷机构，租赁业的优势也就不存在了，这既不利于自身的发展，而且服务于实体经济的功能也会受到一定的影响。

【要坚持专业化的发展】

我国融资租赁行业近十年来经历了快速发展的规模扩张阶段。目前应该说整个行业已经从高速发展迈向了重质量、重服务的新阶段。随着行业转型发展步伐的加快，租赁专业人才队伍的不足，专业化经营能力不够的矛盾也就显现出来了。前些年业务快速发展过程中所留下的一些潜在风险也有所暴露。

在整个行业的转型过程中，在整个行业从快速发展转向更加重视质量、更加重视服务水平提升的过程中，每一家租赁企业恐怕也都要相应地跟随行业的步伐加快自身的转型。当行业迈向高质量、高服务发展阶段的时候，意味着租赁企业之间今后比拼的就是质量和服务，租赁企业究竟如何提高资产质量、如何提高服务水平？我想坚持在人才专业化培养、业务聚焦等方面下功夫可能是正确的发展之道。

同时，在当前经济下行压力有所加大的时候，我们原有一些资产的质量问题可能会显现出来。在妥善处理好这些遗留问题的同时，今后如何选择更加优质的租赁资产，就需要我们依靠更专业化的队伍、更专业化的人才、更专业化的发展思路做支撑。如果我们还像过去一样，一味地追求扩大规模，搞粗放式的发展，我想必然会导致企业风险继续的聚积、不良资产继续的增加。

作为一个老的金融从业人员，我建议大家都能够充分地关注到这一点。

谢谢大家！

12.2 陈秋松：关于租赁新会计准则的几点思考①

先做个自我介绍，我是厦门星原融资租赁有限公司（以下简称“星原租赁”）的总经理。星原租赁是福建国企旗下租赁公司，成立已有12年时间。本人职业生涯前十几年是会计从业人员，从出纳、会计做到财务总监，后十几年任职总经理负责企业经营。今天我结合双重维度谈谈我对新准则的看法。

（一）新会计准则对行业的挑战

第一，新会计准则对会计从业人员的职业能力提出更高要求，如租赁续租选择、或有租金、资产使用权确认等问题考验着我们会计从业人员的职业水平，甚至是职业操守。

第二，新会计准则影响会计报表的稳定性。会计报表强调数据口径的稳定性，这不仅是有利于审计，还有利于监管。但新租赁准则的各种重新拆分、估值或者确认等问题，会影响会计报表的稳定性。

第三，租赁的判断是基于资产的实质及风险转移，新会计准则新引入使用权资产概念会对会计披露带来一定挑战，如应对拟上市企业或受国资委监管企业的会计披露需求等。

---

① 本文为中国融资租赁三十人论坛成员、厦门星原融资租赁有限公司总经理陈秋松于2018年11月29日受邀出席2018（第五届）全球租赁业竞争力论坛所做的发言。

第四，新会计准则引入使用权资产后对现行税收监管体制产生一定的冲击。比如说费用的重新确认问题，对整个税款，包括税收支付的时间会有一些重新的安排和考量，会增加税务机构对出租人甚至承租人监管的认定。

第五，新会计准则需要租赁公司更好地协调市场端、财务端、法律端。新准则需要财务人员处理账务时更多关注、了解合同内容，而这在过去是不太被重视的板块。

（二）对承租人、出租人的影响

1. 对承租人的影响

在新准则下，承租人的资产负债表将随着现时经营租赁的租金承诺而相应大幅度膨胀，需确认使用权资产的折旧和租赁负债的利息支出两项费用，资产负债率将可能会有明显扩大，综合而言，对于损益影响是前高后低。同时，费用确认方式的变化可能会影响税款实际支付的金额与时间。影响较大的行业包括：航空、零售和消费品、交通运输、电信、酒店、能源设施等。

2. 对出租人的影响

新租赁准则更新了对租赁定义、转租、合同合并和分拆等问题的指引，出租人仍有可能受到影响。涉及业务模式安排、租赁合同谈判、会计信息系统控制、薪酬考核等方面。

承租人会计处理的变化可能会影响承租人重新架构租赁安排，进而影响出租人的业务模式及与承租人的商业谈判。

最后，我们也应该看到新会计准则主要是针对经营性租赁业务模式下的调整，目前行业经营性租赁业务占比较低。

12.3 程东跃：融资租赁行业困局与转型升级①

融资租赁行业经历近十年来的迅猛发展，截至2018年6月底，全国融资租赁企业总数约为10 600家。行业注册资金约合32 763亿元，租赁合同余额约为63 500亿元人民币，已具有了可观的市场规模。

但是，现在很多融资租赁企业已然感受到瑟瑟秋风带来的“凉意”，整个融资租赁行业发展速度放缓，很多租赁公司面临的外部市场环境日趋严峻，不少租赁公司频频“踩雷”，内部存在商业模式单一、制度流程僵化、发展方向不明、“资产

① 本文作者为中国融资租赁三十人论坛理事、浙江大学融资租赁研究中心理事长程东跃。

荒”与“资金荒”现象并存等诸多问题，行业发展在一定程度上陷入了困局。

（一）困局

当前融资租赁行业存在的主要问题概括起来主要是有以下几个方面：

1. 业务模式单一，过度同质化竞争，聚焦价格战，边际收益下滑，两极分化严重。

2. 发展规模与市场渗透率不成正比，对国民经济发展的真实贡献度不高。据不完全统计，回租业务占比达80%以上，造成对国民经济发展的真实贡献度不成正比。甚至在行业内存在不少影子银行业务，如融资租赁公司开展的委贷、通道业务（尤其是外汇监管套利）等。

3. 偏离了融资租赁服务实体经济的本源，对实体经济的市场细分包括但不仅限于对行业或产业的上中下游链、各类设备、客户端的缺乏深入分析与研究而导致对实体经济望而生畏。2014年开始的对地方政府融资平台的蜂拥而上，事实上就是这种惰性思维和行为的反证。

4. 规模攀比，“规模为王”现象普遍存在。

这种状况可引发一系列问题：（1）比规模、拼价格，边际收益下滑；（2）陷入资本充足率陷阱。规模上去了，自然杠杆上去了，要再上规模，只能增加资本金，周而复始，则资本充足率、高杠杆始终是大批融资租赁公司在“垒规模”的同时面临的不可回避的难题；（3）过度同质化竞争下的“垒规模”，必然导致公司试图进行业务发展转型时遇到的“尾大不掉”的难题；（4）过度同质化竞争必然导致风险积聚；（5）“名义租赁物”的过度滥用，乃至虚拟租赁物并生了大量的合法、合规性风险；（6）盈利模式单一，倚靠“滚雪球”方式支撑业绩，“重资产”现象极为普遍；（7）缺乏创新动力，经营模式更多是依赖“被动式”惯性思维和横向模仿进行；（8）缺乏主动的流动性管理，客观分析，不少租赁公司已存在较大的流动性风险。

目前，我国融资租赁行业形成流动性风险的内外因主要体现在以下几个方面：

（1）融资结构方面，租赁公司资金80%以上来源于商业银行信贷，这意味着，当商业银行遭遇流动性风险或周转、调度需要出现无法对接或抽贷时，租赁公司几乎只能“坐等传染”，租赁公司除了自救或股东救助外几乎别无他法。

（2）业务结构方面，目前我国租赁公司的业务模式以售后回租为主，直租为辅，售后回租业务与商业银行的中长期贷款业务比较类似，但现实中，租赁资产主要集中在基础设施、冶炼设备、交通运输设备、建筑工程设备、工业装备和大量的地面附着物乃至不动产等方面，相较于银行的信贷资产，租赁公司的资产流动性普遍较差。

（3）短借长用，融资结构及期限的错配、融资集中度过高等因素。租赁公司的资金主要来源于银行借款，平均期限在1～3年不等，但租赁公司的项目期限一般在3年以上，“短借长用”导致期限错配严重，加上普遍存在的融资结构单一化，为租赁公司的流动性风险埋下隐患。

（4）赚取息差是大部分租赁公司的盈利模式，而资产负债期限错配又是赚取息差的重要来源，加之负债端集中度高，资产端流动性差，租赁公司面临的流动性风险比银行高得多，但我们防范和应对流动性风险的措施却极为有限，凸显租赁公司流动性风险管理的脆弱和迫切。

（5）外部因素：宏观经济、政策因素，包括：经济周期、货币政策、利率政策和外汇政策等对市场流动性及租赁公司本身流动性的影响。金融市场因素：包括市场结构、市场机制、行业竞争以及季节性、临时性、制度性和技术性因素等对市场流动性及租赁公司本身流动性的影响。

（6）经营管理因素：包括资产质量恶化、过度扩张、资产运营效率下降、经营计划和预测问题、资金调度问题、融资能力和成本变化对租赁公司流动性的影响。流动性风险与信用风险、市场风险、操作风险、合规风险、声誉风险、战略风险等其他风险存在很强的相关性，其他各类风险的发生都有可能对流动性风险产生传导效应。

（7）缺乏对流动性风险的压力测试。“现金流风险管理”是租赁公司正常经营状态下的一种现金流缺口测算工具，是一种以定量分析为主的流动性风险分析方法，通过测算租赁公司在假设的极端不利情况下现金流缺口以及风险指标的变动，对可能出现的流动性危机进行评估预警，进而采取必要措施防范风险进一步恶化，包括现金流限额的制定、融资应急计划的设计等。

（8）其他因素：流动性风险与信用风险、市场风险、操作风险、合规风险、声誉风险、战略风险等其他风险存在很强的相关性，其他各类风险的发生都有可能对流动性风险产生传导效应。

（9）出于股东诉求及业绩考核压力，以及部分公司股东（包括上市公司）兴办融资租赁公司的短期性利益动机，导致一大批融资租赁公司决策层管理的短期性目的较为普遍。

5. 融资租赁行业的快速发展与人才队伍的培养和发展不成正比，融资租赁行业从业人员整体素质有待提高。

融资租赁行业合格从业人员应当是复合型人才，其理论知识和实践经验应涵盖对市场、产品、贸易、财务（金融）、会计、税收、法律等的了解和学习。近10

年，融资租赁公司注册数量的突飞猛涨，客观地说，行业内人才队伍可谓是“泥石俱下、鱼龙混杂”。在人才匮乏的同时，也存在过高的人才流动性，一定程度上给许多租赁公司在人力资源管理及其经营带来负面冲击和经营的不稳定性。上述状况的存在，客观上也给不少租赁公司带来较大的操作风险乃至道德风险。

6. 构建良好基础资产池，以及对期限管理的重要性性认识不足，导致多元化融资与融资创新成为空中楼阁。

7. 对专业化、综合化经营思路认识不足。目前，租赁公司未能将“物权的属性”与“金融属性”有机融合，物权与金融的“化学效应”未能得到充分发挥。追根溯源，还是未能在可行性研究、产品创新、重点营销、专业化、差异化经营管理等方面形成普遍的系统性、深度认知。

8. 对专业化经营与综合化经营的认识不足，忽视专业化与综合化经营的矛盾。

我们强调租赁公司要走专业化道路，方向没问题。但不能简单、机械理解。如果我们说某公司在汽车、工程机械、医疗等行业投了一些项目，这就成了专业化，我认为不能简单下此结论，专业化要体现：（1）投向专业化，这是大家容易取得共识的；（2）交易模式—租赁产品的多元化和灵活性，切实满足客户的需求；（3）穿透式运营与管理，对行业及行业产业链各端有深刻理解和分析，在此基础上进行客户梳理分类，发掘各端客户的特点和需求，包括对行业发展的周期性、成长性等分析。在产品组合上提升与行业发展预判及客户真实需求的契合度，实现行业及客户的分类管理；（4）产业链中各端客户及资产的结构合理分布，实行资产管理的专业化；（5）准入门槛、评审批流程、风险管理决策、相关制度的专业化；（6）风险与定价的专业化；（7）行业研究的专业化等。总之，专业化不是简单讲投向，而是覆盖业务、风控管理、决策链全流程的专业化。

综合化经营需要进行多行业布阵，可有效分散风险并应对宏观经济及各行业的周期性变化，起到风险对冲作用，从而获取市场平均收益率。个人认为，综合化经营通常适用于大型银行系租赁公司（其本身就被定位为银行公司产品线上的一个产品，基本附属于银行信贷服务）和大型第三方租赁公司（通常有强大股东背景）。于大多数租赁公司而言，综合化经营存在以下问题：（1）租赁公司对宏观经济及政策变化的了解，虽能主观意识前置，但经济发展、政策变化的不确定性带来的影响往往具有滞后性，使得租赁公司在应对经济与政策影响和变化时常表现出滞后性、片面性、以不变应万变的被动局面；（2）对各行业的发展动态了解与分析，具有较大局限性，不具备也不可能具有对各行业的周期性变动及行业内诸多不确定性有全面，主动深入理解和掌握；（3）往往采用一套制度、标准、流程、风险管理要求去套用每个行业，容易产生惯性思维和惰性，被动地进行综合化经营；(4) 风险与定价的机械化；(5) 资产管理的复杂性和滞后性。

综合以上因素，在不具备综合化经营条件下而盲目四面开花拓展业务，极易积聚风险。我们不简单追求形式上的专业化，也不简单否定综合化经营（如大型银行系租赁公司具备综合化经营条件）。

（二）转型

回顾中国融资租赁业发展的30多年，几起几伏。20世纪80年代后期和90年代，通过舶来日本的回租模式，中国融资租赁企业也将该模式作为主流经营模式（当然，当时中国经济也迫切需要大量外资），这种模式曾一度被称之为“高利贷”。

在这种模式下，中资租赁公司难以健康、可持续发展。直到2007年下半年，银行系租赁公司的产生和迅速发展，才真正带动整个行业的快速发展。

纵观中国融资租赁业的一路发展历程，创新才是行业发展真正的驱动力，而创新的内涵即是实行垂直式、穿透式的专业化经营模式。所谓垂直式、穿透式的经营模式，就是在充分研究、分析细分市场的基础上，结合公司自身的优劣势判断，从清晰市场（业务）定位，确定目标市场和目标客户，到如何满足目标市场或客户的需求分析，创建贴身的租赁交易结构（模式）或租赁服务（租赁产品）；从真实需求分析开始到租赁服务（租赁产品）边界扩大和功能拓展以及租赁服务的定价策略与价值链的提升；从制定和提高相应的市场营销模式、效率到组织架构再造与决策链效率的提升；从信用风险评估到租赁服务（租赁产品）的风险定价；从目标市场（行业）及客户的生命周期分析，到租赁服务结构与租赁资产结构的动态调整和主动的租赁资产组合管理（包括租后管理）；从公司主要业务，决策指标的动态管理到风险预警系统的建立和应用等，实行穿透式运作和管理。通俗地说，就是要始终坚持从目标市场、客户的选择与分析以及运营、决策链，到风险把控等整个经营管理全过程做到看得见、摸得着，时刻把握，决策于未来。而这种垂直式、穿透式的运营管理，其核心就是创新。

以创新为核心的垂直式、穿透式的经营模式，其核心特点就是：(1) 在专业化、特色化经营中寻求差异化；(2) 寻求的是质变而不是简单的量变；(3) 开辟属于自己的蓝海市场并勇于站在这个市场的前列而不断改进完善；(4) 是一种非零和游戏；(5) 在创新、改进和完善中得到价值链的提升。

垂直式和穿透式经营模式的基本原则是：(1) 循序渐进，始终保持组织及计划的精简和灵活性，在创新中竞争（即不贸然跟风式的进入一个市场），开发满足目标行业、客户深度需求特性的租赁服务（租赁产品），形成专业化的经营管理决策链，并不断加以改进和完善；（2）坚定信心，提升创新在公司治理中的战略高度，统一认识，步调一致的将创新作为公司发展的生命线；（3）将创新落实在内外部管理的每一个层面，从产品设计、经营策略、市场定位、人才管理到外部同业合作与竞争、行业渗透、市场声誉；（4）从被动服务到主动引领：通过融资租赁服务的创新引导实体经济的发展创新，真正发挥融资租赁服务实体经济、提升行业生产力、调节产业结构的功能。

关于垂直式和穿透式经营模式发展实施的基本思路，按图索骥还是另辟蹊径？路在脚下，一路方向在握，必会成竹在胸。通常，公司在创立初期，会选择若干目标行业、目标市场，试图走专业化方向，然后是定规模、定准入门槛和标准、风控措施以及业绩目标，这经常是许多租赁申报成立时的习惯性做法。但往往缺乏客观认真的分析和真实依据，以及确切的实施途径。这与现实往往发生冲突，最后会导致经营思路的迷离，方向模糊，于是不得不随波逐流，很快落入过度同质化竞争的困局。

1. 从一到二个目标市场，甚至一个小市场开始，专注于研究这个目标市场的特点、产业链周期、客户的真实需求，从而设计相应交易结构（产品）和经营决策的各个要素标准，并努力推进，在推进中不断改进完善。而现行通常的做法是选择若干大市场，而这些大市场早已有众多的竞争者，我们经常会计算这个大市场的份额，设想获取更多的份额，但同样你进入了，别的公司也在进入，设想与现实总是有很大的差距，于是我们会不自觉地在一片红海中参与竞争。

2. 一旦公司成功地占据一个目标市场，就有条件开始发掘相关的市场。亚马逊的发展模式就是一个很好案例，从在线零售图书开始，扩张相关的其他垂直市场，光盘、影像、软件市场，然后又进一步逐步深入发展相关垂直市场，最终成为世界级的综合商店，常言道：买家会往卖家多的地方去，卖家也会往买家多的地方去，但残酷的竞争在那儿等着。公司的发展是一个循序渐进的过程。成功的公司一定是占据一个主导的目标市场，然后逐步扩展到相关的市场。

3. 不断反思创新，对租赁公司而言，创新就是不断对自己的经营思路、模式、决策要素进行反思，也就是“自找麻烦”，不断改进完善、提高。而不是“东一榔头西一棒子”，且一看到新事物就往前冲，从而分化自身的专业化、特色化能力，淡化了公司的差异化水平。先行一步是策略、路径而不是目标，如果不专注于已有的目标市场，将策略、路径当作目标，垂直式发展本质就是创新、穿透式，这就是质变。

4. 要大胆利用和开发新的科学技术，例如：互联网、大数据、云计算、人工智能等，实现经营与决策的现代化，树立自身的品牌优势。

5. 培育自己的专业人员和专业团队，培养公司的文化、优化决策要素，在发展过程中要“恪守纪律”，就是建立一个思想认识统一、执行力强的公司团队。

6. 坚决摒弃“规模为王”、短期利益的行为，努力摆脱“重资产、高杠杆”约束，转向“轻资产”和灵活合理杠杆率的经营格局，善于坚守理念和长远目标—健康、持续发展。

需要指出的是，以创新为核心的垂直式、穿透式的经营模式也同样要根据市场环境变化及产业生命周期进行动态调整，包括对租赁资产池的主动管理和动态调整。

融资租赁业务应重点关注符合我国现阶段产业发展策略的重点企业，围绕大健康、绿色经济、高端装备制造业、互联网等领域，积极寻找独角兽、瞪羚企业。同时，随着我国与“一带一路”沿线国家合作的进一步推进，相关贸易规模和对外投资将进一步提高，“一带一路”沿线共有60多个国家，这些国家与我国在产业结构上具有很强的互补性，制造业发展以及基础设施建设和金融需求非常强烈，融资租赁业务将大有可为。2018年10月，适逢首届中国国际进口博览会在上海召开，有200多家世界500强企业参展，各参展国展示了最先进的大国重器，也势必会在一定范围内引起我国生产型企业的设备升级，生产升级、贸易升级即是发展融资租赁业务的最佳窗口期，多重利好的叠加会让融资租赁行业的拨云见日，抓好创新的内在驱动，把握当下发展脉络，把握好转型之路。

12.4 丛林：从创新发展与稳健经营看租赁与资本市场[①]

大家上午好！回到三十人论坛感觉非常好，昨天见到了很多的老朋友，也认识了很多新朋友，看到了租赁行业的发展和壮大，来到天津感触非常深，天津是我们金融租赁或者说我们国家融资租赁发展的高地，过去十几年，融资租赁在天津发展壮大，离不开天津市政府的大力支持，我们当时在天津的时候，天津市政府、银保监局、东疆管委会大力支持，他们的这种担当精神，鼓励了我们，也为我们创造了非常好的发展环境，说起租赁行业今天也是一个特别的日子，11月28日，11年前国家批准的第一家试点租赁公司在天津揭牌，11年前的今天，由杨凯生行长和当时时任天津市市长戴相龙共同为工银租赁揭牌，这个日子非常难忘，到今天正好满

---

① 本文为中国融资租赁三十人论坛学术委员会委员、工银国际控股有限公司董事长丛林于2018年11月28日受邀出席2018（第五届）全球租赁业竞争力论坛所做的主旨演讲。

11 年了。

这 11 年来，整个租赁行业发生了巨大的变化，特别是金融租赁行业从无到有，从当时我们大家都不懂租赁，到今天可以和中外各界人士一起来探讨租赁业下一个 10 年的发展。所以这十几年的发展，是中国租赁行业发展的一个起步期。

回到我们的三十人论坛，为什么有这样一个三十人论坛？实际上我们当时成立中国融资租赁三十人论坛的初衷，是想把各个板块的租赁业人才集中到一起。5—6 年前，我们知道我们的租赁分三个板块，由银监会监管的金融租赁、由商务部外资司管的外资租赁、内资司管的内资试点租赁。实际上，不同的板块业务都是一样的，都是做租赁，但是因为监管机构不同、要求不同以及融资方式等不同，导致行业的割裂。在很多政策诉求上，大家发出不同的声音，因为那个年代，很多的政策还不是像今天这样的配套，我们在税收、会计、海关各个领域，我们在找政府部门沟通的过程中，不同板块的租赁发出了不同的声音。

所以我当时和几个板块的负责人一起商议，能不能三个板块坐在一起，形成一个共同的声音促推行业的发展。所以在这样一个大的背景下，有了中国融资租赁三十人论坛。我们也非常高兴地看到，发展到今天，三十人论坛已经成功地融合了中国所有的租赁行业、所有类型的租赁公司。我们从监管的发展来看，也证明了我们这样一个思路的正确性。2018 年国务院做出决策把商务部监管的租赁公司划归到银保监会监管，证明了发展方向的正确性。

从业务上讲，三个类型的租赁公司都是做租赁，谈不上特别本质的区别。经过过去 10 年的发展，大家越来越融合，我今天也想说一说，之后的 10 年，下一个发展周期租赁行业发展的思路。

我现在在工银国际工作，主要是在资本市场方面，所以我想从资本市场的角度考虑与租赁行业的对接，以及租赁行公司怎样利用资本市场发展。主要从两方面讲：一是创新发展，二是稳健经营。

实际上，创新发展、稳健经营，也是当时我在工银租赁提出的经营理念。作为一个新兴的行业，作为一个新兴的公司，创新发展是必不可少的。因为在当时的背景下，没有人知道什么是租赁，不仅我们从业人员知道得少，商业银行、政府机关、相应的政策部门都对租赁知之甚少。相应的法律法规不配套，不是有意地不配套，而是在制定政策的时候就没有我们这个行业，自然也不会想到我们。

在这样一个大的背景下，如果想要发展，必须要创新发展，所以过去 10 年在业务模式上，在融资的渠道、风险管理上，各个方面包括治理方面都做了很多的创新。接下来在资本市场方面，我们怎么样利用资本市场创新租赁的发展呢？我觉得可以从产品和公司的角度分别说一下。

从租赁产品角度，资产证券化是资本市场最为常用的一个产品，这个产品实际上也是最适用于租赁产品，我们做了这么多的租赁产品以后，怎么样去解决它的融资？怎么样去解决它的出表？租赁业务都是期限长的一个产品，像飞机租赁可以长达5~10年，这样长的一个时间，如何解决其资金配置问题？同时我们的租赁资产又都是实物资产，有特别明确的标的物，由于这样一个属性，资产证券化的产品我觉得特别适用于租赁行业。

过去几年，我知道有一些公司也在尝试做一些资产证券化的产品，但在整个市场、在整个租赁行业，我觉得还是用得不够。比如说飞机的资产证券化产品好像很少，特别是在亚洲市场非常少见，但实际上这个产品在美国市场上已经非常成熟。而且还有大量的长期投资人，我们做金融的就是利用信息的不对称，将资金的需求方和资金的投资方对接到一起。

资本市场有大量需要长期投资的投资人，他们找不到产品。但我们这一端实际上是有长期的资产，如何把二者对接起来，通过资产证券化的产品是最佳的一个模式。有长期投资需求的机构，包括保险公司、养老金公司以及一些家族财富基金。

在产品端还可以对接的就是产业基金。我原来在工银租赁的时候尝试做，希望用产业资金把表内常用资产、大型资产放到产业资金里，解决资金来源的同时解决资本金的问题。因为我们做租赁是重资产、重资本的行业，但资本是有限的，怎么样解决资本的来源是很困难的事情。通过产业基金的方式，把我们已经形成的租赁资产放到产业基金里。这个资产可以由租赁公司继续进行管理，这就解决了资本金补充的问题。但实际上不影响我们规模进一步扩大，同时提升租赁公司的盈利能力，把租赁公司资产管理的功能发挥得更好。

还有一个产品就是债券，通过发行境内外的债券来解决长期资金的来源问题。这几年我在香港做了很多国内租赁公司在境外发行美元债的业务，这已经是一个非常大众化的产品，大家可以尝试一下。产品端资本市场方面可以充分利用、充分对接。

从公司角度，作为一个租赁公司，特别是中国的租赁公司都非常年轻，处于成长期，在公司成长的不同阶段，可以提供不同的资本市场服务，比如说初期需要引进战略投资者，许多投资人愿意投资到比较稳定、风险可控的金融行业。比如说通过并购来扩大我们的资产规模，扩大我们的业务规模以及扩大业务领域。我们的租赁公司过去几年并购了多次，效果还非常不错，海航并购几家飞机租赁公司，我们觉得并购的技术以及并购的方向都是非常正确的，而且买的东西都非常好。

发展到一定阶段，可以在资本市场上市。现在在香港上市的中国租赁公司有十几家，有租赁公司也计划去香港上市，当然在国内A股、新三板以及香港市场都可以，在香港的资本市场上市较为便利，标准很明确，过去3年盈利超过3 000万港币就可以达到上市标准，程序很清楚，只要符合标准，大概6～9个月的时间可以完成整个上市流程。香港上市还有一个非常好的优势，就是再融资会更加容易。

在创新方面，下一步租赁公司可以在资本市场上多用一些资本市场的产品创新发展，但另一方面我想讲的是稳健经营，创新发展的底线是稳健经营。

大家有一个误解，资本市场风险大不敢轻易碰，这实际上是一个误解，可以利用资本市场控制风险、降低风险，比如说刚才所说的资产证券化，如果我们做一笔租赁业务，我们的业务审查就在租赁公司内部，租赁公司内部按照其风险偏好与流程进行审查，如果想把资产做成资产证券化的话，就要有更高的标准，就要想到有投资人在看这些资产，所以在做的时候要按照投资人的要求，按照资本市场更加公开、透明的原则进行审核，实际上这个标准要求更高，做出来的资产风险可能会更低。

上市也是一样。如果把私人公司转为公众公司，要求披露更多、更详细的信息，所做的业务要求更严格。作为上市公司，要放在整个资本市场所有投资人的聚光灯下，大家来看着你、挑你的毛病，所以上市公司会更加注重风险。所以我说利用资本市场可以做到稳健经营，可以更好地控制风险，而不是风险会更大。这是我想说的怎么样利用资本市场进行创新发展、稳健经营。

工银国际是工商银行里面唯一一个境外持牌机构，我们了解中国租赁行业的发展现状，严格又无缝地兼容于国际资本市场的规则架构，相信可以给大家量体裁衣。过去几年，我们成功地帮助工银租赁、中建投租赁等多家公司完成了各种类型的融资以及财务顾问项目，未来我们将通过IPO做大资本金、股权引入战略投资者等，资产管理引入资金，为我们广大租赁企业提供优质的服务。

不忘初心，方得始终。在当前调结构、惠民生、降风险的形势下，寻找经济新路径，打造租赁的新动能，工银国际时刻在你们身边，不负你们的信赖。最后我代表工银国际预祝本次论坛圆满成功，谢谢大家！

12.5 邓英：金融租赁公司如何在经济下行环境中实现稳健经营[1]

近年来，随着国际国内经济形势深度调整，金融租赁公司（以下简称“金租

[1] 本文作者为中国融资租赁三十人论坛理事，邦银金融租赁股份有限公司党委书记、总裁邓英。

公司”）所处的经营环境发生较大变化，普遍面临“资金筹措难”和“资产风险大”两大难题。邦银金融租赁股份有限公司（以下简称“邦银金租”）作为一家成立满5年，行业排位中上游的金租公司，凭借精准的战略定位，务实的经营理念和审慎的风险控制，得以在市场泥石俱下的环境中独善其身。笔者结合邦银金租近两年的发展实践，谈谈中小型金租公司如何在经济下行环境中实现稳健和高质量发展，为业界人士提供参考。

（一）经济下行环境中金租公司遇到的难题与挑战

近两年，国际国内经济形势发生复杂而深刻的变化。从国外看，主要经济体货币政策相继收紧，贸易保护主义抬头，全球经济脆弱复苏，世界面临百年未有之大变局。从国内看，金融防风险工作不断深化，去杠杆工作稳步推进，经济运行稳中有变、变中有忧。随着宏观政策的不断调整，市场流动性也发生较大变化，从2017年开始的“较紧”逐渐转变为2018年下半年以来的“趋松”。

在经济下行压力加大、中美贸易冲突、“宽货币”向“宽信用”传导不畅的大背景下，国内企业经营和融资环境持续恶化，市场违约事件不断发生，优质资产较为缺乏。特别是2018年，全年共有约120只债券发生违约，违约规模达到近1 200亿元。无论是数量还是金额都达到了此前4年的总和。同时，大股东质押爆仓情况也不时发生。潮水退去，“裸泳者”纷纷涌现。

随着金融“去杠杆”以及货币政策的调整，金租公司特别是非银行系金租公司，持续面临“融资难、融资贵”的问题。在这波违约潮中，金融机构较为受伤，银行业不良率不断攀高达到1.9%，金租公司也频繁踩雷，仅统计13家债务违约企业就涉及28家金租公司，占66家金租公司的比例超过40%。在此环境下，金租行业整体发展速度趋缓。如何在经济下行期把握资产质量，提质增效，实现稳健经营，成为金租行业普遍面临的问题和难题。

（二）金租公司与银行业机构资源禀赋差异性分析

1. 金租公司存在融资难、融资贵问题，股东背景很大程度上影响融资能力

银行系金租公司依托母行的支持，无论是授信额度还是资金价格均能够得到股东和其他银行的支持；央企系金租公司，受益于集团整体授信的优势，往往能够拿到成本较低的资金。相比较前两者在融资方面得天独厚的优势，非银行系金租公司，特别是民营金租公司普遍面临融资难、融资贵的问题，与国有银行系金租公司相比，其融资成本要高约200～300基点左右，融资成本差距明显。2018年以来监管政策不断趋严，人民银行加大MPA考核力度，商业银行向非银行金融机构资金融出纳入广义信贷规模，进一步加大了中小金租公司的融资难度。监管部门出台

《关于进一步加强农村中小金融机构大额风险监测和防控的通知》，约束了农商行跨省操作同业借款出款业务，使金租公司特别是中小农商行融资占比较高金租公司的融资难度逐步加大。

2. 金租公司全国展业但无分支机构，离客户相对较远，信息不对称

金租公司全国展业，但通常在客户所在地没有分支机构，离客户相对较远，无法像属地银行一样，在前期尽调和后期管理方面，及时、充分、全面地掌握客户信息。银行通过提供贴身服务，可以多角度掌握客户的经营以及资金情况，对风险的把控能力要高于金租公司。同时，银行体系具备强大的研究能力和专业的风控模型，金租公司在行业分析、客户关系、风险模型和内部评级等方面相对不足。即便是银行机构，在近几年经济下行的环境中，不良率也在不断攀高，金租公司在选择客户、防控风险方面更是难上加难。2017 年，一家信托公司在异地客户已经发生违约的情况下，依然发行新产品为其提供融资，受到了投资者的质疑和诟病。

3. 金租公司人员数量少，单笔业务风险对整体经营业绩影响大

与银行相比，金租公司人员普遍较少。目前开业的 66 家金租公司中，员工人数超过 200 人的仅有 7 家，100 ~ 200 人的共有 14 家。中型金租公司人员大多在百余人，前台人员占比接近一半，每年要有 100 亿 ~ 200 亿元左右的投放规模，才能保证公司的发展有一定增速。在这种情况下，金租公司单笔项目金额大多在 1 亿 ~ 3 亿元，甚至还要更大。中小金租公司资产规模小、盈利相对有限，只要对一个项目判断有误，发生风险，就可能侵蚀掉全年大部分利润。此外，融资租赁项目期限大多为 3 ~ 5年，甚至长至 10 年，在业务存续期内，客户经营情况存在较大不确定性，在内外部因素作用下，客户偿债能力有可能下降甚至发生违约。综上所述，金租公司单笔业务金额相对较大、期限较长，单笔业务风险对公司整体经营业绩的影响较为明显。

（三）依据资源禀赋转型升级，脚踏实地稳健经营

基于以上分析，作为银行业金融机构，金租公司要在经济下行期做到稳健经营，则必须坚守“流动性、安全性、效益性”原则。要以务实的态度，根据自身资源禀赋条件，在选定的行业深耕细作，做到有所为、有所不为，打造“专卖店”的经营模式。

1. 始终坚守“流动性、安全性、效益型”原则

“三性原则”具有内在的关联性和统一性，流动性是金融机构能够“活下去”的根基，安全性和效益性则是金融机构“活得好”的保障。金租公司要实现生存和发展，就必须牢牢坚守“三性原则”。

一是流动性。流动性是金融机构的生命线，一旦流动性出现问题，对金融机构的影响是致命的。近两年，在“去杠杆”和“强监管”大背景下，流动性问题一直是困扰中小及民营金租公司发展的首要难题，很多金租公司因流动性问题而不断缩表。另外，通畅的融资能力是金租公司可持续发展的前提，公司的发展离不开稳定资金的支持。金租公司，特别是非银行系金租公司，持续面临“融资难、融资贵”的问题，需要在经营中坚守流动性原则。

二是安全性。作为一家金租公司，特别是非银行系的金租公司，由于行业研究、客户基础、专业能力等方面都相对不足，在经济下行时期，找到能够接受金租公司价格且资质优良的客户就更加不易，更需要把“防风险、保安全”作为一家公司经营管理的首要原则。

三是效益性。“一切不赚钱的经营都是耍流氓”。作为一家商业经营机构，金租公司要在风险可控的前提下加快业务的有效发展，要牢牢把握“安全”和“盈利”两个要素，一定不能“赔本赚吆喝”，更不能靠牺牲盈利来“冲规模”，要坚守效益性原则，做到对股东负责、对员工负责。邦银金租成立 5 年来，始终坚持业务的有效发展，在风险可控的基础上，提升项目的质量和收益。特别是近两年市场流动性趋紧、融资成本不断提高的情况下，未出现利率倒挂的现象，经营质效不断提升。

2. 依据自身资源选择业务领域，做到有所为、有所不为

商业银行在机构设置、研究能力、风险体系、市场营销等方面具有较为完备的体系，可以为客户提供多样化服务。对于金租公司，在与银行相比，资源禀赋存在一定差异的情况下，既要保持发展，又要实现盈利，还要保障资产安全，就必须找准自身定位，在某些特定行业和领域进行深耕，打造符合自身特点的“专卖店”经营模式，而不宜做“全能型”公司，要做到有所为、有所不为。邦银金租在发展过程中，围绕公共事业、节能环保、医疗卫生、高端装备制造、新能源等重点目标行业开展业务，并积极推进上市公司及上市公司控股股东业务拓展。依靠准确的市场定位，邦银金租近几年来保持了快速发展，规模、利润、资产质量等指标位居行业前列。

3. 脚踏实地做好每一笔业务

再好的市场定位与行业研究都需要靠逐笔的业务来落地。公司的生存和发展依靠每一笔业务的积累，只要每笔业务做好了，每年全部投放的项目都做好了，企业的经营自然就成功了。近年来，邦银金租建立了严格的风控体系，将“审慎、稳健、严苛”的风控标准贯彻到每个项目的全流程中。同时，能够根据宏观政策和经

济形势及时调整风险政策。在经济下行期，市场资产质量问题显现，上市公司股票质押风险集中爆发的情况下，公司加强风险审核，审慎投放，成功规避了十余家市场知名企业风险事件，开业 5 年始终保持“零不良”的优良记录。

4. 避免盲目跨行业转型，在熟悉的业务领域深耕细作

在经济下行压力加大、市场违约事件频发的环境下，金租公司更应该紧紧坚持有所为、有所不为，做好熟悉领域的业务，不宜为了转型而盲目进入较为陌生的行业领域或是一些社会热点领域。能够在所熟悉的业务领域深耕挖潜，不断加深对行业的分析和理解，把熟悉的领域做深做透也可以实现转型升级的目的。

12.6 高克勤：统一监管下的行业转型升级与政策需求①

2018 年 5 月 14 日，商务部发布《商务部办公厅关于融资租赁公司、商业保理公司和典当行管理职责调整有关事宜的通知》，将融资租赁公司监管职责划归中国银行保险监督管理委员会（以下简称“银保监会”）。自此，融资租赁行业两类三机构的管理体制进入统一监管的时代。融资租赁具有金融属性，统一监管最根本的要求就是按照金融企业来管，随后依此进行的清理整肃和规范经营，必然涉及一批长期休眠或者在公司治理、经营管理等方面存在合规或风险隐患的公司，这有利于融资租赁行业出清，回归本源，政策环境优化。在此过程中，厘清行业对统一监管的认识，自觉进行金融企业自律管理的适应性调整，客观表达对监管政策的合理需求对于行业健康可持续发展具有重要意义。本文试图从行业智库的角度，对上述进行讨论。

（一）统一监管的核心要义与行业规范

1. 统一监管的核心要义

融资租赁是“以融物的形式达到融资的目的”的一种商业模式，其通过融物的方式所达成的价值交换，在融资功能、风险和期限转换、风险管理等方面均具备了金融交易的基本特征，无疑具有金融属性。以 2017 年全国金融工作会议召开为标志，金融监管由机构监管为主转向机构、功能、行为监管并重，专业性、统一性和穿透性是其基本导向。根据国家统计局《第三次产业划分》（GB/T4754—2002），金融租赁公司属于金融业（J 门 7120 大类），而融资租赁只在租赁商务服务业（L 门 7310 大类）中提到了机械设备租赁。行业划分不同导致两类机构定位也不同，金融租赁公司是非银行金融机构，而融资租赁公司是非金融机构企业。在监管方

① 本文作者为中国融资租赁三十人论坛常务理事、融资租赁三十人论坛（天津）研究院院长高克勤。

面，《金融租赁公司管理办法》和《融资租赁企业监督管理办法》在准入和事后监管规则的设定上存在较大差异。实际上，以前商务部监管的融资租赁和银监会监管的金融租赁一样，都具有以融物的形式达到融资目的本质属性，因而应当适用金融企业监管的基本规则，统一监管的核心要义就是对融资租赁企业要按照金融企业来监管，并进行行业规范。

2. 行业规范的基本要求和主要目标

融资租赁经过近40年的发展，一方面，已经形成数量庞大的企业主体和体量巨大的租赁资产，涉及国民经济的主要行业，并以其与实体经济特别是中小企业的天然相融而成为我国金融体系不可或缺的有生力量，在货币传导机制和支持经济增长方式转变方面发挥着日益重要的作用；另一方面，由于自身公司治理、经营管理和经济周期、政策环境的原因，也有相当一部分企业存在长期休眠、监管套利以及程度不同的合规风险隐患。因此，统一监管后，行业规范的基本要求应该是，既要保证新进入企业规范稳健发展，又要对现存企业进行清理整顿，以化解风险，规范管理，平稳过渡，推进行业转型升级，更加紧密地融入实体经济，以其特殊功能助力经济高质量发展。

顺理成章，行业规范的主要目标，一是确立监管架构。有迹象表明，银保监会、地方金融监管部门、行业自律组织应是新的监管体系的三大支柱，而银保监会是三大支柱的核心，地方金融监管部门是监管的主体，行业自律组织是有益的补充。二是明确监管政策。其基本思路应该是先分类监管再逐步趋同，功能统一而又区别对待。三是在清理摸底的基础上，依法依规出清不合格者，整顿不合规经营，化解风险隐患，防止风险外溢。四是鼓励回归租赁本源，创新业务模式，发挥功能优势，服务实体经济，特别是小微企业。

（二）行业转型升级的实现路径

不容否认，一大批融资租赁公司经过历次经济周期的洗礼和市场的磨砺，特别是在金融市场运作的过程中，自觉不自觉地认识到了融资租赁的金融属性，在治理结构、经营管理等诸多方面主动引入了金融企业的管理理念和方法工具。也应该看到，作为金融企业，相当部分融资租赁企业的自我教育和全方位的治理还任重道远，补足这一课并在公司治理和经营管理实践中自觉以金融企业自律已时不我待。于行业而言，这一过程也是经营管理的整体转型升级，所谓转型就是由工商企业转变为金融企业，所谓升级就是业务的回归本源和与时俱进的创新。

1. 公司治理

就其形式而言，公司治理主要是“三会一层”，即股东大会、董事会、监事会及经营管理层以及相关的专业委员会和制度规则体系。金融企业董事会的专业委员会，除薪酬与提名委员会外，比较强调风险管理委员会和关联交易委员会的设立。就其实质而言，主要是股东、管理层及公司员工的利益平衡以及公司所有者对经营管理层的授权及监督。股东的金融合格性以及持续的资本投入能力，对管理层明晰的授权和有效监督是金融企业公司治理的关键所在。

2. 战略管理

企业战略管理是企业对未来一个时期发展方向、发展目标、实现路径的规划以及资源配置、文化培育、品牌打造的长远整体布局。归纳代表型融资租赁企业的战略管理得出至关重要的几点：一是要着眼稳健可持续发展，切忌急功近利。规模经营固然重要，但规模一定要让位于质量，服从市场定位。二是扬长避短，发挥优势。对于初创公司而言，其优劣势主要体现在股东背景和经营团队上。在目标市场的确定上，领域不宜过宽、战线不宜过长，在探索尝试中逐步找到与公司优势匹配的主攻方向和业务模式。三是符合行业发展趋势，顺势而为。要做朝阳产业，符合国家战略方向；要做专业化服务，有比较大的增值服务拓展空间；要对接金融市场，以销定产，生产符合投资人偏好的租赁资产。能做到以上几点，融资租赁公司的专业化差异化也就水到渠成了。至于国际化则因公司而异，面向国内外市场，有需要有条件的，则有必要打通资产负债端的国际通道，在国内做中小企业的，也不必为国际化而国际化。

3. 资本约束

资本约束机制是以资本充足率为核心，包括资本补充、规划、内部资本评估、动态补充的管理体系。资本约束是金融企业的核心要求，也是做强、做大的基本条件。融资租赁是高资本消耗业态，需要建立可持续的资本补充机制，同时要走轻资产资本节约的发展之路。一是要根据自身业务特点、风险管理状况及监管要求，建立资本管理制度体系。二是要根据业务发展规模和速度，制定中长期资本规划，至少应设定内部资本充足率三年目标。三是建立资本评估制度，每年至少进行一次内部资本评估，资本充足率计算应当建立在各项减值准备计提的基础上。四是建立内源性与外源性相结合的资本补充机制，内源性主要是股息分配后的留存收益，经股东同意也可将未分配利润转增股本，一般风险准备也可计入核心一级资本；外源性资本包括股东增资、引入战略投资者以及发行普通股票。五是资产转让及资产证券化，这需要建立符合投资人偏好的资产组合和资产池，也是轻资产经营的主要实现路径。

4. 风险控制

风险管理就是对经营活动中各种不确定性的管理，是融资租赁企业可持续发展的基本能力。一是要做好风险战略管理，审慎选择目标市场，做好目标客户的准入管理，阻断风险产生的源头；要密切关注宏观经济和宏观政策走向，实时跟踪分析目标市场行业发展趋势，努力减少周期性系统风险。二是建立全面风险管理体系，包括信用、市场、操作等主要风险的识别、计量、处置、补偿的制度体系、组织体系，将各项风险管理融入业务运作全流程，落实到全体员工的岗位职责，做好业务发展与风险控制、当前发展绩效与中长期风险暴露的利益平衡，建立包括资本消耗、分期收益、出险损失在内的绩效考评和问责机制。三是创新风险管理机制，开发运用具有租赁特色的资产分类、风险计量、压力测试工具；运用互联网、大数据等金融技术实现租赁资产和企业经营的动态监控；用好租赁二级市场、产业链及多种金融平台的组合优势，做好资产管理和风险资产的处置。

5. 内部控制

内部控制是全面风险管理的重要内容，又是相对独立的运行体系，是企业实现管理目标和安全运行的重要保障。融资租赁公司的内部控制体系建设，一是要完善组织体系。基本原则是，职责明确、分工合理、相互制衡、报告关系清晰。明确各部门负责人为本部门的内控合规管理“第一责任人”，建立专兼结合的合规管理队伍，相关人员各司其职。二是强化规章制度体系建设，实现制度对各项经营活动的全覆盖，定期对制度进行后评价，建立动态纠错机制健全评价体系；以关键合规点矩阵为重点，以内控评价为手段，采取部门内自评价与现场检查方式相结合，对经营行为及时纠偏；结合行业监管要求、公司自身经营管理实际情况，关注重点核心指标，覆盖公司经营管理全流程；及时完善关键合规点的内容，保证其准确性和时效性。三是进一步强化授权管理，强化岗位约束，明晰审批流程和控制环节，构建与公司业务流程向匹配的岗位授权体系；推动部门和人员合规履职，提升内部监督效果；加强内控过程评价，动态完善控制措施，通过过程控制的有效性提高企业对管理目标的控制。四是建立内外部审计制度，审计评价公司治理、财务管理、风险管理及内部控制效果并持续改进。

6. 流动性管理

流动性风险管理是金融企业为应对资金流量缺口而进行的资产存量和资金流入管理。在宏观经济和金融市场不确定因素较多的形势下，融资租赁公司的流动性管理事关公司的生存发展。其主要环节包括：一是搭建流动性治理体系。要明确职责分工，决策层面负责公司流动性风险管理偏好、策略、政策和流程，审批流动性风险信息披露；执行层面包括财务资金部门、风险管理部以及资金和业务部门，负责做好流动性风险管理制度的制定和运作，前中后台要协同配合，相向而行。二是加强现金流缺口和流动性限额的管理。建立完善的流动性风险指标体系及相应的模型，根据公司的资产负债状况及资金形势制定流动性管理指标，设置控制限额，定期分析业务开展和资金来源情况，做好流动性风险的提前预警。三是积极参与金融市场运作。建立符合投资人偏好基础资产池，用好租赁资产证券化、租赁资产保理、收益权转让等直接融资工具；不断积累提升信用层级，拓宽同业合作空间，构建长期稳定的战略合作；创造条件，打通境外多币种融资。四是建立应急预案。通过敏感性测试和情景测试，评价不同程度压力条件下的流动性水平，合理预测未来现金流缺口的变化，并与控股股东一道做好应急处理预案。

7. 信息管理系统建设

融资租赁企业信息管理建设对于企业经营管理能力的提升至关重要，其基本构成应包括核心业务系统、财务管理系统、人力资源以及自动化办公系统，其基本要求是满足业务运行的需求并为业务创新预留空间，满足监管部门的信息报送要求，满足内部业务经营分析及考核评价的要求，满足控股股东的并表监管以及办公自动化要求。值得关注的是互联网、大数据、云计算、人工智能、区块链等金融科技在融资租赁领域的应用：一是数据收集和挖掘，用以发现和筛选客户。通过行业数据库建设和数据分析，服务产业链租赁，挖掘新的客户，设计个性化的营销方案，对存量客户进行分类管理、动态维护，提高客户留存率。二是实现信息的充分和对称，实时识别和防控风险。基于大数据和算法模型，实时发现客户的风险信号，做出风险预警，针对风险特征和信用状况及时采取防控措施，降低整体违约率，减少不良资产的产生。三是提高业务运作的质量效率，降低运营成本和操作风险。通过大数据分析和互联网手段，实现业务标准化与个性化的统一、线上线下的结合，节约运营成本，降低操作风险。

8. 创新能力建设

融资租赁企业的业务模式和商业模式的创新能力是行业转型升级和核心竞争能力培育的原创动力。一是创新经营理念。要把握产业升级和动能转换的宏观大势，顺应产业增值服务＋金融市场运作＋金融科技应用的行业趋势，借鉴先进同业的成功实践，创造基于自身资源秉赋的商业模式，打造市场好评的企业品牌。二是加强专业团队建设。团队的组建应符合公司的发展战略，依据目标市场和业务模式，形成租赁业务人员、目标市场行业专业人员、金融市场业务人员、金融科技人员的合理配比和组合。三是创新激励机制。应通过战投引入、混合所有制改造方式突破企业体制约束，增强企业的市场主体地位；打破人力资源各种形式天花板的制度性制约，一司一制，不拘一格使用人才，保持员工的合理流动；建立市场化的薪酬体系，合理划分岗位序列和薪酬结构，突出重点、兼顾公平，使员工的薪酬增长与企业的绩效增长紧密联系，培育独具特色的企业文化，激发员工的内在创新活力。

（三）转型升级的政策需求

融资租赁行业的统一监管必然带来行业的转型升级，行业转型升级也需要监管及相关政策优化完善，其基本取向应该是，把握行业转型升级的主线，既体现同类企业监管的统一要求，又紧扣我国融资租赁行业的发展实际，促进融资租赁行业可持续发展，使之成货币政策与实体经济的有效联通渠道。

1. 明确融资租赁标的物的监管定义

原银监会规定金融租赁的租赁物为固定资产，商务部规定融资租赁的租赁物应当权属清晰、真实存在且能够产生收益权。研究和实践表明，上述定义既不统一，也滞后于现实融资租赁业务实践。融资租赁标的物是融资租赁业务交易结构成立的基础，明确融资租赁标的物的监管定义，有利于融资租赁企业知晓业务开展及创新的边界，也是监管机构执法的依据。

溯其本源，观其趋势，总结代表性公司的创新实践，我们认为，“融资租赁标的物是指权属清晰、价值可评估的资产”。其理由，一是从统一性来看，融资租赁公司和金融租赁公司本身开展的是同类业务，上述定义内涵外延均能包容现行金融租赁和融资租赁公司管理办法关于租赁物的定义。二是融资租赁标的物权属清晰是融资租赁企业权利实现的前提，一方面能够确认标的物为承租人占有使用，另一方面提供风险控制的载体，保障融资租赁交易中出租人对物的控制权、处分权，同时保障出租人物权的实现；三是价值可评估是融资租赁价值交换本质的体现，标的物一定要有价值，而且这个价值是能够通过市场认可的方法工具进行评估的，以保证融资租赁交易的公允性。四是融资租赁物的监管定义既要体现融资租赁本质特征，又要适应宏观经济动能转换、产业升级以及融资租赁创新实践的现实要求。新时期，消费增长已成为经济增长的主要动力，个人端消费带来大量金融服务需求，以产生收益权作为标的物的标准已无法满足新的融资需求。新形势下，融资租赁业支持文化产业、高科技产业、农业等行业发展，无形资产和生物资产等已成为融资租赁企业标的物的自然选择和控制风险的有效屏障。

2. 体现同类同权的政策便利

目前，融资租赁公司相较金融租赁公司在注册资本金、境内外发起人、前置审批、监管指标等方面存在诸多不一致，其中既有相对宽松的一面，也有限制的一面。金融租赁公司可以做而融资租赁公司不能做的主要包括：税前计提资产减值准备、在征信系统接入、办理不动产抵押方案的金融许可、同业拆借、吸收股东存款等。既属同类公司，这些政策便利在清理规范后，应对符合条件的融资租赁公司给予同等待遇。

3. 实施功能统一下的差异化监管

应该看到，虽然金租与商租同具金融属性，但其股东背景和经营特征却存在较大差异。融资租赁公司中既有央企和外资行业龙头企业、大型上市公司，更多的是中型国有和民营企业。其中两个较为特殊的群体是外资或中外合资企业厂商租赁，其数量庞大，涉租行业广泛，经营特征与金融租赁存在较大，如果采取一刀切的办法进行清理规范，势必形成行业性冲击，并可能产生风险外溢。因此，新的融资租赁监管政策在保持基本规则一致性的基础上，具体监管指标设定应具有更大的包容性和差异化，实现监管体制转换的平稳过渡。2015 年 8 月 31 日和 9 月 1 日国务院分别以国办发〔2015〕68 号文和国办发〔2015〕69 号文下发金融租赁和融资租赁指导意见，正是宏观政策差异化指导的具体体现。

4. 普惠金融的政策支持

融资租赁是金融结构性改革的重要着力点，其有别于其他金融工具的两个重要功能，一是以实物的形式直接进入实体经济，不存在体内循环或用途改变；二是绝大多数融资租赁企业的目标客户为中小微企业，数量多额度小，且多为民营企业。融资租赁绝大多数从事普惠金融业务，理应得到普惠金融相关政策的支持。

5. 分类分级管理

鉴于现存融资租赁公司数量众多，股东资质实力、经营管理和资产质量差异巨大，借鉴《信托公司监管评级与分类监管指引》及银行业分类监管制度，依据股东背景、公司类型等对存量和新设融资租赁公司进行分类，根据股东资质、公司治理、资本充足、经营规模、风险和内控管理、持续经营和信息报告公示等进行分级，对不同类别和层级的融资租赁公司执行有差别的监管政策。同时，可借鉴工商企业的异常名录管理方式，对公司治理或经营管理欠佳、存在较大合规或风险隐患的公司予以警示，提出整改要求，设定整改期限，对期限内达标公司纳入规范管理；对逾期未达标公司依据不同情形，分别采取解散、重整或破产清算的方式进行处置。

12.7 高艳霞：战略聚焦，大有可为①

2018 年 12 月，冀银金融租赁股份有限公司（以下简称“冀银租赁”）已成立

① 本文作者为中国融资租赁三十人论坛成员、冀银金融租赁股份有限公司总裁高艳霞。

三周年。回顾3年来的成长，依靠清晰、明确的战略规划指引，公司聚焦京津冀区域，聚焦实体经济，聚焦能力提升，对租赁行业的认识由浅到深，对租赁业务的把握由模糊到清晰，资产总额由0到87亿元、164亿元、201亿元，一年一个台阶，业务由省内拓展到全国16个省市。良好的经营管理也获得了社会认可，公司主体长期信用评级为AAA。

【聚焦京津冀区域】

作为河北省首家成立的银行系金融租赁公司，冀银租赁自诞生之日起，就制定经营方针和计划，在战略中明确以服务区域经济为己任。在业务方面抢抓京津冀协同发展、2022年北京冬奥会等区域内重要发展机遇，针对大型交通、基础设施、行业固定资产设备进行资金支持，并积极融入雄安新区建设的热潮中。

公司严格按照创立时期的定位，积极响应国家京津冀协同发展战略，主要业务围绕京津冀地区开展。同时发挥好属地化优势，为河北承接京津产业转型升级、疏解非首都核心功能等方面提供了较好的金融支持。截至2018年末，在京津冀地区投放148.46亿元，占比47.37%。

冀银租赁抓住支持北京冬奥会相关项目建设的契机，在充分调研的基础上，以“直租”+“回租”的租赁模式，以缆车索道、造雪机等资产为租赁物，为张家口崇礼雪场等奥运场馆提供“融资”+“融物”的支持，促进雪场的改造升级工作，为冬季滑雪项目提供软硬件保障。截至2018年12月末，冀银租赁为张家口市城市建设和滑雪场扩容更新等项目投放金额27.94亿元，有力地支持了冬奥会的各项筹建工作。

抢抓雄安新区建设的业务机遇。《河北雄安新区规划纲要》出台后，明确住房制度要建立多主体供给、多渠道保障、租购并举的制度，为租赁公司开展住房经营性租赁提供了业务的可能性。当前，公司成立了雄安新区业务课题组，对雄安新区住房租赁业务进行研究探讨。

【聚焦服务实体经济】

实体经济是金融的根基，金融是实体经济的血脉。为服务好实体经济发展，冀银租赁充分利用租赁特性，逐步实践并形成包含业务营销、风险管理、绩效考评等方面的制度体系，有力支持着实体经济业务的开展。

在授信政策和业务流程上，有针对性地制定差异化的授信政策，对产业转移和节能环保企业在融资价格上给予支持；对与实体经济联系紧密，关系到重大民生的项目，公司优化项目审批环节，提升业务办理效率。成立3年间，公司共向实体经济企业投放金额279亿元。

公司主动对接实体经济需求，通过优化业务布局、创新业务模式、调整业务结构，促进传统产业优化升级。依托股东优势，积极开拓服务京津冀地区的节能环保及农业现代化建设项目，在淀粉、粮油、麦业、污水治理、新能源等细分行业均有所布局。截至2018年12月末，在节能环保和农业现代化建设项目投放金额30.58亿元，有力地支持了环境污染防治和农业现代化建设，展现出金融租赁公司独有的竞争力。

当前，冀银租赁抢抓经济发展新一轮战略机遇，依托北京、上海等营销团队，业务聚焦京津冀，长江经济带、粤港澳大湾区，提前布局雄安新区建设，在服务实体经济的同时，提升核心竞争力。

【聚焦四项能力提升】

过去3年是冀银租赁的创业期，未来3年是公司的首个发展期，公司不断上新台阶，靠的就是持续拼搏，久久为功。为此公司始终聚焦四项能力提升，为战略目标实现提供支撑。

一是提升市场拓展能力。明确市场定位，不断提升渠道拓展能力，实现业务资源的多元化发展。第一步实现业务区域聚焦，第二步在聚焦区域内选取3～4个行业作为重点领域，实现行业聚焦，形成公司比较优势。二是提升客户服务能力。以客户需求为导向，提高产品研发设计能力，丰富业务模式和产品，为客户提供优质的融资解决方案，满足客户多样化融资需求。强化专业能力，提升服务质效，由价格竞争向服务竞争转型。三是提升风险防控能力。进一步完善全面风险管理体系，提高内部协作和信息传递有效性，加强内部控制，提高对风险的定量和定性分析能力，提高风险的识别和防御能力，保障公司健康发展。四是提升内部运营和管理能力。根据公司发展需要，对内部架构进行调整，增设相关部门和岗位。推行标准化建设，对业务和管理流程进行规范，优化决策链条，科学授权，强化监督，减少内部管理成本。

方向决定前途，道路决定命运。冀银租赁的长期发展目标是成为一家全国领先的金融租赁公司，未来，公司将继续围绕这一长远目标，做好战略聚焦，探索符合自身实际的发展模式，并通过发展为客户提供优质高效的服务，为股东提供可持续的合理回报，为员工提供更多的发展机会，做有责任感的企业公民。

12.8 刘小勇：利用香港资本市场，开拓“一带一路”业务，创建租赁企业蓝海①

2018年，我国融资租赁业仍处于快速发展时期，截至2018年9月底，全国融

① 本文作者为中国融资租赁三十人论坛常务理事、海航集团（国际）有限公司监事长刘小勇。

资租赁企业（不含单一项目公司、分公司、SPV 公司和收购海外的公司）总数约为 11 565 家，较上年底增长了 19.5%，业务总量约为 65 500 亿元人民币，比 2017 年底增长 7.73%。中国租赁业的业务总量已和美国十分接近，即将成为世界第一租赁大国。

虽然我国融资租赁行业保持了一定的增长，但是，经过近十余年的高速发展，内地的租赁企业普遍面临着同质化竞争加剧、租金收益率下降、资本金杠杆见顶等瓶颈，尤其是在近年来地经济结构调整、金融去杠杆、资金供给渠道收窄的背景下，如何低成本地筹集资金、解决流动性问题，同时更好地管理资本和租赁资产、化解市场风险、打造发展新动能，已经成为内地租赁公司不得不思考的问题。

面对这些挑战，租赁企业应放宽视野，寻找新的蓝海。我国香港地区由于其国际金融中心的独特优势，加之目前特区政府对租赁行业的大力支持，不断完善租赁行业相关基础设施，打造行业良好的生态环境，成为内地租赁企业应对发展瓶颈、筹集资金、解决流动性、管理资本和资产、化解风险、创新业务模式以及实现国际化发展的良好选择。

（一）香港特区政府积极支持本地租赁业发展，打造具有国际竞争力的发展环境

波音公司发布的《2018—2037 中国民用航空市场展望》预测，中国未来 20 年将需要 7 690 架新飞机，总价值 1.2 万亿美元。同时，中国庞大的机队还将创造总价值 1.5 万亿美元的航空服务市场，届时中国将成为仅次于美国的第二大航空市场，其中航空租赁业务需求将持续旺盛。

从全球航空运输业未来的发展重心东移这个趋势来看，亚太地区未来必将成为国际航空市场的一个重要中心。与爱尔兰及新加坡相比，中国香港既是国际金融中心，同时也是国际和区域航空枢纽，背靠内地庞大的市场。因此，香港发展航空租赁具有得天独厚的优势，发展潜力不可限量。

但在此前，全球飞机租赁企业主要集中在税率较低的爱尔兰等地，税收优惠政策是飞机租赁行业取得全球领先地位的一大利器。相比之下，此前香港在吸引飞机租赁企业落户方面稍显落后。为吸引飞机租赁企业来港发展，把握飞机租赁市场的巨大发展潜力，香港立法会于 2017 年 7 月正式批准实施了新的税务条例，给予合格飞机租赁企业及合格飞机租赁管理企业非常优惠的税收减免，例如将合格飞机租赁企业及合格飞机租赁管理人的税率降低为标准利得税税率的一半（即 8.25%）；并将合格飞机租赁企业就飞机租赁活动所获得的租金收入的应税额，降低为租赁收入总额扣减支出（不包括折旧费）后的 20%。新税制将使今后在香港开展的飞机租赁交易的实际税率降低到 3% 至 4% 左右，以 10 年飞机租赁期计算，飞机租赁企

业实际税负甚至大大低于爱尔兰，这对于飞机租赁企业来港发展具有极大的吸引力。根据香港金融发展局发布的“关于推动香港成为航空租赁和融资中心的建议”，在推行新的税收优惠后，未来20年香港在全球飞机租赁业务方面的市场占有率估计将提升至18%。

此外，香港金融发展局还建议出台一系列相配套的措施，例如与某些飞机数量呈高增长的国家和地区扩展税收协定网络；通过参与相关国际公约提高对债权人及租赁企业合法权益的保护；检视上市规则对上市飞机租赁企业提供的豁免；允许飞机资产证券化产品以投资信托基金形式上市；推动发展更高效的飞机融资工具及培训航空金融服务专才等，进一步完善飞机租赁生态环境，打造飞机租赁全球新高地。

正是基于香港这一系列有利租赁业发展的环境，不少租赁企业相继在香港开展业务。2006年，光大金控在香港投资设立了中国飞机租赁公司。2007年，海航集团在香港投资设立了香港国际航空租赁有限公司，提前在香港布局，成为首批在香港完成飞机租赁业务的企业。2017年，工银租赁完成了香港新税制下首笔航空租赁业务，并于2018年3月在香港设立了全资子公司工银航空租赁，进一步发挥示范效应，带动更多的航空租赁企业落户香港；三井住友航空资本（SMBC Aviation Capital）、爱尔兰的AerGo Capital等国际飞机租赁巨头也相继在香港设立实体，积极布局新的发展体系。

内地租赁企业应紧抓发展机遇，拓展新的发展空间。依托香港优势，内地租赁企业可以直接对接国际资本市场，并进一步加强国际化运营能力，增强在国际租赁行业中的竞争力，打造可持续发展路径。

（二）香港成熟的资本市场对于内地租赁企业运用多元化金融工具盘活资产，拓宽融资渠道具有积极的意义

在内地经济调结构、去杠杆、资本市场收紧的背景下，内地租赁公司在2018年普遍遭遇了一定程度的现金流紧张，融资难、融资贵等问题一直困扰着不少境内租赁企业。而我国香港地区聚集了为数众多的中资、外资金融机构，金融市场基础设施完善，金融工具丰富，国际投资者对香港市场持续关注，使得香港资金供应充盈。香港资本市场为内地租赁企业“走出去”融资提供了一个绝佳的平台，以及良好的国际资本市场融资通道。内地租赁企业无论直接融资（如发行新股或债券等）、还是间接融资（如银行借贷）或增发新股筹集资金，都更为方便且成本较低。

在赴港IPO方面，内地在新“大发审委”上任后，IPO审核进一步趋严，通过

率降低，IPO 市场整体呈现降速趋势。而香港则是全球最活跃、流通性最好的资本市场之一。在过去 10 年，香港的 IPO 募集资金额一直在全球名列前茅，2018 年更是以上市宗数与融资额成为全球第一，并将继续保持竞争力。

赴港上市对于内地租赁公司而言具有积极的意义：一方面，在香港上市相对容易。相对于 A 股，港股市场与美股市场更加类似，实施的是注册制，不是事前审批，更多是事后监管，企业在香港上市的门槛相对 A 股市场要低，条件更加灵活。同时，企业排队时间短，上市速度较快，能够更为快捷地实现上市融资需求。

此外，内地租赁企业在香港上市后，后续再募集资金更为便利。同时，香港没有外汇管制，资金流动不受限制，再加上香港税率较低、金融市场的基础设施完善，内地企业可以更为便利地引进海外投资者并拓展海外业务。

另一方面，在香港上市，也有利于内地租赁企业提升国际知名度，更好地搭建国际化运作平台，更方便地开展国际业务，扩大在国际市场上的影响力。同时，内地租赁企业也可以积极吸收借鉴海外企业对管理、运营及市场开拓等方面的经验，为进军海外市场构筑良好的基础。

2011 年 3 月，远东宏信成功在香港联交所主板上市，是在香港上市的首家内地融资租赁企业。截至 2018 年末，已有 12 家租赁企业在港上市，主板 9 家、创业板 3 家，包括中国飞机租赁、国银租赁、中银航空租赁、富银租赁、环球医疗、百应租赁等，另外还有数家正在上市审核过程中。

在债券市场方面，相比于在内地发债，在我国香港地区发行债券，具有财务要求相对较低、发行定价更灵活、审核期限更短等优势，企业发债的压力较小，发行成功率较高。

同时，在香港地区可以发行的债券种类相对较多，可以满足租赁企业的多种需求，特别是对于开展跨境租赁，收取外币租金的租赁企业非常有利。内地租赁企业在我国香港地区可以发行的债券包括人民币债券（点心债）、非人民币债券（如美元、港币、欧元、日元债券）以及合成型债券（如以人民币计价、以美元结算的债券）等。境内企业在香港可以通过直接境外发债（以内地企业作为发债主体）和间接发债（设立境外 SPV，由境内母公司提供增信）方式在香港发债，近年国家积极支持企业发行境外债券，取消了企业发行外债的额度审批，实行备案登记制度，使境内企业在香港发债更为便利。

另外，香港债券发行期限覆盖较广，中长期债券可以很好地匹配租赁企业的资金需求，解决目前大多数租赁企业存在的期限错配的问题，改善负债结构，拉长融资期限。近年来工银租赁、国银租赁、交银租赁、渤海租赁、中原航空租赁等多家境内金融租赁公司和融资租赁公司在香港成功发行了人民币及美元债券。

香港作为国际金融中心，除了股票和债券外，其他多元化的金融工具和金融设施完善，能够满足租赁企业不同类型的资金需求和财务安排，便利租赁企业充分盘活资产，优化资产负债结构，提高资产流动性和资金周转率。

（三）香港在助推内地租赁企业积极践行“一带一路”倡议，抓住发展机遇方面具有独特的优势

“一带一路”倡议给香港租赁产业发展带来了重要的机遇。由于香港独一无二的“超级联系人”角色，随着粤港澳大湾区建设和“一带一路”倡议的推进，香港将与世界各地建立更紧密的经济和文化联系，并促进与各大洲的经贸发展。随着“一带一路”倡议的推进，香港特区在海外各机构的推介力度在不断加强，在海外机构配置的资源也显著增加。国际市场对香港的关注持续增加。东南亚、欧美等具有相关需求的客户也愿意到香港市场来。

在粤港澳大湾区建设和国家“一带一路”倡议下，作为“超级联系人”的香港，不但可以发挥直接投资管道的角色，还可以为“走出去”的内地租赁企业提供金融、法律、资产管理、信用评级等方面与国际接轨的专业服务，并培育更多的和企业国际化进程相匹配的国际化人才，使得更多的内地租赁企业不仅能够“走出去”，扩大海外业务规模，而且能够“走上去”，进一步提高项目效益和投资质量，创新管控模式，强化风险防控机制，创造可持续发展的竞争优势，从而提升中国内地租赁企业的国际竞争力和品牌影响力，成为引领全球租赁业发展的世界一流企业。

在“一带一路”倡议下，积极利用香港的特色和优势，把握发展机遇，开拓新的蓝海，对于内地租赁企业破解发展难题，增强发展动力、形成发展优势具有积极的意义。

12.9 施锦珊：中国基础设施建设的创新融资模式①

大家上午好！非常感谢三十人论坛把最精彩的部分留给最后一位演讲。今天这个题目是非常有挑战的，但目前这个题目恰恰也是表达了在经济下行的时候，我们可能找到了“灵丹妙药”。

① 本文为中国融资租赁三十人论坛理事、鑫桥联合融资租赁有限公司总裁施锦珊于2018年11月28日受邀出席2018（第五届）全球租赁业竞争力论坛所做的主旨演讲。

从国际经验看，任何经济体在遇到经济下行的时候，都将大力推动基建作为经济逆周期发展最有效最成功的措施。经过了一百年的历史，印证了这个模式，无论是西方国家还是正在发展中的国家，凡是遇到经济下行的时候，几乎都会通过加大基础设施投资刺激经济发展。

在2018年7月31日召开的政治局会议上，再次提出要加大基础设施的投资，而且把加大基础设施投资作为补短板的重要措施。10月31日国务院办公厅出台非常有力度的政策——《关于保持基础设施领域补短板力度的指导意见》，重点是九大领域的民生补短板。

今天补短板的领域和2013年国务院提出的加强基础设施建设的指导意见异曲同工。大家清楚，2013年以来，中国基础设施投资需求量之大不可用数字衡量，未来70%的城镇化领域的快速增长，都将源于基础设施建设的强大支持。今天基础设施投资的目标高度清晰，而且高度集中在九大领域。

当前，我国基础设施投融资多以银行贷款为主，融资工具单一，融资渠道有限，导致基础设施建设面临着巨大的资金缺口，现有传统模式在推动基础设施建设进程方面明显乏力。可持续的基础设施投资是否能够实现，关键在于是否有有效的长期资金来源。

我国基础设施融资模式经历了“以财政投入为主、银行信贷为辅”到“土地财政为主，财政投入、银行信贷为辅”，再到“打包信贷为主导的多元化融资”的过程。今天，面对去杠杆、地方政府去债务、严控债务风险等情况，传统的模式已经不可持续。

在传统融资模式下，由于金融监管政策宽松，曾经发挥重要作用的地方政府融资平台功不可没。长期基础设施建设除了国家直接投资、发行各种财务金融工具外，其余资金大多依靠地方政府融资平台。地方政府的融资平台正面临严监管下的进一步改革，本身发展受到了很大的影响，其融资来源和渠道受到了约束。

世界各国都面临基础设施建设融资难问题，都在不断发挥金融创新的力量，创设融资工具和丰富融资渠道，大力发展资本市场直接融资、基础设施投资基金、混合融资工具，吸引民间资本参与基础设施建设，无论是美国的市政债、日本的贷款信托、欧盟的长期投资基金、英国的PPP（政府和社会资本合作）模式等，这些在中国已经不新鲜了。

中国基础设施建设融资的创新模式包括：PPP、基础设施投资建设基金、存量资产的资产证券化融资以及创新融资租赁模式。

PPP现在仍然在不同部门的大力推动中发展，PPP与融资租赁行业的结合已经有很长一段时间，“融资租赁＋PPP”模式遇到的最大挑战是任何PPP项目资本金的来源不可以从金融机构拆借。已经纳入国家财政PPP项目库里的PPP项目，大约有一半将要退出项目库。原因有多种，尤其是财政部规定，地方可支配的财力支出超过10%限额的PPP项目地区暂停新项目入库，再加上资本金不是来源于社会资本金、自有资金，而是通过金融机构拆借的方式，所以PPP模式目前存在很多争议。

融资租赁作为一种现代投融资方式，以其兼具融资和融物的独特功能，为基础设施建设融资提供了一个全新的思路，且其天然具有支持实体经济发展、助力基础设施建设的优势。

在我国基础设施建设的融资渠道中，我们公司做了很多的探索与创新。我们的鑫桥模式是通过融资租赁方式盘活经营性基础设施项目，之后进一步把经营性基础设施项目的现金流，通过资产证券化实现再融资。

鑫桥租赁探索的基础设施项目创新融资模式得到业界的指导，我们运用了各种基建产业基金以及国内外的资本，其中资产证券化的模式大家都很清楚，经营性基础设施资产本可以直接发ABS产品，但是创新融资模式比基础资产直接发ABS能更有效地提升融资规模，更有效地改善报表，促进基础设施发展，这样就可以更有效地限制来自地方政府的隐性债务、隐性担保。

我国目前对于基础设施的投资政策是非常清晰的，多个文件提到用融资租赁的方式支持项目建设。但基础设施所需的资金一般都规模巨大且期限长。这些基建项目大多是国家特许经营的项目，必须要求回报率低，在目前监管情况下，有些项目资产的现金流是不独立的。

所以，如何能够让一个有效的资产实现独立的现金流，而且又是特许经营，能够得到各种投资人的青睐，这是一个金融工程，是一个结构化的安排。

在国家再次提出大力投资补短板的基础设施之时，我们找到了一些有效的途径，比如引入海外保险资金等。如今，要把一笔外债引进中国，难度非常大，虽然我们设有很多的自贸区，但能够实现的路径也非常少。不过我相信，以上基建项目的创新融资模式可以为中国的基础设施建设做出贡献。

在座诸位都是专家，都是非常优秀的同仁，三十人论坛的各位领导、各位同事、各位朋友，一定会明白鑫桥模式的用心良苦，一定会明白这几年我们为中国大规模的基础设施建设投资做的有益探索。

其实，鑫桥模式不仅在租赁行业中跟大家有过交流、探讨，而且对资金来源渠道方式也有过深度探索，尤其对于资本市场的各种机构投资人，例如国外保险公司、养老基金、大学基金、家族基金等。前面提到的引进国外保险资金投资中国，在创新交易结构中都有境外SPV的结构化创新设计，在现有的跨境外汇政策下，由于国外保险资金直接进入中国会有很多障碍，所以中间一定有境外SPV的交易结构安排，利用各种境内自贸区的创新账户、离岸账户等实现跨境投融资安排。鑫桥租赁在为引入长期低成本大规模资金做出巨大努力的同时，希望能为中国的租赁行业做一点贡献。

我相信，我们租赁行业一定能充分发挥租赁新动能，突破中国经济发展的屏障，实现再次腾飞和再次发展，谢谢！

12.10 舒威：风控新元年与融资租赁监管转型[①]

今天分论坛的题目是风控新元年，但是我想借这个机会谈一谈风控和监管转型的问题。如果我们认为风控仅仅是融资租赁公司内部管理事务的话，可能在当前监管转型的大环境下，未免太微观了一点。

商务部已经把制定融资租赁行业业务经营和监管规则的职责划给了银保监会，未来直接监管的职责落在地方金融监管局。我最近在多个场合都呼吁，在这个时点上，融资租赁公司对监管转型应该重视，行业内对监管转型的重视程度和讨论，可以更多一些。监管层也更希望了解行业的现实情况和听到业内呼声。我先从监管转型角度说一说，后面的讨论环节多说一点风控的事情。我讲三个方面：

（一）要正确认识融资租赁行业（即所谓商租行业）的发展现状

第一，截至2018年9月底，内资融资租赁试点企业397家，外资融资租赁公司11 099家，加起来是11 496家，绝对数很大。通常我们都讲大部分融资租赁公司好像没开展业务，空置率比较高，这个情况应该说是有的。但是我想同时也要看到由于基数大，即使10%开展业务，也有1 000多家，5%开展业务还有500多家，这个绝对数还是很大的，而银保监会监管下的金融租赁公司同期对比只有69家。商租公司绝对数量很大，500～1 000多家正常展业的企业，应该引起足够的重视。而恰恰是500～1 000多家商租公司里的50家，可能又成了融资租赁行业的主体，开展了大量的融资租赁业务，不能单纯从企业数的角度看所谓融资租赁空置率高。总结为第一句话就是“融资租赁行业是有好人的，是有正经经营的企业”，大家要

---

① 本文为中国融资租赁三十人论坛成员、国新融资租赁有限公司总裁舒威于2018年11月29日受邀出席2018（第五届）全球租赁业竞争力论坛所做的主旨演讲。

正确认识这个。

第二，融资租赁公司这么多年服务实体经济，中小企业和民营经济，促进产融结合、促进投资的作用是非常显著的。如果都是商业银行或金租的体制，会有人去做这样的事情吗？去做重卡的细分领域吗？去真正服务这些中小企业、民营企业吗？如果把金融租赁和融资租赁做个对比，融资租赁领域，服务中小微企业、服务民营企业的比重要远比金租大得多。同时，大部分融资租赁企业的股东是实体产业集团，在服务这些产业集团的主业和产融结合的程度上，远远大于金租或商业银行等其他渠道。第二句话可以总结为“融资租赁公司也干了不少好事、实事”。

第三，融资租赁公司由于没有金融牌照，除了资本金外，大部分资金都是从银行借的钱，银行对它进行穿透监管，没有所谓同业拆借和同业借款的资格，没有什么负外部性，对金融系统无法带来大的消极影响。融资租赁行业里的商租能引起系统性风险吗？我看很难，想干坏事好像也干不起来，掀不起“狂风恶浪”。有的人会拿前两年的“e 租宝事件”说事，业内人都知道，e 租宝跟租赁没有任何关系。还有个别企业在外汇领域出了些问题，由于其属性的限制那也都是银行在赌人民币升值出现的问题，租赁可能也只是一个通道，由于其属性的限制，自身起不到决定性的作用。第三句话可以总结为“融资租赁公司没干什么坏事，也干不了什么坏事”。

总结三句话：（1）融资租赁行业是有好人的，是有正经经营的企业的；（2）融资租赁公司也干了很多好事、实事；（3）融资租赁公司没干什么坏事，也干不了什么坏事。基于这个认识考虑融资租赁行业和监管转型的话，思路就清晰得多。如果没有负外部性，为什么要用负外部性、引起社会性风险的方式去监管呢？监管的逻辑要清晰，要正确认识融资租赁行业的发展现状。

（二）正确认识融资租赁公司与金融租赁公司的关系

第一，融资租赁公司和金融租赁公司是相辅相成、互相促进的关系。如果说金融租赁公司起到了稳定器的核心作用。那么，融资租赁公司可能是这么多年发展的土壤、创新的来源、人才队伍的发祥地，可以说融资租赁公司为租赁行业的发展起到了基础性作用。它们是相辅相成的关系。

第二，融资租赁公司和金融租赁公司的本质属性不同。一是金融性不同，金融租赁公司是持牌金融机构，具备金融机构一系列特点，外部性更强，所以要关注金融租赁公司的资本充足率、关联交易、授信集中度、拆借比例等。而融资租赁公司就是普通工商企业，没有这些金融机构的便利。从本质上讲是什么？一个是贷款人，一个是借款人。金融租赁公司是“贷款人”，而融资租赁公司是“借款人”，已经受到“贷款人”严格的监管。二是股东背景差异也很大，金融租赁公司股东主要还是商业银行，它跟商业银行有相似性。而融资租赁公司的股东主要是产业集团，特别是以中央企业为代表的产业集团。三是成立目的不一样，融资租赁公司很多是产业集团为了促进产融结合而成立的，天然就是要服务主业的。而金融租赁公司更多是做商业银行的产品线。

（三）正确认识融资租赁公司的监管转型

我建议监管转型应该遵循以下几个原则：

一是公平合理、权责对应的原则。很简单，比如说融资租赁公司，如果没有金租公司这些便利度、功效和外溢的风险，就不应该按照金融租赁这套监管办法直接来套用。反过来，如果给了这些东西，那就应该按照金融租赁的办法来做，这就是公平合理、权责对应的监管原则。也即，你具备怎样的功能，享有怎样的权利，你就应该承担怎样的责任和被监管的要求。

二是融资租赁和金融租赁的监管都应该与时俱进。与时俱进，不是说融资租赁公司的监管一定参照金融租赁公司的监管办法。2016 年成立国新租赁以前，前 10 年我一直在金融租赁公司任职。金融租赁公司的监管，其实也不是完全没有改进的空间。目前，对金融租赁公司的监管办法，大部分是照着《巴塞尔协议》对银行资本和风险监管的逻辑来的。为什么刚才大家讲类信贷的问题，10 年来大家都讲，监管逻辑就是按照类信贷监管的，按照放款机构监管的，监管的标准都是按照这个来的。所以我的意思，咱们现在未必谁向谁靠近，而是有可能大家要往中间靠。

三是融资租赁公司未来的监管也应该避免一刀切，应该分级分类监管。不管融资租赁公司是 1 万余家、1 000 余家还是 500 余家都是比较庞大的群体，信托公司只有 68 家还有行业评级。银行除了农村信用社和合作社，叫银行的有 500 多家。500 多家包括国有银行、政策性银行、全国股份制银行、城商行、农商行，这里面还没算 1 000 余家村镇银行，功能定位都不一样。融资租赁公司股东背景和业态也很丰富，有央企系的，有厂商系的，也有独立第三方的，等等，还有的人家就是服务中小企业的、服务“三农”的，我觉得也应该区分开来，进行分类、分级监管，而不要一刀切。服务中小企业、服务“三农”的融资租赁公司，政府就应该给一些扶持的政策。

四是监管的目的应该是尊重行业的现状，维护行业的稳定和良好发展。如果说金融租赁行业，银行背景的金融租赁公司是主流的话，那么融资租赁行业，央企背景的融资租赁公司一定是主流。我们大概统计了一下，30 多家央企租赁公司，总资产大概 6 000 亿到 7 000 亿元，在融资租赁几万亿元的合同余额里占有相当大的比重，而且这都是自己主动管理的。今天在座的很多都是优秀代表，比如中航租赁，近20年的经营，资产超千亿元，都是在正经做事的。而有一些中央企业的租赁公司就是服务主业的。监管层要尊重行业的现状，制定监管指标的时候要考虑到这些。有人说怕融资租赁公司搞自融，我说不用担心融资租赁公司自融，他的资金来源、授信额度都已纳入集团的整体授信系统。比如五大电力集团下属的某个央企租赁公司，他的授信就是在央企集团的，而且没有同业借款、拆借的资格，你怕他自融什么呢？没有问题，融资租赁公司给自己集团做业务没问题，都是纳在集团额度内的，银行都监管住了。而如果是金融租赁公司就不一样，可以随时同业拆借，不纳入管理，最后变成关联交易的融资通道。监管层要尊重行业的现状，维护行业的发展稳定。

五是我们也应该正确认识监管转型带来挑战的同时，对融资租赁公司也是机遇。我相信绝大部分正常经营的融资租赁公司都将迎来很好的发展机遇。我们应该拥抱监管，规范经营。

最后，我倡议融资租赁公司增强自律，规范经营，共同为中国经济的高质量发展贡献力量，特别是中央企业和国有企业背景的融资租赁公司，更要起到模范先锋带头作用，打消外界的顾虑和监管的担忧。同时，融资租赁行业要统一认识，尽量有一个共同的声音，去呼吁监管。融资租赁行业快速发展了10年，目前确实处于监管转型的关键节点，我们一定要团结，抱团取暖。融资租赁公司具有不同的背景、不同的定位，内部差别很大，但咱们尊重这种差异，尽量找到最大公约数，求同存异，跟监管层，跟社会公众，跟包括税务、财务、法律这几大支柱部门去沟通。

谢谢大家！

12.11 万钧：汽车金融的破局与赋能之道①

汽车金融是特别大的领域，狮桥只做了其中特别小的一部分，我们也只是做了一些探索，而这个探索的路还很远，因为中国的市场太大了。

我们可以看到，中国汽车信贷市场规模这么多年一直在增长，但是跟成熟的国家相比，远远没有达到它应该达到的水平。可以看到，2015年汽车信贷市场大概是7 500亿元。目前，包括乘用车和商用车在内的汽车信贷市场应该是12 000亿～

① 文章为中国融资租赁三十人论坛常务理事，狮桥集团创始人、董事长兼CEO万钧于2018年11月29日受邀出席2018（第五届）全球租赁业竞争力论坛所做的主旨发言。

13 000 亿元的水平。

2016 年，我国汽车金融渗透率约为 39% 左右，这显然是不足的，印度都比我们要高，欧美成熟国家就更高了。对我们从业者来讲，渗透率还有很大的提升空间，也意味着，我们还有非常大的市场空间可以挖掘。但同时给我们带来的挑战也特别大。可以看到，从 2013 年开始，汽车销量快速增长，近两年来，乘用车销量增长下滑速度很快，2017 年增速是 1.40%，2018 年首次出现了负增长，这同样给汽车金融带来了巨大的压力。

我们看美国的汽车金融渗透率，从 1919 年到 1930 年这短短的 10 余年间，汽车金融几乎是从零快速增长到 50%，但是从 1930 年一直到 2015 年，才从 50% 增长到 80%。这意味着什么呢？意味着中国汽车金融高速增长的历史或将结束，快速增长、昂首向上的势头再过几年就没有了。虽然以后还会增长，但是跟美国一样，都是缓慢增长，甚至可能比不上美国的增速，因为消费习惯、储蓄能力还有制造低成本产品的能力，会使得家庭全年收入与车辆售价相比大幅增加。而在美国，买一辆车是很痛苦的事情，对他们来讲是大的开支，但在中国，10 万左右的国产车就非常好。

无论从本身的国情也好，还是国外的发展历史来看，汽车金融不能无限制地增加，未来三到五年中国的汽车金融会进入一个缓慢增长甚至停滞的阶段。

在汽车金融市场的众多玩家里，融资租赁公司的优势在哪？

我们来看最关键的几个指标：第一看场景。互联网虽然很牛，但它离场景是最远的，当然如果能把场景直接改到线上，那互联网就是最近的。虽然已经有很好的尝试，但目前离完全实现车辆的电商化还有比较长的距离。从整个场景的远近来讲，离得最近的其实是经销商系统，它们有直接的展厅，能第一时间销售。而对于融资租赁公司以及其他玩家来讲，离场景其实都比较远，当然整车厂也可以比较近。第二看利率，毫无疑问商业银行是最低的，互联网金融是最高的，租赁公司则处于中间水平。第三看审批放款速度，毫无疑问互联网金融是最快的，它们甚至可以秒批。其次就是融资租赁公司，如今的审批放款速度也很快。第四看产品灵活度，融资租赁公司和互联网公司比较有优势，产品做得比较灵活，可以更贴近客户需求，甚至量身定做。第五看品牌认可度，显然银行是最高的，小的互联网金融则偏低。其他像租赁公司的品牌认可度也没有太大优势。

所以融资租赁公司，离场景远，利率又高，品牌认可度又低，能做的是什么呢？其实只有两样，产品灵活度和审批的放款速度。这是金融机构打造核心竞争力应该着手的方向。但审批放款快又涉及另外一个问题——安全和风险。要做到快速很容易，但速度是一把双刃剑，又快又安全才是我们的目标。

对于所有玩家未来的前景，我们认为，未来汽车金融不会是融资租赁公司的天下，当然也不会是银行的天下，更多的会是谁呢？更多的是汽车金融公司的天下，包括整车汽车金融公司和经销商系统的汽车金融公司。

因为银行的整个机制还不能支持汽车金融的快速审批，但汽车金融公司完全可以做到，所以我们预测，2025 年以后汽车金融公司的占比会高。融资租赁公司该如何保持自己的竞争力呢？如果我们只是做金融，从刚才我们对所有条件的分析结果来看，我不认为未来会非常光明。

从整个汽车市场来看，未来发展方向是什么？

第一是需求本土化。从乘用车市场看，很多本土制造企业已经做得非常非常好了，可以满足特别强的高科技感，比如特斯拉上好的电子设施，或者一项功能已经经过很多论证，可以直接落地使用，大家不要忽视科技感这一点，这一点非常重要。我们也做过一段乘用车，现在乘用车购买的主要动力来自五、六线城市，甚至农村，他们对科技感的追求非常非常的强，售价不高的国产车以相对较低的成本满足受众对科技感的需求，使得车辆未来的需求本地化会越来越突出。

第二是新能源，尤其是在城市，新能源不仅适用于乘用车也适用于商用车，像深圳 2018 年 7 月 1 日出台的新政策，新注册上牌的电动物流车，4.2 米以上的，不允许进到核心城区。也意味着，从 2018 年 7 月 1 日以后，在深圳如果想从事城市作业，必须是新能源车。这是一个必然趋势，狮桥正在做这样的探索。

第三是服务数字化。汽车电商以及售后的 O2O 平台，早期阿里的车码头等都是在互联网的售后服务上提供数字化服务，这是非常重要的一些尝试。

最后是无人驾驶，智能驾驶。这在未来也是一个发展方向。

未来，一定会出现一到两个比今天最大的融资租赁公司都牛的公司，它代表汽车金融科技的方向——科技和平台、互联网大数据和智能 AI。

在这些行业，大家都服务于汽车金融，融资租赁公司需要想一想怎么跟它们竞争，如果没有互联网能力，没有大数据能力，没有科技因素，我们怎么跟反应极其迅猛、由大量资本扶持、敢于烧钱的公司竞争。

当我们说汽车金融的时候，其实不是孤立地说只是给客户做车款融资这一件事，其实包括的内容非常多，主机厂本身的融资，主机厂上下游零部件公司的融资，经销商的库存融资，一直到客户这一端的融资都有很多机会去做。所以我们融资租赁公司，不要说只盯着个人金融一个业务去做，对于很多有银行背景的租赁公司，或者是产业背景的金融租赁、融资租赁公司，大家其实有更多的机会，而不一定要抢最底层的终端客户的业务。

所以对于一个公司来讲，我们怎么分析，或者在这个市场上怎么做呢？其实核心还是要以客户为中心，更重要的是我们要去看看自身的资源禀赋是什么，跟上游熟还是跟经销商的关系更密切，还是说有非常好的科技能力、有很强大的数据能力，任何一个强项都能帮助你在这个市场获得竞争优势。科技业务创新能不能开发出市场现在没有的新产品，满足客户某一个痛点的需求，还能够把握住风险，不让太多风险侵蚀利润。

还有二手车市场，互联网公司已经把它作为主战场。优信、刚刚上市的微贷网、即将上市的瓜子，它们的主战场不在新车而是在二手车市场。整个后市场的汽车产业链中，不同市场有不同的利润来源。在中国市场，整车制造占43%的利润指标，金融、汽车后市场占11%，但是成熟市场是反过来的，汽车制造只占到15%，销售几乎不赚钱，销售更多的变成流量入口，获取客户基础，最终流量的变现在售后领域，也就是汽车金融、二手车、租赁、维修等方面。

二手车交易规模越来越大，到2017年已经达到8 000多亿元，整车销售在3万亿元左右。在成熟市场，卖一辆新车会同时有三辆二手车的交易，但中国现在是反过来的，现在我们大概是两辆新车有一辆二手车的交易，未来至少会有6倍的增长，而二手车市场目前还没有一个特别大的玩家。这个市场足够大，还可以容纳很多新的进入者。我们预计，2018年二手车交易将达1 200亿元，但是短短4年之后就会达到5 000多亿元，所以这个市场足够大，值得大家关注。

刚才说汽车金融的全貌，我们可以参考国际上同类公司的案例。CarMax和AutoNation都是做二手车的，但后来AutoNation转向新车，通过二手车交易把握流量入口、导流，最后在金融上变现。

还有一个是刚刚成立的也是非常具有代表性的叫Carvana，他们定位于“汽车贩卖塔”，基本上相当于自助卖车，把二手车收回来进行评估定价、检测，提供二手车销售的融资和中间库存的融资，成为资本市场的宠儿。

从这些成功案例中不难发现，金融必须要切入交易当中，切入场景当中，仅仅站在场景外做金融是比较难的。

狮桥是这个行业的一家，我们怎么在这个市场发挥我们独特的价值呢？首先要认清自己资源禀赋，我们不能做大单，不能做高风险的业务，依靠担保或者依靠兜底都不现实，所有都只能靠自己。

同时我们也认为，我们没有能力去做那么多的市场，我们只做细分市场。狮桥选择了商用车领域，“狮桥为商用车而生”。我们破釜沉舟，只专注商用车，这能让我们集中所有的精力、所有的资源，最终我们就能够发现很多新的商业机会和很多新的商业模式。回归融资租赁本源，我们只做真租赁。

在专业化市场，对特定场景有深入的理解，提高组织能力和风控能力之后，就会得到很多机会，如果把这种能力赋予其他机构，比如助贷这类的业务机会就出来了。

狮桥做了什么？我们给自己定了“一二三四”战略，我们面对三个目标市场，分别是商用车金融市场、商用车的车后市场以及干线和城配物流市场，干线已经很成熟了，城配我们在做，做大城市之间的整车干线运输。大家可能对整车干线运输不太了解，但是在座的几乎每个人都是我的客户，为什么呢？大家收到的电商货物、快递快件，从上海运到北京、北京运到成都这是我们这一类整车干线运输公司所承担的。快递把干线运输部分外包给我们这样的整车运输公司，我们把这些任务交给了我们的司机、车主。他们在狮桥贷款买车，运营过程当中他们需要的油、路、保、胎，狮桥都可以提供，还给他们物流货源，作为司机，还有什么别的需要？狮桥为他们提供了商用车全生命周期各个场景的需求服务，司机待在狮桥不用走了。融资租赁只是一单业务，后面这些服务才是持续不断的业务。

“四”是指我们服务四类客户，司机/车主、金融机构、物流公司/货主、车企经销商。大家如果想做商用车融资租赁的话，经销商的管理和维护是一个非常重要的业务。狮桥大约有 1 000 多人分布全国各地，对接 8 000 多个长期合作的经销商，每天都有业务发生，每天都有互动。我们服务金融机构主要依托两个技术基础：第一是移动智能技术，效率要快，信息传递要快，审批流程要快；能够在最短的时间内依靠数据、智能而不是人工来对客户做出判断，所有的流程必须在线上快速完成。第二基于自己大数据所建立起来的风控模型快速筛选客户，在快的基础上保证安全。我们希望用技术驱动连接共生，参与整个行业生态，提供商用车全周期、多场景价值，打造商用车智慧服务平台。

商用车融资租赁业务需要庞大的收车队，需要一定的清收能力，以及对清收车辆的快速处置能力，这是非常大的挑战。狮桥已经搭建了二手商用车拍卖平台，通过我们的 3 款 APP 可以直达拍卖平台，每周都进行拍卖，成交率非常高，用户非常活跃。我们为终端客户提供车辆买卖所需要的融资及其他相关服务，挖掘商用车全周期、多场景价值，我们的口号“为商用车而生”就是这么而来的。

我们的三大核心业务新运营、微金融、大运力。简单地说，赋能车商是我们的新运营，微金融是指我们服务于小微客户，大运力即刚才提到的整车干线物流运输公司。

每次有领导问说狮桥多少人，我特别不好意思回答，因为人多真的不是一个值得骄傲的事。狮桥管理这么多零售资产，目前有 2 000 多人，其中 600 多人是一线销售人员，200 多人是前端风控，加上数据、信审等，团队确实比较庞大。值得高兴的是我们的股东贝恩、百度和阳光集团给予了我们很多支持。

我们一直在强调科技化、平台化，首先要有完整的线上操作平台，有移动化的操作终端，业务要能够连接各方，包括银行、车队、物流公司，包括车辆交付等都要在平台上完成，包括业务追踪的所有环节、自动结算等。

此外，基于 LBS 的加油、过路、维修等行为数据，以及现在互联网上能够用到的跟信用模型相关、跟反欺诈相关、跟身份识别相关、跟位置相关的数据和技术都是我们所要重点积累和掌握的。

最后要说车辆估值系统特别重要，狮桥花 6 年时间建立起了中国最大的商用车车型库。任何一台车，把 VIN 码输进去就可以调出 400 多个参数和配置数，卡车的配置非常复杂，配置不同价格也千差万别。因此，车辆估值系统需要有自己的数据库能力，这不是一天两天能积累下来的，需要在一线市场慢慢积累。

所以前面说的这些都是我们对整个行业的一些观察，还有狮桥自己做的一些尝试，显然这些尝试还远远不够，也谈不上成功。我们希望能够跟咱们同业的战友们一起努力，去探索这个市场，不要忘了，车辆是全球融资租赁里占比最高的一项资产。

我们希望能和行业同人一起耕耘这个市场，找到更多、更可行、更适合中国市场的路径，充分发挥我们的优势，为中国的融资租赁行业带来新的动力。希望通过技术大数据赋能和我们的不懈努力，为卡车司机、为整个物流运输行业提供更好的服务，实现多方受益。谢谢大家！

12.12 王佳林：融资租赁转型新路径——差异化定位专业化经营①

我把讲话调整了一下，主要讲三点。

第一点我认为我国融资租赁业已经进入一个转型升级的新的发展阶段，就这一点谈谈我的观察和想法。第二点讲一下融资租赁监管，第三点简单说一下中国融资

---

① 本文为中国融资租赁三十人论坛常务理事、中国融资租赁企业协会副会长兼秘书长王佳林于 2018 年 12 月 15 日受邀出席第十五届中国国际金融论坛所做的主旨发言。

租赁企业协会。

好，先讲第一点，中国融资租赁业已经进入一个转型升级的新阶段，这是针对过去十多年中国融资租赁业所经历的快速发展期而言的。

大家都知道，2004 年前后，融资租赁业在我国还是一个认知度非常低，也非常边缘化的小行业，当时有资质的融资租赁公司也就是 30 家左右，其中一半还处于停业整顿状态，行业资产规模百亿元左右。之后的十几年时间，我国的融资租赁业突飞猛进，当然这个过程中有很多细节这里就不详细说了，就说一下现在的情况，据不完全统计，目前各类融资租赁企业数目已经超过 1 万家，融资租赁行业的总资产规模 6 万多亿元。除了像我们上海是融资租赁企业登记注册的聚集地之外，全国几乎所有的省、自治区、直辖市都有融资租赁公司。我们国家主要的行业和产业领域，都有融资租赁公司开展业务；在某些行业领域，如航空和航运，中国的融资租赁公司已经跻身于世界前列。在我国，资产规模超过千亿元的融资租赁公司已经有 10 余家，其中最大的公司管理资产规模超过三千亿元，这样的资产规模在世界范围内都是排在前列的。

所以说，过去十几年，中国融资租赁业经历了一个非常快速的发展阶段，但这个快速发展更多的是表现在新设立的企业数目和资产规模的数量扩张上。当然行业存在明显的弱点，刚才杨行长已经讲了一些。我想重点还是人才短缺，再就是市场上的很多融资租赁企业成立时间不长、业务领域雷同、商业模式相对简单，多数都是在做单一的“类信贷”式的业务，公司之间的竞争也往往是同质化、低水平的竞争。

最近这两年，特别是 2018 年，我们这个行业发生了很多的变化，一方面，当然跟我国经济放缓有关，融资租赁行业中不少企业出现了不同程度的逾期和呆坏账，同时市场上的资金供应也在持续地收紧，所以像过去那种简单地数量型的增长已经不可持续了。另一方面，我们也确实观察到越来越多的融资租赁企业已经开始转型，不再简单地追求规模的快速增长，而是把关注重心放在风险控制和提升企业运营质量上。尤其国家采取降杠杆、防范化解金融风险措施以后，我的观察是，很多融资租赁企业的经营理念和状态已经发生变化，开始向转型升级这个方向发展。种种迹象表明，我国融资租赁业已经进入一个转型升级的新阶段。

我觉得我国融资租赁业在经过了连续多年的快速扩张后，在新的环境下，及时调整节奏，进入转型升级，这是一个很好的现象和趋势。我个人认为其实我们这个行业，如果大家同心协力，就像刚才杨行长讲的大家不要追求规模，而是要合规经营，要回归到融资租赁的本源，将会有很不错的发展前景。

目前融资租赁行业是一个激烈竞争的行业，在数量如此众多的融资租赁企业中，个体的公司如何实现转型升级，这也关乎整个行业是否能够很好地转型升级。

我想，融资租赁公司要实现转型升级，核心路径不外乎以下几个，因为刚才杨行长都已经讲过，我这里也不赘述，只是简单提一下：

一是差异化定位、专业化经营，要放弃泛泛的、同质化的竞争，不要什么都做，什么都做得很一般，而是要结合自己的资源和优势，聚焦于少数几个专业领域，做细做精做专，形成其他公司不能比肩的优势和能力。

二是要回归到融资租赁的本源，充分发挥好融资租赁的特性。我们大家都知道融资租赁的特有优势是以融物来实现融资，在各类金融服务产品中，融资租赁是与实体经济结合最紧密的，是最具有产业特点的，是产融结合最有效的商业模式。所以，在思考怎么进行专业化定位的时候，我建议融资租赁公司要更多地沿着产业领域去探索，进行产业领域的深度耕耘，通过不断培育积累产业知识和产业能力，建设并提升自己的风险管理和资产管理体系。另外，许多融资租赁公司都是由大型产业集团设立的子公司，这些融资租赁公司在专业产业领域里的发展应该更有优势，它们可以依托母公司的产业能力，形成他人无法竞争的优势。

三是要大力提升企业自身的运营效率和内部管理水平，特别是在互联网 +、物联网时代，要通过先进信息技术手段和系统，提升企业整体运营效率和内部管理水平。

四是需要升级我们这个行业的生态体系，要充分发挥和利用好融资租赁行业的整个生态体系。任何一个行业都有一个生态体系，我们融资租赁也不例外。融资租赁确实是个相对比较特殊的业态，融资租赁企业良好的运行必须要拥有好的风险管理、资产管理、各类运营管理、催收催讨以及资金管理等管理体系，但融资租赁公司也不必所有的事情都自己做，不必自己建立所有的能力，在一定程度上可以借用在行业上已经存在的能力。目前，融资租赁行业已经形成一定程度上的行业服务生态体系，融资租赁公司要利用好生态体系中的这些服务性公司。另外，各类融资租赁公司在寻求自身的差异化、专业化能力建设后，往往会形成一些特点，这些特点也可以使不同类型融资租赁公司在业务上互补，如金融租赁公司可以与融资租赁公司之间开展合作，大型融资租赁公司特别是国资公司可以和中小型融资租赁公司合作，特别是和非常专业的、有创新意识的、有人才的融资租赁公司合作，形成一定的市场开拓、资产管理等专业化能力。行业的转型升级，实际上也包括融资租赁生态体系的不断建设、升级和完善。

我发言的第二点是简要讲讲融资租赁行业监管，实际上，我国融资租赁业进入转型升级的新阶段，另一个重要标志就是融资租赁行业迎来了新的监管格局。

大家都知道，过去由于种种原因我国融资租赁业是分开监管的，过去金融租赁公司、内资试点融资租赁公司、外商投资融资租赁公司由银监会和商务部分别监管。这样的话，融资租赁业过去一直存在无法统一监管的问题；此外，又存在对融资租赁企业相对侧重准入而轻后期经营监管的问题。

2018 年，国家有关部门正式发文宣布内资试点和外商投资融资租赁公司全部划归银保监会监管，这将有助于行业统一监管政策，对行业的整体发展是有利的。这时也正好迎合了我国融资租赁业进入转型升级的新阶段，所以行业中的从业人员都非常支持新的监管格局，本人也是非常支持，我们非常期盼具体的监管条例的出台。

根据目前已经能够观察到的监管安排，本人觉得，对融资租赁公司可能不会采用完全像金融租赁公司那样的监管。因为，金融租赁公司和融租赁租赁公司在银保监会内部归属的部门不同，金融租赁公司归非银部监管，而内资试点和外商投资融资租赁公司是归普惠金融部监管；融资租赁公司的准入条件和性质与金融租赁公司不完全相同，而且对一万家左右的融资租赁公司由普惠金融部采用类似金融租赁公司的监管方法也不现实。看来对于融资租赁公司的监管是：中央制定整个行业政策，而机构管理责任交由地方金融局或金融办。这是我们所观察到的现象，包括近期上海金融办就正式召集会议，宣布对包括融资租赁公司在内的当地所属机构进行属地化监管。

所以，我认为，融资租赁作为一个大行业，未来整个行业会有一个总体统一的监管政策；但是金融租赁和融资租赁还是会有一定差异的，这两类企业在准入条件和监管细则上会有不同。

中国需要全方位的金融体系，需要各类金融机构，比如说要有银行，要有金融租赁公司，也要有融资租赁公司。金融租赁公司和融资租赁公司这两大类公司，资源禀赋不一样，具体的业务开拓模式不完全一样。在行业转型升级过程中，如果这些企业转型升级做得好，将会找到适合各自的定位。所以，我认为新的监管政策应该给金融租赁公司和融资租赁公司留出发展的空间，这将有利于整个融资租赁行业的健康发展，也将有利于融资租赁促进实体经济的发展。

可以想象的是，在新监管框架中，需要更多地发挥行业自律和行业协会的作用，所以最后我再简要讲讲融资租赁行业协会。

根据国际上的经验，特别是西方发达国家的经验，行业协会对融资租赁行业健康发展具有重要的作用，特别是全国性的行业协会更是非常重要。过去我国由于监管分割于不同部门，一直没有全国协会，只有地方协会，比如说上海租赁业协会，或者是在其他种类全国协会中设立的二级融资租赁专业委员会或工作委员会，比如说中国外商投资协会下的租赁业工作委员会。

2013 年，当时国家有关部门一起协调，经国家专门文件批准筹备设立全国协会。2014 年 1 月 10 日，100 多家融资租赁公司聚集在北京，在民政部、商务部、税务总局、高法等有关领导的见证下，召开了首届会员代表大会暨全国协会成立大会，叫作中国融资租赁企业协会，当然这个协会还主要是内资试点和外商投资融资租赁公司的协会。现在随着融资租赁公司由商务部划转到银保监会，我们这个协会对应的监管部门是银保监会。

协会的宗旨是为企业服务，为政府提供服务和支持。协会要在企业间搭建桥梁，在企业和政府间搭建桥梁，为行业的自律和健康发展贡献力量。

在融资租赁行业转型升级的新的发展阶段，我觉得融资租赁企业协会可以发挥很多作用，比如协调研讨解决行业中的共性问题，分享行业中的最佳实践，跟国际同行进行交流等。另外，协会在政府监管上也可以发挥积极的作用，比如说我们协会最近正在考虑做一些调研项目，研究如何让融资租赁企业更好地规范经营，研究如何帮助政府了解、控制融资租赁行业中的风险，提出一些具体方案和建议，最终整理出专业化经营中好的经验和好的案例。

总之，我们融资租赁行业已经进入一个全新的阶段，我对此真是充满了期待，我期待中国融资租赁行业能够顺利实现转型升级，进一步得到健康发展，能够在不远的将来使中国市场成为全球第一大融资租赁市场，我们中国的融资租赁公司也能够成为世界领先的融资租赁企业。

谢谢大家！

12.13 王石山：以融资租赁业务为载体，助力普惠金融，推动小微企业发展①

普惠金融体系中的“普惠”，其基本含义是包容的、有效的、全方位地为社会所有阶层和群体提供金融服务。在世界各国，普遍存在着信贷资源更多地倾向于大企业和富人的问题，而为了让每个人都获得金融服务的机会，就需要对现有的金融

① 本文作者为中国融资租赁三十人论坛理事、民盛租赁有限公司董事长兼总经理王石山。

体系进行包括制度创新、机构创新和产品创新在内的各项变革。同时，以融资租赁为代表的，具备助力普惠金融，助推中小微企业发展的金融产品，必然会发挥越来越大的作用。

2018 年 3 月 19 日银监会印发《中国银监会办公厅关于 2018 年推动银行业小微企业金融服务高质量发展的通知》，强调深入贯彻落实党的十九大、中央经济工作会议和全国金融工作会议精神，着力缓解小微企业金融服务供给不充分、结构不均衡的问题，引导银行业小微企业金融服务由高速增长转向高质量发展。2018 年 10 月 20 日，国务院金融稳定发展委员会召开防范化解金融风险第十次专题会议，进一步强调增强微观主体活力，聚焦解决中小微企业和民营企业融资难题。在政策引导和支持力度不断加大的背景下，相关政策的落地成为核心关注点，而融资租赁业务，这一独特的金融工具，在普惠金融领域具备一些得天独厚的优势，主要体现在：

（一）融资租赁业务具备汇集能力，处在风控前沿，具有保障金融体系安全的屏障作用

融资租赁业务产融结合的特点，是中小微企业盘活存量，用好增量，应对经济下行，缓解经济周期压力的重要融资手段。在既往的金融环境中，一方面，中小企业融资难、融资贵；另一方面，银行对中小企业不敢贷、不能贷、不愿贷。而融资租赁业务可以成为嫁接银企的有效桥梁。融资租赁业务不受地域限制，可以充分汇集优质项目。同时，融资租赁公司通过自身的专业化判断，将形成“一企一策”的中小微企业风控要件，形成相应的抵质押等增信措施。在向银行再融资过程中，融资租赁公司也会承担追索义务，对于保障金融体系安全发挥屏障作用。

（二）融资租赁业务具备物权控制能力，可以对抗企业破产等极端情况，充分保障债权人权益

融资租赁业务融物加融资的特点是其区别于银行信贷的本质核心，现在我们强调的融资租赁回归本源，也正是强调融资租赁必须是金融与贸易结合的产业，而非单纯的类信贷业务。相应地，通过专业化的融资租赁公司支持中小企业，融资租赁资产不属于破产财产，可以成为有法律依据的破产隔离。因此，为债权加持物权保障，是融资租赁业务独具的优势。

（三）融资租赁业务的灵活性特点更有利于与中小企业的金融需求对接

融资租赁业务可以丰富中小企业的资金来源渠道，形成中长期稳定的信贷关系，不占用银行授信额度，防范汇率、利率风险，抵抗通货膨胀，优化资产结构以及资金使用方向相对灵活等特征，对于解决中小企业融资问题具有实质性意义，融

资租赁业务也成为仅次于银行信贷业务的融资渠道。

在助力普惠金融，推动中小微企业发展的过程中，融资租赁企业需要提升专业化水平和风控能力，做精做细，一企一策，并可以通过以下策略更好地开展业务：

（一）直租为王，严控资金用途，规避经营风险

由于中小微企业财务管理规范性相对较弱，对企业经营效能的判断依据不充分，因此，以实物为核心载体的直租业务将更加适合企业核心发展需求，在明确资金用途的情况下，租赁公司可以更加充分地预估或锁定回款现金流，规避经营风险。

（二）借助互联网平台，扩大经营规模

随着互联网平台的快速发展，许多专业化互联网平台对于融资租赁公司普惠金融业务的获客、评估、资产管理等方面都可以起到很好的互补作用。在业务模式良好搭建的前提下，租赁公司可以通过与互联网平台的合作，大量地获取客户资源，进行客户主体资质评价，进行租赁物价值评估，以及完成租后管理技术工作等。租赁公司可以在做大客单量的同时，利用大数法则分散风险，确保经营收益。

（三）培育细分行业，充分挖掘资产处置能力

融资租赁公司需要在普惠金融业务中精准划分投资行业，比如现阶段比较适宜的以汽车金融为代表的消费升级类业务，以及以工程机械为代表的民生类业务等。同时，租赁公司还应当深挖产业周期规律，培育行业龙头企业，最终达到具备一定的资产处置能力，甚至经营能力的目的。

12.14 王志武：产融协同——制造企业转型升级制胜之道①

中国的融资租赁业仅有 30 多年的发展历史，虽然近年来在企业数量和业务规模等方面取得了长足发展，但租赁渗透率与发达国家仍有一定差距，整体来看行业发展水平相对较弱。在当前去杠杆的大背景下，资金端收紧，企业风险上升，业务难度和业务风险加大，融资租赁企业应该如何健康持续的发展，是一个大家都在探索的问题。

基于国内的经济环境，金融脱媒、混业经营、模式创新等一系列新趋势正在颠覆传统金融格局，为产业发展金融业务带来了巨大的外部机会。21 世纪以来，我

① 本文作者为中国融资租赁三十人论坛成员、中集融资租赁有限公司总经理王志武。

国产业和金融的融合进入蓬勃发展阶段，装备制造业金融市场从 2007 年开始步入快速增长轨道，当前国内环境和形势在“产业 + 金融”复合型发展上面临新的机遇，产融结合已成为中国装备制造企业商业模式转型的关键环节。下面结合中集融资租赁有限公司的发展实践，与读者分享中集集团产融结合的战略路线及风险管理。

（一）产融协同的国际经验

国际产业集团开展产融结合已经有一百多年的历史，尤其是金融服务已经成为国际著名装备制造业价值链的重要环节和主要业务组成（见图 12 -1）。

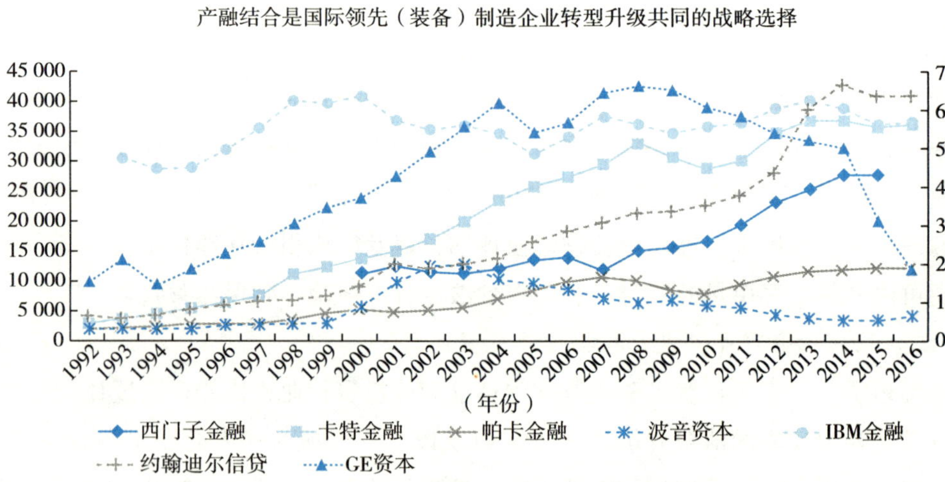

图 12－1 国际著名装备制造企业的总资产

数据来源：各公司年报。

注：由于 GE 资本的资产较大，右侧坐标轴对应 GE 资本，其他司公对应左侧坐标轴。

这些集团的产业金融资本占集团投资资本（总资产）的比例相对较大，能够支持整个集团的业务开展，金融部门为集团贡献了可观利润，且具有长期较高水平的资本回报率。

对比标准普尔 500 指数的回报率，拥有厂商金融服务的装备制造集团 10 年股东复合回报率相对更高（见图 12 -2），侧面证明通过金融部门对集团的资源有效利用提高了股东回报率。当今形势下，金融部门已成为这些产业集团不可或缺的一部分，产融结合也成为这些国际著名装备制造商的重要战略业务支柱，这些企业集团也在经济周期后通过产融结合的战略成功实现突破。

以卡特彼勒为例，它始终专注于全球的工程机械、矿山设备、燃气发动机和工业燃气轮机制造，专注于自身产业领域的创新，以卓越产品与服务，在产品全生命周期内帮助客户成功，并成为标准普尔 500 指数前 100 强。

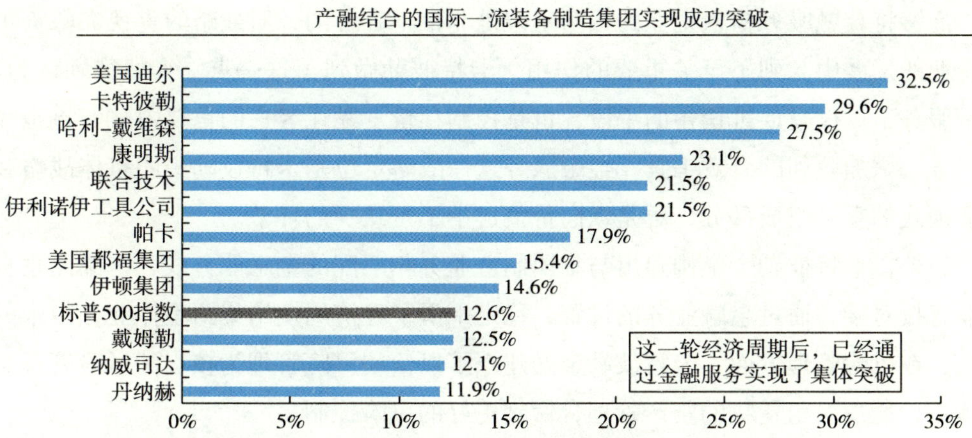

图 12-2 拥有厂商金融服务的装备制造集团 10 年股东复合回报率

数据来源：美国证券市场。

卡特彼勒以融资租赁服务作为纽带，驱动基于存量资产的后市场服务业务，通过后市场的控制，实现企业产业链的深化。同时通过金融服务提高产品市场份额，保障设备价格稳定性，加快全链条资产周转，通过高质量、全生命周期管理的实物产品做到更好地金融业务风险管理。通过产融协同这一战略举措，卡特彼勒能够更好地控制二手市场的价格与残值，从而在融资租赁这一业务领域占据重要地位。卡特彼勒将产融协同作为企业的核心战略，以拥有核心技术装备为基础，以金融服务为纽带，以存量资产后市场服务为重心，实现产品市场的竞争优势和稳定增长。图 12 -3 为卡特彼勒设备金融解决方案示意图。

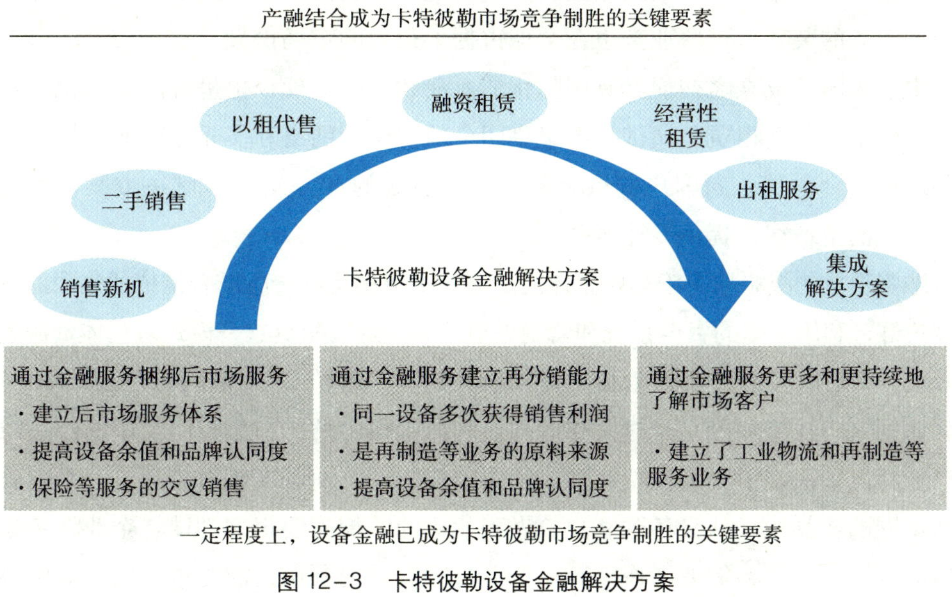

图 12-3 卡特彼勒设备金融解决方案

能够将金融服务植入企业的战略定位是非常不容易的，对战略的重视在融资租赁企业的发展中起到了至关重要的作用，卡特彼勒做到了这一点。卡特彼勒认为，金融服务不仅仅是促进销售的手段，也是控制存量、黏住客户的重要方式，更是改进财务、增加盈利的有效工具。金融服务这一战略定位是卡特彼勒集团整体战略和商业模式的重要组成部分，更是纵向价值链中不可缺少的环节。

另外，卡特彼勒金融构建出与集团制造业务相匹配的金融业务线，与集团垂直行业直接对接，通过金融业务的设置，稳定平滑了经济周期给集团整体业务带来的影响。在风险管理方面，卡特彼勒金融建立了以信用风险管理为核心的风险管理制度体系，通过对租赁物的资产管理，做到更好的风险控制。

卡特彼勒的模式是非常具有自身独特性的，其他企业无法复制模仿，但是各企业可以借鉴卡特彼勒在产融协同这一战略上的经验。

（二）中集租赁的产融协同实践

中集集团于1980年1月创立于深圳，由招商局与丹麦宝隆洋行合资成立，是改革开放后最早一批成立的合资企业。经过30多年的发展，中集集团基本形成三大产业生态圈——能源产业生态圈、交通物流产业生态圈和金融产业生态圈。通过产业生态圈的建设，可以对客户实现“制造+服务+金融”的一揽子服务，这是中集集团的整体战略规划。

从交通物流产业生态圈来看，中集集团从制造、仓储、运输工具（包括车辆、船舶和集装箱等）整个产业链为客户提供交通物流方面的装备和服务；能源产业生态圈方面，从钻井平台、运输船到天然气的气库以及储备站及运输设施等，都是融资租赁业务的装备，这些业务也在全球占据了很大的市场份额。

中集集团从成立之初便具有国际化的血液和基因，现今也呈现出全球化的发展态势。而中集融资租赁公司依托中集集团全球化运营网络和多元化产业格局，与集团各产业联合营销，向客户提供装备+金融服务的“一站式”解决方案，为集团全产品线的全球客户提供专业服务。

融资租赁的战略取决于集团整体的战略，中集租赁的产融结合是依托集团的资源和客户群，利用集团的资金系统和营销渠道，通过融资租赁这一模式对整体资源进行有效整合，对风险进行有效管控，达到最大的客户价值和企业价值（见图12-4）。产融协同这一战略路径是经过多年的探索和讨论得出的，中集集团复杂的产品线这一产业特点，决定了中集租赁在和集团内产业协同方面难度相对较高。一系列看似截然不同的产品线，从设备到客户，做到相应的匹配需要很多尝试。企业在考虑产融协同这一战略时，需要考虑能否对资源进行有效的利用，能否进行独立的风险管

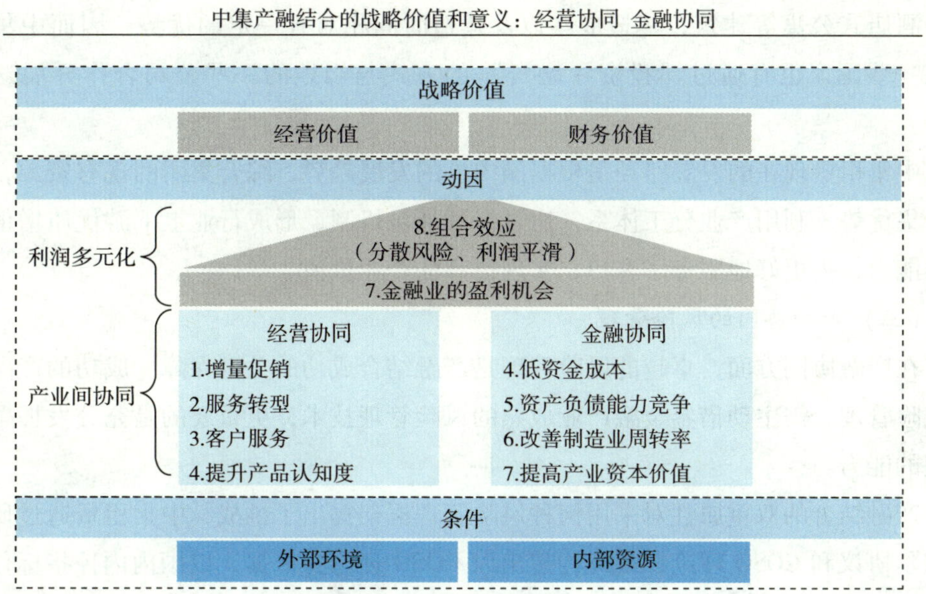

图 12-4　中集租赁产融结合的战略价值和意义

控以及合理把控周期叠加等问题。

通过产融协同，实现客户、金融部门、产业部门和产业集团共赢的商业模式。产融协同能够最大化客户让渡价值，使客户享受“制造 + 金融 + 服务”整体解决方案带来的价值提升和成本降低；金融部门则依托优质客户获取金融利润，协同产业渠道，降低营销成本，依托厂商背景提升资产和风险管控能力；产业部门能有效黏住客户，扩大有效需求，提升销售利润，提高竞争能力；最后，通过产融协同提升集团整体竞争力，优化资产负债组合，获取制造、金融、服务多环节利润，达成集团与客户共赢的商业模式。中集租赁在产融协同的战略规划上，以创新的商业模式，通过技术设计、金融服务双优势驱动，在没有任何固定性资产投入的条件下，整合价值链资源优势，为客户创造价值，服务中集集团产业升级转型，基本搭建起对接中集集团制造板块的金融业务线。

以集装箱以及船舶等业务为例，此类设备都是强周期性的产品，如何把握行业周期更好地规避风险、更好地开展融资租赁业务需要不断探索和总结。中集租赁在集装箱板块的客户有一半左右是国际集装箱租赁公司，另一半是航运公司。因此，在这些业务中，中集租赁只开展一些替代性的业务解决方案，避免与客户直接竞争，造成客户丢失。风险方面，集装箱设备由于原料是钢材，相对较为保值，但是面对的客户风险较大，客户出现问题之后的各种成本可能会大于集装箱的残值，因此通过追索的方式相对更多。另一个模块化业务是以集装箱的方式来建造酒店、住宅、酒店式公寓等建筑，建造成本以及建造时间相对有一定的优势，因而中集租赁在一些国家也有通过“投资+融资”的方式与当地的一些公司合作开展这些业务。

中集租赁现在的发展路径是根据国内外的发展趋势，综合集团的现有资源，认清中集优势，利用产业分工体系，通过合理外包机制，形成行业上下游优质增值服务的能力，去更好地服务于客户，实现更高的企业价值。

（三）产融协同的风险管理

在产融协同方面，卓越的风险管理是产融结合成功的关键保障。成功的产融结合风险管理，需主动借鉴金融产业成熟的风险管理技术，更重要的是充分发挥融合产业的能力。

产融结合的双重属性对采用何种风险管理框架提出了挑战，中集租赁通过研究巴塞尔协议和 COSO 理论，最终构建出以 COSO 理论为依据，以国内内控指标作依托，借鉴巴塞尔协议中风险识别和测量技术，以准备金、风险缓释技术为手段，以资本为最后防线的风险管理理念和体系（见图 12－5）。在搭建风险管控体系方面，把租赁公司单独设立为一个风险管控中心，坚持风险独立判断的原则，实行全面和全员风险管理，而不只是信用审核。在风险管控体系上，持续优化完善自身风控能力，通过行业专家法等提升企业对行业的理解，加深对客户群的了解以及深化对租赁物的控制；切断风险传导，建立自身独立的业务体系，同时通过租赁资产规模的控制，降低资产负债率所带来的负面影响。

中集租赁的风险管理体系既有信贷金融服务又有融资租赁服务的属性，与中集

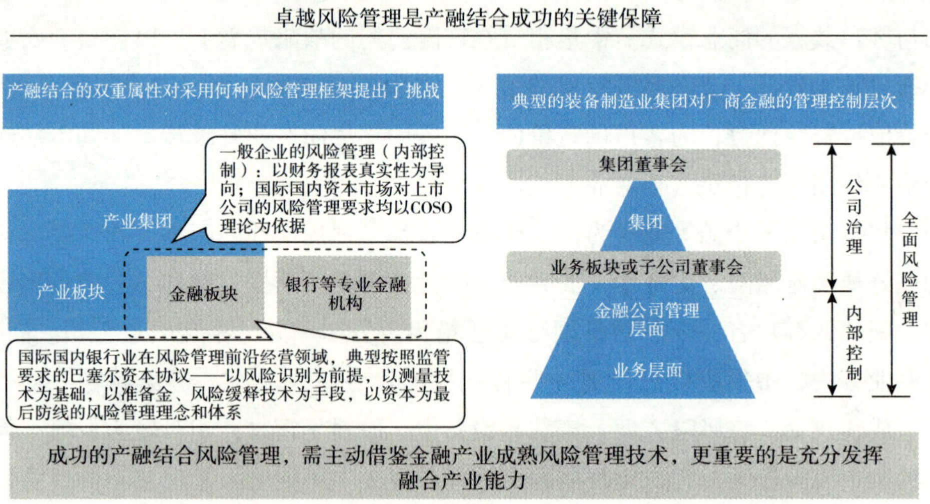

图 12－5　中集租赁的全面风险管理理念和体系

集团各个产业的发展、行业周期等紧密相关，具有多元资产组合的管理特征。在过去几年中，中集租赁通过主动借鉴、应用银行业成熟的风险管理技术，结合租赁业务和中集集团的产业特点，逐步形成了具有中集特色的风险管理体系（见图 12－6）。

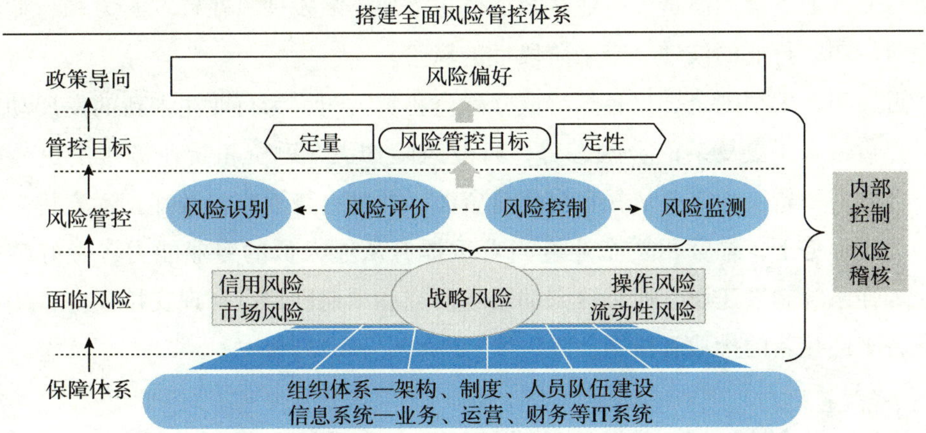

图 12-6　全面风险管控体系

在风险方面，除了传统意义上的信用风险、市场风险、操作风险和流动性风险外，还有一个战略风险。融资租赁行业的传统风控可能更关注于客户风险方面，但是战略风险可能是所有融资租赁企业面临的最大风险。集团整体的战略决定了企业可以取得的资源与支持，不同的集团在定位方面可能有所不同，但在整体会与资源相匹配，各方面的约束条件可以设定企业的发展方向，集团整体的战略影响到租赁公司的业务发展。

在行业授信上，中集租赁通过调整总体风险偏好和分业务线授信政策，区别出每年的行业风险度。在操作风险上，通过设立风险管理三道防线——业务部门根据设定的战略、政策和风险参数执行风险暴露的日常管理、控制和报告职责；中后台职能部门以风险管理委员会为核心领导，提供风险管理的指导和独立分析，并通过相关技术手段来预测、预防、管理风险；内部稽核，独立于第一道和第二道防线，检查和保障流程以及控制的有序高效，是抵御风险的第三道防线。另外，还需要加强宏观研究和有效运用财务管理工具，合理规避市场风险，积极主动管理流动性风险，实现资产负债总量与结构的平衡。

各种风险都有对应的措施，企业应当从组织架构结合 IT 系统形成风险管控的保障，逐步完善有效的风险管控组织体系，并加强对下设公司、机构的管控，提升风险管理技能，打造专业队伍。

（四）小结

在挫折中不断前行，是中国经济发展的特点之一。现今复杂的金融态势加大了各方面业务开展的难度，通过何种方式能够解决客户需求是每个公司都在探索的，除了行业内上下游的波折，行业客户群体也需要不断发展，在资本实力和行业经验上相对较弱，行业的波动会带来阶段性的风险。

近几年，大型国企、央企相继成立融资租赁公司，为行业注入新的发展动能的同时，也带来了更复杂的金融态势，行业风险加大，融资租赁业务难度进一步加深。各融资租赁公司需要依托自身优势资源，找准自身战略，做好长远安排。在当前的经济形势下，融资租赁企业应当着重提升从业人员的专业能力，做好绩效管理、加强系统制度建设，通过深入的市场研究和周期性特点合理安排业务，用更好的准备来迎接新的挑战和机遇。

12.15 徐敏俊：能谋势，方有所成——谈发挥产业系金租优势①

“得势，则胜算在我”——这句古语颇得河北省金融租赁有限公司（以下简称“河北金租”）董事长徐敏俊的认同。“势”，即形势、趋势，是发展的规律所在，决定着发展的进程。在河北金租任职十余年的他，深知把握大势、谋划局势在企业发展过程中的关键作用。

近年来，金融租赁顺应实体经济转型发展的需求，逐步壮大蓬勃发展。徐敏俊也带领河北金租乘势而上，截至2017年末，河北金租资产规模突破400亿元，当年实现净利润5.26亿元。

时值孟夏，本刊记者来到河北金租位于石家庄的办公大楼，独家采访了徐敏俊。在前台侧面的公司文化墙上，写着河北金租的发展愿景：“做租赁产品创新和结构创新的先行者，成为清洁能源领域最具影响力的金融租赁公司。”徐敏俊坦言，要达成这样的目标，必须有对自身优势的精准把握，有对局势变化的敏锐判断，方能因势而谋、应势而动。

（一）审时度势，找准产融结合点

目前，在国内的金融租赁行业中，银行系金租公司占比近七成，河北金租属于少数拥有产业背景的金租公司。该公司成立于1995年，背靠包括在风电和光伏领

① 本文为中国融资租赁三十人论坛理事、河北省金融租赁有限公司董事长徐敏俊接受《中国金融家》（2018-06-20）专访的访谈稿，此次略有修改。

域颇有建树的河北建投和以清洁能源为主业并辐射环保、工程技术和文化、健康、旅游等众多关联产业的新奥集团等产业系股东。徐敏俊说："河北金租的产业系股东在主营业务方面具有很强的协同性和互补性，这决定了我们天然具有贴近产业的基因。"

徐敏俊表示，产业系金租公司有在相关战略行业深耕细作的基础，对特定行业理解得更深、更透，能够较快打造稳定的专业人才和团队；在相关产业的市场、技术、前景、设备等要素中有资源和数据积累，能持续跟踪研究，并较快形成专业经营能力。

以燃气租赁业务为例，近年来，河北金租先后在河北、河南、山西、山东等区域投放了一批燃气项目。徐敏俊表示："在项目考察和投资评估中，公司可以更准确地判断出项目的管网价值、区域的民用和工业用户数量及用气量，项目的整体投入和盈利预测。"截至2017年末，河北金租投放存续期内燃气项目23个、租赁资产余额为22亿元，这些项目每年的总供气量接近30亿立方米。

在徐敏俊看来，股东既是战略指导者，也是行业智库。"从业务开展角度看，股东们具有体系化的产业资源，能够帮助公司更好地形成行业洞察；就战略选择层面而言，两家股东都有自己独到的战略眼光和长远的产业布局，他们对未来的绿色发展趋势有着深刻的理解，能够引领公司战略布局。"徐敏俊表示。

也正因此，河北金租确立了靠特色立足、靠专业制胜的发展战略，积极开拓清洁能源、节能环保等行业。

如在光伏电站发电、水力发电等清洁能源项目中，公司把握能源设施设备能够长期创造收入的特征，用回租设备提供融资或直接购买发电设备进行直租的方式支持项目运营。

在节能环保项目中，公司根据环保设备在"建设—经营—转让（BOT）""合同能源管理（EPC）"等项目模式中实现的持续运营收益，开展设备回租或设备直租。

在医疗项目中，公司同样围绕医疗设备能够稳定创造现金收入和社会价值的优势开展租赁。"近年来，我们在上述行业的业务投放已近两百亿元。"徐敏俊说。

谈到金融租赁行业的发展趋势，徐敏俊表示，随着供给侧结构性改革的深入推进，产业经济正在由高速增长阶段转向高质量发展阶段，河北金租也在积极与实体经济的有效需求主动对接，找准产融结合点，提高产融结合度，发挥租赁独有的优势。

正所谓，明者因时而变，知者随事而制。徐敏俊介绍，河北金租将继续从清洁能源、节能环保等产业着手，更深入地参与清洁能源和节能环保产业链，支持更多改善生态环境、应对环保问题的新兴业态。

例如河北金租与公共交通客运公司合作，通过租赁方式将包括新能源公交车等租给后者运营使用，帮助后者实现轻资产运营，增强其服务和改善民生的能力。此外，河北金租还将开发节能领域中的节能设备制造、节能服务运营、合同能源管理等业务，环保领域中的绿色交通、污水处理、大气及水环境治理保护等业务，泛能建设领域中的产业园区建设、煤改气、热电联产等业务。

（二）探索租投模式，让产融结合更有深度

“租赁是着眼点和立足点，但一定要充分利用金融手段。”徐敏俊表示。租赁本身便包涵了投资的理念，在租赁业务中，所有权和经营权分离，金融租赁企业在选择租赁资产时，就必须考虑租赁物的保值性和变现能力，必须关注租赁资产产生现金流的能力和再融资能力，持续监测其余值。“所以开展租赁就是要以投资眼光来看待租赁资产的选取，看待租赁项目的风险收益。”徐敏俊说。

他认为，在市场中，一些融资租赁公司在产品、行业、客户聚焦的基础上，依托在专业化服务中不断积累形成的专业知识、能力和人才储备，已逐步涉足相关产业的项目投资和经营管理。与之相较，金融租赁企业基于监管规定，还不可直接投资项目，不过金融租赁行业也在逐步探索“或有租金”或“分成租赁”等基于客户成长价值的类投资业务。

目前，“租投”结合是业内较为倾向的发展模式。徐敏俊提及，从金租公司内在需求看，相较于常规信贷，租赁融资融物的期限往往长达 3 年到 5 年，期间要承受市场和信用的风险，收益仅来自基础债权收益类的租金，以及咨询、服务、经营性租赁、残值处理等收益，难以真正分享企业成长的硕果。从租赁客户的需求和痛点看，这些企业有资产并购、商业模式转换等需求，但存在抵押物不足、资金成本高、期限错配等问题，特别是一些新兴行业的实体企业，普遍具有高成长性、高附加值、高风险性和轻资产等特点，他们更需要投融资结合的综合性服务。

“近年来，监管部门已经推动银行业机构开展了投贷联动业务，金融租赁行业也希望能够获得政策支持，积极稳妥地探索开展租投结合业务。”徐敏俊表示，企业可用一部分股权或认股权来折抵支付租金，减轻融资成本负担，租赁公司则通过股权参与强化风险缓释；企业上市或股权溢价转让后，租赁公司能分享企业成长的收益。他认为，这种“租金调减 + 低比例股权”的模式兼顾两方利益：一方面，企业获得设备和资金的同时还获得资本支持；另一方面，金租公司则更好地平衡风险和收益，既能去杠杆，也能降成本，实现更深度的产融结合。

（三）“蚂蚁雄兵”，多方尝试外部融资

众所周知，金租公司不吸收公众存款，其开展业务所需的资金除了资本金等所有者权益项下的资金之外，全部来自外部融资。“河北金租历来高度重视融资业务。”徐敏俊坦言，“在融资方面，但凡监管鼓励的、政策允许的、市场可行的融资方法我们都去尝试。这是一种‘蚂蚁雄兵’的打法。”

言语貌似轻松的背后是河北金租在拓展融资渠道方面的不懈探索。它们通过同业拆借、同业借款、应收款保理融资、信用证、资产证券化、财产权信托、金融债、绿色金融债、美元离岸直贷等多种渠道开展融资，努力降低资金成本，把控流动性风险。

徐敏俊进一步解释说，近年来，河北金租一直积极拓宽金融同业合作空间，注重建立长期稳定的战略合作关系，分别与银行、金租同业、信托、保险、资产管理公司等金融机构展开合作。“我们目前有授信机构超过 90 家，获授信总额近 700 亿元。今后，我们还将持续扩大同业交易对手和合作伙伴。”他告诉记者，这些融资业务，有效改善了河北金租资产和负债的期限匹配，提高了资产的流动性。

2017 年，河北金租发行了全国首单非银行金融机构的绿色金融债券，金额为 20 亿元，根据监管要求，所发行债券所募集资金全部用于公司清洁交通、光伏发电等绿色租赁项目。2017 年，河北金租在银行间市场发行了以租赁资产支持的“冀租稳健 2017 年第一期租赁资产支持证券”，发行金额为 15. 10 亿元。2017 年，河北金租还在全国银行业信贷资产登记流转中心先后挂牌了 3 只财产权信托产品，产品总规模超过 50 亿元。

2018 年，河北金租获得中诚信国际信用评级有限责任公司的 AAA 信用评级，评级展望为稳定，这源于其长期保持运行质量效益的努力，也源于河北金租公司规范运营的长期积淀。徐敏俊透露，今后他们还将加强与保险公司的合作。他认为，保险资金是长期资金，在目前市场整体资金价格较高的形势下，与保险公司合作同样是外部融资的一个渠道。

（四）顺势而为，回归租赁商业本源

“金融租赁同业对当前形势判断是一致的，‘规模为王’的时代已经过去了，差异化、精细化、专业化发展将是决定金租公司能否持续发展的关键。”徐敏俊说。

“飓风过岗，万木蛰伏。不催不折，悠悠可期。”——在徐敏俊看来，这十六字蕴含了深刻的发展智慧。“在监管规范金融秩序、防控系统性金融风险的背景下，我们要看到一种趋势，必须适应实体经济高质量发展的新要求，规范自身管理、优化业务模式、缓释化解风险，进而提高整个行业质量效益水平。”

“2018 年是行业整体转型升级的元年，要回归租赁的商业本源，挖掘融资 + 融物的专业优势，升级服务实体经济的模式。”徐敏俊表示，接下来，河北金租将继续做

强、做专传统宜租行业，比如参与飞机、船舶类业务，继续开拓交通、公共事业等行业，同时积极拓展高健康医疗、清洁能源、汽车消费、文化旅游等行业。“我们将逐步开拓旅游、养老、消费等行业。我非常看好文旅设施行业，会逐步在景区开发运营以及景区观光车、巴士、游艇等设备设施方面开展业务。我也看好消费租赁方向，特别是汽车租赁领域，我们将积极开展汽车租赁业务。2018 年，我们设立了汽车金融部，确立其专业化经营属性，努力挖掘汽车行业发展及民众出行方式改变的市场机会。”

与此同时，金租行业增长空间不断收缩，业务风险也在不断放大。徐敏俊认为，金租公司必须基于各自能力与禀赋，提升核心竞争力，优化业务结构，制定公司战略，打造综合金融服务盈利模式。今后，金融租赁公司要在资产端、负债端和盈利模式上全面升级。

可以说，无论是对产业系金租公司优势的发掘，还是对金融租赁行业发展方向的把握，都与徐敏俊善于顺势而为的特点一脉相承。他说：“我们既不能妄自尊大，也不能妄自菲薄，金融机构不能只比规模，还要比质量和效益，不能只比速度，还要比稳健和持续。肯取势者可为人先，能谋势者方有所成，河北金租也将持续提升自身业务能力和金融素养，将自身锻造为有独特竞争力的专业金融机构，在促进实体经济发展中发挥更为鲜明和积极的作用。”

12.16　许贺龙：打造差异化核心优势，提高融资租赁企业风险经营能力①

在“新常态”经济由高增长向高质量发展转型的过程中，随着债务违约事件的频繁爆发，众多融资租赁企业深陷其中，行业过去粗放和严重同质化的发展方式显然已不能适应企业自身稳健运营的要求。近年来，金融要加强服务实体经济和服务“一带一路”倡议的顶层要求，融资租赁行业监管由商务部转移至银保监会，新租赁准则正式下发并逐步实施等诸多政策变化，都要求甚至倒逼融资租赁企业回归租赁本源，结合自身资源禀赋特点，向专业化、差异化方向发展。

（一）发挥自身禀赋优势打造差异化风险收益平衡能力，是租赁企业实现健康发展的终极途径

众所周知，融资租赁具有天然“融资融物”的属性，国际上也被归类为“设备金融”“产业金融”的范畴。租赁物既是承租人融资的物理载体，同时也是出租

① 本文作者为中国融资租赁三十人论坛成员、中国电建集团租赁有限公司董事长许贺龙。

人风险控制的根本抓手，在交易双方信息不对称难以较好消除的现实下，出租人唯有结合自身产业背景、资源禀赋优势，凭借对租赁物及所处行业的深刻理解和专业的租赁资产管理、处置能力，才能立足于市场不败之地。无论在国际还是国内，中小企业因为信息不对称造成的融资难现象都是普遍存在的，大量主体信用资格不理想的客户以物融资的巨大需求是现实存在的，关键是看租赁企业手里有没有“金刚钻”，是不是“艺高人胆大”。

（二）租赁企业提高风险经营能力的6个着力点

为更好平衡风险与收益，租赁企业可从“战略管理和风险偏好确定、公司治理和组织架构设置、重要业务流程和关键节点管控、风险文化培育与激励约束导向、风险管理部门角色定位、自主策划市场营销能力提升”6个方面下手，从而实现经营质量的提升和企业的可持续健康发展。

1. 企业战略管理和风险偏好的确定。一些租赁公司在近几年遭到了颠覆性风险，根本原因之一是缺乏结合自身资源禀赋特点的清晰战略定位和与自身能力相匹配的风险偏好。一个企业无法聚焦自身禀赋优势，无法培育专业化能力，自然也就无法开展有效的风险识别，风险控制更无从谈起。风险偏好决定了是否有自知之明，什么样的事情有把握可以做，什么样的事情不熟悉绝不轻易涉足，有所为有所不为，这也是风险控制中的“规避”策略的体现。

有效的战略管理和功能定位决定了公司稳健的风险偏好，决定了我们要聚焦自身熟悉并在具有资源配置能力的相关行业与领域开展经营活动，有助于逐步积累和形成自身专业化能力和差异化优势，有助于挖掘除利差以外的多重盈利模式，实现产业链或供应链价值整合者的角色升级和企业自身价值的最大化，避免因经营工作中缺乏战略定力的无序短视行为造成不必要的系统性风险。

2. 公司治理和组织机构设置。现代企业管理离不开科学的公司治理结构顶层设计，尤其对于经营风险的融资租赁企业更应严格制定并实施自上而下的内控机制。内部控制的核心在于不相容岗位和机构的分离，从而形成相互监督和制衡的机制。本着各司其职、相互制约的内控原则，在组织机构和管理流程上，应当筑牢市场营销、风控合规、审计监察三道防线，分别承担租前、租中和租后的风险管理工作。市场营销部门应定期对风险管理工作进行自查和检验，及时发现缺陷并改进，定期形成风险检查报告并报送风险管理部门；风险管理和法律事务部门应定期对市场营销的风险和合规管理工作实施情况及有效性进行检查和评估，提出调整或改进建议，出具评价和建议报告，报送公司管理层；审计监察部门应对包括风险管理部门在内的各有关部门和业务单元能否按照有关规定开展风险管理工作及其工作效果进行监督评价，形成报告直接报送董事会。

3. 重要业务流程和关键节点管控。所有风险控制机制的落脚点在于对重要业务流程和关键节点的有效控制。租赁企业应就主要业务流程制定详细的流程图和岗位职责分解，主要包括四道关口，即营销尽职调查、独立风险与合规审查、风险评审委员会集体审议、有权机构民主集中决策。不同机构和岗位各司其职，互不干涉，勤勉尽责，有效防范操作风险和道德风险。

4. 企业全面风险管理体系和激励约束导向。没有规矩，不成方圆。风控制度体系的建设既要有战略眼光，具备一定的前瞻性，又要结合企业自身实际，做到贴地气、能落实。立规矩，一要顶层设计、考虑周全，同时借助信息化和必要的金融科技手段，使得管控体系做到标准化、流程化、可追溯化；二要既定规则必须坚决落地执行。风险管理人员要有良好的职业素养和操守，公司管理层要坚决支持树立风险管理相关部门的权威，所有人都要对制度有敬畏感。

租赁企业一定要注重培育自上而下、根深蒂固的企业风险文化并使之流淌于全体员工的血液之中，将风险管理意识转化为各条线所有员工的共同认识和自觉行动。领导及高管应高度重视风险管理文化的培育并在日常工作中起表率作用，同时各级领导要有意识地促使重要流程和风险控制点的管理人员和业务操作人员成为培育风险管理文化的骨干，在全体员工中牢固树立风险无处不在、无时不在、严格防控纯粹风险、审慎处置机会风险等意识和理念。

同时，在企业内部的绩效考核、薪酬制度和干部任用上不应片面追求与经营业绩挂钩，应当强化风险管控的实施效果及文化的建设成果，这样有利于增强各级人员风险意识，防止盲目扩张、片面追求业绩而忽视风险等行为的发生。

5. 风险管理部门角色定位。在任何一个风险经营企业中，风险管理部门与市场经营部门似乎永远是“冤家对头”，甚至引起一些不必要的工作上的误会和冲突。这个问题需要辩证看待，一方面由于内控所需，这种现象存在是合理且必要的，但同时风险与内控部门作为核心管控职责所在，从业者应当具有较高的职业素养和对自身岗位职责的准确认知，“风险管理部”非“风险规避部”，我们要做好纯粹风险的防控，更要做好机会风险的经营，才能真正体现风险管理人员的深层次价值。风险管理人员一定要牢固树立充当公司融资租赁业务“发动机”、“方向盘”和“离合器”的角色定位，充分发挥智力优势和担当精神，在产品研发、行业布局、风险控制各环节发挥积极作用。

6. 基于自主策划的市场营销能力。巧妇难为无米之炊，只有足够多的项目和客户，才能让决策者气定神闲地优中选优，从而降低经营风险。业务条线需要真正做到从营销到市场工作的升级。营销活动是单纯获取订单来赚钱，而市场活动则是为实现营销目的有计划地开展一系列策划、调研、设计等工作，是投入资金来保障获取长远和持续的订单。营销团队要注重狼性文化的培养，要有策划、有步骤地实施和开展市场开发方案与活动，减少机会性业务占比，增加系统营销策划引领的业务占比，通过系统性地组织安排，沉下心来做行业研究，做客户需求调研和访谈，在此基础上结合产品设计，有目的和针对性地开展市场营销工作，虽然这可能会耗时耗力，甚至一时不见成果，但终有水到渠成、开花结果的一天，换来的是经营成果的高效落地和经营风险的有效控制。

12.17 杨博钦：坚持三大战略引领，创建军民融合特色租赁品牌①

航天科工金融租赁有限公司（以下简称“航天金租”或“公司”）于 2017 年 4 月正式挂牌，自开业以来，公司积极贯彻落实产融结合、服务实体经济的政策精神，坚持以“三大战略”为引领，秉持“风控第一、稳健经营、创新发展、追求卓越”的发展理念，取得了较好的经营业绩。截至 2018 年 11 月末，公司总资产达到 141.46 亿元，实现营业收入 6.45 亿元，利润总额 1.18 亿元。2018 年业务规模新增达 120 亿元，开业以来业务总投放达到 172 亿元。

（一）坚持“以军民融合为核心的业务发展战略”，积极服务以智能制造为重点的军民融合产业

公司制定并下发了《关于推进股东及军民融合业务发展的指导意见》，引导和激励业务条线改变热衷“大企业、大项目”的偏好，做到“不怕金额小、不怕价格低、不怕过程烦琐”，为股东及军民融合业务提供量身定制的交易结构和融资方案，满足其个性化的金融租赁服务需求。从开业至 2018 年底的 20 个月时间里，公司累计投放军民融合项目 29 笔，金额达 18.84 亿元，占比 11%，其中内部项目 25 笔，金额达 10.34 亿元。主要包括：通过直租与经营租赁联合运用累计投放 5.39 亿元，促进四川宏华 6000HP 页岩气电动压裂泵及石油顶驱钻探设备销售，为产业链下游的中石化、中石油系统子公司服务；通过经营租赁累计投放 1.4 亿元，促进航天三江重工公司将 4 辆 363 吨矿用自卸车出租给神华集团使用；通过直租累计投放 7 570 万元，助力三江量子实施武汉量子保密通信城域网项目和网信公司实现销

① 本文作者为中国融资租赁三十人论坛成员、航天科工金融租赁有限公司董事兼总经理杨博钦。

售收入；通过经营租赁投放 3 322 万元，助力湖南航天磁电引进环形铁氧体磁性元件生产线，实现生产能力转型升级；通过售后回租投放 3.5 亿元，为中国兵器工业集团下属企业北奔重卡盘活存量资产，减轻资金负担；通过售后回租投放 2 亿元，为中国电子信息产业集团下属企业熊猫电子平板智能生产线提供资金支持。

经过一年多的探索，公司通过实践已总结出服务军民融合企业的六大功能：一是促销售，降“两金”。如：衡水凯天环保项目促进了航天凯天环保产品销售，帮助其快速回笼货币资金，降低其“两金”占用。二是支持固定资产投资（可表外）。如：帮助航天磁电获得环形铁氧体磁性元件智能生产线的使用权，抓住市场机遇，扩大产能。三是降杠杆减负债。如：万山公司新能源汽车项目，通过经营租赁帮助万山公司购买设备，同时满足其降低资产负债率、轻资产运作需求。四是为压减任务提供过渡性资金。如：江峰公司回租项目，通过回租盘活存量资产，筹集归还万峰公司欠款，帮助完成压减计划。五是提供大额融资。根据现金流回款周期，合理安排租金还款日，缓解短期投资过大造成资金链紧张的问题。六是提供短期启动资金。成功申请国家资金或集团公司支持的项目，在资金到位前，可以通过融资租赁的方式获取启动资金，按期实施，待国拨资金或者战略投资到位后，再一次性偿还剩余欠款。截至目前，促进内部企业实现销售 8.55 亿元，其中 2017 年 2.99 亿元，2018 年 5.56 亿元；提供资金 2.33 亿元帮助内部企业采购设备，提高生产能力，其中 2017 年 1.75 亿元，2018 年 0.58 亿元。此外，公司还通过协同营销，引导自身客户在航天云网注册，扩大工业互联网（INDICS）影响力，推动相关客户与航天云网等达成合作意向。同时，充分借助航天云网的工业互联网平台和航天信息的征信大数据，联合财务公司，坚持以服务智能制造产业为重点，助力实体经济高质量发展。

（二）坚持“以合规和内控为基础的风险管理战略”，大力推进公司内控合规体系建设

在完善制度方面，通过内外部检查，对照法律法规、监管要求对公司制度进行全面梳理、修订和补充完善，同时加强对制度的学习、理解和应用，坚持开展制度考试，增强全员合规意识和制度执行力；在规范流程方面，公司严格按制度全面规范内部管理和业务活动的全流程，确保各岗位和各环节都有制衡、有约束、有监督；在内审监督方面，重点提升内审的独立性、全面性、专业性和有效性，实现对关键岗位、重点领域、重大风险的内审全覆盖，做到凡审必严、有责必究，筑牢内审防线。

（三）坚持“以党建凝聚人心的航天文化与市场文化相结合的企业文化战略”，着力培育积极健康的金融企业文化

作为市场化运作的国有金融企业，公司坚持抓牢抓实基层党建，坚持党总支前置审

议“三重一大”事项，坚持开展党总支中心组学习，坚持贯彻中央八项规定精神，大力抓实党风廉政，不断将党的政治优势、组织优势转化为推动企业凝聚人心的发展优势。公司将航天人“严、慎、细、实”的工作作风和“博弈、高效”的市场理念融入企业文化建设，从精神和物质多个层面全面提升全员的获得感、幸福感、归属感。

未来，公司将凭借航天科工强大的军民融合产业背景，更好地发挥“产融结合、以融促产”的作用，继续坚持践行以军民融合为核心的业务发展战略，大力推进军民融合特色租赁业务，助力制造业转型升级，支持实体经济高质量发展。

12.18 杨琪：守正笃实深耕区域市场，久久为功坚持绿色发展①

媒体：2018 年刚刚过去，你对过去这一年国内的经济形势和市场环境有什么总结？

杨琪：已经过去的2018 年很不平凡，中国经济总体运行平稳，经济结构持续改善，发展质量不断提升，市场乱象得到有效治理，国民经济总体趋势向好。但同时，这一年国内经济金融形势也经历了一些深刻的变化，政府、银行、企业乃至我们每个人都感受深切。首先是供给侧结构性改革进入深水区，在低端、无效的供给逐步减少的同时，新增长点、新动能和新供给支撑不足，经济下行仍有较大压力，股市、债市、汇市均表现不佳，“三期叠加”的阵痛在2018 年仍在继续。其次，货币政策经历了从“稳健中性”到“保持流动性合理充裕”“松紧适度”的调整，但政策的传导需要有一个过程。在结构性降杠杆的大背景下，地方政府债务受到严控，非标金融和影子银行也受到严格限制。融资渠道收窄，实体经济出现下滑，金融机构尤其是非银金融机构不良率呈上升趋势，给资产质量管控带来较大压力。

总体而言，对于一个经济总量超过 82 万亿元的发展中国家来说，2018 年一年的成绩来之不易，展望 2019 年我们充满信心。但同时我们也需要保持清醒的头脑，认清复杂形势，扎实根基、苦练内功，做好准备迎接各种挑战。

媒体：站在岁末年初的这个时点来看，置身于当前复杂的经济形势下，对于融资租赁行业来说有什么挑战和机遇？

杨琪：对于融资租赁行业而言，面临的共同问题包括：一是存量资产质量下降，市场上频繁“暴雷”的项目融资租赁多参与其中，存量业务风险管控、处置不良资

---

① 本文为中国融资租赁三十人论坛成员、贵阳贵银金融租赁有限责任公司董事长杨琪于 2019 年初接受媒体专访的访谈稿。

产将是新一年行业聚焦的热点。二是业务发展上，政信类项目急剧收缩，国有企业预算软约束逐渐打破，民营经济持续疲软，资产如何配置是摆在行业面前的重大课题。

面对复杂形势，我们主张要从理解事物的本质出发，在5～10年甚至更长的时间维度去看待经济的趋势、行业的定位，可能会有所启发。如果拨开迷雾，不受短期波动的干扰，至少有这样一些长期趋势我们可以确信：一是金融租赁必然要回归实体经济，将越来越多地体现“集融物与融资为一体”的行业属性，最终达到与实体经济“同呼吸、共命运”。二是整个国家的产业格局必然会发生变化。“中国制造2025”“健康中国2030”等一系列重大规划的提出将带动众多产业，创造出数十万亿级的市场。新动能必然会逐步崛起，而一些前几年依靠信贷扩张、规模扩张发展起来的产业将继续出清。三是中国正朝着知识经济时代迈进，而这个时代的特点是倡导人与自然协调、持续发展，是要更好地满足人民日益增长的美好生活需要，消费对于经济的拉动力将持续增强。谁能够更好地迎合消费升级，谁就能在经济转型中占得先机。

回顾半个多世纪的世界租赁发展史，不难看出融资租赁区别于其他金融手段的最大优势在于专业化、市场细分、区域细分。而中国融资租赁自2007年兴起并蓬勃发展的主要动力实质是监管政策红利+经济高速增长，目前看来这个动力已经难以为继，行业已经到了一个不得不转型、不得不回归本源的关键节点。从人民银行2019年年初工作会议部署的九大工作重点中也可以看出，“防范化解重点领域风险”“落实金融服务实体经济各项措施”仍然被提到了很重要的位置，这也应该是我们整个行业未来一段时期的行动指南。

媒体：贵银金租作为一家成立不满3年的地方性金租公司，是如何应对当前这些挑战和机遇的？未来又有什么样的战略规划？为什么这么考虑？

杨琪：贵银金融租赁作为贵州省第一家金融租赁公司，一直在思考自身的专业化定位如何与贵州的发展相结合，如何顺应时代和经济的发展趋势，最终我们选择了深耕省内市场，坚持发展绿色租赁这条路。

从贵州的现实省情和资源禀赋来说，第一，贵州山清水秀，生态优势明显。贵州省生物资源多样，具有宜农非耕地资源丰富的山地特点，适应农产品的多元化生产和消费升级。良好的生态环境为发展无公害、绿色和有机农产品提供了理想条件。同时，贵州省立体气候明显，森林覆盖率达52%，自然保护区105个，森林公园94个，年平均温度在15℃，宜养宜居。第二，贵州发展绿色租赁拥有产业基础。近年来，省委省政府提出，要坚决守住发展和生态两条底线，深入推进“大扶贫、大数据、大生态”三大战略行动，重点发展生态利用型、循环高效型、低碳清洁型、环境治理型绿色经济“四型”产业。其中，生态旅游发展迅猛，市场潜力大、经济价值高。大数据、绿色制造、清洁能源、智慧城市等行业是符合贵州政策导向的战略性优势产业，未来发展空间广阔。第三，贵州是绿色发展的政策高地，发展绿色租赁拥有政策优势。2016 年以来，国务院陆续批准贵州成为首批国家生态文明试验区、首个国家级大数据综合试验区、内陆开放型经济试验区，贵安新区获批为绿色金融改革创新试验区。贵州省政府成立了贵州省推进绿色金融发展工作小组，为构建具有贵州特色的绿色金融体系提供了政策及组织保障。贵阳市也提出到 2035 年要形成“一品一业、百业富贵”，打造以中高端制造业为主的新型工业体系。“大生态战略贵阳行动”强调要注重全民参与、全域实施、全景展示，坚持共商、共建、共治、共享，以城乡“三变”改革为主导途径，构建林业产业、绿色食品业、绿色制造业、生态旅游业、大数据产业、高端装备制造业等产业组成的具有贵阳特色的绿色产业体系。

基于上述背景，贵银金租力求结合地方实际，充分发挥金融租赁在解决企业设备类融资、解决企业中长期资金缺口方面的优势，在高举绿色旗帜的同时更加注重做出自己的细分市场和产业特色，扎扎实实走出一条特色化道路。公司于 2018 年初出台了绿色租赁发展的三年规划，按照“市场容量充足”“差异化竞争”“回归租赁本源”“区域平衡”“系统性风险可控”五项原则遴选出公司未来三年重点支持的绿色产业，提出构建“4 +1 + N”的绿色生态产业体系。其中，“4”为绿色生态旅游、绿色能源、绿色公用事业、绿色节能环保，“1”为绿色教育及健康，“N”为符合公司现阶段业务实际的政策鼓励类绿色产业。“4 +1 + N”的产业体系指明了公司未来的发展方向。我们的愿景是树立良好的知名度和美誉度，成为国内以绿色生态租赁业务为鲜明特色的知名专业化金融租赁公司。

媒体：成立两年半以来贵银金租深耕本地市场发展绿色租赁的成效如何？又有哪些经验和教训可以分享？

杨琪：秉持“铸造生态经济新引擎，助推绿色租赁新发展”的初心与使命，贵银金租围绕绿色租赁目标落实组织架构、人力资源、信息科技、考核机制等保障措施，逐步建立起相应的服务体系、产品体系、风险防控体系和评价体系，以强化执行为落脚点，扎实推进各项工作。

首先，完善组织保障。第一时间明确了董事会、高管层、绿色生态租赁工作领导小组、项目评审委员会、租赁业务部等各级组织在绿色化推进过程中的职责、任务、完成期限、协调机制，理顺了管理思路，保障战略落地。

其次，强化绿色生态租赁的产品与服务创新。公司结合不同绿色产业的特点，深入研究其赢利模式、财税优惠政策、会计核算特点，结合监管政策，科学设计产品交易结构和准入标准、融资额度、融资期限等关键要素，研发具有行业特性的风控模型和产品方案，推出了“爽爽旅游租”“爽爽医疗租”等绿色产品，提升了业务营销的效率。

再次，优化绿色生态租赁业务的审批流程。公司陆续出台一系列鼓励绿色生态租赁业务开展的制度和政策，明确了业务导向。在审批流程上实现差异化，绿色生态租赁业务安排专项额度，优先审批、优先放款，并且在风险可控前提下可适当延长业务期限，降低收益率。

最后，建立了切实有效的绩效考核机制。公司按照业务规模及业务利润对一线业务人员进行考核，在考核中明确了对于绿色租赁项目的加成计算办法，以及对于环境和社会风险暴露企业的扣分办法，将公司的发展目标细化为科学的考核标准，形成了有效激励。

截至2018年末，贵银金租租赁资产余额达194亿元，开业两年半资本金放大近10倍，实现预期效益目标，拨备率2.96%超过行业平均水平，资产不良率远低于行业平均水平，实现了规模、速度、质量、效益的稳健高质量发展。特别是绿色租赁资产大幅度提升，按照人民银行绿色贷款口径统计，2018年末公司的绿色租赁资产余额达83亿元，占总租赁资产余额比例达42%，远高于金租行业平均水平，从资产结构上来说，进入了金融租赁绿色发展的第一梯队。目前，按照细分产业统计，绿色生态旅游、农村及城市水务项目成为公司最主要的两块绿色资产，同时覆盖了绿色农林业、垃圾处理及污染防治、可再生能源及清洁能源、工业节能节水环保等多个领域，绿色化、专业化初具雏形；按照业务区域统计，贵银金租在深耕贵州的同时也适度拓展省外市场，绿色业务覆盖了重庆、云南、四川、宁夏、陕西、江苏、河北、辽宁等区域，具备了一定全国展业的能力。

以绿色生态旅游为例，“出门看世界”、追求高质量的闲暇生活是消费升级的典型项目，未来发展空间广阔，而国内旅游业则是供给不力的典型代表，供给品质严重滞后于产业发展速度，高端市场外流，低端市场被节假日的“人头游”“天价虾”充斥。贵州省旅游资源丰富，但开发严重不足。景点分布广，但尚未形成旅游带、旅游线格局，景区之间缺乏连带互动；景区配套设施不完善、附加值不高，难以留住旅客，也少有旅客反复观光；好的景观、自然条件、气候未能吸引旅客长期地季节性居住。就此情况，贵银金租与毕节百里杜鹃、兴义万峰林、六盘水玉舍森林、西江千户苗寨等省内重点旅游项目合作，为景区基础设施建设、景观打造、配套设施升级改造等提供长期稳定的资金支持，有效提升了景区的接待能力与接待质量，也相应带动了部分建档立卡贫困户的就业和脱贫，实现了良好的社会效益。

在实践过程中，我们也发现绿色租赁面临以下突出困难：一是绿色产业回报慢，风险较高。很大一部分绿色企业属于轻资产企业，资产规模较小、经营周期较长、短期经济效益较低，客观上形成了资产回报慢、风险高的特点，难以调动金融机构的积极性。二是缺乏专业人员和专业培训。金融租赁公司相比银行人员更为精简，部门设置更为简单。因此，金融租赁公司开展绿色租赁业务往往更加缺乏专业的具备绿色环保知识和从业经历的人员，也难以开展有效的绿色租赁内部培训。三是对环保失信企业或重大社会风险企业查询困难。目前，对于对银保监会绿色信贷统计中提出的环境违法违规、安全生产违法违规、落后和过剩产能、职业病预防控制措施不达标四类企业或项目的筛选及认定较为烦琐，相关信息的发布分散在不同政府部门，有的甚至并未公布，金融机构在调查时取证困难。四是租赁物有限，难以满足融资租赁结构要求。部分绿色环保企业由于属于轻资产运作，无合适的资产作为租赁标的物，因此无法通过融资租赁方式融资。五是缺乏正向激励机制。目前，绿色金融在投放规模限制、财政补贴、税收优惠、资产转让的便利性等方面均无明显优势，导致金融机构参与绿色金融的热情不高。

媒体：你对新的一年有哪些寄托和展望?

杨琪：在复杂严峻的形势下，信心和坚守显得尤为珍贵，租赁公司需要有强大的战略定力和沉静的内心。对于地方性金融机构而言，深耕区域市场、发展绿色租赁虽然任重道远，但方向不会变，趋势不可逆，是我们走出困境的一条明路。在行业面临系统性转型的过程中，我们提倡主动降速，行稳致远，步步为营，久久为功；也提倡精诚合作，互利共赢，资源共享，风险共担。租赁的情怀应该是敢为天下先，与新兴动能共成长，也应该是百花齐放，各有所长。我们坚信，租赁行业能够在这个时代有更大作为。

12.19 杨燕青：还原2013年“钱荒”事件——一场定义未来的“去杠杆”博弈[①]

编者按：

2013年6月，一场被称为“钱荒”的事件开启了各方对中国金融市场和金融

① 本文为中国融资租赁三十人论坛常务理事、第一财经研究院院长、媒体副总编辑杨燕青于2018年2月公开发表于第一财经的文章。

体系流动性的持续关注。

其时，本届政府执政不足百日，危机后刺激政策的“经济兴奋期”过后不久，经济下行态势明显，宏观政策应以怎样的姿态和取向来面对经济减速和已然过度的金融杠杆？货币当局和市场的博弈就是在这样的背景下展开的。

时至今日，4 年多已逝，随着时间推移，中国宏观环境不断演变，宏观调控取向日渐清晰，在一个更加理性、客观的环境下来回顾该事件，还原其本来面目，剖析其实质，并在危机后金融调控框架转型、货币政策和宏观审慎政策“双支柱”为供给侧结构性改革营造适宜环境的大背景下来重新理解这场市场波动，无疑有助于未来“去杠杆”和“化解金融风险”攻坚战的持续推进。

在 2013—2014 年十分流行于财经界的网络财经小说《同业鸦片》中，某银行资金部总经理有这样一段陈述，虽纯属虚构，但却鲜活地复述了发生在 2013 年 6 月中国金融市场上的故事：

“为了完成今年盈利指标，从去年底资金部开始用百亿资金养券，放大了十倍，总规模约千亿。截至 4 月底，盈利完成了全年任务。5 月初，我们预估 CPI 下降在 2.0% 左右，央行有降息可能，于是再次放大十倍，并放置同业间代持。截至 5 月中旬，盈利几乎是全行半年利润的一半。谁知天有不测风云，金融同业在相同预期下都在疯狂扩张资产、放大杠杆、玩资产久期，养券养信托受益权。5 月 28 日，预感市场资金紧手。但暴风来得太急，利率急速推升，已经没有调整时空了。截至今日（6 月 6 日），亏损约 20 亿。”

这场波动始于 2013 年 6 月初，在 4—8 日经历了第一轮货币市场利率的显著上升期，9—18 日为市场相对平静期，19—24 日为利率第二轮上升期。在市场波动最高点 6 月 20 日，质押式回购隔夜、7 天、14 天加权利率分别为 11.74%、11.62%、9.26%，质押式回购隔夜利率更是一度摸高至 30%。24 日，上证综指下跌 196 点，收于 1963 点，大跌 5.3%。其后，随着央行向多家银行提供流动性，几家大行拆出头寸，6 月 25 日后利率逐步回落，市场渐渐趋于平稳。

对于置身其中的市场人士而言，那些惊魂时刻时至今日仍记忆犹新；对于外界而言，市场波动中的情节扑朔迷离，传言此起彼伏，自然难窥全部真相和宏观大局。公众似乎留下了这样的印象，这是货币当局没有管理好市场流动性的一场“风险暴露”，是一场“钱荒”。

随着当时事件的数据、内情和方方面面的资料逐渐浮出水面，随着时光推移带来的宏观全局走向清晰可辨，如今看来，和公众的印象全然不同，这场震动市场的“钱荒”，事实上是货币当局和市场金融机构针对未来宏观政策走向的一场博弈，是一场围绕“去杠杆”的交锋，一端豪赌大水漫灌承托旧增长模式的故事重演；一端则不惜代价坚守稳健货币政策，刚柔并济警示市场“去杠杆”已是风向。

“银行作为商业机构，其关注利润的动机无可厚非，但个体最优并不等于集体最优，央行需要守住宏观局面。”一位决策高层告诉第一财经。

这场博弈的胜负在今天看来举足轻重，如若当日胜负异位，其后去杠杆的难度可想而知，而当局的权威性和宏观调控政策的可信度也无疑将受到巨大的挑战和侵蚀。

经历了这场流动性洗礼的市场和机构，之后时时心忧“钱荒”再现，同时也决计不敢再入“赌局”。

（一）博弈：还原“钱荒”始末

若将 2007—2017 年 10 年间的 GDP 和 M2（广义货币）增长率放在一张图中观察，2009 年一揽子经济刺激计划推升 2010 年 GDP 增长到达高点过后，经济下行至“中高速”增长的“新常态”趋势十分清晰（见图 12－7）。

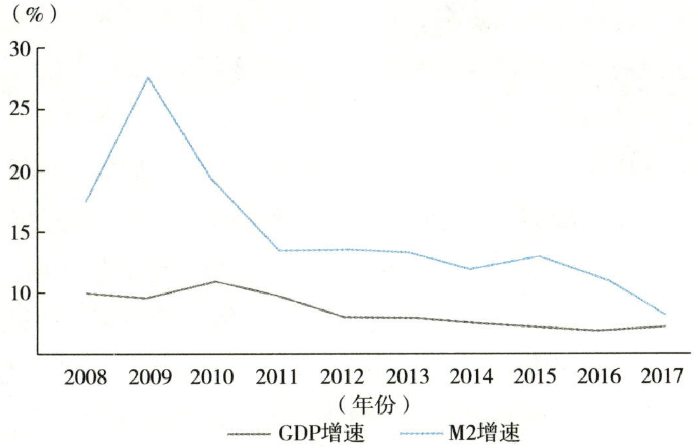

图 12－7　2007—2017 年 GDP 和 M2 增长情况

数据来源：国家统计局，中国人民银行。

然而，在 2013 年 6 月，这一切并不了然。当时，新一届政府执政尚不到百日，市场对新一届政府的执政理念心存试探和猜测。

当时的一系列经济数据显示，经济增长存在下行压力。4、5 月份的工业增加值、固定资产投资、出口增速等较一季度有所回落。汇丰制造业 PMI（采购经理指数）等低于市场预期，6 月初该值降至 9 个月新低。

面对经济下行压力，在一些金融业内人士看来，趋势和前景扑朔迷离，一切皆有可能，而 2009 年那样一揽子刺激政策重来的概率不低。

而 6 月份也正是金融机构重要的考核和信息披露时点，贷款“冲时点”动机强，一些金融机构通过加快贷款投放、同业扩张等方式提前布局占位。2013 年前 5

个月，M2月均增速达到15.7%，明显超出年初确定的13%左右的预期目标；社会融资总量屡创新高，1—5月同比大幅多增3.12万亿元；同时，银行的同业业务异军突起，迅速膨胀，5月末同比增速超过50%，其名为同业，实则具有类贷款性质，融资和债务快速扩张，期限错配等结构性问题也同步呈现。

进入6月，机构加杠杆占位的态势毫无收敛，而是愈演愈烈，正如每一个泡沫到达顶点时的情势，而这一次，加杠杆的方式是票据融资。仅6月3日一天，24家主要金融机构的票据融资高达2 247亿元。

市场主体与宏观调控的博弈由此展开。央行态度和意图明确，希望机构主动减杠杆。但机构并未止步，4—7日，24家金融机构的票据融资仍以日均近600亿元的规模上升。博弈进入第一轮利率上升期，少数金融机构违约的谣言开始在市场上蔓延，其间央行通过货币政策操作向市场净投放流动性3 160亿元，但仍刻意给市场施加一定压力，7日，隔夜质押式回购利率飙升至8.68%。

博弈必会关注最高层政策走向，市场盛传2013年6月8日国务院总理李克强将在环渤海省份经济工作座谈会上讲出新一轮经济刺激计划，但这种基于惯性思维的预判出了方向性的错误。

李克强在此次座谈会上表示，2013年以来我国经济形势总体平稳，经济增速仍处于较高合理区间，特别是就业保持稳定，但经济运行中错综复杂的因素也在增加。要严密监测经济形势变化，未雨绸缪，科学把握走势。他强调，做好当前经济工作，关键要在稳定宏观经济政策中有所作为，创新宏观调控方式，激发市场活力。通过运用科学的应对措施，确保完成全年经济社会发展任务。他提到，要通过激活货币信贷存量支持实体经济发展，要进一步研究采取既利当前又利长远、既稳增长又调结构的举措，把有效需求挖掘出来，着力提高增长的质量和效益，促进经济持续健康发展。①

市场当时并未完整获知理解总理讲话，也有些人从自身利益出发各取所需地将其炒作为对己有利的说法，并继续加大赌注。6月8日当日，机构一改已经进入下降通道的票据融资趋势，24家金融机构逆势吃进610亿元票据。为此，央行保持定力，继续加强流动性管理。当日，隔夜质押式回购利率继续升至9.81%，为6月上旬的利率高点、全月利率的次高点。

6月10日过后，数据显示，上旬新增人民币贷款9 458亿元，24家重要金融机构新增贷款7 639亿元，其中票据融资达5 241亿元，接近70%，部分银行票据占

---

① 李克强在河北主持召开环渤海省份经济工作座谈会［EB/OL］. 中国政府网，2013-06-08.

新增贷款的比重甚至超过90%。按这样的扩张速度，6月全月信贷超过2万亿甚至3万亿元都极有可能。

这和党中央、国务院要求的坚持稳健货币政策、不搞大水漫灌的政策中枢是明显背离的。央行的态度很鲜明，机构要把此前基于占位布局吃进的票据吐出来，而机构在利率上升阶段中吸收的票据若此时吐出，会蒙受损失，当然是不愿意。

中央银行和商业银行的博弈继续展开。6月13日，24家机构在央行和市场的压力下卖出票据1 002亿元。之后便止步观望。上旬吃进的5 000多亿元票据，此时仍有4 000多亿元在账。

此时，利率相对平稳，央行继续通过“窗口指导”劝说机构去杠杆。6月17日，人民银行向各商业银行发送《中国人民银行办公厅关于商业银行流动性管理事宜的函》（银办函〔2013〕376号，特急），表示“当前我国银行体系流动性总体处于合理水平”，要求“加强对流动性影响因素的分析和预测，做好半年末关键时点的流动性安排”并“激活存量”。

6月18日，人民银行货政司组织21家全国性商业银行召开货币信贷形势分析会，通报了近期货币信贷工作中存在的问题和近期货币市场波动的原因，要求商业银行加强流动性管理，改变流动性永远宽松的预期，改进自身流动性管理，大行发挥好市场稳定器作用，如果因资金调度带来清算问题，可以提前报告央行协调解决。同时向市场传达了这样的信号：未来经济中的问题已不能寄希望于扩张政策解决，下一步稳健的货币政策不会变，既不会宽松，也不会收紧。当日，质押式回购隔夜利率为5.67%。

6月19日是整个博弈的转折点。当日李克强主持召开国务院常务会议，研究部署金融支持经济结构调整和转型升级的政策措施，会议明确指出“现在货币信贷增速偏高”，“6月上旬还有激增趋势”，强调要把稳健的货币政策坚持住、发挥好，合理保持货币总量。为更好地支持我国的实体经济发展，必须把增量货币运用好，把存量货币盘活好。

此时，关于货币政策的所有猜测云开雾朗，博弈的结局已然十分清晰。可以预料，不论以何种方式，机构必将以减杠杆来为这场博弈画上句号，一场疾风骤雨可能不可避免。6月19日当日，机构开始吐出票据，24家金融机构卖出票据规模达443亿元。

没有预料到的是，6月20日凌晨2：30（对应美国时间19日下午），美联储主席伯南克发表讲话明确释放退出QE（量化宽松政策）信号，在全球范围内引发了一场taper tantrum（缩减恐慌），全球股市、大宗商品大跌，其后多个新兴市场货币暴跌，全球市场接连震荡，成为美联储历史上最重要的“市场沟通事件”。

更为戏剧性的是，6 月 20 日下午，21 世纪网以“独家消息”这一标签发布：中国银行下午资金违约。这则事后被 21 世纪网致歉为假新闻的消息引爆社交媒体，市场传言货币市场基金的赎回潮到来，基金爆仓的消息也不断传出。

这一天也是本次市场波动的利率最高点，质押式回购隔夜、7 天、14 天加权利率分别为 11.74%、11.62%、9.26%。

同日，上证综指收于 2 084 点，下跌 78 点，跌幅 2.77%，跌破 2 100 点整数位。

也正是在多重交织的市场压力下，机构开始大规模吐出票据，24 家机构在 20 和 21 日两天分别抛售票据 420 亿元、494 亿元。

6 月 24 日是机构抛售票据的高点，24 家金融机构卖出票据近 900 亿元。当日，股市大幅下跌 196 点，跌破 2 000 点整数位，跌幅高达 5.3%，上证综指收于 1 963 点。

在 6 月 19—24 日的市场动荡中，央行净投放流动性 2 230 亿元，但仍以鲜明的立场表明推动机构去杠杆的决心。

6 月 25 日，“挤泡沫”已成市场共识。在成功挤出泡沫后，央行重新展现出了“央妈”的一面。一早，央行领导会见邮储高层，引导其多向市场融出资金。当日，股市继续下跌，但午后上证综指大幅反弹，收盘微跌。

6 月 25 日当晚，央行决定 6 月 26 日通过常备借贷便利（SLF）向此次市场波动中损失最大的一家银行提供 800 亿元资金，期限一个月，利率 7%。

事实上，整个 6 月央行通过央票到期、正回购到期、SLF、国库现金定期存款等向市场净提供了超过 7 600 亿元的流动性，其中，通过 SLF 向多家银行提供流动性共计 4 160 亿元。

6 月 25 日至 30 日，机构以匀速继续抛出票据，日均规模在 600 亿元左右。

6 月底到 7 月初，市场利率逐渐回落，宣告这场博弈的结束。

这场博弈包含了两个层面：一是市场中持“旧常态”思维的主体与宏观政策之间的博弈；二是商业银行在 6 月上旬大量以票据布局占位，不愿将票据吐出来形成损失。不过，由于宏观政策保持定力，商业银行不得不转而加速吐出票据，24 家主要金融机构票据融资从 6 月上旬增加超过 5 000 亿元转为中下旬减少近 6 000 亿元，贷款中的“水分”很大程度被挤出。

回首整场博弈，部分市场人士错误预判形势，企图抢先占位获取巨额利润的如意算盘落空，不少机构在市场大势的疾风骤雨中交了不菲学费；而央行在博弈全程中承受压力、保持定力，最终实现了自己的政策意图。

6 月末数据显示，全月新增贷款 8 754 亿元，低于上旬已然达到的规模 9 458 亿元，回到正常区间。初步测算，2013 年前 5 个月，中国整体债务率（全部债务/名义 GDP）快速上升了近 8 个百分点，但在 2013 年 6 月至当年年末，债务率则总体稳定，微升约 1 个百分点。2013 年欧洲《中央银行》杂志以有效抑制了金融体系的过度膨胀为主要理由，将中国人民银行评定为年度最佳央行。

货币当局打赢了这场博弈，对于未来的宏观局势至关重要。

2013 年 12 月 10 日，在中央经济工作会议上的讲话上习近平指出："我们注重处理好经济社会发展各类问题"既防范增长速度滑出底线，又理性对待高速增长转向中高速增长的新常态。①

2016 年 1 月 26 日，习近平在主持召开中央财经领导小组第十二次会议时提出供给侧结构性改革，要在适度扩大总需求的同时，去产能、去库存、去杠杆、降成本、补短板。②

时至今日，后全球金融危机时代的中国宏观政策脉络已经条分缕析，以去杠杆而非加杠杆来应对经济减速、效率下降和金融风险集聚的大政方针已经深入人心。

相应地，我们看到 2013 年后 M2 的下降趋势，以及金融去杠杆的持续推进。最新数据显示，2017 年银行业新增贷款占新增资产比例明显上升，商业银行同业资产、负债自 2010 年来首次收缩，而早在 2013 年 6 月，货币当局和市场的这一场较量可以被视为一场围绕"去杠杆"的超前博弈。而中国也因此经历了货币当局和金融市场针对宏观政策取向的第一次真正意义上的博弈。这场博弈的胜负在今天看来举足轻重，如若当日胜负异位，其后去杠杆的难度可想而知，而当局的权威性和宏观调控政策的可信度也无疑将受到巨大的挑战和侵蚀。

（二）大背景：流动性转向

应当说，货币政策对货币信贷的引导和调节是常态，市场与政策之间的博弈以往也有，而之所以 2013 年 6 月之后这次博弈会直接反映在市场利率的剧烈波动上，还有其他不可忽视的深层次原因，对此需要从全球流动性宽松的大背景下来理解。

当时的市场利率发生波动后，有不少人困惑于为什么在 M2 数量庞大且快速增长、"钱"很多的情况下市场上会感到"钱紧"。实际上这里的两种"钱"并不是

① 中共中央文献研究室．习近平关于社会经济建设论述摘编［C］．北京：中央文献出版社，2017 年 6 月．

② 习近平主持召开中央财经领导小组第十二次会议［EB/OL］．新华网，2016－01－26.

一个含义，前者是指广义货币和各类金融资产，后者则更多是指基础货币，也就是银行体系的流动性。两者往往具有反向关系，前者扩张越快，对后者需求就越大，前者越多，后者就可能越“紧”，就容易以作为基础货币价格的货币市场利率的变化表现出来。

具体来看，当时的市场利率波动还与以下几个方面的因素密切相关：

一是全社会债务融资需求持续上升。受股本融资不足、部分融资主体存在财务软约束、经济增长模式对基础设施投资依赖较大等体制机制性因素影响，中国债务和杠杆水平持续较快上升。据有关机构测算，2013 年末中国债务率为 216%，其中企业债务率达到约 160%。债务融资规模的持续增长伴随着银行资产的相应扩张，这从总量上会导致对银行体系流动性（基础货币）的需求上升，加剧流动性供求矛盾。债务融资需求的快速扩张不仅会推高实体经济的融资成本，也容易引致货币市场利率波动。

二是各类创新融资渠道快速扩张。传统贷款外的融资渠道快速扩张，是近年来金融运行的一个突出特征。表外业务、理财、信托贷款、委托贷款等快速发展，大量资金通过同业渠道融出。金融产品和融资渠道的多元化和复杂化，对传统的以数量为目标的调控模式提出了挑战。不过，银行的资产扩张以及表外的诸多金融创新，都直接或间接需要银行体系流动性（基础货币）的支持，都摆脱不了流动性的约束，尤其是负债结构和期限结构日益复杂化后，会使金融机构对流动性的变化更为敏感，需要其腾挪和准备更多流动性以应对可能的不确定变化，而这些都会增大其对流动性的需求。

三是银行体系流动性偏多的格局发生变化。在以往相当长的时间里，我国面临着国际收支大额双顺差格局，中央银行被动购汇吐出基础货币，外汇占款是最主要的基础货币投放渠道，银行体系流动性总体是偏多的。在相当长的时间里，中央银行的主要压力是设法回收过多的流动性，进行相应对冲，同时辅之以一定的宏观审慎措施来保持适度的货币条件。在这样的背景下，流动性往往并不构成金融机构资产扩张的有效约束。不过，随着我国国际收支逐步趋向平衡，经常项目顺差与 GDP 之比由 2007 年、2008 年 10% 左右降至 2018 年初的 2% 左右，外汇流入作为流动性供给主渠道的作用下降，银行体系流动性总体偏多的状况开始发生显著变化。流动性对金融机构经营行为的约束也就会逐步增强。

上述这些因素交互影响，意味着流动性供求的格局正在变化，流动性总闸门对控制全社会融资规模和货币条件的作用开始增强。而这种强化在一定时点上会以市场利率变化的方式表现出来，并以此起到调节供求平衡、优化资源配置的作用。因此，发生在2013年6月的市场利率波动，实际上是过快扩张的融资需求和货币增长与适度供给的银行体系流动性之间的“冲突”，并在市场经济条件下表现为货币市场利率的波动，将其称为“钱荒”其实有些误导，实际上出现市场大幅波动的根源不是钱太少了，而恰恰是融资扩张过多了。而在国际收支明显不平衡、外汇占款大幅增加的阶段过去之后，中央银行就可以逐步开始通过调节基础货币（银行体系流动性）来真正发挥其在调节金融体系运行中的关键性作用。

那么，经历了流动性拐点后，中央银行如何判断基础货币是松还是紧呢？主要是看宏观经济和总量运行情况。据此，中央银行会有一个符合货币政策取向的适度流动性目标，为实现这一目标，利率就可能会有相应的变化，关键是把握好流动性管理与利率变化的度。既不能造成利率持续过快上升，也不能为刻意保持利率稳定而投放过多流动性。在如何拿捏利率变化与流动性管理关系这一问题上，在历史上不同时期、不同的人看法并不相同。正反两方面的教训都有。

直接酿成全球金融危机的雷曼公司倒塌就是典型的宽松货币政策的结果。雷曼曾是全球第四大投资银行，国际金融危机前主要经济体实行宽松和具有“适应性”特征的货币政策，一定程度上纵容了部分金融机构的加杠杆行为，推升了其风险偏好。这种金融脆弱性在次贷危机的冲击下很快暴露，雷曼最终陷入破产境地，引发了全球金融市场的冻结和持续巨震。

与上述政策迥异的是，20世纪80年代初美联储主席沃尔克为治理高通胀，一度将联邦基金利率提高到20%，最优贷款利率超过21%的高水平。此举虽在短期内造成失业率上升，使美联储遭遇巨大的外部压力，但却使美国长期存在的高通胀得到治理，为其后经济的持续快速发展奠定了基础。

我国的金融宏观调控也有类似案例。为应对国际金融危机冲击，2008年末我国快速出台了一揽子刺激计划，经济迅速企稳回升，但同时也出现了货币信贷快速增长、通胀压力上升等问题。央行在2009年年中即在坚持政策连续性、稳定性的同时加强动态微调，引导货币信贷逐步向常态回归。这在当时也曾有来自市场的较大压力，其间也遭遇过上证综指一周下挫数百点的情况。但回过头来看，当时的做法对促进经济长期可持续发展、防范通胀过快上行都是必要的。

（三）一个重要成果：宏观审慎工具问世

2013年6月的货币市场波动，对于金融机构过度扩张资产和加杠杆的行为在短期内起到了抑制作用，但随着流动性水平回升，这些行为在数月之后再度反弹，如何进一步完善相关宏观调控机制成为当务之急。由于利率过度波动实际上是过快扩张的融资需求与适度供给的基础货币之间的冲突，那么就应该从如何优化流动性供给和抑制融资需求过快扩张两方面着手。

一方面，提升银行体系流动性管理精细化水平的基本条件已经具备。过去在国际收支大额双顺差的情况下，央行流动性供应是比较被动的。近几年随着国际收支逐步趋于平衡，需要中央银行主动供给一部分流动性来满足国民经济需求。此时政策利率、利率走廊等机制就可以逐步开始发挥作用。同时，金融创新发展也使运用价格型调控变得更为迫切，这就可能越来越接近数量型工具和价格型工具可以切换的阶段。

从实际操作看，央行流动性管理的工具箱价日趋完善。2013 年以来，人民银行不断丰富流动性工具箱，完善流动性管理机制。先后推出短期流动性调节工具（SLO）、SLF、中期借贷便利（MLF）、抵押补充贷款（PSL）、临时流动性便利（TLF）等新的流动性管理工具，提供不同期限的流动性；将公开市场操作从每周两次增加至每日操作，“削峰填谷”精细化管理银行体系流动性；实施存款准备金考核“双平均”机制，进一步完善大小额支付体系，为金融机构流动性管理提供“缓冲垫”；在全国的人民银行分支行推广 SLF 操作，逐步强化 SLF 利率走廊上限的作用；开展信贷资产质押和央行内部评级试点，大幅扩展了从央行获取资金的抵押品数量。

在此期间，利率市场化改革也取得关键进展，中国的利率管制基本放开，先后于 2013 年 7 月放开贷款利率下限，2015 年 10 月取消存款利率上限。在放开利率管制的同时，探索构建“政策利率 + 利率走廊”机制，央行利率调控和稳定市场预期的能力进一步增强。此外，指导金融机构强化利率定价行业自律，对市场上出现的个别非理性行为进行必要管理和约束，维护公平有序的市场定价秩序。这些举措为加强流动性管理的价量配合、实现保持流动性基本稳定和市场利率的平稳运行创造了有利的条件。

然而，在危机后金融稳定框架演进的大背景下来看，应对系统性风险，实现金融稳定，仅仅依靠货币政策工具和流动性管理是远远不够的。使利率调控与宏观审慎政策有效配合起来，成为宏观金融政策的“双支柱”，成为主要经济体和国际组织反思国际金融危机教训基础上形成的共识。

沿着这样的方向，吸取国际金融危机的教训，中国较早开始了宏观审慎政策方面的实践，近几年央行强化了宏观审慎政策的作用，通过宏观审慎评估（MPA）引导广义信贷合理增长，从而对过度的流动性需求形成约束。中国自 2011 年正式引入差别准备金动态调整机制，2016 年起升级为 MPA，将引导的重点从传统的贷款扩展至广义信贷，并将表外理财纳入广义信贷指标。其主要理念是信贷投放要与宏观审慎要求的资本水平相联系，核心指标是宏观审慎资本充足率，同时考虑了各金融机构的系统重要性、稳健状况以及经济景气状况。MPA 将信贷增长与资本水平、经济发展需求紧密挂钩，使其具有了双重属性，既是宏观审慎政策工具，也有货币政策工具的性质；既可以通过抑制信贷的顺周期过快扩张起到防范系统性风险的作用，也可以起到引导广义信贷平稳增长的作用，减少过度的流动性需求，对促进市场利率平稳也发挥了重要作用。此外，央行还将跨境资本流动纳入宏观审慎管理范畴，着重对过度加杠杆和短期炒作行为进行有针对性的逆周期调节；加强房地产市场的宏观审慎管理，形成了以因城施策差别化住房信贷政策为主要内容的住房金融宏观审慎政策框架。

还应注意到的是，预期管理的重要性在不断提升。随着货币存量和金融资产规模日益庞大、转化流动性的能力越来越强，货币政策需要更多依靠对预期和信心的引导。在这方面国际上也有不少值得借鉴的做法和经验。价格型调控模式透明度高、规则性强，有利于稳定公众预期。反过来若政策公信力强，大家相信央行能够说到做到，货币政策也就越容易引导市场利率至希望的水平，因此两者是相互促进的。展望未来，随着外汇流动趋于均衡，汇率市场化和利率市场改革不断推进，货币政策调控模式也将进入新的阶段，通过强化价格型调控并辅之以宏观审慎政策，增强政策公信力，强化预期管理，逐步建立起适应现代市场经济要求的货币政策调控框架。

总的来看，引入货币政策和宏观审慎政策双支柱的金融调控框架至关重要，这也可以被理解为 2013 年 6 月这场市场波动的重要成果。货币政策调节与稳定银行体系流动性和市场利率的能力进一步增强，宏观审慎政策在促进金融机构稳健经营和维护金融稳定方面也发挥了重要作用。两者相互结合，既为供给侧结构性改革营造了中性适度的货币金融环境，同时较好地防范了系统性金融风险，维护了金融体系稳定。2013 年 6 月主要金融数据见表 12 – 1。

表 12–1　2013 年 6 月主要金融数据

时间	各项供货比上一日（亿元）	其中：24 家金融机构票据融资比上一日	隔夜利率（%）	7 天利率（%）	人民币兑美元中间价（元/美元）
2013/06/03	2 693	2 247	4. 62	4. 66	6. 180 6
2013/06/04	1 008	680	4. 54	4. 74	6. 173 5

（续表）

时间	各项供货比上一日（亿元）	其中：24家金融机构票据融资比上一日	隔夜利率（%）	7天利率（%）	人民币兑美元中间价（元/美元）
2013/06/05	839	581	4.74	4.80	6.175 7
2013/06/06	1 052	591	6.15	5.32	6.173 7
2013/06/07	1 059	454	8.68	6.85	6.162
2013/06/08	1 412	610	9.81	7.84	
2013/06/09	1 395	78	6.32	5.97	
2013/06/13	-1 888	-1 002	6.94	6.39	6.161 2
2013/06/14	693	-29	7.03	6.90	6.160 7
2013/06/17	-51	-80	4.88	6.89	6.159 8
2013/06/18	659	-48	5.67	6.82	6.165 1
2013/06/19	505	-443	7.87	8.26	6.167 7
2013/06/20	67	-420	11.74	11.62	6.169 8
2013/06/21	511	-494	8.70	9.25	6.176 6
2013/06/24	-514	-887	6.65	7.53	6.180 7
2013/06/25	-394	-620	5.83	7.44	6.176 7
2013/06/26	132	-558	5.55	7.29	6.177 9
2013/06/27	-89	-677	5.44	6.74	6.179 7
2013/06/30	-429	-648	4.96	6.16	6.178 7

数据来源：中国人民银行。

（四）“钱荒”日志

阶段1：2013年6月4—8日为货币市场利率的第一轮显著上升期

5—7日，市场上关于光大、兴业等中型银行违约的消息通过微博、微信等社会化媒体传播得越来越广，涉及违约资金的金额也被不断夸大。

6日上午，农业发展银行6个月期的200亿元金融债发行招标，实际发行额为115亿元，为当年以来首只“流标”的利率债。当日隔夜质押式回购利率达到6.15%。

7日，利率继续上升，隔夜质押式回购利率升至8.68%。

8日，召开环渤海省份经济工作座谈会，李克强发表重要讲话。

阶段2：6月9—18日为货币市场相对平静期，股票市场出现明显下跌

10—12日，端午节假期，各市场闭市。

13日，股市大跌，上证综指收于2 148点，下跌62.5点，跌幅2.83%，跌破

2 200 点整数位。

14 日，当年第四期记账式贴现国债“流标”，该债券期限为 9 个月，计划募集 150 亿元，有效认购 95.3 亿元，中标利率 3.7612%，较发行前一个交易日二级市场收益率高出 60 多基点。

17 日，人民银行向各商业银行发送《中国人民银行办公厅关于商业银行流动性管理事宜的函》（银办函〔2013〕376 号，特急），表示“当前我国银行体系流动性总体处于合理水平”，要求“加强对流动性影响因素的分析和预测，做好半年末关键时点的流动性安排”并“激活存量”。

18 日，货政司组织 21 家全国性商业银行召开货币信贷形势分析会，通报了近期货币信贷工作中存在的问题和近期货币市场波动的原因，要求商业银行：一是加强流动性管理。银行要改变流动性永远宽松的预期，加强各类影响因素的研判，改进自身流动性管理，大行还要发挥好市场稳定器作用。一些重大突发性问题及时向央行汇报，如果因资金调度带来的清算问题，可以提前报告央行货币政策司来协调解决。总之，只要银行各方面工作到了位，央行是会给予支持的。二是正确把握好未来宏观政策。未来经济中的问题已不能寄希望于扩张政策解决，下一步稳健的货币政策不会变，既不会宽松，也不会收紧，并着重围绕“稳定政策、优化结构、提升服务、防范风险、深化改革”5 个方面展开。三是要控制总量、把握好贷款投放节奏。质押式回购隔夜利率为 5.67%。

阶段 3：6 月 19—24 日为货币市场利率第二轮上升期，股票市场跟随国际市场出现大跌

19 日，李克强主持召开国务院常务会议，研究部署金融支持经济结构调整和转型升级的政策措施，会议明确指出“现在货币信贷增速偏高”“6 月上旬还有激增趋势”，会议强调要把稳健的货币政策坚持住、发挥好，合理保持货币总量。为更好地支持我国的实体经济发展，必须把增量货币运用好，把存量货币盘活好。

20 日凌晨 2：30（对应美国时间 19 日下午），美联储主席伯南克发表讲话明确释放退出 QE 信号，全球股市、大宗商品大跌。

20 日，上证综指收于 2 084 点，下跌 78 点，跌幅 2.77%，跌破 2 100 点整数位。

20 日下午，21 世纪网以“独家消息”这一标签发布：中国银行下午资金违约，央行投放 4 000 亿货币。这则消息引爆微博，并被诸多门户网站推上首页。市场传言货币市场基金的赎回潮到来，流动性安排不足的货币基金不得不亏损卖出债券，基金爆仓的消息也不断传出。

20 日为本轮利率上升的最高点，质押式回购隔夜、7 天、14 天加权利率分别为 11.74%、11.62%、9.26%。

21 日凌晨，21 世纪网发布致歉声明，称“中国银行资金违约”的报道经核实为不实新闻，并向中国银行、广大读者以及各方机构表达歉意。货币市场资金利率明显回落。

22、23 日两日（周末），工行因系统升级多地银行卡不能取现，被报道为与“钱荒”有关。

23 日，央行发布货币政策委员会例会纪要，提出“优化金融资源配置，用好增量、盘活存量，更有力地支持经济结构调整和转型升级”。

24 日，股市大跌，上证综指收于 1 963 点，下跌 196 点，跌幅 5.3%，跌破 2 000点整数位。

阶段 4：6 月 25 日—7 月 2 日货币市场利率逐步回落

24 日晚，人民银行网站公开《中国人民银行办公厅关于商业银行流动性管理事宜的函》（该函 17 日已发送至各商业银行）。

24 日晚，人民银行货政司负责人接受《财新》杂志采访。

24 日晚 7：00，马凯副总理主持会议研究货币市场问题。

25 日早，人民银行领导会见邮储领导，引导其多向市场融出资金。

25 日，股市剧烈波动。开盘后震荡走低，上证综指一度跌逾 5%，近 200 只个股跌停，盘中最低跌至 1 849.65 点，跌破前期低位 1 949 点，创四年来新低。午后上证综指大幅反抽，跌幅收窄，收于 1 959 点，跌 0.19%。

25 日晚 6 点半，人民银行官网发表《合理调节流动性 维护货币市场稳定》一文指出：截至 6 月 21 日，全部金融机构备付金约为 1.5 万亿元，流动性总量并不短缺。之所以出现资金紧张，是因为短期因素叠加。下一步将根据市场流动性的实际状况，积极运用公开市场操作、再贷款、再贴现及短期流动性调节工具、常备借贷便利等创新工具组合，适时调节银行体系流动性，平抑短期异常波动，稳定市场预期，保持货币市场稳定。

25 日晚，胡晓炼副行长接受央视采访。货政司领导与新华社和央视就下一步的宣传引导工作进行了沟通。

28 日，周小川行长在出席“陆家嘴论坛”期间接受媒体专访，周小川表示“市场基本正确理解了央行”。

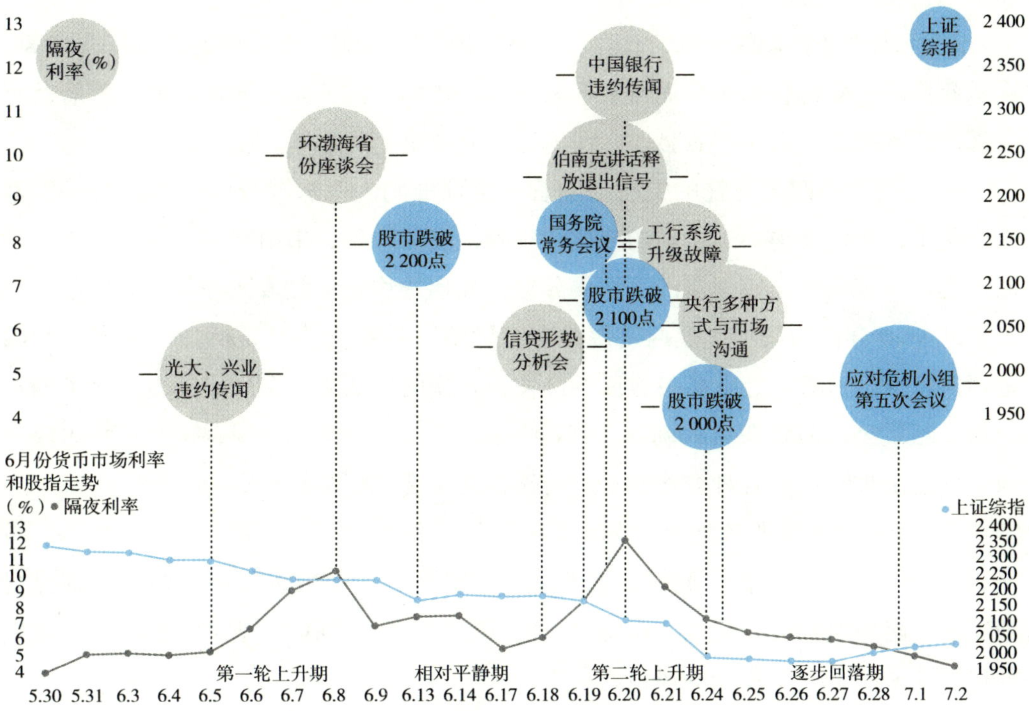

图 12-8 "钱荒"节点一览

12.20 俞雄伟：新时期融资租赁行业的风险特点与应对①

（一）当前行业发展的特点

1. 融资租赁行业得到快速发展。近 10 年来，一方面，融资租赁的资产规模和公司数量大大增加，社会认知度大大提高，为我国的经济和社会发展做出了重要贡献。另一方面，业内竞争加剧，合适的租赁标的物少了，原来相对粗放的经营模式不行了。同时，过于追求速度的发展方式也带来了融资租赁公司在战略定位、人员结构和风控能力等方面的问题。

2. 从高速发展向高质量发展转变。我国正在经历产业转型和经济结构调整，服务业比重不断增加，寻找新的可持续的租赁业务领域和商业机会的难度增加。融资租赁行业也将与时俱进、脱虚向实，从高速发展向高质量发展转变，租赁业发展的内涵、路径正在发生变革，从规模扩张开始向专业化、特色化转型，小而美、大

① 本文为中国融资租赁三十人论坛理事、浙江汇金融资租赁有限公司董事长俞雄伟于 2018 年 12 月 6 日受邀出席 2018 中国融资租赁年会所做的发言。

而稳的公司都会有较大的发展空间。

3. 经济环境和金融环境的改变。三降一去一补、淘汰落后产能以及环保政策、金融政策的改变都将给租赁业发展带来挑战。比如，国务院近期要求地方政府及有关部门清理拖欠民营企业资金，一些地方政府资金明显吃紧，压力增大。

4. 融资租赁四大支柱的变化。监管、会计准则、民法典分编、税收政策等都在变化中，我们不得不迎接新的变化和挑战，提前准备、未雨绸缪、与时俱进。同时，提请大家关注正在制定的民法典分编，如租赁物登记和取回等条文的规定。

5. 同业合作的增加。业内资源共享、优势互补的合作日益增加，不同类型的公司进行信息、管理、业务等方面的合作，合作的形式更加多样。同时，为了便于合作，租赁公司需要在收入确认、风险计提、资产分类、合同文本等方面达成一致，使之更加有利于各种合作和资产转让，逐步变成标准化产品。

（二）新时期行业风险的特点及表现

1. 集中度较高。客户偏好、业务品种、单一客户等较为集中，在多个细分行业、多家融资租赁公司扎堆同时踩雷，使得以时间换空间的可能性受到压缩，我们要尽可能避免下一个集中的风口的出现。

2. 单一项目金额较大。一些租赁公司的单个合同金额较大，一旦出现问题，对公司自身将产生重大后果，同时也会引起非常负面的社会影响。

3. 盈利模式较为单一。当前，我国融资租赁行业仍以利差为主要盈利模式，过于依赖规模效益。随着竞争的加剧和利差收窄，利差收益将无法覆盖可能的风险损失。

4. 对新行业的认识不够。对新行业的盈利模式、风险模式缺少深刻的理解，如互联网 +、投行思维等，想象与结果可能相差甚远。比如，真正的投行思维，应该是学习其盈利模式、风控模式、退出机制，而不是将未来可能的现金流折现来赚利差。租赁公司不能被一些时髦的名称所蛊惑，要有定力、练好内功、做好功课，不要被别人忽悠了，更不要被自己忽悠了，我们在低头拉车的同时，不能忘记抬头看看路、看看方向，不忘基本抓手。

5. 业务模式较为单一。我国最早的租赁公司开始的时候大部分做的都是直租，后来由于过于追求发展速度等原因造成回租的比例大幅度增加。回租具有规模增加快、当期盈利好、专业化要求相对低等特点，同时也造成了现金流增量少、盈利模式单一、客户黏度小等商业模式本身的风险，且由于回租大多基于信用为主，所获得的收益与所承担的风险往往不相匹配。而直租要求相对较高，需要对相应市场有较为全面的认识，需要对标的物的确定以及价格、抗风险能力、退出机制等具有深刻的了解。同时，租赁物从购买到安装到达产都有一个过程，有较高的资产管理要求，而且还需要得到用户和银行的认可。

6. 创新不足与过度创新。当前，行业真正的创新较少，经营性租赁、杠杆租赁、联合租赁、转租赁等业务模式仍处于资金合作的阶段，缺少资产组合管理和专业服务的功能。创新是任何企业成功的必然选项，但是要把握租赁的基本原则和底线，租赁是基于融物的融资，标的物、现金流以及风险控制是关键，防止“创新”过度。

7. 忽视资产组合和流动性管理。如果同周期的行业同向叠加，受经济周期波动的影响会更大。期限过度错配，会造成租赁公司现金流和流动性风险。融资租赁企业需要精细化管理，利用大数据或公司自身积累的经济周期数据进行科学管理，进而上升到租赁逆周期配置资产的可能。再者，一些项目过于依赖政府补贴，一旦政策调整将严重影响现金流和还款，同时随着相关产能、规模的扩大和技术的进步，标的物的价格可能大幅度下降，很容易造成融资租赁公司承担过高的风险。

8. 缺乏专业化、特色化经营。人不可能是万能的，公司也一样，只有做专、做精、做深，才能对譬如租赁物价格、租赁物生命周期价值曲线做到心中有数，对现金流的测算才能准确。不能随大流、跟风、赶时髦，不能因为某大公司做了、某基金投了，融资租赁公司也跟着投，别人能做好，不等于你也一定能做好。融资租赁公司要结合自己的资源禀赋、结合自己开办公司的初衷和战略定位进行战略取舍，较大跨度地进入新的领域会面临更大的风险，需要公司在评审体系、业务软件、内控系统、考核体系等方面都要做相应调整。

9. 过于追求规模，资产管理能力较弱。一个行业或公司的发展需要一定的规模作为支撑，但过于追求规模将导致企业身不由己，在业务开拓和绩效考核等方面形成路径依赖，缺少发展的可持续性和核心竞争能力。一味追求规模容易忽视潜在的问题，一旦退潮就有可能变成裸泳，融资租赁公司需要特别注意承租人的过度、过快扩张，避免短接长用导致现金流断裂。

（三）融资租赁业务的六个边界

第一个边界：租赁标的物的适用性边界。对准入的标的物应有深刻的理解和把控能力，包括租赁物的价值构成、技术特点以及生产、运营、维保、处置等各个环节。如果租赁公司基于其股东背景或其他禀赋资源可以做到对标的物有效把控，将为其带来独有的市场份额。

第二个边界：租赁合同条款的定制化边界。信贷合同条款往往存在格式化的特征，而租赁业务基于其延伸服务内容、信用结构设计、异议处理等特征可以设定相对个性化的条款，这也是租赁产品设计多样化的一种体现。租赁合同条款的定制化边界，可以从租赁产品延伸服务设计和风控措施结构设计这两个方向寻求突破。

第三个边界：对租赁标的物所产生现金流的把控边界。融资租赁交易涉及款项用途和还款来源两个方面，我们应从租赁款的真实投向、租赁物的真实运营情况以及对运营产生现金流的监管把控等方面来评价项目风险。

第四个边界：租赁项目风险敞口设计的把控边界。该边界把控能力实质上指的是租赁企业对项目未来现金流预测、租赁项目敞口变动曲线及标的物变现残值之间的动态把控能力。租赁项目的初始风险敞口实质考察的是项目资产负债率、风控措施评估值或承租人授信规模；在租赁项目期间对敞口的把控则涉及对还款现金流变动、敞口变动和残值变动三个要素的动态把控。租赁公司对风险敞口的把控能力越强，其风险敞口的设计将越有利于承租企业的选择。

第五个边界：租赁公司内部体系的把控边界。内部体系涉及公司的战略选择、项目尽调、评审、追责、考核体系等，租赁公司内部流程设置将直接关系到租赁公司对"暴雷"项目的筛选。暴雷项目体现的一个特征就是资金需求急，这也是我们称之为网红项目的原因，因为资金需求急，所以它会在不同租赁公司之间进行同步融资，因此该类项目往往经不起一个完整详尽的项目评估审批流程。租赁公司内部体系的简易操作在一定程度上是边界突破的方向，但突破的风险亦很高。

第六个边界：承租人新商业模式与租赁本质的冲突边界。如果承租人的商业模式不成熟或其获利方式是靠其未来股权增值的话，其本质上就不应进入租赁公司传统租赁业务的范畴，而应该设计成风险与收益相匹配的复合型租赁业务。针对承租人商业模式的风险收益设计合理的业务模式，体现了创新型租赁公司的核心竞争力，但不具备投资型项目考察能力的租赁公司应尽量规避此类业务。

融资租赁公司的风险项目往往是突破了以上一条或几条边界，如何从过往暴雷项目中汲取到各自适用的经验，并在一些边界问题上形成延伸或突破，是当前租赁公司构筑自身专业能力和核心竞争力的创新方向。要说明的是，边界不是一成不变的，随着租赁公司专业化的深入和能力的提升，相关边界可以相对扩展。

在租赁新时代，轻轻松松获取业务的时代已经结束，轻轻松松赚钱的时代也已经结束。融资租赁公司的专业化要结合自己的资源禀赋，在业务定位、开发体系、客户管理、评审体系、风控体系、服务功能等方面形成特色和优势。专业化是知易行难的过程，我们大多数公司都知道，但深度还不够，唯有坚持再坚持、咬定青山不放松，方能守得云开见日出。

在租赁新时代，不变的是坚持租赁主业、坚持租赁本源，变的是模式、内涵和深度以及公司内部流程再造。在“变”的时代里没有人可以成为旁观者，只有发挥租赁的多种功能，提供综合服务（综合解决方案），延长价值链，我们的道路才能越来越宽广。

融资租赁行业不但需要大写意，也需要工笔画和工匠精神。从“项目”走向“模式”，从“资金”走向“资产”，从“利差”走向“服务”，培养更多的能力、肩负更多的担当，提供更多的服务、创造更多的价值，唯有如此，融资租赁行业的未来才能更加辉煌。

12.21 张国俊：扩展租赁物范围，更好服务实体经济①

今天非常荣幸参加此次论坛，并与大家一起交流探讨。中铁建金租成立两年多，是行业里的一名新兵，感谢大家长期以来对中铁建金融租赁的关心和关注。近两年随着租赁行业快速发展，业内关于“租赁物”“真租赁”“类信贷”等问题的讨论越来越多，同时行业业务模式同质化，对租赁本质认识不能与时俱进，更是增加了问题讨论的热度。之所以发生这些讨论，主要根源是业内对租赁物的认识和对租赁本质的理解不一致。

针对上述关于租赁物的问题，我们已与三十人论坛开展联合课题研究，希望能对行业发展提供一定参考和利用价值。中铁建金租通过依托中国铁建产业背景和在建筑施工、设备制造等领域的产业优势，在项目租赁业务模式上开展了积极探索与研究。项目租赁模式主要是基于我们对租赁物定义的认识而提出。项目的对象、租赁标的物，既包括了与项目相关的设备、设施，也包括与项目配套的资产。如果将整个项目作为租赁物并使用，将来能为承租人增加收入和现金流，并且将产生的现金流作为承租人来规划出租人的租金主要的来源，对其进行一定的控制和锁定，就能够减少一些风险。

结合今天业务模式创新和宜租物拓展的话题，当项目租赁模式突破以后，不仅是单一的项目能够发挥整体的功能，对于租赁物的认识也会进一步深入。同时，不只有工程装备这样的租赁物适合于经营性租赁，项目租赁方面做经营租赁是非常好

① 本文为中国融资租赁三十人论坛理事、中铁建金融租赁有限公司党委书记、副董事长张国俊于2018年11月28日受邀出席2018（第五届）全球租赁业竞争力论坛所做的发言。

的，我们认为租赁物应至少具备以下 7 个方面的特征：

1. 权属清晰，且三权能够分离，出租人必须拥有租赁物的处分权。
2. 真实存在且具备实物形态或以实物为载体。
3. 能够独立营运或使用，且能为租赁物使用人创造或新增收益与现金流。
4. 承租人主要依靠租赁物的营运与使用，创造或新增现金，支付出租人租金。
5. 具有可计量的价值，且能够被有效公允确认。
6. 便于管理，且其余值能够通过处置得到补偿。
7. 租赁物的存在，能够促使租赁交易达成。

项目租赁中的租赁物是由设备与设施或无形资产组成的集合体，权属容易分清，可以独立运营，能独立产生收益，具有方便被出租人控制的特征，完全符合上述租赁物的定义。正是基于上述认识，我们通过项目租赁模式的成功实践，有效拓宽了租赁业务渠道，拓展了业务方向，增强了租赁物和业务风险管理能力，提升了公司运营效率与收益，在协同产业发展，促进产融结合，服务实体经济等方面起到了重要作用。

希望通过此次与各位行业专家的交流探讨，能够对业务模式创新和宜租物拓展有进一步的学习和认识，也希望能与行业内各家优秀的租赁公司能有更深入的合作，共同促进租赁行业发展。

12.22 赵桂才：中国航空租赁业的发展历程和未来方向①

过去十年，是我国飞机租赁产业腾飞的十年。

2007 年底，国内航空公司共租赁机队 481 架，其中来自中国租赁公司的只有 26 架，占比仅 5%，而当时市场上活跃的中国租赁公司只有 4 家。经过十年的发展，中国租赁公司已经成为满足国内航空公司对于飞机租赁和融资需求的主力军，占据新飞机租赁市场 90% 以上的份额。到 2017 年底，市场上活跃的中国租赁公司已经有 20 多家，在 1 369 架国内航空公司租赁机队中占比超过 50%。

同时，中国飞机租赁公司在全球航空金融产业中的影响力也不断提升，2007 年中国租赁公司在全球租赁市场中占据的份额几乎可以忽略不计，到 2017 年底，全球每 10 架飞机当中，就有一架来自中国租赁公司。

---

① 本文为中国融资租赁三十人论坛常务理事、工银金融租赁有限公司党委书记、总裁赵桂才于 2018 年 9 月 5 日受邀出席第七届中国航空金融发展（东疆）国际论坛开幕式所做的主旨演讲。

中国飞机租赁成绩的取得与天津东疆保税港区的重要推动作用密不可分。2009年12月，工银租赁在天津东疆保税港区完成了全国首单飞机租赁业务。今天，东疆飞机租赁资产规模已经超过1 200架，成为国内第一大、全球第二大飞机租赁聚集地。这些年来，东疆不断丰富和创新飞机租赁交易模式，吸引着大批租赁企业纷至沓来。

未来，航空运输业的蓬勃发展将继续为航空金融产业带来巨大的发展机遇。国际航空运输协会的数据显示，我国航空运输总周转量已经连续十年位居全球第二，很可能在2022年左右超过美国成为世界第一。所以，中国租赁公司需要继续撸起袖子加油干。

（一）我国飞机租赁产业存在的问题

一是产业同质化竞争日趋激烈。目前，国内飞机租赁公司业务范围主要集中在亚太地区尤其是中国，业务模式以售后回租为主，由于飞机资产安全性和流通性较好，不断有新成立的租赁公司陆续加入飞机租赁行业，市场同质化竞争倾向日益明显。近年来，以价格战为主的同质化竞争，使得多种主流机型租售比不断下降，退租条件对租赁公司而言更加严苛，飞机租赁业整体盈利不断降低。适度竞争可提升行业发展和租赁公司专业水平，但同质化竞争导致行业收益率下降，也使我国飞机租赁业未来可持续发展面临风险。因此，飞机租赁公司及其股东和潜在投资者不应只关注行业业务规模的增长，更应该关注公司及整个行业的长期可持续发展，并加强对飞机租赁业务风险的重视和研究。

二是资产管理能力不足。国内涉及飞机租赁业务的租赁公司大多以金融机构背景为主，拥有资金实力雄厚的独特优势。但是金融租赁公司的业务往往遍布众多行业，专业化程度不深，部分公司风控能力难以跟上业务发展的步伐，资产管理专业能力不足，容易出现重金融轻资产的现象。

飞机租赁业务要求租赁公司对航空市场的发展趋势及不同机型特点有长期深入研究和经验积累，在此基础上，最大程度降低机队价值波动风险。对于新成立的公司而言，在飞机违约管理和残值处理等一些比较复杂的事项上还面临很大的挑战。

三是在与主要制造商合作中处于被动地位。国内大多数飞机租赁公司在产业链上游面对空客、波音两大巨头，容易被制造商定义为行业中的新手，在价格谈判中处于不利地位，导致飞机购置成本较高，盈利不足。欧美一流飞机租赁公司有着丰富经验，采购成本低于国内公司，在日常折旧、维护、摊销方面具有优势。

四是专业化人才队伍不足。当前行业面临的各种问题，需要复合型人才来支撑。飞机租赁业务是一项复杂的系统工程，要求租赁公司拥有不同领域的专业人才。从业人员知识结构要相对完善和全面，不仅需要掌握飞机构造与飞机本身相关的专业知识，还要熟悉飞机租赁交易过程中涉及的法律、金融、会计、国际贸易、风险管理、税收结构等跨专业知识。相比于西方成熟的行业，我国飞机租赁公司在专业人才队伍建设方面还有很大的差距，管理不够精细化。

（二）未来创新发展的路径选择

经过11年的发展，以工银租赁为代表的国内租赁公司取得了很好的成绩，但同时也要认识到，目前我国飞机租赁行业进入了新的发展阶段，租赁公司要更加注重提质增效。为应对当前行业中出现的各种风险和挑战，我国飞机租赁公司应从以下几个方面着手推进创新发展。

一是推动飞机租赁业务“飞出去”。开展全球化经营是飞机租赁的必然要求，是中国租赁公司提升世界影响力的必由之路。实力较强的飞机租赁公司要着手建立全球销售网络，以更好地发掘机会、服务客户、响应市场。同时，我国“一带一路”倡议为飞机租赁业务“飞出去”提供了更广阔市场空间，“一带一路”沿线不少国家民航产业相对落后，对于成立时间较晚、短期内难以与西方主流航空公司建立合作关系的大部分国内租赁公司来说，是一次历史性机遇，要用好政策红利和当地政府配套资源，因地制宜设计出有针对性的产品。

二是加强资产管理能力。当前，老旧飞机逐渐增加，对租赁公司涉及的飞机退租、转租及资产管理能力提出更高的要求，全生命周期业务模式的重要性日益凸显。在该模式下，租赁公司要提升采购、销售、资产管理、飞机交易、风险控制等方面的专业能力，使飞机租赁业务从“规模大”向“能力强”转变。此外，还要加强飞机资产流转，实现从重投放到投放与交易并重，开拓资产委托管理业务，实现从表内持有到表外管理的转变。以租期资产管理为例，租赁公司需要建立资产价值定期评估监测机制，持续分析资产价值波动原因，制定相应的风险防范措施，并研究制定资产投资退出决策机制。同时加强租赁内的实物资产管理，确保资产状态良好、保险覆盖足值等。

三是与制造商建立更加深入的全面合作关系。飞机租赁业务与其他资产租赁业务有很大不同，制造商的差异性是重要原因之一。国内租赁公司往往由于与制造商的沟通不够充分，谈判经验不够充足，在飞机资产购置环节难以取得理想的商务条件。因此，国内飞机租赁公司有必要通过专业团队与制造商建立紧密联系，经常交流并进行市场研判，使制造商更好地了解中国租赁公司的主要关注点，为满足租赁公司的客户需求共同做出努力。

四是加强专业化人才保障。飞机租赁公司需要把人才队伍培养作为保持和提升竞争力的重要手段，加强人才招聘和培育，形成一批具有营销、金融、技术等知识的复合型专业人才队伍。此外，要多角度、多渠道推进企业文化建设，为企业的团队建设凝心聚力。

融资租赁是与实体经济联系最密切的金融行业之一，要把为实体经济服务作为出发点和落脚点。工银租赁作为国内飞机租赁业务的领军企业，将全方位完善自身能力建设，继续支持国产大飞机发展，为中国民族航空业腾飞注入力量。

12.23　赵宏伟："空中丝路"计划促进融资租赁走向国际化、专业化[①]

很高兴参加论坛并谈一下融资租赁如何在"一带一路"倡议中发挥更大作用，重点结合我工作的背景，谈一下如何基于"空中丝路"计划，使融资租赁向国际化、专业化方向稳步发展。

推进丝绸之路经济带和21世纪海上丝绸之路建设，是党中央、国务院根据全球局势深刻变化，统筹国内、国际两个大局做出的深刻战略决策。对于我国而言，"一带一路"建设将促进国内经济结构转型升级，推动我国形成更深层次的对外开放，不断开拓对外贸易的新格局，尤其在当前"中美贸易战"的背景下，其战略意义尤为重要。"一带一路"虽由我国倡导，实则是沿线国家和地区共同的发展机遇。"一带一路"倡议将有助于推动沿线国家和地区之间要素的自由流动、资源的高效配置、市场的深度融合，以及政策的相互协调。对于企业来说，如何融入"一带一路"并寻找战略发展机会，是一个新的课题。对于融资租赁行业而言，如何把握好"一带一路"大好机遇，推动融资租赁向国际化、专业化方向发展，也是应该认真思考的问题。下面我将从四个方面重点阐述一下我对这个问题的思考和认识，供大家讨论。

（一）航空工业率先推出"空中丝路"计划，深度融入"一带一路"建设

近年来，作为国民经济的重要组成部分、高端制造业的代表，中国航空工业集团有限公司引领国内航空产业积极参与到"一带一路"伟大倡议中来，提出"空

---

① 本文为中国融资租赁三十人论坛学术委员会委员、中航资本控股股份有限公司总经理赵宏伟于2018年11月14日受邀出席"一带一路"与融资租赁发展论坛所做的主旨演讲。

中丝绸之路”的设想并积极贯彻落实。“空中丝路”计划是航空工业集团对“一带一路”倡议的深度扩展，目的是促进“一带一路”沿线国家加强航空领域合作，服务沿线国家经济发展和民生改善。具体来说，“空中丝路”计划主要聚焦航空基础设施建设、航空网络建设、航空产品贸易三大领域，满足“一带一路”沿线国家航空基础设施建设、航空装备制造和航空运输业的发展需求。

首先，航空工业是打造“空中丝路”、助推“一带一路”建设的最佳实践者。经过长期的发展，中国航空工业形成了完善的产业链，科研水平和技术实力位居世界前列，具备对“一带一路”沿线国家进行资源输出、共建共赢的能力。特别是近年来，航空工业进入快速发展期，在航空防务、民用飞机、直升机、通用航空、机载系统等领域都取得重大突破，跻身世界少数几个能系列化、网络化、多谱系自主研制先进航空装备国家之列。同时，技术溢出广泛应用于人工智能、轨道交通、汽车、新能源等高新技术、高端装备领域，经济和社会效益显著。航空工业在26个沿线国家设有代表处，在28个国家开展业务和项目，执行和在谈的各类贸易、投资、工程等项目超过300个，总金额超过900亿美元，可以说，航空工业已经在积极推动“空中丝路”计划实践。

第二，“空中丝路”计划是实现“一带一路”互联互通最具潜力和效率的方式。世界范围内，40%以上的贸易是通过民航运输实现的。“一带一路”沿线国家有64个，人口总数达32.1亿，占全球总人口的43.4%，但经济发展水平普遍较低，基础设施建设普遍较为落后，特别是机场、空管等航空基础设施建设差距更加巨大。以配建1 800米以上跑道的机场为例，东南亚国家有103个，西亚、北非国家有62个，中亚国家仅有16个；落后的航空基建水平严重影响了沿线国家的航空运输能力，超过2/3的国家航空运输量不足千万，独联体和南亚国家人均乘机数不到0.15。因此，从构建航空基础设施建设、航空网络建设、航空产品贸易三个方面来说，“一带一路”沿线国家市场广阔、潜力巨大。进一步来说，在多种交通方式中，航空运输具有快速高效、国际化、先连快通等优势，鉴于沿线国家地形条件复杂、人口和资源分布较为分散、经济基础薄弱，航空运输具有较强的适用性。与发展高速公路、铁路相比，发展航空运输业具有时效性、可达性和经济性优势，投入少、见效快，对沿线国家经济增长具有显著的促进作用。

第三，“空中丝路”计划将带动“一带一路”沿线国家强化产业协同协作。“一带一路”沿线国家产业水平较为落后，“空中丝路”计划能够推动国内航空产业整合资源走出去，这有助于以点带线、由线到面推动沿线国家产业聚集和转型升级。航空产业作为高端产业，产业链较长，涵盖航空器设计、新材料开发、制造生产、实验试飞、维修服务、贸易物流、金融租赁、人才培训、文化旅游等多个产业方向。航空产业的投资辐射效应非常明显：据国际航联统计，航空工业 1 美元的投入，将拉动 60 多个相关行业 8 美元的产出；另据统计，美国民用航空业直接、间接引导贡献的产值约为 16 238 亿美元，对经济的贡献率约为 5.1%，带动就业人数约为 1 058 万人。由此可见，实施“空中丝路”计划，推动航空产业发展，不但将极大地提高沿线国家航空装备研制水平，还将带动相关行业及高新技术产业的发展，带动沿线国家多方面产业的协同与合作。

（二）融资租赁不断走向国际化、专业化，与“空中丝路”计划相互促进、共同发展

“空中丝路”计划是一个系统工程，需要产业和金融共同参与，形成合力。我们需要国家优惠贷款等政策性支持，也需要基金、租赁等金融产业的市场化运作。其中，融资租赁作为产融结合的重要工具，将在“空中丝路”计划中起到重要作用。

一方面，“空中丝路”计划为融资租赁产业走向国际化、专业化提供广阔发展空间与清晰路径指引。近年来，融资租赁产业实现了快速发展。与此同时，我们也认识到一系列问题，比如：行业增速趋缓，投资渗透率不高，专业服务能力、国际化水平与美国等主要发达国家仍存在较大差距，等等。这些问题的背后，与行业发展专业化水平低、业务模式同质化严重有很大关系。纵观融资租赁产业的发展史，我们发现，坚持走国际化、专业化道路，在全球范围内获取资金、开拓业务，是包括我国在内的各国融资租赁产业共同的发展路经。因此，融资租赁产业需要进一步转换业务视角，拓宽发展空间，不断走向国际化与专业化。“空中丝路”计划，辐射了“一带一路”沿线众多国家和地区，覆盖范围极为广泛，战略本身就蕴含了国际化和专业化的内在要求，能够为融资租赁产业走向国际化、专业化提供广阔的发展舞台和明确的路径指引。借助“空中丝路”这一国际化、专业化的发展平台，融资租赁企业能够在适合自身特点的相关细分领域积极开展差异化布局，持续增强业务创新能力与整体竞争力。

另一方面，融资租赁产业为“空中丝路”计划顺利实施提供强劲动力支撑。融资租赁作为产融结合的重要工具，能够从多方面推动“空中丝路”计划的顺利实施。一是融资租赁能够推动国产飞机走出去，服务沿线国家航空基础设施建设。截至 2017 年底，航空工业集团已经向 18 个“一带一路”沿线国家累计交付了 57 架国产新舟系列飞机，并得到了广泛认可。在国产飞机走出去的过程中，融资租赁公司不仅能为国产民机销售提供“销售 + 金融 + 服务”整体解决方案，还能在研

发、航材和重大设备等方面推动航空产业发展。二是融资租赁能够推动国内承运人开拓国际市场，服务我国与沿线国家航空网络和贸易互联互通。“一带一路”倡议提出以来，中国同沿线50多个国家签订合作协议，与沿线国家在经济、文化、旅游等方面的交流日趋增加，为民航运输业带来巨大发展机会。截至2017年底，国内直飞航线网络已经覆盖了40多个沿线国家，每周超过400个航班，直飞运力达3 287.5万座，同比增加21.2%。在此过程中，中国承运人不断开拓国际市场，对飞机采购、航空装备引进等方面的需求不断增加。与此相一致，飞机租赁在提升航司机队灵活性、增强航司资产流动性、优化航司资产负债结构等方面具有明显优势，同时，融资租赁也成为国产大飞机C919背后坚实的金融支撑，为其进军国际舞台、撬动航空金融市场助威添力。三是融资租赁能够推动航空产业链走出去，服务国际产能合作。航空产业是一项国际化产业，需要各国企业紧密合作，形成了集约高效的航空产业链，以大中型喷气式客机为例，全球范围内参与波音、空客等飞机制造销售的各类公司就有上千家。融资租赁具备融资融物相结合、贸易技术相结合、深度嵌入实体经济等特点，在航空产业链走出去的过程中，能够积极打造“中国制造+中国租赁+中国服务”的新模式，实现租赁、产业、技术、贸易、服务等多方共赢和全产业链合作。

（三）航空工业租赁充分发挥“产融结合、以融促产”优势，积极落实“空中丝路”计划

产融结合、以融促产是全球跨国集团和世界军工巨头的重要战略选择。据《财富》杂志报道，世界500强中超过75%的产业集团属于产融结合型企业，旗下拥有自己的金融机构。基于此，航空工业学习借鉴国际先进航空企业GE、波音等公司产融结合发展的成功经验，设立了自己的金融服务与产业投资平台——中航资本控股股份有限公司，并取得了快速发展。当前，中航资本旗下拥有航空工业租赁、航空工业财务、中航信托、中航证券、惠华基金、益航资产等十多个金融业务单元，汇聚形成了强大的“多牌照”金融业务优势，其中部分业务发展已位居行业前列，促进中航资本整体实力不断提升，成为航空工业集团重要的战略支撑。

作为航空工业和中航资本的租赁业务平台，同时也是国内唯一具有航空产业背景的融资租赁公司，以及国内最大的国产民机融资租赁服务商，航空工业租赁近年来也在不断探索如何利用好融资租赁工具，积极融入航空工业“空中丝路”计划当中。

第一，深耕国产民机租赁市场以来，不断提升专业度。自2007年新舟60首次以融资租赁方式进入国内支线航空运输市场以来，十余年间，航空工业租赁累计为

C919、ARJ21、新舟60，以及通航飞机Y－5、Y－12、AC311、小鹰500等多种类型的国产民机提供了“销售＋金融＋服务”的全产业链促销服务，特别是针对新舟60飞机，十余年来逐渐探索出“黑龙江模式”“阿拉善模式”“烟大快线”“特色旅游航线”等多种符合区域经济发展与民众需求的运营模式，成为践行基本航空服务与民航惠民政策的主力机型。事实证明，国产民机通过融资租赁，成功打开了国内外市场，较好发挥了推动国内基本航空服务计划、改善民生、推动区域经济发展等重要作用。这种模式也可以复制到“一带一路”沿线国家中去。

第二，加强国际化布局，发展跨境租赁，服务“一带一路”沿线国家，助力“空中丝路”计划。“一带一路”开拓了一个跨地区、跨时区、跨币种、跨文化的国际租赁市场，对融资租赁公司也提出了更高要求。航空工业租赁利用设置在爱尔兰的SPV公司，成功与柬埔寨、格鲁吉亚等“一带一路”沿线国家开展飞机经营租赁和融资租赁业务，积极发展跨境租赁业务，推动“一带一路”沿线国家航空产业发展，加强了我国与“一带一路”沿线国家的互联互通。

第三，加快发展跨境融资，为飞机租赁走出去提供充足的资金支持。“空中丝路”计划的核心要义之一，就是引导航空产业走出去，而充分利用境内外低成本资金，将为航空产业走出去提供强大的资金支持。近年来，航空工业租赁在发展跨境融资方面进行了有益尝试。资金来源稳定，资金成本具有明显优势，美元融资市场反应良好，为公司加快推进核心业务国际化进程提供了有力保障。海外直接融资市场的突破，不仅体现了国际资本市场对公司经营模式与持续发展能力的高度认同，也体现出对中国航空产业发展的充分认可。

（四）两点建议

总体来说，“空中丝路”与融资租赁有很多的契合点，“空中丝路”为融资租赁走向专业化、国际化提供发展空间和难得机遇，融资租赁为“空中丝路”计划提供强大推动力量。当然，在国际化发展过程中，融资租赁也会遇到许多困难和问题。针对这些问题，我个人有两点建议：

建议一，在政府层面：境外融资租赁成本投入大、风险暴露期长、调配资源多，项目能否成功，具有较大的不确定性。因此，必须体现“政府引导、企业主导、市场化运作”的基本原则，要注重项目的可持续性：第一，应对融资租赁助推航空产业走出去提供相应的税收优惠等支持；第二，应鼓励有效利用国际市场上的低成本资金，构建多层次的租赁资本市场体系，有效解决资金约束问题；第三，应鼓励融资租赁企业与多边金融机构开展合作，建立健全信用保险机制，为融资租赁企业对外投资提供保险服务，降低对外投资可能遭遇的社会经济风险。

建议二，在企业层面：融资租赁公司在业务拓展过程中，需充分结合自身股东背景、人才储备、客户资源、技术能力等特点，集中有限资源，完善风控体系，在适合公司特点的相关细分领域积极开展差异化布局，持续增强公司核心竞争力。应加强对沿线国家投资风险评估及预警，加大对沿线国家信息收集和风险评估投入力度，针对项目投资业务、法律、税收、社会文化等方面开展深入的尽职调查，同时增强对项目运作中的风险预警和突发事件应对。

以上就是我分享的主要内容，谢谢大家!

12.24 周巍：金融租赁服务实体 推动经济快速发展①

2007年，中国银监会颁布了《金融租赁公司管理办法》，自办法颁布实施后的一年间，民生金融租赁等五家首批获准试点的银行系金融租赁公司相继开业，从此，中国融资租赁业翻开了历史新篇章。金融租赁公司凭借雄厚的资本实力、强大的股东背景、专业化的团队，一马当先，中国融资租赁业异军突起，迎来了快速发展阶段。在短短的十年间，中国融资租赁业从默默无闻，一跃成为世界第二大租赁市场。

据不完全统计，全国各类型金融租赁公司、融资租赁公司已近7 000家，资产规模超4万亿元。其中，金融租赁公司已经超过60家，资产余额更是超过2万亿元。大部分的全国性商业银行都相继成立了自己的金融租赁公司，更有越来越多的金融机构以及大型企业集团进入租赁行业，租赁业务领域涵盖飞机、船舶、车辆、设备等，业务范围遍及全国、辐射世界，服务客户既有大型企业，也有中小微企业、三农群体乃至个人。

回顾过去的十年，中国金融租赁企业在银监会以及各级政府的大力支持下，克服种种困难，一直将服务实体经济与自身可持续发展有机结合，紧紧围绕服务实体经济进行创新，突破行业发展多重瓶颈，实现了租赁与实体经济的主动对接。金融租赁，作为与实体经济结合最紧密的新型金融业态和投融资形式，伴随着中国经济的成长，充分发挥了融资和融物相结合的功能优势，依托强大的金融背景，已经成为支持中国实体经济发展的重要力量。作为这一历程的重要参与者和见证者，民生金融租赁深刻地感受到了这十年的巨大变化：

---

① 本文为中国融资租赁三十人论坛常务理事、民生金融租赁股份有限公司董事长周巍在2018年第06期《特别关注》上发表的文章。

（一）从社会价值来看，金融租赁在服务实体经济方面发挥着越来越重要的作用

一是在落实国家重大战略实施方面，金融租赁积极服务“一带一路”、京津冀协同发展、长江经济带、“中国制造 2025”和绿色金融等国家重大战略。特别是依托“中国制造 + 融资租赁”的业务模式，中国的租赁公司从国内购买中国制造的高端装备如船舶、设备等租赁到国外市场，帮助民族制造业走出国门，为“中国制造”打开国际市场提供强有力的支持。在积极支持中国制造走出去的同时，我国金融租赁公司也积极将国内需要进口的先进装备引进来。近些年，中国的金融租赁公司在引进国家需要的飞机、高附加值船舶、海洋工程、先进设备等方面发挥了重要作用。

二是在中国制造业转型升级步伐加快的背景下，融资租赁特有的产品促销和投融资功能深度契合了中国制造业转型的需要。通过租赁方式，中国制造企业在以租代售、借租促销，扩大制造业产品的销售的同时，整合上下游厂商，形成供应链能力，并据此提供生产以外的附加金融服务。

三是在破解小微企业融资难题方面，租赁公司充分发挥以物融资、期限灵活等优势，不断推出具有专业化特征的租赁产品，面向小微企业开展了海洋渔船、工程机械、工业机床、物流车辆等多种类型设备的租赁服务，有效解决了部分三农、小微企业的融资难问题。

（二）从行业价值来看，完善了中国金融体系、行业的理论体系，形成了自身的行业优势

一是进一步丰富和完善了中国金融体系。《金融租赁公司管理办法》的颁行，使“银行办租赁”从无到有，而脱胎于银行的金融租赁公司，更是自成立之时就担负起银行综合化经营转型的使命，在贡献了较好的财务回报、提高品牌附加值的同时，也大大提升了银行的综合竞争力。应该说，银行试点办租赁是成功的。

二是过去十年里，中国在监管、法律、税收和会计这租赁业的“四大支柱”方面，均取得突破性进展。在监管方面，2014 年，银监会再次修订了《金融租赁公司管理办法》，放宽了行业准入门槛，新金融租赁公司井喷式出现，而原有的金融租赁公司也纷纷增资扩股，壮大规模。同年，《金融租赁公司专业子公司管理暂行规定》出台，金融租赁公司由此更进一步打开了设立境内外专业子公司、拓展海外业务和境外融资渠道的机遇。2015 年 9 月，国务院相继发布了《关于加快融资租赁发展的指导意见》和《关于促进金融租赁行业健康发展的指导意见》，在国家战略层面凸显了租赁支持实体经济的重要性。在税收和法律方面，财政部和税务总局陆续发布的《财政部　国家税务总局关于将铁路运输业和邮政业纳入营业税改征

增值税试点的通知》（财税〔2013〕106号）等有关融资租赁的税收政策，以及最高人民法院先后颁布的《关于审理融资租赁合同纠纷案件适用法律问题的解释》等一系列司法解释，都为行业的健康发展创造了良好的政策环境。

三是社会认知度得到极大提升。从中央到地方，无论政府部门、企业客户还是个人，对租赁的认识在不断提升，租赁已深深地融入经济生活的方方面面。部分中国租赁公司更是走向世界，打造全球知名品牌。

四是随着实践的积累，行业理论体系的搭建也在逐步完善。租赁行业积极引进国际先进经验，通过举办全球租赁竞争力论坛、请境外专家开展租赁培训等方式，学习借鉴境外租赁同业的先进经验，并翻译出版了大量国际租赁发展的最新理念和前沿问题的相关书籍。

五是十年磨一剑，金融租赁行业已经培育了一支专业化、国际化的人才队伍。首先，针对金融租赁行业发展迅速、专业人才匮乏等瓶颈，金融租赁公司在积极打造自身人才梯队的同时，大力推动各大院校培养租赁行业的专门人才。南开大学、对外经贸大学等一流院校陆续开始招收融资租赁方向的专业硕士，培养了一批具有扎实理论功底和良好职业素养的高层次、复合型专业人才。从自身价值来看，金融租赁公司积极探索符合自身特点的发展道路，敢于创新突破，特色化、差异化发展成效显著，成就了一批具有品牌影响力的优秀租赁企业。特别是在飞机、船舶等领域，包括民生金融租赁在内的一批金融租赁企业脱颖而出，形成了自身独特的优势和核心竞争力，为整个中国租赁行业带来了蓬勃的生机。其次，伴随中国“一带一路”、自贸区以及人民币国际化等国家战略的推进，金融租赁公司获得了更多的国际合作机会，开阔了视野、储备了人才，推动租赁业将业务拓展延伸到境外多个国家和地区，越来越多的国内租赁公司已经设立境外业务平台，参与到国际租赁市场的竞争中，中国融资租赁业的国际化水平不断增强，中国租赁业的国际地位日益提升。此外，十年的历程，中国租赁业既经历了经济的高速发展，又经历了经济的下行阶段，在这一过程中，我们收获了宝贵的经验，汲取了丰富的教训。

金融租赁在过去的十年，是探索的十年，是创新的十年，是快速发展的十年，更是辉煌的十年！

（三）未来十年，是金融租赁行业继往开来的十年，意义重大

中国融资租赁业如何在更好地服务实体经济的同时，迎接新发展、创造新辉煌？思考这一问题，我们必须清醒地认识到：过去十年，由于抓住了中国经济快速发展的机遇，体量庞大的实体经济对租赁的需求逐步得到释放，中国融资租赁业实现了快速发展。但上规模、拼数量的外延式扩张老路已经走到尽头，靠传统的融资租赁尤其

是融资性售后回租这种类信贷业务去参与竞争，生存空间无疑将越来越小。

1. 租赁服务实体经济，需要从租赁的本质商业属性出发，以租赁资产为核心，依托资产信用，深入实体经济、融入实体经济

关注未来发展，我们自然十分关心2019年之后国际租赁会计准则的调整。在现行的会计准则下，按照与资产所有权有关的全部或绝大部分风险和报酬是否转移为标准，将租赁划分为经营租赁和融资租赁两类。这为承租人提供了借助经营租赁调整财务报表的便利，成为过去数十年来经营租赁风行世界的重要原因之一。

但是，这一处理方式同样带来了问题。依照现行的会计准则规定，经营租赁不需要将资产计入企业的资产负债表，所以很多企业会选择通过开展经营租赁的业务来获得资产使用权，从而既可以维持良好的资产负债率，又可以规避资产减值的风险。据估算，全球上市公司推测价值达到2.8万亿元的经营租赁业务并不需要计入企业的资产负债表内。那么投资者等财务报表使用者，将不会知晓竟有如此巨额的负债存在，这对投资者等外部信息使用者来说，影响无疑是极其巨大的。

经营租赁因不确认租赁资产和负债而带来的大量表外融资问题，饱受诟病。2008年金融危机后，建设高质量的会计准则被提上日程。2016年1月，《国际财务报告准则第16号——租赁》发布，更好地反映出租赁业务经济实质的新准则正式出台，并将于2019年1月1日生效，届时将替换现行的旧准则。新准则相对于旧准则变化较大，不再区分融资租赁和经营租赁，要求承租人将租赁入表。

我们认为，会计准则修改后，租赁本质不会改变。从出租人经营的角度来看，融资租赁的本质是以利差收益为主，经营租赁的本质是以租金和资产处置收益为主。对承租人而言，融资租赁的本质是获得资金，经营租赁的本质是获得资产使用权。只要经济在发展，企业对于大型设备的投资需求，以及由此衍生的对于资产使用权的需求，就会自然产生。这一商业本质决定了经营性租赁在企业投资决策过程中的优势不会改变。本质上，会计处理仅仅是对于交易双方商业行为的记录，会计准则的调整也仅仅是为了更加真实地反映这一商业行为，真实的商业交易不可能只因为记录手段的不同就出现变更。会计准则的调整，只会使融资租赁业未来发展的基础更加坚实。从承租人决策的角度来看，融资租赁依然是解决投资初期的融资同时最终获得设备所有权的重要手段；而经营租赁则给予了企业更大的自由度，使其能以最小的经济代价获得设备的使用权，并灵活决策未来设备使用权的归属。

2. 实质性经营租赁，在支持实体经济的发展方面，具有重要而不可替代的功能

一是资产投资功能。经营租赁的意义在于所有权和经营权的真正分离。在科技

日新月异及机械设备更新换代速度更快、更为频繁的今天，出租人投资、承租人获取资产使用权的实质性经营租赁业务，不会受到会计准则调整的影响，其独特作用不仅是市场不可或缺的，更是其他资产提供方式无法取代的。

二是资产融资功能。经营租赁以资产为依托解决企业融资需求，是其他融资方式，比如银行信贷业务无法比拟的。

三是资产管理功能。租赁公司区别于银行融资业务的优势，体现在专业的资产管理方面。租赁公司有效的租赁资产价值管理，特别是资产残值管理，有助于实现自身效益。而对于承租人来说，则可将精力集中于企业经营管理，无须管控租赁资产因维护保养、技术进步、价格变化等导致的技术风险、市场风险。

四是促销功能。制造企业通过租赁形式，可以扩大商品销售，加速资金周转。而对于租赁业来说，与设备厂商的合作，将有助于租赁企业从单纯的融资向融资加服务转型，更大程度上由融资工具向产业服务转移和渗透。

2017 年的全国金融工作会议强调，金融要把为实体经济服务作为出发点和落脚点；要回归本源，服从服务于经济社会发展。显然，对于发展速度越来越快、行业规模越来越大、对实体经济渗透越来越广泛深入的金融租赁企业来说，习总书记所指出的金融工作未来发展方向，必将极大地促进整个中国融资租赁行业的新发展。

展望前程似锦十年，中国融资租赁业通过落实全国金融工作会议精神，又将迎来新一轮的战略机遇。中国古语讲“不积跬步，无以至千里”；阿拉伯谚语说“金字塔是一块块石头垒成的”；欧洲也有谚语“伟业非一日之功”。中国融资租赁业的发展，需要全体中国租赁人身体力行，更需要全球租赁业携手合作，让我们一步一个脚印推进实施，一点一滴抓出成果，在创造中国融资租赁业新辉煌的过程中，共谱世界租赁业的新篇章。

12.25　周文锋：金租前线建言——收购细分领域专业商租，破题同质化①

十年进化，二度出发。

自 2007 年银监会下发《金融租赁公司管理办法》，银行系金融租赁公司开闸以

① 本文为中国融资租赁三十人论坛成员、重庆鈊渝金融租赁股份有限公司董事长周文锋于 2018 年 7 月受邀参加中国融资租赁三十人论坛《租赁高管系列专访》专栏的访谈稿。

来，中国租赁业经历了十年的高速发展。十年间，中国租赁渗透率大幅提升，融资租赁市场规模跃居全球第二。

第二个十年之始，内外部环境剧变，金融租赁公司来到了转型升级的关口。

（一）进阶全球租赁业“榜眼”

统计显示，截至2018年6月末，全国共已开业66家金融租赁公司，行业资产总额达2.66万亿元，同比增长14.52%；其中租赁资产总额达2.42万亿元。

截至2016年底，内资试点融资租赁企业有204家，资产总额共计5 140.1亿元；外资融资租赁公司有5 954家，注册资本共计143亿元，资产总额共计16 398.2亿元。

“2016年，中国的融资租赁交易额已经到了全球第二位，但是市场渗透率仍远低于世界发达市场的水平，未来潜在的发展空间非常大。”2018年4月17日，中国银行业协会首席经济学家巴曙松在“新时代 新租赁”金融租赁十周年高峰论坛上指出。

中国融资租赁三十人论坛主席杨凯生亦在上述论坛上指出，租赁业在支持实体经济发展，特别是在支持高端设备制造业、推动产业转型升级、促进企业降低杠杆率以及服务改善民生、扶持中小企业发展等方面，都发挥了独特的作用。

不过杨凯生认为，当前我国租赁业和其他行业一样，也都面临着一个如何从前一时期高速增长向下一步高质量发展转变的问题。此时要充分认识防范和化解金融风险的极端重要性，要积极响应和遵从金融体制改革的总体部署。

（二）同质化探因

金融租赁公司业务类信贷，同质化的问题引起多方思考。

“金融租赁公司作为持牌金融机构，受到严格的监管。人员来源、资本准入、业务投放、管理等方面都需要合规行事，租赁市场整体发育还在过程中，这些因素会在不同程度上影响金融租赁公司对行业及客户的选择。”中国融资租赁三十人论坛成员、重庆鈊渝金租董事长周文锋表示，大部分金融租赁公司尤其是银行系金融租赁公司，拥有相似的背景，面临同样的市场环境，具备类似的融资优势，风险偏好也类似。这些金融租赁公司可选择的行业及客户群高度相似。股东背景的相似性同时也造成了行业间同质化问题的出现。因此，同质化问题在快速发展的十年后出现也是正常的一个过程。当然，“同质”从另外一个角度看，也会促成金融租赁公司在同质领域的良性竞争，此竞争机制自然也会促进一些公司选择从同质走向差异。

纵观当前的金融租赁公司，除了在飞机租赁、船舶租赁等若干个细分领域形成了一定专业化能力外，较少有金融租赁公司能在某一细分领域做到专业化。

中信银行副行长兼中信租赁董事长杨毓也认为，融资租赁就是从金融机构中借来钱，成本相对较高，而且业务集中于船舶、飞机、车辆和生产设备等领域，资金来源、利差空间，服务对象和产品等方面皆有限，所以难免同质化。

“融资租赁是对租赁物投资价值的管控，专业人才的储备是行业面临的大问题。”周文锋表示。

（三）收购专业融资租赁公司

事实上，金融租赁公司的差异化、特色化、专业化一直是监管机构倡导和力推的方向。

2014 年，银监会下发《金融租赁公司专业子公司管理暂行规定》，允许为从事特定领域融资租赁业务而设立专业化租赁子公司。当年 8 月，交银航空航运金融租赁公司获得上海银监局的开业批复，首家金融租赁专业子公司成立。

此后，包括工银租赁等在内，数家金融租赁公司成立了专业子公司。但从全行业来看，专业化、差异化的特点仍不明显。

破解同质化问题，周文锋建议在政策层面研究，允许金融租赁公司在一定条件下控股或参股比较成熟的专业的融资租赁公司，以加大租赁业服务实体经济的力度，加快行业的差异化、专业化发展。至于一定条件，是指对投资对象、出资比例、公司治理、投资数量等方面，都要以有统一的监管政策安排为前提。

目前根据《金融租赁公司管理办法》，在证券投资业务方面金融租赁公司的业务范围中只能开展固定收益类证券投资业务。若要实现收购专业融资租赁公司的诉求，则需要开闸金融租赁公司的股权投资业务。

“金融租赁公司具备相对完善的风控体系与治理结构，收购融资租赁公司之后，可以传递合规稳健的风险理念。”周文锋表示，被收购的融资租赁公司则可以成为金融租赁公司攻占各个细分领域市场的渠道与工具。

事实上，这种集团作战、专业分工的操作思路在融资租赁公司中已有案例。

2015 年成立的中民投租赁集团，垂直于航空、物流、健康产业和清洁能源等产业领域，成立了中民投航空租赁、中民投物流租赁、中民投健康租赁等专业化的子公司。各个子公司各司其职，围绕各细分产业的产业链布局相应的专业化租赁业务。

周文锋还表示，投资融资租赁公司不能以简单做大规模为目的，必须综合考虑自身发展战略、服务区域、服务实体经济等方面的契合性。同时投资融资租赁公司并不代表必须对投资对象进行风险兜底。更好的方式是让融资租赁公司通过做优可持续的业务结构来实现市场化的资金来源，金融租赁公司授以好的风险管理方式，但要按照出资比例来承担有限责任。

12.26 周勇：新时代新担当 融资租赁助力航空强国建设[①]

（一）中国智慧锻造大国重器，航空制造展现强国实力

2018年年第十二届中国国际航空航天博览会（珠海航展），歼10－B第一次向世界展示了“普加乔夫眼镜蛇”，装备新一代的国产矢量发动机的歼10－B，机动力获得了极大的提升，在航展现场展现了超级机动能力，可以360度进行转向，产生多方向的推力，完成一系列高难度的动作。此外，歼－20作为我国最新第五代战机，首度在全世界面前打开内置弹舱，号称“空中左轮手枪”，公开展示的战斗力表演，极振奋人心。

航展上，国家主席习近平致信航展，强调我国航空强国梦，并正在努力实现。贺信中指出，“人类自古就对广袤无垠的天空充满向往，中华民族世代传递着飞天的梦想。19世纪以来，世界航空航天科技取得了巨大成就，促进了人类文明发展进步。面向未来，航空航天科技发展必将为人类带来更多福祉。中国始终致力于同世界各国一道，推动航空航天科技发展。”[②] 航空工业的发展正处于一个发展的风口，中国智慧锻造大国重器，航空制造展现强国实力恰逢其时。

（二）租赁为航空制造业带来强劲动力

租赁在航空产业的发展中扮演着重要的角色。从产业端看，目前全球航空市场主要还是由波音、空客两家公司所垄断。但从波音、空客等成熟商用飞机市场的发展轨迹来看，在其发展初期，租赁发挥着至关重要的作用。波音设立的资产管理公司，在成立之初主要为波音公司所生产的飞机提供融资、租赁服务。空客公司在进入国际市场时，依靠低成本租赁的方式与美国两大航空公司开展合作，最终成功进入美国市场，迈出了在世界范围内挑战美国民机垄断地位的关键一步。

从产品最终用户端看，租赁已经成为航空公司扩大规模的主要手段，航空公司根据经营发展情况调配机型，通过融资租赁方式迅速扩大和优化机队规模、改善资产负债结构、降低营运成本，有效促进航空运输市场的繁荣发展。1981年，全球航空公司只有190架租赁飞机，仅占商用飞机总数的3.3%；到2013年，租赁飞机占商用飞机总数的比例已达到36.9%。根据民航业咨询机构CAPA的报告，2017年全球超过30 000架的商用机队中，近50%的飞机是以租赁方式运营的。

---

① 本文作者为中国融资租赁三十人论坛理事、中航国际租赁有限公司董事长周勇。

② 习近平致信祝贺第十二届中国国际航空航天博览会开幕［EB/OL］. 新华网，2018－11－06.

我国的飞机租赁业务发展起步较晚，但近年发展速度有目共睹，2013 年我国民航 2 145 架运输飞机中，采用经营租赁方式引进的有 750 架，采用融资租赁方式引进的有 645 架，合计 1 395 架，约占民航机队规模的 65%，是我国航空公司引进飞机的首要模式。我国航空租赁机队规模在 2017 年底达到 3 300 余架，实现了快速的增长。

但是，整体而言，我国航空产业起步较晚，国产飞机目前在国内市场的应用程度还比较低，缺乏市场化运营经验，在飞机制造成本、经济效能及市场竞争力等方面还处于弱势。在缺乏市场信心和强大的资金支持下，我国航空产业的发展面临着巨大的挑战。

（三）中航租赁在服务高端制造业发展中取得的经验

中航租赁作为国内首家拥有航空工业背景的专业租赁公司，隶属中国航空工业集团公司，成立之初即被赋予了为国产民机搭建融资租赁平台的重要使命。对于租赁助力国产飞机发展的体会主要有以下两点：

一是深入产业特性，助力产业发展。航空工业被誉为现代工业之花，C919 上集成的零部件超过一千多万个，上游包括新材料、现代制造、先进动力、电子信息、自动控制、计算机等领域；下游则包括大型民用飞机的商业运营，对民航运输、航空维修、航空金融、旅游、物流等领域，几乎覆盖我国所有工业门类的高端制造。一直以来，租赁公司都在支持高端装备制造业发展过程中发挥着举足轻重的作用。中航租赁超过三分之一的资产都是投向设备制造业和高端工业制造业。从周期上看，融资租赁是 3～5 年的周期，基本能够满足企业产品升级换代的需求。从模式上看，企业在转型升级中会面临资金困难，采购设备时由于担保等门槛很难从银行直接融资，而进行融资租赁的企业可以用直租的方式直接进行融资，也可以用售后回租的方式盘活存量资产补充流动资金，促进企业的发展。

特别是对于中小企业而言，在国家鼓励支持民营企业发展、鼓励企业创新发展的新阶段，融资租赁更是可以作为银行以外融资体系的有效补充，服务于中小企业，支持万众创业、万众创新，为中小型航空制造创新企业的发展注入更多的活力。

对于传统航空制造企业而言，目前我国航空制造企业仍主要以国企为主，普遍历史包袱较重，面临产能过剩、去库存的压力，以融资租赁方式为企业产品进行促销，通过激发客户需求，可以帮助企业去库存，加速设备流通，扩大销售额，提升企业的赢利能力；此外，融资租赁还可以加速现金流动，提高资产回报率，提升制造企业的效益和管理水平，增加市场竞争力。基于融资租赁对于供给端的作用，在整个产业链升级进程中能够有效推动产品销售、产业升级，成为航空制造企业发展的动力源之一。

二是建立起有效的营销网络，助力国产飞机市场发展。ARJ21 的正式投入运营，C919 已经完成首飞，展现出我国航空工业已经取得的巨大成绩，然而当前我国国产飞机最或缺的则是市场的认可，这不仅是航空制造企业需要不断在技术上突破，更需要长期成功运营的经验。中航租赁作为最早开展国产飞机租赁的企业，专注于通过加强业务创新和产融结合，发挥资金、资源、渠道等优势，架起了产业资本与金融资本间桥梁，推进新舟 60、AC311、小鹰 500 等国产民用飞机国内外市场的开发。

在国际市场上，中航租赁也是国内最早在爱尔兰设立平台公司的国内租赁公司之一，早在 2011 年就设立了爱尔兰飞机租赁平台，2013 年就通过爱尔兰平台公司完成了公司首架飞机国际化租赁业务。中航租赁在走出去的同时，还考虑到如何搭载“一带一路”目标合作，助力企业走出去，在印尼、柬埔寨、格鲁吉亚、阿联酋等国家促进多个航空航运项目。通过在国产飞机租赁方面积累多年经验，以及在国内外飞机租赁市场建立客户网络以及成熟、专业的租赁业务模式，有助于国产飞机“走出去”。

（四）鼓励支持融资租赁产业发展的建议

尽管从 C919 试飞成功后的市场反应，以及已经顺利投入运营的 ARJ21、新舟 60 来看，国产飞机在国内外市场有着不俗的表现。并且，以新舟 60 飞机为代表的国产民机产融模式在运行期间所累积的经验是难能可贵的，其成功经验对融资租赁公司进一步发挥金融杠杆作用，推动国产大飞机等民机市场的开拓发展具有良好的推广、借鉴、启发和指导价值。不过，我国国产飞机产业发展仍然处于起步阶段，在政策层面给予国产飞机专项扶持以及对租赁行业的鼓励政策仍然是必要的措施。

1. 国产飞机专项扶持政策：根据监管要求对单一集团的全部融资租赁业务余额不得超过资本净额的 50%，飞机资产价值较高，集中度要求会限制租赁公司助力国产飞机的发展，建议有针对性解决方案；另外，对于国产飞机租赁业务给予更优惠的财政扶持政策，鼓励国产飞机融资租赁的发展，可以考虑在租赁架构下，配合以专项资金的形式进行注资或借款，降低企业的融资成本，以及在财税方面，充分发挥政策导向性作用，实行优惠税率，提升企业的国际竞争力。

2. 融资租赁行业监管问题：融资租赁、金融租赁统一监管后，两类租赁公司的差异化待遇问题仍然存在，如：抵押办理、减值准备税前列支等，建议能够尽快统一监管，促进行业的良性发展。

3. 母子租赁公司统一监管问题：目前，较多租赁公司为加强专业化经营，通过设立子公司形式，以实现资产的专业化经营，在此过程中，面临着资本金分散、重复计算杠杆等问题，加重了租赁企业的资金压力。建议：对于租赁公司下设的100%控股租赁子公司（内资或外资试点租赁公司）统一、合并计算杠杆。

12.27 朱小黄：国企改革的企业家困境①

在社会主义初级阶段和市场经济框架下，仅仅以政治道德和信仰的力量来约束和激励企业家的经营行为，以求达到最优效果是不够的。放弃利益激励显然是过于理想的办法。

《中共中央关于全面深化改革若干重大问题的决定》对推动国有企业改革、完善现代企业制度做出了清晰的勾画，要求国企必须适应市场化、国际化的新形势，以规范经营决策、资产保值增值、公平参与竞争、提高企业效率、增强企业活力、承担社会责任为重点，进一步深化国有企业改革。

寥寥数语，道尽关键所在。实际上国有企业改革已经历经三十多年，其间进退跌宕，一发全局，思维激荡，不一而足。当前又面临深化之局面，若干老话需要重提，若干新象值得辨析，本文仅择其关键之处做些讨论。

（一）国企的分类与功能分离

从经济角度看，国企并非社会主义国家所独有。国际惯例中，国有企业是指一个国家中央政府或联邦政府投资或参股控制的企业。在中国，还包括地方政府投资控股的企业。政府的意志和利益决定了国有企业的行为。

国企同时具有营利性法人和公益性法人的特点，前者要保值增值，后者体现为实现国家调节经济目标和国民经济多个方面的发展。二战后，在凯恩斯主义背景下，由于国家垄断资本主义和社会主义公有体制从两个侧面催动，东西方国家的国企都大幅增长，对战后经济恢复和以后时期的高速增长起到了重要作用。

尤其是走上改革开放之路的中国，更是以国企的经营优势创造了高速发展的经济奇迹。但时日良久，由于所有权与经营利益的相关性模糊，国企运行模式也暴露出高度垄断、削弱竞争、产权不清、政企不分、治理结构失衡、管理混乱等一些

① 本文为中国融资租赁三十人论坛学术委员会副主席、中信集团原监事长、中国行为法学会金融法律行为研究会会长朱小黄在《蒙格斯报告》上发表的文章，文章首发于2014年11月26日。

积弊。

中国改革开放以来，国企一直是改革主题，历经若干阶段，也获取极大成果，国企的历史也是不断改革的历史。

在我国，国企作为国民经济的主要动力，有着非同寻常的地位，如何发挥国企的市场能量和平衡社会发展的调节作用是当前国企改革的重要课题。

一般来说，国企作为经济运营主体，可以分为两类来描述：一类是营利性法人，一类是公益性法人。

营利性法人其产品当然要参与市场竞争，而公益性法人一般在垄断、专营和惠民领域运营，这两类企业虽然都参与市场之中但经营环境有较大差异。

若是分而运行，尚有其理；若是融为一体，一方面国企挟政府背景而难保竞争的公平，另一方面国企又受现实利益的牵引而难以自觉实现公益目标，可见将营利性目标与公益性目标混合在同一企业存在机理上的矛盾。

事实上，我们对竞争性国有企业可以适用保值增值的考核目标，而对公益性国企可以适用专营或垄断保护下的考核目标，其资产经营仍然是市场化的，但其资本回报却是公益性的。

人们常常希望国企能起到左右经济命脉的重要作用，但一国经济之命脉，并不以资本归属为标准来确定，过去强调国有资本要掌握国家经济命脉的说法实在是一个理论误区，应该说任何一个市场领域，其总量达到一定比例、影响到整个国民经济质量和规模时，就是重要领域，政府都应在政策与资本两个维度上高度关注。与其分为命脉和非命脉，远不如分为竞争性和公益性更为科学。

笔者以为，目前国企深化改革，关键点并非国有企业的经营方式改造，而是把两类性质的国企进行分离，让竞争性企业回归市场，让公益性企业理直气壮地依附政府。企业一旦自行在市场中存在，经营方式的市场化就是必然的选择，机制问题或许能迎刃而解。

就政府而言，对竞争性企业更加关注的是资本，对公益性企业更加关注的是资产，而且应在现有框架下，从庞大的国有竞争性企业中逐步减持资本总额，注入公益性企业，增强政府调节经济的功能和弥补民生资本的各种不足。那么，哪些属于公益性企业呢？

这当然是一个动态划分的范围。那些对某一时期国民经济宏观格局有重大影响、对民生质量有重大影响的行业可能会被划入这个范围，但公益性企业享有不同的财税条件和竞争环境，涉及大众根本利益。

因此，一定时期的公益性企业范围应该经过特定的行政或法律程序确定。就当前社会经济而言，军工企业、航天、石油、城市地铁、城市地下管线、自来水等行业应视为公益性行业，实行垄断经营，在总规模达104万亿元的国企资产中，公益性企业所占的比重不应超过30%，否则市场起决定作用的机制很难成立。政府注入这些企业的资本应保持相对的稳定并且能够得到及时补充。

（二）国有资本与国有资产

对于走中国特色社会主义道路的中国经济而言，既要在市场框架下实现经济资源配置的高效率，又要确保社会均衡发展的公平正义格局的实现，通过无形的市场之手和具体的政府调控合力作用于社会经济达到这样一种理想的状态，关键还是要从资本和资产两个概念上区分不同的功能。

让资产全部进入市场，由市场起决定性作用，让资本发挥功能，使政府的调节功能建立在资本实力之上。

国有企业到底是资本意义上的界定还是资产意义上的界定？在现实经济生活中，人们更多地使用国有资产的概念，如国有资产流失、国有资产审计等。其实资产作为生产元素是归属于资本的，资本是所有权范畴的概念。

当我们谈论国有企业时，更主要指的是其资本权属，而不是资产归属。由于资本作为生产要素可以带来价值增加，所以必须有法律上的权属状态，作为资本增值的分享依据。资产是实现资本价值过程中的各种可交换的物品，常常是生产的结果而不是生产的决定性要素，所以用资本权属来界定企业的所有权性质是一个民事法律的原则。

对于全民所有制的企业，其资产当然属于国有企业，但对于股份制企业来说，其资产只归属企业，而不能直接归属资本所有者，资本所有者只能按股份权限分享资产收益。所以，谈到国有企业时，只能从资本意义上认定，而不能从资产意义上划分。

从法律意义上讲，实际控制一家企业一般要占到资本股权的51%，所以只有国有独资或国有资本持股51%以上的企业才是法律意义上的国有企业，对这些企业进行竞争性和公益性的区分才有实际意义。

只有资本权重达到控股比例的企业，大股东才有权任命经营代理人，而鲜见以资产产生状态和法律状态来界定企业性质的方法。也就是说，即使对国企而言也只存在国有资本，而并不存在法律上的国有资产，所有的资产只归属具体的企业。

按照资本权属来界定国有企业的范围，在道德上使企业具体经营者摆脱了经营资产过程中市场波动的羁绊和压力，资产经营和交易中的盈亏都是正常现象，不宜用来衡量经营者的政治道德。

在法律上，强调资本的权属关系，体现了资本所有者对企业资产经营的有限责任，更能厘清其中的经济与法律责任。如果政府直接经营企业资产，那就意味着政府对企业经营的无限责任，这当然不妥。

国有资本的经营，包括控股与参股两种形态。目前需要建立一整套国有资本的经营、考核、统计、收益分析的管理体系。控股需要经营资产，是指对国有全资和控股企业的资产经营。

对经营资产的企业，政府应任命或聘任经营代理人，资产归属于每个具体的企业，都是由资本所有者按照权属去委托代理人进行经营管理，如聘任董事长、总经理、董事、监事等，这些都是根据企业章程实现的。

因此，政府管理国有资产的说法是不准确的，经营国有资本才是政府的责任和目标。对参股资本的管理，世界通行的做法是建立主权基金委托经营，如中国的中投公司、新加坡的淡马锡、阿联酋的投资局等。

参股资本具有很强的流动性和技术性，一旦进入资本市场就应尊重市场规则。资本价值与价格的涨落只是市场的正常现象，动辄质疑资本交易是否贱卖了国有资本实际是对市场规则的怀疑。当然，任何资本交易都应有严格的评估与定价程序，防范利益输送也是重要的管理课题。

（三）混合所有制

在社会主义市场经济条件下，一国经济的增长依赖于全社会各类资本的增值，用以满足人民不断增长的物质和文化的需求。需求的增长表现为社会各个方面，也就决定了社会资本在各方面运营的合理性，不论这些资本的来源和构成如何，它们的增值都构成了社会经济总量的增长。

因此，所有的资本从经济上是平等的，而社会主义的政治前提则决定了社会总的资本结构中公益性资本的重要性和适当的比重。

混合所有制是市场经济环境下资本组合、生产要素重组从而产生出新的经济动力的重要制度安排，是大势所趋。毋庸置疑，其中涉及两个重要的理论问题，需要讨论。

一是对一股独大评价。国有资本一股独大，是政府乐见的结构，便于增强对国有企业的控制和经济调节能力。但对于竞争性企业来说，国有资本一股独大会造成与公益性企业在经营战略和目标上的冲突，也会使得其他股东的利益受到影响；一股独大还会造成企业治理结构缺乏理性制衡，一家股东左右董事会的局面，除了可能损害小股东的利益，更严重的常常会使企业的经营方针复制大股东的战略，不利于企业的成长。

二是资本所有者的平等待遇问题。在市场起决定性作用的机制下，资本的功能并不因权属不同而不同，但会因使用方向不同而产生不同的经济影响。所以资本所有者的平等待遇是市场平等竞争的前提。

在我国因为历史的积累，国有资本已经足够强大，其主导公益经济的作用也足够强大，在市场起决定性作用的竞争领域，如果社会其他资本得不到法律和监管、行业准入等方面的国民待遇，混合所有制就只是纸上谈兵。

在混合所有制企业中，国有资本的比重或大或小，投资者包括政府在内，其对企业的经营管理诉求都应该通过董事会的代表来表达和实现，而不能因为其中有国有资本就能拥有特殊的影响力。

甚至政府控制的公益性企业，也可能成为混合所有制的企业，因为其他社会资本也具有投资于垄断、专营、惠民等行业中的意愿，只要它愿意遵循国家政策、愿意经营平稳低收益或无收益的企业。

混合所有制能带来投资利益的均衡。其实质是资本在国民待遇条件下的机会均等，而机会均等正是社会公平正义的基础保障。可以说混合所有制的提倡推动，的确是抓住了现阶段国企体制改革的核心，也必将为整个社会经济发展带来活力。

（四）企业家困境

在社会主义初级阶段和市场经济框架下，仅仅以政治道德和信仰的力量来约束和激励企业家的经营行为，以求达到最优效果是不够的。放弃利益激励显然是过于理想的办法。所谓利益激励不仅包括利益的获得，也包括利益的丧失，既包括物质如奖金等，也包括精神如理想的实现、能力的施展等。

无论何种企业治理结构，其价值最终体现在能否为企业经营者（企业家）提供一个有效、制衡、个性化的管理平台。对于私营企业来说，资本权属及其风险均有明确真实的法律上的承担者，治理结构常常围绕股东利益最大化来设计，但国有企业则比较复杂，其股权所有者（政府）和实际经营者相对分离，股权、经营权、监督者三权之间的组合与市场和资本配置、资产经营之间存在一些需要澄清的法律关系。

多年来，正是由于对这些法律关系的认识、理解及表达在实际运行中存在诸多差异，所以国企的管理者中尽管不乏精英，但很难出现真正意义上的出色的、理性而富有个性的企业家。我们可以把这叫作“企业家困境”。在深化改革的当下，如何破解这个困境，确实需要有破题之举。

首先，明确代理人关系。在国有企业资本营运中，存在三层关系：股权代理、经营代理和监管代理。同西方企业治理结构不同的是，中国的企业法所确定的上述代理关系中，同政府管理结构的直接关联较深，这使得问题复杂化。

如股权代理人，一般是指国企董事长，但政府指定的股权持有人（如中投）不仅充当账务簿记股东，而且派出董事参与企业战略制定，而董事长却由政府直接任命，并不由持股单位决定，这样董事长与董事（会）就失去了一致的价值取向，董事长作为法定代表人一般应持公司立场，而股权董事常以大股东立场审视企业决策。

董事长、总经理、监事长以及高管层尽管都是由政府任命的经营代表，而董事、监事却是由簿记股东指派的代表。他们都代表了大股东的权益，却无法弄清楚谁才是经营责任的最终承担者。

因此，现行由国资持股单位派出董事、监事，而政府另行任命企业经营者的国有资本管控模式需要改进。

首先，从原理上讲，国资持股单位只宜充当“账房先生”，对国有资本进行账务登记和收取权益，而企业的经营应由政府任命的经营代理人如董事长、总经理、监事长、执行董事等各司其职，承担国资经营的最终责任，一般高管人员和董事、监事都应从市场吸纳。须知，国资的管控模式不能完全适应市场特点，也就无法形成真正中国特色的国企治理结构。

其次，聘任制与任命制的选择。无论是竞争性企业还是公益性企业，都需要从市场吸纳各类管理人才，包括高管和董事、监事等。

这些市场人才强调专业性和流动性，所以适用于聘任制，但在选择国资企业的经营代理人时，除了专业性之外，还要考量综合素质和忠诚度，强调稳定性，所以适用于任命制。因此，除了国企“三长”和执行董事应实行任命制外，其他高管和董监事，均应适用完全市场化的聘任制。

第三，激励模式。激励是国企改革的关键坐标。激励模式影响到企业的核心竞争力和发展动因以及风险控制。

一方面，我们不能简单地将激励看作是奖励，或是把国际同类岗位的工资定价拿来类比；另一方面，也要深刻理解个人职业生涯与企业发展相互关联的巨大动力作用。如前所述，竞争性国企与公益性国企的内在矛盾也反映在激励模式的选择上，竞争性企业与公益性企业应适用不同的激励模式。

对于竞争性国企，在激励模式上要适应市场一般规则，企业激励模式有多种选择，主要是在两个要点上应有所突破：一是薪酬市场化，二是管理层和员工持股。从工薪激励到利益绑定是现代企业激励模式的进步，利益绑定蕴含了职员的职业生涯、成就感、财富成就、安全感等一系列管理心理原理，已经成为竞争力的主要载体，激励过度当然会带来短期行为或逆向选择等风险隐患，而激励不足企业也会漂浮动摇。

因此，在财务政策上应给予竞争性国企一定额度的股权与利润分配权限，以满足适度激励的需要。对于公益性国企来说，因为带有市场垄断性，员工职业生涯也以稳定为特征。因此，与企业状态相适应的薪酬和福利条件是基本的激励手段。

上述三个方面的破题之举是国企经营和企业家成长的必要条件，也是突破“企业家困境”的重要举措，更是深化国企改革的关键。企业家是企业的灵魂，民企如此，国企亦如此，让国企的企业家们走出困境可能正是国企保值增值和履行公益责任的要害。

总之，国企改革正值关键阶段，需要研究和讨论的问题也很多，摆正上述坐标的位置至关重要。凡事知易行难，闻道者众，悟道者十，行道者一。只有智慧和勇气才能使国企改革在党的十八届三中全会精神的指导下顺畅通达。

12.28 诸永春：经济新动能开辟租赁业新空间①

（一）租赁商业模式重建

在行业面临的一系列问题中，尤为显著的是行业竞争不断加剧，交通运输、工程机械、设备类传统行业接近饱和，业务增长放缓，利润空间压缩，加之近期实体企业频频暴雷，一些租赁公司也深陷其中。随之而来的则是项目资源、优质资产的匮乏，租赁公司业务投放成难题。

对此，诸永春表示，此种现象的产生最根本的原因在于行业业务同质化，另外也是市场规律作用的结果，具有一定的历史必然性。

诸永春认为，下一步，如何进行适应性调整，寻求新的宜租行业，重建商业模式，培育新的利润增长点成为租赁公司的迫切需求。“一带一路”“中国制造2025”等重大战略的推出已为租赁行业带来了新的机遇。

此外，随着我国经济发展模式的转型，经济新动能的形成也为行业开辟了新的市场。主要体现在，首先，生产服务业在经济中的占比增加，2017 年服务业对经济增长的贡献率达 58.8%，成为我国经济发展的主动力；其次，消费在经济增长中的作用增加，2018 年上半年消费对经济增长的贡献率达 78.5%；再次，我国社

① 本文为中国融资租赁三十人论坛成员、日立租赁（中国）有限公司总经理诸永春于 2018 年 10 月 25 日受邀参加中国融资租赁三十人论坛《租赁高管系列专访》专栏的访谈稿。

会经济已从IT（信息技术）时代步入DT（数字技术）时代。

融资租赁行业与实体经济休戚相关，为生产、流通乃至服务业服务。伴随我国经济进入新旧动能的转换期，融资租赁行业也步入了调整过渡期。

诸永春认为，该时期下，租赁行业更应强调自身服务属性，服务新经济、服务实体经济、服务创新经济，着重实体化投资，创造出新的价值链，租赁公司则从中扮演提供价值的角色。同时，准确把握住以上三点变化趋势，顺势而为，充分发挥租赁的特色，释放租赁的价值。

（二）日本租赁业镜鉴

1. 投资率下降，非制造业利用租赁占比大增

纵观日本租赁行业的发展史，与我国租赁行业发展具有诸多相似之处。

日本比中国较早地实现了工业化，工业化时代为设备投资带来了大量需求，融资租赁由此获得了一个巨大的市场。日本租赁业在被引进日本的二十多年后，迎来了兴盛的二十年。这一时期日本近91%的企业利用过租赁这一工具，85.4%的信息通信设备以及67.1%的汽车均通过租赁的方式引进。此后，日本经济发展中第三产业占比增加，租赁业服务的对象开始转向类似超市、购物中心、游乐设施等领域。

近年来，随着投资率下降导致设备投资减少，日本制造业利用租赁的比例已下降至17.7%，非制造业利用租赁的比例升至63.5%，租赁行业由非制造业和服务业带领前行。

目前，日本租赁公司也正在寻求新的出路，开展投资、多元化经营等方面的实践活动，如加快国际租赁投资，从亚洲、中东地区转向欧美地区，营业额近5年已实现3倍增长。

“世界经济发展的大趋势是相同的，经历的发展阶段相似。”诸永春认为，现阶段，我国租赁行业面临的问题同样是投资的下降。投资对象中实物投资比例下降，技术投资比例上升，适应中国经济发展方向的新经济型企业往往属轻资产型，租赁公司如何更好地为此类企业提供服务需要行业与监管部门共同探讨解决。

此外，诸永春还表示，我国的租赁行业还应真正实现“走出去”，进行国际化投资，开拓国际化道路。

2. 监管借鉴国际经验

我国融资租赁行业历经40年发展，也经过了高速发展的黄金10年，在取得众多成就的同时也涌现出各种问题。自2018年5月，融资租赁公司的监管职责正式由商务部划转至银保监会以来，银保监会“三定方案”已正式宣布实施，融资租

赁行业的监管“靴子”也终将落地。

对于行业监管的新调整，诸永春认为，通过这次监管变革，制定出适应现阶段融资租赁行业发展的新规则，并监督企业严格执行，形成规范化、法制化的市场环境是必要的。但在变革当中，新的监管规则在结合行业现状的同时，也要面向未来，具有前瞻性和预见性，考虑行业发展的动能。

另外，可借鉴国际融资租赁行业的发展经验，摸准新时代融资租赁演变规律，为行业未来发展预留空间。

3. 中国租赁业应重视经济动能转换的影响

我国租赁行业正在面临的调整过渡期并非是租赁行业的风险叠加到一定程度而出现的，是社会、经济、科技等多种因素叠加在一起产生的。租赁行业在重视经济转换带来的影响的同时，也应重视现代服务业的兴起，重视消费超过投资成为经济增长重要贡献这一特征。

这就意味着，市场的需求已经发生了改变，以企业客户为主、为企业投资服务的租赁公司将面临新的局面。

在诸永春看来，我国正处在从重工业化社会向 IT 时代乃至 DT 时代转型的时期，数字经济在很多方面已处于世界领先地位，以数字经济为代表的新经济形成经济发展的新动能，但尚未形成支撑，传统经济和新经济共存，创新能力不断加强，同时我国国际化进程加快，正积极开展国际合作、进行国际投资等。“这些都将成为日立租赁发展战略中的重要参考点。”

诸永春表示，未来，日立租赁也将不断根据中国的发展变化调整方向，制定新的业务重点。

（三）日立租赁发展战略

1. 聚焦医疗、基础设施、清洁能源、信息通信等

日立租赁作为日立金融集团旗下重要一员，发展战略在与集团基本战略主线保持一致的同时，也需结合我国的国情进一步确立。

日立租赁自成立以来便一直遵循“为人服务”的战略方针，为建立一个健康、安全、舒适的社会做出贡献。业务板块也始终围绕着建设美丽中国、健康中国和网络强国的目标开展，集中发力健康医疗、社会基础设施、城市建设、交通设施和交通工具、清洁可再生能源、信息通信等领域。

此外，股东方日立集团自身的技术以及产品开发能力也为公司战略目标的实现提供了强有力的基础与保障。

这一战略既符合中国现阶段的主要社会矛盾，也符合世界发展目标。2015 年 9

月，联合国 193 个成员正式通过了“联合国可持续发展目标（SDGs）”，日立集团及日立租赁将其 17 项具体的可持续发展目标作为自己的业务参照系。

在业务开展中，日立租赁要求业务必须符合各项法律法规，租赁物真实存在，且资金用途明确，并制定了清晰的信用标准，如采用标准普尔式定量分析法对客户进行评级等。

2. 外资银行是融资主渠道

我国的社会融资以银行为主体，日立租赁与其他国内租赁公司身处同样的融资环境，均面临着融资成本上升、营业收益率下降等问题。2018 年年央行通过一系列货币调控政策释放中长期流动性，市场资金面有所宽松。

就租赁公司而言，诸永春认为，货币政策的宽松与否，重点是如何传导至客户端。在宽松环境下，租赁公司融资依然是个经营难题；而在资金面收紧时，租赁公司更应注重资产的安全性，一旦融资渠道变窄，客户的再融资受到影响，租赁公司就有可能遇到债权回收难题。

日立租赁作为一家纯外资租赁公司，融资结构仍以银行融资为主，其中外资银行资金占绝大多数，公司已与一些银行建立了长期信赖的合作关系，融资来源稳定，保证了资产端业务的开展。

租赁公司于市场融资的便利程度取决于自身信用，包括经营状况、财务状况、内部管理能力、风控体系、专业化程度以及股东背景、行业地位等。

诸永春表示，随着我国资本市场逐渐呈现多样化，对租赁公司也更加开放，日立租赁未来也会根据需要采取更加多元化的融资策略，与国内的金融机构建立更紧密的联系。

附录

附录 1：金融租赁公司名录①

序号	公司名称	注册地	法定代表人	注册资本（万元）	成立时间
1	工银金融租赁有限公司	天津	赵桂才	1 800 000	2007/11/26
2	国银金融租赁股份有限公司	广东	王学东	1 264 238	1984/12/25
3	兴业金融租赁有限责任公司	天津	薛鹤峰	900 000	2010/08/30
4	交银金融租赁有限责任公司	上海	赵 炯	850 000	2007/12/20
5	交银航空航运金融租赁有限责任公司	上海	陈 敏	850 000	2014/10/21
6	建信金融租赁有限公司	北京	胡昌苗	800 000	2007/12/26
7	昆仑金融租赁有限责任公司	重庆	桂王来	796 123	2010/07/21
8	招银金融租赁有限公司	上海	施顺华	600 000	2008/03/28
9	华夏金融租赁有限公司	云南	任永光	600 000	2013/04/28
10	华融金融租赁股份有限公司	浙江	李 鹏	592 676	2001/12/28
11	光大金融租赁股份有限公司	湖北	张华宇	590 000	2010/05/19
12	中国外贸金融租赁有限公司	北京	高红飞	516 613	1985/03/04
13	民生金融租赁股份有限公司	天津	周 巍	509 500	2008/04/02
14	浦银金融租赁股份有限公司	上海	王新浩	500 000	2012/04/20
15	太平石化金融租赁有限责任公司	上海	陈锦魁	500 000	2014/10/14
16	西藏金融租赁有限公司	西藏	李兆廷	500 000	2015/05/25
17	招银航空航运金融租赁有限公司	上海	郭 光	500 000	2015/10/12
18	锦银金融租赁有限责任公司	辽宁	刘文忠	490 000	2015/12/01
19	皖江金融租赁股份有限公司	安徽	李铁民	460 000	2011/12/31
20	长城国兴金融租赁有限公司	新疆	张希荣	400 000	1996/02/02
21	中信金融租赁有限公司	天津	杨 毓	400 000	2015/03/31
22	信达金融租赁有限公司	甘肃	余 伟	350 524	1996/12/28
23	中铁建金融租租赁有限公司	天津	王秀明	340 000	2016/06/27
24	北银金融租赁有限公司	北京	张京波	310 000	2014/01/20
25	河北省金融租赁有限公司	河北	徐敏俊	300 000	1995/12/11
26	农银金融租赁有限公司	上海	孙学文	300 000	2010/09/07
27	中国金融租赁有限公司	天津	鲍世峥	300 000	2013/06/06
28	邦银金融租赁股份有限公司	天津	李剑飞	300 000	2013/08/16
29	徽银金融租赁有限公司	安徽	邹广明	300 000	2015/04/29
30	苏银金融租赁股份有限公司	江苏	夏 平	300 000	2015/05/13
31	湖北金融租赁股份有限公司	湖北	谌赞雄	300 000	2015/06/24
32	浙江浙银金融租赁股份有限公司	浙江	姜雨林	300 000	2017/01/18
33	重庆鈊渝金融租赁股份有限公司	重庆	周文锋	300 000	2017/03/23

① 69 家金融租赁公司中包括 3 家专业子公司，按注册资本降序排列。

（续表）

序号	公司名称	注册地	法定代表人	注册资本（万元）	成立时间
34	航天科工金融租赁有限公司	湖北	李东峰	300 000	2017/04/18
35	江苏金融租赁股份有限公司	江苏	熊先根	298 664	1988/04/23
36	渝农商金融租赁有限责任公司	重庆	梁　萍	250 000	2014/09/11
37	江西金融租赁股份有限公司	江西	陈晓明	202 000	2015/11/24
38	哈银金融租赁有限责任公司	黑龙江	高淑珍	200 000	2014/06/11
39	永赢金融租赁有限公司	浙江	许继朋	200 000	2015/05/26
40	江南金融租赁有限公司	江苏	张建军	200 000	2015/05/29
41	长江联合金融租赁有限公司	上海	金剑华	200 000	2015/06/18
42	横琴华通金融租赁有限公司	广东	谢　伟	200 000	2015/10/12
43	山东汇通金融租赁有限公司	山东	王茂昌	200 000	2015/12/10
44	冀银金融租赁股份有限公司	河北	乔志强	200 000	2015/12/25
45	河南九鼎金融租赁股份有限公司	河南	白效锋	200 000	2016/03/23
46	佛山海晟金融租赁股份有限公司	广东	赵国俊	200 000	2016/06/28
47	贵阳贵银金融租赁有限责任公司	贵州	杨　琪	200 000	2016/07/15
48	天津国泰金融租赁有限责任公司	天津	周　鸿	200 000	2017/11/03
49	天银金融租赁股份有限公司	天津	刘永浩	170 000	2016/10/14
50	洛银金融租赁股份有限公司	河南	王建甫	160 000	2014/12/18
51	苏州金融租赁股份有限公司	江苏	王兰凤	150 000	2015/12/15
52	徐州恒鑫金融租赁股份有限公司	江苏	束兰根	150 000	2016/10/14
53	前海兴邦金融租赁有限责任公司	广东	何本奎	150 000	2017/05/16
54	华运金融租赁股份有限公司	天津	张　灿	142 857	2015/04/21
55	北部湾金融租赁有限公司	广西	李华生	100 000	2012/09/17
56	珠江金融租赁有限公司	广东	张　东	100 000	2014/12/11
57	山东通达金融租赁有限公司	山东	张仁钊	100 000	2016/06/06
58	浙江稠州金融租赁有限公司	浙江	陈希林	100 000	2016/09/14
59	四川天府金融租赁股份有限公司	四川	王绍文	100 000	2016/12/08
60	广东粤财金融租赁股份有限公司	广东	曾忠生	100 000	2017/06/08
61	青岛青银金融租赁有限公司	山东	杨长德	100 000	2017/02/15
62	中煤科工金融租赁股份有限公司	天津	刘林泉	98 000	2017/09/30
63	华融航运金融租赁有限公司	上海	李　鹏	90 000	2015/07/13
64	厦门金融租赁有限公司	福建	王晓健	79 000	2017/11/15
65	福建海西金融租赁有限责任公司	福建	庄海波	70 000	2016/09/09
66	山西金融租赁有限公司	山西	李江雷	50 000	1993/03/12
67	吉林九银金融租赁股份有限公司	吉林	孙国富	50 000	2015/02/20
68	广融达金融租赁有限公司	上海	丁建勇	50 000	2016/06/15
69	甘肃兰银金融租赁股份有限公司	甘肃	张俊良	50 000	2016/12/09

附录2：内资试点融资租赁公司名录①

	公司名称	注册地	法定代表人	注册资本	成立时间
1	天津渤海租赁有限公司	天津	彭　鹏	2 210 085	2007/12/04
2	浦航租赁有限公司	上海	戚裔彬	1 268 340	2009/10/26
3	长江租赁有限公司	天津	邢明月	1 079 000	2000/06/09
4	中航国际租赁有限公司	上海	周　勇	997 847	1993/11/05
5	丰汇租赁有限公司	北京	季庆滨	400 000	1999/09/15
6	招商局融资租赁（天津）有限公司	天津	杨　皓	367 000	2017/04/26
7	国信租赁有限公司	山东	景传轩	360 000	2014/01/13
8	汇通信诚租赁有限公司	新疆	王新明	356 000	2011/12/01
9	中远海运租赁有限公司	上海	陈易明	350 000	2013/08/29
10	中车投资租赁有限公司	北京	王日钢	330 000	1999/04/26
11	中民投健康产业融资租赁有限公司	天津	陈朝阳	300 000	2017/02/21
12	德海租赁（天津）有限公司	天津	金　敏	300 000	2017/07/11
13	中交融资租赁（广州）有限公司	广东	钱　鎔	300 000	2016/08/08
14	上海电气租赁有限公司	上海	秦　怿	300 000	2005/08/18
15	国泰租赁有限公司	山东	尹　鹏	300 000	2007/02/12
16	庞大乐业租赁有限公司	河北	刘振洪	291 667	2009/04/30
17	浙江华铁融资租赁有限公司	浙江	胡丹锋	250 000	2015/07/02
18	浙江物产融资租赁有限公司	浙江	王竞天	241 668	2012/05/14
19	一汽租赁有限公司	天津	张　影	240 000	2016/02/22
20	隆基融资租赁（天津）有限公司	天津	张绍伟	200 000	2017/08/22
21	万方融资租赁（天津）有限公司	天津	郝长春	200 000	2017/05/24
22	中国电建集团租赁有限公司	北京	许贺龙	200 000	2004/08/30
23	中建投租赁（上海）有限责任公司	上海	史平武	200 000	2014/01/27
24	浙江中大元通融资租赁有限公司	浙江	邹百定	175 717	1996/10/28
25	武汉光谷融资租赁有限公司	湖北	周　昕	165 000	2012/04/26
26	河南豫资芯鑫融资租赁有限责任公司	河南	杜　洋	153 846	2016/01/12
27	中联重科融资租赁（北京）有限公司	北京	王芙蓉	150 200	2002/02/04
28	天津华铁融资租赁有限公司	天津	胡丹锋	150 000	2016/05/12
29	航天租赁（天津）有限公司	天津	徐海峰	150 000	2017/11/06
30	重庆银海融资租赁有限公司	重庆	庞先威	120 000	2005/12/31
31	安吉租赁有限公司	上海	沈根伟	116 400	1993/04/20
32	山重融资租赁有限公司	北京	申传东	110 000	2009/03/27
33	北京京能源深融资租赁有限公司	北京	侯　凯	105 000	2011/10/17
34	德银融资租赁有限公司	上海	王建斌	105 000	2011/11/24

① 公司名录按注册资本降序排列。数据来源：中国融资租赁三十人论坛、中国外商投资企业协会租赁业工作委员会。

（续表）

	公司名称	注册地	法定代表人	注册资本	成立时间
35	天津大通融汇租赁有限公司	天津	于欣义	104 176	2014/08/19
36	首汽租赁有限责任公司	北京	高　捷	100 750	1992/04/25
37	天津城投创展租赁有限公司	天津	景婉莹	100 000	2016/01/13
38	中建投租赁（天津）有限责任公司	天津	秦　群	100 000	2016/05/05
39	天津信汇融资租赁有限公司	天津	沈晓玲	100 000	2016/04/13
40	中远海发（天津）租赁有限公司	天津	郭定伟	100 000	2016/11/23
41	临港港融租赁（天津）有限公司	天津	冀晓晨	100 000	2016/12/12
42	芯鑫融资租赁（天津）有限责任公司	天津	孔令夷	100 000	2016/08/15
43	天津国资融资租赁有限公司	天津	王雪岩	100 000	2017/06/20
44	天津星河鼎兴融资租赁有限公司	天津	李海宁	100 000	2017/06/05
45	国投建恒融资租赁股份有限公司	天津	寇尧洲	100 000	2017/07/14
46	中航租（天津）租赁有限公司	天津	李智军	100 000	2017/06/19
47	华程融资租赁（天津）有限公司	天津	何丽菲	100 000	2017/01/26
48	易通融资租赁（天津）有限公司	天津	李中山	100 000	2017/08/07
49	天津握手融资租赁有限公司	天津	王雪松	100 000	2018/01/17
50	舟山金帝融资租赁有限公司	浙江	孔列岚	100 000	2017/10/17
51	广东华赣融资租赁有限责任公司	广东	邱纪刚	100 000	2017/02/23
52	广州知骏融资租赁有限公司	广东	张　雰	100 000	2017/03/08
53	南网融资租赁有限公司	广东	邓春岚	100 000	2017/09/20
54	河南省农业融资租赁股份有限公司	河南	任海侠	100 000	2016/04/21
55	陕西鼎盛裕和融资租赁有限公司	陕西	贾　良	100 000	2015/12/04
56	陕西宝丰融资租赁有限公司	陕西	韩　鹏	100 000	2018/02/08
57	青海昆仑租赁有限责任公司	青海	冶生贵	100 000	2003/05/15
58	北车投资租赁有限公司*	北京	董伦云	100 000	2008/01/11
59	重庆市交通设备融资租赁有限公司	重庆	王靖安	100 000	2008/03/06
60	吉运集团股份有限公司	北京	赵六栋	100 000	1995/12/18
61	天津天保租赁有限公司	天津	任　强	100 000	2011/10/26
62	天津佳永租赁有限公司	天津	孙广顺	100 000	2012/04/27
63	中关村科技租赁有限公司	北京	张　哲	100 000	2012/11/27
64	辽宁融川融资租赁股份有限公司	辽宁	刘小锋	100 000	2012/11/02
65	安徽正奇融资租赁有限公司	安徽	俞能宏	100 000	2012/11/28
66	德海租赁有限公司	北京	王小敏	100 000	2012/11/15
67	安徽华通租赁有限公司	安徽	苏信斌	100 000	2013/06/09
68	四川金石租赁股份有限公司	四川	李云忠	100 000	2014/01/16
69	广东一创恒健融资租赁有限公司	广东	刘　明	100 000	2014/12/18
70	河南资产融资租赁有限公司	河南	成冬梅	100 000	2018/02/02
71	基石京信（天津）融资租赁有限公司	天津	薛　君	100 000	2015/07/17

* 该公司已注销。

（续表）

	公司名称	注册地	法定代表人	注册资本	成立时间
72	好晟融资租赁（天津）有限公司	天津	杨文斌	100 000	2017/08/29
73	华钢方舟（天津）租赁有限公司	天津	周育东	100 000	2017/07/25
74	华宸融资租赁（天津）有限公司	天津	顾志伟	100 000	2018/01/29
75	沈阳金岭融资租赁有限公司	辽宁	张纯洁	100 000	2017/07/28
76	陕西开源融资租赁有限责任公司	陕西	桂泉海	100 000	2018/05/15
77	陕西有色融资租赁有限公司	陕西	赵普涛	100 000	2018/05/16
78	西安经发融资租赁有限公司	陕西	田永平	100 000	2018/05/21
79	西安大通道融资租赁有限公司	陕西	张　哲	100 000	2018/05/23
80	西安裕隆源融资租赁有限公司	陕西	汤　亮	100 000	2018/03/30
81	山东地矿租赁有限公司	山东	王英南	99 276	2013/12/20
82	珠海恒源融资租赁有限公司	广东	张　平	91 697	2012/08/13
83	河北融投租赁有限公司	河北	王景宏	90 000	2011/05/10
84	赣州发展融资租赁有限责任公司	江西	陈圣霖	87 500	2013/05/30
85	芜湖亚夏融资租赁有限公司	安徽	周夏耘	87 475	2013/05/31
86	宝新融资租赁有限公司	广东	宁远喜	80 000	2016/06/21
87	江苏徐工工程机械租赁有限公司	江苏	杨东升	80 000	2007/08/13
88	联通租赁集团有限公司	北京	王东涛	76 000	1996/05/16
89	成都工投融资租赁有限公司	四川	马宏毅	75 359	1992/10/19
90	安徽德润融资租赁股份有限公司	安徽	孟庆立	75 000	2013/05/06
91	厦门海翼融资租赁有限公司	福建	陈月华	70 000	2008/06/10
92	东森海润租赁有限公司	北京	张道山	62 800	2010/07/06
93	天津中车投资租赁有限公司	天津	王日钢	60 000	2012/05/24
94	民盛租赁有限公司	天津	王石山	60 000	2017/11/01
95	中程租赁有限公司	天津	盛雪莲	60 000	1999/07/07
96	内蒙古融资租赁有限责任公司	内蒙古	侯向东	60 000	2014/12/01
97	新疆鼎源融资租赁股份有限公司	新疆	徐延平	56 600	2010/12/13
98	上海地铁融资租赁有限公司	上海	顾　诚	56 000	2013/10/30
99	国农租赁有限公司	山东	袁敦华	51 000	2011/11/14
100	融信租赁股份有限公司	福建	王丁明	50 350	2007/03/05
101	京朋（天津）融资租赁有限公司	天津	李建汐	50 100	2017/05/08
102	新特（天津）融资租赁有限责任公司	天津	赵　荣	50 000	2017/09/11
103	天津滨海新区建投租赁有限公司	天津	苏少朕	50 000	2016/08/05
104	中船重工海疆（天津）融资租赁有限公司	天津	冯雄雅	50 000	2016/10/21
105	中联浦融融资租赁有限公司	天津	司马郡平	50 000	2016/04/12
106	正奇融资租赁（天津）有限公司	天津	陈登辉	50 000	2017/02/20
107	神铁租赁（天津）有限公司	天津	吴毅霞	50 000	2017/07/24
108	中核建军民融合租赁有限公司	天津	张　勇	50 000	2017/08/03
109	亿利租赁（天津）有限公司	天津	侯菁慧	50 000	2017/12/07

（续表）

	公司名称	注册地	法定代表人	注册资本	成立时间
110	顺建投（天津）国际融资租赁有限公司	天津	姚仕松	50 000	2017/12/21
111	浙江车闪融融资租赁有限公司	浙江	王辉宇	50 000	2017/08/11
112	陕西财信融资租赁有限公司	陕西	胡相军	50 000	2017/10/17
113	西安西投融资租赁有限公司	陕西	钟成军	50 000	2018/01/30
114	江西省海济融资租赁股份有限公司	江西	柳习聪	50 000	2006/01/05
115	汇银融资租赁有限公司	山东	王桂民	50 000	2009/09/22
116	金鼎租赁有限公司	北京	杨进军	50 000	2011/01/10
117	北京中车信融融资租赁有限公司	北京	乐荣生	50 000	2012/04/25
118	浙江浙能融资租赁有限公司	浙江	施云峰	50 000	2013/05/27
119	安徽合泰融资租赁有限公司	安徽	徐　琳	50 000	2013/05/29
120	安徽众信融资租赁有限公司	安徽	付强新	50 000	2013/05/29
121	广州广汽租赁有限公司	广东	胡宇雄	50 000	2004/02/24
122	世欣合汇融资租赁有限公司	北京	田小雷	50 000	2014/01/14
123	天士力融资租赁有限公司	天津	闫凯境	50 000	2014/01/20
124	天津融鑫融资租赁有限公司	天津	尹　强	50 000	2013/02/25
125	江苏淮海融资租赁有限公司	江苏	范晓路	50 000	2014/01/22
126	大盛融资租赁有限公司	浙江	陈汉生	50 000	2014/01/17
127	安徽中财租赁有限责任公司	安徽	程　君	50 000	2014/01/17
128	安徽皖新融资租赁有限公司	安徽	吴文胜	50 000	2014/02/14
129	北京中煤融资租赁有限责任公司	北京	曹正强	50 000	2012/11/28
130	汇鼎租赁有限公司	山东	王练光	50 000	2014/09/04
131	上海云城融资租赁有限公司	上海	林　涛	50 000	1997/10/21
132	湖北金控融资租赁有限公司	湖北	黄骏飞	50 000	2014/11/27
133	中核建银融资租赁股份有限公司	广东	黄祖义	50 000	2008/04/17
134	国药控股（天津）融资租赁有限公司	天津	陈　凯	50 000	2018/04/20
135	太盟（天津）融资租赁有限公司	天津	韩　勇	50 000	2018/04/26
136	国药租赁（天津）有限公司	天津	王国梁	50 000	2018/01/24
137	利星行融资租赁（天津）有限公司	天津	CHIU MAN KIN	50 000	2018/05/22
138	辽宁博众融资租赁有限公司	辽宁	王　峰	50 000	2017/10/17
139	浙江省空港融资租赁有限公司	浙江	陈　洁	50 000	2018/05/17
140	潍滨融资租赁（天津）有限公司	天津	王清润	47 000	2017/10/25
141	青岛中投融资租赁有限公司	山东	王仁宝	45 000	2012/05/09
142	安鹏融资租赁（天津）有限公司	天津	史志山	43 000	2015/09/18
143	河南国控租赁股份有限公司	河南	刘洪涛	42 975	1994/12/17
144	福建宏顺租赁有限公司	福建	王传桂	41 600	2000/03/17
145	天津汇融通达租赁有限公司	天津	李俊锋	40 000	2016/11/02
146	福建海峡融资租赁有限责任公司	福建	陈建武	40 000	2002/04/11
147	芯鑫融资租赁（厦门）有限责任公司	福建	孔令夷	40 000	2017/11/24

（续表）

	公司名称	注册地	法定代表人	注册资本	成立时间
148	长城融资租赁有限责任公司	山东	张发军	37 000	1997/01/28
149	台金融资租赁（天津）有限责任公司	天津	曹洁冰	35 000	2016/08/24
150	福建喜相逢汽车服务股份有限公司	福建	黄　伟	34 106	2007/09/07
151	江西省鄱阳湖融资租赁有限公司	江西	肖国华	33 000	2011/10/12
152	浙江香溢租赁有限责任公司	浙江	夏欣荣	32 000	2008/02/27
153	湖北华康远达融资租赁有限公司	湖北	蒋　岚	32 000	2012/11/06
154	天津传化融资租赁有限公司	天津	郑　磊	30 497	2016/05/16
155	前路融资租赁有限公司	辽宁	张海成	30 010	2017/09/12
156	天津滨海新区弘信博格融资租赁有限公司	天津	杨真真	30 000	2014/12/25
157	万新瑞富（天津）融资租赁有限公司	天津	陈　锦	30 000	2017/07/31
158	浙江舟贸融资租赁有限公司	浙江	殷　雄	30 000	2017/07/24
159	万向租赁有限公司	浙江	冯立民	30 000	1996/02/02
160	中能融资租赁有限公司	天津	刘成坤	30 000	2001/04/29
161	浙江省富浙融资租赁有限公司	浙江	吴　斌	30 000	2012/05/10
162	庆汇租赁有限公司	辽宁	刘　悦	30 000	2001/07/06
163	北京农投融资租赁有限公司	北京	罗宪杰	30 000	2012/09/28
164	上海摩恩融资租赁股份有限公司	上海	问泽鸿	30 000	2012/01/13
165	南通国润融资租赁有限公司	江苏	陈大鹏	30 000	2013/08/16
166	经开租赁有限公司	广东	周世义	30 000	2013/10/15
167	华宝千祺租赁（深圳）有限公司	广东	蔡文霞	30 000	2014/01/13
168	天津财信汇通融资租赁有限公司	天津	郑建军	30 000	2014/12/15
169	维租（天津）租赁有限公司	天津	李永军	30 000	2013/11/28
170	辽宁方大融资租赁有限公司	辽宁	马忆波	30 000	2014/04/17
171	南京华虹融资租赁有限公司	江苏	陆永新	30 000	2014/12/19
172	灏领融资租赁（辽宁）有限公司	辽宁	高源远	30 000	2017/11/22
173	浙江省海洋与渔业融资租赁有限公司	浙江	阮梦菲	30 000	2018/05/22
174	陕西汇通达融资租赁有限公司	陕西	王守建	30 000	2018/04/13
175	天津合盛融资租赁有限公司	天津	蔡　立	30 000	2015/04/30
176	东方圣城租赁有限公司	山东	李　莉	28 000	2014/01/10
177	沈阳恒信租赁有限公司	辽宁	王英臣	27 436	1998/02/25
178	吴都融资租赁（天津）有限公司	天津	孙晓江	27 000	2017/07/25
179	山东山工租赁有限公司	山东	赵沂斌	27 000	2001/11/12
180	重庆鸿晔锦盛融资租赁有限公司	重庆	何春华	27 000	2014/12/10
181	上海益流融资租赁有限公司	上海	瞿坤章	25 000	2011/05/31
182	联通物产租赁有限公司	北京	王东涛	25 000	1999/02/10
183	文投国际融资租赁有限公司	陕西	赵晓霞	24 000	2017/01/09
184	四川孚临融资租赁有限公司	四川	杨　弟	24 000	2012/09/19
185	泸州工投租赁有限公司	四川	刘　奇	23 000	2017/11/17

（续表）

	公司名称	注册地	法定代表人	注册资本	成立时间
186	天合（天津）飞机租赁有限公司	天津	王利群	23 000	2016/09/01
187	融世华融资租赁有限公司	山东	孙　红	22 947	1996/06/24
188	佳汇（天津）租赁有限公司	天津	翁　亮	21 000	2013/11/28
189	华晟融资租赁股份有限公司	江苏	王顺娣	21 000	2013/05/29
190	海瀛（福建）融资租赁有限公司	福建	陈璐玺	20 600	2008/05/12
191	青岛青建租赁有限公司	山东	李富军	20 500	2011/06/23
192	北京鼎泰鑫融资租赁有限公司	北京	任凌冰	20 300	2012/12/20
193	天下行租车有限公司	福建	杨　峰	20 084	2010/07/21
194	四川荷福融资租赁有限公司	四川	施　浩	20 050	2014/09/04
195	北京绿能融资租赁有限公司	北京	柳伟东	20 027	2002/07/30
196	成都华明融资租赁有限公司	四川	吴涛奎	20 010	2005/06/10
197	天津潍莱岛融资租赁有限公司	天津	夏之莹	20 000	2016/05/20
198	天津中融恒泰国际融资租赁有限公司	天津	卢宗俊	20 000	2016/07/04
199	国运租赁（天津）股份有限公司	天津	张晓林	20 000	2016/12/30
200	中电科融资租赁有限公司	天津	陈永红	20 000	2016/12/08
201	国元汇富融资租赁（天津）有限公司	天津	程晓炜	20 000	2016/05/25
202	天津联动融资租赁有限公司	天津	徐卫晖	20 000	2016/12/26
203	中鼎泰成（天津）融资租赁有限公司	天津	刘长江	20 000	2017/04/20
204	锦港（天津）租赁有限公司	天津	郭晓倩	20 000	2017/07/17
205	安振（天津）融资租赁有限责任公司	天津	徐　静	20 000	2017/05/23
206	金联合众融资租赁有限公司	天津	陈　玓	20 000	2017/06/15
207	中安亚太融资租赁（天津）有限公司	天津	周辰霏	20 000	2017/08/16
208	鲲鹏（天津）融资租赁有限公司	天津	陈　杰	20 000	2017/7/26
209	瑞泽众合（天津）融资租赁有限公司	天津	邢福俊	20 000	2017/9/22
210	道生天合（天津）租赁有限公司	天津	姜培维	20 000	2016/10/19
211	天津中冀融资租赁有限公司	天津	吴显光	20 000	2017/11/30
212	中本汇银融资租赁（天津）有限公司	天津	陈　坚	20 000	2017/09/07
213	新力德润（天津）融资租赁有限公司	天津	孟庆立	20 000	2017/01/20
214	浙江车家佳融资租赁有限公司	浙江	王　川	20 000	2017/08/22
215	浙江兴长融资租赁有限责任公司	浙江	王佳平	20 000	2017/08/01
216	中安金控（舟山）融资租赁有限公司	浙江	谭建平	20 000	2017/08/11
217	浙旅盛景融资租赁有限公司	浙江	诸惠伟	20 000	2017/08/25
218	浙江澜海远洋融资租赁有限公司	浙江	吴燕平	20 000	2017/11/09
219	芯鑫融资租赁（浙江）有限责任公司	浙江	张　彦	20 000	2017/11/16
220	上海鼎策融资租赁有限公司	上海	许树根	20 000	2016/06/21
221	广州海印融资租赁有限公司	广东	邵建明	20 000	2016/06/23
222	河南国宏融资租赁有限公司	河南	陈　迪	20 000	2016/10/19
223	郑州航空港兴港租赁有限公司	河南	吴　玥	20 000	2017/11/02

（续表）

	公司名称	注册地	法定代表人	注册资本	成立时间
224	湖北骆驼融资租赁有限公司	湖北	夏诗忠	20 000	2015/05/29
225	陕西金投融资租赁有限公司	陕西	刘维明	20 000	2017/06/12
226	西北租赁有限公司	陕西	吴　畏	20 000	1996/12/30
227	山东融越融资租赁有限公司	山东	朱国祥	20 000	2003/01/03
228	华远租赁有限公司	北京	王文全	20 000	1999/04/13
229	恒华融资租赁有限公司	浙江	郑晓光	20 000	2001/08/16
230	中原租赁有限公司	广东	郭振生	20 000	2009/11/27
231	上海金易达融资租赁有限公司	上海	叶国营	20 000	2010/07/30
232	上海中兴融资租赁有限公司	上海	李伟民	20 000	2010/05/13
233	天津泰达租赁有限公司	天津	马　杰	20 000	2011/10/25
234	融鑫汇（天津）租赁有限公司	天津	张云集	20 000	2011/08/26
235	云投旺世融资租赁有限公司	北京	杨　斌	20 000	2009/09/24
236	银丰租赁有限公司	北京	郭珊珊	20 000	2010/08/25
237	荣达租赁有限公司	北京	刘利民	20 000	2011/07/8
238	江苏宝涵租赁有限公司	江苏	李　昇	20 000	2012/08/03
239	苏州融华租赁有限公司	江苏	盛　刚	20 000	2012/11/26
240	南京隆安租赁有限公司	江苏	邹　衍	20 000	2012/11/15
241	贵州黔贵融资租赁有限公司	贵州	罗洪波	20 000	2012/05/16
242	通和租赁股份有限公司	北京	李　冬	20 000	2012/09/26
243	南京民生租赁股份有限公司	江苏	李树红	20 000	1996/05/30
244	浙江万融融资租赁有限公司	浙江	黄河清	20 000	2012/10/17
245	湖北永盛融资租赁有限公司	湖北	王　强	20 000	2013/06/04
246	中鼎信融资租赁集团股份有限公司	黑龙江	刘德余	20 000	2013/05/30
247	常熟市德盛融资租赁有限公司	江苏	高德康	20 000	2014/01/23
248	宁波东银融资租赁有限责任公司	浙江	胡小雁	20 000	2014/01/09
249	四川盘古设备租赁有限公司	四川	罗永胜	20 000	2014/01/02
250	石家庄宝德融资租赁有限公司	河北	李翔宇	20 000	2010/03/09
251	银河融资租赁有限公司	上海	桂国杰	20 000	2013/09/03
252	江苏国鑫融资租赁有限公司	江苏	李小虎	20 000	2014/07/18
253	江苏凤凰文贸融资租赁有限公司	江苏	田　锋	20 000	2014/03/04
254	临沂华盛江泉租赁有限公司	山东	张玉涛	20 000	2014/12/26
255	城发集团（青岛）融资租赁有限公司	山东	包振宇	20 000	2013/10/31
256	武汉中泰和融资租赁有限公司	湖北	曾　涛	20 000	2014/01/20
257	湖北华融嘉和融资租赁有限公司	湖北	张崇南	20 000	2014/09/16
258	湖北万民融资租赁有限公司	湖北	陈俊英	20 000	2014/09/30
259	民商融资租赁有限公司	重庆	王金山	20 000	2014/07/30
260	河南航投航空设备租赁有限公司	河南	杨文杰	20 000	2018/04/28
261	纽蓝租赁（天津）有限公司	天津	周　勇	20 000	2018/05/15

（续表）

	公司名称	注册地	法定代表人	注册资本	成立时间
262	恒嘉（天津）融资租赁有限公司	天津	乔卫兵	20 000	2013/11/27
263	天津东疆融资租赁有限公司	天津	钮　新	20 000	2018/05/24
264	沈阳普泽融资租赁有限公司	辽宁	龙玉洁	20 000	2016/05/03
265	沈阳大众中汇融资租赁有限公司	辽宁	陈　莹	20 000	2017/06/13
266	芯鑫融资租赁（辽宁）有限责任公司	辽宁	袁以沛	20 000	2017/12/01
267	湖北汉江融资租赁有限公司	湖北	李远明	20 000	2018/06/19
268	襄阳国益融资租赁有限公司	湖北	郑　飞	20 000	2017/11/09
269	西安长青动力融资租赁有限责任公司	陕西	周卓声	20 000	2018/05/18
270	西安华盛汇金融资租赁有限公司	陕西	李正宏	20 000	2018/05/24
271	陕西创信融资租赁有限公司	陕西	郭金福	20 000	2018/07/25
272	广州荣车租赁有限公司	广东	姜　东	20 000	2017/03/08
273	浙江康安融资租赁股份有限公司	浙江	范水荣	19 000	2003/11/13
274	新疆生产建设兵团第十三师天元融资租赁有限公司	新疆	张朝安	18 712	2012/12/14
275	海航思福租赁股份有限公司	海南	杨爱国	18 400	2003/09/16
276	陕西海富融资租赁有限公司	陕西	汪传国	18 000	2017/12/25
277	宝利德融资租赁有限公司	浙江	余海军	18 000	2013/12/20
278	杭州中小企业融资租赁有限公司	浙江	卓文贤	18 000	2014/05/07
279	陕西汇景融资租赁有限公司	陕西	郭丽芳	18 000	2018/04/13
280	陕西盛腾融资租赁有限公司	陕西	席玲玲	18 000	2018/04/12
281	泰康消防化工集团融资租赁有限责任公司	云南	林希嘉	17 040	2014/05/05
282	中浩环球租赁（福建）有限公司	福建	王　斌	17 003	2011/10/24
283	中商国控（天津）融资租赁有限公司	天津	武上玉	17 000	2016/08/23
284	融钰华通融资租赁有限公司	天津	蔡晓熙	17 000	2016/11/17
285	陇易通国际租赁（天津）有限公司	天津	许应恺	17 000	2017/02/27
286	天津露笑融资租赁有限公司	天津	金　君	17 000	2017/02/10
287	环宇租赁（天津）有限公司	天津	高木兴顺	17 000	2010/06/25
288	元泰融资租赁（天津）有限公司	天津	常宇飞	17 000	2017/03/22
289	苏宁融资租赁（天津）有限公司	天津	杨兴菊	17 000	2016/09/14
290	天津宏锦融资租赁有限公司	天津	王槐青	17 000	2017/01/12
291	庭州顺鑫融资租赁有限责任公司	天津	尚晓罡	17 000	2017/08/18
292	新鞍融创融资租赁（天津）有限公司	天津	张　亮	17 000	2017/06/05
293	中投创信（天津）融资租赁有限公司	天津	刘春书	17 000	2017/02/13
294	新望融资租赁（天津）有限公司	天津	杨金彪	17 000	2017/10/13
295	中科租赁（天津）有限公司	天津	王　戈	17 000	2017/09/25
296	天津京东顺程融资租赁有限公司	天津	张　雩	17 000	2017/12/21
297	康佳融资租赁（天津）有限公司	天津	冯俊修	17 000	2017/11/30
298	天津富银融资租赁有限公司	天津	程龙杰	17 000	2017/07/05

（续表）

	公司名称	注册地	法定代表人	注册资本	成立时间
299	兴泰融资租赁（天津）有限责任公司	天津	孙　泉	17 000	2018/01/30
300	浙江台金融资租赁有限公司	浙江	叶未亮	17 000	2017/08/18
301	万泰融资租赁有限公司	浙江	李　锋	17 000	2017/12/19
302	浙江自贸区华盖融资租赁有限公司	浙江	陶仙华	17 000	2017/12/13
303	浙江泰丰融资租赁有限公司	浙江	袁利平	17 000	2017/11/14
304	浙江自贸区东枝融资租赁有限公司	浙江	柯翔郎	17 000	2017/09/11
305	天津津投租赁有限公司	天津	马建强	17 000	1996/04/09
306	远中租赁股份有限公司	辽宁	乔　华	17 000	2000/07/06
307	新疆亚中机电销售租赁股份有限公司	新疆	唐　平	17 000	2003/12/01
308	新疆新能融资租赁有限公司	新疆	李均钢	17 000	2001/06/11
309	尚邦租赁有限公司	天津	苏新建	17 000	2008/07/24
310	成都汇银融资租赁有限公司	四川	梁　强	17 000	2003/07/24
311	融兴融资租赁有限公司	福建	刘小康	17 000	2009/03/27
312	英利小溪租赁有限公司	天津	韩　旭	17 000	2012/05/15
313	上海锦轩融资租赁有限公司	上海	姜　琴	17 000	2012/05/04
314	嘉丰租赁有限公司	山东	朱伟红	17 000	2012/05/30
315	南京天元租赁有限公司	江苏	武　鑫	17 000	2012/12/03
316	河南广通汽车租赁有限公司	河南	刘　峰	17 000	2012/07/31
317	河北卓邦华琦融资租赁有限公司	河北	李星涛	17 000	2012/10/19
318	融丰租赁有限公司	吉林	陈莹莹	17 000	2013/04/16
319	中弘租赁有限公司	辽宁	丁博春	17 000	2013/04/02
320	上海万方融资租赁有限公司	上海	李多珠	17 000	2012/11/28
321	杭州城投租赁有限公司	浙江	郦　琦	17 000	2012/11/01
322	中水电融通租赁有限公司	天津	彭顺海	17 000	2010/12/17
323	天津市良好投资发展有限公司	天津	薛晓冬	17 000	2000/04/12
324	邯郸市美食林租赁有限公司	河北	赵江平	17 000	2014/01/21
325	中盛租赁有限公司	辽宁	李国柱	17 000	2013/12/12
326	福建润创租赁有限公司	福建	陈　杰	17 000	2010/11/17
327	昌乐英轩设备租赁有限公司	山东	李世勇	17 000	2012/11/09
328	四川海特融资租赁有限公司	四川	李　飚	17 000	2013/07/26
329	四川御丰泰融资租赁有限公司	四川	陈　军	17 000	2013/08/01
330	荣信租赁有限公司	辽宁	宿　雪	17 000	2014/08/12
331	安徽津安融资租赁有限公司	安徽	宁克河	17 000	2014/10/24
332	泉州市闽侨融资租赁有限公司	福建	林卫民	17 000	2011/06/14
333	山东恒顺融资租赁有限公司	山东	顾怀亮	17 000	2014/01/30
334	东风南方融资租赁有限公司	广东	李　军	17 000	2013/10/25
335	宁夏三实融资租赁有限公司	宁夏	高小平	17 000	2014/12/29
336	华中（天津）融资租赁有限公司	天津	刘　振	17 000	2016/03/28

（续表）

	公司名称	注册地	法定代表人	注册资本	成立时间
337	苏宁环球融资租赁（天津）有限公司	天津	马莉莉	17 000	2018/05/29
338	顺元租赁（天津）有限公司	天津	俞英姿	17 000	2018/05/02
339	天津曹投租赁有限公司	天津	杨玉萍	17 000	2017/12/21
340	津久亚威（天津）融资租赁有限公司	天津	李桂屏	17 000	2017/11/16
341	浙江亿鼎融资租赁有限公司	浙江	蒋娉娉	17 000	2018/05/21
342	浙江两山融资租赁有限公司	浙江	蔡刚清	17 000	2018/03/16
343	浙江恒金融资租赁有限公司	浙江	罗周法	17 000	2018/01/17
344	浙江自贸区连诚融资租赁有限公司	浙江	邹国安	17 000	2018/05/15
345	浙江海商设备租赁有限公司	浙江	徐　庞	17 000	2018/05/22
346	浙江自贸区链连通融资租赁有限公司	浙江	张建欢	17 000	2018/03/13
347	攀钢集团融资租赁（成都）有限公司	四川	龚　金	17 000	2018/01/24
348	陕西泰恒融资租赁有限公司	陕西	赵　欣	17 000	2018/04/11
349	陕西核信融资租赁有限公司	陕西	王瀑霖	17 000	2018/05/18
350	陕西汉投融资租赁有限公司	陕西	张廷泽	17 000	2018/08/23
351	上海融联租赁股份有限公司	上海	金　敏	10 000	1997/11/10
352	长行汽车租赁有限公司	浙江	何宇星	5 070	1994/02/18
353	新纪元租赁有限公司	北京	王　成	5 000	2001/02/15
354	江苏烟草金丝利租赁有限公司	江苏	黄　凡	4 000	1996/10/11

附录3：中国融资租赁监管政策名录

适用范围	政策名称	文件号	发布时间
全国	国务院关于加快推进农业机械化和农机装备产业转型升级的指导意见	国发〔2018〕42 号	2018/12/29
全国	国务院关于支持自由贸易试验区深化改革创新若干措施的通知	国发〔2018〕38 号	2018/11/07
全国	依法履职尽责做好三类机构监管工作		2018/06/07
全国	商务部办公厅关于融资租赁公司、商业保理公司和典当行管理职责调整有关事宜的通知		2018/05/14
全国	国务院办公厅关于全面推进金融业综合统计工作的意见	国办发〔2018〕18 号	2018/04/09
全国	国家外汇管理局关于融资租赁业务外汇管理有关问题的通知	汇发〔2017〕21 号	2018/03/23
全国	商务部关于废止和修改部分规章的决定	商务部令 2018 年第 1 号	2018/02/22
全国	国务院办公厅关于深化产教融合的若干意见	国办发〔2017〕95 号	2017/12/19
全国	国务院办公厅关于积极推进供应链创新与应用的指导意见	国办发〔2017〕84 号	2017/10/13
全国	商务部办公厅关于开展融资租赁业风险排查工作的通知		2017/05/08
全国	国务院办公厅关于促进开发区改革和创新发展的若干意见	国办发〔2017〕7 号	2017/02/06
全国	国务院办公厅关于创新管理优化服务培育壮大经济发展新动能加快新旧动能接续转换的意见	国办发〔2017〕4 号	2017/01/20
全国	中华人民共和国海关总署公告 2016 年第 70 号	2016 年第 70 号	2016/11/29
全国	中共中央国务院关于全面振兴东北地区等老工业基地的若干意见		2016/04/26
全国	商务部等 11 部门办公厅关于促进二手车便利交易加快活跃二手车市场的通知	商建字〔2016〕8 号	2016/06/08
全国	关于金融类企业挂牌融资有关事项的通知	股转系统公告〔2016〕36 号	2016/05/27
全国	国务院关于深化制造业与互联网融合发展的指导意见	国发〔2016〕28 号	2016/05/13
全国	国家发展改革委关于印发 2016 年国家级新区体制机制创新工作要点的通知	发改地区〔2016〕1032 号	2016/05/12
全国	中国银监会关于进一步加强银行业金融机构境外运营风险管理的通知	银监发〔2016〕5 号	2016/04/05
全国	中国人民银行 银监会关于加大对新消费领域金融支持的指导意见		2016/03/30

（续表）

适用范围	政策名称	文件号	发布时间
全国	商务部 税务总局关于天津等4个自由贸易试验区内资租赁企业从事融资租赁业务有关问题的通知	商流通函〔2016〕90号	2016/03/17
全国	国务院办公厅关于促进医药产业健康发展的指导意见	国办发〔2016〕11号	2016/03/11
全国	中国人民银行 发展改革委 工业和信息化部 财政部 商务部 银监会 证监会 保监会关于金融支持工业稳增长调结构增效益的若干意见		2016/02/16
全国	国务院关于印发推进普惠金融发展规划（2016—2020年）的通知	国发〔2015〕74号	2016/01/15
全国	国务院关于加快实施自由贸易区战略的若干意见	国发〔2015〕69号	2015/12/17
全国	国务院关于促进快递业发展的若干意见	国发〔2015〕61号	2015/10/26
全国	国务院关于国有企业发展混合所有制经济的意见	国发〔2015〕54号	2015/09/24
全国	国务院办公厅关于促进金融租赁行业健康发展的指导意见	国办发〔2015〕69号	2015/09/08
全国	国务院办公厅关于加快融资租赁业发展的指导意见	国办发〔2015〕68号	2015/09/07
全国	国务院办公厅关于印发加快海关特殊监管区域整合优化方案的通知	国办发〔2015〕66号	2015/09/06
全国	商务部关于支持自由贸易试验区创新发展的意见	商资发〔2015〕313号	2015/08/25
全国	国务院办公厅关于加快转变农业发展方式的意见	国办发〔2015〕59号	2015/07/30
全国	商务部办公厅关于融资租赁行业推广中国（上海）自由贸易试验区可复制改革试点经验的通知	商办流通〔2015〕575号	2015/07/23
全国	国务院关于积极推进“互联网+”行动的指导意见	国发〔2015〕40号	2015/07/01
全国	国务院办公厅关于运用大数据加强对市场主体服务和监管的若干意见	国办发〔2015〕51号	2015/06/24
全国	中国银监会非银行金融机构行政许可事项实施办法	中国银监会令第6号	2015/06/05
全国	国务院关于推进国际产能和装备制造合作的指导意见	国发〔2015〕30号	2015/05/13
全国	国务院关于印发《中国制造2025》的通知	国发〔2015〕28号	2015/05/08
全国	《自由贸易试验区外商投资备案管理办法（试行）》	商务部公告2015年第12号	2015/04/08
全国	国务院关于推广中国（上海）自由贸易试验区可复制改革试点经验的通知	国发〔2014〕65号	2014/12/21

（续表）

适用范围	政策名称	文件号	发布时间
全国	商务部关于利用全国融资租赁企业管理信息系统进行租赁物登记查询等有关问题的公告	2014 年第 84 号	2014/12/04
全国	金融租赁公司专业子公司管理暂行规定	银监办发〔2014〕198 号	2014/07/14
全国	国家外汇管理局关于境内居民通过特殊目的公司投融资及返程投资外汇管理有关问题的通知	汇发〔2014〕37 号	2014/07/09
全国	关于开展京津冀海关区域通关一体化改革的公告	海关总署公告 2014 年第 45 号	2014/06/23
全国	国家税务总局关于贯彻落实《国务院办公厅关于支持外贸稳定增长的若干意见》的指导意见	税总函〔2014〕239 号	2014/06/11
全国	国家发展改革委关于飞机租赁企业订购国外飞机报备的通知	发改基础〔2014〕1156 号	2014/06/04
全国	国务院办公厅关于支持外贸稳定增长的若干意见	国办发〔2014〕19 号	2014/05/04
全国	五部委联合印发《关于规范金融机构同业业务的通知》	银发〔2014〕127 号	2014/04/24
全国	国务院办公厅关于金融服务“三农”发展的若干意见	国办发〔2014〕17 号	2014/04/20
全国	《商业银行保理业务管理暂行办法》	中国银监会令 2014 年第 5 号	2014/04/10
全国	关于使用融资租赁登记系统进行融资租赁交易查询的通知	银发〔2014〕93 号	2014/03/26
全国	《金融租赁公司管理办法》	中国银监会令 2014 年第 3 号	2014/03/13
全国	《融资租赁企业监督管理办法》	商流通发〔2013〕337 号	2013/09/18
全国	商务部办公厅关于加强和改善外商投资融资租赁公司审批与管理工作的通知	商资函〔2013〕657 号	2013/07/11
全国	《汽车金融公司管理办法》	中国银监会令 2008 年第 1 号	2008/01/24
全国	《金融租赁公司管理办法》	中国银监会令 2007 年第 1 号	2007/01/23
全国	商务部、国家税务总局关于加强内资融资租赁试点监管工作的通知	商建〔2006〕160 号	2006/04/12
全国	关于融资租赁医疗器械监管问题的答复意见	国食药监市〔2005〕250 号	2005/06/01
全国	《外商投资租赁业管理办法》	商务部令 2005 年第 5 号	2005/02/03
全国	商务部、国家税务总局关于从事融资租赁业务有关问题的通知	商建发〔2004〕560 号	2004/10/22

附录4：中国融资租赁法律政策名录

政策名称	文件号	发布时间
《最高人民法院关于为自由贸易试验区建设提供司法保障的意见》	法发〔2016〕34 号	2016/12/30
《中华人民共和国船舶登记法》	交通运输部令 2016 年第 85 号	2016/12/13
《最高人民法院关于审理融资租赁合同纠纷案件适用法律问题的解释》	法释〔2014〕3 号	2014/02/24
《关于审理动产权属争议案件涉及登记公示问题的指导意见（试行）》	津高法发〔2014〕1 号	2014/01/09
《天津市高级人民法院关于审理融资租赁物权属争议案件的指导意见（试行）》	津高法〔2011〕288 号	2011/11/11
《中华人民共和国合同法》（第十四章　融资租赁合同）	主席令第十五号	1999/03/15
《中华人民共和国民用航空法》（第三章第四节 民用航空器租赁）	主席令第五十六号	1995/10/30

附录5：中国融资租赁税收政策名录

政策名称	文件号	发布时间
国家税务总局关于设备器具扣除有关企业所得税政策执行问题的公告	国家税务总局公告2018年第46号	2018/08/23
国家税务总局海关总署关于进口租赁飞机有关增值税问题的公告	国家税务总局公告2018年第24号	2018/05/11
关于调整增值税税率的通知	财税〔2018〕32号	2018/04/04
关于明确金融房地产开发教育辅助服务等增值税政策的通知	财税〔2016〕140号	2016/12/21
财政部海关总署国家税务总局关于融资租赁货物出口退税政策有关问题的通知	财税〔2016〕87号	2016/08/02
关于全面推开营业税改征增值税试点的通知	财税〔2016〕36号	2016/03/23
海关总署公告2016年第8号（关于修订飞机经营性租赁审定完税价格有关规定的公告）	总署公告20168号	2016/01/29
财政部国家税务总局关于融资租赁合同有关印花税政策的通知	财税〔2015〕144号	2015/12/24
国家税务总局关于营业税改征增值税试点期间有关增值税问题的公告	国家税务总局公告2015年第90号	2015/12/22
财政部国家税务总局关于金融企业贷款损失准备金企业所得税税前扣除有关政策的通知	财税〔2015〕9号	2015/01/15
国家税务总局关于发布《融资租赁货物出口退税管理办法》的公告	国家税务总局公告2014年第56号	2014/10/08
财政部海关总署国家税务总局关于租赁企业进口飞机有关税收政策的通知	财关税〔2014〕16号	2014/05/13
国务院办公厅关于支持外贸稳定增长的若干意见	国办发〔2014〕19号	2014/05/04
关于在全国开展融资租赁货物出口退税政策试点的通知	财税〔2014〕62号	2014/09/01
关于飞机租赁企业有关印花税政策的通知	财税〔2014〕18号	2014/03/03
国家税务总局关于发布《铁路运输企业增值税征收管理暂行办法》的公告	国家税务总局公告2014年第6号	2014/01/20
关于铁路运输和邮政业营业税改征增值税试点有关政策的补充通知	财税〔2013〕121号	2013/12/30
财政部国家税务总局关于在全国开展交通运输业和部分现代服务业营业税改征增值税试点税收政策的通知	财税〔2013〕37号	2013/05/24
国家税务总局关于中央财政补贴增值税有关问题的公告	国家税务总局公告2013年第3号	2013/01/08
财政部国家税务总局关于企业以售后回租方式进行融资等有关契税政策的通知	财税〔2012〕82号	2012/12/06

（续表）

政策名称	文件号	发布时间
财政部国家税务总局关于交通运输业和部分现代服务业营业税改征增值税试点应税服务范围等若干税收政策的补充通知	财税〔2012〕86号	2012/12/04
关于应税服务适用增值税零税率和免税政策的通知	财税〔2011〕131号	2011/12/29
国家税务总局关于调整增值税即征即退优惠政策管理措施有关问题的公告	国家税务总局公告〔2011〕60号	2011/11/14
国家税务总局关于融资性售后回租业务中承租方出售资产行为有关税收问题的公告	国家税务总局2010年第13号公告	2010/09/08
国家税务总局关于印发《融资租赁船舶出口退税管理办法》的通知	国税发〔2010〕52号	2010/05/18
财政部国家税务总局关于房产税城镇土地使用税有关问题的通知	财税〔2009〕128号	2009/11/22
财政部国家税务总局关于执行企业所得税优惠政策若干问题的通知	财税〔2009〕69号	2009/04/24
财政部国家税务总局财政部国家税务总局关于营业税若干政策问题的通知	财税〔2003〕16号	2003/01/15
国家税务总局关于融资租赁业务征收流转税问题的补充通知	国税函〔2000〕909号	2000/11/15
国家税务总局关于融资租赁业务征收流转税问题的通知	国税函〔2000〕514号	2000/07/07
财政部、国家税务总局关于转发〈国务院关于调整金融保险业税收政策有关问题的通知〉的通知	财税字〔1997〕45号	1997/02/19
国家税务总局关于营业税若干问题的通知	国税发〔1995〕76号	1995/04/26
国家税务局关于对借款合同贴花问题的具体规定	国税地字〔1988〕30号	1988/12/12